발해사 자료총서

-중국사료 편 권1

동북아역사재단
NORTHEAST ASIAN HISTORY FOUNDATION

• 이 책은 2021년도 동북아역사재단 기획연구 수행 결과물임(NAHF-2021-기획연구-17).

동북아역사 자료총서 62

발해사 자료총서
중국사료 편 / 권 1

동북아역사재단
한국고중세사연구소 편

동북아역사재단

발해사 자료총서 - 중국사료 편 권1

서문

이 책은 중국사료 가운데 발해사 관련 사료를 번역하고 주석한 자료집이다. 동북아역사재단의 전신인 고구려연구재단은 2004년 서울대학교 규장각에 소장되어 있던 발해사 관련 한국사료의 원문을 모아 『발해사 자료집(상)』[1]을 간행하였고, 중국과 일본의 사료를 모아 『발해사 자료집(하)』를 간행하였다. 이를 2007년 동북아역사재단에서 재간행하였다. 그간 발해사 연구는 사료가 매우 부족하여 양적·질적 성장이 제한되어 있었다. 그나마 단편적으로 흩어져 있어 신진 연구자와 발해사에 관심이 있는 일반 시민들이 사료를 찾아보는 데 어려움이 컸다. 『발해사 자료집』은 부족한 사료이지만 한국과 중국, 일본에 흩어져 있는 사료를 한자리에 모아 좀 더 쉽게 접근할 수 있도록 했다는 점에서 의미가 있다.

그럼에도 원문 사료만을 제시하여, 한문을 독해하는 데 어려움이 있었다. 이에 좀 더 가독성을 높이고 활용도가 있는 자료집의 제작이 요구되었다. 또한 그간의 연구 성과를 반영한 주석 역시 필요하다고 판단되었다. 따라서 재단은 보다 효율적이고 실용적인 발해사 자료집을 만들기 위해 중장기 계획을 수립하여, 단계적으로 발해사 관련 자료를 총망라한 『발해사 자료총서』를 제작하기로 하였다. 그 첫 번째 작업으로 『발해사 자료집(상)』에 수록된 한국사료를 역주하여 2021년 〈한국사료 편〉 총 2권을 출판하였고, 이번에 『발해사 자료집(하)』에 수록된 중국사료를 역주한 〈중국사료 편〉 권1을 출판하게 되었다. 『발해사 자료집(하)』에 소개되지 않은 중국사료는 향후 추가로 조사·역주하여 〈중국사료 편〉 권2를 출판할 계획이다.

---

1) 이 자료집은 서울대학교 국사학과 송기호 교수가 작업한 『규장각소장 발해사자료』(2004, 서울대학교 규장각: 한국의 지식콘텐츠 서비스)를 근간으로 하여 『발해고』 1종을 추가하여 만들었다.

이 책에 수록된 중국사료는 모두 24종이다. 사료는 크게 황제의 칙명 등으로 편찬된 관찬 사료(총 18종)와 개인이 편찬한 사찬 사료(총 6종)로 나뉜다. 사료의 성격은 기전체와 편년체로 이뤄진 정식 사서류 외에도 백과전서식 유서(類書), 회요(會要), 병서(兵書), 사행과 포로 견문록, 시문집 등 발해사를 이해할 수 있고 과거 중국인과 중원을 차지했던 이민족들의 발해사 인식을 엿볼 수 있는 자료를 포함하였다. 그리고 『전당문』 편에서는 기존 『전당문』에서 누락된 글을 보완한 『당문습유』, 『당문속습』 두 편을 함께 수록하였다. 기존 『발해사 자료집(하)』에 수록된 원문과 원본(저본) 및 비교본을 대조하며, 기존 자료집에 잘못 수록된 사료는 삭제하고 오기는 수정하였으며, 누락된 사료는 다시 수록하였다. 그리고 원문은 저본을 원전(『구당서』, 『신당서』 등) 및 비교본과 대조하여 교감 주석을 달았고, 번역문에서는 사건과 용어를 설명하는 주석을 달았다. 해제는 기존 자료집에 수록된 것을 참조하여 수정하였다. 이 책에 사용한 저본과 비교본 등의 정보는 각 해제 마지막 부분에 제시하였다. 저본은 가장 많이 활용되고 있는 중화서국 교감본과 중국기본고적고에서 제공하는 판본 등을 사용하였다.

사료는 역사를 연구하는 데 기본이 되는 재료이다. 특정 역사를 연구하는 데 있어 가장 중요한 재료는 당사자가 남긴 사료이다. 역사가는 남겨진 사료에 대한 비판 과정을 통해 역사를 복원하고 재해석하여 다시 후대에 기록으로 남긴다. 그런데 발해는 스스로 남긴 사료가 전혀 전해지지 않고 있다. 발해와 발해인과 관련된 기록은 동시대에 관계를 맺은 주변국의 역사 기록이나 후대의 역사 기록에 단편적으로 남아 있을 뿐이다. 그래서 발해는 수수께끼의 역사로 여겨지곤 한다. 이러한 상황에서 중국사료에 남겨진 기록은 발해의 정치, 외교, 문화, 경제, 풍속 등 여러 분야를 연구하는 데 도움이 되고 있다.

이 책에 수록된 각 사료는 다양한 정보를 담고 있지만, 여기서 필자가 언급하고 싶은 것은 중국사료에서 보이는 발해의 국가 성격에 대한 기본 인식이다. 현재 발해사를 바라보는 시각은 한국과 중국이 크게 대별된다. 당연히 한국은 한국사의 체계에서, 중국은 중국사의 체계에서 발해사를 인식하고 있다. 이것은 여러 원인이 있겠지만, 발해 건국자인 대조영의 종족 계통과 발해국 자체의 성격에 대해 각각 달리 기술한 전근대 역사 기록에서 그 근원을 찾는 것이 일반적이었다. 대표적인 사료가 『구당서』와 『신당서』이다. 발해를 한국사로 보려는 쪽에서는 대조영을 '본래 고려[2]의 별종(別種)'이라고 한 『구당서』를, 중국사로 보려는 쪽에서는 '본래 속말말갈(粟末靺鞨)이면서 고려에 부속되어 있었다.'라고 한 『신당서』를 더 중시하며,

두 기록이 전혀 다른 정보를 담고 있다고 해석하였다. 그러나 이미 한국 학계에서는 두 기록이 상호 모순된 것이 아니라는 결론을 얻었다.

연번	자료명	저자(편찬자)	저술(출판) 시기	성격	집필 담당
1	구당서	유구, 장소원	945년	관찬, 기전체	권은주
2	신당서	구양수, 송기	1060년	관찬, 기전체	권은주
3	구오대사	설거정	974년	관찬, 기전체	우성민
4	신오대사	구양수	1053년	사찬, 기전체	우성민
5	송사	탈탈(토크토아)	1345년	관찬, 기전체	우성민
6	요사	탈탈(토크토아)	1344년	관찬, 기전체	김진광
7	금사	탈탈(토크토아)	1344년	관찬, 기전체	윤재운
8	책부원귀	왕흠약, 양억	1013년	관찬, 유서	윤재운
9	자치통감	사마광	1084년	관찬, 편년체	강성봉
10	통전	두우	801년	관찬, 유서	강성봉
11	당회요	왕부	961년	관찬, 회요	강성봉
12	선화봉사고려도경	서긍	1124년	사찬, 사행견문록	강성봉
13	오대회요	왕부	송 초	관찬, 회요	강성봉
14	문원영화	이방, 송백	987년	관찬, 시문집	강성봉
15	거란국지	섭융례	1180년	사찬, 기전체	강성봉
16	문헌통고	마단림	1307년	관찬, 유서	강성봉
17	옥해	왕응린	남송	사찬, 유서	우성민
18	송회요집고	서송	청 가경 연간 (1796~1820)	관찬(?), 회요	우성민
19	무경총요	증공량, 정도	1044년	관찬, 병서	우성민
20	송막기문	홍호	1156년	사찬, 견문록	우성민
21	요동행부지	왕적	1190년	사찬, 시문집	우성민
22	중주집	원호문	1249년	사찬, 시문집	우성민
23	전당시	팽정구	1706년	관찬, 시전집	우성민
24	전당문	동고	1814년	관찬, 산문집	우성민

---

2) 고구려 후기의 국명은 '高麗'이지만, 왕건이 세운 고려와 구분하기 위해 한국에서는 일반적으로 고구려라고 한다.

발해가 그렇듯 고구려 역시 영역을 크게 확대하면서 여러 주민 집단을 아울러 다종족국가를 이루었다. 대조영은 속말말갈 계통이지만 그 선조가 일찍이 고구려인이 되었다. 고구려 멸망 이후 당의 변경 지역인 영주(營州: 현재 朝陽)로 강제 이주되었다가, 696년 거란 이진충(李盡忠)의 반란을 계기로 당의 지배에 저항하며 요동 지역의 천문령(天門嶺)에서 당군을 무찌르고 698년 건국에 성공하였다. 이러한 역사성으로 인해 한국사료에서는 발해를 바라보는 두 시각이 공존하기도 했지만 결국 한국사의 체계에서 발해를 재인식하였고, 유득공의 『발해고』에 이르면 신라와 동등한 남북국으로 이해하는 단계에까지 나아갔다.[3] 그런데 중국사료는 조금만 주의해서 보면 시종일관 발해를 중국사(또는 중원 역사)와 구분하고 있음을 알 수 있다.

우선 대조영의 출자에 대한 기록을 살펴보자. 대조영이나 발해의 계통에 대해 기술한 12종의 중국사료를 보면, '고려 별종'으로 표시한 사료가 무려 8종이고, 『무경총요』의 경우 '부여 별종'이라고 하였다. 『신오대사』는 본래 호칭은 말갈이라고 했지만, 고려의 별종이라고 하였다. 특히 주목되는 것은 『책부원귀』이다. 「종족(種族)」편에서 '대조영이 본래 고려 별종'이라고 한 데 이어, 「토풍(土風) 1」편에 발해 초기 국명인 '진국(振國)은 본래 고려'라고 하였고, 「계습(繼襲) 2」편에서는 '고려 별종 대조영이 자립하여 진국왕이 되었다.'라고 하였으며, 「원수(怨讐)」편에서는 '발해국왕 [대]무예는 본래 고려의 별종'이라고 하는 등 여러 차례 고구려의 별종임을 언급하고 있다. 이것이 바로 대조영과 발해의 계통에 대한 중국사료의 기본 인식이다. 『신당서』 등 3종의 사료에서 비록 '본래 속말말갈'이라고 하였지만, '고려에 부속[附]'되었다고 하여 고구려와의 관계성을 보여 준다.

건국 과정에 대한 기술을 살펴보면, 그 관계성이 더욱 분명하게 드러난다. 대조영의 건국 과정은 『구당서』, 『신당서』, 『자치통감』, 『오대회요』 등 여러 사료에 고구려의 멸망에서부터 서술되고 있다. 이것은 대조영 집단이 영주로 이주하고 이진충의 반란과 함께 당의 지배에 저항하여 발해 건국으로까지 이어진 사건의 인과 관계가 바로 고구려 멸망에서부터 비롯된 것임을 잘 이해하고 있기 때문이다. 또한 건국 자체에 대해 '자립하여 진국왕이 되었다.'(『구당서』, 『책부원귀』 등), '건국하여 스스로 진국왕이라고 불렀다.'(『신당서』, 『문헌통고』 등)라고 하여 독립 국가를 세웠음을 알려 주고 있다.

---

3) 『발해사 자료총서-한국사료 편』의 「서문」(2021, 동북아역사재단)과 『동북아역사재단뉴스』 2022년 1월호 「한국 사료로 읽는 발해사 이야기」(2022, 동북아역사재단) 참조.

연번	자료명	출자 표현
1	구당서	渤海靺鞨大祚榮者, 本高麗別種也.
2	신당서	渤海, 本粟末靺鞨附高麗者, 姓大氏.
3	신오대사	渤海, 本號靺鞨, 高麗之別種也.
4	송사	渤海本高麗之別種.
5	금사	粟末靺鞨始附高麗, 姓大氏.
6	책부원귀	渤海靺鞨. 大祚榮本高麗別種也.
7	자치통감	高麗旣亡, 其別種大祚榮徙居營州.
8	당회요	渤海靺鞨, 本高麗別種.
9	오대회요	渤海靺鞨, 本高麗種.
10	문헌통고	渤海, 本粟末靺鞨附高麗者, 姓大氏.
11	송회요집고	渤海, 高麗之別種.
12	무경총요	渤海, 夫餘之別種. 本濊貊之地.

이러한 발해에 대해, 중국사료는 현재 중국에서 주장하는 대로 당의 지방정권과 같은 성격으로 이해했을까. 그렇지 않다. 전근대 중국식 천하질서 관념 속에서 발해를 번국(藩國), 조공국(朝貢國), 번신(藩臣) 등으로 인식했지만, 현대 개념과 같은 종속국으로 보지는 않았다. 기본적으로 발해는 고구려, 신라, 백제, 고려, 조선 등과 같이 중국과 교류한 이민족 국가나 세력들을 기록한 사이(四夷: 동이, 북적 등) 열전 또는 외국 열전에 수록되었다. 『구당서』 「지리 1」에서는 당의 영토를 한나라의 전성 시기와 비교하며, 동쪽으로는 안동부(안동도호부)까지 이른다고 하였다. 그 세주에 보면, '한 땅은 동쪽으로 낙랑·현토에 이르는데 지금의 고려와 발해이다. 지금 요동은 당의 땅이 아니다.(漢地東至樂浪玄菟, 今高麗渤海是也. 今在遼東非唐土也.)'라고 하였다. 이것은 고구려와 발해를 당의 영토가 아닌 독립된 지역으로 인식하였음을 보여 준다. 당에서 평로절도사에게 '압신라발해양번등사(押新羅渤海兩蕃等使)'를 겸임하게 한 것도, 발해를 신라와 같은 외국으로 취급했음을 알려 준다. 『옥해』 「지리 상」의 경우 당나라 재상 가탐의 저술인 『황화사달기』를 설명하며, '사이(四夷)는 중국과 왕래한 자가 매우 많다.'라고 한 뒤에 당의 변주(邊州)에서 사이에 이르는 길의 하나로 고려·발해도를 언급하고 있다. 또한 『구당서』 「지리지」를 언급하며 외국으로 고구려를 언급하였고, 이역(異域)으로 신라, 발해 등을 언급하고 있다. 더욱 주목되는 것은 『책부원귀』 「발호령 5」편에 실린 당 애제가 906년에 내린 조서의 내용이다. '발해는 외국의 먼 오랑캐(渤海外國遠戎)'라고

지칭 한 것인데, 당 황제가 직접 발해를 외국이라고 한 것이다.

이상에서 살펴보았듯이 중국사료는 시종일관 발해를 고구려와의 관계 속에서 바라보았고, 발해를 당의 지방이나 복속국이 아닌 독립국가로 보았다. 당연히 외국으로 인식한 것이다. 더욱이 고구려와의 관련성을 잘 이해하고 있었기 때문에, 그 후예를 표방한 고려와 일정한 관계를 가지고 있다고 여겼다. 따라서 『금사』 「고려」전과 『선화봉사고려도경』 「건국」편은 고려에 대해 기술하는 그 초두에 고구려와 관련한 내용과 발해의 건국을 함께 기술하며, '고구려-발해-고려'를 연결하는 인식을 보이고 있는 것이다. 혹자는 이 사료의 기록자가 고려와 고구려를 혼동한 것이라고 하지만, 그 혼동 역시 역사성을 가지고 있음을 부인할 수 없다. 이 책에 수록된 중국사료는 이 밖에도 발해사에 대한 많은 단서를 제공하고 있어, 향후 그에 대한 상세한 분석과 연구를 기대해 본다.

마지막으로 이 책이 나오기까지 함께 힘써 주신 공동 집필자 강성봉 선생님, 김진광 선생님, 우성민 선생님, 윤재운 선생님께 감사드린다. 그리고 출판 기한이 촉박한 상황에서 『전당문』, 『전당시』 등 일부 사료의 교열 및 교정을 맡아 주신 김성환 선생님께 진심으로 감사의 말씀을 드린다. 앞으로 『발해사 자료총서』는 〈한국사료 편〉과 〈중국사료 편〉에 이어 〈일본사료 편〉의 발간을 남기고 있다. 한·중·일 삼국의 사료를 통해 발해사 연구가 활성화되기를 바란다.

2023년 2월
동북아역사재단 연구위원
권은주 씀

발해사 자료총서 – 중국사료 편 권1

일러두기

1. 이 자료의 구성은 해제, 원문, 번역문 순으로 구성하였다. 참고문헌의 경우 각주에 간략한 서지정보만 소개하고, 참고문헌에 구체적인 내용을 수록하였다.
2. 범례는 한국고전번역원의 것을 준용하였다. 한글 사용을 지향하고, 정확한 의미 전달을 위해 필요한 경우 한자를 병기하였다.
3. 원문은 원칙적으로 중국 중화서국(中華書局) 교감본을 저본으로 하였으며, 교감이 필요한 경우 부분적으로 다른 판본 및 원전과 비교하여 각주로 제시하였다. 저본과 비교본의 정보는 각 사료별 해제에 수록하였다. 원전과 비교하여 교감하는 경우, '某'→'某'로 표시하였다. 원전은 『구당서(舊唐書)』, 『신당서(新唐書)』를 기본으로 하며, 필요시 설명을 부기하였다.
4. 세주는 원문과 번역문 모두 【 】로 표시하였다. 원문에서 괄호 기호 안에 표제어를 표시하는 경우와 세주와 별도로 설명문을 덧붙이는 경우 등은 〖 〗로 표시하였다.
5. 번역은 가능한 원문의 내용을 그대로 옮기는 것을 원칙으로 하였지만, 원래의 의미를 벗어나지 않는 범위 내에서 내용을 보충하였다. 보충 내용은 [ ]로 표시하였다.
6. 번역문에서 역주자의 견해를 보충하거나 참고문헌을 제시할 경우 각주 달기를 원칙으로 하였다. 간단한 설명은 번역문에 ( )를 사용하여 추가하였다.
7. 번역문에서 지명·인명 등 고유명사와 동음이형자 등 필요한 경우에 한자를 병기하였다. 병기할 경우 한글과 한자의 음이 같으면 ( )를 사용하고, 음이 다르면 [ ]를 사용하였다.
8. 기사의 제목은 한글(한자)를 사용하였다. 참고문헌은 필자, 발행연도, 단행본·논문 제목, 발행자 순으로 적었다.
9. 서기 연도 표시는 기원전은 연도에 각각 표기하였고, 기원후는 생략하였다. 왕력을 먼저 사용하는 경우에는 서기 연도를 ( ) 안에 표기하였다.
10. 맞춤법과 띄어쓰기, 외래어 표기법은 국립국어원 규정에 따랐다.
11. 근대 이전 중국 지명·인명 등은 현지음으로 표기하지 않고, 우리식 한자음으로 표기하였다. 중국의 간자체는 정자체로 표기하였다.

발해사 자료총서 – 중국사료 편 권1

차례

- 서문 ·· 5
- 일러두기 ······································· 11

1. 『구당서(舊唐書)』 / 15
2. 『신당서(新唐書)』 / 55
3. 『구오대사(舊五代史)』 / 98
4. 『신오대사(新五代史)』 / 112
5. 『송사(宋史)』 / 124
6. 『요사(遼史)』 / 150
7. 『금사(金史)』 / 263
8. 『책부원귀(冊府元龜)』 / 371
9. 『자치통감(資治通鑑)』 / 441

10. 『통전(通典)』 / 461

11. 『당회요(唐會要)』 / 467

12. 『선화봉사고려도경(宣和奉使高麗圖經)』 / 479

13. 『오대회요(五代會要)』 / 482

14. 『문원영화(文苑英華)』 / 490

15. 『거란국지(契丹國志)』 / 499

16. 『문헌통고(文獻通考)』 / 518

17. 『옥해(玉海)』 / 549

18. 『송회요집고(宋會要輯稿)』 / 562

19. 『무경총요(武經總要)』 / 569

20. 『송막기문(松漠紀聞)』 / 578

21. 『요동행부지(遼東行部志)』 / 584

22. 『중주집(中州集)』 / 587

23. 『전당시(全唐詩)』 / 600

24. 『전당문(全唐文)』 / 606

- **참고문헌** ································· 635
- **찾아보기** ································· 644

발해사 자료총서 – 중국사료 편 권1

1. 『구당서(舊唐書)』

후진(後晉) 고조(高祖) 석경당(石敬瑭, 재위 936~942)의 칙명으로 940년 편찬이 시작되어 소제(少帝, 재위 942~947) 때인 945년에 완성되었다. 감수국사인 유구(劉昫)가 총괄하고, 장소원(張昭遠)·가위(賈緯)·조희(趙熙) 등이 편찬에 참여하였다. 원래 책명은 『당서(唐書)』인데, 북송(北宋) 때 구양수(歐陽脩) 등에 의해 편찬된 『신당서(新唐書)』와 구분하기 위해 『구당서』라고 부른다. 모두 200권이며, 구성은 본기(本紀) 20권, 지(志) 30권, 열전(列傳) 150권으로 되어 있다. 본기는 당(唐) 제1대 황제인 고조(高祖)에서부터 제20대 마지막 황제인 애종(哀宗)까지이다. 지는 예의지(禮儀志)·음악지(音樂志)·역지(曆志)·천문지(天文志)·오행지(五行志)·지리지(地理志)·직관지(職官志)·여복지(輿服志)·경적지(經籍志)·식화지(食貨志)·형법지(刑法志)로 이루어져 있다. 열전은 후비(后妃)·제제자(諸帝子)·제신(諸臣)·외척(外戚)·환관(宦官)·양리(良吏)·혹리(酷吏)·충의(忠義)·효우(孝友)·유학(儒學)·문원(文苑)·방기(方伎)·은일(隱逸)·열녀(列女), 그리고 외국전에 해당하는 돌궐(突厥)·회흘(回紇)·토번(吐蕃)·남만(南蠻)·서남만(西南蠻)·서융(西戎)·동이(東夷)·북적(北狄)이 있다.

당대(唐代)에 편찬된 국사로, 개원(開元) 연간(713~741)의 내용까지 오긍(吳兢)이 편찬하고 뒤에 위술(韋述)·류방(柳芳)·우휴열(于休烈)·영고환(令孤峘) 등이 증수(增修)한 『당서(唐書)』 30권과 편년체로 기록된 여러 종의 『당력(唐曆)』과 『당춘추(唐春秋)』 등이 있었고, 또 문종(文宗) 대까지는 각 실록(實錄)이 존재하였다. 『구당서』의 장경(長慶, 821~824) 이전 내용은 대부분 이들을 남본(藍本; 원전)으로 기록하여서 사료적 가치가 높은 편이다. 따라서 『자치통감(資治通鑑)』 당기(唐紀)의 기록은 『구당서』를 근거로 하였다. 그러나 후반부, 특히 선종(宣宗, 846~859) 이후는 사료 부족으로 내용이 소략하고 착오가 많다. 역지와 경적지는 현종(玄宗) 대까지, 식화지는 소면(蘇冕)의 『회요(會要)』와 최현(崔鉉)의 『속회요(續會要)』를 바탕으로 하여 선종 대까지 기록하였다.

『구당서』에서 우리 역사와 관련해서는 고구려·백제·신라의 열전이 동이전(권199상)에, 발해의 열전이 '발해말갈(渤海靺鞨)'이라는 이름으로 철륵·거란·해·실위·말갈·습·오라혼 등과 함께 북적전(권199하)에 실려 있다. 『구당서』 발해말갈전은 발해의 계통을 '고[구]려(高[句]麗) 별종(別種)'으로 기록한 가장 오래된 사료이며, 발해의 건국지를 '계루(桂婁)의 옛 땅'이라고 하는 등 고구려와의 관련성을 잘 보여 주고 있어 의미가 있다. 따라서 이 책은 『신당서』와 함께 발해사 연구의 기본 사료로 꼽힌다.

『신당서』가 완성된 뒤에는 『구당서』를 중시하지 않아 원래의 모습을 완전히 알 수 없다. 남송(南宋) 소흥(紹興) 연간(1131~1162)에 월주(越州)에서 각본(刻本)이 되었으나, 명대(明代)에 완본이 없어졌다. 명 가정(嘉靖) 연간(1522~1566)에 문인전(聞人銓)이 소흥 연간에 간행된 두 종류의 잔본(殘本)을 얻고, 이것을 서로 대조하여 복각(覆刻)한 것이 현재까지 이어지고 있다. 아래 원문은 중화서국(中華書局)에서 출판한 『구당서』(1997년판)를 저본으로 하였으며, 1739년에 간행한 「무영전본(武英殿本)」과 1931~1936년까지 상무인서관(商務印書館)에서 간행한 「백납본(百衲本)」을 비교본으로 하였다.

○ 권8, 본기(本紀) 제8, 현종(玄宗) 상(上)

[開元]七年 … 三月丁酉 … 渤海靺鞨郡王大祚榮死, 其子武藝嗣位.

[개원] 7년(719) … 3월 정유에 … 발해말갈군왕(渤海靺鞨郡王)[1] 대조영(大祚榮)이 죽었다. 그 아들 [대]무예([大]武藝)가 왕위를 이었다.[2]

---

1) 당나라는 713년 대조영을 '渤海郡王'으로 책봉했으며, '渤海靺鞨郡王'이라는 책봉호는 존재하지 않는다. 그러나 당나라에서 일방적으로 발해를 '말갈' 또는 '발해말갈'로도 불렀기 때문에, 여기서 대조영을 '渤海靺鞨郡王'으로 표기한 것이다. 당의 爵位는 9등급으로, 王·國王은 그중 첫 번째이다. 정1품이고, 식읍이 1만 호이다. 君王은 두 번째로 종1품이고, 식읍은 5,000호이다. 이어서 國公·君公·縣公·縣侯·縣伯·縣子·縣男 순이다.
2) 『舊唐書』 권199하, 列傳 제149하, 北狄, 渤海靺鞨전에는 대조영이 죽자 현종이 弔祭使를 보내고 그

> [開元]十四年 … 十一月 … 辛丑, 渤海靺鞨遣其子義信來朝, 幷獻方物.

[개원] 14년(726) … 11월 … 신축에 발해말갈이 그 아들 [대]의신([大]義信)을 보내 내조하고 아울러 방물을 바쳤다.

> [開元]二十年 … 九月乙巳 … 渤海靺鞨寇登州, 殺刺史韋俊. 命左領軍將軍蓋福順發兵討之.

[개원] 20년(732) … 9월 을사에 … 발해말갈이 등주(登州)[3]를 노략질하고[4] 자사(刺史) 위준(韋俊)[5]을 살해하였다. [황제가] 좌령군장군(左領軍將軍) 개복순(蓋福順)[6]에게 명하여, 군사를 일으켜 그를 토벌하게 하였다.

○ 권9, 본기(本紀) 제9, 현종(玄宗) 하(下)

> [開元]二十六年 … 是歲渤海靺鞨王大武藝死, 其子欽茂嗣立, 遣使弔祭冊立之.

  적자인 桂婁郡王 大武藝(武王)에게 아버지를 계승하여 左驍衛大將軍 渤海郡王 忽汗州都督으로 삼았다고 하였다.
3) 登州는 현재 중국 산동반도의 蓬萊 지역이다. 고대부터 요동반도나 한반도로 이동하는 근해 항해의 주요 출발지였다.
4) 『구당서』 발해말갈전에는 개원 20년(732)에 무왕 대무예가 장군 張文休를 보내 해적을 거느리고 등주자사 위준을 공격하게 하였다고 전한다(『구당서』 199하, 열전 149하, 발해말갈). 발해의 등주 공격 원인은 726년 발해의 黑水 토벌과 대문예의 당 망명으로 빚어진 발해와 당의 갈등 및 730년대 초 당과 전쟁을 치르고 있는 契丹을 돕기 위한 목적이었다(김종복, 2009, 127쪽; 권은주, 2013).
5) 732년 발해 무왕이 장군 張文休를 보내 해적을 거느리고 당의 登州를 공격할 때 그곳의 刺史로 전사하였다. 韋俊의 묘지명에는 이때의 상황을 "蠢尒島夷, 遠在荒裔, 潛度大海, 直指孤城, 變生倉卒, 薨于官舍, 春秋五十七."이라고 기록하고 있다(毛陽光·余扶危 主編, 2013, 251쪽).
6) 蓋福順은 『新唐書』에는 蓋福愼으로, 『資治通鑑』에 葛福順으로도 나온다(『新唐書』 권5, 本紀 5, 玄宗 開元 20년(732) "九月乙巳, 渤海靺鞨寇登州, 刺史韋俊死之, 左領軍衛將軍蓋福愼伐之."; 『資治通鑑』 권213, 唐紀29, 玄宗 開元 20년(732) 9월 "勃海靺鞨王武藝遣其將張文休帥海賊寇登州, 靺鞨 殺刺史韋俊, 上命右領軍將軍葛福順發兵討之.").

[개원] 26년(738) … 이해에 발해말갈왕 대무예(大武藝)가 죽고 그 아들 [대]흠무([大]欽茂)가 왕위를 이었다.[7] 사신을 보내 조문하여 제사하고, 그를 책립하였다.

> [開元]二十九年 … 秋七月乙卯 … 幽州節度副使安祿山, 爲營州刺史充平盧軍節度副使押兩番渤海黑水四府經略使.

[개원] 29년(741) … 가을 7월 을묘 … 유주절도부사(幽州節度副使) 안녹산(安祿山)을 영주자사(營州刺史) 충평로군[8]절도부사(充平盧軍節度副使)[9] 압양번[10]발해흑수사부경략사(押兩番渤海黑水四府經略使)로 삼았다.

○ 권11, 본기(本紀) 제11, 대종(代宗)

> [大曆]二年 … 八月 … 丙戌, 渤海朝貢. … 九月 … 辛未, 靺鞨使來朝.

[대력] 2년(767) … 8월 … 병술에 발해가 조공하였다. … 9월 … 신미에 말갈사가 내조하였다.

---

7) 『舊唐書』 권199하, 列傳 제149하, 北狄, 渤海靺鞨전에는 開元 25년(737)의 일로 나온다.
8) 平盧軍은 唐代 平盧節度使 관할의 군대로 營州城 내에 주둔하였고, 군사는 1만 6,000명이었다. 그 밖에 평로절도사가 관할하는 군대로 노룡군은 平州城 내에 주둔하고 군사가 1만이며, 渝關守捉은 영주성 서쪽 480리 되는 곳에 있는데 군사가 3,000명이었다. 안동도호부는 영주 동쪽 200리 되는 곳에 있는데, 군사가 8,500명이었다.
9) 평로절도사의 아래이다. 평로는 唐·五代 方鎭의 하나로 唐 天寶(742~756) 초에 範陽節度使를 나누어 平盧節度使를 두어 營州(지금의 遼寧省 朝陽縣)에서 다스리게 했는데, 盧龍軍과 渝關 등 수착 11개를 관할하였다. 절도사는 당송시대에 道 또는 州의 군사·민정·인사·이재 등의 권한을 장악한 장관으로, 節帥 혹은 節制라고도 하였다. 평로 번진은 761년에 치소를 靑州로 옮겼으며, 765년부터 신라·발해를 관장하게 하였다(정재균, 2011, 124쪽).
10) 양번은 契丹과 奚를 가리킨다. 押使는 당나라에서 변경 지역의 소수민족을 안무하는 使職으로, 押蕃使라고도 한다. 당 중기 이후에는 변지의 節度使가 겸임하였다.

> [大曆]七年 … 是秋稔, 廻紇, 吐蕃, 大食, 渤海, 室韋, 靺鞨, 契丹, 奚, 牂柯, 康國, 石國並遣使朝貢.

[대력] 7년(772) … 가을 수확 무렵에 회흘(廻紇),[11] 토번(吐蕃),[12] 대식(大食), 발해, 실위(室韋), 말갈,[13] 거란,[14] 해,[15] 장가(牂柯),[16] 강국(康國), 석국(石國)이 아울러 사신을 보내

---

[11] 몽골 고원과 중앙아시아에서 활약한 튀르크계 민족으로, 원래 이름은 回紇이며 지금의 위구르인이다. 744년 동돌궐을 멸망시키고 제국을 세웠고 840년 키르기즈에게 멸망한 뒤에 여러 왕국을 세웠다.

[12] 西羌 중 發羌의 전음이라는 설과 南涼의 禿髮이 와전되었다는 설이 있다. 수나라 초기부터 세력이 커졌으며, 633년 松贊干布가 党項 諸部를 통일하여 토번제국을 세웠다. 토번이 급성장하며 당을 위협하자 당나라는 문성공주를 시집보내는 등 유화책을 썼다. 그러나 송찬간포의 사망 이후 관계가 악화되고 669년 토번이 안서 4진을 함락하면서 완전히 적대 관계로 돌아섰다. 9세기에 후계 다툼으로 내전이 일어나며 842년 멸망하였다.

[13] 北魏 때에는 勿吉, 隋·唐代에는 靺鞨이라 하였다. 粟末·伯咄·安車骨·拂涅·號室·黑水·白山 등이 말갈 7부로 이름이 알려졌다. 물길은 5세기 중반에 발흥하여 동류 송화강 유역을 장악하고 고구려의 北境 및 農安의 부여를 공격하여 멸망시켰다. 이후 물길-말갈계 집단이 농안 지역으로 대거 이주해 들어와 거주하다가, 6세기 말 고구려의 북진으로 일부는 수나라의 요서 지방으로 망명하고 일부는 고구려에 귀속되었다. 이들 말갈은 고구려 멸망 이후 고구려 유민과 함께 발해 건국의 주요 세력이 된다(池內宏, 1930; 傅斯年, 1933; 李學智, 1957; 최남선, 1918; 정인보, 1946; 리지린, 1964; 薛虹, 1980-2; 한규철, 1988; 楊保隆, 1989; 노태돈, 1999; 송호정, 2003; 송기호, 2003).

[14] 契丹은 고대 시라무렌강(Siramuren, 西剌木倫) 지역에서 일어난 부족이다. 거란의 열전은 『魏書』에 처음 입전되었다. 거란이라는 이름이 보이는 가장 오래된 자료는, 北魏의 使者 韓貞이 景明 3년(502)에 契丹으로 가면서 朝陽 동쪽 義縣 부근의 萬佛洞에 새긴 명문이다. 5세기 후반 동쪽에서 고구려가 遼西로 적극적으로 진출하고 서쪽에서 柔然의 압박이 가해지자, 거란은 北魏에 內附하여 白狼水(大凌河)의 동쪽으로 남하하였다. 거란의 別部인 出伏部 등 그 일부는 고구려에 臣屬하였다. 수·당대에는 고구려나 돌궐에 복속하거나 연대하여 수·당에 대항하기도 하고, 반대로 수·당에 복속하여 고구려나 돌궐에 저항하기도 하였다. 唐 太宗은 거란 서쪽에 인접해 있는 庫莫奚를 지배하기 위해서 시라무렌강 상류에 饒樂都督府를 설치하였고, 거란을 지배하기 위해서 營州 부근에 松漠都督府를 설치하였다. 당 초기에는 大賀氏가 지배 씨족인 8부 연맹을 형성하고 있었다. 당 태종은 그 수장인 窟哥를 都督으로 삼고, 李氏 성을 주어 부족민을 다스리게 하였다. 이들은 영주 부근에 살면서 평소에는 자치를 하며 유목 생활을 하다가 당의 고구려 공격과 같은 대외 전쟁 시기에는 藩兵으로 동원되었다. 10세기로 넘어가며 耶律阿保機가 거란 부족을 통일하고 遼나라를 세웠다.

[15] 거란과 함께 東胡 鮮卑 계통으로, 庫莫奚라고도 한다. 활동 지역은 老哈河를 중심으로 遼寧省 阜新市 부근까지, 서쪽으로는 內蒙古自治區 克什克騰旗의 이남 지대까지이다. 4세기 후반에 처음 기록에 등장

조공하였다.

> [大曆]十年 … 二月 … 甲申, 以平盧淄靑節度觀察海運押新羅渤海兩蕃等使檢校工部尙書靑州刺史李正己, 檢校尙書左僕射.

[대력] 10년(775) … 2월 … 갑신에 평로치청절도관찰해운(平盧淄靑節度觀察海運) 압신라발해양번등사(押新羅渤海兩蕃等使) 검교[17]공부상서(檢校工部尙書) 청주자사(靑州刺史) 이정기(李正己)[18]를 검교상서좌복야(檢校尙書左僕射)[19]로 삼았다.

> [大曆]十二年春正月 … 辛酉 … 渤海使獻日本國舞女十一人. … 夏四月 … 壬寅 … 渤海, 奚, 契丹, 室韋, 靺鞨並遣使朝貢.

하며 점차 세력을 확대하여 阿會氏 5부 연맹을 형성하였다. 7세기 초부터 군사력이 거란과 비교될 정도였고 어느 시기에는 거란을 압도하였다. 거란 鮮質可汗의 토벌로 쇠퇴하다가 거란과 함께 回紇에 귀부하였고, 이후 화친과 상쟁을 반복하였다. 요 태조 때 항복하여 해5부가 되었으며 墮瑰部 설치로 해6부로 불렸다. 성종 때 北府에 예속되었다.

16) 隋·唐·五代 時期 牂牁 지역(지금의 貴州省 대부분 및 廣西·雲南의 일부 지역)에 거주하여 붙은 이름이다. 족속은 대체로 漢代의 西南夷에서부터 이어진다. 首領 謝龍羽는 唐 高祖 武德 3년(620) 사신을 파견하여 조공하고 牂州刺史에 제수되었으며 夜郞郡公으로 책봉되었다. 농업을 생업으로 삼았으나 성곽과 읍락 및 문자가 없었고, 전시에는 부족민이 모두 함께 모여 막아냈다.

17) 檢校는 우대하여 원래 正職이나 品階보다 높여 승진시키는 의미로 사용되었으며, 임시 또는 대리의 기능을 표시하는 호칭이다.

18) 李正己(733~781)는 당나라 平盧 출신의 고구려 유민으로, 본명은 懷玉이다. 758년 말 평로절도사 王玄志가 죽자 사촌인 候希逸을 추대하여 평로절도사가 되게 하였다. 후희일과 함께 安史의 난에 참여한 叛軍과 싸워 공을 세웠다. 그러나 761년 奚族이 평로군 지역을 함락하자 靑州로 남하하였고 후희일은 평로치청절도사가 되었다. 765년 후희일을 대신해 평로치청절도사가 되어 '正己'라는 이름을 받았다. 이후 曹·濮·徐·兗·鄆 등 5州를 점령하여 모두 15주를 다스렸다.

19) 僕射는 官名이다. 秦 이후부터 있었던 것이나 唐代의 僕射는 종2품직으로 尙書令 다음의 官位이며, 天子를 보필하여 大政을 의논한다. 玄宗 開元 초에 左·右丞相으로 官이 바뀌었다(『唐六典』 卷1, 尙書省 참조).

[대력] 12년(777) 봄 정월 … 신유 … 발해 사신이 일본국 무녀(舞女) 11인을 바쳤다. … 여름 4월 … 임인 … 발해, 해, 거란, 실위, 말갈이 아울러 사신을 보내 조공하였다.

○ 권12, 본기(本紀) 제12, 덕종(德宗) 상(上)

大曆十四年 … 閏月 … 丙子, 詔諸州府新羅渤海歲貢鷹鷂, 皆停.

대력 14년(779) … 윤[5]월 … 병자에 조서로 여러 주(州)와 부(府), 신라, 발해의 세공인 매와 새매[鷹鷂]를 모두 멈추게 하였다.

○ 권13, 본기(本紀) 제13, 덕종(德宗) 하(下)

[貞元]八年 … 八月 … 辛卯, 以青州刺史李師古, 爲鄆州大都督府長史平盧淄青等州節度觀察海運陸運押新羅渤海兩蕃等使.

[정원] 8년(792) … 8월 … 신묘에 청주자사 이사고(李師古)[20]를 운주대도독부장사(鄆州大都督府長史) 평로치청등주절도관찰해운육운 압신라발해양번등사로 삼았다.

[貞元]十一年 … 二月 … 乙巳, 冊渤海大欽茂之子嵩,[21] 爲渤海郡王忽汗州都督.

[정원] 11년(795) … 2월 … 을사에 발해 대흠무의 아들 [대]숭[린]([大]嵩[璘])[22]을 발해군

---

20) 李師古(?~806)는 고구려 유민으로, 할아버지인 李正己와 아버지 李納의 뒤를 이어 貞元 8년(792)에 平盧淄青節度觀察使 겸 海運押新羅渤海兩蕃使가 되어 지금의 중국 山東省 일대를 지배하였다. 당나라 중앙의 소금 전매제에 맞서 독자적으로 소금 산지를 확보하고, 신분이 미천하거나 죄를 지은 사람 중 인재를 적극적으로 등용하여 藩鎭 중 가장 번성하였다. 806년에 죽자 이복동생인 李師道가 뒤를 이어 절도사가 되었다.
21) '嵩' → '嵩璘'.
22) 발해 제6대 왕인 강왕(재위 794~809)이다. 제3대 문왕의 작은아들이며, 제5대 성왕의 숙부이다. 이름은 大嵩璘이다. 연호는 '正曆'이다.

왕 홀한주[23]도독으로 책봉하였다.

○ 권14, 본기(本紀) 제14, 순종(順宗)

> [貞元]二十一年 … 五月 … 甲辰, 以檢校司空 忽汗州都督 渤海國王大嵩璘, 檢校司徒.

[정원] 21년(805) … 5월 … 갑진에 검교사공[24] 홀한주도독 발해국왕 대숭린을 검교사도로 삼았다.

○ 권14, 본기(本紀) 제14, 헌종(憲宗) 상(上)

> [元和]元年 … 九月 … 丙戌 以渤海國王大嵩璘, 檢校太尉. … 十二月 … 丙戌, 新羅, 渤海, 牂柯, 廻紇 各遣使朝貢.

[원화] 원년(806) … 9월 … 병술에 발해국왕 대숭린을 검교태위[25]로 삼았다. … 12월 … 병술에 신라, 발해, 장가, 회흘이 각기 사신을 보내 조공하였다.

> [元和]二年 … 是歲, 吐蕃, 廻紇, 奚, 契丹, 渤海, 牂柯, 南詔 並朝貢.

[원화] 2년(807) … 이해에 토번, 회흘, 해, 거란, 발해, 장가, 남조(南詔)[26]가 아울러 조공하였다.

---

23) 忽汗州는 忽汗河에서 따온 이름이다. 발해의 3대 문왕 대에 천도한 상경 근처에 있는 鏡泊湖를 忽汗海라고 하며, 이 호수에서 북쪽으로 흘러 나가는 牧丹江은 忽汗河, 忽爾海河, 瑚爾哈河로 불리어 왔다. 홀한주라고 한 것은 당나라의 천하관에 따라 관념적인 羈縻州 행정구역을 설정한 것에 불과하다.
24) 司空은 당의 三公 중 하나로 정1품이다. 실무가 없는 명예직이었다.
25) 太尉는 당의 三公 중 하나로 정1품이다. 실무가 없는 명예직이었다.
26) 唐나라 때 雲南 지방에 있던, 蠻族으로 불린 티베트·미얀마족이 세운 왕국이다. 수도는 大里이다. 738년 6조를 통일하여 당을 위협할 정도로 성장했지만, 902년 鄭買嗣의 반란으로 멸망하였다.

○ 권15, 본기(本紀) 제15, 헌종(憲宗) 하(下)

> [元和]八年春正月 … 庚午, 冊大言義, 爲渤海國王, 授秘書監 忽汗州都督.

[원화] 8년(813) 봄 정월 … 경오에 대언의(大言義)²⁷⁾를 책봉하여 발해국왕으로 삼고 비서감²⁸⁾ 홀한주도독을 제수하였다.

> [元和]十年 … 是歲 渤海, 新羅, 奚, 契丹, 黑水, 南詔, 牂柯並遣使朝貢.

[원화] 10년(815) … 이해에 발해, 신라, 해, 거란, 흑수, 남조, 장가가 아울러 사신을 보내 조공하였다.

> [元和]十一年 … 廻鶻, 奚, 契丹, 牂柯, 渤海等朝貢.

[원화] 11년(816) … 회골(廻鶻),²⁹⁾ 해, 거란, 장가, 발해 등이 조공하였다.

> [元和]十三年 … 五月 … 辛丑, 知渤海國務大仁秀, 檢校秘書監忽汗州都督, 冊爲渤海國王. … 是歲, 廻紇, 南詔蠻, 渤海, 高麗, 吐蕃, 奚, 契丹, 訶陵國並朝貢.

[원화] 13년(818) … 5월 … 신축에 지발해국무(知渤海國務) 대인수(大仁秀)³⁰⁾를 검교비서

---

27) 발해 제8대 왕인 僖王(재위 812~817)으로, 연호는 朱雀이다. 제7대 정왕의 동생이며, 제9대 간왕의 형이다.
28) 비서감은 당 비서성의 장관으로, 종3품이다. 현종의 開元令 전에는 九卿의 아래에 있었으나, 개원령 후부터 구경의 위로 옮겨졌다.
29) 회골의 이름은 『宋史』, 『遼史』 등에 回鶻, 高昌回鶻, 甘州回鶻, 龜玆回鶻, 阿薩蘭回鶻 등이 나온다. 각기 그 거주하는 곳이나 왕의 이름을 따서 부른 것이다.
30) 발해 제10대 왕인 선왕으로, 연호는 建興이다. 『구당서』 발해전에는 제8대 희왕에 이어 818년에 대인수

감 홀한주도독으로 삼고 발해국왕으로 책봉하였다. … 이해에 회흘(廻紇), 남조만(南詔蠻), 발해, 고려, 토번, 해, 거란, 가릉국(訶陵國)이 아울러 조공하였다.

○ 권16, 본기(本紀) 제16, 목종(穆宗)

> [元和]十五年 … 秋七月 … 乙卯 … 平盧軍新加押新羅渤海兩蕃使, 賜印一面, 許置巡官一人.

[원화] 15년(820) … 가을 7월 … 을묘 … 평로군(平盧軍)에 새로 압신라발해양번사(押新羅渤海兩蕃使)를 더하고 인장 1면을 하사하여 순관(巡官) 1인을 두는 것을 허락하였다.

○ 권17 상(上), 본기(本紀) 제17 상(上), 경종(敬宗)

> [長慶]四年 … 二月 … 壬午, 渤海送備宿衛大聰叡等五十人, 入朝.

[장경] 4년(824) … 2월 … 임오에 발해가 숙위(宿衛) 대총예(大聰叡) 등 50인을 갖추어 보내 입조하였다.

○ 권17 하(下), 본기(本紀) 제17 하(下), 문종(文宗) 하(下)

> [大和]五年春正月 … 己丑, 以權知渤海國務大彝震, 檢校秘書監忽汗州都督渤海國王.

[대화] 5년(831) 봄 정월 … 기축에 권지발해국무[31) 대이진(大彝震)[32)을 검교비서감 홀한

가 즉위한 것으로 되어 있으나, 『신당서』 발해전에는 817년 희왕의 사후 그의 동생인 簡王 大明忠이 즉위하여 1년 뒤인 818년에 죽자 대인수가 즉위한 것으로 나온다. 대인수는 대명충의 從夫로, 대조영의 아우인 大野勃의 4세손이다. 818년에 즉위하여 830년까지 13년간 재위하였다.

31) 權知는 임시로 일을 맡아 처리하는 직책이며, 여기에서는 발해국의 업무를 임시로 맡아 처리하는 직위이다. 당시에 발해는 당과 책봉 체제하에 놓여 있었으므로, 당으로부터 정식으로 책봉을 받을 때까지는

주도독 발해국왕으로 삼았다.

> [大和]六年 … 十二月 … 戊辰, 內養王宗禹渤海使迴, 言渤海置左右神策軍左右三軍一百二十司, 畵圖以進.

[대화] 6년(832) … 12월 … 무진에 내양(內養) 왕종우(王宗禹)가 발해에 사신으로 갔다 돌아와서, 발해가 좌우 신책군(左右神策軍), 좌우 삼군(左右三軍), 120사(司)를 설치하였다고 말하고 그림을 그려 올렸다.

> [大和]七年 … 二月 … 己卯, 麟德殿對吐蕃渤海牂柯昆明等使.

[대화] 7년(833) … 2월 … 기묘에 인덕전(麟德殿)[33]에서 토번(吐蕃), 발해, 장가(牂柯), 곤명(昆明) 등의 사신을 대면하였다.

○ 권18 상(上), 본기(本紀) 제18 상(上), 무종(武宗)

> [會昌]六年春正月 … 己未, 南詔, 契丹, 室韋, 渤海, 牂柯, 昆明等國遣使入朝, 對於麟德殿. … 己丑, 渤海王子大之萼入朝.

[회창] 6년(846) 봄 정월 … 기미에 남조, 거란, 실위, 발해, 장가, 곤명 등의 나라가 사신을

  권지국무라는 이름으로 대외 관계를 수행하고, 내부적으로는 발해 왕위를 계승한 것이다.
32) 발해 제11대 왕으로, 시호는 알 수 없으며 연호는 咸和이다. 선왕의 손자로, 선왕의 아들인 新德이 일찍 죽어 즉위하였다. 『구당서』 발해전에는 선왕의 사망 연도가 831년으로 적혀 있으나, 『신당서』 발해전에는 830년으로 되어 있고 이듬해인 831년 조서를 내려 대이진에게 작위를 세습하게 하였다. 이를 따른다면 대이진은 830년부터 857년까지 27년간 재위하였다.
33) 당나라 수도 長安城 大明宮의 부속 건물로, 황제가 國宴을 베풀고 佛事나 外事를 보던 곳이다. 인덕전의 동쪽으로는 太液池가 있으며, 서쪽으로는 서궁 벽에 접하여 있다. 당 고종 麟德 연간(664~665)에 건립되었다. 대명궁에서 가장 큰 구역을 차지하는데, 면적이 1만m²가 넘는다(윤장섭, 1999).

보내 입조하니, 인덕전에서 대면하였다. … 기축에 발해 왕자 대지악(大之萼)이 입조하였다.

○ 권18 하(下), 본기(本紀) 제18 하(下), 선종(宣宗)

> [大中]十二年 … 二月 … 以渤海國王弟權知國務大虔晃, 爲銀靑光祿大夫 檢校秘書監 忽汗州都督, 冊爲渤海國王.

[대중] 12년(858) … 2월 … 발해국왕의 아우 권지국무 대건황(大虔晃)을 은청광록대부(銀靑光祿大夫)[34] 검교비서감 홀한주도독으로 삼고 발해국왕으로 책봉하였다.

○ 권20 상(上), 본기(本紀) 제20 상(上), 소종(昭宗)

> [龍紀]元年 … 十月己未朔, 靑州節度使王敬武卒. 制以特進太子少師博陵郡開國侯食邑一千戶崔安潛, 檢校太傅兼侍中靑州刺史平盧軍節度觀察押新羅渤海兩蕃等使.

[용기] 원년(889) … 10월 기미 초하루에 청주절도사 왕경무(王敬武)가 죽었다. 제서를 내려 특진태자소사(特進太子少師) 박릉군개국후(博陵郡開國侯) 식읍일천호 최안잠(崔安潛)을 검교태부 겸 시중 청주자사 평로군절도관찰 압신라발해양번등사로 삼았다.

> [大順]二年 … 三月辛亥朔, 以靑州權知兵馬留後王師範, 檢校兵部尙書兼靑州刺史御史大夫充平盧軍節度觀察押新羅渤海兩蕃等使.

[대순] 2년(891) … 3월 신해 초하루에 청주권지병마유후(靑州權知兵馬留後) 왕사범(王師範)을 검교병부상서 겸 청주자사 어사대부 충평로군절도관찰 압신라발해양번등사로 삼았다.

---

34) 銀靑光祿大夫는 당의 종3품 文散官職이다.

○ 권23, 지(志) 제3, 예의(禮儀) 3

> [開元]十三年十一月丙戌, 至泰山 … 壬辰, 玄宗御朝觀之帳殿, 大備陳布. 文武百僚, 二王後, 孔子後, 諸方朝集使, 岳牧擧賢良及儒生・文士上賦頌者, 戎狄夷蠻羌胡朝獻之國, 突厥頡利發, 契丹・奚等王, 大食・謝䫻・五天十姓, 崑崙・日本・新羅・靺鞨之侍子及使, 內臣之番, 高麗朝鮮王, 百[35)]濟帶方王, 十姓摩阿史那興昔可汗, 三十姓左右賢王, 日南・西竺[36)]・鑿齒・雕題・牂柯・烏滸之酋長, 咸在位.

　[개원] 13년(725) 11월 병술에 태산에 이르렀다. … 임진에 현종[37)]이 친히 조회하는 장전(帳殿)을 크게 갖추어 늘어서도록 하였다. 문무백료들, 두 왕의 후예(전 왕조와 그 전 왕조의 후손을 의미), 공자(孔子)의 후예, 사방의 조집사(朝集使), 산에서 수양하다 천거된 현량(賢良) 및 유생, 문사로 부송(賦頌)을 올린 자, 융적이만강호(여러 오랑캐)로 조헌(朝獻)하는 나라인 돌궐[38)]의 힐리발, 거란・해 등의 왕, 대식・사율・다섯 천축의 십성(十姓), 곤명, 일본, 신라, 말갈[39)]의 시자 및 사절, 내신으로 번국인 고려조선왕, 백제대방왕, 10성 마아사나흥석가

---

35) 「무영전본」에는 '伯'.
36) 「무영전본」에는 '西二', 『唐會要』 권8에는 '西竺'. '西竺'이 맞다.
37) 당나라 제6대 황제로, 이름은 李隆基이다. 睿宗의 셋째 아들로 楚王에 봉해졌다가 臨淄王으로 改封되었다. 景雲 초에 太平公主와 함께 韋后와 그 일당을 소탕하고 睿宗을 복위시켰으며, 太子로서 朝政에 참여하였다. 712년 즉위했고 이듬해 태평공주와 그 일당을 숙청하였다. 開元 연간(713~741) 사회 안정과 경제 발전, 문화 번영, 國勢의 강성을 이루어 이 시기 통치를 '開元之治'라 한다. 그러나 天寶 연간(742~756) 이후 楊貴妃를 총애하고 李林甫와 楊國忠을 宰相으로 등용하게 되면서 정치가 부패하였다. 安史의 난이 일어나자 천보 15년(756) 6월 蜀으로 도망갔으며, 7월 太子 李亨이 靈武에서 즉위한 뒤에 太上皇을 칭하였다. 至德 2년(757) 말 촉에서 長安으로 돌아와 興慶宮에 유폐되었다가 죽었다. 泰陵에 장사 지냈으며 시호는 至道大聖大明孝皇帝이다.
38) 6세기부터 8세기 사이에 중앙아시아와 동북아시아 북부 스텝 지대에서 활동한 튀르크계의 민족명이자 국명이다. 광의로는 돌궐과 철륵 제부가 포함되며 협의로는 突厥 可汗國을 가리킨다. 6세기경 알타이산 이남에서 유목하였는데, 이 산의 모습이 투구처럼 생겨서 돌궐이라는 이름이 붙었다고 한다. 阿史那土門이 552년 유연을 격파하고 伊利可汗이 되어 돌궐칸국(제1돌궐제국)을 세웠으나, 582년 西面可汗 達頭와 大可汗 沙鉢略의 불화로 동・서 돌궐로 나누어졌다. 동돌궐은 630년에 당에 멸망하였고, 서돌궐은 659년에 당에 복속되었다. 679년부터 681년까지 돌궐 민족이 당에 반기를 들고, 阿史那骨篤祿이 682년 제2돌궐제국(東突厥可汗國)을 세웠다. 이 제국은 745년까지 존속하였다.

한(摩阿史那興昔可汗), 30성 좌우현왕, 일남, 세[천]축, 착치, 조제, 장가, 오호의 추장이 모두 자리에 있었다.

○ 권38, 지(志) 제18, 지리(地理) 1

平盧軍節度使, 鎭撫室韋靺鞨, 統平盧盧龍二軍, 楡關守捉, 安東都護府.【平盧軍節度使治, 在營州, 管兵萬七千五百人, 馬五千五百疋. 平盧軍, 在營州城內, 管兵萬六千人, 馬四千二百疋. 盧龍軍, 在平州城內, 管兵萬人, 馬三百疋. 楡關守捉, 在營州城西四百八十里, 管兵三百人, 馬百疋. 安東都護府, 在營州東二百七十里, 管兵八千五百人, 馬七百疋.】

평로군절도사(平盧軍節度使)는 실위와 말갈을 진무하고 평로와 노룡 2군과 유관수착(楡關守捉), 안동도호부(安東都護府)[40]를 통솔한다.【평로군절도사의 치소는 영주(營州)[41]에 있으

---

39) 발해로 보고 있다.
40) 668년에 당나라가 고구려를 멸망시킨 뒤 평양에 안동도호부를 설치하고 薛仁貴를 도호부사로 삼아 고구려 땅을 통치하도록 하였다. 고구려부흥운동이 일어나고 신라가 고구려·백제 유민과 함께 당에 항쟁을 펼치자, 당은 한반도에서 물러나 676년에 도호부를 遼東의 遼陽 지역으로 옮겼고, 677년에 다시 新城으로 옮겼다. 696년에는 요서 지역인 營州에서 거란 李盡忠의 난이 일어나며, 요동 지역 역시 전란에 휩싸였다. 대조영이 이끄는 고구려 유민과 말갈인이 天門嶺전투에서 승리하며 발해 건국에 성공한 이후 요동에서 당의 세력이 크게 약화되었고, 당은 699년에 안동도호부를 안동도독부로 낮추었으며 幽州(지금의 北京)에 移屬시켰다. 이후 다시 도호부로 복귀되었으나 714년 平州로, 743년 遼西故郡城으로 府治를 옮겼다가, 安祿山의 난을 계기로 758년에 완전히 폐지되었다(日野開三郎, 1984, 26~36쪽; 권은주, 2010).
41) 지금의 중국 遼寧省 朝陽市 일대이다. 영주의 지명은 『爾雅』「釋地」 등 고전에 9주나 2주의 하나로 일찍부터 나오지만, 영주가 요서 지역에 처음 설치된 것은 後趙 시기이다. 石虎가 지금의 中國 灤河·永平 부근에 영주를 설치하였고, 遼西·北平의 2郡을 거느리게 했다. 北魏 시기에는 治所를 朝陽 지역의 和龍城에 두고, 昌黎·建德·遼東·樂良·冀湯·冀陽·營丘의 7郡을 거느렸다. 隋代와 唐代에도 營州라고 불렸다. 당나라 초기부터 이 땅에는 거란족과 해족 등 다양한 민족이 거주하였고, 당이 고구려를 공격할 때 그 교두보 역할을 하였다. 고구려 멸망 이후에는 많은 고구려 유민과 고구려 예하에 있던 말갈인들이 당 內地로 끌려가면서 일부가 이곳에 남았다. 이들 중 상당수는 696년 거란 李盡忠의 반란을 계기로 東走하여 발해 건국에 참여하였다. 이곳은 이후에도 당나라가 동북방 민족들을 공제하고 방어하는 중요한 거점이었다.

며, 병사 1만 7,500인과 말 5,500필을 관리한다. 평로군은 영주 성 안에 있으며, 병사 1만 6,000인과 말 4,200필을 관리한다. 노룡군(盧龍軍)은 평주(平州) 성 안에 있고 병사 1만 인과 말 300필을 관리한다. 유관수착은 영주성 서쪽 480리에 있으며, 병사 300인과 말 100필을 관리한다. 안동도호부는 영주 동쪽 270리에 있으며, 병사 8,500인과 말 700필을 관리한다.】

> 唐土東至安東府 … 南北如前漢之盛, 東則不及, 西則過之.【漢地東至樂浪玄菟, 今高麗渤海是也. 今在遼東非唐土也. …】

당나라의 땅은 동으로 안동[도호]부에 이른다. … 남북은 전한(前漢)의 전성 시기와 비슷하다. 동으로는 곧 미치지 못했고 서로는 곧 그것을 넘었다.【한나라 땅의 동쪽은 낙랑과 현토에 이르렀는데 지금의 고려와 발해가 그것이다. 지금 요동에 있는데, 당나라 땅이 아니다. …】

○ 권39, 지(志) 제19, 지리(地理) 2

> [河北道]營州上都督府 … 貞觀 … 十年, 又督愼州. 今督七州. 萬歲通天二年, 爲契丹李萬榮所陷. 神龍元年, 移府於幽州界置, 仍領漁陽, 玉田二縣. 開元四年, 復移還柳城. 八年, 又往就漁陽. 十一年, 又還柳城舊治. 天寶元年, 改爲柳城郡. 乾元元年, 復爲營州. … 柳城漢縣, 屬遼西郡. 室韋, 靺鞨諸部, 並在東北. 遠者六千里, 近者二千里. 西北與奚接界, 北與契丹接界. … 愼州, 武德初置, 隸營州, 領涑沫靺鞨烏素固部落. 萬歲通天二年, 移於淄青, 州安置. 神龍初, 復舊, 隸幽州. … 夷賓州, 乾封中, 於營州界內置, 處靺鞨愁思嶺部落, 隸營州都督. 萬歲通天二年, 遷於徐州. 神龍初, 還隸幽州都督. … 黎州, 載初二年, 析愼州置, 處浮渝靺鞨烏素固部落, 隸營州都督. 萬歲通天元年, 遷於宋州管治, 神龍初還, 改隸幽州都督.

[하북도] 영주상도독부 … 정관 … 10년(636) 또 신주(愼州)를 감독하였다. 지금은 7주(州)를 감독한다. 만세통천 2년(697) 거란 이진충(李盡忠)[42]과 손만영(孫萬榮)이 영주를 함락시

---

42) 거란의 추장으로 松漠都督이 되어 당 高宗 永徽 5년(654)에 고구려의 공격을 新城에서 막아 공을 세운

켰다. 신룡 원년(705)에 부(府)를 유주(幽州) 경내에 옮겨 설치하였다. 이에 어양(漁陽)과 옥전(玉田) 2현을 거느렸다. 개원 4년(716)에 다시 유성(柳城)에 돌려보내었다. 8년(720)에 다시 어양으로 갔다. 11년(723)에 또 유성의 옛 치소로 돌아갔다. 천보 원년(742)에 유성군으로 고쳤다. 건원 원년(758)에 영주로 삼았다. … 유성한현(柳城漢縣)은 요서군(遼西郡)에 속하였다. 실위, 말갈 여러 부가 모두 동북에 있었다. 먼 자는 6천 리요, 가까운 자는 2천 리이다. 서북으로는 해와 경계를 접하며, 북으로는 거란과 경계를 접한다. … 신주는 무덕(618~626) 초에 설치하였다. 영주에 예속되어 속말말갈(涑沫靺鞨) 오소고부락(烏素固部落)을 거느렸다. 만세통천 2년에 치청(淄靑)으로 옮겨 주를 안치하였다. 신룡(705~707) 초에 옛 땅으로 복치하여 유주에 예속시켰다. … 이빈주(夷賓州)는 건봉(666~668) 중에 영주 경내에 설치하여, 말갈 추사령부락(愁思嶺部落)을 두고 영주도독에 예속하였다. 만세통천 2년에 서주(徐州)로 옮겼고, 신룡 초에 유주도독에 돌려 예속시켰다. … 여주(黎州)는 재초 2년(691) 신주를 나누어 설치하고, 부유말갈(浮渝靺鞨) 오소고부락을 머물게 하고 영주도독에 예속시켰다. 만세통천 원년(696) 송주(宋州)로 옮겨 다스렸고, 신룡 초에 되돌려 유주도독에 고쳐 예속시켰다.

○ 권109, 열전(列傳) 제59, 이다조(李多祚)

> 李多祚, 代爲靺鞨酋長. … 睿宗卽位, 下制曰: 以忠報國, 典冊所稱, 感義捐軀, 名節斯在. 故右羽林大將軍上柱國遼陽郡王李多祚, 三韓貴種, 百戰餘雄. 席寵禁營, 乃心王室, 仗茲誠信, 翻陷誅夷. 賴彼神明, 重淸姦慝, 永言徽烈, 深合褒崇. 宜追歿後之榮, 以復生前之命, 可還舊官, 仍宥其妻子.

이다조(李多祚)는 대대로 말갈 추장이었다. … 예종⁴³⁾이 즉위하여 제서를 내려 말하기를

李窟哥의 손자이다. 측천무후 萬歲通天 원년(696) 5월에 기근이 들었음에도 營州都督 趙文翽가 진휼하지 않고 거란 추장들을 奴僕처럼 천시하자 처남 손만영과 함께 반란을 일으켰다. 영주를 함락하여 조문홰를 살해하고 하북의 長城 이남까지 진격하였으나, 9월에 病死하였다.

43) 당나라 제5대 황제이며, 이름은 李旦이다. 高宗의 여덟째 아들로, 則天武后의 소생이었다. 684년 측천무후가 臨朝稱制하며 中宗을 폐위한 뒤 예종을 제위에 올렸지만, 政事에 간여하지 못하였다. 705년 중종이 다시 즉위하자 司徒 右羽林衛大將軍에 제수되었다. 측천무후가 집권하던 시기부터 중종 때까지 정변이 많이 일어났으나, 처신을 잘하여 화를 면하였다. 710년 韋后가 중종을 독살하자 臨淄王 李隆基가

"충성으로 나라에 보답하는 것은 전책(典冊)에서 일컬은 바이고, 의리에 감응하여 목숨을 희생하는 것은 명예와 절개가 곧 있는 것이다. 고(故) 우우림대장군(右羽林大將軍) 상주국(上柱國) 요양군왕(遼陽郡王) 이다조는 삼한(三韓)의 귀종(貴種)으로 백전의 영웅이다. 금영(禁營)에 있으며 총애를 받아 왕실에 마음을 쓰며, 정성과 신의에 의지하여 오랑캐를 뒤집고 함락하여 주살하였다. 그의 신명(神明)에 힘입어 거듭 간특한 것을 깨끗하게 하였으니, 길이 남을 말과 아름다운 공은 포상하고 높이기에 매우 합당하다. 마땅히 죽은 뒤의 영광을 이루고 생전의 명예를 회복하며 옛 관직을 되돌리고 이어 그 처자를 사면하는 것이 옳다."라고 하였다.

○ 권121, 열전(列傳) 제71, 이회광(李懷光)

> 李懷光, 渤海靺鞨人也. 本姓茹, 其先徙于幽州. 父常爲朔方列將, 以戰功賜姓氏. 更名嘉慶.

이회광(李懷光)[44]은 발해말갈인이다. 본래 성은 여(茹)로 그 선조가 유주(幽州)로 옮겼다. 부친 상(常)이 삭방(朔方) 열장이 되었고, 전공으로 성씨를 하사받았다. 다시 이름을 가경(嘉慶)으로 고쳤다.

○ 권124, 열전(列傳) 제74, 설숭(薛嵩)

> 嵩子平 … 及平李師道, 朝廷以東平十二州析爲三道, 以淄靑齊登萊五州爲平盧軍.

위후 등을 죽이고 다시 옹립하지만, 정권은 太子 이융기와 太平公主가 장악하였다. 712년 玄宗(이융기)에게 讓位하여 太上皇이라 자칭하고 大政만 처결하였다. 이듬해 현종이 태평공주 일파를 주살하자 현종에게 정권을 돌려주었다. 붕어 이후에 橋陵에 묻혔으며, 시호는 玄眞皇帝이다.

44) 李懷光(927~785)은 본래 성이 茹이며, 渤海靺鞨인이다. 출신에 대해서는 발해국에서 당으로 귀화한 말갈족으로 보기도 하나, 그 선조가 일찍이 幽州에 옮겨가 살았던 것으로 기록되어 있어 고구려 출신일 가능성도 있다. 부친의 이름은 茹常으로 朔方將軍이었는데, 전공을 세워 賜姓을 받고 李嘉慶이라 하였다. 이회광은 어려서부터 종군하였고, 朔方節度使 郭子儀의 신뢰를 받았다. 이후 邠寧節度使, 삭방절도사 등을 역임하면서 朱泚 등 반란 세력을 진압하는 데 큰 공을 세워 784년 太尉직과 鐵券을 받았으나, 곧바로 반란을 일으켰다. 이듬해 가을 삭방군 장수 牛名俊에 의해 살해당했다.

以平爲節度觀察等使, 仍押新羅渤海兩蕃使.

[설]숭([薛]嵩)의 아들 [설]평([薛]平) … 이사도(李師道)를 평정함에 미쳐 조정에서 동쪽으로 평정한 12주(州)를 나눠 3도(道)로 삼고, 치(淄)·청(靑)·제(齊)·등(登)·내(萊) 5주를 평로군(平盧軍)으로 삼았다. [설]평을 절도관찰등사로 삼고 거듭 압신라발해양번사로 삼았다.

○ 권124, 열전(列傳) 제74, 이정기(李正己)

李正己, 高麗人也. 本名懷玉, 生於平盧. 乾元元年, 平盧節度使王玄志卒, 會有勅遣使來存問, 懷玉恐玄志子爲節度, 遂殺之. 與軍人共推立侯希逸爲軍帥. 希逸母卽懷玉姑也. 後與希逸同至靑州. … 節度使侯希逸卽其外兄也. … 希逸奔走, 遂立正己爲帥, 朝廷因授平盧淄靑節度觀察使 海運押新羅渤海兩蕃使 檢校工部尙書 兼御史大夫 靑州刺史, 賜今名. … 大曆中, 薛嵩死, 及李靈曜之亂, 諸道共攻其地, 得者爲己邑. 正己復得曹濮徐兗鄆, 共十有五州, 內視同列, 貨市渤海名馬, 歲歲不絶. … 貞元八年, 納死. 軍中以師古代其位而上請. 朝廷因而授之, 起復右金吾大將軍同正平盧及靑淄齊節度營田觀察 海運陸運 押新羅渤海兩蕃使. … 師道, 師古異母弟, 其母張忠志女. 師道時知密州事, 師古死, 其奴不發喪, 潛使迎師道於密而奉之. … 元和元年 … 十月, 加檢校工部尙書 兼鄆州大都督府長史 充平盧軍及淄靑節度副大使 知節度事 管內支度營田觀察處置 陸運海運 押新羅渤海兩蕃等使.

이정기(李正己)는 고[구]려인이다. 본명은 회옥(懷玉)으로 평로(平盧)에서 태어났다. 건원 원년(758) 평로절도사 왕현지(王玄志)가 죽자 때마침 칙서로 사신을 보내 존문하게 하였다. 회옥이 현지의 아들이 절도가 될 것을 두려워하여 마침내 그를 죽이고, 군인들과 더불어 후희일(侯希逸)을 추대하여 군수로 세웠다. 희일의 모친은 곧 회옥의 고모이다. 뒤에 [이정기는] 희일과 함께 청주에 이르렀다. … [평로]절도사 후희일은 즉 그의 외사촌 형이다. … 희일이 도망하자 마침내 정기를 세워 원수로 삼았다. 조정에서 이로 인해 평로치청절도관찰사 해운압

신라발해양번사 검교공부상서 겸 어사대부 청주자사를 제수하고 지금의 이름을 하사하였다. … 대력(766~779) 중에 설숭(薛嵩)이 죽고 이영요(李靈曜)의 난이 일어나자 여러 도가 함께 그 땅을 공격하여 얻은 것을 자신의 읍으로 삼았다. 정기가 다시 조(曹)·복(濮)·서(徐)·연(兗)·운(鄆) 등 모두 15주를 얻고, 안으로 동열(同列)을 엿보았다. 시장에서 발해의 명마를 거래하였는데 매해 끊이지 않았다. … 정원 8년(792)에 [이]납([李]納)이 죽자 군중에서 [이]사고([李]師古)를 대신하여 세울 것을 위에 청하였다. 조정이 이로 인해 제수하여 우금오대장군 동정평로 및 청치제절도 영전관찰 해운육운 압신라발해양번사로 기복(起復)⁴⁵⁾하게 하였다. … [이]사도([李]師道)는 사고의 배다른 동생으로 그 모친은 장충지(張忠志)의 딸이다. 사도 때에 지밀주사였다. 사고가 죽자 그 노비가 상을 알리지 않고 몰래 사신을 보내 사도를 맞아 비밀리에 그를 받들었다. … 원화 원년(806) … 10월 [이사도에게] 검교공부상서 겸 운주대도독부 장사 충평로군 및 치청절도부대사 지절도사 관내지도영전관찰처치 육운해운 압신라발해양번등사를 더하였다.

○ 권145, 열전(列傳) 제95, 유전량(劉全諒)

劉全諒, 懷州武陟人也. 父客奴. … 十五載四月, 授客奴柳城郡太守攝御史大夫平盧節度支度營田陸運押兩蕃渤海黑水四府經略及平盧軍使, 仍賜名正臣.

유전량(劉全諒)은 회주 무척 사람이고, 부친은 객노(客奴)이다. … [천보] 15년(756) 4월에 객노에게 유성군 태수 섭어사대부 평로절도 지도영전육운 압양번발해흑수사부경략 및 평로군사를 제수하였고, 거듭 정신(正臣)이라는 이름을 하사하였다.

○ 권145, 열전(列傳) 제95, 이희열(李希烈)

[建中]三年秋, 加希烈檢校司空, 兼淄青兗鄆登萊齊等州節度支度營田, 新羅渤海兩蕃使, 令討襲正己.

---

45) 起復出仕의 준말로, 상중에 있는 관리를 상이 끝나기 전에 기용하는 것을 말한다.

[건중] 3년(782) 가을에 [이]희열([李]希烈)에게 검교사공 겸 치·청·연·운·등·래·제 등 주 절도 지도영전 신라발해양번사를 더하고, [이]정기([李]正己)를 습격하여 토벌하게 하였다.

○ 권175, 열전(列傳) 제125, 헌종(憲宗) 이십자(二十子), 건왕(建王) 각(恪)

建王恪, 本名審, 憲宗第十子也. 元和元年八月, 淄青節度李師古卒, 其弟師道擅領軍務, 以邀符節. 朝廷方興討罰之師, 不欲分兵兩地, 乃封審爲建王. 間一日, 授開府儀同三司鄆州大都督充平盧軍淄青等州節度營田觀察處置陸運海運押新羅渤海兩蕃等使, 而以師道爲節度留後.

건왕(建王) 각(恪)은 본명이 심(審)으로, 헌종의 열 번째 아들이다. 원화 원년(806) 8월 치청절도 이사고가 죽자 그 아들 [이]사도가 멋대로 군무를 차지하고 부절을 요구하였다. 조정은 바야흐로 죄를 토벌할 군사를 일으키려 했으나, 병사를 두 곳으로 나누기를 원하지 않았다. 마침내 심을 건왕으로 봉하고 하루 사이에 개부의동삼사[46] 운주대도독을 제수하고, 평로군 치·청 등 주 절도 영전관찰처치 육운해운 압신라발해양번등사를 제수하였다. 그리고 사도를 절도유후(節度留後)로 삼았다.

○ 권199 상(上), 열전(列傳) 제149 상(上), 동이(東夷) 고려(高麗)

儀鳳中, 高宗授高藏開府儀同三司, 遼東都督, 封朝鮮王, 居安東, 鎭本蕃爲主. 高藏至安東, 潛與靺鞨相通, 謀叛. 事覺, 召還, 配流邛州, 幷分徙其人, 散向河南, 隴右諸州, 其貧弱者留在安東城傍.

의봉(676~679) 중에 고종(高宗)이 고장(高藏)에게 개부의동삼사 요동도독을 제수하고 조선왕에 봉하여, 안동(安東)에 머물러 본번(本蕃)을 진수하는 책임자로 삼았다. 고장이 안동에

---

46) 당나라 文散階 가운데 종1품. 중국 후한과 위진남북조 시기부터 사용되었으며, 문산관의 최고 품계로 대우를 받았다. 三司와 마찬가지로 스스로 관아를 설치하여 속관을 둘 수 있었다.

이르러 몰래 말갈과 서로 통하여 반란을 모의하였다. 일이 발각되자 [고장을] 소환하여 공주(邛州)로 유배하고 아울러 그 사람들을 나누어 하남(河南)과 농우(隴右)의 여러 주로 흩어 보냈으며, 빈약자는 안동성 곁에 남겼다.

○ 권199 상(上), 열전(列傳) 제149 상(上), 동이(東夷) 백제(百濟)

> 儀鳳二年, 拜光祿大夫, 太常員外卿兼熊津都督 帶方郡王, 令歸本蕃, 安輯餘衆. 時百濟本地荒毀, 漸爲新羅所據, 隆竟不敢還舊國而卒. 其孫敬, 則天朝襲封帶方郡王, 授衛尉卿. 其地自此爲新羅及渤海靺鞨所分, 百濟之種遂絶.

의봉 2년(677), [부여융(扶餘隆)에게] 광록대부, 태상원외경 겸 웅진도독 대방군왕을 제수하고, 본번으로 돌아가 남은 무리를 안정시키고 합치게 하였다. 이때 백제의 본땅은 황폐해지고 점차 신라에 점거되어 [부여]융이 끝내 감히 옛 나라로 돌아가지 못하고 죽었다. 그 손자 [부여]경([扶餘]敬)은 측천[무후][47] 시기에 대방군왕을 이어 책봉되었고 위위경[48]을 제수받았다. 그 땅은 이때부터 신라와 발해말갈이 나누어 가진 바 되었고, 백제의 종족은 마침내 끊어졌다.

○ 권199 상(上), 열전(列傳) 제149 상(上), 동이(東夷) 신라(新羅)

> [開元]二十一年, 渤海靺鞨越海入寇登州, 時興光族人金思蘭先因入朝留京師, 拜爲太僕員外卿, 至是遣歸國發兵以討靺鞨, 仍加授興光爲開府儀同三司寧海軍使.

[개원] 21년(733) 발해말갈이 바다를 건너 등주(登州)에 들어가 노략질하였다. 이때 [신라

---

47) 唐 高宗의 皇后(624~705). 幷州 文水人 武士彟의 딸. 원래 太宗의 후궁이었다가 고종의 황후가 되었다. 고종의 사후에 친아들 中宗과 睿宗을 번갈아 폐위시킨 뒤 690년에 국호를 周로 바꾸고 황제가 되었다. 705년 병으로 인해 太上皇으로 물러나자 中宗이 복위하며 당 왕조가 부활하였고, 그해 12월에 사망하여 황후로서 장례를 치렀다.
48) 衛尉卿은 唐 9寺 가운데 하나인 위위시의 장관으로, 종3품이다. 儀仗과 帷幕, 武器庫 관리 등의 일을 하며, 兵部의 政令을 따랐다.

왕] 흥광(興光)의 족인인 김사란(金思蘭)[49]이 앞서 입조하여 경사에 머물렀으므로 배수하여 태복원외경으로 삼았다. 이때에 이르러 [그를] 보내 귀국하여 군사를 일으켜 말갈을 토벌하게 하고, 거듭 흥광에게 개부의동삼사 영해군사[50]를 더하여 제수하였다.

○ 권199 하(下), 열전(列傳) 제149 하(下), 북적(北狄) 말갈(靺鞨)

靺鞨, 蓋肅愼之地, 後魏謂之勿吉. 在京師 東北六千餘里. 東至於海, 西接突厥, 南界高麗, 北鄰室韋. 其國凡爲數十部, 各有酋帥, 或附於高麗, 或臣於突厥. 而黑水靺鞨最處北方, 尤稱勁健, 每恃其勇, 恆爲鄰境之患.

말갈은 대개 숙신의 땅으로, 후위(북위)에서 물길이라고 하였다. 경사에서 동북쪽으로 6천여 리에 있다. 동쪽으로는 바다에 이르고 서쪽으로는 돌궐과 접하며, 남쪽으로는 고[구]려와 경계를 접하고 북쪽으로는 실위와 이웃하였다. 그 나라는 모두 수십 부로, 각 [부마다] 추수가 있는데, 혹은 고[구]려에 부용하고 혹은 돌궐에 신속하였다. 그리고 흑수말갈[51]이 가장 북방에 거주하였는데, 가장 굳세고 강하다고 말하며, 늘 그 용맹을 자부하므로 항상 이웃 지역의

---

49) 신라의 왕족으로 일찍이 당나라에 건너가 太僕員外卿을 받고, 宿衛로 있었다. 732년(성덕왕 31) 발해가 당나라의 登州를 공격하자, 당 현종이 이듬해 7월 김사란을 귀국시켜 신라에게 발해의 남쪽을 공격하게 하였다(『삼국사기』 권제8, 「신라본기」 제8, 성덕왕 32년). 『冊府元龜』에는 개원 21년(733) 정월 신라에 사신으로 간 것으로 나온다(『冊府元龜』 권975, 外臣部 20 褒異 2). 『삼국유사』에는 이해에 당이 北狄을 공격하기 위해 신라에 604명을 보냈다는 기록이 있다(『삼국유사』 권제2, 紀異 제2 孝成王조).
50) 寧海軍使는 발해가 바닷길을 통해 당의 登州를 공격하자, 바닷길을 안정시킬 목적으로 신라 성덕왕에게 임시로 준 使職이었다. 이후 신라왕의 책봉호의 하나로 계속 사용되었다.
51) 黑水靺鞨은 고구려 시기의 靺鞨 7部 가운데 하나로, 가장 강한 세력으로 꼽힌다. 『구당서』 말갈전에는 흑수말갈이 가장 북방에 있으면서 제일 강성하여 늘 용맹을 과시하므로 항상 이웃의 걱정이 되었다고 하였다. 『신당서』 흑수말갈전에는 고구려 멸망 후 말갈 6부가 당에 들어가거나 분산되어 점차 미약해지고 유민들은 발해로 들어갔지만, 흑수만이 완강하여 16부락으로 나뉘어 남부와 북부로 일컬었다고 하였다. 그 이름은 거주지인 黑水에서 비롯되었으며, 거주지는 지금의 黑龍江과 松花江이 합류하는 지역과 그 하류로 비정된다. 『新唐書』「地理志」 靺鞨州條에 인용되어 있는 賈耽의 「道里記」에는 渤海의 國都에서 북으로 德理鎭을 거쳐 南黑水靺鞨에 이르기까지 1,000리로 되어 있다. 松井等은 德理鎭의 위치를 明代에 三姓 지역의 松花江 좌안에 있었던 斡朶里站과 같은 지역이며, '德理'는 '斡朶里'의 줄임말로 추정하였다(松井等, 1913).

근심이 되었다.

> 俗皆編髮. 性凶悍, 無憂戚. 貴壯而賤老. 無屋宇, 並依山水掘地爲穴, 架木於上, 以土覆之, 狀如中國之塚墓. 相聚而居. 夏則出隨水草, 冬則入處穴中. 父子相承, 世爲君長. 俗無文字. 兵器有角弓及楛矢. 其畜宜猪, 富人至數百口. 食其肉而衣其皮. 死者穿地埋之, 以身襯土, 無棺斂之具, 殺所乘馬於屍前設祭.

습속은 모두 편발을 한다. 성품은 흉악하고 사나우며 걱정과 근심이 없다. 젊은이를 귀하게 여기나 늙은이는 천시한다. 집은 없고, 모두 산과 물에 의지해 땅을 파 굴을 만들어 위에 나무를 얽어 흙으로 이를 덮으니, 형상이 중국의 봉토 무덤과 같다.[52] 서로 모여서 거주하는데, 여름이면 나와 수초를 따라다니며 [생활하고], 겨울이면 동굴 안에 들어가 거주한다. 부자가 서로 계승해 대대로 군장이 된다. 습속에 문자가 없다. 병기는 각궁과 호시가 있다. 그 [환경에] 가축은 돼지가 적합한데, 부자는 [돼지가] 수백 마리에 이른다. 그 고기는 먹고 그 가죽은 옷을 만든다. 죽은 자는 땅을 파서 묻는데, 시신을 그대로 흙에 묻어, 관과 염하는 도구가 없다. 타던 말을 죽여서 시신 앞에서 제사를 베푼다.

> 有酋帥突地稽者, 隋末率其部千餘家內屬, 處之於營州. 煬帝授突地稽金紫光祿大夫遼西太守. 武德初, 遣間使朝貢, 以其部落置燕州, 仍以突地稽爲總管. 劉黑闥之叛也, 突地稽率所部赴定州, 遣使詣太宗請受節度. 以戰功封蓍國公. 又徙其部落於幽州之昌平城. 會高開道引突厥來攻幽州, 突地稽率兵邀擊, 大破之. 貞觀初, 拜右衛將軍, 賜姓李氏. 尋卒.

추장 돌지계(突地稽)[53]라는 자가 있었는데, 수나라 말에 그 부락 1천여 가를 이끌고 내속하

---

52) 『隋書』, 卷81, 列傳 46, 靺鞨條에는 "鑿穴以居 開口向上 以梯出入"이라고 전한다.

53) 突地稽는 粟末靺鞨 厥稽部의 추장이었는데, 수나라 말기에 수에 內附하여 金紫光祿大夫 遼西太守를 제수받고, 營州에 머물게 되었다. 『太平寰宇記』에 인용된 『北蕃風俗記』에 따르면, 開皇 연간(581~600)

니, [그들을] 영주에 거주하도록 하였다. [수] 양제(煬帝, 재위 605~617)⁵⁴⁾가 돌지계에게 금자광록대부⁵⁵⁾ 요서태수를 제수하였다. 무덕(618~626) 초에 밀사를 보내 조공하니, 그 부락으로 연주를 설치하고, 이에 돌지계를 [연주]총관으로 삼았다. 유흑달이 배반하자 돌지계는 그 부를 이끌고 정주로 나아가 사신을 보내 [당] 태종(재위 626~649)⁵⁶⁾에게 이르러 절도를 받기를 청하였다. 전공으로 시국공에 봉하였다. 다시 그 부락을 유주의 창평성으로 옮겼다. 마침 고개도가 돌궐을 이끌고 와서 유주를 공격하였는데, 돌지계는 군사를 이끌고 맞서 싸워 그를 대파하였다. 정관(627~649) 초에 우위장군⁵⁷⁾을 배수하고 이씨 성을 하사하였다. 머지않아 죽었다.

에 고구려에 패해 속말말갈의 諸部를 이끌고 수에 귀부하였다고 한다. 612년에는 수 양제의 고구려 공격에도 참전하였고, 당나라가 건립된 이후에는 당에 귀순하였다. 당 武德 초에는 突地稽를 蓍國公에 봉했으며, 그 部를 옮겨 昌平에 거주케 하였고, 다시 貞觀 초에 高開道의 突厥 군대를 물리친 공로로 右衛將軍에 봉하고 李氏 성을 하사받았다. 그 아들은 唐 초에 무장으로 활약한 李謹行이다.

54) 수나라의 제2대 황제(재위 604~618)이며 본명은 楊廣이다. 文帝의 둘째 아들로, 형인 楊勇을 모함하여 폐위시키고 태자가 되어 즉위하였다. 大業律을 반포하고, 州를 郡으로 개편하였으며, 度量衡 등을 개혁하였다. 東都 洛陽 건설, 大運河 완성, 長城 수축 등 토목 공사를 벌였고, 재위 기간 동안 8차례에 걸쳐 대규모 순행을 하였다. 특히 고구려 원정의 실패는 수의 멸망을 가속화시켰고, 전국적인 반란과 자연재해 등이 발생하자 양제는 이를 피해 江都로 내려갔다가 宇文化及에게 살해되었다.

55) 金紫光祿大夫는 당의 정3품 文散官職이다.

56) 당나라 제2대 황제로, 이름은 李世民이다. 高祖 李淵의 둘째 아들로, 隋末 아버지를 따라 太原에서 기병해 長安을 점령하였다. 武德 원년(618) 尙書令에 임명되고 秦王에 봉해졌다. 각지에 할거하던 薛仁杲·劉武周·王世充·竇建德·劉黑闥 등을 격파하였다. 무덕 9년(626) 玄武門의 변을 일으켜 즉위하였다. 房玄齡·杜如晦·魏徵 등을 宰相으로 임명했고, 隋가 망한 것을 거울로 삼아 간언을 받아들여 인재를 등용했으며, 吏治에 힘썼다. 선정을 베풀어 사회가 안정되고 경제가 발전했는데, 이를 소위 '貞觀之治'라 한다. 貞觀 4년(630) 東突厥을 평정하자 서북 유목민들이 '天可汗'이라 칭하였다. 이후 吐谷渾과 高昌을 평정하고 吐蕃과 평화를 유지하였다. 중기 이후 전쟁이 많아 점차로 賦役이 늘어났으며 직언하는 신하를 멀리하였다. 645년에는 30만 군으로 요하를 건너, 요동성을 점령하여 전진 기지로 삼고 安市城을 공격하였으나 약 60일간의 싸움에도 함락시키지 못하고 돌아갔다. 그 뒤에도 647년과 648년에 걸쳐 고구려를 침략했으나 실패하였다. 붕어한 이후에 昭陵(지금 陝西省 禮泉縣)에 매장되었으며, 시호는 文皇帝였다.

57) 左·右衛府는 魏代의 衛將軍이 西晉 武帝代에 와서 좌·우위로 나누어 설치된 것을 시원으로 한다. 唐代의 左·右衛에는 정3품의 大將軍 각 1인과 종3품의 將軍 각 2인을 두었다. 직무는 궁정의 경비와 호위 및 의장대를 관할하였다.

> 子謹行, 偉貌, 武力絶人. 麟德中, 歷遷營州都督. 其部落家僮數千人, 以財力雄邊, 爲夷人所憚. 累拜右領軍大將軍, 爲積石道經略大使. 吐蕃論欽陵等率衆十萬人入寇 湟中, 謹行兵士樵採, 素不設備, 忽聞賊至, 遂建旗伐鼓, 開門以待之. 吐蕃疑有伏 兵, 竟不敢進. 上元三年, 又破吐蕃數萬衆於青海, 降璽書勞勉之. 累授鎭軍大將軍, 行右衛大將軍, 封燕國公. 永淳元年卒, 贈幽州都督, 陪葬乾陵. 自後或有酋長自來, 或遣使來朝貢, 每歲不絶.

[돌지계의] 아들 [이]근행([李]謹行)[58]은 용모가 건장했으며 무력이 남보다 뛰어났다. 인덕 연간(664~665)에 영주도독으로 관직을 옮겼다. 그 부락은 가동이 수천 명이었고, 재력으로 변경에서 웅위를 떨쳐 이인(夷人)이 두려워하는 바가 되었다. 여러 차례 관직을 받아 우령군 대장군[59]에 제수되었고, 적석도경략대사가 되었다. 토번의 논흠릉(論欽陵) 등이 무리 10만 명을 이끌고 들어와 황중을 노략질하였는데, 근행의 병사는 나무를 캐며 전혀 방비하지 않고 있다가 갑자기 적이 이르렀다는 소식을 들었다. 마침내 깃발을 세우고 북을 치면서 문을 열고서 그들을 기다렸다. 토번은 복병이 있을까 의심하여 끝내 감히 진군하지 못하였다. 상원 3년(676)에 다시 토번의 수만 무리를 청해에서 격파하니, [황제가] 새서를 내려서 그 노고를 위로하였다. 여러 차례 관직을 받아 진군대장군[60] 행 우위대장군에 제수되었고, 연국공에

---

58) 李謹行(619~682)은 唐 초기에 활약한 장수로서 粟末靺鞨 출신이며, 아버지는 突地稽이다. 이근행은 용모가 장대하고 용맹하여 軍衆을 장악하였고, 貞觀 初에는 營州都督이 되었다. 家僮이 수천 명에 이르고 재물이 많아 夷人이 그를 두려워하였다고 한다. 乾封 원년(666)에 左監門衛將軍이 되어 契苾何力·龐同善·高偘·薛仁貴 등과 함께 고구려 공격에 나섰고, 나당전쟁 말기까지 활약하였다. 675년 買肖城 전투에서 신라군에게 패한 뒤, 上元 3년(676)에 靑海로 가서 吐蕃을 격파한 공로로 燕國公에 봉해졌다. 永淳 원년(682)에 사망하여, 幽州都督을 추증받고 乾陵에 배장되었다.

59) 左·右領軍은 後漢 末 中領軍과 領軍이 설치된 것을 시원으로 하며, 이것이 후대에까지 이어져 隋代에도 左·右領軍府가 설치되어 각각 좌우12군의 籍帳과 의장대[羽衛]에 관한 사무를 관장하였다. 唐代에는 16衛의 하나로 左·右領軍衛를 두었으며, 종2품의 上將軍과 정3품의 大將軍 각 1인과 종3품의 장군 각 2인을 두었다. 左·右領軍大將軍·將軍의 직무는 左·右衛와 같이 궁정의 경비와 호위 및 의장대 관할이었다.

60) 鎭軍大將軍은 唐代 종2품 武散官職이다. 삼국시대 魏 文帝 때 尙書令 陳羣을 鎭軍大將軍으로 삼았는데 2품관이었다. 이후 왕조별로 1품 내지 2품으로 변동이 있었고, 상설하지는 않았다. 隋唐代 무산관으로

책봉되었다. 영순 원년(682)에 죽었다. 유주도독을 추증하고, 건릉(당 고종의 능묘)에 배장하였다. 이후 혹 추장이 직접 오기도 하고 혹 사신을 보내 조공하기도 하였으니, 매년 [조공이] 끊이지 않았다.

> 其白山部, 素附於高麗, 因收平壤之後, 部衆多入中國. 汨咄·安居骨·號室[61]等部, 亦因高麗破後, 奔散微弱, 後無聞焉. 縱有遺人, 並爲渤海編戶. 唯黑水部全盛, 分爲十六部, 部又以南北爲稱.[62]

그 백산부는 본래 고[구]려에 부용하였는데, 평양을 거둔 이후로 부의 무리가 중국으로 많이 들어왔다. 골돌·안거골·호실 등의 부 또한 고[구]려가 격파된 이후 달아나 흩어져서 점차 미약해졌고, 이후 들리는 바가 없었다. 비록 사람을 보낸 적이 있었지만, 모두 발해의 편호가 되었다. 오직 흑수부만이 전성하였는데, [흑수부는] 나누어 16부를 이루었고, 부는 또한 남북으로 [구분하여] 불렸다.

> 開元十三年, 安東都護薛泰請於黑水靺鞨內置黑水軍, 續更以最大部落爲黑水府. 仍以其首領爲都督, 諸部刺史隸屬焉. 中國置長史, 就其部落監領之. 十六年, 其都督賜姓李氏, 名獻誠, 授雲麾將軍兼黑水經略使. 仍以幽州都督爲其押使, 自此朝貢不絶.

개원 13년(725)에 안동도호 설태(薛泰)가 흑수말갈 안에 흑수군(黑水軍)을 설치하고, 이어서 다시 가장 큰 부락을 흑수부(黑水府)로 삼기를 청하였다. 이에 그 수령을 도독으로 삼고 여러 부의 자사를 예속시켰다. 중국에서는 장사[63]를 두어 그 부락에 나아가 그들을 감독하며

편제되며 상설되었다.

61) 「무영전본」과 「백납본」에는 '室'. 『隋書』 卷81, 列傳 46, 靺鞨전에서 靺鞨 7部 중 '號室部'가 보이며, 『通典』 卷186과 『太平寰宇記』 卷195에서도 '號室'로 나온다.
62) 「무영전본」과 「백납본」에는 '柵', 『唐會要』 卷96에 '稱'.
63) 당나라 때 都督이나 刺史의 바로 아래에 두었는데, '別駕'라고도 하며 실질적인 권한이 없었다. 大都督府

다스리도록 하였다. [개원] 16년(728)에 그 도독에게 이씨 성을 하사하고, 헌성이라고 이름하였고, 운휘장군[64] 겸 흑수경략사를 제수하였다. 이어 유주도독을 그 압사로 삼으니, 이로부터 조공이 끊이지 않았다.

○ 권199 하(下), 열전(列傳) 제149 하(下), 북적(北狄) 발해말갈(渤海靺鞨)

渤海靺鞨大祚榮者, 本高麗別種也. 高麗旣滅, 祚榮率家屬徙居營州. 萬歲通天年, 契丹李盡忠[65]反叛, 祚榮與靺鞨乞四比羽各領亡命東奔, 保阻以自固. 盡忠[66]旣死, 則天命右玉鈐衛大將軍李楷固, 率兵討其餘黨, 先破斬乞四比羽, 又度天門嶺以迫祚榮. 祚榮合高麗·靺鞨之衆以拒楷固, 王師大敗, 楷固脫身而還. 屬契丹及奚盡降突厥, 道路阻絶, 則天不能討. 祚榮遂率其衆, 東保桂婁之故地, 據東牟山, 築城以居之.

발해말갈 대조영(渤海 高王, 재위 698~719)은 본래 고[구]려의 별종이다.[67] 고[구]려가 멸

의 장사는 상대적으로 지위가 높아서 上州의 자사나 절도사로 임명되기도 하였다.
64) 雲麾將軍은 唐代 武散官의 이름으로 종3품이며, 태종 정관 연간에 설치한 29계 중 제4급에 해당한다. 이민족 수령이나 유력 자제에게 수여한 사례도 보인다.
65) 「백납본」에는 '榮'.
66) 「백납본」에는 '榮'.
67) 발해의 계통에 대해 『舊唐書』 발해말갈전에서는 '본래 고려의 별종(本高麗別種)'이라고 하였고, 『新唐書』 渤海傳에서는 '본래 속말말갈로 고[구]려에 붙은 자(本粟末靺鞨附高麗者)'라고 기록하였다. 그런데 이 大祚榮의 출신이나 발해의 구성원에 대해서는 같은 사료를 놓고 다양한 해석이 있었다. 고려와 조선에서는 대조영의 출신을 고구려 계통으로 보는 경향이 있었는데, 李承休의 『帝王韻記』와 柳得恭의 『渤海考』가 대표적이다. 일본에서는 대체로 속말말갈이나 여진 계통으로 보았다. 발해국의 주체는 靺鞨族이지만, 大祚榮은 고구려 別部 출신으로 보는 경우(鳥山喜一, 1915), 새로운 종족으로 발해말갈을 이해하는 경우(池內宏, 1916), 지배층은 고구려인, 피지배층은 말갈인으로 보는 경우(白鳥庫吉, 1933)도 있다. 현대에 들어와서 발해사 연구를 주도한 대표적인 연구자는 북한의 박시형이다. 그는 발해국의 성립에 중심 역할을 한 세력은 고구려 멸망 후 요서 지방으로 이주된 고구려인 집단이었고, 이들을 조직하여 지휘한 것이 고구려 장수인 대조영이라고 하였다. 발해국은 고구려 왕실의 일족 또는 고구려 계통의 귀족 출신들이 거의 권력을 독점하였고, 문화 방면에서도 고구려의 문화가 주도적 역할을 하였다고 보았다(박시형, 1979: 송기호, 1989). 한국의 李龍範도 발해의 주체가 고구려 유민이었음을 주장

망하자 [대]조영은 가속을 이끌고 영주로 옮겨 살았다. 만세통천년(696)에 거란의 이진충이 반란을 일으키자 조영과 말갈 걸사비우는 각자 망명자를 거느리고[68] 동쪽으로 달아나 험준한 곳에 의지하여 스스로 굳게 지켰다.[69] [이]진충이 죽자 측천[무후]가 우옥검위대장군[70] 이해고[71]에게 명하여 군사를 거느리고 그 나머지 무리를 토벌하게 하였다. 먼저 걸사비우를 격파

하였다(李龍範, 1972·1973). 이후 한국 학계에서는 기본적으로 대조영을 고구려 계통으로 보았으나, 종족은 속말말갈로 고구려에 옮겨와 정착하여 동화된 인물, 즉 말갈계 고구려인으로 보기도 한다(송기호, 1995). 말갈의 명칭 자체를 고구려 변방 주민이나 중국 동북 지역민에 대한 비칭·범칭으로 보고, 발해의 구성원이 된 말갈은 흑수말갈과 구분되는 예맥계인 고구려말갈이며, 대조영은 고구려인으로 속말갈(송화강) 지역민이라고 보는 견해도 있다(한규철, 1988; 2007). 중국 학계에서는 근대 초기에 양면적 인식이 보였다. 대표적인 학자는 金毓黻이다(『渤海國志長編』, 1934). 그러나 중화인민공화국이 수립된 이후에는 발해사를 중국의 소수민족사로 보고 고구려계승성을 부정하며 말갈을 강조하는 입장이다(권은주, 2022). 한편 19세기 중반 연해주 지역을 차지하였던 러시아에서는 자국의 極東 지역 소수민족사의 일부로서 관심을 갖고 발해를 말갈족의 역사로 규정하며 대조영 역시 말갈인으로 보고 있다. 이 밖에 소수 설로 말갈 중 대조영을 백산말갈 출신으로 보는 경우도 있다(津田左右吉, 1915; 李健才, 2000).

68) 大祚榮과 靺鞨 乞四比羽가 '各領亡命'하였다는 구절은 '각각 [그들의 무리를] 거느리고 망명하여'라고 해석되었다(국사편찬위원회, 1990). 그런데 『新唐書』 발해전에는 이 구절을 '有舍利乞乞仲象者, 與靺鞨酋乞四比羽及高麗餘種東走.'라고 하였다. 이것과 비교해 볼 때 '亡命'은 걸걸중상(또는 대조영)이 이끌던 '高麗餘種'과 걸사비우가 이끌던 말갈인으로 이해된다.

69) 『舊唐書』 渤海靺鞨傳에서는 大祚榮이 唐에 반기를 들고 東走하여 건국한 것으로 나오지만, 『新唐書』 渤海傳에는 대조영의 아버지인 乞乞仲象이 말갈과 고구려 유민을 이끌고 동주하여 태백산 동북에 자리잡은 것으로 나온다. 이 밖에 최치원의 글에는 『구당서』와 같이 대조영과 걸사비우가 영주를 벗어난 것처럼 기술되어 있는 반면, 『五代會要』에는 『신당서』처럼 처음 걸걸중상과 걸사비우가 집단을 이끌다가 대조영이 계승한 것으로 나온다. 서로 다른 두 계통의 기록 차이로 인해 발해의 실제 건국자가 누구인지, 대조영과 걸걸중상의 관계는 어떤 것인지에 관해 논란이 있었다. 대조영과 걸걸중상을 동일인으로 주장하는 경우(池內宏, 1914; 津田左右吉, 1915)도 있었으나, 부자 관계로 보는 것이 정설이며, 일반적으로 대조영을 실제적인 건국자라고 본다.

70) 唐의 16衛 가운데 右玉鈴衛의 大將軍으로, 정3품이다. 唐은 초기에 領軍衛를 두었는데, 龍朔 2년 左右戎衛로 개칭한 뒤 咸亨 원년에 복구하였다. 光宅 원년에는 左右玉鈴衛로 개칭하였다가 神龍 원년에 다시 복구하였다.

71) 李楷固(656~720)는 거란 출신 唐의 장수이다. 696년 李盡忠의 반란이 일어났을 때, 그의 수하로 반란에 가담하였다. 이진충이 죽고 697년 거란군을 이끌던 孫萬榮이 피살되자, 駱務整과 함께 당에 투항하였다. 재상인 狄仁傑의 추천으로 장수가 되어, 대조영이 이끌던 무리를 토벌하기 위해 뒤쫓았다. 먼저 말갈인 乞四比羽를 죽이고, 천문령전투에서 대조영에게 패배하여 겨우 목숨만 건져 돌아가게 되었다.

하여 머리를 베었고, 또 천문령[72]을 넘어 조영을 바짝 뒤쫓았다. 조영이 고[구]려와 말갈의 무리를 합하여 해고를 막자 천자의 군대가 크게 패하였고, 해고는 몸만 빼서 돌아왔다. 마침 거란과 해가 모두 돌궐에 투항하여 도로가 끊기자, 측천[무후]가 토벌할 수 없었다. 조영은 드디어 그 무리를 이끌고 동쪽으로 가서 계루[73]의 옛 땅을 지키고 동모산[74]에 자리를 잡아 성을 쌓고 그곳에서 살았다.

> 祚榮驍勇善用兵, 靺鞨之衆及高麗餘燼, 稍稍歸之. 聖曆中, 自立爲振國王, 遣使通于突厥. 其地在營州之東二千里, 南與新羅相接. 越憙靺鞨東北至黑水靺鞨, 地方二千里, 編戶十餘萬, 勝兵數萬人. 風俗與高麗及契丹同, 頗有文字及書記.

[대]조영은 날래고 용감하며 군사를 잘 부려서, 말갈의 무리와 고[구]려의 남은 무리가 점차 그에게 귀부하였다. 성력 연간(698~700)에 자립하여[75] 진국[76]왕이 되었고, 사신을 보내

이후 측천무후에게 총애를 얻어 燕國公이 되었고, 700년에 武氏를 사성받았다. 中宗의 복위 뒤에 이씨 성을 회복하였다. 이해고의 사위는 같은 거란 장수인 李楷洛이며, 외손자는 名將으로 유명한 李光弼(708~764)이다.

72) 渾河와 揮發河의 분수령인 지금의 吉林 哈達嶺으로 보는 것이 일반적이다. 『新唐書』安祿山傳에 보이는 천문령과 같은 것으로 보기도 하나, 이 천문령은 土護眞河(지금의 老哈河로 추정)의 북쪽 300里에 있다고 하여, 요하 동쪽에 있던 천문령과는 위치 차이가 있어 별개의 지역으로 보는 것이 맞다(譚其驤 主編, 1988, 126~127쪽; 宋基豪, 1995, 67~68쪽; 유득공 지음, 김종복 옮김, 2018, 73쪽).

73) 『新唐書』渤海傳에는 '挹婁'로 되어 있다. 발해에 사신으로 다녀갔던 당나라 사신 張建章의 묘지명에서도 忽汗州를 가리켜 읍루의 옛 땅이라고 한 점 등을 통해 '桂' 자가 '挹'과 유사하여 '桂'로 잘못 쓴 것으로 보기도 한다. 그러나 장건장이 다녀간 지역은 상경 지역이고, 발해 건국지인 동모산은 상경보다 남쪽에 위치한 敦化 지역이므로, 『구당서』와 『신당서』의 차이는 처음에 고구려의 영역 안에서 건국하였다가 영역이 확장됨에 따라 옛 읍루 지역인 상경으로 천도한 것에 따른 것일 가능성이 있다. 참고로 발해 건국지에 대해 한국 사료인 『삼국사기』 권46, 열전 6, 최치원전에는 의봉 3년(678) '태백산 아래'로, 『삼국유사』에서 인용한 『신라고기』에는 '태백산 남쪽'으로, 『제왕운기』에는 '태백산 南城'으로, 『삼국사절요』에는 '태백산 동쪽'으로 나온다.

74) 중국 吉林省 敦化市 賢儒鄕 城山子村의 城山子山城이 유력시되었으나, 최근 중국 학계에서는 圖們市의 城子山山城(磨盤村山城)설이 확산되고 있다(吉林省文物考古研究所·延邊朝鮮族自治州文物保護中心, 2018).

75) 발해의 건국 연대에 대해서는 『類聚國史』에 文武天皇 2년에 대조영이 발해국을 세웠다는 기록을 통해

어 돌궐과 통하였다. 그 땅은 영주의 동쪽 2천 리에 있으며, 남쪽은 신라와 서로 접해 있다. 월희말갈77)의 동북으로 흑수말갈에 이르고, 땅은 사방 2천 리78)에 편호는 10여 만, 승병(勝兵)이 수만 명이다. 풍속은 고[구]려 및 거란과 같으며, 제법 문자와 서기(書記)를 갖추고 있다.

698년으로 보는 것이 일반적이다. 그런데 『三國遺事』에서는 678년에 건국된 것으로 나오며, 『帝王韻紀』에는 684년으로, 『陝溪太氏族譜』에는 696년에 건국한 것으로 나온다. 기록의 차이로 인해 건국 연대에 대한 논란이 있다. 이 밖에 진국과 발해국의 건립을 별개로 보고 696년에 진국이, 700년에 발해국이 건립된 것으로 보는 견해가 있다(黃維翰, 『渤海國記』). 天門嶺전투와 李楷固의 동향을 분석하여 동모산으로 이동하여 건국한 것은 좀 더 늦은 시기로 보고, '聖曆中'은 '長安中'의 誤記이며 실제적인 건국은 703년경이라고 보는 설도 있다(趙評春, 1989). 또한 678년은 걸걸중상이 진국을 건국한 연대, 698년은 대조영이 발해를 건국한 해로 보기도 한다(장국종, 2001).

76) 『新唐書』 渤海傳에는 '震'. 振이 초기 국명이었다고 본 酒寄雅志는, 『신당서』의 경우 중화사상을 강하게 가지고 있어서 편찬시 『구당서』의 振과 뜻이 통하며 당을 중심으로 동방의 의미를 가진 震으로 고쳤을 가능성을 제기하였다(酒寄雅志, 1976). 송기호는 震國은 걸걸중상에게 봉한 震國公에서 연유되어 잘못 쓰인 것으로 초기 국명을 振國으로 보았다. 그리고 振과 震의 발음의 유사성에서 대조영이 국호를 정할 때 걸걸중상이 받은 震國公이라는 작호를 고려하였을 가능성이 있다고 보았다(송기호, 1995). 이 밖에도 振을 초기 국명으로 보는 학자로는 박시형, 한규철, 김종복, 정영진 등이 있다(박시형, 1962; 한규철, 2003; 김종복, 2005; 정영진, 2007). 한편 진국의 의미에 대해서는 박시형의 경우 振國이 '나라의 위력을 사방에 떨치는 큰 나라'의 의미를 지녔다고 보았고(박시형, 『발해사』, 김일성종합대학출판사 1979: 이론과 실천, 1989, 50쪽), 酒寄雅志는 인민을 구제한다는 뜻의 '振民'과 결부시켜 대조영이 고구려 유민을 구제한 사실과 연결 짓기도 하였다(酒寄雅志, 1976). 한편 중국 학계에서는 靺鞨을 초기 국명으로 보아 진국 국명설을 부정하거나, 震國을 국명 또는 별칭으로 이해하고 있다.

77) 越喜靺鞨의 위치에 대해 『新唐書』 黑水靺鞨傳에 "당초 黑水[靺鞨]의 서북쪽에는 思慕部가 있는데, 북으로 10일을 더 가면 郡利部가 있고, 동북으로 10일을 가면 窟設部가 있다. [窟設은] 屈設이라고도 부른다. 조금 동남으로 10일을 가면 莫曳皆部가 있고, 또 拂涅, 虞婁, 越喜, 鐵利 등의 部가 있다."라고 나온다. 『冊府元龜』 등을 보면, 흑수와 별도로 鐵利・拂涅과 唐에 자주 朝貢한 것으로 나온다. 그런데 발해의 조공 시기와 겹치는 경우도 많아 발해와 이들 말갈이 밀접한 관련을 가지고 있었던 것으로 보인다. 월희말갈은 고구려 시기 말갈 7부에는 속하지 않지만, 고구려 멸망 후 설치된 기미주 중 越喜州도독부가 확인되고 있어 그 연원이 오래된 것을 알 수 있다(『신당서』 권43하, 지 제33하, 지리하, 하북도 고려항호주). 일반적으로 遼代에 兀惹와 그 서쪽에 있던 越里吉 등과 같은 부족으로 보며, 거주지는 오소리강과 松花江 두 강의 하류 부근으로 보는 견해(松井等, 1913), 중국 長春 西南의 懷德 방면으로 보는 견해(池內宏, 1916), 沿海州의 海邊 지역으로 보는 견해(金毓黻, 1933) 등이 있다. 『冊府元龜』 권959, 外臣部 土風條에는 '越喜靺鞨' 앞에 '西接' 2자가 추가되어 있는데, 和田淸은 三姓 부근으로 비정하고, 渤海國과 '西接'하는 것이 아니라 '北接'한다고 보았다.

78) 사방 2,000리는 발해 초기에 확보한 영역으로, 전성기에는 사방 5,000리였다(『신당서』 발해말갈전).

> 中宗卽位, 遣侍御史張行岌, 往招慰之. 祚榮遣子入侍, 將加冊立, 會契丹與突厥連
> 歲寇邊, 使命不達.

[당] 중종(재위 684, 705~710)[79]이 즉위하자 시어사 장행급(張行岌)을 보내어 가서 그(대조영)를 불러 위로하였다. [대]조영이 아들을 보내 들어와 시위(侍衛)하게 하자,[80] [대조영에게] 책립을 더해주려 하였다. 때마침 거란과 돌궐이 해를 이어 변경을 노략질하여 사명이 전달되지 못하였다.

> 睿宗先天二年, 遣郎將崔訢往冊拜祚榮, 爲左驍衛員外大將軍渤海郡王, 仍以其所統
> 爲忽汗州, 加授忽汗州都督. 自是每歲遣使朝貢.

[당] 예종(재위 684~690, 710~712) 선천 2년(713)[81]에 낭장 최흔(崔訢)[82]을 보내어 [대]조영을 책봉하고, 좌효위원외대장군[83] 발해군왕으로 삼았다. 이에 그 다스리는 곳을 홀한주로 삼고, 홀한주도독을 더하여 주었다. 이로부터 [발해는] 해마다 사신을 [당에] 보내어 조공하였다.

---

79) 당나라 제4대 황제로 이름은 李顯이고, 다른 이름은 哲이다. 高宗의 일곱 번째 아들로, 則天武后의 소생이었다. 680년에 태자로 봉해져 683년에 고종이 병사하고 즉위했다. 그러나 이듬해 2월 측천무후에 의해 폐위되어 廢陵王이 된 뒤에 房州(지금 湖北省 房縣)에 옮겨가 있었다. 698년 다시 太子가 되어 705년에 정변을 통해 복위하였다. 재위 기간 동안 정사에 관심이 없었고, 710년에 韋后와 安樂公主에게 독살되었다. 定陵(지금 陝西省 富平 북쪽)에 묻혔다. 시호는 孝和皇帝이다.
80) 大祚榮의 둘째 아들이자 武王 大武藝의 친동생인 大門藝로 본다.
81) 唐 玄宗 재위 2년(713)으로, 先天은 현종의 연호이다. 당시 예종이 太上皇으로 현종 초기의 통치에 관여했기 때문에, 예종의 연호로 誤記된 것으로 보인다.
82) 당나라 현종 때의 관리로, 713년 발해에 대조영을 발해군왕으로 책봉하는 사신으로 파견되었다. 『구당서』 발해말갈전에는 "郎將 崔訢"으로 나오는데, 그가 714년 귀국하며 旅順의 黃金山麓에서 우물 2개를 파고 기념하여 바위에 남긴 글에는 "鴻臚卿 崔忻"으로 새겨져 있다. 이 鴻臚井刻石은 현재 일본 국내성 뜰에 소장되어 있다(권은주, 2007).
83) 唐의 16衛 가운데 左驍衛의 대장군으로 정3품이다. 員外는 '정원 외'라는 뜻이다.

> 開元七年, 祚榮死, 玄宗遣使弔祭. 乃冊立其嫡子桂婁郡王大武藝, 襲父爲左驍衛大將軍渤海郡王忽汗州都督.

개원 7년(719)에 [대]조영이 죽자 [당] 현종(재위 712~756)이 사신을 보내어 조문하고 제사를 지내게 하였다.[84] 바로 그 적자인 계루군왕[85] 대무예(渤海 武王, 재위 719~737)를 책립하고 아버지를 세습하여 좌효위대장군 발해군왕 홀한주도독으로 삼았다.

> 十四年, 黑水靺鞨遣使來朝, 詔以其地爲黑水州, 仍置長史, 遣使鎭押. 武藝謂其屬曰: 黑水途經我境, 始與[86]唐家相通. 舊請突厥吐屯, 皆先告我[87]同去, 今不計會, 卽請漢官, 必是與唐家通謀, 腹背攻我也. 遣母弟大門藝及其舅任雅[88]發兵以擊黑水.

[개원] 14년(726)에 흑수말갈이 사신을 보내 와서 조공하니, 조서를 내려 그 땅을 흑수주로 삼고 이에 장사를 설치하였으며, 사신을 보내 진압하게 하였다. [대]무예가 그 속하에게 말하기를 "흑수[말갈]이 우리의 경계를 지나가서, 처음 당과 서로 통하였다. 옛날에 [흑수말갈이] 돌궐의 토둔[직][89]을 청할 때에도 모두 우리에게 먼저 알리고 같이 갔는데, 지금은 모여 의논

---

84) 『舊唐書』 권8, 本紀 제8, 玄宗 上, 開元 7년조에는 3월 丁酉의 일로 기록하고 있다.
85) 桂婁郡王 작호는 일반적으로 당에서 받은 것으로 이해하고 있으나, 大武藝에게 내린 계루군왕 작호는 大祚榮이 내린 것이며, 大都利行에게 내린 작호(『冊府元龜』 권964, 봉책2, 개원 8년(720) 8월조)는 대무예의 사례를 따라 당이 내린 것이라는 주장이 있다(현명호, 1991, 48~49쪽). 반면 계루군왕 작호 부여가 곧 '발해=황제국'이라는 인식에 대해 '계루군왕'의 존재만으로 발해왕이 황제로서의 지위에 있었다는 주장은 받아들이기 어렵다는 주장도 있다(宋基豪, 1995, 193쪽). 계루라는 명칭이 고구려의 왕실 집단인 계루부에서 나왔다는 것은 분명하며, 누가 책봉의 주체가 되었든 발해와 고구려의 계승 관계를 인정한 것으로 볼 수 있다.
86) 「백납본」에는 '今與'.
87) 「백납본」에는 '卽知'.
88) 「무영전본」과 『新唐書』 渤海전에는 '任雅相'.
89) 吐屯은 突厥의 관명으로, 『新唐書』 突厥전에 "… 其別部典兵者曰設 子弟曰特勒 大臣曰葉護 曰屈律啜·曰阿波·曰俟利發·曰吐屯 … 凡二十八等"이라고 하여 일곱 번째 관명으로 나온다. 복속 지역에 주둔하여

하지 않고 곧바로 한관을 청하니, 반드시 이것은 당과 모의하여 앞뒤에서 우리를 공격하려 하는 것이다."라고 하였다. [대무예는] 동복 아우 대문예(大門藝)와 그 장인 임아(任雅)를 보내 군사를 일으켜 흑수[말갈]을 치게 하였다.

門藝曾充質子至京師, 開元初還國, 至是謂武藝曰: 黑水請唐家官吏, 卽欲擊之, 是背唐也. 唐國人眾兵強, 萬倍於我, 一朝結怨, 但自取滅亡. 昔高麗全盛之時, 強兵三十餘萬, 抗敵唐家, 不事賓伏, 唐兵一臨, 掃地俱盡. 今日渤海之眾, 數倍少於高麗, 乃欲違背唐家, 事必不可. 武藝不從. 門藝兵至境, 又上書固諫. 武藝怒, 遣從兄大壹夏代門藝統兵, 徵門藝, 欲殺之.

[대]문예는 일찍이 질자로 충원되어 경사(장안)에 갔다가, 개원(713~741) 초에 귀국하였는데, 이때에 이르러 [대]무예에게 말하기를 "흑수[말갈]이 당의 벼슬을 청하였다고 곧바로 그를 공격하려는 것은 당을 배반하는 것입니다. 당의 사람 수와 군사의 강함은 우리의 만 배이니, 하루아침에 원한을 맺는 것은 스스로 멸망을 부르는 것입니다. 옛날 고[구]려는 전성기에 강한 군사가 30여만이었으나, 당에 대적하여 섬기고 복종하지 않더니, 당의 군사가 한번 당도하자 땅이 쓸리듯이 모두 없어졌습니다. 오늘날 발해의 무리는 고[구]려보다 몇 배나 적은데, 당을 거스르고 배반하려 하니, [이] 일은 반드시 불가합니다."라고 하였다. 무예는 따르지 않았다. 문예의 군사가 국경에 이르자, [문예가] 또 글을 올려 간곡히 간하였다. 무예가 진노하여, 종형 대일하(大壹夏)를 보내 문예를 대신해 군사를 통괄하게 하고, 문예를 불러들여 그를 죽이고자 하였다.

門藝遂棄其眾, 間道來奔, 詔授左驍衛將軍. 武藝尋遣使朝貢, 仍上表極言門藝罪狀, 請殺之. 上密遣門藝往安西, 仍報武藝云, 門藝遠來歸投, 義不可殺. 今流向嶺南,

征賦를 감독하는 직이었다. 吐屯設(Tudun Šad)·吐屯啜(Tudun Čur)·吐屯發(Tudun bär)로 표시되기도 하는데, 設(Šad)·發(bär)·啜(Čur)의 官稱을 가진 자가 토둔의 직을 겸하는 경우에 부르던 칭호로 보인다(小野川秀美, 1943).

> 已遣去訖. 乃留其使馬文軌・蔥勿雅, 別遣使報之. 俄有洩其事者, 武藝又上書云, 大國示人以信, 豈有欺誑之理. 今聞門藝不向嶺南. 伏請依前殺却. 由是鴻臚少卿李道邃・源復以不能督察官屬, 致有漏洩, 左遷道邃爲曹州刺史, 復爲澤州刺史. 遣門藝暫向嶺南以報之.

[대]문예가 마침내 그 무리를 버리고 샛길로 도망쳐 오니, [당 현종은] 조서를 내려 [문예에게] 좌효위장군[90]을 제수하였다. [대]무예가 얼마 뒤 사신을 보내 조공하고, 이에 표문을 올려 문예의 죄상을 극렬히 말하며 그를 죽일 것을 청하였다. 황상은 문예를 몰래 보내 안서[91]로 가게 하고, 오히려 무예에게 대답하기를 "문예가 멀리서 와서 귀순하였으니, 의리상 죽일 수가 없다. 지금 영남[92]으로 유배되어, 이미 길을 떠나 버렸다."라고 하였다. 이에 그 사신 마문궤(馬文軌)와 총물아(蔥勿雅)를 머물러 있게 하고, 별도로 사신을 보내 그에게 알리게 하였다. 그러나 이 일을 누설한 자가 있어, 무예가 또 글을 올려 말하기를 "대국은 신의로서 남에게 보여야 하거늘, 어찌 속이는 도리를 가질 수 있습니까. 지금 들으니 문예가 영남으로 향하지 않았다고 합니다. 엎드려 청하건대 앞서 청한 데로 죽여 주십시오."라고 하였다. 홍려소경[93] 이도수(李道邃)와 원복(源復)은 관속을 단속하지 못하여 누설이 있게 하였기 때문에 좌천시켜 도수는 조주자사로 삼고 복은 택주자사로 삼았다. 문예는 잠시 영남으로 향하게 하고 이를 [무예에게] 알렸다.

---

90) 左驍衛將軍은 唐의 諸衛 가운데 左驍衛의 차관직인 將軍으로 종3품이다.
91) 安西都護府 지역을 말한다. 640년 당나라가 吐魯蕃 지방의 高昌國을 멸망시키고, 서역 경영을 위해 西州都護府를 설치하였다가 얼마 뒤 交河城으로 옮기며 안서도호부로 고쳤다. 648년에는 龜玆로 治所를 옮겼고, 그 뒤 서주와 구자로 치소를 여러 차례 옮겼다. 747년 고선지가 연운보에서 토번군을 격파하고 소발률을 점령함으로써 서역의 72개 소국이 당에 항복하였다. 전성기에 그 관할하에 安西 四鎭을 두고 90여 屬州를 거느렸고, 파미르 동서방의 여러 오아시스국과의 무역 및 상업로를 관장하였다. 790년 서역 전역을 토번에게 빼앗기고 치소가 함락되었다.
92) 中國의 五嶺 이남의 땅을 가리키는데, 대체로 남중국의 越城嶺・萌諸嶺 등 山嶺 이남을 가리킨다. 唐 太宗 원년(627)에 嶺南道를 두어 福建, 廣東・廣西, 雲南 동남부, 越南 북부 지역을 관할하였다.
93) 鴻臚少卿은 鴻臚寺의 차관으로, 北齊 때 처음 설치되었다. 唐 무덕 연간(617~626)에 1인을 두었으며, 정관 연간(627~649)에 2인을 두었다. 종4품상이다. 朝會와 外賓의 의례를 담당한다.

> 二十年, 武藝遣其將張文休率海賊攻登州刺史韋俊. 詔遣門藝往幽州徵兵以討之, 仍令太僕員外卿金思蘭往新羅發兵以攻其南境. 屬山阻寒凍, 雪深丈餘, 兵士死者過半, 竟無功而還. 武藝懷怨不已, 密遣使至東都, 假刺客刺門藝於天津橋南, 門藝格之, 不死. 詔河南府捕獲其賊, 盡殺之.

   [개원] 20년(732)에 [대]무예가 그 장수 장문휴를 보내 해적을 이끌고 등주자사 위준(韋俊)을 공격하였다. [당 현종은] 조서를 내려, [대]문예를 보내 유주에 가서 군사를 징발하여 그를 토벌하게 하였다. 더불어 태복원외경[94] 김사란에게 신라에 가서 군사를 일으켜 발해의 남쪽 경계를 공격하게 하였다. 마침 산세가 험하고 날씨는 추운 데다, 눈이 한 길이나 쌓여서 병사로 죽은 자가 절반을 넘어, 끝내 아무런 공 없이 돌아왔다. 무예가 품은 원한을 버리지 않고, 몰래 사신을 보내 동도(낙양)에 이르러, 자객을 빌려 천진교(天津橋)[95] 남쪽에서 문예를 찌르게 하였으나, 문예가 그에 맞서서 죽지 않았다. [당 현종은] 하남부[96]에 조서를 내려 그 도적들을 잡아들이고 모두 죽였다.

> 二十五年, 武藝病卒, 其子欽茂嗣立. 詔遣內侍段[97]守簡往冊欽茂爲渤海郡王, 仍嗣其父爲左驍衛大將軍忽汗州都督. 欽茂承詔赦其境內, 遣使隨守簡入朝貢獻.

   [개원] 25년(737)에 [대]무예가 병으로 죽으니, 그의 아들 [대]흠무(渤海 文王, 재위 737~793)가 왕위를 이었다. [당 현종은] 조서를 내려 내시 단수간을 보내, [발해에] 가서 흠무를 책봉하여 발해군왕으로 삼았고, 더불어 그의 아버지를 이어 좌효위대장군 홀한주도독

---

94) 『신당서』에는 '太僕卿'으로 되어 있다. 太僕卿은 당의 9寺 가운데 태복시의 장관으로 종3품이며, 太僕員外卿은 태복경의 員外직이다.
95) 天津橋는 隋代에 처음 낙양성 안에 건립한 다리로, 洛河를 건너는 중요한 교통로였다.
96) 河南府는 洛陽에 설치되었던 府의 이름이다. 唐代에 河南郡을 都畿道 河南府로 개칭하였다.
97) 「무영전본」과 「백납본」에는 '叚', 『신당서』에는 '段'. '叚'는 '段'의 俗字이면서, '段'과 다른 글자이기도 하다. 또 별도의 글자 '叚'는 성씨로도 사용되었으므로, '段'이 아닌 '叚'가 성씨일 가능성도 있다.

으로 삼았다. 흠무는 조서를 받들어 그 경내에 사면[령]을 내리고, 사신을 보내 [단]수간을 따라 입조하여 공물을 바쳤다.

大曆二年至十年, 或頻遣使來朝, 或間歲而至, 或歲內二三至者. 十二年正月, 遣使獻日本國舞女一十一人及方物. 四月·十二月, 使復來. 建中三年五月·貞元七年正月, 皆遣使來朝, 授其使大常靖爲衛尉卿同正, 令還蕃. 八月, 其王子大貞翰來朝, 請備宿衛. 十年正月, 以來朝王子大淸允爲右衛將軍同正, 其下三十餘人, 拜官有差.

대력 2년(767)부터 10년(775)까지 빈번하게 사신을 보내 내조하였는데, 해를 걸러 오기도 하였으며, 한 해에 두세 번 오기도 하였다. [대력] 12년(777) 정월에 사신을 보내 일본국의 무녀 11인과 방물을 바쳤다. [같은 해] 4월과 12월에 사신이 다시 왔다. 건중 3년(782) 5월과 정원 7년(791) 정월에도 모두 사신을 보내 내조하니, 그 사신 대상정(大常靖)을 제수하여 위위경동정[98]으로 삼고, 번(발해)으로 돌아가게 하였다. [같은 해(791)] 8월에 그 왕자 대정한(大貞翰)이 내조하여 숙위가 될 것을 청하였다. [정원] 10년(794) 정월에, 내조한 왕자 대청윤(大淸允)을 우위장군동정으로 삼고, 그 아래 30여 인에게도 벼슬을 주었는데 차등이 있었다.

十一年二月, 遣內常侍殷志贍冊大嵩璘爲渤海郡王. 十四年, 加銀靑光祿大夫檢校[99] 司空, 進封渤海國[100]王. 嵩璘父欽茂, 開元中, 襲父位爲郡王左金吾大將軍, 天寶中, 累加特進太子詹事賓客. 寶應元年, 進封國王. 大曆中, 累加拜司空太[101]尉. 及嵩璘襲位, 但授其郡王·將軍而已. 嵩璘遣使敍理, 故再加冊命. 十一月, 以王姪大

---

98) 同正職은 본직은 따로 있으면서 攝職 또는 兼職할 경우나, 실무 없이 명예직으로 사용하여 해당 관직에 준하는 대우를 할 때 사용되었다.
99) 「무영전본」에는 '校檢', 「백납본」에는 '檢校'.
100) 「무영전본」과 「백납본」에는 '郡'.
101) 「무영전본」과 「백납본」에는 '大'.

能信爲左驍衛中郎將, 虞候婁蕃長都督茹富仇爲右武衛將軍, 放還.

　[정원] 11년(795) 2월에 내상시[102] 은지섬(殷志贍)을 보내어 대숭린(渤海 康王, 재위 794~809)을 책봉하여 발해군왕으로 삼았다. [정원] 14년(798)에 은청광록대부 검교사공[103]을 더해 주고, 발해군왕[104]으로 진봉하였다. 숭린의 아버지 [대]흠무는 개원 연간(713~741)에 그 아버지(무왕 대무예)의 직위를 세습하여[105] [발해]군왕 좌금오대장군[106]이 되었다. 천보 연간(742~755)에 여러 차례 더해져 특진 태자첨사[107] 빈객[108]이 되었으며, 보응 원년(762)에는 [발해]국왕[109]에 진봉되었다. 대력 연간(766~779)에도 여러 차례 제수가 더해져 사공과 대위[110]가 되었다. 숭린이 왕위를 이을 때에 [당은] 오직 [발해]군왕과 장군[호]만을 제수하였다. 숭린이 사신을 보내 도리를 따지니, 이에 따라 다시 책명을 더해 주었다. [같은 해(798)] 11월에 왕의 조카 대능신(大能信)을 좌효위중랑장[111]으로 삼고, 우후루번장 도독 여부구(茹富仇)를 우무위장군[112]으로 삼아 돌려보냈다.

---

102) 內常侍는 당의 內侍省에 속한 관직으로 정5품하이다.
103) 檢校는 우대하여 원래 正職이나 品階보다 높여 승진시키는 의미로 사용되었다. 司空은 당의 三公 중 하나로 정1품이다. 실무가 없는 명예직이었다.
104) 앞서 795년에 이미 대숭린을 渤海郡王으로 책봉하였고, 이때 進封한 것이므로, 渤海國王이었을 가능성이 높다. 이에 따라 여기의 渤海郡王을 渤海國王의 오기로 보기도 한다.
105) 大嵩璘의 혈통과 관련해서 『全唐文』 권40, 元宗皇帝, 弔渤海郡王大欽茂書에 대숭린이 대흠무(문왕)의 長嫡이라고 하였고, 『日本後紀』 권4, 延曆 15년(796) 4월 戊子조에 일본에 파견된 呂定琳이 가지고 간 啓書에는 문왕을 "祖 大行大王"이라고 하여 할아버지로 표현하며 대숭린 자신을 '孤孫'이라고 칭하고 있다.
106) 唐의 16衛 가운데 左金吾衛의 大將軍으로, 정원은 1원이며 정3품이다.
107) 太子詹事는 唐 太子詹事府의 장관으로 정3품관이다.
108) 賓客은 太子賓客의 약칭으로, 唐의 太子 東宮의 속관이다. 정3품관으로 정원은 4인이다. 侍從의 규찰을 관장하고, 의례와 연회를 돕고 태자의 교육을 맡았다.
109) 당의 爵位는 9등급으로, 王·國王은 그중 첫 번째이다. 정1품이고, 식읍이 1만 호이다. 君王은 두 번째로 종1품이고, 식읍은 5,000호이다. 이어서 國公·君公·縣公·縣侯·縣伯·縣子·縣男 순이다.
110) 大尉는 太尉의 오기이다. 太尉는 당의 三公 중 하나로, 정1품이다. 실무가 없는 명예직이었다.
111) 左驍衛中郎將은 唐의 諸衛 가운데 左驍衛의 관직으로, 정4품하이다.
112) 右武衛將軍은 唐의 16衛 가운데 右武衛의 차관직인 將軍으로, 종3품이다.

二十一年, 遣使來朝. 順宗加嵩璘金紫光祿大夫檢校司空. 元和元年十月, 加檢校太尉. 十二月, 遣使朝貢.

[정원] 21년(805)에 사신을 보내어 내조하였다. [당] 순종(재위 805)이 [대]숭린에게 금자광록대부[113] 검교사공을 더해 주었다. 원화 원년(806) 10월에 검교태위를 더해 주었다. [같은 해] 12월에 사신을 보내어 조공하였다.

四年, 以嵩璘男元瑜爲銀靑光祿大夫檢校秘書監忽汗州都督, 依前渤海國王. 五年, 遣使朝貢者二. 七年, 亦遣使來朝. 八年正月, 授元瑜弟權知國務言義銀靑光祿大夫檢校秘書監都督渤海國王. 遣內侍李重旻使焉.

[원화] 4년(809), [대]숭린의 아들 [대]원유(渤海 定王, 재위 809~812)[114]를 은청광록대부 검교비서감[115] 홀한주도독으로 삼고, 전례에 따라 발해국왕으로 삼았다. [원화] 5년(810)에 사신을 보내어 조공한 것이 두 번이다. [원화] 7년(812)에도 사신을 보내어 내조하였다. [원화] 8년(813) 정월에 원유의 동생 권지국무 [대]언의(渤海 僖王, 재위 812~817?)를 은청광록대부 검교비서감 [홀한주]도독 발해국왕에 제수하였다. 내시 이중민을 사신으로 보냈다.

十三年, 遣使來朝, 且告哀. 五月, 以知國務大仁秀爲銀靑光祿大夫檢校秘書監都督渤海國王. 十五年閏正月, 遣使來朝, 加大仁秀金紫光祿大夫檢校司空. 十二月, 復遣使來朝貢. 長慶二年正月, 又遣使來. 四年二月, 大叡等五人來朝, 請備宿衛. 寶曆中, 比歲修貢. 大和元年·四年,[116] 皆遣使來朝.

---

113) 金紫光祿大夫는 당의 정3품 文散官職이다.
114) 발해 제7대 왕인 定王(재위 809~812)으로, 연호는 永德이다. 제6대 강왕 대숭린의 아들이며, 제8대 희왕의 형이다.
115) 비서감은 당 비서성의 장관으로, 종3품이다. 현종의 開元令 전에는 九卿의 아래에 있었으나, 개원령 후부터 구경의 위로 옮겨졌다.

[원화] 13년(818)에 사신을 보내 내조하고, 또 [대언의의] 죽음을 알렸다. [같은 해] 5월에 지국무 대인수(渤海 宣王, 재위 818~830)를 은청광록대부 검교비서감 [홀한주]도독 발해국왕으로 삼았다. [원화] 15년(820) 윤정월에 사신을 보내 내조하니, 대인수에게 금자광록대부 검교사공을 더해 주었다. 12월에 다시 사신을 보내 와서 조공하였다. 장경 2년(822) 정월에 또 사신을 보내 왔다. [장경] 4년(824) 2월에 대예 등 다섯 사람이 내조하여 숙위가 될 것을 청하였다. 보력 연간(825~826)에는 해마다 조공하였다. 대화 원년(827)과 4년(830)에 모두 사신을 보내어 내조하였다.

五年, 大仁秀卒, 以權知國務大彛震, 爲銀靑光祿大夫檢校祕書監都督渤海國王. 六年, 遣王子大明俊等來朝. 七年正月, 遣同中書右平章事高寶英來謝冊命. 仍遣學生三人, 隨寶英請赴上都學問. 先遣學生三人, 事業稍成, 請歸本國, 許之. 二月, 王子大先晟等六人來朝. 開成後, 亦修職貢不絶.

[대화] 5년(831)에 대인수가 죽으니, 권지국무 대이진(재위 830~857)을 은청광록대부 검교비서감 [홀한주]도독 발해국왕으로 삼았다.[117] [대화] 6년(832)에 왕자 대명준(大明俊) 등을 보내어 내조하였다. [대화] 7년(833) 정월에 동중서우평장사[118] 고보영(高寶英)을 보내 와서 책명에 대해 사례하였다. 더불어 학생 세 사람을 [고]보영에 딸려 보내, 상도(장안)의 학문에 들어갈 것을 청하였다. 먼저 보낸 학생 세 사람은 학업이 자못 이루어져 본국으로 돌아갈

---

116) 「무영전본」에는 '年', 「백납본」에는 '月'.
117) 『신당서』 발해전에 따르면 대인수(선왕)의 사망은 대화 4년(830)이고, 이듬해(831)에 조서를 내려 작위를 세습하게 하였다고 전한다.
118) 발해의 3성은 宣詔省·中臺省·政堂省으로, 右平章事는 발해 중대성의 차관직이다(『신당서』 발해전). 반면 同中書는 당의 中書省과 같다는 의미인지, 중대성의 이름을 중서성으로 부른 시기가 있었기 때문인지는 알 수 없다. 참고로 唐에서는 尙書·門下·中書 3省의 長官을 宰相으로 하였는데, 그 직책이 중하여 항상 둘 수 없을 때에는 他官으로서 맡게 하였다. 中書省의 경우 처음에는 국가의 기밀을 다루는 요직이었으나, 唐의 中期부터 門下省·尙書省의 同中書平章事도 제각기 기밀을 다루게 되자, 同中書平章事는 虛名이 되어 관료의 加銜에 쓰이는 것이 상례로 되었다(『舊唐書』 卷43, 「職官志」).

것을 청하니 허락해 주었다.[119] [같은 해] 2월에 왕자 대선성(大先晟) 등 여섯 사람이 내조하였다. 개성(836~840) 이후에도 직공을 닦는 것을 끊지 않았다.

---

119) 『冊府元龜』 권999, 請求, 太和 7年(833) 春正月 己亥조에 따르면, 이때 學士 解楚卿, 趙孝明, 劉寶俊 3명을 보내고, 그 전에 와 있었던 學生 李居正, 朱承朝, 高壽海 등 3인을 귀국하게 하였다.

발해사 자료총서 – 중국사료 편 권1

2. 『신당서(新唐書)』

　북송(北宋) 때 구양수(歐陽脩, 1007~1072)·송기(宋祁, 998~1061) 등이 편찬한 정사(正史)로, 인종(仁宗) 가우(嘉祐) 5년(1060)에 완성되었다. 형식은 기전체 사서이며, 본기(本紀) 10권, 지(志) 50권, 표(表) 15권, 열전(列傳) 150권, 합계 225권이다. 대개 『구당서(舊唐書)』를 기초로 개작하거나 자료를 보충하였다. 참고한 자료는 『자치통감(資治通鑑)』과 대체로 같으며, 일부 금석문을 참고하였다. 본기는 『구당서』에 비해 내용이 대폭 축약되어 3분의 1에도 못 미친다. 『구당서』에 수록되어 있던 조령(詔令)과 표(表) 등은 대부분 개작되었다. 열전은 『구당서』의 61전을 삭제하고 331전을 새로 더하였다. 당 후기의 사실은 비교적 충실한 편이다. 유전(類傳)은 26목(目)을 두었는데, 그 가운데 탁행(卓行)·간신(奸臣)·반신(叛臣)·역신(逆臣)의 4목은 새로 추가된 것이다. 4표는 신설된 것으로, 재상들의 진퇴 및 사회관계, 번진 세력의 소장(消長)과 이합(離合), 종실의 성쇠(盛衰)를 연구하는 데 도움이 된다. 13지는 대부분 『구당서』보다 상세하며, 그 가운데 선거지(選擧志)·의위지(儀衛志)·병지(兵志)는 신설된 것이다. 예문지(藝文志)는 개원(開元) 이후의 500여 가(家)를 추가하여 『구당서』보다 내용이 훨씬 많아 『신당서』 전체에서 사료적 가치가 가장 높다. 다만 편찬자가 춘추의리(春秋義理)를 강조하며 일부러 고상한 문체를 취하고 있어 오히려 본의를 잃은 경우가 있으며, 기사를 훼손하거나 소략하여 이를 그대로 역사적 사실로 보기 어려운 부분이 많다고도 평가된다. 외국전(外國傳)에는 거란·해·실위·흑수말갈·발해 등이 수록된 북적전(권219)과 고려·백제·신라·일본·유귀 등을 수록한 동이전(권220)이 있다. 이 밖에 서역전·남만전이 수록되어 있다.

　『신당서』 발해전은 『구당서』 발해말갈전의 기록과 달리 대조영(大祚榮)의 출자를 속말말갈로 기록하고 있어, 발해의 역사적 성격에 대한 논란을 불러일으키는 원인을 제공하였다. 발해에 관한 기록에서도 춘추필법이 적용되어 의미를 훼손한 부분이 적지 않지만, 발해 내부의 사정을 엿볼 수 있는 시호(諡號)·연호(年號)·지리(地理)·관제(官制)·물산(物産)·품질(品秩) 등에 대해 처음으로 기록하고 있어 발해사를 연구하는 데 매우 중요한 사료가 된다. 이들 기록은 당나라에서 발해로 사신으로 다녀간 장건장(張建章, 806~866)이 쓴 『발해국기(渤海國記)』를 근거로 한 것으로 여겨지고 있다.

『신당서』는 북송 가우 연간에 초간되었고, 원대(元代)·명대(明代)·청대(淸代)에 잇달아 각본되었다. 1975년 중화서국(中華書局)에서 점교본(點校本)을 출판하였다. 아래 원문은 중화서국에서 출판한 『신당서』(1997년판)를 저본으로 하였으며, 명 가정(嘉靖) 연간(1522~1566)에 만들어진 「남간본(南監本)」과 모진(毛晉, 1599~1659)이 간행한 「급고각본(汲古閣本)」, 1739년 간행한 「무영전본(武英殿本)」, 1931~1936년 상무인서관(商務印書館)에서 간행한 「백납본(百衲本)」을 비교본으로 하였다.

○ 권5, 본기(本紀) 제5, 현종(玄宗)

[開元二十年]九月乙巳, 渤海靺鞨寇登州, 刺史韋俊死之, 左領軍衛將軍蓋福愼伐之.

[개원 20년(732)] 9월 을사에 발해말갈이 등주[1]를 노략질하고[2] 자사 위준(韋俊)[3]이 죽자, 좌령군위장군[4] 개복신(蓋福愼)[5]이 그를 토벌하였다.

---

1) 등주는 현재 중국 산동반도의 蓬萊 지역이다. 고대부터 요동반도나 한반도로 이동하는 근해 항해의 주요 출발지였다.
2) 『구당서』 발해말갈전에는 개원 20년(732)에 무왕 대무예가 장군 張文休를 보내 해적을 거느리고 등주자사 위준을 공격하게 하였다고 전한다(『구당서』 199하, 열전 149하, 발해말갈). 발해의 등주 공격 원인은 726년 발해의 黑水 토벌과 대문예의 당 망명으로 빚어진 발해와 당의 갈등 및 730년대 초 당과 전쟁을 치르고 있는 契丹을 돕기 위한 목적이었다(김종복, 2009, 127쪽; 권은주, 2013).
3) 732년 발해 무왕이 장군 張文休를 보내 해적을 거느리고 당의 登州를 공격할 때 그곳의 刺史로 전사하였다. 韋俊의 묘지명에는 이때의 상황을 "蠢尒島夷, 遠在荒裔, 潛度大海, 直指孤城, 變生倉卒, 薨于官舍, 春秋五十七."이라고 기록하고 있다(毛陽光·余扶危 主編, 2013, 251쪽).
4) 『舊唐書』에는 蓋福順으로, 『新唐書』에는 蓋福愼으로 나온다(『舊唐書』 권8, 本紀 8, 玄宗 上 開元 20년 (732) "九月乙巳 渤海靺鞨寇登州, 殺刺史韋俊, 命左領軍將軍蓋福順發兵討之."; 『新唐書』 권5, 本紀 5,

○ 권43 하(下), 지(志) 제33 하(下), 지리(地理) 7 하(下), 기미주(羈縻州)

唐興, 初未暇於四夷, 自太宗平突厥, 西北諸蕃及蠻夷稍稍內屬, 卽其部落列置州縣. 其大者爲都督府, 以其首領爲都督刺史, 皆得世襲. 雖貢賦版籍, 多不上戶部, 然聲教所曁, 皆邊州都督都護所領, 著于令式. 今錄招降開置之目, 以見其盛. … 突厥之別部及奚契丹靺鞨降胡高麗隸河北者, 爲府十四, 州四十六. …

당나라가 흥기한 초에 아직 네 오랑캐를 미처 돌볼 겨를이 없었다. 태종(재위 626~649) 때부터 돌궐[6]을 평정하자 서북 제번(諸蕃)과 만이(蠻夷)가 점차 내속하였다. 곧 그 부락을 펼쳐 주현을 설치하고 큰 것은 도독부로 삼고 그 수령을 도독과 자사로 하여 모두 세습하도록 하였다. 비록 [그들의] 공부와 판적은 대부분 호부(戶部)에 올리지 않았지만, 자연히 성교(聲敎)가 미쳤다. 모두 변주(邊州) 도독과 도호가 거느리고, 영식(令式)이 분명하였다. 지금 불러 항복하여 설치한 목록을 적어서 그 성세를 보인다. … 돌궐의 별부 및 해[7]·거란[8]·말갈·항호

玄宗 開元 20년(732) "九月乙巳, 渤海靺鞨寇登州, 刺史韋俊死之, 左領軍衛將軍蓋福愼伐之.").

5) 『舊唐書』에는 蓋福順으로, 『資治通鑑』에 葛福順으로도 나온다(『舊唐書』 권8, 本紀 8, 玄宗 上 開元 20년 (732) "九月乙巳 渤海靺鞨寇登州, 殺刺史韋俊, 命左領軍將軍蓋福順發兵討之."; 『資治通鑑』 권213, 唐紀 29, 玄宗 開元 20년(732) 9월 "勃海靺鞨王武藝遣其將張文休帥海賊寇登州, 靺鞨 殺刺史韋俊, 上命右領軍將軍葛福順發兵討之.").

6) 6~8세기 사이에 중앙아시아와 동북아시아 북부 스텝 지대에서 활동한 튀르크계의 민족명이자 국명이다. 광의로는 돌궐과 철륵 諸部가 포함되며 협의로는 突厥 可汗國을 가리킨다. 6세기경 알타이산 이남에서 유목하였는데, 이 산의 모습이 투구처럼 생겨서 돌궐이라는 이름이 붙었다고 한다. 阿史那土門이 552년 유연을 격파하고 伊利可汗이 되어 돌궐칸국(제1돌궐제국)을 세웠으나, 582년 西面可汗 達頭와 大可汗 沙鉢略의 불화로 동·서 돌궐로 나누어졌다. 동돌궐은 630년에 당에 멸망하였고, 서돌궐은 659년에 당에 복속되었다. 679~681년까지 돌궐 민족이 당에 반기를 들고, 阿史那骨篤祿이 682년 제2돌궐제국(東突厥可汗國)을 세웠다. 이 제국은 745년까지 존속하였다.

7) 거란과 함께 東胡 鮮卑 계통으로, 庫莫奚라고도 한다. 활동 지역은 老哈河를 중심으로 遼寧省 阜新市 부근까지, 서쪽으로는 內蒙古自治區 克什克騰旗의 이남 지대까지이다. 4세기 후반에 처음 기록에 등장하며 점차 세력을 확대하여 阿會氏 5부 연맹을 형성하였다. 7세기 초부터 군사력이 거란과 비교될 정도였고 어느 시기에는 거란을 압도하였다. 거란 鮮質可汗의 토벌로 쇠퇴하다가 거란과 함께 回紇에 귀부하였고, 이후 화친과 상쟁을 반복하였다. 요 태조 때 항복하여 해5부가 되었으며 墮瑰部 설치로 해6부로 불렸다. 성종 때 北府에 예속되었다.

8) 契丹은 고대 시라무렌강(Siramuren, 西剌木倫) 지역에서 일어난 부족이다. 거란의 열전은 『魏書』에 처음

(降胡)·고[구]려로 하북(河北)에 예속된 자들을 14부 46주로 삼았다. …

河北道 …
　靺鞨州三, 府三.
　　愼州【武德初, 以涑沫烏素固部落置, 僑治良鄕之故都鄕城. 縣一, 逢龍.】
　　夷賓州【乾符中, 以愁思嶺部落置, 僑治良鄕之古廣陽城. 縣一, 來蘇.】
　　黎州【載初二年, 析愼州置, 僑治良鄕之故都鄕城. 縣一, 新黎.】
　黑水州都督府【開元十四年置.】
　渤海都督府
　安靜都督府
　　右初皆隸營州都督 … 神龍初乃使北還, 二年皆隸幽州都督府. …

하북도(河北道) …

말갈주(靺鞨州) 3, 부(府) 3.

　신주(愼州)【무덕(武德, 618~626) 초에 속말(涑沫) 오소고부락(烏素固部落)을 설치하고, 낭향(良鄕)의 옛 도읍 향성(鄕城)에 교치하였다. 현이 하나로 봉룡(逢龍)이다.】

　이빈주(夷賓州)【건부(乾符, 874~879) 중에 추사령부락(愁思嶺部落)을 두고, 낭향의 옛 광양성(廣陽城)에 교치하였다. 현이 하나로 내소(來蘇)이다.】

입전되었다. 거란이라는 이름이 보이는 가장 오래된 자료는, 北魏의 使者 韓貞이 景明 3년(502)에 契丹으로 가면서 朝陽 동쪽 義縣 부근의 萬佛洞에 새긴 명문이다. 5세기 후반 동쪽에서 고구려가 遼西로 적극적으로 진출하고 서쪽에서 柔然의 압박이 가해지자, 거란은 北魏에 內附하여 白狼水(大凌河)의 동쪽으로 남하하였다. 거란의 別部인 出伏部 등 그 일부는 고구려에 臣屬하였다. 隋·唐代에는 고구려나 돌궐에 복속하거나 연대하여 수·당에 대항하기도 하고, 반대로 수·당에 복속하여 고구려나 돌궐에 저항하기도 하였다. 唐 太宗은 거란 서쪽에 인접해 있는 庫莫奚를 지배하기 위해서 시라무렌강 상류에 饒樂都督府를 설치하였고, 거란을 지배하기 위해서 營州 부근에 松漠都督府를 설치하였다. 당 초기에는 大賀氏가 지배 씨족인 8부 연맹을 형성하고 있었다. 당 태종은 그 수장인 窟哥를 都督으로 삼고, 李氏 성을 주어 부족민을 다스리게 하였다. 이들은 영주 부근에 살면서 평소에는 자치를 하며 유목 생활을 하다가 당의 고구려 공격과 같은 대외 전쟁 시기에는 藩兵으로 동원되었다. 10세기로 넘어가며 耶律阿保機가 거란 부족을 통일하고 遼나라를 세웠다.

여주(黎州)【대초(載初) 2년(690)에 신주를 나누어 설치하고, 양향의 옛 도읍 향성에 교치하였다. 현이 하나로 신려(新黎)이다.】

흑수주도독부(黑水州都督府)【개원 14년(726)에 설치하였다.】

발해도독부(渤海都督府)

안정도독부(安靜都督府)

이상 처음에 모두 영주도독(營州都督)에 예속되었다. … 신룡(神龍, 705~707) 초에 마침내 북쪽으로 환치하였다. 2년(706)에 모두 유주도독부(幽州都督府)에 예속되었다. …

高麗降戶州十四, 府九.【太宗親征, 得蓋牟城, 置蓋州, 得遼東城, 置遼州, 得白崖城, 置巖州. 及師還, 拔蓋·遼二州之人以歸. 高宗滅高麗, 置都督府九, 州四十二, 後所存州止十四. 初, 顯慶五年平百濟, 以其地置熊津·馬韓·東明·金連·德安五都督府, 幷置帶方州, 麟德後廢.】

南蘇州 蓋牟州 代那州 倉巖州 磨米州 積利州 黎山州 延津州 木底州 安市州 諸北州 識利州 拂涅州 拜漢州

新城州都督府

遼城州都督府

哥勿州都督府

衛樂州都督府

舍利州都督府

居素州都督府

越喜州都督府

去旦州都督府

建安州都督府

　右隸安東都護府

　…

고[구]려 항호주(降戶州) 14, 부(府) 9.【태종(太宗)이 친정하여 개모성(蓋牟城)을 얻어 개주(蓋州)[9]를 설치하고, 요동성(遼東城)을 얻어 요주(遼州)를 설치하고, 백애성(白崖城)을 얻어 암주(巖州)[10]를 설치하였다. 군대가 돌아올 때에 이르러 개주와 요주 2주의 사람들을 빼내어 돌아갔다. 고종(高宗)이 고[구]려를 멸하고 9도독부 42주를 설치하였는데, 뒤에 남은 것이 14주에 그쳤다. 처음 현경(顯慶) 5년(660)에 백제를 평정하고 그 땅에 웅진(熊津)·마한(馬韓)·동명(東明)·금련(金連)·덕안(德安) 5도독부를 설치하였으며, 아울러 대방주(帶方州)를 두었는데 인덕(麟德, 664~665) 이후에 폐지하였다.】

남소주(南蘇州), 개모주(蓋牟州), 대나주(代那州), 창암주(倉巖州), 마미주(磨米州), 적리주(積利州), 여산주(黎山州), 연진주(延津州), 목저주(木底州), 안시주(安市州), 제북주(諸北州), 식리주(識利州), 불열주(拂涅州), 배한주(拜漢州)

신성주도독부(新城州都督府)

요성주도독부(遼城州都督府)

가물주도독부(哥勿州都督府)

위락주도독부(衛樂州都督府)

사리주도독부(舍利州都督府)

거소주도독부(居素州都督府)

월희주도독부(越喜州都督府)

거단주도독부(去旦州都督府)

건안주도독부(建安州都督府)

　　이상 안동도호부(安東都護府)[11]에 예속되었다.

　…

---

9) 지금의 요령성 蓋州市이다(유득공 지음, 김종복 옮김, 2018, 190쪽).

10) 지금의 요령성 燈塔市 燕州城 일대를 말한다(유득공 지음, 김종복 옮김, 2018, 195쪽).

11) 668년 당나라가 고구려를 멸망시킨 뒤 평양에 안동도호부를 설치하고 薛仁貴를 도호부사로 삼아 고구려 땅을 통치하도록 하였다. 고구려부흥운동이 일어나고 신라가 고구려·백제 유민과 함께 당에 항쟁을 펼치자, 당은 한반도에서 물러나 676년에 도호부를 遼東의 遼陽 지역으로 옮겼고, 677년에 다시 新城으로 옮겼다. 696년에는 요서 지역인 營州에서 거란 李盡忠의 난이 일어나며, 요동 지역 역시 전란에 휩싸였다. 대조영이 이끄는 고구려 유민과 말갈인이 天門嶺전투에서 승리하며 발해 건국에 성공한 이후 요동에서 당의 세력이 크게 약화되었고, 당은 699년에 안동도호부를 안동도독부로 낮추었으며

> 唐置羈縻諸州, 皆傍塞外, 或寓名於夷落. … 天寶中, 玄宗問諸蕃國遠近, 鴻臚卿王忠嗣以西域圖對, 纔十數國. 其後貞元宰相賈耽考方域道里之數最詳, 從邊州入四夷, 通譯于鴻臚者, 莫不畢紀. 其入四夷之路與關戍走集最要者七, 一曰營州入安東道, 二曰登州海行入高麗渤海道, 三曰夏州塞外通大同雲中道, 四曰中受降城入回鶻道, 五曰安西入西域道, 六曰安南通天竺道, 七曰廣州通海夷道. 其山川聚落, 封略遠近, 皆槪擧其目. 州縣有名而前所不錄者, 或夷狄所自名云.

당이 기미(羈縻) 여러 주(州)를 설치하였는데, 모두 새외(塞外)의 곁이었다. 혹 오랑캐의 부락[夷落]에 붙인 이름이었다. …

천보(742~756) 중에 현종[12]이 여러 번국(蕃國)의 멀고 가까움을 물었다. 홍려경 왕충사(王忠嗣)가 서역도로 대답하니 10여 국이었다. 그 뒤 정원(785~805) 때의 재상 가탐(賈耽)이 변주(邊州)에서 사이(四夷)로 들어가는 방역도리(方域道里)의 수치가 가장 상세한 것을 고찰하고, 홍려에서 통역하며 모두 정리하여 기록하였다. 사이로 들어가는 길과 관술(關戍)을 모으니 가장 중요한 것이 일곱으로, 하나는 영주(營州)[13]에서 안동(安東)으로 들어가는 길이

　　　幽州(지금의 北京)에 移屬시켰다. 이후 다시 도호부로 복귀되었으나 714년 平州로, 743년 遼西故郡城으로 府治를 옮겼다가, 安祿山의 난을 계기로 758년에 완전히 폐지되었다(日野開三郞, 1984, 26~36쪽; 권은주, 2010).

12) 당나라 제6대 황제로 이름은 李隆基이다. 睿宗의 셋째 아들로 楚王에 봉해졌다가 臨淄王으로 개봉되었다. 景雲 초에 太平公主와 함께 韋后와 그 일당을 소탕하고 睿宗을 복위시켰으며, 太子로서 朝政에 참여하였다. 712년 즉위했고 이듬해 태평공주와 그 일당을 숙청하였다. 開元 연간(713~741) 사회 안정과 경제 발전, 문화 번영, 國勢의 강성을 이루어 이 시기 통치를 '開元之治'라 한다. 그러나 天寶 연간(742~756) 이후 楊貴妃를 총애하고 李林甫와 楊國忠을 宰相으로 등용하게 되면서 정치가 부패하였다. 安史의 난이 일어나자 천보 15년(756) 6월 蜀으로 도망갔으며, 7월 太子 李亨이 靈武에서 즉위한 뒤에 太上皇을 칭하였다. 至德 2년(757) 말 촉에서 長安으로 돌아와 興慶宮에 유폐되었다가 죽었다. 泰陵에 장사 지냈으며 시호는 至道大聖大明孝皇帝이다.

13) 지금의 중국 遼寧省 朝陽市 일대이다. 영주의 지명은 『爾雅』「釋地」 등 고전에 9주나 2주의 하나로 일찍부터 나오지만, 영주가 요서 지역에 처음 설치된 것은 後趙 시기이다. 石虎가 지금의 中國 灤河·永平 부근에 영주를 설치하였고, 遼西·北平의 2郡을 거느리게 했다. 北魏 시기에는 治所를 朝陽 지역의 和龍城에 두고, 昌黎·建德·遼東·樂良·冀湯·冀陽·營丘의 7郡을 거느렸다. 隋代와 唐代에도 營州라고 불렀다. 당나라 초기부터 이 땅에는 거란족과 해족 등 다양한 민족이 거주하였고, 당이 고구려를

다. 둘째는 등주(登州)에서 바다로 가서 고려 발해로 들어가는 길이다. 셋째는 하주(夏州)의 새외에서 대동(大同)으로 통하는 운중도(雲中道)이다. 넷째는 중수항성(中受降城)에서 회골(回鶻)[14]로 들어가는 길이다. 다섯째는 안서(安西)에서 서역(西域)으로 들어가는 길이다. 여섯째는 안남(安南)에서 천축(天竺)으로 통하는 길이다. 일곱째는 광주(廣州)에서 해이(海夷)로 통하는 길이다. 그 산천과 취락, 봉토(封土) 경계의 멀고 가까움을 모두 그 목록에 낱낱이 올렸다. 주현(州縣)이 이름이 있으면서도 전에 기록되지 않은 것은 이적 스스로 이름 붙인 것으로 하기도 하였다. …

> 營州西北百里曰松陘嶺, 其西奚, 其東契丹. 距營州北四百里至湟水. 營州東百八十里至燕郡城. 又經汝羅守捉, 渡遼水至安東都護府五百里. 府, 故漢襄平城也. 東南至平壤城八百里, 西南至都里海口六百里, 西至建安城三百里, 故中郭縣也, 南至鴨淥江北泊汋城七百里, 故安平縣也. 自都護府東北經古蓋牟·新城, 又經渤海長嶺府, 千五百里至渤海王城, 城臨忽汗海, 其西南三十里有古肅愼城, 其北經德理鎭, 至南黑水靺鞨千里.

영주 서북 100리에 송형령(松陘嶺)이 있다. 그 서쪽은 해(奚), 그 동쪽은 거란(契丹)이다. 영주의 북쪽 400리를 가서 황수(湟水)에 이른다. 영주 동쪽 180리로 연군성에 이르고, 다시 여라수착을 지나 요수를 건너면 안동도호부에 이르기를 500리이다. [안동도호]부는 옛 한(漢)의 양평성(襄平城)이다. 동남으로 평양성에 이르는데 800리이다. 서남으로 도리해구에 이르는데 600리이다. 서쪽으로 건안성에 이르는데 300리이다. 옛 중곽현(中郭縣)이다. 남쪽으로

공격할 때 그 교두보 역할을 하였다. 고구려 멸망 이후에는 많은 고구려 유민과 고구려 예하에 있던 말갈인들이 당 內地로 끌려가면서 일부가 이곳에 남았다. 이들 중 상당수는 696년 거란 李盡忠의 반란을 계기로 東走하여 발해 건국에 참여하였다. 이곳은 이후에도 당나라가 동북방 민족들을 공제하고 방어하는 중요한 거점이었다.

14) 몽골 고원과 중앙아시아에서 활약한 튀르크계 민족으로, 원래 이름은 回紇이며 지금의 위구르인이다. 744년 동돌궐을 멸망시키고 제국을 세웠고 840년 키르기즈에게 멸망한 뒤에 여러 왕국을 세웠다. 회골의 이름은 『宋史』, 『遼史』 등에 回鶻, 高昌回鶻, 甘州回鶻, 龜玆回鶻, 阿薩蘭回鶻 등이 나온다. 각기 그 거주하는 곳이나 왕의 이름을 따서 부른 것이다.

압록강에 이르고 북쪽 박작성까지 이르는데 700리이다. 옛 안평현(安平縣)이다. 도호부로부터 동북으로 옛 개모·신성을 지나고 또 발해 장령부[15]를 지나 1,500리에서 발해왕성에 이른다. 성은 홀한해에 인접해 있다. 그 서남으로 30리에 옛 숙신성이 있다. 그 북쪽으로 덕리진을 지나면 남흑수말갈에 이르는데 1,000리이다.

> 登州東北海行, 過大謝島·龜歆島·末島·烏湖島三百里. 北渡烏湖海, 至馬石山東之都里鎭二百里. 東傍海壖, 過青泥浦·桃花浦·杏花浦·石人汪·橐駝灣·烏骨江八百里. 乃南傍海壖, 過烏牧島·貝江口·椒島, 得新羅西北之長口鎭. 又過秦王石橋·麻田島·古寺島·得物島, 千里至鴨淥江唐恩浦口. 乃東南陸行, 七百里至新羅王城. 自鴨淥江口舟行百餘里, 乃小舫泝流東北三十里至泊汋口, 得渤海之境. 又泝流五百里, 至丸都縣城, 故高麗王都. 又東北泝流二百里, 至神州. 又陸行四百里, 至顯州, 天寶中王所都. 又正北如東六百里, 至渤海王城.

등주에서 동북으로 바닷길로 대사도(大謝島), 구흠도(龜歆島), 말도(末島), 오호도(烏湖島)를 지나면 300리이고, 북으로 오호해(烏湖海)를 건너 마석산(馬石山)에 이른다. 동쪽에 도리진(都里鎭)이 200리이다. 동쪽 곁 바닷가로 청니포(靑泥浦), 도화포(桃花浦), 행화포(杏花浦), 석인왕(石人汪), 탁타만(橐駝灣), 오골강(烏骨江)을 지나는데 800리이다. 이내 남쪽 곁 바닷가로 오목도(烏牧島), 패강구(貝江口), 초도(椒島)를 지나면 신라 서북쪽 장구진(長口鎭)에 이른다. 또 진왕석교(秦王石橋), 마전도(麻田島), 고사도(古寺島), 득물도(得物島)를 지나면 1,000리로 압록강 당은포구(唐恩浦口)에 이른다. 이내 동남쪽 육지로 700리를 가면 신라왕성에 이른다. 압록강 입구에서 배를 타고 100여 리를 가고 이내 작은 배로 물을 거꾸로 올라 동북 30리에 박작구에 이르는데 발해의 경계와 만난다. 또 거꾸로 올라가 500리에 환도현성(丸都縣城)[16]에 이르는데 옛 고구려 왕도이다. 다시 동북으로 거꾸로 흘러가면 200리에 신주

---

15) 長嶺府의 위치에 대하여 『滿洲源流考』에서는 "今吉林西南五百里 有長嶺子 滿洲語稱果勒敏珠敦(Golmin Judun, 長嶺의 뜻)"이라고 하고 지금의 英額門 부근으로 비정하였다. 韓鎭書는 永吉州 等地로 비정하였는데(『續海東繹史』 「渤海」), 지금의 吉林이다. 津田左右吉(1915)은 輝發河 상류에 있는 北山城子로 보았다.

(神州)에 이르고, 다시 물길로 400리에 현주(顯州)[17]에 이르는데 천보(742~756) 중에 왕이 도읍한 곳이다. 또 정북에서 동쪽 600리에 발해왕성에 이른다.

○ 권58, 지(志) 제48, 예문(藝文) 2

張建章, 渤海國記 三卷.

장건장의 『발해국기』 3권.

○ 권65, 표(表) 제5, 방진(方鎭) 2

永泰元年, 淄青平盧節度增領押新羅渤海兩蕃使.

영태(永泰) 원년(765)에 치청평로절도[18]가 압신라발해양번사[19]를 더하여 거느렸다.

---

16) 丸都는 고구려의 舊都로서, 중국 길림성 집안시로 비정된다.
17) 현주는 중경 현덕부의 소재지로서 현재의 길림성 연변조선족자치주 화룡시 서고성으로 비정된다. 『新唐書』卷219, 列傳 第144, 渤海전에 중경 현덕부 관할에 顯州보다 盧州가 먼저 기술되어 있는 점과 관련하여 중경 소재지에 대한 다양한 주장이 제기되었다. 일반적인 규칙에 의하면, 중경 현덕부는 盧州에 설치되어야 하는데 기록과 지리 비정에서 차이가 확인되기 때문이다. 그 주장을 보면, 현주와 중경 현덕부가 동일 지역이며 그 장소는 서고성이라는 주장(李健才·陳相偉, 1982), 현주는 蘇蜜城 또는 大甸子古城이라는 주장(駒井和愛, 1977), 安圖縣 松江鎭이라는 주장(朴龍淵, 1983), 돈화 大蒲柴河 西才浪河古城이라는 주장(孫進己, 1982) 및 상경 용천부 출토 와당에 근거하여 서고성과 현주가 관련성이 없으며 그곳은 화룡 하남둔고성이라는 주장(田村晃一, 2001; 田村晃一, 2002) 등이 그것이다(임상선, 2010, 173쪽). 이뿐만 아니라 顯州의 소재지였던 서고성이 발해의 첫 도읍지이며 현주를 포함한 지역은 振國의 영역이라고 인식한 견해도 있다(장창희, 1991, 226쪽).
18) 평로는 唐·五代 方鎭의 하나로 唐 天寶(742~756) 초에 範陽節度使를 나누어 平盧節度使를 두어 營州(지금의 遼寧省 朝陽縣)에서 다스리게 했는데, 盧龍軍과 渝關 등 守捉 11개를 관할하였다. 절도사는 당송시대에 道 또는 州의 군사·민정·인사·理財 등의 권한을 장악한 장관으로, 節帥 혹은 節制라고도 하였다. 평로 번진은 761년에 치소를 青州로 옮겼으며, 765년부터 신라·발해를 관장하게 하였다(정재균, 2011, 124쪽).
19) 押使는 당나라에서 변경 지역의 소수민족을 안무하는 使職으로, 押蕃使라고도 한다. 당 중기 이후에는 변지의 節度使가 겸임하였다. 兩番은 契丹과 奚를 가리킨다.

○ 권66, 표(表) 제6, 방진(方鎭) 3

[開元]五年, 營州置平盧軍使.

[개원] 5년(717) 영주에 평로군[20]사를 설치하였다.

[開元]七年, 升平盧軍使, 爲平盧軍節度經略河北支度管內諸蕃及營田等使, 兼領安東都護及營遼燕三州.

[개원] 7년(719) 평로군사를 승격시켜 평로군절도경략 하북지도관내제번 및 영전등사로 삼고, 안동도호 및 영·요·연 3주를 겸하여 거느리게 하였다.

[開元]二十八年, 平盧軍節度使兼押兩蕃渤海黑水四府經略處置使.

[개원] 28년(740) 평로군절도사가 압양번발해흑수사부경략처치사를 겸하였다.

○ 권110, 열전(列傳) 제35, 제이번장(諸夷蕃將) 이근행(李謹行)

李謹行, 靺鞨人. 父突地稽, 部酋長也. 隋末, 率其屬千餘內附, 居營州. 授金紫光祿大夫遼西太守. 武德初, 奉朝貢, 以其部爲燕州, 授總管. … 貞觀初, 進右衛將軍, 賜氏李, 卒. 謹行偉容貌, 勇蓋軍中, 累遷營州都督. 家童至數千, 以財自雄, 夷人畏之. … 上元三年, 破吐蕃于青海, 璽書勞勉, 封燕國公. 卒, 贈幽州都督, 陪葬乾陵.

---

20) 平盧軍은 唐代 平盧節度使 관할의 군대로 營州城 내에 주둔하고, 군사는 1만 6,000명이었다. 그 밖에 평로절도사가 관할하는 군대로 노룡군은 平州城 내에 주둔하고 군사가 1만이며, 유관수착은 영주성 서쪽 480리 되는 곳에 있는데 군사가 3,000명이었다. 안동도호부는 영주 동쪽 200리 되는 곳에 있는데, 군사가 8,500명이었다.

이근행(李謹行)[21]은 말갈인이다. 부친 돌지계(突地稽)[22]는 부(部)의 추장이었다. 수나라 말에 그 아래 천여 명을 이끌고 내부하여 영주(營州)에 거하였다. 금자광록대부(金紫光祿大夫)[23] 요서태수(遼西太守)를 제수하였다. 무덕(618~626) 초에 조공을 받으니 그 부를 연주(燕州)로 삼고 총관을 제수하였다. … 정관(626~649) 초에 우위장군[24]으로 올리고, 이씨 성을 내려 주었다. [돌지계가] 죽었다. 근행은 용모가 훌륭하고 군(軍) 안에서 용맹함이 뛰어나 여러 차례 옮겨 영주도독이 되었다. 가동이 수천에 이르며 재력으로 자웅을 이루어 오랑캐[夷人]들이 그를 두려워하였다. … 상원 3년(676)에 토번[25]을 청해(靑海)에서 격파하니, 새서를 내려 수고를 격려하고 연국공에 봉하였다. [근행이] 죽자 유주도독을 추증하고 건릉(乾陵: 당 고종의 능묘)에 배장하였다.

---

21) 李謹行(619~682)은 唐 초기에 활약한 장수로서 粟末靺鞨 출신이며, 아버지는 突地稽이다. 이근행은 용모가 장대하고 용맹하여 軍衆을 장악하였고, 貞觀 初에는 營州都督이 되었다. 家僮이 수천 명에 이르고 재물이 많아 夷人이 그를 두려워하였다고 한다. 乾封 원년(666)에 左監門衛將軍이 되어 契苾何力·龐同善·高偘·薛仁貴 등과 함께 고구려 공격에 나섰고, 나당전쟁 말기까지 활약하였다. 675년 買肖城 전투에서 신라군에게 패한 뒤, 上元 3년(676)에 靑海로 가서 吐蕃을 격파한 공로로 燕國公에 봉해졌다. 永淳 원년(682)에 사망하여, 幽州都督을 추증받고 乾陵에 배장되었다.

22) 突地稽는 粟末靺鞨 厥稽部의 추장이었는데, 수나라 말기에 수에 內附하여 金紫光祿大夫 遼西太守를 제수받고, 營州에 머물게 되었다. 『太平寰宇記』에 인용된 『北蕃風俗記』에 따르면, 開皇 연간(581~600)에 고구려에 패해 속말말갈의 諸部를 이끌고 수에 귀부하였다고 한다. 612년에는 수 양제의 고구려 공격에도 참전하였고, 당나라가 건립된 이후에는 당에 귀순하였다. 당 武德 초에는 突地稽를 耆國公에 봉했으며, 그 部를 옮겨 昌平에 거주케 하였고, 다시 貞觀 초에 高開道의 突厥 군대를 물리친 공로로 右衛將軍에 봉하고 李氏 성을 하사받았다. 그 아들은 唐 초에 무장으로 활약한 李謹行이다.

23) 金紫光祿大夫는 당의 정3품 文散官職이다.

24) 左·右衛府는 魏代의 衛將軍이 西晉 武帝代에 와서 좌·우위로 나누어 설치된 것을 시원으로 한다. 唐代의 左·右衛에는 정3품의 大將軍 각 1인과 종3품의 將軍 각 2인을 두었다. 직무는 궁정의 경비와 호위 및 의장대 관할이었다.

25) 西羌 중 發羌의 전음이라는 설과 南涼의 禿發이 와전되었다는 설이 있다. 수나라 초기부터 세력이 커졌으며, 633년 松贊干布가 党項 諸部를 통일하여 토번제국을 세웠다. 토번이 급성장하며 당을 위협하자 당나라는 문성공주를 시집보내는 등 유화책을 썼다. 그러나 송찬간포의 사망 이후 관계가 악화되고 669년 토번이 안서 4진을 함락하면서 완전히 적대 관계로 돌아섰다. 9세기에 후계 다툼으로 내전이 일어나며 842년 멸망하였다.

○ 권126, 열전(列傳) 제51, 장구령(張九齡)

張九齡字子壽, 韶州曲江人. … 九齡有才鑒. … 始, 說知集賢院, 嘗薦九齡可備顧問. 說卒, 天子思其言, 召爲祕書少監集賢院學士知院事. 會賜渤海詔, 而書命無足爲者, 乃召九齡爲之, 被詔輒成. 遷工部侍郎知制誥.

장구령(張九齡)의 자는 자수(子壽)이며, 소주(韶州) 곡강(曲江) 사람이다. … 구령은 재주가 뛰어났다. … 처음에 [장]설([張]說)이 지집현원으로 있으며, 일찍이 구령을 추천하며 고문(顧問)으로 갖출 만하다고 하였다. 설이 죽고 천자가 그 말을 생각하며 [구령을] 불러 비서소감 집현원학사 지원사로 삼았다. 발해에 조서를 내릴 때에, 서명(書命)이 부족하자 이내 구령을 불러 조서를 고쳐 완성하게 했다. 공부시랑 지제고로 옮겼다.

○ 권136, 열전(列傳) 제61, 오승자(烏承玼)

烏承玼字德潤, 張掖人. 開元中, 與族兄承恩, 皆爲平盧先鋒, 沈勇而決, 號轅門二龍. 契丹可突于殺其王邵固降突厥, 而奚亦亂, 其王魯蘇挈族屬及邵固妻子自歸. 是歲, 奚契丹入寇, 詔承玼擊之, 破於捺祿山. 二十二年, 詔信安王禕率幽州長史趙含章進討. 承玼請含章曰: 二虜固劇賊, 前日戰而北, 非畏我, 乃誘我也. 公宜畜銳以折其謀. 含章不信, 戰白城, 果大敗. 承玼獨按隊出其右, 斬首萬計, 可突于奔北矣. 渤海大武藝與弟門藝戰國中, 門藝來. 詔與太僕卿金思蘭發范陽新羅兵十萬討之, 無功. 武藝遣客刺門藝於東都, 引兵至馬都山, 屠城邑. 承玼窒要路, 塹以大石, 亘四百里, 虜不得入. 於是流民得還, 士少休, 脫鎧而耕, 歲省度支運錢.

오승자(烏承玼)의 자는 덕윤(德潤)이고 장액(張掖) 사람이다. 개원(713~741) 중에 족형 승은(承恩)과 함께 평로의 선봉이 되어 침착하고 용맹함으로 뚫으니, '군영의 두 마리 용[轅門二龍]'이라고 불렸다. 거란 가돌우(可突于)가 그 왕 소고(邵固)를 죽이고 돌궐에 투항하였다. 해 역시 반란하여 그 왕 노소(魯蘇)가 족속과 소고의 처자를 거느리고 스스로 귀부하였다. 이해에 해와 거란이 들어와 노략질하자 조서를 내려 승자에게 그들을 치게 하였는데, 날록산(捺祿山)에서 격파하였다. [개원] 22년(734)[26)]에 조서를 내려 신안왕(信安王) 의(禕)에게 유주장사 조함장(趙含章)을 이끌고 진군하여 토벌하게 하였다. 승자가 함장에게 청하여 말하기를 "두 오랑캐는 완강한 도적으로 전일에 싸워 패했지만 우리를 두려워하지 않고, 우리를 꾀려고 합니다. 공은 마땅히 예기를 모아 도모하십시오."라고 하였다. [그러나] 함장이 받아들이지 않고 백성(白城)에서 싸운 결과 크게 패하였다. 승자가 홀로 부대를 이끌고 그 우측으로 나가 머리를 벤 것이 1만을 헤아렸고, 가돌우는 북쪽의 해로 달아났다. 발해 대무예가 아우 문예와 나라 안에서 싸우다가, 문예가 [당으로] 왔다. 조서로 태복경(太僕卿)[27] 김사란(金思蘭)[28]과 함께 범양과 신라의 병사를 일으켜 10만으로 그(발해)를 토벌하게 하였으나, 공이 없었다. 무예가 자객을 보내 문예를 동도(東都)에서 찌르게 하였고, 병사를 이끌고 마도산(馬都山)에 이르러 성읍을 도륙하였다. 승자가 요충로를 막고 큰 돌을 쌓아 400리를 두르니 오랑캐가 침입할 수 없었다. 이로써 유민이 돌아오게 되었고 군사가 조금 휴식하였으며 갑옷을 벗고 경작을 하여 징세와 운송비를 절약하였다.

○ 권213, 열전(列傳) 제138, 번진(藩鎭) 치청(淄靑)·황해(橫海) 이정기(李正己)

李正己, 高麗人. … 正己復取曹濮徐兗鄆, 凡十有五州. 市渤海名馬, 歲不絶. 賦繇均約, 號最彊大.

이정기(李正己)[29]는 고[구]려 사람이다. … 정기가 다시 조(曹)·복(濮)·서(徐)·연(兗)·

---

26) 『자치통감』에는 732년으로 나온다.
27) 太僕卿은 당의 9寺 가운데 태복시의 장관으로 종3품이다.
28) 신라의 왕족으로 일찍이 당나라에 건너가 太僕員外卿을 받고, 宿衛로 있었다. 732년(성덕왕 31) 발해가 당나라의 登州를 공격하자, 당 현종이 이듬해 7월 김사란을 귀국시켜 신라에게 발해의 남쪽을 공격하게 하였다(『삼국사기』권제8, 「신라본기」제8, 성덕왕 32년). 『冊府元龜』에는 개원 21년(733) 정월 신라에 사신으로 간 것으로 나온다(『冊府元龜』권975, 外臣部 20 褒異 2). 『삼국유사』에는 이해에 당이 北狄을 공격하기 위해 신라에 604명을 보냈다는 기록이 있다(『삼국유사』권제2, 紀異 제2 孝成王조).
29) 李正己(733~781)는 당나라 平盧 출신의 고구려 유민으로, 본명은 懷玉이다. 758년 말 평로절도사 王玄志가 죽자 사촌인 候希逸을 추대하여 평로절도사가 되게 하였다. 候希逸과 함께 安史의 난에 참여한 叛軍과 싸워 공을 세웠다. 그러나 761년 奚族이 평로군 지역을 함락하자 靑州로 남하하였고 후희일은 평로치청절도사가 되었다. 765년 후희일을 대신해 평로치청절도사가 되어 '正己'라는 이름을 받았다. 이후 曹·濮·徐·兗·鄆 등 5州를 점령하여 모두 15주를 다스렸다.

운(鄆)을 취하였는데, 모두 15주였다. 시장에 발해 명마가 해마다 끊이지 않았다. 부세와 요역이 균등하여 가장 강대하다고 불렸다.

○ 권219, 열전(列傳) 제144, 북적(北狄) 흑수말갈(黑水靺鞨)

> 黑水靺鞨居肅愼地, 亦曰挹婁, 元魏時曰勿吉. 直京師東北六千里, 東瀕海, 西屬突厥, 南高麗, 北室韋. 離爲數十部, 酋各自治. 其著者曰粟末部, 居最南, 抵太白山, 亦曰徒太山, 與高麗接. 依粟末水以居, 水源於山西, 北注它漏河. 稍東北曰汨咄部, 又次曰安居骨部, 益東曰拂涅部. 居骨之西北曰黑水部, 粟末之東曰白山部. 部間[30] 遠者三四百里, 近二百里.

흑수말갈[31]은 숙신 땅에 거주하는데, 또한 읍루라고도 하며, 원위(북위, 386~534) 때에는 물길이라 불리었다.[32] 경사에서 동북으로 6천 리에 있으며, 동쪽으로는 바다에 닿아 있고, 서쪽으로는 돌궐과 이어져 있다. 남쪽에는 고[구]려가, 북쪽에는 실위가 있다. 수십 부로 나뉘어 있으며, 추장들이 각기 자치를 한다. 그중 [세력이] 두드러지는 것은 속말부라고 하며, 가장 남쪽에 거주하여 태백산에 이른다. [그 산은] 또한 도태산이라고도 하며, 고[구]려와 접해 있다. 속말수[33]에 의지하여 사는데, 물은 [태백]산 서쪽에서 발원하여 북쪽 타루하로

---

30) 「백납본」에는 '閒'.

31) 黑水靺鞨은 고구려 시기의 靺鞨 7部 가운데 하나로, 가장 강한 세력으로 꼽힌다. 『구당서』 말갈전에는 흑수말갈이 가장 북방에 있으면서 제일 강성하여 늘 용맹을 과시하므로 항상 이웃의 걱정이 되었다고 하였다. 『신당서』 흑수말갈전에는 고구려 멸망 후 말갈 6부가 당에 들어가거나 분산되어 점차 미약해지고 유민들은 발해로 들어갔지만, 흑수만이 완강하여 16부락으로 나뉘어 남부와 북부로 일컬었다고 하였다. 그 이름은 거주지인 黑水에서 비롯되었으며, 거주지는 지금의 黑龍江과 松花江이 합류하는 지역과 그 하류로 비정된다. 『新唐書』「地理志」 靺鞨州條에 인용되어 있는 賈耽의 『道里記』에는 渤海의 國都에서 북으로 德理鎭을 거쳐 南黑水靺鞨에 이르기까지 1,000리로 되어 있다. 松井等은 德理鎭의 위치를 明代에 三姓 지역의 松花江 좌안에 있었던 斡朶里站과 같은 지역이며, '德理'는 '斡朶里'의 줄임말로 추정하였다(松井等, 1913).

32) 『舊唐書』 靺鞨傳에 "靺鞨, 蓋肅愼之地. 後魏謂之勿吉."이라고 되어 있는 것이, 『新唐書』에는 흑수말갈로 되어 있다. 이것은 말갈 7부의 대부분이 발해로 통합된 뒤에도 흑수말갈만이 독립성을 오랫동안 유지하였기 때문에, 前史에서 말갈 전체에 대한 설명이 흑수말갈전에 그대로 붙은 것으로 보인다.

흘러간다. 약간 동북쪽에 있는 것을 골돌부라 하고, 그 다음은 안거골부라 하며, 더 동쪽에 있는 것을 불열부라 한다. [안]거골의 서북쪽에 있는 것을 흑수부라 하고, 속말의 동쪽에 있는 것을 백산부라 한다. [각] 부의 사이가 먼 것은 3, 4백 리이고, 가까운 것은 2백 리이다.[34]

> 白山本臣高麗, 王師取平壤, 其衆多入唐. 汨咄, 安居骨等皆奔散, 寖微無聞焉. 遺人迸入渤海. 唯黑水完彊, 分十六落, 以南北稱, 蓋其居最北方者也. 人勁健, 善步戰, 常能患它部.[35]

백산은 본래 고[구]려에 신속하였는데, 왕사(당나라 군대)가 평양을 함락하자, 그 무리가 많이 당으로 들어왔다.[36] 골돌·안거골 등도 모두 달아나 뿔뿔이 흩어졌고, 점차 미약해져 소식이 들리지 않았다. 유민들은 흩어져 달아나 발해로 들어갔다. 오직 흑수만이 완강하여 16부락으로 나뉘어 남북으로 불리었는데, 대개 그 거처는 가장 북방에 있었다. 사람들이 굳세고 강건하며 보병전을 잘하여, 항상 다른 부족에게 우환이 되었다.

> 俗編髮, 綴野豕牙, 插雉尾爲冠飾, 自別於諸部. 性忍悍, 善射獵. 無憂戚, 貴壯賤老. 居無室廬, 負山水坎地, 梁木其上, 覆以土, 如丘冢然. 夏出隨水草, 冬入處. 以溺盥面, 於夷狄最濁穢. 死者埋之, 無棺槨,[37] 殺所乘馬以祭. 其酋曰大莫拂瞞咄, 世相承爲長. 無書契. 其矢石鏃, 長二寸, 蓋楛砮遺法. 畜多豕, 無牛羊. 有車馬, 田耦以耕, 車則步推. 有粟麥. 土多貂鼠·白兔·白鷹. 有鹽泉, 氣蒸薄, 鹽凝[38]樹顚.

---

33) 粟末水는 지금의 松花江을 가리킨다.
34) 『신당서』 흑수말갈전에는 말갈 7부 중 號室部의 위치 설명이 누락되어 있다. 이상 말갈 諸部의 위치는 대략적인 방향만을 알 수 있을 뿐 정확한 위치는 알 수 없어 다양한 비정이 이뤄지고 있다. 이들 제설은 (김현숙, 2005; 권은주, 2008; 김락기, 2013) 참조.
35) 「급고각본」에는 '部'가 결락되어 있다.
36) 『新唐書』 渤海傳에서 "本粟末靺鞨附高麗者"라는 기록 등을 통해 대조영의 출신을 속말말갈로 보는 것이 일반적이다. 그런데 백산말갈이 고구려 멸망과 함께 중국으로 많이 들어갔다고 전하는 이 구절을 근거로 하여 대조영을 백산말갈 출신으로 보기도 한다(津田左右吉, 1975b; 李健才, 2000).
37) 「백납본」에는 '椁'.

습속은 머리를 땋아 멧돼지의 어금니를 매달고 꿩의 꼬리 깃털을 꽂아 관을 꾸며서 스스로 [다른] 여러 부와 구별하였다. 성품은 잔인하고 사나우며, 활사냥을 잘한다. 걱정과 근심이 없으며, 젊은이를 귀하게 여기나 늙은이는 천시한다. 거처는 집이 없고, 산과 물에 의지하여 땅에 구덩이를 파서 그 위에 나무를 걸치고 흙으로 덮으니, 무덤 봉분과 비슷하다. 여름에는 수초를 따라다니며 [생활하고], 겨울이면 들어가 [구덩이 안에] 거주한다. 오줌으로 세수를 하니, 이적(夷狄) 중에서 가장 더럽다. 죽은 자는 [땅에] 매장하는데 관·곽이 없고,[39] 타던 말을 죽여 제사한다. 그 추장은 대막불만돌(大莫拂瞞咄)[40]이라고 하는데, 대대로 세습하여 추장이 된다. 서계(書契)가 없다. 그 화살의 돌촉은 길이가 2촌인데,[41] 아마도 고노(楛砮)의 남은 모습일 것이다. 가축은 돼지가 많고, 소와 양은 없다. 수레와 말이 있고, 밭은 [두 사람이] 짝지어 갈고,[42] 수레는 [사람이] 밀고 다닌다. 조와 보리가 있다. 땅에는 담비[43]와 흰토끼, 흰매가 많다. 소금샘이 있어 기체로 증발하면서 소금이 나무 끝에 엉긴다.[44]

---

38) 「남감본」에는 '疑'.

39) 『晉書』 肅愼傳에는 "死者其日卽葬之於野 交木作小槨 殺猪積其上 以爲死者之糧"이라고 하여 곧바로 들에 장사 지내는데, 작은 곽을 만들고 돼지를 죽여 그 위에 쌓아 사자의 양식으로 삼는다는 기록이 있으며, 『北史』 勿吉傳에는 "其父母春夏死 立埋之 冢上作屋 令不雨濕 若秋冬死 以其尸捕貂 貂食其肉多得之"라 하여 그 부모가 봄·여름에 죽으면 시체를 세워서 땅에 묻었고, 가을·겨울에 죽으면 그 시체를 이용해 貂鼠 등을 사냥하였다고 한다. 장속 문화에 변화가 보이는데, 이는 '숙신-물길-말갈'로 이어지며 시간을 통해 자연스레 장속 문화가 달라졌던 것이거나 혹은 종족 계통의 변화나 다른 문화의 영향으로 인해 일정한 변화가 야기된 것으로 볼 수 있다.

40) 大莫弗(拂)瞞咄은 肅愼系語로 部의 우두머리, 즉 君長을 부르던 칭호인데, 漢語로 '大人'이라고 한다. 이를 『北史』·『舊唐書』·『冊府元龜』 등에서 漢譯하여 酋帥·君長·首帥·酋長라고 표기하기도 하였다. 후대에 滿洲라는 地名도 이 瞞咄과 관련 있을 것으로 추정된다. 대막불만돌은 세습직으로 『舊唐書』 靺鞨傳을 보면 "父子相承 世爲君長"이라고 하여 父子 상속이 이뤄진 것을 알 수 있다. 이와 유사하게 室韋에는 餘莫弗瞞咄, 乞引莫賀咄, 莫何弗 등이, 烏洛侯國에는 莫弗 등의 칭호가 있었는데, 동북 여러 민족에서 군장의 칭호로 흔히 사용된 것으로 보인다.

41) 『晉書』 肅愼氏傳과 『後漢書』 挹婁傳에는 楛矢의 길이가 1尺 1咫(8寸)으로 되어 있고, 『魏書』 물길국전부터는 2寸으로 나온다.

42) 耦耕은 가축을 이용하지 않고 두 사람이 쟁기를 나란히 하여 함께 땅을 가는 방법이다.

43) '貂鼠'와 '貂'는 같은 표현으로 담비를 가리킨다(金毓黻, 『渤海國志長編』 卷17, 渤海國志 15, 食貨考 4, 貂鼠皮). 상등은 검은 담비의 모피이고 중등은 노랑가슴 담비의 모피인 貂鼠皮와 노랑 담비의 모피인 㺜皮이며, 하등은 흰 담비의 모피인 白貂皮라고 한다.

44) 『晉書』 肅愼氏傳에는 "土無鹽鐵"이라고 하여 소금과 철이 없다고 하였는데, 『魏書』 勿吉傳에서부터 소금

武德五年, 渠長阿固郎始來. 太宗貞觀二年, 乃臣附, 所獻有常, 以其地爲燕州. 帝伐高麗, 其北部反, 與高麗合. 高惠眞等率衆援安市, 每戰, 靺鞨常居前. 帝破安市, 執惠眞, 收靺鞨兵三千餘, 悉坑之.

무덕 5년(622)에 거장 아고랑(阿固郎)이 처음 왔다.[45] [당] 태종(재위 626~649)[46] 정관 2년(628)에 비로소 신하로 귀부하여 [공물을] 바치는 것이 계속되니, 그 땅을 연주로 삼았다.[47] 황제가 고[구]려를 토벌하자 그 북부가 반란하여 고[구]려와 합세하였다. 고혜진(高惠眞)[48] 등이 무리를 이끌고 안시[성]을 구원했을 때 싸움마다 말갈이 늘 앞에 섰다. 황제가 안시를 격파하고 혜진을 사로잡자 말갈병 3천여 명을 잡아 모두 구덩이에 묻어 죽였다.

이 나무 위에 맺히는데 鹽池가 있어서라고 나온다.

45) 『冊府元龜』「外臣部」朝貢條에 "[武德]五年 十一月 靺鞨渠帥阿固郎來朝"의 기록이 보인다.
46) 당나라 제2대 황제로, 이름은 李世民이다. 高祖 李淵의 둘째 아들로, 隋末 아버지를 따라 太原에서 기병해 長安을 점령하였다. 武德 원년(618) 尙書令에 임명되고 秦王에 봉해졌다. 각지에 할거하던 薛仁杲·劉武周·王世充·竇建德·劉黑闥 등을 격파하였다. 무덕 9년(626) 玄武門의 변을 일으켜 즉위하였다. 房玄齡·杜如晦·魏徵 등을 宰相으로 임명했고, 隋가 망한 것을 거울로 삼아 간언을 받아들여 인재를 등용했으며, 吏治에 힘썼다. 선정을 베풀어 사회가 안정되고 경제가 발전했는데, 이를 소위 '貞觀之治'라 한다. 貞觀 4년(630) 東突厥을 평정하자 서북 유목민들이 '天可汗'이라 칭하였다. 이후 吐谷渾과 高昌을 평정하고 吐蕃과 평화를 유지하였다. 중기 이후 전쟁이 많아 점차로 賦役이 늘어났으며 직언하는 신하를 멀리하였다. 645년에는 30만 군으로 요하를 건너, 요동성을 점령하여 전진 기지로 삼고 安市城을 공격하였으나 약 60일간의 싸움에도 함락시키지 못하고 돌아갔다. 그 뒤에도 647년과 648년에 걸쳐 고구려를 침략했으나 실패하였다. 붕어한 이후에 昭陵(지금 陝西省 禮泉縣)에 매장되었으며, 시호는 文皇帝였다.
47) 『舊唐書』 靺鞨傳에서는 "武德初 遣間使朝貢 以其部落置燕州"라 하고 있어, 그 땅을 燕州로 삼은 것이 武德(618~626) 초의 일로 나온다. 燕州는 唐 초에 幽州城(현 北京市 서남쪽)에 설치한 주이며, 開元 25년(737) 幽州 북쪽 桃穀山(현 昌平區 동쪽 경계 桃峪口 부근)으로 이치하였다. 天寶 원년(742)에는 歸德郡으로 삼았고, 乾元 元年(758) 燕州로 다시 불렀으며, 建中 2년(781)에 주를 폐하고 幽都縣으로 들였다. 아고랑부로 설치한 燕州가 당 유주성에 설치한 연주인지, 별도의 연주인지는 확정할 수 없다.
48) 高惠眞은 『舊唐書』 고구려전에는 "南部褥薩 高惠貞"이라고 되어 있고, 『新唐書』 고구려전에는 "南部傉薩 高惠眞"이라 하여 '褥'이 '傉'으로, '貞'이 '眞'으로 되어 있다. 『冊府元龜』 卷117에는 "南部褥薩 高惠眞"으로, 같은 책 卷170에는 "高麗 位頭大兄 里大夫 後部軍主 高延壽, 大兄 前部軍主 高惠眞"으로 되어 있다. 645년에 唐 太宗의 고구려 親征 때 北部褥薩 高延壽와 함께 安市城을 구원하다가 당에 포로가 되어 당에 들어가 司農卿을 제수받았다.

> 開元十年, 其酋倪屬利稽來朝, 玄宗卽拜勃利州刺史. 於是安東都護薛泰請置黑水府, 以部長爲都督·刺史, 朝廷爲置長史監之. 賜府都督姓李氏, 名曰獻誠, 以雲麾將軍領黑水經略使, 隸幽州都督. 訖帝世, 朝獻者十五. 大曆世凡七, 貞元一來, 元和中再.

개원 10년(722)에 그 추장 예속리계(倪屬利稽)가 내조하니, [당] 현종(재위 712~756)은 곧 발리주자사(勃利州刺史)에 제수하였다.[49] 이에 안동도호 설태(薛泰)가 흑수부를 설치할 것을 청하여,[50] 부장을 도독·자사로 삼고, 조정에서 장사[51]를 두어 이를 감독하게 하였다.[52] [흑수]부도독에게 이씨(李氏) 성을 하사하고 이름은 헌성(獻誠)이라 하였으며,[53] 운휘장군[54]·영흑수경략사로 삼아 유주도독에 예속시켰다. 황제의 말년까지 조헌한 것이 15번이다. 대력 연간(766~779)에는 모두 7번, 정원 연간(785~804)에는 1번 왔으며, 원화 연간(806~820)에는 2번 왔다.

---

49) 『책부원귀』에는 흑수 추장 親屬利稽가 내조했을 때 발주자사로 삼았다고 나온다(『冊府元龜』 褒異2 "[開元十年]閏五月癸巳 黑水酋長親屬利稽來朝 授勃州刺史 放還蕃 勃蕃中州也."). 당은 州를 戶數에 따라 대·중·소로 구분하였는데, 발리주는 中州에 해당한다. 그런데 邊州나 羈縻州의 경우에는 호수와 상관없이 세력 규모나 당의 정치적 의도가 더 크게 작용하였다. 따라서 예속리계를 都督 아래인 刺史와 그 지역을 中州로 삼은 것은 발해보다 한 등급 낮은 대우지만, 다른 말갈에 비해서는 파격적인 대우였다. 이후 대외 정세의 변동 속에서 흑수말갈과 당의 정치·군사적 유착이 더욱 진전되었고, 그 결과 黑水軍, 都督府, 都督을 설치하기에 이르렀다(권은주, 2012, 131쪽).
50) 『舊唐書』 靺鞨傳에는 "[開元]十三年 安東都護薛泰請於黑水靺鞨內置黑水軍 續更以最大部落爲黑水府"라고 되어 있어 설태의 건의가 725년에 있었던 일임을 알 수 있다.
51) 당나라 때 도독이나 刺史의 바로 아래에 두었는데, '別駕'라고도 하며 실질적인 권한이 없었다. 大都督府의 장사는 상대적으로 지위가 높아서 上州의 자사나 절도사로 임명되기도 하였다.
52) 『舊唐書』 渤海靺鞨傳, 『新唐書』 渤海傳에는 726년 흑수말갈이 당에 내조하자 그 땅을 흑수주로 삼고 장사를 설치한 것으로 나오며, 이것이 계기가 되어 발해의 흑수 토벌이 일어난 것으로 나온다.
53) 『舊唐書』 靺鞨傳에는 "[開元]十六年, 其都督賜姓李氏名獻誠"으로 728년의 일로 나온다.
54) 雲麾將軍은 唐代 武散官의 이름으로 종3품이며, 태종 정관 연간에 설치한 29계 중 제4급에 해당한다. 이민족 수령이나 유력 자제에게 수여한 사례도 보인다.

初, 黑水西北又有思慕部, 益北行十日得郡利部, 東北行十日得窟說部, 亦號屈說,[55] 稍東南行十日得莫曳[56]皆部, 又有拂涅·虞婁·越喜·鐵利等部. 其地南距渤海, 北東際於海, 西抵室韋, 南北袤二千里, 東西千里. 拂涅·鐵利·虞婁·越喜時時通中國, 而郡利·屈設[57]·莫曳[58]皆不能自通. 今存其朝京師者附左方.

처음에 흑수[말갈]의 서북쪽에 또 사모부가 있고, 좀 더 북쪽으로 10일을 가면 군리부에 도달하며, 동북으로 10일을 가면 굴설부(窟說部)에 도달하는데, 굴설(屈說)이라고도 부른다. 약간 동남쪽으로 10일을 가면 막예개부에 도달하고, 또 불열·우루·월희·철리 등의 부가 있다. 그 땅은 남쪽으로 발해에 이르고, 북동쪽은 바다에 닿아 있으며, 서쪽으로는 실위에 이른다. 남북의 길이는 2천 리이고, 동서는 1천 리이다. 불열·철리·우루·월희는 때때로 중국과 통교하였으나, 군리·굴설·막예개는 스스로 통교할 수 없었다. 지금까지 남아서 경사(京師)에 조현(朝見)한 것을 왼편에 부기해 둔다.

拂涅, 亦稱大拂涅, 開元·天寶間[59]八來, 獻鯨睛·貂鼠·白兔皮. 鐵利, 開元中六來. 越喜, 七來,[60] 貞[61]元中一來. 虞婁, 貞觀間再來, 貞元一來. 後渤海盛, 靺鞨皆役屬之, 不復與王會矣.

불열은 혹은 대불열로도 불리며, 개원(713~741)·천보(742~755) 사이에 여덟 번 와서 고래 눈알, 담비, 흰토끼 가죽을 바쳤다.[62] 철리는 개원 연간에 여섯 번 왔고, 월희는 [개원 연간에]

---

55) 「백납본」에는 '設'.
56) 「급고각본」과 「무영전본」에는 '曳'.
57) 「무영전본」에는 '說'.
58) 「급고각본」과 「무영전본」에는 '曳'.
59) 「백납본」에는 '間'.
60) 「남감본」과 「무영전본」에는 '越喜七來'가 결락되어 있다.
61) 「남감본」·「급고각본」·「무영전본」에는 '正'. 순서상 맞는 연호는 '貞元'이다.
62) 『冊府元龜』 「外臣部」 朝貢條에는 "開元二年二月, 拂涅靺鞨頭領失異蒙來朝", "五年三月, 拂涅靺鞨勃律遣使獻方物", "七年正月, 拂涅靺鞨遣使來朝", "[七年]二月, 拂涅靺鞨遣使來獻方物", "[七年]八月, 大拂涅靺

일곱 번 왔고, 정원 연간(785~804)에 한 번 왔다. 우루는 정관 연간(627~649)에 두 번 왔고, 정원 [연간]에 한 번 왔다. 뒤에 발해가 강성해지자, 말갈은 모두 그에게 복속되어 다시는 천자와 만나지 못하였다.[63]

○ 권219, 열전(列傳) 제144, 북적(北狄) 발해(渤海)

渤海, 本粟末靺鞨附高麗者, 姓大氏. 高麗滅, 率衆保挹婁之東牟山, 地直營州東二千里, 南比[64]新羅, 以泥河爲境, 東窮海, 西契丹. 築城郭以居, 高麗逋殘稍歸之.

발해[65]는 본래 속말말갈로 고[구]려에 부속되어 있었으며,[66] 성은 대씨이다. 고[구]려가

鞨遣使獻鯨鯢魚睛貂鼠皮白兎貓皮", "九年十一月己酉, 拂涅大首領來朝", "二十七年二月, 拂涅靺鞨遣使獻方物", "二十九年三月, 拂涅靺鞨遣首領來朝賀正具獻方物" 등 8회의 조공 기록이 남아 있다.

63) 黑水靺鞨이 渤海의 지배를 받았는가에 대해서는 논란이 되고 있다.『唐會要』黑水靺鞨傳에는 "渤海浸强 黑水亦爲其所屬"으로 되어 있고『金史』「本紀」에서도 渤海에 복속된 것으로 나타나고 있어, 어느 시점엔가 흑수의 일부가 발해의 직접 지배를 받았거나 간접 지배를 받은 것으로 보는 견해가 많다. 그러나 小川裕人(1937) 등은 黑水靺鞨이 渤海의 지배를 받지 않았다고 주장하고,『舊唐書』·『新唐書』등에 黑水靺鞨의 朝貢 記事가 남아 있지 않은 것은 渤海가 三姓(依蘭) 지방에까지 그 세력을 확장함으로써 唐과 통교할 수 있는 朝貢路가 차단되었기 때문이라고 보았다. 渤海가 鐵利部, 越喜部, 拂涅部 등을 복속하고 그 故地에 행정구역을 설치한 것과 달리 흑수말갈에 둔 행정구역은 확인되지 않는다는 것을 근거로 한다.

64)「남감본」·「급고각본」·「무영전본」에는 '北'.

65)『舊唐書』의 열전 이름은 '渤海靺鞨'로 되어 있다.

66) 대조영의 출자에 대해서『舊唐書』 발해말갈전의 "本高麗別種(본래 고려의 별종)"이라고 한 기록과 표현에 차이가 있어 해석에 논란이 있다. 고려와 조선에서는 대조영의 출신을 고구려 계통으로 보는 경향이 있었는데, 李承休의『帝王韻記』와 柳得恭의『渤海考』가 대표적이다. 일본에서는 대체로 속말말갈이나 여진 계통으로 보았다. 발해국의 주체는 靺鞨族이지만, 大祚榮은 高句麗 別部 출신으로 보는 경우(鳥山喜一, 1915), 새로운 종족으로 발해말갈을 이해하는 경우(池內宏, 1916), 지배층은 고구려인, 피지배층은 말갈인으로 보는 경우(白鳥庫吉, 1933)도 있다. 현대에 들어와서 발해사 연구를 주도한 대표적인 연구자는 북한의 박시형이다. 그는 발해국의 성립에 중심 역할을 한 세력은 고구려 멸망 후 요서 지방으로 이주된 고구려인 집단이었고, 이들을 조직하여 지휘한 것이 고구려 장수인 대조영이라고 하였다. 발해국은 고구려 왕실의 일족 또는 고구려 계통의 귀족 출신들이 거의 권력을 독점하였고, 문화 방면에서도 고구려의 문화가 주도적 역할을 하였다고 보았다(박시형, 1979: 송기호 해제, 1989). 한국의 李龍範도 발해의 주체가 고구려 유민이었음을 주장하였다(李龍範, 1972·1973). 이후 한국 학계에서는 기본

멸망하자, 무리를 이끌고 읍루[67]의 동모산[68]을 지켰다. [그] 땅은 곧바로 영주에서 동쪽 2천 리에 있으며, 남쪽은 신라와 잇닿아서 니하[69]를 경계로 한다. 동쪽에는 큰 바다가 서쪽에는 거란이 있다. 성곽을 쌓고 사니, 고[구]려의 달아난 나머지들이 그(발해)에 점점 귀부하였다.

적으로 대조영을 고구려 계통으로 보았으나, 종족은 속말말갈로 고구려에 옮겨와 정착하여 동화된 인물, 즉 말갈계 고구려인으로 보기도 한다(송기호, 1995). 말갈의 명칭 자체를 고구려 변방 주민이나 중국 동북 지역민에 대한 비칭·범칭으로 보고, 발해의 구성원이 된 말갈은 흑수말갈과 구분되는 예맥계인 고구려말갈이며, 대조영은 고구려인으로 속말강(송화강) 지역민으로 보는 견해도 있다(한규철, 1988; 2007). 중국 학계에서는 근대 초기에 양면적 인식이 보였다. 대표적인 학자는 金毓黻이다(『渤海國志長編』, 1934). 그러나 중화인민공화국이 수립된 이후에는 발해사를 중국의 소수민족사로 보고 고구려계승성을 부정하며 말갈을 강조하는 입장이다(권은주, 2022). 한편 19세기 중반 연해주 지역을 차지하였던 러시아에서는 자국의 極東 지역 소수민족사의 일부로서 관심을 갖고 발해를 말갈족의 역사로 규정하며 대조영 역시 말갈인으로 보고 있다. 이 밖에 소수 설로 말갈 중 대조영을 백산말갈 출신으로 보는 경우도 있다(津田左右吉, 1915; 李健才, 2000).

[67] 『舊唐書』 渤海靺鞨傳에는 '桂樓'의 옛 땅으로 되어 있고, 『新唐書』 渤海傳에는 '挹婁'로 되어 있다. 발해에 사신으로 다녀갔던 당나라 사신 張建章의 묘지명에서도 忽汗州를 가리켜 읍루의 옛 땅이라고 한 점 등을 통해 '桂' 자가 '挹'과 유사하여 '桂'로 잘못 쓴 것으로 보기도 한다. 그러나 장건장이 다녀간 지역은 상경 지역이고, 발해 건국지인 동모산은 상경보다 남쪽에 위치한 敦化 지역이므로, 『구당서』와 『신당서』의 차이는 처음에 고구려의 영역 안에서 건국하였다가 영역이 확장됨에 따라 옛 읍루 지역인 상경으로 천도한 것에 따른 것일 가능성이 있다. 참고로 발해 건국지에 대해 한국 사료인 『삼국사기』 권46, 열전 6, 최치원전에는 의봉 3년(678) '태백산 아래'로, 『삼국유사』에서 인용한 『신라고기』에는 '태백산 남쪽'으로, 『제왕운기』에는 '태백산 南城'으로, 『삼국사절요』에는 '태백산 동쪽'으로 나온다.

[68] 중국 吉林省 敦化市 賢儒鄕 城山子村의 城山子山城이 유력시되었으나, 최근 중국 학계에서는 圖們市의 城子山山城(磨盤村山城)설이 확산되고 있다(吉林省文物考古硏究所·延邊朝鮮族自治州文物保護中心, 2018).

[69] 泥河와 관련해서는 『三國史記』에 몇 차례 관련 기사가 보이는데, 이들 기록을 통해 동해에 인접한 悉直(三陟), 何瑟羅(江陵)와 비교적 가까이에 있는 강으로 추정된다. 丁若鏞은 『我邦疆域考』 「渤海考」에서 강릉 북쪽의 泥川水라고 하였고, 松井 等은 泉井郡을 德源으로 단정하고 니하를 부근의 하천으로 보아 德源과 그 북쪽인 永興傍의 龍興江으로 추정한 바 있다(松井 等, 1913). 津田左右吉은 聖德王 20년의 長城 축조 기사를 통해 동해안에서 安邊 부근의 南大川으로 보았다(津田左右吉, 1913). 그 밖에 連谷川 설(徐炳國, 1981b, 237~257쪽; 張彰恩, 2004, 1~45쪽; 趙二玉, 1999, 715쪽), 강릉 城南川 설(이병도 역주, 1983, 34쪽), 남한강 상류설(李康來, 1985, 48~53쪽; 鄭雲龍, 1989, 209쪽), 울진 일대설(리지린·강인숙, 1976, 68~69쪽), 낙동강 상류설(김진한, 2007, 127쪽; 홍영호, 2010, 73~75쪽) 등이 있다.

> 萬歲通天中, 契丹盡忠殺營州都督趙翽反, 有舍利乞乞仲象者, 與靺鞨酋乞四比羽及高麗餘種東走, 度遼水, 保太白山之東北, 阻奧婁河, 樹壁自固. 武后封乞四比羽爲許國公, 乞乞仲象爲震國公, 赦其罪. 比羽不受命, 后詔玉鈐衛大將軍李楷固·中郎將索仇擊斬之. 是時仲象已死, 其子祚榮引殘痍遁去, 楷固窮躡, 度天門嶺. 祚榮因高麗·靺鞨兵拒楷固, 楷固敗還. 於是契丹附突厥, 王師道絶, 不克討. 祚榮卽幷比羽之衆, 恃荒遠, 乃建國, 自號震國王, 遣使交突厥, 地方五千里, 戶十餘萬, 勝兵數萬, 頗知書契, 盡得扶餘·沃沮·弁韓·朝鮮海北諸國.

만세통천(696) 중에 거란[70]의 [이]진충[71]이 영주도독 조홰[72]를 죽이고 반란을 일으키자, 사리[73] 걸걸중상이라는 자가 말갈의 추장 걸사비우 및 고려의 남은 종족과 함께 동쪽으로

---

70) 契丹은 고대 시라무렌강(Siramuren, 西剌木倫) 지역에서 일어난 부족이다. 거란의 열전은 『魏書』에 처음 입전되었다. 거란이라는 이름이 보이는 가장 오래된 자료는 朝陽 동쪽 義縣 부근의 萬佛洞에, 北魏의 使者 韓貞이 景明 3년(502)에 契丹으로 가면서 새긴 명문이다. 5세기 후반 동쪽에서는 고구려가 遼西로 적극적으로 진출하고 서쪽에서는 柔然의 압박이 가해지자, 거란은 北魏에 內附하여 白狼水(大凌河)의 동쪽으로 남하하였다. 거란의 別部인 出伏部 등 그 일부는 고구려에 臣屬하였다. 隋·唐代에는 고구려나 돌궐에 복속하거나 연대하여 수·당에 대항하기도 하고, 반대로 수·당에 복속하여 고구려나 돌궐에 저항하기도 하였다. 唐 太宗은 거란 서쪽에 인접해 있는 庫莫奚를 지배하기 위해서 시라무렌강 상류에 饒樂都督府를 설치하였고, 거란을 지배하기 위해서 營州 부근에 松漠都督府를 설치하였다. 당 초기에는 大賀氏가 지배 씨족인 8부 연맹을 형성하고 있었다. 당 태종은 그 수장인 窟哥를 都督으로 삼고, 李氏 성을 주어 부족민을 다스리게 하였다. 이들은 영주 부근에 살면서 평소에는 자치를 하며 유목 생활을 하다가 당의 고구려 공격과 같은 대외 전쟁 시기에는 藩兵으로 동원되었다. 10세기로 넘어가며 耶律阿保機가 거란 부족을 통일하고 遼나라를 세웠다.
71) 거란의 추장으로 松漠都督이 되어 당 高宗 永徽 5년(654)에 고구려의 공격을 新城에서 막아 공을 세운 李窟哥의 손자이다. 측천무후 萬歲通天 원년(696) 5월에 기근이 들었음에도 營州都督 趙文翽가 진휼하지 않고 거란 추장들을 奴僕처럼 천시하자 처남 손만영과 함께 반란을 일으켰다. 영주를 함락하여 조문홰를 살해하고 하북의 長城 이남까지 진격하였으나, 9월에 病死하였다.
72) 『신당서』 거란전에는 '趙文翽'.
73) 舍利는 俟利라고도 하는데, 원래 추장이나 수령을 의미하는 일반명사였는데 거란이 관직명으로 채택한 것으로 보는 견해가 있다(盧泰敦, 1981, 98~99쪽 주 74). 金毓黻은, 乞乞仲象이 거란에 붙어 大舍利라는 관명을 얻었고 그 아들 大祚榮은 대사리의 '大'를 氏로 삼았다고 보았다(金毓黻, 1934, 『渤海國志長編』 卷19, 叢考). 그러나 7세기 후반에 거란에서 사리를 관명이나 부족장의 칭호로 사용했는지는 알 수

달아나, 요수를 건너서 태백산의 동북쪽을 지키고 오루하를 막아 성벽을 세우고 스스로 수비하였다.[74] [측천]무후[75]는 걸사비우를 허국공으로, 걸걸중상을 진국공으로 책봉하여 그 죄를 용서하였다. 비우가 명령을 받지 않자, [측천무]후가 옥검위대장군[76] 이해고[77]와 중랑장 색구에게 조서를 내려 그를 공격하고 베어 죽였다. 이때에 중상은 이미 죽었고 그의 아들 조영이 패잔병을 이끌고 도망쳐 달아났는데, 해고가 끝까지 추격하여 천문령[78]을 넘었다. 조영이

   없다. 『遼史』「國語解」의 舍利條에는 "契丹豪民要裹頭巾者 納牛駝十頭馬百疋 乃給官命曰舍利 後遂爲諸帳官 以郞君繫之"라고 하였다. 사리는 遼代에 호민들이 官에 牛駝 및 말을 납부하고 얻는 관명이었다. 그런데 사리라는 명칭이 돌궐계와 관련하여 처음 보이며 고구려 멸망 후 설치된 주명에도 舍利州都督府가 보이고 있어, 거란의 영향으로만 볼 수는 없다(권은주, 2011).

74) 『舊唐書』 渤海靺鞨傳에서는 大祚榮이 唐에 반기를 들고 東走하여 건국한 것으로 나오지만, 『新唐書』 渤海傳에는 대조영의 아버지인 乞乞仲象이 말갈과 고구려 유민을 이끌고 동주하여 태백산 동북에 자리잡은 것으로 나온다. 이 밖에 최치원의 글에는 『구당서』와 같이 대조영과 걸사비우가 영주를 벗어난 것처럼 기술되어 있는 반면, 『五代會要』에는 『신당서』처럼 처음 걸걸중상과 걸사비우가 집단을 이끌다가 대조영이 계승한 것으로 나온다. 서로 다른 두 계통의 기록 차이로 인해 발해의 실제 건국자가 누구인지, 대조영과 걸걸중상의 관계는 어떤 것인지에 관해 논란이 있었다. 대조영과 걸걸중상을 동일인으로 주장하는 경우(池內宏, 1914; 津田左右吉, 1915)도 있었으나, 부자 관계로 보는 것이 정설이며, 일반적으로 대조영을 실제적인 건국자라고 본다.

75) 唐 高宗의 皇后(624~705). 幷州 文水人 武士彠의 딸. 원래 太宗의 후궁이었다가 고종의 황후가 되었다. 고종의 사후에 친아들 中宗과 睿宗을 번갈아 폐위시킨 뒤 690년에 국호를 周로 바꾸고 황제가 되었다. 705년 병으로 인해 太上皇으로 물러나자 中宗이 복위하며 당 왕조가 부활하였고, 그해 12월에 사망하여 황후로서 장례를 치렀다.

76) 『구당서』 발해말갈전에는 이해고가 '右玉鈐衛大將軍'으로 나온다. 唐의 16衛 가운데 右玉鈐衛의 大將軍으로, 정3품이다. 唐은 초기에 領軍衛를 두었는데, 龍朔 2년 左右戎衛로 개칭한 뒤 咸亨 원년에 복구하였다. 光宅 원년에는 左右玉鈐衛로 개칭하였다가 神龍 원년에 다시 복구하였다.

77) 李楷固(656~720)는 거란 출신 唐의 장수이다. 696년 李盡忠의 반란이 일어났을 때, 그의 수하로 반란에 가담하였다. 이진충이 죽고 697년 거란군을 이끌던 孫萬榮이 피살되자, 駱務整과 함께 당에 투항하였다. 재상인 狄仁傑의 추천으로 장수가 되어, 대조영이 이끌던 무리를 토벌하기 위해 뒤쫓았다. 먼저 말갈인 乞四比羽를 죽이고, 천문령전투에서 대조영에게 패배하여 겨우 목숨만 건져 돌아가게 되었다. 이후 측천무후에게 총애를 얻어 燕國公이 되었고, 700년에 武氏를 사성받았다. 中宗의 복위 뒤에 이씨 성을 회복하였다. 이해고의 사위는 같은 거란 장수인 李楷洛이며, 외손자는 名將으로 유명한 李光弼(708~764)이다.

78) 渾河와 揮發河의 분수령인 지금의 吉林 哈達嶺으로 보는 것이 일반적이다. 『新唐書』 安祿山傳에 보이는 천문령과 같은 것으로 보기도 하나, 이 천문령은 土護眞河(지금의 老哈河로 추정)의 북쪽 300里에 있다고 하여, 요하 동쪽에 있던 천문령과는 위치 차이가 있어 별개의 지역으로 보는 것이 맞다(譚其讓

고려와 말갈 병사에 의지하여 해고를 막으니, 해고가 패하여 돌아왔다. 이때 거란이 돌궐에 붙어서 천자의 군대가 길이 끊어지자, 토벌하지 못하였다. 조영이 곧 비우의 무리를 아우르고 지역이 [중국과] 먼 것을 믿고, 곧 나라를 세워 스스로 진국왕[79]이라 부르며, 사신을 보내 돌궐과 교류하였다. [그] 땅은 사방 5천 리이며, 호(戶)는 십여만이고, 승병(勝兵: 정예병)이 수만이다.[80] 서계(書契)를 제법 알며, 부여·옥저·변한·조선 등 바다 북쪽의 여러 나라를 모두 얻었다.[81]

> 中宗時, 使侍御史張行岌招慰. 祚榮遣子入侍. 睿宗先天中, 遣使拜祚榮爲左驍衛大將軍渤海郡王, 以所總[82]爲忽汗州, 領忽汗州都督. 自是始去靺鞨號, 專稱渤海.

主編, 1988, 126~127쪽; 宋基豪, 1995, 67~68쪽; 유득공 지음, 김종복 옮김, 2018, 73쪽).

79) 『舊唐書』 渤海靺鞨傳에는 '振國'으로 되어 있다. 震을 초기 국명으로 보는 견해로는 稻葉岩吉 등이 있는데, 그는 신당서가 발해의 문물제도에 대한 풍부한 기록을 싣고 있다는 점에서 사료적 가치가 높다고 인정하여 震을 초기 국명으로 보았다. 이때 震은 불교의 東方大震那나 『周易』의 帝出乎震에서 나온 東方을 의미한다고 보았다(稻葉岩吉, 1915; 金毓黻, 1934). 그런데 중국 학계에서는 '말갈설'에 입각하여 진을 숙신의 음차로 보기도 하며, 진국을 국명이 아닌 별칭으로 보기도 한다. 예로 劉振華의 경우 震은 肅愼을 줄여서 愼만 취한 것이라고 보았는데, 즉 愼의 眞은 振(震)과 同紐同韻으로서 異調同音字라고 하였다(劉振華, 1981). 魏國忠은 초기 국명 '말갈설'을 견지한 입장에서 振國과 震國을 상호 배척되는 단어로 보고 이중 震國이 속칭 혹은 별칭이었고, 振國은 전승되는 과정에서 잘못 기록해서 나온 것으로 보았다(魏國忠, 2006). 한국 학계에서는 대체적으로 振國이 초기 국명이라고 보고 있다.
80) 『구당서』 발해말갈전에는 "地方二千里, 編戶十餘萬, 勝兵數萬人"이라고 하여 차이가 있다. 『구당서』의 상황은 대조영 때의 상황을 말하며, 『新唐書』의 내용은 그 이후 적극적으로 영토를 확장한 뒤의 상황을 보여 주는 것이다. 발해의 강역 범위와 관련하여, 『신당서』 기록 등을 검토하여 최전성기의 고구려 영토는 평균 사방 4,000리이고 발해는 사방 5,000리로 발해가 고구려의 1.5배 정도의 영역이고, 그 범위는 남쪽이 신라와 국경을 접하여 대동강과 원산만을 잇는 선, 서쪽은 遼河, 북쪽은 대체로 흑룡강과 우수리강이 합류하는 지점을 거쳐 동쪽으로 연해주 남단에 뻗쳐 있었던 것으로 인식된다(송기호, 1996, 277~278쪽; 한규철, 2008, 19~20쪽).
81) 발해가 고구려의 옛 땅을 거의 대부분 회복하고, 말갈 등 동북 여러 민족을 복속시킨 것을 의미한다. 이는 『續日本紀』 卷第十, 聖武天皇 神龜 5年(728) 春正月 "甲寅 天皇御中宮 高齊德等上其王書幷方物 其詞曰 武藝啓 … 武藝忝當列國 濫摠諸蕃 復高麗之舊居 有扶餘之遺俗"이라고 하여 여러 나라와 蕃을 다스리고 있다고 표방한 것이나, 『신당서』 발해전에 宣王과 관련하여 海北 諸部를 토벌하여 영토를 크게 개척하였다고 한 것, 그리고 이들 지역을 나누어 5京 15府 62州를 설치한 것에서 증명된다.
82) 「급고각본」·「무영전본」·「백납본」에는 '統'.

[당] 중종(재위 684, 705~710)[83] 때에 시어사 장행급을 보내어 불러 위로하니, [대]조영이 아들을 보내어 입시하게 하였다.[84] [당] 예종(재위 684~690, 710~712)[85] 선천 연간(712~713)[86]에 사신을 보내어 조영을 좌효위대장군[87] 발해군왕[88]에 배수하고, 총괄하고 있는 지역을 홀한주[89]로 삼아서 홀한주도독으로 다스리게 하였다. 이로부터 처음 말갈이라는 호칭을 버리고, 오로지 발해로만 불렀다.[90]

---

83) 당나라 제4대 황제로 이름은 李顯이고, 다른 이름은 哲이다. 高宗의 일곱 번째 아들로, 則天武后의 소생이었다. 680년에 태자로 봉해져 683년에 고종이 병사하고 즉위했다. 그러나 이듬해 2월 측천무후에 의해 폐위되어 廬陵王이 된 뒤에 房州(지금 湖北省 房縣)에 옮겨가 있었다. 698년 다시 太子가 되어 705년에 정변을 통해 복위하였다. 재위 기간 동안 정사에 관심이 없었고, 710년에 韋后와 安樂公主에게 독살되었다. 定陵(지금 陝西省 富平 북쪽)에 묻혔다. 시호는 孝和皇帝이다.

84) 大祚榮의 둘째 아들이자, 발해 제2 대 왕인 武王 大武藝의 동복 동생인 大門藝로 보고 있다.

85) 당나라 제5대 황제이며, 이름은 李旦이다. 高宗의 여덟째 아들로, 則天武后의 소생이다. 684년 측천무후가 臨朝稱制하며 中宗을 폐한 뒤 예종을 제위에 올렸지만, 政事에 간여하지 못하였다. 705년 중종이 다시 즉위하자 司徒 右羽林衛大將軍에 제수되었다. 측천무후가 집권하던 시기부터 중종 때까지 정변이 많이 일어났으나, 처신을 잘하여 화를 면하였다. 710년 韋后가 중종을 독살하자 臨淄王 李隆基가 위후 등을 죽이고 다시 옹립하지만, 정권은 太子 이융기와 太平公主가 장악하였다. 712년 玄宗(이융기)에게 讓位하여 太上皇이라 자칭하고 大政만 처결하였다. 이듬해 현종이 태평공주 일파를 주살하자 현종에게 정권을 돌려주었다. 붕어 이후에 橋陵에 묻혔으며, 시호는 玄眞皇帝이다.

86) 『冊府元龜』 권964와 『資治通鑑』 권210에는 '玄宗先天二年'. 선천 2년(713)은 현종 때인데, 당시 예종이 太上皇으로 현종 초기의 통치에 관여했기 때문에, 예종의 연호로 誤記된 것으로 보인다.

87) 『구당서』 발해말갈전에는 '左驍衛員外大將軍'.

88) 당의 爵位는 9등급으로, 王·國王은 그중 첫 번째이다. 정1품이고, 식읍이 1만 호이다. 君王은 두 번째로 종1품이고, 식읍은 5,000호이다. 이어서 國公·君公·縣公·縣侯·縣伯·縣子·縣男 순이다.

89) 忽汗州는 忽汗河에서 따온 이름이다. 발해의 3대 문왕 대에 천도한 상경 근처에 있는 鏡泊湖를 忽汗海라고 하며, 이 호수에서 북쪽으로 흘러 나가는 牧丹江은 忽汗河, 忽爾海河, 瑚爾哈河로 불리어 왔다. 홀한 주라고 한 것은 당나라의 천하관에 따라 관념적인 羈縻州 행정구역을 설정한 것에 불과하다.

90) 당 현종이 대조영을 책봉한 후 "이로부터 처음 말갈이라는 호칭을 버리고 오로지 발해로만 불렀다."라고 한 이 기록과 『舊唐書』에 발해 열전을 '발해'라고 하지 않고 '발해말갈'이라고 한 점 등을 근거로, 발해 초기 국명이 '靺鞨'이라는 주장이 중국 학계에서 제기되어 왔다. 최근에는 새롭게 발견된 '僕固乙突' 묘지명에서 '靺羯'이라는 단어가 나온 것을 계기로, 발해 '말갈' 국명설이 더욱 강조되고 있다(魏國忠·郝慶雲·楊雨舒, 2014).

玄宗開元七年, 祚榮死, 其國私諡爲高王. 子武藝立, 斥大土宇, 東北諸夷畏臣之, 私改年曰仁安. 帝賜典冊襲王幷所領.

[당] 현종(재위 712~756) 개원 7년(719)에 [대]조영이 죽으니, 그 나라에서 사사로이 시호를 고왕이라 하였다. 아들 [대]무예(渤海 武王, 재위 719~737)가 왕위에 올라 영토를 크게 개척하니, 동북의 모든 오랑캐가 그를 두려워하여 신속하였다. 사사로이 연호를 고쳐 인안이라고 하였다. 황제가 전책을 하사하고 왕위와 영지를 세습시켰다.

未幾, 黑水靺鞨使者入朝, 帝以其地建黑水州, 置長史臨總.[91] 武藝召其下謀曰: 黑水始假道於我與唐通, 異時請吐屯於突厥, 皆先告我, 今請唐官不吾告, 是必與唐腹背攻我也. 乃遣弟門藝及舅任雅相發兵擊黑水.

얼마 지나지 않아[92] 흑수말갈의 사자가 입조하자, [당] 황제는 그 땅에 흑수주를 세우고, 장사를 두어 총괄하게 하였다. [대]무예가 그 속하를 불러 모의하여 말하기를, "흑수[말갈]이 처음에 우리에게 길을 빌려서 당과 통하였고, 지난번 돌궐에게 토둔[직][93]을 청할 때에도 모두 우리에게 먼저 알렸는데, 지금 당에게 관리를 청하면서 나에게 알리지 않으니, 이는 반드시 당과 더불어 앞뒤로 우리를 공격하려는 것이다."라고 하였다. 이에 동생 [대]문예와 장인 임아상을 보내 군사를 일으켜 흑수[말갈]을 치게 하였다.

門藝嘗質京師, 知利害, 謂武藝曰: 黑水請吏而我擊之, 是背唐也. 唐, 大國, 兵萬倍

---

91) 「백납본」에는 '摠'.
92) 『구당서』 발해말갈전에 따르면, 개원 14년(726)이다.
93) 吐屯은 突厥의 관명으로, 『新唐書』 突厥전에 "… 其別部典兵者曰設 子弟曰特勒 大臣曰葉護 曰屈律啜·曰阿波·曰俟利發·曰吐屯 … 凡二十八等"이라고 하여 일곱 번째 관명으로 나온다. 복속 지역에 주둔하여 征賦를 감독하는 직이었다. 吐屯設(Tudun Šad)·吐屯啜(Tudun Čur)·吐屯發(Tudun bär)로 표시되기도 하는데, 設(Šad)·發(bär)·啜(Čur)의 官稱을 가진 자가 토둔의 직을 겸하는 경우에 부르던 칭호로 보인다(小野川秀美, 1943).

> 我, 與之産怨, 我且亡. 昔高麗盛時, 士三十萬, 抗唐爲敵, 可謂雄彊, 唐兵一臨, 掃地盡矣. 今我衆比高麗三之一, 王將違之, 不可. 武藝不從. 兵至境, 又以書固諫. 武藝怒, 遣從兄壹夏代將, 召門藝, 將殺之.

[대]문예는 일찍이 경사(장안)에 질자로 [와 있었으므로] 이로움과 해로움을 알아, [대]무예에게 말하기를 "흑수[말갈]이 [당의] 벼슬을 청하였다 하여 우리가 그를 공격하는 것은 당을 배반하는 것입니다. 당은 대국으로서 군사가 우리의 만 배인데, 그들과 원한을 맺는다면 우리는 장차 망할 것입니다. 옛날 고[구]려는 전성기에 군사 30만으로, 당과 맞서 적이 되었으니 용감하고 굳세다고 할 수 있지만, 당의 군사가 한번 당도하자 땅이 쓸리듯이 없어졌습니다. 지금 우리의 무리는 고[구]려에 비해 3분의 1이니, 왕이 그들을 어기려는 것은 불가합니다."라고 하였다. 무예는 따르지 않았다. [문예의] 군사가 국경에 이르자, [문예가] 또 글을 올려 간곡히 간하였다. 무예가 진노하여, 종형 [대]일하를 보내어 대신 통솔하게 하고, 문예를 불러들여 그를 죽이려고 하였다.

> 門藝懼, 儳路自歸, 詔拜左驍衛將軍. 武藝使使暴門藝罪惡, 請誅之. 有詔處之安西, 好報曰: 門藝窮來歸我, 誼不可殺. 已投之惡地. 幷留使者不⁹⁴⁾遣, 別詔鴻臚少卿李道邃·源復諭旨. 武藝知之, 上書斥言, 陛下不當以妄示天下, 意必殺門藝. 帝怒道邃·復漏言國事, 皆左除, 而陽斥門藝以報.

[대]문예가 두려워하며 샛길로 귀순하니, [당 현종은] 조서를 내려 좌효위장군⁹⁵⁾을 제수하였다. [대]무예가 사신으로 문예의 죄악을 폭로하게 하고, 그를 죽일 것을 청하였다. [당 현종은] 조서를 내려 그(문예)를 안서⁹⁶⁾에 머물게 하고, [무예에게] 좋게 대답하여 말하기를 "문예

---

94) 「급고각본」에는 '不'이 결락되어 있다.
95) 左驍衛將軍은 唐의 諸衛 가운데 左驍衛의 차관직인 將軍으로, 종3품이다.
96) 安西都護府 지역을 말한다. 640년 당나라가 吐魯蕃 지방의 高昌國을 멸망시키고, 서역 경영을 위해 西州都護府를 설치하였다가 얼마 뒤 交河城으로 옮기며 안서도호부로 고쳤다. 648년에는 龜玆로 治所를 옮겼고, 그 뒤 서주와 구자로 치소를 여러 차례 옮겼다. 747년 고선지가 연운보에서 토번군을 격파하

가 곤궁하게 와서 나에게 귀순하였으니, 도리상 죽일 수가 없다. 이미 험한 땅[97]으로 그를 보냈다."라고 하였다. 아울러 사신은 머물게 하여 보내지 않고, 별도로 홍려소경[98] 이도수와 원복에게 조서를 내려 뜻을 전하게 하였다. 무예가 그것을 알고 글을 올려 방자하게 말하기를 "폐하가 거짓을 천하에 보이는 것은 부당합니다."라고 하니, 뜻은 반드시 문예를 죽이라는 것이었다. 황제는 [이]도수와 [원]복이 나랏일을 누설한 것에 노하여 모두 좌천시키고, 거짓으로 문예를 물리쳐서 [이를 무예에게] 알렸다.

> 後十年, 武藝遣大將張文休率海賊攻登州. 帝馳遣門藝發幽州兵擊之. 使太僕[99]卿金思蘭使新羅, 督兵攻其南. 會大寒, 雪袤丈, 士凍死過半, 無功而還. 武藝望其弟不已, 募客入東都狙[100]刺於道. 門藝格之, 得不死. 河南捕刺客, 悉殺之.

10년 후[101]에 [대]무예가 대장 장문휴를 보내 해적을 이끌고 등주를 공격하였다. [당의] 황제는 급히 [대]문예를 보내 유주의 군사를 일으켜 그를 공격하게 하였다. 태복경 김사란에게는 신라에 사신으로 가서 군사를 독촉하여 그(발해) 남쪽을 공격하게 하였다. 마침 날씨가 매우 춥고 눈이 한 길이나 쌓여서 병사들 [가운데] 얼어 죽은 자가 과반이었고, 공이 없이 돌아왔다. 무예가 그 동생에 대한 원망을 그치지 않고, 자객을 모아 동도(낙양)에 들어가 [문예를] 길[102]에서 저격하여 찌르게 하였다. 문예가 그에 맞서 죽음을 면하였다. 하남[부][103]

고 소발률을 점령함으로써 서역의 72개 소국이 당에 항복하였다. 전성기에 그 관할하에 安西 四鎭을 두고 90여 屬州를 거느렸고, 파미르 동서방의 여러 오아시스국과의 무역 및 상업로를 관장하였다. 790년 서역 전역을 토번에게 빼앗기고 치소가 함락되었다.

97) 『구당서』에 따르면, '嶺南' 지역이다.
98) 鴻臚少卿은 鴻臚寺의 차관으로, 北齊 때 처음 설치되었다. 唐 무덕 연간(617~626)에 1인을 두었으며, 정관 연간(627~649)에 2인을 두었다. 종4품상이다. 朝會와 外賓의 의례를 담당한다.
99) 「남감본」과 「무영전본」에는 '常'.
100) 「급고각본」에는 '徂'.
101) 『구당서』에 따르면 개원 20년(732)이다.
102) 『구당서』에 따르면, 낙양 '天津橋 남쪽'이다. 天津橋는 隋代에 처음 낙양성 안에 건립한 다리로, 洛河를 건너는 중요한 교통로였다.
103) 河南府는 洛陽에 설치되었던 府의 이름이다. 唐代에 河南郡을 都畿道 河南府로 개칭하였다.

에서 자객을 붙잡아 모두 죽였다.

> 武藝死, 其國私諡武王. 子欽茂立, 改年大興. 有詔嗣王及所領, 欽茂因是赦境內. 天寶末, 欽茂徙上京, 直舊國三百里忽汗河之東. 訖帝世, 朝獻者二十九.

[대]무예가 죽자,[104] 그 나라에서 사사로이 시호를 무왕이라 하였다. 아들 [대]흠무(渤海 文王, 재위 737~793)가 왕위에 올라 연호를 대흥으로 고쳤다. 왕위와 영지를 이어받으라는 [당 현종의] 조서가 있었고, 흠무는 이로 인해 경내에 사면[령]을 내렸다. 천보(742~755) 말에 흠무가 [발해의 도성을] 상경[105]으로 옮기니, 곧 구국에서 3백 리 떨어진 홀한하의 동쪽이다. 황제(당 현종)의 치세가 끝날 때까지 조공한 것이 29번이다.

> 寶應元年, 詔以渤海爲國, 欽茂王之, 進檢校太尉. 大曆中, 二十五來,[106] 以日本舞女十一獻諸朝. 貞元時, 東南徙東京.

보응 원년(762)에 [당 대종(재위 762~779)은] 조서를 내려 발해를 국으로 삼고, [대]흠무를 그 왕으로 삼았으며[107] 검교태위[108]로 진봉하였다.[109] 대력 연간(766~779)에 [사신이] 25번

---

104) 『구당서』에 따르면, 대무예가 죽은 것은 개원 25년(737)의 일이다.
105) 上京은 현재 中國 黑龍江省 寧安市 渤海鎭에 위치한다. 전체 둘레가 16,300m이며, 宮城·內城·外城으로 이루어져 있다. 上京城은 발해 당시에는 '王城', '上京' 龍泉府, '忽汗城' 등으로 불렸으며, 遼 東丹國 시기에는 '天福城'으로 불렸다. 이후 기록에서 사라졌다가, 淸代에 재발견되면서 '古大城', '火葺城', '賀龍城', '沙蘭城', '訥訥赫城', '佛訥和城', '東京城' 등으로 기록되었고, 근대까지는 주로 '東京城'으로 불렸다. 1930년대에 일본이 주도한 발굴로 발해 상경성으로 확정되었다. 渤海 제3대 文王 大欽茂 (737~793)가 唐 天寶(742~755) 말경에 顯州(길림성 和龍 西古城子 추정)에서 이곳으로 천도하였고, 785년에 東京으로 천도하였다. 그 후 794년 제5대 成王 大華璵 때에 上京으로 재천도하여 926년 발해가 멸망할 때까지 수도였다.
106) 「급고각본」에는 '年'.
107) 『구당서』에는 보응 원년(762)에 대흠무를 國王에 진봉하였다고 전한다. 당의 작위는 9등급으로, 王·國王은 그중 첫 번째이다. 정1품이고, 식읍이 1만 호이다. 君王은 두 번째로 종1품이고, 식읍은 5,000호이다. 이어서 國公·君公·縣公·縣侯·縣伯·縣子·縣男 순이다.

왔으며, 일본의 무녀 11명을 조정에 헌상하였다.[110] 정원 연간(785~804)에 [도성을] 동남쪽에 동경[111]으로 옮겼다.

> 欽茂死, 私諡文王. 子宏臨早死, 族弟元[112]義立, 一歲猜虐, 國人殺之. 推宏臨子華璵爲王. 復還上京, 改年中興. 死, 諡曰成王. 欽茂少子嵩鄰立, 改年正歷. 有詔授右驍衛大將軍嗣王. 建中·貞元間凡四來. 死, 諡康王. 子元瑜立, 改年永德. 死, 諡定王. 弟言義立, 改年朱雀, 並襲王如[113]故事. 死, 諡僖王. 弟明忠立, 改年太始. 立一歲死, 諡簡王.

[대]흠무가 죽으니, 사사로이 시호를 문왕이라 하였다. 아들 [대]굉림은 일찍 죽어, 족제 [대]원의가 왕위에 올랐는데, 의심이 많고 포학하여 1년 만에 나라 사람들이 그를 죽였다. [대]굉림의 아들 [대]화여를 추대하여 왕으로 삼았다. [화여는] 다시 상경으로 환도하고, 연호를 중흥으로 고쳤다. [화여가] 죽으니, 시호를 성왕이라 하였다. 흠무의 작은아들 [대]숭린[114]이 왕위에 올라, 연호를 정력으로 고쳤다. 우효위대장군[115]을 제수하고 왕호를 이어받으라는

---

108) 太尉는 당의 三公 중 하나로 정1품이다. 실무가 없는 명예직이었다. 檢校는 우대하여 원래 正職이나 품계보다 높여 승진시키는 의미로 사용되었으며, 임시 또는 대리의 기능을 표시하는 호칭이다.
109) 『구당서』에는 태위직을 대력 연간(766~779)에 제수받은 것으로 되어 있다.
110) 『구당서』에는 일본 무녀를 헌상한 것을 대력 12년(777)의 일로 전한다.
111) 발해 5경 가운데 하나이다. 동경은 제3대 文王 大欽茂가 785년 무렵 이곳으로 천도한 이후 제5대 成王 大華璵가 다시 상경으로 천도하는 794년까지 약 10년간 발해의 수도였다. 일명 '柵城府'라고도 하며, 屬州로는 慶州·鹽州·穆州·賀州의 4주가 있다. 위치에 대해서는 琿春설, 함경북도 穩城·鍾城설, 연해주 블라디보스토크설, 니콜리스크(Nikolisk)설 등이 있었다. 1942년에 이르러 琿春의 半拉城(현재 八連城) 발굴 이후 이곳이 동경성이며 혼춘이 동경 용원부 지역임에 이견이 없다(김은국, 2006).
112) 「남감본」에는 '兀'.
113) 「급고각본」에는 '加'.
114) 大嵩璘의 혈통과 관련해서 『全唐文』 권40, 元宗皇帝, 弔渤海郡王大欽茂書에 대숭린이 대흠무(문왕)의 長嬌이라고 하였고, 『日本後紀』 권4, 延暦 15년(796) 4월 戊子조에 일본에 파견된 呂定琳이 가지고 간 계서에서는 문왕을 "祖 大行大王"이라고 하여 할아버지로 표현하며 대숭린 자신을 '孤孫'이라고 칭하고 있다.

[당 덕종(재위 779~805)의] 조서가 있었다. 건중(780~783)과 정원(785~804) 사이에 [사신이] 모두 네 번 왔다. [숭린이] 죽으니, 시호는 강왕이다. 아들 [대]원유116)가 왕위에 올라 연호를 영덕으로 고쳤다. [원유가] 죽으니, 시호는 정왕이다. 아우 [대]언의117)가 왕위에 올라 연호를 주작으로 고치고, 아울러 왕호 세습은 전례와 같았다. [언의가] 죽으니, 시호는 희왕이다. 동생 [대]명충이 왕위에 올라 연호를 태시로 고쳤다. 왕위에 오른 지 1년 만에 죽으니, 시호는 간왕이다.

從父仁秀立, 改年118)建興. 其四世祖野勃, 祚榮弟也. 仁秀頗能討伐海北諸部, 開大境宇. 有功, 詔檢校司空襲王. 元和中, 凡十六朝獻, 長慶四, 寶曆凡再. 大119)和四年, 仁秀死, 諡宣王. 子新德蚤死, 孫彝震立, 改年咸和. 明年, 詔襲爵. 終文宗世來朝十二, 會昌凡四. 彝震死, 弟虔晃立. 死, 玄錫立. 咸通時, 三朝獻.

종부 [대]인수120)가 왕위에 올라 건흥으로 개원하였다. 그의 4세조 [대]야발은 [대]조영의 동생이다. 인수는 자못 바다 북쪽의 여러 부를 토벌하여 영토를 크게 개척하였다. 공이 있으니, 조서를 내려 검교사공121)을 제수하고 왕위를 잇게 하였다. 원화 연간(806~820)에 모두 16번 조공하였고, 장경 연간(821~824)에 4번, 보력 연간(825~826)에 [사신이] 모두 2번 왔다. 대화 4년(830)에 인수가 죽으니,122) 시호는 선왕이다. 아들 [대]신덕은 일찍 죽고, 손자 [대]이진123)

---

115) 唐의 16衛 가운데 右驍衛의 대장군으로, 정3품이다.
116) 발해 제7대 왕인 定王(재위 809~812)으로, 연호는 永德이다. 제6대 강왕 대숭린의 아들이며, 제8대 희왕의 형이다.
117) 발해 제8대 왕인 僖王(재위 812~817)으로, 연호는 朱雀이다. 제7대 정왕의 동생이며, 제9대 간왕의 형이다.
118) 「남감본」에는 '元'.
119) 「남감본」에는 '太'.
120) 발해 제10대 왕인 宣王으로, 연호는 建興이다. 『구당서』 발해전에는 제8대 희왕에 이어 818년에 대인수가 즉위한 것으로 되어 있으나, 『신당서』 발해전에는 817년 희왕의 사후 그의 동생인 簡王 大明忠이 즉위하여 1년 뒤인 818년에 죽자 대인수가 즉위한 것으로 나온다. 대인수는 대명충의 從夫로, 대조영의 아우인 大野勃의 4세손이다. 818년에 즉위하여 830년까지 13년간 재위하였다.
121) 司空은 당의 三公 중 하나로, 정1품이다. 실무가 없는 명예직이었다.

이 왕위에 올라 연호를 함화로 고쳤다. 이듬해에 조서를 내려 작위를 세습시켰다. [당] 문종(재위 826~840)의 치세가 끝날 때까지 12번 내조하였고, 회창 연간(841~846)에 [사신이] 모두 4번을 왔다. 이진이 죽으니, 동생 [대]건황이 왕위에 올랐다. [건황이] 죽으니, [대]현석이 왕위에 올랐다. 함통 연간(860~873)에 3번 조공하였다.

> 初, 其王數遣諸生詣京師太學, 習識古今制度, 至是遂爲海東盛國. 地有五京·十五府·六十二州. 以肅愼故地爲上京, 曰龍泉124)府, 領龍·湖·渤三州. 其南爲中京, 曰顯德府, 領盧·顯·鐵·湯·榮·興六州. 獩貊故地爲東京, 曰龍原府, 亦曰柵城府, 領慶·鹽·穆·賀四州. 沃沮故地爲南京, 曰南海府, 領沃·晴·椒三州. 高麗故地爲西京, 曰鴨淥府, 領神·桓·豐·正四州. 曰長嶺府, 領瑕·河二州. 扶餘故地爲扶餘府, 常屯勁兵扞契丹, 領扶·仙二州. 鄭頡府領鄭·高二州. 挹婁故地爲定理府, 領定·潘二州. 安邊府領安·瓊二州. 率賓故地爲率賓府, 領華·益·建三州. 拂涅故地爲東平府, 領伊·蒙·沱·黑·比五州. 鐵利故地爲鐵利府, 領廣·汾·蒲·海·義·歸六州. 越喜故地爲懷遠府, 領達·越·懷·紀·富·美·福·邪·芝九州. 安遠125)府領寧·郿·慕·常四州. 又郢·銅·涑三州爲獨奏州. 涑州以其近涑沫江, 蓋所謂粟末水也. 龍原東南瀕海, 日本道也. 南海, 新羅道也. 鴨淥, 朝貢道也. 長嶺, 營州道也. 扶餘, 契丹道也.

앞서 그 왕은 자주 여러 학생을 보내 경사(장안)의 태학126)에 들어가 고금의 제도를 배우고 익히게 하였는데,127) 이때에 이르러 드디어 해동성국128)이 되었다. 그 땅에는 5경 15부

---

122) 『구당서』에는 대인수(선왕)가 대화 5년(831)에 죽었다고 전한다.
123) 발해 제11대 왕으로, 시호를 알 수 없으며 연호는 咸和이다. 선왕의 손자로 선왕의 아들인 新德이 일찍 죽어 즉위하였다. 『구당서』 발해전에는 선왕의 사망 연도가 831년으로 적혀 있으나, 『신당서』 발해전에는 830년으로 되어 있고 이듬해인 831년 조서를 내려 대이진에게 작위를 세습하게 하였다. 이를 따른다면 대이진은 830~857년까지 27년간 재위하였다.
124) 「급고각본」에는 '井'.
125) 「급고각본」에는 '元'.
126) 太學은 당의 최고 학부인 國子監을 이른다. 국자감 내에는 國子學, 太學, 四門學, 律學, 書學, 算學 6개의 학부가 나뉘어 있었다.

62주가 있다. 숙신의 옛 땅을 상경으로 삼고, 용천부라고 부르며, 용주129)·호주130)·발주131) 3주를 다스린다. 그 남쪽을 중경132)으로 삼고, 현덕부라고 부르며, 노주133)·현주·철주134)·탕주135)·영주136)·흥주137) 6주를 다스린다. 예맥138)의 옛 땅을 동경으로 삼고, 용원부라고

---

127) 발해는 건국 초부터 학생을 선발하여 당에 유학을 보냈는데, 당에 학생을 파견한 것이 확인되는 기록은 다음과 같다. 『玉海』 권153, 朝貢 外夷來朝 內附 唐渤海遣子入侍 "開元 二年(714) 三月 令生徒六人 入學 新羅七人"; 『冊府元龜』 권999, 請求 "太和七年(833) 春正月 己亥 銀靑光祿大夫 簡較秘書監 忽汗都督 國王 大彛震奏 遣學士解楚卿 趙孝明 劉寶俊 三人 附謝恩使 同中書右平章事 高賞英 赴上都學問 遣學生 李居正 朱承朝 高壽海等 三人 事業稍成 請准例遞乘歸本國 許之"; 『舊唐書』 권199下 列傳 제149下 北狄 渤海靺鞨 "(太和)七年(833) 正月 遣同中書右平章事 高寶英 來謝冊命 仍遣學生三人 隨 寶英 請赴 上都 學問 先遣學生三人 事業稍成 請歸本國 許之"; 『唐會要』 권36 附學讀書 "(開成)二年(837) 三月 渤海國 隨賀正王子 大俊明 幷入朝學生 共一十六人 勅 渤海 所請生徒習學 宜令 靑州 觀察使 放六人到上都 餘十人勒迴 又 新羅 差入朝宿衛王子 幷准舊例 割留習業學生 並及先住學生等 共二百十六人 請時服糧料 又請舊佳學習業者 放還本國 勅 新羅 學生內 許七人 准去年八月勅處分 餘時十馬畜糧料等 旣非舊例 竝勒還蕃."
128) 海東盛國이라 불린 시기는 제2대 大武藝 때, 제10대 大仁秀 때, 제11대 大彛震 때, 제13대 大玄錫 때 등으로 의견이 분분하다. 이 가운데 영토 확장과 중앙집권화 등에 근거하여 대인수 시기에 '해동성국'으로 불렸을 것으로 보는 견해가 유력하다(朱國忱·魏國忠 共著, 濱田耕策 譯, 1996, 60~61쪽; 김은국, 1999, 125쪽 주 28; 김진광, 2012, 117쪽).
129) 龍州는 上京의 首州로서 상경성이 위치하는 곳으로 추정된다(金毓黻, 1934; 和田淸, 1955). 遼代에는 扶餘府 故地에 黃龍府를 두어 龍州라고 칭하였다.
130) 湖州는 그 명칭으로 보아 지금의 鏡泊湖 방면에 있었던 것으로 보는 것이 일반적이다.
131) 지금의 寧安 부근으로 추정된다.
132) 中京은 제3대 文王 때 上京으로 천도하기 전의 수도였다. 위치 비정에 대해서는 蘇密城說, 那丹佛勒城說, 敦化縣說, 西古城子說 등이 있었다. 지금은 和龍 인근의 용두산고분군에서 文王의 네 번째 딸 貞孝公主의 무덤이 발굴되고 주변에서 발해 유적들이 함께 발견되면서, 서고성을 발해 중경으로 보는 것이 통설이 되었다.
133) 盧州는 『遼史』 「地理志」에 "在京東一百三十里"로 되어 있으나, 여기에 보이는 '京'이 무엇인지 확실하지 않아 위치를 알 수 없다. 게다가 요대의 주명은 거란이 발해 유민을 요동 방면으로 강제로 이주시킨 후에 옛 지명을 사용한 경우가 많아서, 『遼史』 「地理志」로 위치를 비정하기가 힘들다. 노주를 龍井村으로 보기도 한다.
134) 鐵州는 『遼史』 「地理志」에는 위치가 "在京西南六十里"로 되어 있고, 位城·河端·蒼山·龍珍 4현을 거느리며, 遼代에 屬縣을 廢한 것으로 되어 있다. 和田淸는 '鐵州'라는 이름이 '位城의 鐵'에서 비롯된 것으로 보고, 西古城子의 서남, 함경북도 茂山 서북에 철이 많이 생산되기 때문에 이곳을 鐵州로 비정하였다.
135) 湯州는 『遼史』 「地理志」에 위치가 "在京西北一百里"로 되어 있고, 屬縣은 靈峯·常豐·白石·均谷·嘉利

부르는데, 책성부139)라고도 부르며, 경주140)·염주141)·목주142)·하주143) 4주를 다스린다. 옥저의 옛 땅을 남경으로 삼고, 남해부144)라고 부르며, 옥주145)·청주146)·초주147) 3주를 다스린

등 5현이 있다. 遼代에 속현을 廢하였고 湯州治는 北鎭縣과 黑山縣 2현의 부근인 乾州로 되어 있다.
136) 榮州는 『遼史』「地理志」에 "在京東北一百五十里"로 나오며, 崇山·潙水·綠成의 3縣을 거느린다. 『遼史』에는 '崇州'로 되어 있어 '崇州'로 보는 견해가 있다. 延吉 부근으로 비정하기도 한다.
137) 興州는 『遼史』「地理志」에 "在京西南三百里"이며, 盛吉·蒜山·鐵山의 3현을 거느린다. 西古城子에서 서남으로 分水嶺을 넘어 豆滿江 하류 일대일 것으로 추정하기도 한다.
138) 고대 만주와 한반도 북부 지역에 살았던 종족의 명칭이다. 예와 맥을 구분하거나 범칭으로 보는 등 계통에 대해서는 이견이 있다. 고구려, 부여, 동예 등이 예맥족에 속하는데, 이들의 종족을 예맥으로 통칭하는 경우도 있으나, 중국 사서에서는 고구려를 주로 貊族이라고 하고 부여나 동예는 濊族으로 기록한 경우가 있다. 異種族說로 예족과 맥족이 계통과 경제생활 방식이 달랐다고 보는 견해(三上次男, 1966), 동일 계통이지만 일찍이 분화하여 거주 지역이 구별되었다는 견해(尹武炳, 1966; 金貞培, 1968; 李殿福, 1993; 王綿厚, 1994; 朴京哲, 1997)가 있다. 그리고 중국 북방에 거주하던 맥족이 동방으로 이주하였다고 보는 견해(和田淸, 1947; 呂思勉, 1996), 본래 중국 대륙 서북에서 동방에 걸쳐 널리 분포하였는데, 서북과 북방의 맥족은 일찍부터 漢族에 동화된 반면 동북과 동방의 맥족은 진한시대 이후에도 독자성을 유지했다고 보는 견해(傅斯年, 1932) 등이 있다. 대체로 한국 학계에서는 『삼국지』 동이전 등에 부여·고구려·옥저·동예 등은 서로 언어와 습속이 유사했다고 하며, 읍루와는 구별되었던 것이 확실하여, 예와 맥을 같은 종족으로 보고 있다.
139) 발해 5경 가운데 하나인 東京 龍原府의 異稱이다. 책성은 목책을 두른 성이라는 뜻으로, 이미 고구려 때부터 사용된 지명이다. 府治의 위치는 발해의 東京城인 八連城과 별도로 부근의 溫特赫部城이나 薩其城으로 보는 설과 延吉의 城子山山城, 興安古城 등으로 보는 설이 있다(구난희, 2017, 134~139쪽). 고구려의 책성에 대해 치소성을 중심으로 광역의 행정단위를 가리키는 '柵城圈'으로 이해하는 연구도 있다(김현숙, 2000, 140·156~157쪽; 김강훈, 2017, 244쪽).
140) 『遼史』「地理志」에 "疊石爲城周圍二十里"라고 하였고, 屬縣으로 龍原·永安·烏山·壁谷·熊山·白楊의 6縣을 거느린다.
141) 鹽州는 『遼史』「地理志」에 "一名 龍河郡"으로, 海陽·接海·格川·龍河의 4縣을 거느린다. 和田淸은 Possjet灣 北岸에 顔楚(Yen-Chu) 또는 眼春(Yen-Chun)이라는 지명이 있었던 것이 이 鹽州(Yen-Chou)의 轉訛일지도 모른다고 추측하였다(「渤海國地理考」, 76쪽). 현재는 연해주 크라스키노성으로 보는 것이 통설이다.
142) 穆州는 『遼史』「地理志」에 "一名 會農郡"으로, 會農·水岐·順化·美縣의 4縣을 거느렸다.
143) 賀州는 『遼史』「地理志」에 "一名 吉理郡"으로, 洪賀·送誠·吉理·石山의 4현을 거느렸다.
144) 남경 남해부의 위치에 대해서는 韓鎭書의 『續海東繹史』「渤海」에서 北靑설을, 丁若鏞의 『我邦疆域考』 「渤海考」에서 咸興설을 내세운 이래로, 鏡城설(內藤虎次郎, 1907; 松井等, 1913), 북청설(鳥山喜一, 1935; 채태형, 1998), 함흥설(池內宏, 1937; 白鳥庫吉, 1935; 和田淸, 1955), 鍾城설 등의 견해가 있다.

다. 고[구]려의 옛 땅을 서경[148]으로 삼고, 압록부라고 부르며, 신주[149]·환주[150]·풍주[151]·정주[152] 4주를 다스린다. 장령부라고 부르며, 하주[153]·하주[154] 2주를 다스린다. 부여의 옛 땅을 부여부[155]로 삼고, 항상 강한 군대를 주둔시켜 거란을 방어하며, 부주[156]·선주[157] 2주를

남경과 남해부의 치소는 동일 지역에 있었던 것으로 보이나, 관청이 하나였는지 분리되어 있었는지는 불분명하다. 남해부의 위치 비정에는, 776년 남해부 '吐號浦'에서 발해 사신단이 일본으로 출발했다는 기록(『續日本紀』)에 부합하는 항구와 남해부의 특산물인 곤포, 즉 다시마가 생산되는 지역이라는 조건이 붙는다. 정약용이 곤포의 주요 산지인 함흥을 남해부로 본 이후로 함흥설은 많은 지지를 받았고, '토호포'를 함흥 서남쪽으로 약 15km 떨어진 '連浦(고려·조선시대 都連浦)'로 추정하였다. 그러나 북한에서 발굴 성과를 토대로 북청군의 청해토성(북청토성)을 남해부로 비정한 이후 북청설이 유력시되고 있다.

145) 沃州는 『遼史』「地理志」에 沃沮·鷲巖·龍山·濱海·昇平·靈泉의 6縣을 거느렸다.
146) 『遼史』「地理志」에 天晴·神陽·蓮池·狼山·仙巖의 5縣을 거느렸다. 和田淸(1955)은 위치를 城津으로 추정하였다.
147) 椒州는 『遼史』「地理志」에 椒山·貂嶺·澌泉·尖山·巖淵의 5縣을 거느렸다. 和田淸(1955)은 鏡城으로 비정하였다.
148) 西京은 『遼史』「地理志」東京道條에 "淥州 鴨淥軍 節度 本高麗故國 渤海號西京鴨淥府 城高三丈 廣輪二十里 都督 神·桓·豐·正四州事"로 나온다. 丁若鏞은 평안북도 慈城 北에서 鴨綠江 대안으로(『我邦疆域考』「渤海考」), 韓鎭書는 江界府의 滿浦鎭 대안으로(『續海東繹史』「渤海」), 松井等(1913)은 奉天省 臨江縣 帽兒山으로, 鳥山喜一(1915)은 通溝로 비정하였고, 현재 臨江 지역으로 보는 것이 일반적이다.
149) 神州는 『遼史』「地理志」에 神鹿·神化·劍門의 3縣을 거느렸다.
150) 桓州는 『遼史』「地理志」東京道條에 "高麗中都城 故縣三 桓都·神鄕·淇水(淏水) 皆廢 高麗王於此創立宮闕 國人謂之新國 五世孫釗 晋康帝建元初爲慕容皝所敗 宮室焚蕩 … 隸淥州 在西南二百里"로 나와 고구려의 丸都, 즉 지금의 輯安에 위치한 것으로 보인다.
151) 豐州는 『遼史』「地理志」東京道에 "渤海置盤安郡 … 隸淥州 在東北二百一十里"로, 安豐·渤恪·隰壤·硤石의 4현을 거느렸다. 和田淸은 鴨綠江 上源의 厚昌古邑 방면 또는 長白·惠山鎭으로 비정하였다 (1955, 「渤海國地理考」, 78쪽).
152) 正州는 『遼史』「地理志」東京道條에 "本沸流王故地 國爲公孫康所幷 渤海置沸流郡 有沸流水 … 隸淥州 在西北三百八十里"라고 되어 있다. 和田淸(1955)은 위치를 通化나 桓仁으로 비정하였다.
153) 瑕州는 『滿洲源流考』「疆域」嶺府條에 "按瑕州無考 常爲附郭之州 遼廢"라고 되어 있다.
154) 河州는 『遼史』「地理志」東京道條에 "河州 德化軍 置軍器坊"이라고 되어 있다.
155) 부여부의 위치에 대해서는 開原縣설, 農安설, 阿城설, 昌圖 북쪽 四面城설 등이 있는데, 현재 농안설이 유력하다. 속주로는 扶州·仙州의 2주를 거느렸다. 발해의 수도인 上京 龍泉府로부터 거란으로 통하는 거란도의 길목이어서, 발해에서 부여부에 항상 날랜 병사를 거주시켜 契丹을 방비하게 하였다.
156) 扶州는 『遼史』「地理志」東京道 通州條에 속현 扶餘·布多·顯義·鵲川 중에 보인다. 『滿洲源流考』「疆域」에는 開原 부근으로, 金毓黻은 昌圖 부근으로 비정하였다(『渤海國志長編』「地理志」).

다스린다. 막힐부¹⁵⁸⁾는 막주¹⁵⁹⁾·고주¹⁶⁰⁾ 2주를 다스린다. 읍루의 옛 땅을 정리부¹⁶¹⁾로 삼고, 정주¹⁶²⁾·반주¹⁶³⁾ 2주를 다스린다. 안변부¹⁶⁴⁾는 안주·경주의 2주를 다스린다. 솔빈의 옛 땅을 솔빈부¹⁶⁵⁾로 삼고, 화주¹⁶⁶⁾·익주·건주¹⁶⁷⁾ 3주를 다스린다. 불열¹⁶⁸⁾의 옛 땅을 동평부¹⁶⁹⁾로 삼고, 이주·몽주·타주·흑주·비주 5주를 다스린다. 철리의 옛 땅을 철리부¹⁷⁰⁾로 삼고,

---

157) 仙州는 『遼史』「地理志」東京道 通州條에 渤海 시기에 强師·新安·漁谷의 3縣을 거느린 것으로 나온다. 和田淸은 北流 松花江 부근으로 비정하였다(1955, 82쪽).

158) 鄚頡府는 『遼史』「地理志」東京道 韓州條에 "… 本櫜離國舊治柳河縣 高麗置鄚頡府 都督鄚·頡二州 渤海因之 …"라고 하여 고구려 때부터 있었던 것으로 나온다. 金毓黻은 農安 북쪽으로 비정하였고(『渤海國志長編』「地理考」), 和田淸(1955)은 阿城 부근으로 비정하였다.

159) 鄚州는 屬縣에 奧喜·萬安의 2縣이 있었다.

160) 『遼史』「地理志」에는 '頡州'로 되어 있다.

161) 定理府의 위치에 대하여 『盛京通志』와 『大淸一統志』에서 熱河의 承德城으로 비정하였고, 韓鎭書는 寧古塔 부근으로(『續海東繹史』「渤海」), 松井等(1913)과 金毓黻은 烏蘇里江 부근으로, 和田淸(1955)은 沿海州의 Olga 부근으로 비정하였다.

162) 定州는 一名 安定郡이라고 하며, 定理·平邱·巖城·慕美·安夷의 5현을 거느렸다. 和田淸(1955)은 沿海州 남부인 蘇城(Suchan) 부근으로 비정하였다.

163) 潘州는 『遼史』「地理志」東京道條에 '瀋州'로 되어 있고 9縣을 거느렸다.

164) 安邊府의 위치에 대해 金毓黻은 烏蘇里江 유역으로 비정하였다(『渤海國志長編』 卷14「地理考」). 和田淸(1955)은 定理·安邊 2府가 挹婁의 故地로 서로 근접한다고 보고 金代의 錫林路로서 Olga 지방인 것으로 비정하였다.

165) 그 이름이 綏芬河와 발음이 유사하여 현재 수분하 지역으로 보는 것이 통설이다. 率賓府의 이름은 遼代에도 그대로 쓰였으나, 金·元代에는 '恤品'·'速頻'·'蘇濱'의 이름으로 史書에 보이며, 淸代에는 綏芬路로 알려져 있다. 金毓黻은 '쌍성자', 張太湘은 '동녕 대성자고성'으로 비정하였다(丹化沙, 1983, 15~21쪽).

166) 위치는 미상이다. 金毓黻은 華州를 率賓府의 首州로 보았고, 요나라가 폐지한 뒤에 발해민을 康州로 옮겼던 것으로 추정하였다(『渤海國志長編』「地理考」). 『遼史』「地理志」康州조에 "발해 솔빈부의 인호를 옮겨 설치하였다."라는 기록에 근거한다.

167) 益州·建州는 和田淸(1955)은 三岔口로 불리던 東寧의 서북에 大城子·小城子 등의 遺址가 있는데, 建州·益州 2주 중 하나는 이곳일 것으로 보았다.

168) 拂涅은 靺鞨 7部 중 하나였던 불열부를 가리킨다.

169) 拂涅部의 위치에 대해 논란이 있는 것과 마찬가지로, 동평부의 위치에 대해서도 여러 설이 있다. 흑수말갈의 일부가 발해 후기에 복속된 것으로 보지만 행정구역 설치가 확인되지 않는데, '黑州'와 '黑水'의 흑이 같은 글자이기 때문이다.

170) 鐵驢, 鐵驪, 鐵離라고도 한다. 철리는 말갈 7부 중에는 그 명칭이 없으나, 발해 건국 초기부터 고구려와

광주·분주·포주·해주·의주·귀주 6주를 다스린다. 월희의 옛 땅[171]을 회원부[172]로 삼고, 달주·월주·회주·기주·부주·미주·복주·사주·지주 9주를 다스린다. 안원부[173]는 영주·미주·모주·상주 4주를 다스린다. 또 영주[174]·동주[175]·속주[176] 3주를 독주주[177]로 삼았다.

관계가 깊던 불열말갈, 월희말갈과 함께 활동한 것으로 보아, 고구려 당시부터 있었고 고구려와 밀접한 관련이 있었던 것으로 보인다. 위치에 대해서는 圖們江北·與凱湖의 南說(丁若鏞, 『渤海考』), 黑龍·烏蘇里江下流地域說(松井等, 1913; 鳥山喜一, 1915), 牧丹江流域說(津田左右吉, 1916), 阿什河流域說(池內宏, 1916), 松花江下流域의 依蘭地域說(小川裕人, 1937) 등이 있다. 여진이 흥기했을 때에는 길림성 동경성(지금의 寧安) 부근에 있다가 完顔部에 편입되었다(外山軍治, 1975, 45쪽).

171) 越喜靺鞨의 위치에 대해 『新唐書』 黑水靺鞨傳에 "당초 黑水[靺鞨]의 서북쪽에는 思慕部가 있는데, 북으로 10일을 더 가면 郡利部가 있고, 동북으로 10일을 가면 窟設部가 있다. [窟設은] 屈設이라고도 부른다. 조금 동남으로 10일을 가면 莫曳皆部가 있고, 또 拂涅, 虞婁, 越喜, 鐵利 등의 部가 있다."라고 나온다. 『冊府元龜』 등을 보면, 흑수와 별도로 鐵利·拂涅과 함께 唐에 자주 朝貢한 것으로 나온다. 그런데 발해의 조공 시기와 겹치는 경우도 많아 발해와 이들 말갈이 밀접한 관련을 가지고 있었던 것으로 보인다. 월희말갈은 고구려 시기 말갈 7부에는 속하지 않지만, 고구려 멸망 후 설치된 기미주 중 越喜州都督府가 확인되고 있어 그 연원이 오래된 것을 알 수 있다(『신당서』 권43하, 지 제33하, 지리하, 하북도 고려항호주). 일반적으로 遼代에 兀惹와 그 서쪽에 있던 越里吉 등과 같은 부족으로 보며, 거주지는 오소리강과 松花江 두 강의 하류 부근으로 보는 견해(松井等, 1913), 중국 長春 西南의 懷德 방면으로 보는 견해(池內宏, 1916), 沿海州의 海邊 지역으로 보는 견해(金毓黻, 1933) 등이 있다. 『冊府元龜』 권959, 外臣部 土風條에는 '越喜靺鞨' 앞에 '西接' 2자가 추가되어 있는데, 和田淸은 三姓 부근으로 비정하고, 渤海國과 '西接'하는 것이 아니라 '北接'한다고 보았다.

172) 위치에 대해서는 발해 중심부에서 매우 먼 지역일 것으로 추정되며, 중국 黑龍江省 依蘭縣의 烏蘇里江과 松花江이 만나는 지역설, 연해주 동해가설, 흑룡강성 同江縣설 등이 있다.

173) 安遠府는 『遼史』 「地理志」 東京道 慕州條에 "本渤海安遠府地 故縣二 慕化·崇平 … 隷淥州 在西二百里"라고 하여 屬縣으로 慕化·崇平의 2縣을 거느렸다. 西京 鴨淥府의 府治인 淥州 서북으로 200리에 있다고 하여 鴨綠江과 輝發河의 중간인 柳河縣으로 비정되기도 하며, 韓鎭書는 黑龍江 유역으로 비정한 바 있다(『續海東繹史』 「渤海」). 松井等과 和田淸은 松花江 하류로(「渤海國の疆域」, 419쪽; 「渤海國地理考」, 106~107쪽), 金毓黻은 興凱湖 東岸인 것으로 비정하였다(『渤海國志長編』 「地理考」).

174) 和田淸(1955)은 鐵利·越喜와 上京 龍泉府를 연결하는 大道 上의 요충으로 寧古塔 북쪽 어딘가로 비정하였다.

175) 銅州는 『遼史』 「地理志」 咸州條에 "渤海置銅山郡 地在漢候城縣北 渤海龍泉府南 地多山險 寇盜以爲淵藪 …"라고 하여 지금의 開原인 遼金시대의 咸州로 비정되기도 하였으나, 이 지역은 평지로 산이 많고 험하다는 동주의 지세와 맞지 않다. 동주의 이름은 銅 산지와 관련 있을 것으로 추정된다.

176) 『吉林通志』 「沿革志」 涑州條에 吉林에서 북으로 약 65리인 打牲烏拉로 비정한 이후 대체로 이를 따라 길림 인근으로 본다.

[이 중] 속주는 그 [위치가] 속말강에 가까워 [이름이 붙었는데], [속말강은] 이른바 속말수[178]인 듯하다. 용원의 동남쪽 연해는 일본도[179]이다. 남해는 신라도[180]이다. 압록은 조공도[181]이다. 장령은 영주도[182]이다. 부여는 거란도[183]이다.

俗謂王曰可毒夫, 曰聖王,[184] 曰基下. 其命爲敎. 王之父曰老王, 母太妃, 妻貴妃, 長子曰副王, 諸子曰王子. 官有宣詔省, 左相·左平章事·侍中·左常侍·諫議居之. 中臺省, 右[185]相·右平章事·內史·詔誥舍人居之. 政堂省, 大內相一人, 居左右相上, 左·右司政各一, 居左右平章事之下, 以比僕射, 左·右允比二丞. 左六司, 忠·仁·義部各一卿, 居司政下, 支司爵·倉·膳部, 部有郎中·員外. 右六司, 智·禮·信部, 支司戎·計·水部, 卿·郎準左, 以比六官. 中正臺, 大中正一, 比御史大夫, 居

---

177) 獨奏州는 『滿洲源流考』「疆域」에 "獨奏之義 猶今直隸州 不轄於府 而事得專達也"라고 하여 중간 보고자(즉 府)를 거치지 않고 곧바로 중앙에 보고하는 직할주를 가리킨다고 보았다.
178) 粟末水는 지금의 松花江을 가리킨다.
179) 동경 용원부의 염주에서 뱃길로 일본 本州의 서쪽 방면에 도착하는 해상 교통로이다. 그런데 발해 사신의 도착지는 8세기에는 北陸 지방, 9세기에는 山陰 지방으로 시기적으로 차이를 보인다(유득공 지음, 김종복 옮김, 2018, 183~184쪽).
180) 『三國史記』「地理志」에 인용되어 있는 『古今郡國志』에 新羅의 泉井郡에서 柵城府(발해 동경 용원부)까지 39역이었다고 하는데, 당나라 시기 역참 사이는 일반적으로 30리이다. 역산해 보면 琿春에서 1,170리를 남하하면 대체로 德源 지역에 이른다. 따라서 덕원 부근이 신라의 천정군(또는 井泉郡)으로 비정되며, 신라도는 문왕 때 개통된 것으로 본다.
181) 서경 압록부에서 뱃길로 압록강을 남하한 후 요동반도 연안을 거쳐 묘도열도를 통해 산동반도의 등주에 도착한 다음, 당의 수도인 장안으로 가는 길이다(유득공 지음, 김종복 옮김, 184쪽). 『新唐書』「地理志」에 인용되어 있는 賈耽의 『道里記』에는 "自鴨江口 舟行百餘里 及小舫泝流東北三十里 至泊汋口 得渤海之境 又泝流五百里 至丸都城·故高麗王都 又東北泝流二百里·至神州 又陸行四百里 至顯州 天寶中王所都 又正北如東六百里 至渤海王城"이라고 하여 그 노정을 알 수 있다.
182) 장령부에서 요하를 건너 당의 동북 방면 요충지인 영주로 가는 길이다(유득공 지음, 김종복 옮김, 2018, 200쪽).
183) 上京에서 張廣才嶺을 거쳐 扶餘府(위치에 대해서는 開原설, 農安설, 阿城설, 四面城설 등이 있음)를 거쳐, 다시 懷德·梨樹·遼源 등지를 지나 契丹의 중심지에 도달하는 길이다.
184) 「남감본」·「급고각본」·「무영전본」에는 '主'.
185) 「급고각본」에는 '右'가 결락되어 있다.

司政下. 少正一.

[그 나라의] 풍속에 왕을 '가독부'라고 부르고, '성왕'이라고도 부르며, '기하'라고도 부른다. 왕명은 '교'라고 한다. 왕의 아버지는 '노왕'이라 부르고, 어머니는 '태비', 처는 '귀비', 장자는 '부왕'이라 부르며, [나머지] 모든 아들은 '왕자'라 부른다. 관[제]에는 선조성[186]이 있는데, 좌상·좌평장사·시중·좌상시·간의가 소속되어 있다. 중대성[187]에는 우상·우평장사·내사·조고사인이 소속되어 있다. 정당성[188]에는 대내상 1명이 좌·우상의 위에 있고, 좌·우사정 각 1명이 좌·우평장사의 아래에 있는데, [당의] 복야[189]와 비견된다. 좌·우윤은 [당의] 2승[190]과 비견된다. 좌6사에는 충부[191]·인부[192]·의부[193]에 각 1명의 경[194]이 사정의 아래에 있다. 지사인 작부·창부·선부에는 부[마다] 낭중과 원외가 있다. 우6사에는 지부[195]·예부[196]·신부[197]와 지사인 융부·계부·수부가 있는데, 경과 낭[중·원외]는 좌[6사]에 준하고, [이것은 당의] 6관과 비견된다.[198] 중정대[199]에는 대중정 1명이 있는데, [당의] 어사대부와

---

186) 왕의 명령을 선포하는 관청으로, 당나라의 門下省에 해당한다. 당의 문하성은 중서성에서 초안을 작성하여 올린 詔令을 심의하여 결정한다(유득공 지음, 김종복 옮김, 2018, 233쪽).
187) 발해 때의 3省 가운데 하나로, 唐의 中書省에 해당하는 官署이다. 나라의 정책 수립과 詔令을 맡아보았다. 장관은 右相이며, 그 아래에는 右平章事, 內史, 詔誥舍人이 있었다.
188) 政堂省은 발해 때의 3省 가운데 하나로, 唐의 尙書省에 해당하는 官署이다. 실무 기관인 6부를 거느리고 국가의 행정을 총괄하였다.
189) 僕射는 官名이다. 秦 이후부터 있었던 것이나 唐代의 僕射는 종2품직으로 尙書令 다음의 官位이며, 天子를 보필하여 大政을 의논한다. 玄宗 開元 초에 左·右丞相으로 官이 바뀌었다(『唐六典』 卷1 尙書省 참조).
190) 二丞은 唐代 尙書省 소속의 佐丞과 右丞을 말한다. 左·右丞相의 아래이며 정원은 각 1인이다. 관품은 左丞이 정4품상이고, 右丞은 정4품하이다.
191) 忠部는 발해 때 정당성 소속의 6부 가운데 하나로, 唐의 吏部에 해당한다.
192) 仁部는 발해 때 정당성 소속의 6부 가운데 하나로, 唐의 戶部에 해당한다.
193) 義部는 발해 때 정당성 소속의 6부 가운데 하나로, 唐의 禮部에 해당한다.
194) 卿는 唐의 尙書省 6部의 尙書에 해당한다.
195) 智部는 발해 때 정당성 소속의 6부 가운데 하나로, 唐의 兵部에 해당한다.
196) 禮部는 발해 때 정당성 소속의 6부 가운데 하나로, 唐의 刑部에 해당한다.
197) 信部는 발해 때 정당성 소속의 6부 가운데 하나로, 唐의 工部에 해당한다.

비견되며, 사정의 아래이다. 소정 1명이 있다.

> 又有殿中寺·宗屬寺, 有大令. 文籍院有監. 令·監皆有少. 太常·司賓·大農寺, 寺有卿. 司藏·司膳寺, 寺有令·丞. 胄子監有監長. 巷伯局有常侍等官. 其武員有左右猛賁·熊衛·羆衛·南左右衛, 北左右衛, 各大將軍一將軍一. 大抵憲象中國制度如此. 以品爲秩, 三秩以上服紫, 牙笏·金魚. 五秩以上服緋, 牙笏·銀魚. 六秩·七秩淺緋衣, 八秩綠衣, 皆木笏.

또 전중시와 종속시가 있는데, [각각] 대령이 있다. 문적원에는 감이 있다. [대]령과 감[밑]에는 모두 소[령·소감]이 있다. 태상시·사빈시·대농시에는 시마다 경이 있다. 사장시·사선시에는 시마다 영과 승이 있다. 주자감에는 감장이 있다. 항백국에는 상시 등의 관원이 있다. 무관으로는 좌맹분·우맹분·태위·비위·남좌위·남우위·북좌위·북우위가 있고, 각각 대장군 1명과 장군 1명[이 있다]. 대개 중국의 제도를 본받은 것이 이와 같다. 품계는 질로 쓰는데, 3질 이상은 자색을 입고 아홀과 금어를 찬다. 5질 이상은 비색을 입고 아홀과 은어를 찬다. 6질과 7질은 옅은 비색 옷이고, 8질은 녹색 옷인데, 모두 목홀이다.

> 俗所貴者, 曰太白山之菟, 南海之昆布, 柵城之豉, 扶餘之鹿, 鄚頡之豕, 率賓之馬, 顯州之布, 沃州之緜,200) 龍州201)之紬, 位城之鐵, 盧城之稻, 湄沱湖之鯽. 果有九都之李, 樂游之梨. 餘俗與高麗·契丹略等. 幽州節度府與相聘問, 自營·平距京師蓋八千里而遠, 後朝貢至否, 史家失傳. 故叛附無考焉.

---

198) 『周禮』에 보이는 6관(6경: 천관, 지관, 춘관, 하관, 추관, 동관)에서 발전한 것이다. 隋唐代에 6부 제도가 갖추어졌으며, 천관은 吏部, 지관은 戶部, 춘관은 禮部, 하관은 兵部, 추관은 刑部, 동관은 工部로 명칭을 바꾸고 그 수장을 尙書라고 하였다. 이후 역대 중국 왕조와 발해, 고려, 조선 등에서는 6부 또는 6조를 두었고, 기본적으로 이름을 吏戶禮兵刑工으로 하였다. 때때로 개칭한 경우도 있으나 대개 담당 업무와 관련된 명칭을 사용하였다. 반면 발해는 忠部, 仁部, 義部, 禮部, 智部, 信部라고 하여 대비된다.
199) 中正臺는 발해 때에 관리들의 비리를 감찰하던 기구로, 唐의 御史臺에 해당한다.
200) 「무영전본」에는 '綿'.
201) 「급고각본」에는 '舟'.

[그 나라의] 세속에서 귀하게 여기는 것은 태백산의 토끼,[202] 남해의 다시마, 책성의 메주, 부여의 사슴, 막힐의 돼지, 솔빈의 말, 현주의 베, 옥주의 솜, 용주의 명주, 위성의 철, 노성의 벼, 미타호[203]의 붕어이다. 과일로는 구도[204]의 오얏과 낙유[205]의 배가 있다. 나머지 풍속은 고구려와 거란과 대략 같다. 유주절도부와 서로 빙문하였으나, 영[주]·평[주]에서 경사(장안)까지는 8천 리나 되는 먼 거리이므로, 그 뒤에 조공이 있었는지의 여부는 사가들도 전하지 못하였다. 고로 [발해가] 배반하였는지 귀부하였는지 고찰할 길이 없다.

○ 권220, 열전(列傳) 제145, 동이(東夷) 백제(百濟)

> 儀鳳時, 進帶方郡王, 遣歸藩. 是時, 新羅疆, 隆不敢入舊國, 寄治高麗死. 武后又以其孫敬襲王, 而其地已爲新羅渤海靺鞨所分, 百濟遂絶.

---

202) '菟'를 일반적으로 '토끼'로 해석하지만, 韓鎭書의 『海東繹史』권26, 물산지에 한약재인 草類 새삼[菟絲子]으로 분류하고 있다. 중국 학계에는 菟絲子의 뿌리인 茯苓(茯菟라고도 함)이라는 의견과 '동북 지방의 호랑이[虎]'라는 견해 등이 제기된 바 있다(姚玉成, 2008).

203) 미타호에 대해서 興凱湖설과 鏡泊湖설로 대별된다. 전자는 『寧安縣志』와 孫正甲·송기호의 주장이다. 그는 『舊唐書』·『新唐書』·『通典』·『册府元龜』 등의 越喜와 拂涅에 대한 기록언어학적 검토를 통해 그 고지에 설치된 東平府와 安遠府의 위치를 재확인하여, 眉州와 沱州로 인해 형성된 미타호는 鏡泊湖를 지칭하는 忽汗海와는 전혀 다른 지역인 興凱湖라고 인식하였다(孫正甲, 1986, 102~104쪽; 宋基豪, 1995, 148~149쪽). 반면에 후자는 『海東繹史』·『渤海國志長編』 및 劉曉東의 주장이다. 그는 ① 미타호의 붕어가 유명한 것처럼 홍개호의 붕어도 유명하지만 기록에서 보이지 않는 점, ② 眉州와 沱州의 설치가 '미타호의 붕어'가 소개된 것보다 늦게 설치되었다는 점, ③ 湄沱 두 글자는 같이 써야 의미가 있으며 실제 말갈어의 '海'의 의미이므로, 이미 설치된 2주의 이름을 합쳐서 사용하는 것은 불가능하다는 점, ④ 眉州와 沱州는 湄沱湖에서 유래된 명칭으로 서로 관련성이 있는데 미주는 安遠府에, 타주는 東平府에 속하게 하는 것은 이치상 맞지 않다는 점, ⑤ 拂涅 故地의 하나인 東平府에서 바쳤다는 '鯨睛'의 생산지가 불명확하다는 점, ⑥ 越喜 故地에 설치된 安遠府와 拂涅 故地의 東平府는 서로 가장 동쪽과 가장 서쪽으로 나뉘어 있으므로, 이에 근거하여 興凱湖가 湄沱湖라는 해석은 신뢰할 수 없으며, 海湖이며 忽汗海로도 불린 鏡泊湖가 미타호로 합당하다고 인식하였다(劉曉東, 1985, 51~52쪽). 이러한 인식은 朱國忱, 盧偉의 주장에서도 확인할 수 있다(盧偉, 2006, 37~40쪽).

204) 『滿洲源流考』는 九都를 丸都의 오기로 보았다. 西京 鴨淥府 恒州屬縣의 桓都가 곧 丸都일 가능성이 있다. 丸都는 고구려의 舊都로서, 중국 길림성 집안시로 비정된다.

205) 『滿洲源流考』는 樂游를 樂浪의 오기로 보았다.

의봉(676~679) 때에 [부여융(扶餘隆: 의자왕의 아들)] 대방군왕으로 올리고, 번(백제)으로 돌아가게 보냈다. 이때에는 [그 땅이] 신라 강역으로, 융이 감히 옛 나라에 들어가지 못하고 고[구]려에 의탁하여 다스리다가 죽었다. [측천]무후가 또 그 손자 경(敬)에게 왕위를 세습하게 하였다. 그러나 그 땅은 이미 신라와 발해말갈이 나누어 가졌고, 백제는 마침내 끊어졌다.

○ 권220, 열전(列傳) 제145, 동이(東夷) 신라(新羅)

初, 渤海靺鞨掠登州, 興光擊走之. 帝進興光寧海軍大使, 使攻靺鞨.

처음에 발해말갈이 등주를 약탈하니 [신라왕] 흥광이 이를 격퇴하였다. 황제가 흥광을 영해군대사[206]로 올리고 말갈을 공격하게 하였다.

○ 권224 상(上), 열전(列傳) 제149 상(上), 반신(叛臣) 상(上)

李懷光, 渤海靺鞨人, 本姓茹. 父常, 徙幽州, 爲朔方部將, 以戰多賜姓, 更名嘉慶.

이회광(李懷光)[207]은 발해말갈 사람이며, 본성이 여(茹)이다. 부친 상(常)은 유주로 옮겨 삭방부장이 되었다. 전공이 많아 성을 하사받았고 이름을 가경(嘉慶)으로 고쳤다.

---

206) 영해군사는 발해가 바닷길을 통해 당의 登州를 공격하자, 바닷길을 안정시킬 목적으로 신라 성덕왕에게 임시로 준 使職이었다. 이후 신라왕의 책봉호의 하나로 계속 사용되었다.
207) 李懷光(927~785)은 본래 성이 茹이며, 渤海靺鞨인이다. 출신에 대해서는 발해국에서 당으로 귀화한 말갈족으로 보기도 하나, 그 선조가 일찍이 幽州에 옮겨 살았던 것으로 기록되어 있어 고구려 출신일 가능성도 있다. 부친의 이름은 茹常으로 朔方將軍이었는데, 전공을 세워 賜姓을 받고 李嘉慶이라 하였다. 이회광은 어려서부터 종군하였고, 朔方節度使 郭子儀의 신뢰를 받았다. 이후 邠寧節度使, 삭방절도사 등을 역임하면서 朱泚 등 반란 세력을 진압하는 데 큰 공을 세워 784년 太尉직과 鐵券을 받았으나, 곧바로 반란을 일으켰다. 이듬해 가을 삭방군 장수 牛名俊에 의해 살해당했다.

발해사 자료총서 – 중국사료 편 권1

3. 『구오대사(舊五代史)』

 송 태조 개보(開寶) 7년(974)에 완성된 기전체 정사(正史)로, 참지정사 설거정(薛居正)이 감수국사가 되어, 한림학사 노다손(盧多孫), 사관수찬 호몽(扈蒙)·이목(李穆) 등이 찬수하였다. 907년 당(唐)나라가 멸망한 뒤 960년에 북송이 설립되기까지, 후량(後梁)·후당(後唐)·후진(後晉)·후한(後漢)·후주(後周) 등 5대와 오(吳)·남당(南唐)·오월(吳越)·민(閩)·형남(荊南)·초(楚)·남한(南漢)·전촉(前蜀)·후촉(後蜀)·북한(北漢) 등 10국의 역사를 기록한 책이다.

 원래『양당진한주서(梁唐晉漢周書)』또는『오대사(五代史)』라고 했는데, 뒤에 구양수(歐陽脩)가 편찬한『오대사기(五代史記)』가『신오대사(新五代史)』라고 불리면서『구오대사』로 불렸다. 그리고 금(金) 장종(章宗)의 태화(泰和) 7년(1207)에 학령(學令)으로『신오대사』만 사용하게 하면서『구오대사』는 소실되었다. 청대에『사고전서(四庫全書)』를 편찬할 때에는 이미 원본을 구할 수 없어서, 건륭제의 아들 영용(永瑢)과 소진함(邵晉涵) 등이『영락대전(永樂大全)』과 송대의 여러 책에서 일문(逸文)을 집록하여 원본을 복원하고, 녹문(錄文)의 출처와 고증을 주기(注記)하여 건륭(乾隆) 40년(1775)에 집본(輯本)을 완성하였다. 현전하는『구오대사』는 열전(列傳)의 말미에 외국열전을 두었고, 이것은 보통 중국 정사에서 '외국(外國)'을 편명으로 삼은 첫 열전으로 주목된다. 비록 이 명칭이 청대에『구오대사』를 집일할 때 붙인 것이지만,『신오대사』가 외국열전을 '사이부록(四夷附錄)'이라고 부른 점과 비교된다.

 『구오대사』발해전에는 발해의 풍속에 왕을 가독부(可毒夫)라 부르고, 대면해서는 성전(聖踐), 주청할 때에는 기하(基下), 아버지는 노왕(老王), 어머니는 태비(太妃), 처는 귀비(貴妃), 장자는 부왕(副王), 여러 자식들은 왕자라고 부르며, 대대로 대씨가 추장이 되었다고 기록하고 있다. 또한 거란이 발해를 공격한 것에 대한 기록을 담고 있어 발해 멸망 과정과 그 이후 동아시아 국제 정세를 연구하는 데 참고가 된다.

아래 원문은 중화서국(中華書局)에서 출판한 『구오대사』(1976년판)를 저본으로 하였으며, 1986년 상해고적출판사(上海古籍出版社)·상해서점(上海書店)에서 간행한 『구오대사』를 비교본으로 하였다.

○ 권9, 양서(梁書) 9, 말제(末帝) 본기(本紀) 중, 정명(貞明) 4년

四年 … 十二月 … 癸丑, 詔曰: 行營諸軍馬步都虞候匡國軍節度觀察留後朱珪, 昨以寇戎未滅, 兵革方嚴, 所期朝夕之間, 克弭煙塵之患, 每於將帥, 別注憂勞. 而謝彦章·孟審澄·侯溫裕忽搆異圖, 將萌逆節, 賴朱珪挺施貞節, 密運沈機, 果致梟擒, 免資讐敵. 特加異殊之命, 用旌忠孝之謀, 便委雄藩, 俾荷隆渥. 可檢校太傅, 充平盧軍節度淄靑登萊等州觀察處置押新羅渤海兩番等使兼行營諸軍馬步軍副都指揮使, 仍進封沛國郡開國侯.

[정명] 4년(918) … 12월 … 계축일에 조서(詔書)에 이르길 "행영제군마보도우후(行營諸軍馬步都虞候)[1] 광국군절도관찰유후(匡國軍節度觀察留後) 주규(朱珪)는 지난날 도적의 무리를 아직 없애지 못해 전쟁이 날로 엄해지므로, 아침저녁으로 전란의 먼지를 멎게 하기 위해 매번 군사를 거느렸으니, [그의] 근심하며 고생한 바를 별도로 적는다. 그리고 사언장(謝彦章)과 맹심징(孟審澄), 후온유(侯溫裕)가 홀연 다른 뜻을 가지고 장차 반란을 도모하려고 하자, 주규가 빼어난 절개로 은밀한 계책을 빈틈없이 실행하여 마침내 [그들을] 효수하고 사로잡아 원수를 대적하는 것을 면하게 하였다. 이에 [주규에게] 특별히 은전의 명을 내리고, 충효의 계책에 정려(旌閭)를 내리며, 큰 번부(蕃府)를 맡기는 큰 은총을 내리노라. 검교[2]태부(檢校太傅)를 더하고, 평로군절도(平盧軍節度)[3] 치청등래등주관찰처치(淄靑登萊等州觀察處置)

---

1) 後唐대에 설치된 무관으로 행영의 군마를 장악하였다.
2) 檢校는 우대하여 원래 正職이나 品階보다 높여 승진시키는 의미로 사용되었으며, 임시 또는 대리의 기능을 표시하는 호칭이다.
3) 평로는 唐·五代 方鎭의 하나로 唐 天寶(742~756) 초에 範陽節度使를 나누어 平盧節度使를 두어 營州

압신라발해양번등사(押新羅渤海兩番等使) 겸행영제군마보군부도지휘사(兼行營諸軍馬步軍副都指揮使)로 충원하며 거듭 패국군(沛國郡) 개국후(開國侯)로 진봉(進封)하노라."라고 하였다.

○ 권31, 당서(唐書) 7, 장종(莊宗) 본기(本紀) 5, 동광(同光) 2년

> 二年春正月 … 乙卯, 渤海國遣使貢方物.

[동광] 2년(924) 봄 정월 … 을묘일에 발해국(渤海國)이 [후당에] 사신을 보내 방물을 올렸다.[4]

○ 권32, 당서(唐書) 8, 장종(莊宗) 본기(本紀) 6, 동광(同光) 2년

> 夏五月 … 丙辰, 渤海國大諲譔遣使貢方物.

[동광] 2년(924) 여름 5월 … 병진일에 발해국(渤海國) 대인선(大諲譔)[5]이 사신을 보내 방물을 올렸다.[6]

(지금의 遼寧省 朝陽縣)에서 다스리게 했는데, 盧龍軍과 渝關 등 守捉 11개를 관할하였다. 절도사는 당송시대에 道 또는 州의 군사·민정·인사·理財 등의 권한을 장악한 장관으로, 節帥 혹은 節制라고도 하였다. 평로 번진은 761년에 치소를 靑州로 옮겼으며, 765년부터 신라·발해를 관장하게 하였다(정재균, 2011, 124쪽).

4) 『册府元龜』 권972, 朝貢 5 기사에는 발해 왕자 대우모(大禹謨)가 와서 조공했다고 나온다.
5) 발해 제15대 왕으로, 마지막 왕이다. 906~926년까지 재위하면서 요동을 두고 거란과 치열한 싸움을 벌였다. 그러나 925년 12월에 거란이 대대적인 침공을 시작하여 곧바로 발해 서쪽 변경의 군사 요충지인 부여부를 함락시키고 얼마 안 되어 수도 홀한성을 포위하자 항복하였고, 926년 1월 멸망하였다. 같은 해 7월에 耶律阿保機가 회군하면서 왕후와 함께 끌고 가 거란의 수도 상경 임황부의 서쪽에 성을 쌓고 살게 하였다.
6) 『册府元龜』 권972, 朝貢 5 기사에는 발해국왕 대인선이 원양(元讓)을 사신으로 보내 방물을 바쳤다고 나온다.

> 秋七月壬戌 … 幽州奏, 契丹阿保機[7] 東攻渤海.
> 【案遼史太祖紀, 天贊三年五月, 渤海殺其刺史張秀實而掠其民. 於東攻渤海之事, 闕而不載. 考五代會要, 同光二年七月, 契丹東攻渤海國, 與薛史同.】

가을 7월 임술일에 … 유주(幽州)가 아뢰기를 "거란[8]의 아보기(阿保機)가 동쪽으로 발해(渤海)를 공격했습니다."라고 하였다.

【살펴보건대『요사』태조기, 천찬 3년(924) 5월 [기사에 의하면] 발해가 그 자사 장수실(張秀實)을 죽이고 그 백성을 노략질하였다고 하였다. 그래서 동쪽으로 발해를 공격한 사건이 있었는데, 이를 누락하고 기재하지 않았다.『오대회요』동광 2년(924) 7월 [기사를] 살펴보면, 거란이 동쪽으로 발해국을 공격하였다고 하였는데,『구오대사』[의 기록]과 같다.】

> 九月癸卯, … 幽州上言, 契丹阿保機[9] 自渤海國廻軍.

9월 계묘일, … 유주(幽州)가 아뢰길, "거란(契丹)의 아보기(阿保機)가 발해국(渤海國)에서 회군했다."고 하였다.

---

7) 「상해고적출판사·상해서점본」에는 '安巴堅'.
8) 契丹은 고대 시라무렌강(Siramuren, 西剌木倫) 지역에서 일어난 부족이다. 거란의 열전은『魏書』에 처음 입전되었다. 거란이라는 이름이 보이는 가장 오래된 자료는, 朝陽 동쪽 義縣 부근의 萬佛洞에 北魏의 使者 韓貞이 景明 3년(502)에 契丹으로 가면서 새긴 명문이다. 5세기 후반 동쪽에서 고구려가 遼西로 적극적으로 진출하고 서쪽에서 柔然의 압박이 가해지자, 거란은 北魏에 內附하여 白狼水(大凌河)의 동쪽으로 남하하였다. 거란의 別部인 出伏部 등 그 일부는 고구려에 臣屬하였다. 隋·唐代에는 고구려나 돌궐에 복속하거나 연대하여 수·당에 대항하기도 하고, 반대로 수·당에 복속하여 고구려나 돌궐에 저항하기도 하였다. 唐 太宗은 거란 서쪽에 인접해 있는 庫莫奚를 지배하기 위해서 시라무렌강 상류에 饒樂都督府를 설치하였고, 거란을 지배하기 위해서 營州 부근에 松漠都督府를 설치하였다. 당 초기에는 大賀氏가 지배 씨족인 8부 연맹을 형성하고 있었다. 당 태종은 그 수장인 窟哥를 都督으로 삼고, 李氏 성을 주어 부족민을 다스리게 하였다. 이들은 영주 부근에 살면서 평소에는 자치를 하며 유목 생활을 하다가 당의 고구려 공격과 같은 대외 전쟁 시기에는 藩兵으로 동원되었다. 10세기로 넘어가며 야율아보기가 거란 부족을 통일하고 遼나라를 세웠다.
9) 상해고적출판사·상해서점본에는 '安巴堅'.

○ 권32, 당서(唐書) 8, 장종(莊宗) 본기(本紀) 6, 동광(同光) 3년

三年二月 … 辛巳 … 突厥·渤海國皆遣使貢方物.

[동광] 3년(925) 2월 … 신사일에 … 돌궐(突厥)[10]과 발해국(渤海國)이 모두 [후당에] 사신을 보내 방물을 올렸다.

○ 권34, 당서(唐書) 10, 장종(莊宗) 본기(本紀) 8, 동광(同光) 4년

四年春正月戊午朔, 帝不受朝賀. 契丹寇渤海. … 丙寅 … 契丹寇女直·渤海.

[동광] 4년(926) 봄 정월 무오 초하루에 황제가 조하(朝賀)[11]를 받지 않았다. 거란(契丹)이 발해(渤海)를 노략질하였다. … 병인에 … 거란(契丹)이 여진(女眞)과 발해를 노략질하였다.

○ 권36, 당서(唐書) 12, 명종(明宗) 본기(本紀) 2, 천성(天成) 원년

元年夏四月乙卯, 渤海國王大諲譔遣使朝貢. …

[천성] 원년(926) 여름 4월 을묘일에 발해국왕(渤海國王) 대인선(大諲譔)이 사신을 보내 조공하였다. …

秋七月庚申, 契丹·渤海國俱遣使朝貢.

---

10) 6세기부터 8세기 사이에 중앙아시아와 동북아시아 북부 스텝 지대에서 활동한 튀르크계의 민족명이자 국명이다. 광의로는 돌궐과 철륵 諸部가 포함되며 협의로는 突厥 可汗國을 가리킨다. 6세기경 알타이산 이남에서 유목하였는데, 이 산의 모습이 투구처럼 생겨서 돌궐이라는 이름이 붙었다고 한다. 阿史那土門이 552년 유연을 격파하고 伊利可汗이 되어 돌궐칸국(제1돌궐제국)을 세웠으나, 582년 西面可汗 達頭와 大可汗 沙鉢略의 불화로 동·서 돌궐로 나누어졌다. 동돌궐은 630년에 당에 멸망하였고, 서돌궐은 659년에 당에 복속되었다. 679년부터 681년까지 돌궐 민족이 당에 반기를 들고, 阿史那骨篤祿이 682년 제2돌궐제국(東突厥可汗國)을 세웠다. 이 제국은 745년까지 존속하였다.
11) 신하들이 조정에 나아가 하례를 드리는 일이다.

가을 7월 경신일에 거란과 발해국이 모두 사신을 보내 조공하였다.

○ 권37, 당서(唐書) 13, 명종(明宗) 본기(本紀) 3, 천성(天成) 원년

> 元年十一月戊午, … 青州奏, 得登州狀申, 契丹先攻逼渤海國, 自阿保機[12]身死, 雖已抽退, 尚留兵馬在渤海扶餘城, 今渤海王弟領兵馬攻圍扶餘城內契丹次.

[천성] 원년(926) 11월 무오일에 … 청주(青州)에서 아뢰기를, "등주(登州)의 장계를 얻었는데, 거란이 먼저 발해국을 공격하여 압박했다고 합니다. 아보기(阿保機)가 사망하자 비록 [진영을] 거두어 빼내 물러났지만, 병마(兵馬)는 여전히 발해 부여성(扶餘城)[13]에 머물고 있습니다. 지금 발해왕(渤海王)의 아우가 병마를 이끌고 부여성 안의 거란차(契丹次)[14]를 포위하여 공격한다고 합니다."라고 하였다.

○ 권41 당서(唐書) 17, 명종(明宗) 본기(本紀) 7, 장흥(長興) 원년

> 元年十一月丙戌, 青州奏, 得登州狀, 契丹阿保機[15]男東丹王突欲,[16] 越海來歸國.

[장흥] 원년(930) 11월 병술, 청주(青州)에서 아뢰길, "등주(登州)의 장계를 얻었는데, 거란 아보기(阿保機)의 아들 동단왕(東丹王) 돌욕(突欲)이 바다를 건너와 귀부하였습니다"라고 했다.

---

12) 상해고적출판사·상해서점본에는 '安巴堅'.
13) 부여부의 치소성으로 보인다. 부여부의 위치에 대해서는 開原縣설, 農安설, 阿城설, 昌圖 북쪽 四面城설 등이 있는데, 현재 농안설이 유력하다. 속주로는 扶州·仙州의 2주를 거느렸다. 발해의 수도인 上京龍泉府로부터 거란으로 통하는 거란도의 길목이어서, 발해에서 부여부에 항상 날랜 병사를 거주시켜 契丹을 방비하게 하였다.
14) 대개 거란에서 '방(方: 쪽, 편)'은 곧 '차(次)'를 말한다. 『구오대사』에는 '攻城次', '鎭州次'와 같이 단독으로 쓰인 '次' 자가 많은데, 당시 문서의 문구인 것으로 추정된다(『舊五代史考異』).
15) 상해고적출판사·상해서점본에는 '安巴堅'.
16) 상해고적출판사·상해서점본에는 '托雲'.

○ 권42, 당서(唐書) 18, 명종(明宗) 본기(本紀) 8, 장흥(長興) 2년

春正月壬申, 契丹東丹王突欲自渤海國率衆到闕, 帝慰勞久之, 錫賚加等, 百僚稱賀.[17] … 丁丑, 東丹王突欲進本國印三紐.

[장흥 2년(931)] 봄 정월 임신일에 거란(契丹)의 동단왕(東丹王)[18] 돌욕(突欲)이 발해국(渤海國)에서 무리를 이끌고 [후당] 궁궐에 도착하였다. 황제가 오랫동안의 수고를 위로하여 물건을 하사하고 관직을 올려 주니 모든 관료들이 하례하였다. … 정축일, 동단왕 돌욕이 본국(本國: 東丹國)의 도장 3개를 바쳤다.

三月辛酉, 詔渤海國人皇王突欲[19]宣賜姓東丹, 名慕華, 仍授檢校太保安東都護, 充懷化軍節度瑞愼等州觀察等使. 其從慕華歸國部校, 各授懷化·歸德將軍中郎將. 先於定州擒獲蕃將惕隱[20]宜賜姓狄, 名懷惠, 則骨宜賜姓列, 名知恩, 竝授檢校右散騎常侍. 舍利則刺宜賜姓原, 名知感, 械骨宜賜姓服, 名懷造, 奚王副使竭失訖宜賜姓乙, 名懷宥, 三人竝授檢校太子賓客.

3월 신유일에 조서를 내려 발해국(渤海國) 인황왕(人皇王) 돌욕(突欲)에게 동단(東丹)이라는 성을 하사하고 이름을 모화(慕華)라고 하였다. 이어서 검교태보(檢校太保) 안동도호(安東都護)를 제수하고 회화군절도(懷化軍節度) 서신등주관찰등사(瑞愼等州觀察等使)로 임명하였다. 모화를 따라 함께 귀부한 부교(部校)에게도 각기 회화장군(懷化將軍), 귀덕장군(歸德將

---

17) 상해고적출판사·상해서점본에는 '是日百僚稱賀'.
18) 東丹國은 거란 야율아보기가 926년 1월 발해를 멸망시키고 세웠다. 아울러 발해의 수도인 忽汗城을 天福城으로 고치고, 황태자 倍(일명 突欲)를 人皇王으로 책봉하여 동단국왕으로 삼았다. 아보기의 동생인 迭剌을 左大相, 渤海老相을 右大相, 渤海司徒 大素賢을 左次相, 耶律羽之를 右次相으로 삼았다(『遼史』 권2, 本紀 제2, 太祖下, 天顯元年 2월 丙午). 발해인과 거란인을 함께 상층 관리로 임명하였으나 실권은 후자에게 있었다.
19) 상해고적출판사·상해서점본에는 '托雲'.
20) 상해고적출판사·상해서점본에는 '特哩袞'.

軍), 중랑장(中郞將)을 제수하였다. 이전에 정주(定州)에서 사로잡은 번장(蕃將) 척은(惕隱)에게는 적(狄)이라는 성씨와 회혜(懷惠)라는 이름을, 즉골(則骨)에게는 열(列)이라는 성씨와 지은(知恩)이라는 이름을 내려 주고, 아울러 검교우산기상시(檢校右散騎常侍)를 제수하였다. 사리즉랄(舍利則剌)에게는 원(原)이라는 성씨와 지감(知感)이라는 이름을, 역골(械骨)에게는 복(服)이라는 성씨와 회조(懷造)라는 이름을, 해[21]왕부사(奚王副使)인 갈실흘(竭失訖)에게는 을(乙)이라는 성씨와 회유(懷宥)라는 이름을 내려 주고, 3명에게 아울러 검교태자빈객(檢校太子賓客)을 제수하였다.

○ 권43, 당서(唐書) 19, 명종(明宗) 본기(本紀) 9, 장흥(長興) 3년

> 三年春正月 … 戊申 … 渤海·迴鶻·吐蕃遣使朝貢.

[장흥] 3년(932) 봄 정월 … 무신일에 … 발해(渤海)·회흘(迴鶻)·토번(吐蕃)[22]이 사신을 보내 조공하였다.

○ 권47, 당서(唐書) 23, 말제(末帝) 본기(本紀) 중, 청태(淸泰) 2년

> 二年十一月乙卯, 渤海國遣使朝貢.

---

21) 거란과 함께 東胡 鮮卑 계통으로, 庫莫奚라고도 한다. 활동 지역은 老哈河를 중심으로 遼寧省 阜新市 부근까지, 서쪽으로는 內蒙古自治區 克什克騰旗의 이남 지대까지이다. 4세기 후반에 처음 기록에 등장하며 점차 세력을 확대하여 阿會氏 5부 연맹을 형성하였다. 7세기 초부터 군사력이 거란과 비교될 정도였고 어느 시기에는 거란을 압도하였다. 거란 鮮質可汗의 토벌로 쇠퇴하다가 거란과 함께 回紇에 귀부하였고, 이후 화친과 상쟁을 반복하였다. 요 태조 때 항복하여 해5부가 되었으며 墮瑰部 설치로 해6부로 불렸다. 성종 때 北府에 예속되었다.
22) 西羌 중 發羌의 전음이라는 설과 南涼의 禿髮이 와전되었다는 설이 있다. 수나라 초기부터 세력이 커졌으며, 633년 松贊干布가 党項 諸部를 통일하여 토번제국을 세웠다. 토번이 급성장하며 당을 위협하자 당나라는 문성공주를 시집보내는 등 유화책을 썼다. 그러나 송찬간포의 사망 이후 관계가 악화되고 669년 토번이 안서 4진을 함락하면서 완전히 적대 관계로 돌아섰다. 9세기에 후계 다툼으로 내전이 일어나며 842년 멸망하였다.

[청태] 2년(935) 11월 을묘에 발해국(渤海國)이 사신을 보내 조공하였다.[23]

○ 권48 당서(唐書) 24, 말제(末帝) 본기(本紀) 하, 청태(淸泰) 3년

三年九月辛亥, 幸懷州. 召吏部侍郎龍敏訪以機事, 敏勸帝立東丹王贊華爲契丹主, 以兵援送入蕃, 則契丹主有後顧之患, 不能久駐漢地矣. 帝深以爲然, 竟不行其謀.

[청태] 3년(936) 9월 신해일에 [황제가] 회주(懷州)에 행차하였다. 이부시랑(吏部侍郎) 용민(龍敏)을 불러 국가의 기무(機務)에 대해 물었다. [용]민은 황제에게 건의하기를 "동단왕 이찬화(李贊華)를 거란주(契丹主: 거란 황제)로 삼고, 병사를 보내서 입번(入蕃)하게 하면 거란주는 후방을 돌봐야 하는 걱정 때문에 우리 땅[漢地]에 오래 머물지 못할 것입니다."라고 하였다. 황제가 매우 그렇게 여겼지만, 결국 그 계책을 행하지는 못하였다.

○ 권76 진서(晉書) 2, 고조(高祖) 본기(本紀) 2, 천복(天福) 원년

元年十二月丙申, … 詔封故東丹王李贊華爲燕王, 遣前單州刺史李肅部署歸葬本國.

[천복] 원년(936) 12월 병신일에 … 조서를 내려 "작고한 동단왕 이찬화(李贊華)를 연왕(燕王)에 봉하고, 전(前) 단주자사(單州刺史) 이숙(李肅)을 보내 배치하고 본국(本國)에서 장사지내도록 하라"라고 하였다.

○ 권85, 진서(晉書) 11, 소제(少帝) 본기(本紀) 5, 개운(開運) 4년

四年辛卯, 契丹制, 降帝爲光祿大夫檢校太尉, 封負義侯, 黃龍府安置. 其地在渤海國界.

---

[23] 『新五代史』를 살펴보면, 발해가 보낸 사신이 온 것이 9월로 되어 있고, 『舊五代史』에는 11월로 되어 있다. 『五代會要』에는 12월에 발해가 보낸 사신 列周卿 등이 들어와 조회하고 방물을 바쳤다고 했다.

[개운] 4년(947) 신묘일에 거란(契丹)이 제서(制書)를 내려 항복한 황제(昭帝)를 광록대부(光祿大夫)[24] 검교태위(檢校太尉)로 삼고 부의후(負義侯)로 봉하여 황룡부(黃龍府)[25]에 안치하였다. 그곳은 발해국(渤海國) 경계에 있다.

○ 권95, 진서(晉書) 21, 열전(列傳) 10, 오만(吳巒)

> 吳巒, 字寶川, 汶陽盧縣人也. … 天福九年正月, 契丹大至, 其一日大譟環其城, 明日陳攻具於四墉, 三日契丹主躬率步奚及渤海夷等四面進攻, 巒衆投薪於夾城中, 繼以炬火, 賊[26]之梯衝, 焚爇殆盡. 是日, 賊復合圍, 郡中丁壯皆登城守障. 俄而珂自南門引賊騎同入, 巒守東門, 未知其事, 左右告曰, 邵珂背矣. 巒顧城中已亂, 卽馳馬還公館, 投井而死. 契丹遂屠其城, 朝野士庶, 聞者咸歎惜之.【永樂大典卷二千三百二十一.】

오만(吳巒)은 자가 보천(寶川)이고 문양(汶陽) 여현(盧縣) 사람이다. … 천복 9년(944) 정월에 거란의 대군이 이르러 첫째 날에 큰소리를 지르며 그 성(城)을 포위하였고, 다음 날에는 성벽 네 곳에 공격 무기를 배치하였다. 셋째 날에는 거란주(契丹主)가 직접 보해(步奚)와 발해의 이족(夷族) 등을 이끌고 사방을 공격하였다. [오]만의 무리가 협성(夾城)[27] 안으로 섶을 던지고 연이어 불을 질렀는데 적의 사다리와 충차(衝車)도 거의 모두 불에 탔다. 이날 적이 다시 포위하니 군(郡)의 장정들이 모두 성벽에 올라 이를 방어하였다. 얼마 후에 [소]가([邵]珂)가 남문으로부터 적의 기병(騎兵)을 인도하여 함께 들어왔으나, [오]만은 동문을 지키고 있었기 때문에 그 일을 알지 못하였다. 좌우에서 보고하기를 "소가가 반역하였다."라고 하였다. [오]만이 성안을 둘러보니 이미 혼란에 빠졌으므로 바로 말을 달려 공관(公館)으로 돌아와 우물에 투신해 죽었다. 거란이 결국 그 성을 도륙하니, 조야의 선비와 백성 중에 이

---

24) 『遼史』에 避諱하여 崇祿이라고 했다고 하였다(『舊五代史考異』).
25) 거란이 926년 扶餘府를 고쳐 설치하였으며, 그 치소는 지금의 길림 農安이다. 975년 폐지하였다가 1020년 다시 설치하였다.
26) 상해고적출판사·상해서점본에는 '敵'.
27) 夾城은 적을 포위할 목적으로 적의 성을 에워싸고 쌓는 보루이다.

소식을 들은 사람들이 모두 애석하게 여겼다.【『영락대전(永樂大全)』 권2,321】

○ 권133, 세습열전(世襲列傳) 2, 전류(錢鏐)

> 鏐於唐昭宗朝位至太師 … 同光中 爲天下兵馬都元帥尙父守尙書令 封吳越國王 … 鏐乃以鎭海·鎭東軍節度使名目授其子元瓘, 自稱吳越國王, … 僞行制冊, 加封爵於新羅·渤海, 海中夷落亦皆遣使行封冊焉.

전류(錢鏐)는 당나라 소종(昭宗) 시기에 벼슬이 태사(太師)[28]에까지 올라갔다. … 동광(同光) 연간(923~926)에 천하병마도원수(天下兵馬都元帥) 상보(尙父) 수상서령(守尙書令)이 되었고, 오월국왕(吳越國王)에 봉해졌다. … 전류는 곧 진해진동군절도사(鎭海鎭東軍節度使)라는 이름을 그 아들인 원관(元瓘)에게 제수하고, 스스로를 오월국왕이라 칭하였다. … 참람하게 제책(制冊)을 시행하여 신라·발해에게 봉작(封爵)을 더해 주었고, 바다 가운데에 있는 오랑캐 지역에도 모두 사신을 파견해 봉책(封冊)을 시행하였다.

○ 권137, 외국열전(外國列傳) 1, 거란(契丹)

> 同光中, 阿保機[29]深著闢地之志, 欲收兵大擧, 慮渤海躡其後. 三年, 擧其衆討渤海之遼東, 令禿餒·盧文進據營·平等州, 擾我燕薊.

동광(同光) 연간(923~926)에 아보기(阿保機)가 영토를 넓힐 뜻을 현저하게 드러내 군사를 소집해 크게 일으키려고 했지만, 발해가 그 후미를 칠 것을 걱정하였다. [동광] 3년(925)에 그 무리를 동원해서 발해의 요동 지역을 치고 독뇌(禿餒)[30]와 노문진(盧文進)에게 명하여 영주(營州)와 평주(平州) 등의 주를 근거지 삼아 우리(당나라)의 연주(燕州)와 계주(薊州)를

---

28) 태사는 정1품 三師인 太師, 太傅, 太保 중 하나이다(『唐六典』 1·8, 三師).
29) 상해고적출판사·상해서점본에는 '安巴堅'.
30) 禿餒(?~929)는 奚族 추장으로, 거란의 장수이다. 거란이 925년 발해의 요동을 공격하면서 배후를 안정시키기 위해 독뇌와 노문진 등에게 後唐의 燕州와 薊州를 위협하게 하였다(『舊五代史』 卷137, 外國列傳 第1 "同光三年(925), 擧其衆討渤海之遼東, 令禿餒·盧文進據營·平等州, 擾我燕薊.").

침략하였다.

> 明宗初纂嗣, 遣供奉官姚坤奉書告哀, 至西樓邑, 屬阿保機在渤海, 又徑至愼州, 崎嶇萬里. 旣至, 謁見阿保機, 延入穹廬 … 阿保機號咷, 聲淚俱發, 曰: 我與河東先世約爲兄弟, 河南天子吾兒也. 近聞漢地兵亂, 點得甲馬五萬騎, 比欲自往洛陽救助我兒, 又緣渤海未下, 我兒果致如此, 冤哉. …

[후당] 명종이 처음 왕위를 잇고 공봉관(供奉官) 요곤(姚坤)에게 [장종(莊宗)을] 애도하는 글을 받들어 보냈다. [이들이] 서루31)읍(西樓邑)에 이르러 아보기(阿保機)가 발해에 있는 것을 알고서, 다시 곧바로 신주(愼州)에 이르렀는데 험악한 산길이 만리나 되었다. 끝내 도착하니 아보기를 알현하기 위해 궁려(穹廬: 궁궐)로 불려 들어갔다. … 아보기가 큰소리로 울고 눈물을 떨구며 이르기를 "나는 하동(河東)과 함께 선대(先代)에 형제 관계를 약속한 사이이니, 하남천자(河南天子)는 나의 아들이다. 최근에 한지(漢地: 한족 땅)에서 전란이 일어났다는 소식을 듣고 갑마(甲馬) 5만 기(騎)를 점열(點閱)하여 몸소 낙양(洛陽)으로 가서 나의 아들을 구원하려고 했는데, 또 발해를 미쳐 점령하지 못한 까닭에 내 아들이 마침내 이와 같이 이르렀으니 원통하구나!"라고 하였다. …

> 阿保機凡三子, 皆雄偉. 長曰人皇王突欲,32) 卽東丹王也. 次曰元帥太子, 卽德光也, 幼曰安端少君.33) 德光本名耀屈之,34) 後慕中華文字, 遂改焉. 唐天成初, 阿保機死, 其母令德光權主牙帳, 令少子安端少君往渤海國代突欲. 突欲將立, 而德光素爲部族所服, 又其母亦常鍾愛, 故因而立之. … 長興二年, 東丹王突欲在闕下, 其母繼發

---

31) 遼代 四樓의 하나로 요 태조 야율아보기가 수렵과 무예를 단련하기 위해 설치하였는데, 임시적인 정치 중심지의 기능도 가졌다. 西樓는 가을 수렵지로, 祖州에 위치하였다. 지금의 內蒙古自治區 赤峯市 북부에 있는 巴林左旗의 서남쪽 지역이다.
32) 상해고적출판사 · 상해서점본에는 '托雲'.
33) 상해고적출판사 · 상해서점본에는 '阿敦少君'.
34) 상해고적출판사 · 상해서점본에는 '耀庫濟'.

使申報, 朝廷亦優容之.

아보기의 세 명의 아들은 모두 뛰어나고 용감하였다. 장자는 인황왕(人皇王) 돌욕(突欲)이니, 곧 동단왕(東丹王)이다. 둘째는 원수태자(元帥太子)로 덕광(德光)[35]이며, 막내는 안서소군(安端少君)이다. 덕광의 본명은 요굴지(耀屈之)였는데, 후에 중화의 문화를 흠모하여 마침내 개명하였다. 후당(後唐) 천성(天成, 926~929) 초에 아보기가 죽자 그 어머니가 덕광에게 임시로 아장(牙帳)[36]을 통솔케 했고, 막내인 [안서]소군은 발해국으로 가서 돌욕을 대신하게 하였다. 돌욕이 장차 즉위하려고 했으나 덕광이 평소에 부족(部族)에게 복종을 받는 바가 있었고, 또 그 어머니 또한 항상 총애했던 까닭에 그를 [황제로] 세웠다. 장흥(長興) 2년(931)에 동단왕 돌욕이 궐하(闕下: 천자의 御前)에 있었는데 그 어머니가 계속해서 사자를 보내 [상황을] 알려 주었고, 조정에서 또한 이를 내버려 두었다.

○ 권138, 외국열전(外國列傳) 2, 흑수말갈(黑水靺鞨)

黑水靺鞨, 其俗皆編髮.[37] 性凶悍, 無憂戚, 貴壯而賤老. 俗無文字, 兵器有弓角楛矢.

흑수말갈(黑水靺鞨)은 그 풍속에 모두 머리를 땋아 늘였다. 성질은 흉포하고 사나우며, 걱정하거나 슬퍼함이 없었다. 젊은이를 귀하게 여기고 노인은 천하게 여겼으며, 습속(習俗)에 문자가 없고, 병기(兵器)로는 각궁(角弓)과 호시(楛矢)가 있었다.

---

35) 耶律德光(902~947)은 요나라 제2대 황제인 태종(재위 927~947)으로, 태조 야율아보기의 차남이다. 본명은 堯骨이며, 字는 德謹이다. 아보기의 발해 親征에 대원수가 되어 참여하여 공을 세웠다. 926년 아보기가 발해를 멸망시킨 뒤 회군할 때 사망하자, 황후인 述律氏가 섭정으로 정권을 장악하고 맏이인 東丹國王 突欲을 대신해 덕광이 즉위할 수 있도록 하였다. 즉위 후에 燕雲 十六州를 차지하고 後唐과 後晉을 멸망시켰다. 947년에 국호를 거란에서 大遼로 고쳤다.

36) 牙帳은 軍中의 帳幕으로, 군문에 세우는 기가 象牙로 꾸며져 있었기 때문에 이렇게 불렀다. 고대 유목 민족의 장수나 수장이 거처하는 장막을 이르거나 수도를 의미하기도 한다.

37) 상해고적출판사·상해서점본에는 '其俗尙質朴'.

○ 권138, 외국열전(外國列傳) 2, 발해말갈(渤海靺鞨)

> 渤海靺鞨, 其俗呼其王爲可毒夫, 對面呼聖, 牋奏呼基下. 父曰老王, 母曰太妃, 妻曰貴妃, 長子曰副王, 諸子曰王子. 世以大氏爲酋長.【『永樂大典』卷二萬五十四.】

발해말갈(渤海靺鞨)[38]의 그 풍속에는 왕을 가독부(可毒夫)라고 하였고, 대면할 때에는 성(聖)이라고 불렀다. 전주(牋奏: 왕에게 바치는 문서)는 기하(基下)라고 하였다. [임금의] 부친은 노왕(老王), 모친은 태비(太妃), 아내는 귀비(貴妃), 큰아들은 부왕(副王), 다른 아들들은 왕자(王子)라고 불렀다. 대대로 대씨(大氏)를 추장(酋長)으로 삼았다.【『영락대전(永樂大全)』 권20,054】[39]

---

[38] 『오대회요』 권30 渤海편에 의하면, 발해말갈은 본래 고[구]려 種이라고 하였다.

[39] 『책부원귀』 권962, 官號편에도 같은 기사가 수록되어 있다. 시작 부분에 "발해국은 당 중종 때 대조영을 발해군왕으로 책봉하였다."라고 기록하였다.

4. 『신오대사(新五代史)』

　북송 인종(仁宗)의 명령으로 구양수(歐陽脩) 등이 편찬한 기전체 정사이다. 경우(景祐) 3년(1036) 이전에 편찬을 착수하여 황우(皇祐) 5년(1053) 무렵에 완성하였으나, 구양수가 사망하고 한 달 뒤인 신종(神宗) 경녕(熙寧) 5년(1072) 8월에 진상되었다. 후량(後梁)이 건국된 907년부터 후주(後周) 현덕(顯德) 7년(960)까지 13대의 역사를 기록하였고, 구성은 본기(本紀) 12권, 열전(列傳) 45권, 고(考) 3권, 세가(世家) 및 연보(年譜) 11권, 사이부록(四夷附錄) 3권으로 총 74권이다.

　당대(唐代)부터 중앙에서 사관(史館)을 설치하여 이전 왕조의 역사를 편찬하는 관찬(官撰) 전통이 확립되었는데, 『신오대사』는 사찬(私撰)이지만 유일하게 정사(正史)의 자격을 얻었다. 원래 『오대사기(五代史記)』 또는 『오대신사(五代新史)』라고 불렸는데, 뒤에 『구오대사』와 구분하여 『신오대사』로 부르게 되었다.

　『송사(宋史)』 「구양수전」에는 『신오대사』의 편찬 동기에 대해 조정의 명을 받지 않고 개인적으로 편찬한 '자찬(自撰)'이라고 하면서, 원칙이 엄격하고 문장은 간략하여 『춘추』의 유지(遺旨)를 취하였다고 하였다. 구양수가 윤사로(尹師魯)에게 보낸 편지에서, 역사는 국가의 전법(典法)으로서 사서에는 군신의 선악과 모든 사물의 폐치(廢置)를 기록하여 후세에 권계(勸戒)를 보여야 한다고 하였다. 단순한 사실 기록이 아니라 시대에 대한 명확한 평가를 위해서 이 책을 편찬한 것이다. 이러한 입장에서 정통(正統)과 포폄(褒貶)을 중시함에 따라 상대적으로 사실의 정리는 소홀하게 되었다. 따라서 『신오대사』보다 『구오대사』가 자료적으로 뛰어나 사마광이 『자치통감』을 편찬할 때 『구오대사』를 근거로 하였다. 그러나 사료로서는 남송과 금나라에서 『신오대사』를 중시하면서 『구오대사』의 원전은 소실된다.

수대(隋代) 이래 정착된 '사이(四夷)' 개념은 송대에 이르러 중화주의의 가치 관념이 더욱 공고해지는데, 대표적으로 『신오대사』의 외국열전에 해당하는 「사이부록」에서 잘 드러난다. 특히 주목되는 점은 구양수가 '부록(附錄)'이라는 새로운 형태를 취한 점이다. 「사이부록」 서언에서 구양수는, 이민족에 대해 통제할 수 있더라도 꼭 이로울 것이 없지만 통제를 잃으면 우환이 되므로 신중히 하지 않을 수 없기 때문에 이를 편제한다고 밝히고 있다. 외국 관련 기사는 정통을 기록하는 본문에 걸맞지 않으나, 참고로 첨부할 가치 정도는 있다고 본 것이다.

발해와 관련한 기록을 보면 『신오대사』 발해전에서는 발해의 계통을 말갈이라고 하면서도 고구려의 별종이라고 하여 『구당서(舊唐書)』 발해말갈전의 '본래 고려의 별종[本高麗別種]'과 『신당서(新唐書)』 발해전의 '본래 속말말갈로 고[구]려에 붙은 자[本粟末靺鞨附高麗者]'라는 기록을 혼용하고 있다. 그리고 발해 건국에 대해서는 고려 별종 걸걸중상(乞乞仲象)과 말갈 추장 걸사비우(乞四比羽)가 요동을 나누어 왕이 되었다고 하였고, 대조영에 이르러서는 읍루에 거처했다고 하였다. 발해를 말갈과 병칭하기도 하여 발해를 말갈국이라고 주장하는 설에서 근거로 이용되기도 한다. 그 밖에 거란과 발해의 공방과 발해 멸망과 관련된 정보들이 있으며, 멸망 이후 동단국 및 발해부흥운동과 관련된 내용도 담겨 있다.

『신오대사』는 『구오대사』에 비해 여러 판본이 남아 있는데, 남송 「경원본(慶元本)」· 명대 「급고각본(汲古閣本)」· 청대 「무영전본(武英殿本)」과 「백납본(百納本)」 등이 있다. 아래 원문은 중화서국(中華書局)에서 출판한 『신오대사』(1974년판)를 저본으로 하였으며, 1986년 상해고적출판사(上海古籍出版社)· 상해서점(上海書店)에서 간행한 『신오대사』를 비교본으로 하였다.

○ 권2, 양본기(梁本紀) 2, 태조(太祖) 개평(開平) 원년

元年五月戊寅, 渤海·契丹遣使者來.

[개평] 원년(907) 5월 무인일에 발해(渤海)와 거란(契丹)[1]에서 보낸 사신이 왔다.

---

1) 契丹은 고대 시라무렌강(Siramuren, 西剌木倫) 지역에서 일어난 부족이다. 거란의 열전은 『魏書』에 처음 입전되었다. 거란이라는 이름이 보이는 가장 오래된 자료는, 北魏의 使者 韓貞이 景明 3년(502)에 契丹으로 가면서 朝陽 동쪽 義縣 부근의 萬佛洞에 새긴 명문이다. 5세기 후반 동쪽에서 고구려가 遼西로

○ 권2, 양본기(梁本紀) 2, 태조(太祖) 개평(開平) 2년

二年春正月丁酉, 渤海遣使者來.

[개평] 2년(908) 봄 정월 정유일에 발해(渤海)가 보낸 사신이 왔다.

○ 권2, 양본기(梁本紀) 2, 태조(太祖) 개평(開平) 3년

三年三月辛未, 渤海國王大諲譔遣使者來.

[개평] 원년(909) 3월 신미일에 발해국왕(渤海國王) 대인선(大諲譔)[2]이 보낸 사신이 왔다.

○ 권2, 양본기(梁本紀) 2, 태조(太祖) 건화(乾化) 원년

元年秋八月戊辰, 渤海遣使者來.

[건화] 원년(911) 가을 8월 무진일에 발해(渤海)가 보낸 사신이 왔다.

적극적으로 진출하고 서쪽에서 柔然의 압박이 가해지자, 거란은 北魏에 內附하여 白狼水(大凌河)의 동쪽으로 남하하였다. 거란의 別部인 出伏部 등 그 일부는 고구려에 臣屬하였다. 隋·唐代에는 고구려나 돌궐에 복속되거나 연대하여 수·당에 대항하기도 하고, 반대로 수·당에 복속하여 고구려나 돌궐에 저항하기도 하였다. 唐 太宗은 거란 서쪽에 인접해 있는 庫莫奚를 지배하기 위해서 시라무렌강 상류에 饒樂都督府를 설치하였고, 거란을 지배하기 위해서 營州 부근에 松漠都督府를 설치하였다. 당 초기에는 大賀氏가 지배 씨족인 8부 연맹을 형성하고 있었다. 당 태종은 그 수장인 窟哥를 都督으로 삼고, 李氏 성을 주어 부족민을 다스리게 하였다. 이들은 영주 부근에 살면서 평소에는 자치를 하며 유목 생활을 하다가 당의 고구려 공격과 같은 대외 전쟁 시기에는 藩兵으로 동원되었다. 10세기로 넘어가며 耶律阿保機가 거란 부족을 통일하고 遼나라를 세웠다.

2) 발해 제15대 왕으로 마지막 왕이다. 906~926년까지 재위하면서 요동을 두고 거란과 치열한 싸움을 벌였다. 그러나 925년 12월에 거란이 대대적인 침공을 시작하여 곧바로 발해 서쪽 변경의 군사 요충지인 부여부를 함락시키고 얼마 안 되어 수도 홀한성을 포위하자 항복하였고, 926년 1월 멸망하였다. 같은 해 7월에 야율아보기가 회군하면서 왕후와 함께 끌고 가 거란의 수도 상경 임황부의 서쪽에 성을 쌓고 살게 하였다.

○ 권2, 양본기(梁本紀) 2, 태조(太祖) 건화(乾化) 2년

二年五³⁾月丁亥, 渤海遣使者來.

[건화] 2년(912) 5월 정해일에 발해(渤海)가 보낸 사신이 왔다.

○ 권5, 당본기(唐本紀) 5, 장종(莊宗) 동광(同光) 2년

二年春正月乙卯, 渤海國王大諲譔使大禹謨來. …

[동광] 2년(924) 봄 정월 을묘일에 발해국왕(渤海國王) 대인선(大諲譔)의 사신인 대우모(大禹謨)가 왔다. …

夏五月丙辰, 渤海國王大諲譔遣使者來.

여름 5월 병진일에 발해국왕(渤海國王) 대인선(大諲譔)이 보낸 사신이 왔다.

○ 권5, 당본기(唐本紀) 5, 장종(莊宗) 동광(同光) 3년

三年二月辛巳, 突厥渾解樓·渤海國王大諲譔, 皆遣使者來.

[동광] 3년(925) 2월 신사일에 돌궐(突厥)의 혼해루(渾解樓)와 발해국왕(渤海國王) 대인선(大諲譔)이 각기 보낸 사신이 왔다.

○ 권6, 당본기(唐本紀) 6, 명종(明宗) 천성(天成) 원년

元年四月甲寅, 大赦, 改元. 渤海國王大諲譔使大陳林來. …

---

3) 상해고적출판사·상해서점본에는 '三'.

[천성] 원년(926) 4월 갑인일에 대사면령을 내리고 연호를 고쳤다. 발해국왕(渤海國王) 대인선(大諲譔)의 사신 대진림(大陳林)이 왔다. …

秋七月庚申, 契丹使梅老述骨來, 渤海使大昭佐來.

가을 7월 경신일에 거란(契丹)의 사신 매로술골(梅老述骨)이 왔고, 발해(渤海)의 사신 대소좌(大昭佐)도 왔다.

○ 권6, 당본기(唐本紀) 6, 명종(明宗) 장흥(長興) 2년

二年十二月辛未, 渤海使文成角來.

[장흥] 2년(930) 12월 신미일에 발해(渤海)의 사신 문성각(文成角)이 왔다.

○ 권6, 당본기(唐本紀) 6, 명종(明宗) 장흥(長興) 3년

三年春正月己酉, 渤海·回鶻皆遣使者來.

[장흥] 3년(931) 봄 정월 기유일에 발해(渤海)와 회흘(回鶻)이 각기 보낸 사신이 왔다.

○ 권7, 당본기(唐本紀) 7, 폐제(廢帝) 청태(淸泰) 2년

二年九月乙卯, 渤海遣使者來.

[청태] 2년(935) 9월 을묘일에 발해(渤海)가 보낸 사신이 왔다.

○ 권17, 진가인전(晉家人傳) 5, 고조 황후 이씨(高祖皇后李氏)

[開運四年]正月辛卯, 德光降帝爲光祿大夫檢校太尉, 封負義侯, 遷於黃龍府. 德

> 光使人謂太后曰, 吾聞重貴不從母敎而至于此, 可求自便, 勿與俱行. 太后答曰, 重貴事妾甚謹. 所失者, 違先君之志, 絶兩國之歡. 然重貴此去, 幸蒙大惠, 全生保家, 母不隨子, 欲何所歸. 於是太后與馮皇后·皇弟重睿·皇子延煦·延寶等擧族從帝而北, 以宮女五十·宦者三十·東西班五十·醫官一·控鶴官四·御廚七·茶酒司三·儀鸞司三·六軍士二十人從, 衛以騎兵三百.

[개운 4년(947)] 정월 신묘일에 [거란의] 덕광(德光)[4]이 [후진의] 항복한 황제[出帝]를 광록대부(光祿大夫) 검교[5]태위(檢校太尉)로 삼고 부의후(負義侯)로 봉하여 황룡부(黃龍府)로 옮겼다. 덕광이 사람을 보내 태후에게 말하기를, "내가 듣기로 중귀(重貴)는 어머니의 가르침을 따르지 않아 이 지경에 이르렀다 하니, 편하기를 찾는다면 그와 함께 가지 않아도 좋습니다."라고 하였다. 태후가 답하기를, "중귀는 첩(妾)을 섬기기를 매우 공손하게 합니다. 그의 과실은 선군(先君)의 뜻을 어기고 양국의 우호 관계를 끊은 것입니다. 그러나 이번에 중귀가 떠나면서 다행히 큰 은혜를 입어 생명을 온존하고 집안을 보존하게 되었으니, 어미가 자식을 따라가지 않고 어디로 돌아가려고 하겠습니까?"라고 하였다. 이에 태후와 풍황후(馮皇后), 황제의 동생인 중예(重睿), 황자(皇子)인 연후(延煦)·연보(延寶) 등이 가족을 데리고 황제를 따라 북으로 갔다. 궁녀 50인, 환관 30인, 동서반(東西班) 50인, 의관(醫官) 1인, 공학관(控鶴官) 4인, 어주(御廚) 7인, 다주사(茶酒司) 3인, 의란사(儀鸞司) 3인, 육군(六軍)의 군사 20인이 따랐고, 기병(騎兵) 300인이 호위하였다.

> 所經州縣, 皆故晉將吏, 有所供饋, 不得通. 路傍父老, 爭持羊酒爲獻, 衛兵推隔不

---

4) 耶律德光(902~947)은 요나라 제2대 황제인 태종(재위 927~947)으로, 태조 야율아보기의 차남이다. 본명은 堯骨이며, 字는 德謹이다. 아보기의 발해 親征에 대원수가 되어 참여하여 공을 세웠다. 926년 아보기가 발해를 멸망시킨 뒤 회군할 때 사망하자, 황후인 述律氏가 섭정으로 정권을 장악하고 맏이인 東丹國王 突欲을 대신해 덕광이 즉위할 수 있도록 하였다. 즉위 후에 燕雲 十六州를 차지하고 後唐과 後晉을 멸망시켰다. 947년에 국호를 거란에서 大遼로 고쳤다.
5) 檢校는 우대하여 원래 正職이나 品階보다 높여 승진시키는 의미로 사용되었으며, 임시 또는 대리의 기능을 표시하는 호칭이다.

> 使見帝, 皆涕泣而去. 自幽州行十餘日, 過平州, 出榆關, 行砂磧中, 饑不得食, 遣宮
> 女·從官, 採木實·野蔬而食. 又行七八日, 至錦州, 虜人迫帝與太后拜阿保機畫像,
> 帝不勝其辱, 泣而呼曰, 薛超悞我, 不令我死. 又行五六日, 過海北州, 至東丹王墓,
> 遣延煦拜之. 又行十餘日, 渡遼水, 至渤海國鐵州. 又行七八日, 過南海府, 遂至黃
> 龍府.

지나는 주현(州縣)마다 모두 옛 후진(後晉)의 장수와 관리였던 까닭에 음식을 바쳤으나 전달되지 못하였다. 길가의 부로(父老)들도 다투어 양과 술을 가져와 바쳤으나, 지키는 병사들이 밀어내고 막아 황제를 알현하지 못하게 하니 모두 울면서 돌아갔다. 유주(幽州)로부터 10여 일을 가서 평주(平州)를 지났고, 유관(榆關)을 출발해 사막을 지나면서는 굶주려 먹을 것을 구하지 못하자 궁녀와 시종하던 관리를 보내 나무의 과일과 야채를 채취하여 먹었다. 다시 7~8일을 가서 금주(錦州)에 이르니, 오랑캐가 황제와 태후를 위협하여 아보기의 화상(畫像)에 절을 하게 하였다. 황제가 치욕을 이기지 못하고 울면서 외치기를, "설초(薛超)가 나를 그릇되게 하여 죽지도 못하게 했구나!"라고 하였다. 다시 5~6일을 가서 해북주(海北州)를 지나 동단왕(東丹王)의 묘(墓)에 이르러 연후(延煦)를 보내 참배하게 하였다. 다시 10여 일을 가서 요수(遼水)를 건너 발해국의 철주(鐵州)에 도달하였고, 또 7~8일을 가서 남해부(南海府)를 지나 마침내 황룡부(黃龍府)에 도착하였다.

○ 권67, 오월세가(吳越世家) 7, 전류(錢鏐)

> [同光]年間, 遣使冊新羅·渤海王, 海中諸國, 皆封拜其君長.

[동광] 연간(923~926)에 사신을 보내 신라왕(新羅王)과 발해왕(渤海王)을 책봉하였고, 바다 건너에 있는 여러 나라에는 모두 그 군장(君長)을 책봉하였다.

○ 권72, 사이부록(四夷附錄) 1, 거란(契丹) 상(上)

> [同光]二年, 契丹雖無所得而歸, 然自此頗有窺中國之志. 患女眞·渤海等在其後, 欲

> 擊渤海, 懼中國乘其虛. 乃遣使聘唐以通好. 同光之間, 使者再至. …

[동광] 2년(924)에 거란(契丹)이 비록 얻은 것 없이 돌아갔지만, 이때부터 자못 중국을 엿보려는 뜻이 있었다. 여진(女眞)과 발해(渤海) 등이 그 뒤에 있는 것을 걱정해서 발해를 공격하려 했지만, 중국이 그 빈틈을 노릴 것을 두려워하였다. 이에 사신을 보내 후당(後唐)에 빙례(聘禮)하며 우호 관계를 맺었다. 동광(同光) 연간(923~925)에 [거란] 사신이 다시 왔다. …

> [同光]三年, 莊宗崩, 明宗遣供奉官姚坤告哀於契丹. 坤至西樓而阿保機方東攻渤海, 坤追至愼州見之. …

[동광] 3년(925)에 장종(莊宗)[6]이 죽자 명종(明宗)은 공봉관(供奉官) 요곤(姚坤)을 보내 거란에 상사(喪事)를 알렸다[告哀]. [요]곤이 서루(西樓)에 도착하니, 아보기(阿保機)는 마침 동쪽으로 발해(渤海)를 공격하고 있어 [요]곤이 [그를] 쫓아 신주(愼州)에 이르러 알현하였다. …

> [天成]元年, 阿保機攻渤海, 取其扶餘一城, 以爲東丹國, 以其長子人皇王突欲爲東丹王.

[천성] 원년(926)에 아보기가 발해를 공격하여 부여성(扶餘城) 하나를 취하여 동단국(東丹國)[7]으로 삼아 장자인 인황왕(人皇王) 돌욕(突欲)으로 동단왕을 삼았다.

---

6) 李存勗(885~926)은 沙陀人으로, 後唐의 창건자이며 묘호는 莊宗이다. 908년 부친인 李克用의 뒤를 이어 晉王이 되었고, 923년 황제로 칭하며 魏州에서 후당을 건국하였다. 같은 해 後梁을 멸망시키고 洛陽으로 천도하였다. 군대에 환관을 감찰로 파견하는 제도에 불만을 품은 무장들의 반란으로 살해당했다.
7) 東丹國은 거란 야율아보기가 926년 1월 발해를 멸망시키고 세웠다. 아울러 발해의 수도인 忽汗城을 天福城으로 고치고, 황태자 倍(일명 突欲)를 人皇王으로 책봉하여 동단국왕으로 삼았다. 아보기의 동생

○ 권73, 사이부록(四夷附錄) 2, 올욕(兀欲)

> 又東女眞善射, 多牛·鹿·野狗. 其人無定居, 行以牛負物, 遇雨則張革爲屋. 常作鹿鳴, 呼鹿而射之, 食其生肉. 能釀糜爲酒, 醉則縛之而睡, 醒而後解, 不然, 則殺人. 又東南渤海, 又東遼國, 皆與契丹略同.

또 [올욕(兀欲)] 동쪽의 여진(女眞)은 활을 잘 쏘고, 소·사슴·들개가 많다. 그 사람들은 정착해 거주하지 않고, 소로 짐을 나르며 이동하고, 비를 만나면 가죽을 쳐서 집으로 삼았다. 항상 사슴 우는 소리를 내어 사슴을 불러내 이를 사냥하여 그 생고기를 먹는다. 곡식 낟알을 발효시켜 술을 빚었는데, 취하면 [사슴을] 묶어 두고 자다가 깬 후에 풀어 주었다. 그렇지 않으면 사람을 죽이기도 하였다. 또 동남쪽으로 발해(渤海)가 있고, 다시 동쪽으로 가면 요(遼)나라가 있는데, [이들의 풍속은] 모두 거란(契丹)과 대략 같다.

○ 권74, 사이부록(四夷附錄) 3, 달단(達靼)

> 達靼, 靺鞨之遺種, 本在奚·契丹之東北, 後爲契丹所攻, 而部族分散, 或屬契丹, 或屬渤海, 別部散居陰山者, 自號達靼.

달단(達靼)은 말갈(靺鞨)의 유종(遺種)으로, 본래 해(奚)와 거란(契丹)의 동북쪽에 있다가 후에 거란의 공격을 받아 부족이 나뉘고 흩어져 혹은 거란에 속하거나 혹은 발해(渤海)에 속하기도 했고, 몇몇 부족은 음산(陰山)에 흩어져 살면서 스스로 달단이라고 불렀다.

○ 권74, 사이부록(四夷附錄) 3, 발해(渤海)

> 渤海, 本號靺鞨, 高麗之別種也. 唐高宗滅高麗, 徙其人散處中國, 置安東都護府於平壤 以統治之. 武后時, 契丹攻北邊, 高麗別種大乞乞仲象與靺鞨酋長乞四比羽走

인 迭刺을 左大相, 渤海老相을 右大相, 渤海司徒 大素賢을 左次相, 耶律羽之를 右次相으로 삼았다(『遼史』권2, 本紀 제2, 太祖下, 天顯元年 2월 丙午). 발해인과 거란인을 함께 상층 관리로 임명하였으나 실권은 후자에게 있었다.

遼東, 分王高麗故地. 武后遣將擊殺乞四比羽, 而乞乞仲象亦病死. 仲象子祚榮立, 因幷有比羽之衆, 其衆四十萬人, 據挹婁, 臣于唐. 至中宗時, 置忽汗州, 以祚榮爲都督, 封渤海郡王, 其後世遂號渤海. 其貴族姓大氏.

발해(渤海)는 본래 말갈(靺鞨)이라고 불렸는데 고[구]려의 별종[8]이다. 당(唐) 고종(高宗)이 고구려를 멸망시키고 그 사람들을 옮겨 중국 각지에 흩어져 살게 했고, 평양(平壤)에 안동도호부(安東都護府)[9]를 두어 이들을 다스렸다. [측천]무후([則天]武后)[10] 때에 거란이 북쪽

---

8) 발해의 계통에 대해 『舊唐書』 발해말갈전에서는 '본래 고려의 별종(本高麗別種)'이라고 하였고, 『新唐書』 渤海傳에서는 '본래 속말말갈로 고[구]려에 붙은 자(本粟末靺鞨附高麗者)'라고 기록하였다. 그런데 이 大祚榮의 출신이나 발해의 구성원에 대해서는 같은 사료를 놓고 다양한 해석이 있었다. 고려와 조선에서는 대조영의 출신을 고구려 계통으로 보는 경향이 있었는데, 李承休의 『帝王韻記』와 柳得恭의 『渤海考』가 대표적이다. 일본에서는 대체로 속말말갈이나 여진 계통으로 보았다. 발해국의 주체는 靺鞨族이지만, 大祚榮은 고구려 別部 출신으로 보는 경우(鳥山喜一, 1915), 새로운 종족으로 발해말갈을 이해하는 경우(池內宏, 1916), 지배층은 고구려인, 피지배층은 말갈인으로 보는 경우(白鳥庫吉, 1933)도 있다. 현대에 들어와서 발해사 연구를 주도한 대표적인 연구자는 북한의 박시형이다. 그는 발해국의 성립에 중심 역할을 한 세력은 고구려 멸망 후 요서 지방으로 이주된 고구려인 집단이었고, 이들을 조직하여 지휘한 것이 고구려 장수인 대조영이라고 하였다. 발해국은 고구려 왕실의 일족 또는 고구려 계통의 귀족 출신들이 거의 권력을 독점하였고, 문화 방면에서도 고구려의 문화가 주도적 역할을 하였다고 보았다(박시형, 1979: 송기호, 1989). 한국의 李龍範도 발해의 주체가 고구려 유민이었음을 주장하였다(李龍範, 1972·1973). 이후 한국 학계에서는 기본적으로 대조영을 고구려 계통으로 보았으나, 종족은 속말말갈로 고구려에 옮겨와 정착하여 동화된 인물, 즉 말갈계 고구려인으로 보기도 한다(송기호, 1995). 말갈의 명칭 자체를 고구려 변방 주민이나 중국 동북 지역민에 대한 비칭·범칭으로 보고, 발해의 구성원이 된 말갈은 흑수말갈과 구분되는 예맥계인 고구려말갈이며, 대조영은 고구려인으로 속말강(송화강) 지역민이라고 보는 견해도 있다(한규철, 1988; 2007). 중국 학계에서는 근대 초기에 양면적 인식이 보였다. 대표적인 학자는 金毓黻이다(『渤海國志長編』, 1934). 그러나 중화인민공화국이 수립된 이후에는 발해사를 중국의 소수민족사로 보고 고구려계승성을 부정하며 말갈을 강조하는 입장이다(권은주, 2022). 한편 19세기 중반 연해주 지역을 차지하였던 러시아에서는 자국의 極東 지역 소수민족사의 일부로서 관심을 갖고 발해를 말갈족의 역사로 규정하며 대조영 역시 말갈인으로 보고 있다. 이 밖에 소수 설로 말갈 중 대조영을 백산말갈 출신으로 보는 경우도 있다(津田左右吉, 1915; 李健才, 2000).

9) 668년에 당나라가 고구려를 멸망시킨 뒤 평양에 안동도호부를 설치하고 薛仁貴를 도호부사로 삼아 고구려 땅을 통치하도록 하였다. 고구려부흥운동이 일어나고 신라가 고구려·백제 유민과 함께 당에

변방을 공격하자, 고구려의 별종인 대걸걸중상(大乞乞仲象)이 말갈의 추장 걸사비우(乞四比羽)와 함께 요동(遼東)으로 달아나 고구려의 옛 땅을 나누어 왕 노릇 하였다.[11] 무후가 장수를 보내 걸사비우를 공격하여 주살했고, 걸걸중상도 병들어 죽었다. [걸걸]중상의 아들인 [대]조영([大]祚榮)이 즉위하여 [걸사]비우의 무리를 한데 아우르니, 그 무리가 40만이 되었다. 읍루(挹婁)[12]에 웅거하면서 당에 신속(臣屬)하였다. [당나라] 중종(中宗)[13] 때에 이르러 홀한주

항쟁을 펼치자, 당은 한반도에서 물러나 676년에 도호부를 遼東의 遼陽 지역으로 옮겼고, 677년에 다시 新城으로 옮겼다. 696년에는 요서 지역인 營州에서 거란 李盡忠의 난이 일어나며, 요동 지역 역시 전란에 휩싸였다. 대조영이 이끄는 고구려 유민과 말갈인이 天門嶺전투에서 승리하며 발해 건국에 성공한 이후 요동에서 당의 세력이 크게 약화되었고, 당은 699년에 안동도호부를 안동도독부로 낮추었으며 幽州(지금의 北京)에 移屬시켰다. 이후 다시 도호부로 복귀되었으나 714년 平州로, 743년 遼西故郡城으로 府治를 옮겼다가, 安祿山의 난을 계기로 758년에 완전히 폐지되었다(日野開三郎, 1984, 26~36쪽; 권은주, 2010).

10) 唐 高宗의 皇后(624~705). 并州 文水人 武士彠의 딸. 원래 太宗의 후궁이었다가 고종의 황후가 되었다. 고종의 사후에 친아들 中宗과 睿宗을 번갈아 폐위시킨 뒤 690년에 국호를 周로 바꾸고 황제가 되었다. 705년 병으로 인해 太上皇으로 물러나자 中宗이 복위하며 당 왕조가 부활하였고, 그해 12월에 사망하여 황후로서 장례를 치렀다.

11) 『舊唐書』 渤海靺鞨傳에서는 大祚榮이 唐에 반기를 들고 東走하여 건국한 것으로 나오지만, 『新唐書』 渤海傳에는 대조영의 아버지인 乞乞仲象이 말갈과 고구려 유민을 이끌고 동주하여 태백산 동북에 자리 잡은 것으로 나온다. 이 밖에 최치원의 글에는 『구당서』와 같이 대조영과 걸사비우가 영주를 벗어난 것처럼 기술되어 있는 반면, 『五代會要』에는 『신당서』처럼 처음 걸걸중상과 걸사비우가 집단을 이끌다가 대조영이 계승한 것으로 나온다. 서로 다른 두 계통의 기록 차이로 인해 발해의 실제 건국자가 누구인지, 대조영과 걸걸중상의 관계는 어떤 것인지에 관해 논란이 있었다. 대조영과 걸걸중상을 동일인으로 주장하는 경우(池內宏, 1914; 津田左右吉, 1915)도 있었으나, 부자 관계로 보는 것이 정설이며, 일반적으로 대조영을 실제적인 건국자라고 본다.

12) 『舊唐書』 渤海靺鞨傳에는 '桂樓의 옛 땅'으로 되어 있고, 『新唐書』 渤海傳에는 '挹婁'로 되어 있다. 발해에 사신으로 다녀갔던 당나라 사신 張建章의 묘지명에서도 忽汗州를 가리켜 읍루의 옛 땅이라고 한 점 등을 통해 '桂' 자가 '挹'과 유사하여 '桂'로 잘못 쓴 것으로 보기도 한다. 그러나 장건장이 다녀간 지역은 상경 지역이고, 발해 건국지인 동모산은 상경보다 남쪽에 위치한 敦化 지역이므로, 『구당서』와 『신당서』의 차이는 처음에 고구려의 영역 안에서 건국하였다가 영역이 확장됨에 따라 옛 읍루 지역인 상경으로 천도한 것에 따른 것일 가능성이 있다. 참고로 발해 건국지에 대해 한국 사료인 『삼국사기』 권46, 열전 6, 최치원전에는 의봉 3년(678) '태백산 아래'로, 『삼국유사』에서 인용한 『신라고기』에는 '태백산 남쪽'으로, 『제왕운기』에는 '태백산 南城'으로, 『삼국사절요』에는 '태백산 동쪽'으로 나온다.

13) 당나라 제4대 황제로 이름은 李顯이고, 다른 이름은 哲이다. 高宗의 일곱 번째 아들로, 則天武后의 소생이었다. 680년에 태자로 봉해져 683년에 고종이 병사하고 즉위했다. 그러나 이듬해 2월 측천무후

(忽汗州)¹⁴⁾를 설치하여 [대]조영을 도독(都督)으로 삼고는 발해군왕(渤海郡王)¹⁵⁾으로 책봉하였다. 그 후세에 마침내 발해라고 불렀다. 그 귀족의 성은 대씨(大氏)이다.

> [開平]元年, 國王大諲譔遣使者來, 訖顯德常來朝貢.

[개평] 원년(907)에 국왕(國王) 대인선(大諲譔)이 보낸 사신이 왔고, 현덕(顯德) 연간에 이르기까지 항상 와서 조공하였다.

> 其國土物産, 與高麗同. 諲譔世次·立卒, 史失其紀.

그 나라 땅의 물산(物産)은 고[구]려와 같다. [대]인선([大]諲譔)의 세계(世系)와 즉위한 해, 사망한 해 등은 역사에서 그 기록을 잃어버렸다.

에 의해 폐위되어 廢陵王이 된 뒤에 房州(지금 湖北省 房縣)에 옮겨가 있었다. 698년 다시 太子가 되어 705년에 정변을 통해 복위하였다. 재위 기간 동안 정사에 관심이 없었고, 710년에 韋后와 安樂公主에게 독살되었다. 定陵(지금 陝西省 富平 북쪽)에 묻혔다. 시호는 孝和皇帝이다.

14) 忽汗州는 忽汗河에서 따온 이름이다. 발해의 3대 문왕 대에 천도한 상경 근처에 있는 鏡泊湖를 忽汗海라고 하며, 이 호수에서 북쪽으로 흘러 나가는 牧丹江은 忽汗河, 忽爾海河, 瑚爾哈河로 불리어 왔다. 홀한주라고 한 것은 당나라의 천하관에 따라 관념적인 羈縻州 행정구역을 설정한 것에 불과하다.

15) 당의 爵位는 9등급으로, 王·國王은 그중 첫 번째이다. 정1품이고, 식읍이 1만 호이다. 君王은 두 번째로 종1품이고, 식읍은 5,000호이다. 이어서 國公·君公·縣公·縣侯·縣伯·縣子·縣男 순이다.

5. 『송사(宋史)』

  원(元)의 한림국사원(翰林國史院)의 수사국(修史局)에서 편찬한 관찬 사서로, 북송 태조 건륭(建隆) 원년(960)부터 남송 소제(少帝) 상흥(祥興) 2년(1279)까지 319년의 역사를 기록하였다. 순제(順帝) 때 우승상 탈탈(脫脫, 1314~1388)이 도총재관으로, 중서평장정사 철목아탑식(鐵木兒塔識)과 중서우승 태평(太平), 어사중승 장기암(張起巖), 한림학사 구양현(歐陽玄) 등이 총재관으로 임명되어 편찬에 참여하였다.

  원래 세조(世祖)가 중통(中統) 2년(1261)에 『요사(遼史)』와 『금사(金史)』의 편찬을 지시하였지만, 곧바로 실행되지 못하였다. 남송을 멸망시키고 다시 요·금·송의 역사를 편찬하도록 하였으나 정통론에 입각하여 3사(三史)의 체제를 어떻게 할 것인지가 결정되지 않아 계속 유보되었다. 그리고 순제(順帝) 지정(至正) 3년(1343)에 이르러 3사를 각각 정통으로 삼기로 하고, 다시 수찬하여 지정 5년(1345) 10월에 완성하였다. 3사를 합쳐 총 747권을 2년 반만에 편찬함에 따라, 3사 모두 기사의 착오와 중복, 결락과 소략이 매우 심하여 문제가 많다. 『송사』는 「본기(本紀)」 47권, 「지(志)」 162권, 「표(表)」 32권, 「열전(列傳)」 255권 등 총 496권으로 구성되었다. 송대의 실록(實錄)·국사(國史)·회요(會要)·지지(地志)·사서(史書)를 이용하여, 비교적 풍부한 내용을 담고 있다. 북송과 남송의 4대 황제 시기까지는 비교적 내용이 잘되었지만, 이종(理宗)·도종(度宗) 이후는 결락과 소략이 많다. 따라서 이를 보완하기 위해 명대에는 『송사신편(宋史新編)』, 『남송서(南宋書)』, 『송사기(宋史記)』가, 청대에는 『송사고(宋史稿)』 등이 편찬되었다.

  『송사』는 한족 왕조가 아닌 원에서 편찬되었기 때문에 전통적인 사이관(四夷觀)과 다른 면모를 보인다. 기존에 사이 열전으로 편제되던 것이 『송사』에서 처음으로 '외국전'이라는 이름을 달며, 청대에 편찬한 『명사(明史)』에 이르기까지 정사의 일반적인 편제 방식이 되었다. 단순히 중화의 주변에 있는 오랑캐가 아닌 외국으로 인식하였음을 보여 주는 것이다. 『송사』 「지(志)」 142, 병(兵) 3의 대중상부(大中祥符) 5년(1012) 2월 조서에 거란·발해·일본인을 '외국인'이라고 한 것도 같은 맥락에서 이해할 수 있다.

발해와 관련해서는 외국열전에 발해 열전과 발해 유민이 세운 정안국 열전을 함께 담고 있어 주목된다. 발해 열전에서는 발해의 계통을 고구려의 별종으로 기록하고 있는데, 이것은 『구당서』의 기록을 따른 것이다. 그리고 대조영이 웅거한 지역을 요동(遼東)이라고 하였고, 발해군왕(渤海郡王) 책봉을 계기로 스스로 국명을 발해국(渤海國)이라 칭하였다고 하였다. 발해 국명에 대해서는 자칭설과 타칭설이 있는데, 이 기록은 자칭설의 근거가 될 수 있다. 그 밖에 당(唐)·후량(後梁)·후당(後唐)과의 교류와 발해 멸망 및 부흥운동, 발해 유민과 관련한 정보들도 기록되어 있다.

아래 원문은 중화서국(中華書局)에서 출판한 점교본(點校本) 『송사』(1997년판)를 저본으로 하였으며, 1986년 상해고적출판사(上海古籍出版社)·상해서점(上海書店)에서 간행한 『송사』를 비교본으로 하였다.

○ 권4, 본기(本紀) 4, 태종(太宗)

[太平]興國六年 ··· 七月丙午, 詔渤海琰府王助討契丹.

[태평]흥국 6년(981) ··· 7월 병오일에 발해(渤海) 염부왕(琰府王)에게 조서를 내려 거란[1]

---

1) 契丹은 고대 시라무렌강(Siramuren, 西剌木倫) 지역에서 일어난 부족이다. 거란의 열전은 『魏書』에 처음 입전되었다. 거란이라는 이름이 보이는 가장 오래된 자료는, 北魏의 使者 韓貞이 景明 3년(502)에 契丹으로 가면서 朝陽 동쪽 義縣 부근의 萬佛洞에 새긴 명문이다. 5세기 후반 동쪽에서 고구려가 遼西로 적극적으로 진출하고 서쪽에서 柔然의 압박이 가해지자, 거란은 北魏에 內附하여 白狼水(大凌河)의 동쪽으로 남하하였다. 거란의 別部인 出伏部 등 그 일부는 고구려에 臣屬하였다. 隋·唐代에는 고구려나 돌궐에 복속하거나 연대하여 수·당에 대항하기도 하고, 반대로 수·당에 복속하여 고구려나 돌궐에 저항하기도 하였다. 唐 太宗은 거란 서쪽에 인접해 있는 庫莫奚를 지배하기 위해서 시라무렌강 상류에 饒樂都督府를 설치하였고, 거란을 지배하기 위해서 營州 부근에 松漠都督府를 설치하였다. 당 초기에는 大賀氏가 지배 씨족인 8부 연맹을 형성하고 있었다. 당 태종은 그 수장인 窟哥를 都督으로 삼고, 李氏 성을 주어 부족민을 다스리게 하였다. 이들은 영주 부근에 살면서 평소에는 자치를 하며 유목 생활을

토벌을 돕게 하였다.

○ 권32, 본기(本紀) 32, 고종(高宗)

[紹興]三十一年 … 冬十月 … 丁未, 命宣撫制置司傳檄契丹·西夏·高麗·渤海諸國及河北·河東·陝西·京東·河南諸路, 諭出師共討金人.

[소흥] 31년(1161) … 겨울 10월 … 정미일에 선무제치사(宣撫制置司)에 명하여 거란(契丹)·서하(西夏)[2]·고려·발해(渤海) 등의 여러 나라 및 하북(河北)·하동(河東)·섬서(陝西)·경동(京東)·하남(河南) 등의 여러 로(路)[3]에 격문(檄文)을 보내 군대를 내어 함께 금인(金人: 금나라)를 토벌하라고 알렸다.

○ 권35, 본기(本紀) 35, 효종(孝宗)

[淳熙]十二年三月辛卯, 禁習渤海樂.

[순희] 12년(1185) 3월 신묘일에 발해 음악을 배우는 것을 금지하였다.

○ 권171, 지(志) 124, 직관(職官)

其外, 月給粟, 自殿前班都頭·虞候十五石, 至廣健副都頭·吐渾十將二石五斗, 凡六等. 殿前指揮使五石, 鞭箭·清朔二石, 凡五等. 殿前班都虞候已下至軍士, 歲給春·冬服三十四至油絹六匹, 而加綿布錢有差. 復月給廩糧自十人以至一人. 諸班·

하다가 당의 고구려 공격과 같은 대외 전쟁 시기에는 藩兵으로 동원되었다. 10세기로 넘어가며 耶律阿保機가 거란 부족을 통일하고 遼나라를 세웠다.
2) 현재의 寧夏, 甘肅 서북부와 내몽골 일대를 근거로 탕구트족[党項] 羌族이 세운 나라이다. 西平王 李元昊가 탕구트 부족을 통일하고 1036년 서하문자를 만들고 관제를 정비하여, 1038년 大夏의 황제를 선포하였고 독자적인 연호를 사용하였다. 宋에서는 서쪽에 있어서 서하로 불렀다. 그 뒤 서하는 비단길을 독점하며 크게 발전하였으나, 1227년 칭기즈칸의 몽골군에 의해 멸망했다.
3) 路는 중국에서 지역을 가리키는 행정구역의 단위를 의미한다.

> 諸直至捧日·天武·拱聖·龍猛·驍騎·吐渾·歸明渤海·契丹·歸明神武·契丹直·寧朔·飛猛·宣武·虎翼·神騎·驍雄·威虎·衛聖·清朔·擒戎軍士, 皆給僦一人以至半分, 餘軍不給焉. …

나머지의 월급은 곡식으로 지급하였다. 전전반(殿前班)의 도두(都頭)와 우후(虞候) 15석(石)에서부터 광건(廣健) 부도두(副都頭) 및 토혼(吐渾)의 10장(將) 2석 5두(斗)에 이르기까지는 모두 6개 등급이다. 전전지휘사(殿前指揮使) 5석에서부터 편전(鞭箭)과 청삭(淸朔) 2석에 이르기까지는 모두 5개 등급이다. 전전반의 도우후(都虞候) 이하에서 군사(軍士)까지는 해마다 봄과 겨울에 옷감 30필에서 유견(油絹) 6필까지를 지급하고, 면·포·동전을 보태주는 것에는 차등을 두었다. 다시 월급으로 역인(役人)에게는 곡식을 10인분에서 1인분까지 지급한다. 제반(諸班)과 제직(諸直)은 봉일(捧日)·천무(天武)·공성(拱聖)·용맹(龍猛)·효기(驍騎)·토혼(吐渾)·귀명(歸明)발해·거란, 귀명신무(歸明神武)·거란직(契丹直)·영삭(寧朔)·비맹(飛猛)·선무(宣武)·호익(虎翼)·신기(神騎)·효웅(驍雄)·위호(威虎)·위성(衛聖)·청삭(淸朔)·금융(擒戎)의 군사까지 모두 역인 1인에게 절반까지 지급하고, 나머지 군(軍)에게는 지급하지 않는다. …

○ 권187, 지(志) 140, 병(兵) 1, 금군(禁軍) 상(上)

> [熙寧]七年正月, 詔頒諸班直禁軍名額, 殿前司 諸班, 殿前指揮使·內殿直·散員·散指揮·散都頭·散祗候·金槍·東西招箭·散直·鈞容直. 諸直, 御龍·御龍骨朵·御龍弓箭·御龍弩直. 諸軍, 捧日金屈直·捧日左射·捧日寬衣·天武金屈直·天武左射·天武歸明渤海·拱聖·神勇·吐渾·驍騎·驍勝·宣武·虎翼水軍·寧朔·龍猛·捧日第五軍·捧日第七軍·天武第五軍·天武第七軍·契丹直第一·契丹直第二·神騎·廣勇·步斗·龍騎·驍猛·雄勇·太原府就糧吐渾·潞州就糧吐渾·左射清朔·擒戎·廣捷·廣德·驍雄·雄威. …

[희녕] 7년(1074) 정월에 모든 반직(班直)과 금군(禁軍)의 정원을 정하는 조서를 반포하였다. 전전사(殿前司)의 제반(諸班)에는 전전지휘사(殿前指揮使)·내전직(內殿直)[4)]·산원(散

員)·산지휘(散指揮)·산도두(散都頭)·산지후(散祗候)·금창(金槍)·동서초전(東西招箭)·산직(散直)·균용직(鈞容直) 등이 있다. 제직(諸直)에는 어룡(御龍)·어룡골타(御龍骨朶)·어룡궁전(御龍弓箭)·어룡노직(御龍弩直)이 있다. 그리고 제군(諸軍)에는 봉일금굴직(捧日金屈直)·봉일좌사(捧日左射)·봉일관의(捧日寬衣)·천무금굴직(天武金屈直)·천무좌사(天武左射)·천무귀명발해(天武歸明渤海)·공성(拱聖)·신용(神勇)·토혼(吐渾)·효기(驍騎)·효승(驍勝)·선무(宣武)·호익수군(虎翼水軍)·영삭(寧朔)·용맹(龍猛)·봉일제오군(捧日第五軍)·봉일제칠군(捧日第七軍)·천무제오군(天武第五軍)·천무제칠군(天武第七軍)·거란직제일(契丹直第一)·거란직제이(契丹直第二)·신기(神騎)·광용(廣勇)·보두(步斗)·용기(龍騎)·효맹(驍猛)·웅용(雄勇)·태원부(太原府) 취량토혼(就糧吐渾)·노주(潞州) 취량토혼·좌사청삭(左射清朔)·금융(擒戎)·광첩(廣捷)·광덕(廣德)·효웅(驍雄)·웅위(雄威)가 있다.

> 諸軍資次相壓. 捧日鋋直·捧日左射·捧日寬衣. 天武[5] 天武鋋直·天武左射, 天武·龍衛鋋直·龍衛左射·龍衛神衛, 歸明渤海·拱聖·神勇·恩冀州員僚直·忠猛·定州散員·吐渾·驍騎·驍捷·雲騎·驍勝·宣武·武騎 …

제군의 물자는 순서대로 보완한다. 봉일굴직(捧日鋋直)·봉일좌사(龍衛左射)·봉일관의(捧日寬衣). 천무(天武)·천무굴직(天武鋋直)·천무좌사(天武左射), 천무(天武)·용위굴직(龍衛鋋直)·용위좌사(龍衛左射)·용위신위(龍衛神衛), 귀명발해(歸明渤海)·공성(拱聖)·신용(神勇)·은기주원요직(恩冀州員僚直)·충맹(忠猛)·정주산원(定州散員)·토혼(吐渾)·효기(驍騎)·효첩(驍捷)·운기(雲騎)·효승(驍勝)·선무(宣武)·무기(武騎) …

> 建隆以來之制
> 騎軍

---

4) 殿直은 전각을 지키는 직무를 맡은 관직으로 右班殿職과 左班殿直 등이 있다.
5) 상해고적출판사·상해서점본에는 '天武龍衛'.

歸明渤海【指揮二. 京師. 太平興國四年, 征幽州, 以渤海降兵立.】

건륭(建隆) 이래의 제도

기군(騎軍)

…

귀명발해(歸明渤海)【지휘(指揮) 2원(員)을 둔다. 경사(京師)에 위치한다. 태평흥국 4년(979)에 유주(幽州)를 정벌하고 발해의 항복한 병사들로 만들었다.】

○ 권188, 지(志) 141, 병(兵) 2, 금군(禁軍) 하(下)

熙寧以後之制

騎軍

…

歸明渤海【二. 京師. 元豊元年, 撥塡拱聖一, 餘撥隷驍騎右四】

희녕(熙寧) 이후의 제도

기군(騎軍)

…

귀명발해(歸明渤海)【[지휘(指揮)] 2원을 둔다. 경사(京師)에 위치한다. 원풍(元豊) 원년(1078), 공성(拱聖)의 1개 부대를 메우고, 나머지는 효기(驍騎) 우익 4개 부대로 예속시켰다.】

○ 권189, 지(志) 142, 병(兵) 3, 상병(廂兵)

[大中祥符]五年二月, 又宣示, … 老病者便放歸農. 內契丹·渤海·日本外國人恐無依倚, 特與收充本軍剩員.

[대중상부] 5년(1012) 2월에 또 [황제께서] 널리 알리기를 "… 늙고 병든 군인들은 바로 풀어 주어 [고향으로] 돌아가 농사짓도록 하라. 그중에 거란(契丹), 발해(渤海), 일본(日本) 등의 외국인은 의지할 곳이 없을까 걱정되니 특별히 본군(本軍)의 잉원(剩員: 잉여 군사)으로 거두어들이라."라고 하였다.

> 又詔, 承前遣使取內外軍中疲老者, 咸給奉糧之半, 以隷剩員, 今可簡閱使歸農. 其合留者, 亦據逐營給役數外別爲營舍處之. 內契丹·渤海·日本外國人慮無所歸, 且依舊. …

또 조서를 내려 이르기를 "앞서의 예(例)에 따라 사신을 보내 내외의 군사 중에 피로하고 늙은 자에게 급료의 절반을 지급하고 잉원(剩員)에 예속시켰는데, 이제 낱낱이 조사해서 귀농(歸農)하게 하는 것이 좋을 것이다. 머무르기에 적당한 자들은 군영(軍營)에서 내보내 역(役)을 주고, 그 밖에는 별도로 영사(營舍)에서 거처하게 하라. 그중에 거란(契丹), 발해(渤海), 일본(日本) 등 외국인은 돌아갈 곳이 없을까 염려되니, 또한 이전의 예(例)에 따르라."라고 하였다.

○ 권204, 지(志) 157, 예문(藝文) 3

> 張建章, 渤海國記 三卷.
>   …
> 曾顏, 渤海行年記 十卷.

장건장(張建章)의 『발해국기(渤海國記)』 3권.
…
증안(曾顏)의 『발해행년기(渤海行年記)』 10권.

○ 권249, 열전(列傳) 8, 왕부(王溥) 아들 왕태손(王貽孫)

貽孫字象賢, 少隨周祖典商·穎二州, 署衙內都指揮使. 顯德中, 以父在中書, 改朝散大夫著作佐郎. 宋初, 遷金部員外郎, 賜紫, 累遷右司郎中. 淳化中, 卒. 太祖平吳·蜀, 所獲文史副本分賜大臣. 溥好聚書, 至萬餘卷, 貽孫遍覽之. 又多藏法書名畫.

왕태손(王貽孫)의 자는 상현(象賢)이다. 어려서 후주(後周)의 태조를 따라 상주(商州), 영주(穎州) 2주를 맡아 관아의 도지휘사(都指揮使)를 담당하였다. 현덕(顯德) 연간(954~959)에 아버지가 중서(中書)로 있다가 조산대부(朝散大夫) 저작좌랑(著作佐郎)으로 옮겼다. 송나라 초에는 금부원외랑(金部員外郎)으로 옮겨 사자(賜紫: 紫衣를 하사받음)하였다. 여러 번 관직을 옮긴 후 우사낭중(右司郎中)이 되었으며, 순화(淳化) 연간(990~994)에 죽었다. 태조가 오(吳)와 촉(蜀)을 평정하여 획득한 문학과 역사서의 부본(副本)을 대신들에게 나누어 주었는데, [왕]부([王]溥)는 책을 모으는 것을 좋아해 1만여 권에 달했고, 왕태손도 이를 두루 살펴보았으며, 또 법서(法書)와 명화(名畫)도 많이 소장하였다.

太祖嘗問趙普, 拜禮何以男子跪而婦人否, 普問禮官, 不能對. 貽孫曰, 古詩云, 長跪問故夫, 是婦人亦跪也. 唐太后朝婦人始拜而不跪. 普問所出, 對云, 大和中, 有幽州從事張建章著渤海國記, 備言其事. 普大稱賞之.

태조가 일찍이 조보(趙普)에게 묻기를 "배례(拜禮: 절을 하는 예절)하는데 어찌 남자는 무릎을 꿇고 부인은 그렇게 하지 않느냐?"라고 하자, [조]보가 예관(禮官)에게 물었지만 능히 대답하지 못했다. 이에 [왕]태손이 말하기를, "옛 시에 '장궤(長跪)[6]하고 죽은 남편에게 물었다'라 했으니, 이것은 부인도 무릎을 꿇었다는 것입니다. 당나라의 태후(太后: 측천무후) 시기에 부인들이 비로소 절을 하면서 무릎을 꿇지 않았습니다."라고 하였다. [조]보가 출처를 물으니, 대답하여 이르기를 "대화(大和) 연간(827~835)에 유주종사(幽州從事) 장건장(張建章)이 『발해국기(渤海國記)』를 저술했는데, 그 일을 상세히 설명하고 있습니다."라고 하였다. [조]보

---

6) 長跪는 허리를 세우고 두 무릎을 꿇는 예법이나 자세를 말한다.

가 크게 칭찬하며 상을 주었다.

○ 권260, 열전(列傳) 19, 전중진(田重進)

[雍熙]中, 出師北征, 重進率兵傅飛狐城下, 用袁繼忠計, 伏兵飛狐南口, 擒契丹驍將大鵬翼及其監軍馬贇·副將何萬通並渤海軍三千餘人, 斬首數千級, 俘獲以萬計, 逐北四十里, 連下飛狐·靈丘等城.[7]

[옹희] 연간(984~987)에 출사(出師)하여 북방을 정벌하는데 [전]중진([田]重進)이 군대를 거느리고 비호성(飛狐城) 아래에 이르렀다. 원계충(袁繼忠)의 계책을 써서 비호성의 남쪽 입구에 매복했다가, 거란의 날랜 장군인 대붕익(大鵬翼)과 그 감군(監軍) 마윤(馬贇), 부장(副將) 하만통(何萬通) 등을 아울러 발해군(渤海軍) 3천여 인을 포획하고 수천 급(級)을 베었으며, 포로가 1만을 헤아렸다. [거란을] 북쪽 40리까지 내쫓았고, 비호성과 영구성(靈丘城) 등을 연달아 함락시켰다.

○ 권264, 열전(列傳) 23, 송기(宋琪)

宋琪字叔寶, 幽州薊人. 少好學, 晉祖割燕地以奉契丹, 契丹歲開貢部, 琪擧進士中第, 署壽安王侍讀, 時天福六年也 …
[端拱]二年, 將討幽薊, 詔羣臣各言邊事. 琪上疏謂, "… 然後國家命重臣以鎭之, 敷恩澤以懷之. 奚·霫部落, 當劉仁恭及其男守光之時, 皆刺面爲為義兒, 服燕軍指使, 人馬疆土少劣於契丹, 自被脅從役屬以來, 常懷骨髓之恨. 渤海兵馬土地, 盛於奚帳, 雖勉事契丹, 俱懷殺主破國之怨. 其薊門洎山後雲·朔等州, 沙陀, 吐渾元是割屬, 咸非叛黨. 此蕃漢諸部之衆, 如將來王師討伐, 雖臨陣擒獲, 必貸其死, 命署置存撫, 使之懷恩, 但以罪契丹爲名. 如此則蕃部之心, 願報私憾, 契丹小醜, 克日殄平.
其奚·霫·渤海之國, 各選重望親嫡, 封冊爲王, 仍賜分器·鼓旗·車服·戈甲以優遣之, 必竭赤心, 永服皇化. 俟克平之後, 宣布守臣, 令於燕境及山後雲·朔諸州, 厚給

---

7) 상해고적출판사·상해서점본에는 '靈州城'.

衣糧料錢, 別作禁軍名額, 召募三五萬人, 敎以騎射, 隸於本州. 此人生長塞垣, 諳練戎事, 乘機戰鬥, 一以當十, 兼得奚·霫·渤海以爲外臣, 乃守在四夷也." …

　　송기(宋琪)의 자는 숙보(叔寶)이다. 유주(幽州) 계현(薊縣) 사람이다. 어려서부터 학문을 좋아했는데, 진조(晉祖)가 연(燕) 지역을 떼어 거란에 바쳤다. 거란에서 매년 공거(貢擧)를 실시하자, 기가 진사에 급제하여 수안왕(壽安王)의 시독(侍讀)이 되니, 때는 천복(天福) 6년(941)이었다. …

　　[단공(端拱)] 2년(989)에 장차 유주와 계주을 토벌하고자, 군신(羣臣)에게 조서를 내려 각기 변방의 일을 말하라고 하였다. 기가 상소하여 이르기를, "… 연후에 국가에서 중신에게 명하여 그곳을 진압하고, 은택을 펼치며 그들을 품으십시오. 해(奚)와 습(霫) 부락이 유인공(劉仁恭)과 그 아들 [유]수광([劉]守光)을 만났을 때, 함께 얼굴에 문신을 새겨 양아들로 삼고 연나라 군인의 옷을 입고 지휘하게 하였습니다. [해와 습은] 사람과 말, 강토가 거란보다 적고 모자라 스스로 [거란의] 위협에 눌려 복종하고 역속(役屬)된 이래 항상 골수의 한을 품고 있었습니다. 발해의 군대와 영토는 해장(奚帳)보다 성대하고 비록 힘껏 거란을 섬기고 있지만, 모두 [거란이] 임금을 죽이고 나라를 멸망시켰다는 원한을 품고 있습니다. 그 계문(薊門)은 산후(山後)와 운주(雲州)·삭주(朔州) 등의 주(州)에 [영향이] 미치고, 사타(沙陀)와 토[욕]혼(吐[谷]渾)은 원래 할속(割屬)되어 있었으니, 모두 반당(叛黨)은 아닙니다. 이들 번한(蕃漢) 여러 부(部)의 무리를 가령 왕사(王師)가 토벌하려 한다면, 전쟁터에서 붙잡혀도 반드시 죽음을 구할 것입니다. [그러므로] 관서에 명하여 [그들을] 위로하고 안심시켜서 감사하는 마음을 품게 한다면, 단지 거란의 이름에 죄를 씌우게 될 것입니다. 번부(蕃部)의 마음이 곧 이와 같아 거란 소괴(小醜)를 서둘러 평정하여 사감(私憾)을 갚길 원합니다. 해와 습, 발해의 나라들은 각기 명망이 높은 친적(親嫡)을 선발해 책봉하여 왕으로 삼고, 보기(寶器)와 고기(鼓旗), 수레와 의복과 창과 갑옷을 나눠주고 우대해 보내면 반드시 성심을 다해 영원히 황제의 교화에 복종할 것입니다. [거란이] 평정되길 기다린 후에 [그곳을] 지킬 신하를 널리 포고하여 연경(燕境)과 산후, 운주·삭주 여러 주를 관할하게 하십시오. 옷과 식량, 요전(料錢: 급료로 지급하는 돈)을 후하게 지급하고, 별도로 금군(禁軍) 명부를 작성하여 3~5만 인을 널리 모집하여 말타기와 활쏘기를 가르쳐 본주(本州)에 속하게 하십시오. 이들은 변방에서

나고 자란 사람이라 은밀히 군사(軍事)에 관한 일을 훈련시켜 기회를 틈타 전쟁을 벌이면 혼자서 열 명을 감당할 것입니다. 아울러 해와 습, 발해를 얻어 외신(外臣)으로 삼는 것이 곧 사이(四夷)를 막는 것입니다."라고 하였다. …

琪本燕人, 以故究知蕃部兵馬山川形勢. 俄又上奏曰, 國家將平燕薊, 臣敢陳十策, 一・契丹種族, 二・料賊衆寡, 三・賊來佈置, 四・備邊, 五・命將, 六・排陣討伐, 七・和蕃, 八・饋運, 九・收幽州, 十・滅契丹. 契丹, 蕃部之別種, 代居遼澤中, 南界潢水, 西距邢山, 疆土幅員, 千里而近. 其主自阿保機始強盛, 因攻渤海, 死於遼陽. … 又有渤海首領大舍利高模翰步騎萬餘人, 並髡髮左衽, 竊爲契丹之飾. …

[송]기([宋]琪)는 본래 연인(燕人)이다. 그런 까닭에 번부의 병마(兵馬)와 산천의 형세를 깊이 연구하고 알았다. 얼마 후에 또 글을 올려 아뢰기를, "나라에서 장차 연주(燕州)와 계주(薊州)를 평정하려고 하니, 신(臣)이 감히 10가지의 계책을 아룁니다. 첫째는 거란 종족이며, 둘째는 식량과 적(賊)의 많고 적음이며, 셋째는 적이 올 때 [군사의] 배치이며, 넷째는 변방의 방비(防備)이며, 다섯째는 장수를 임명하는 일이며, 여섯째는 군진(軍陣)의 배치와 토벌이며, 일곱째는 오랑캐와의 화친이며, 여덟째는 군량의 운반이며, 아홉째는 유주의 수복이고, 열째는 거란을 멸망시키는 것입니다. 거란은 번부의 별종으로, 대대로 요택(遼澤) 가운데에 살았는데, 남쪽 경계는 황수(潢水)[8]이며 서쪽으로는 형산(邢山)과 떨어져 있어 강토의 면적이 천 리에 가깝습니다. 그 군주 아보기(阿保機) 때부터 강성해졌으나 발해를 공격한 것이 원인이 되어 요양(遼陽)에서 사망하였습니다. … 그리고 발해 수령 대사리(大舍利)와 고모한(高模翰)[9]의 보병과 기병 1만여 인이 있는데, 모두 곤발을 하고 옷을 왼쪽으로 여미고 있으니 거란의 복식(服飾)으로 사료됩니다. …"라고 하였다.

---

8) 내몽고에 있는 강으로, 서요하에 해당하며 일찍이 요수(遼水)라로 불렀다.
9) 요 태조가 발해를 공격할 때 고려로 피신하였다가 죄를 짓고 거란으로 도망하여 중용된 高模翰(?~959)과는 다른 인물이다.

○ 권289, 열전(列傳) 48, 고경(高瓊) 아들 계훈(繼勳)

> 仁宗卽位, 改東上閤門使, 眞授隴州團練使·知雄州. 其冬, 契丹獵燕薊, 候卒報有兵入鈔, 邊州皆警. 繼勳曰, 契丹歲賴漢金繒, 何敢損盟好耶. 居自若, 已乃知渤海人叛契丹, 行剽兩界也.

인종(仁宗)이 즉위(1022)하여 [고계훈을] 동상합문사(東上閤門使)로 고치고 농주단련사(隴州團練使) 지웅주(知雄州)를 정식으로 제수하였다. 그해 겨울에 거란이 연주(燕州)와 계주(薊州)에서 사냥을 했는데, 수졸(戍卒)들이 [거란의] 병사들이 들어와 노략질을 한다고 보고하여 변방의 고을이 모두 경계하였다. [고]계훈이 말하기를 "거란이 해마다 한(漢)의 돈과 비단에 의지하고 있는데, 어찌 감히 맹약의 우호를 손상케 하겠는가?"라고 하면서 태연자약하였다. 이내 발해인들이 거란에 반란을 일으켰다는 것을 알고는 양국의 변경을 노략하였다.

○ 권303, 열전(列傳) 62, 호순지(胡順之)

> 爲靑州從事. 高麗入貢, 中貴人挾以爲重, 使州官旅拜於郊. 順之曰, 靑, 大鎭也. 在唐押新羅·渤海, 奈何卑屈如此. 獨不拜.

[호순지(胡順之)가] 청주의 종사(靑州從事)가 되었다. 고려가 조공을 바치자 중귀인(中貴人: 환관)이 끼어 중요하게 여겨 청주의 관원에게 성 밖에서 여배(旅拜)[10]를 하도록 하였다. [호]순지가 말하기를 "청주는 큰 군진(軍鎭)이다. 당나라 때에 신라와 발해를 맡았었는데, 어찌 이처럼 비굴한가?"라고 하면서 홀로 절하지 않았다.

○ 권326, 열전(列傳) 85, 곽자(郭諮)

> 康定西征, 諮上戰略, … 復上平燕議曰, 契丹之地, 自瓦橋至古北口, 地狹民少. 自

---

[10] 旅拜는 여러 사람에게 함께 하는 절을 뜻한다.

> 古北口至中原, 屬奚·契丹, 自中原至慶州, 道旁纔七百餘家. 蓋契丹疆土雖廣, 人馬至少, 儻或南牧, 必率高麗·渤海·黑水·女眞·室韋等國會戰, 其來既遠, 其糧匱乏. … 且彼之所恃者, 惟馬而已. 但能多方致力, 使馬不獲伸用, 則敵可破, 幽燕可取. 帝壯其言, 詔置獨轅弩二萬, 同提擧百司及南北作坊, 以完軍器.

강정(康定) 연간(1040~1041)에 서쪽을 정벌할 때 곽자(郭諮)가 전략을 올렸으니, … 다시 연주(燕州)를 평정하는 의론을 올려 이르기를 "거란의 땅은 와교(瓦橋)에서 고북구(古北口)까지 이르는데, 땅은 좁고 사람도 적습니다. 고북구에서 중원(中原)까지는 해(奚)와 거란에 속해 있고, 중원부터 경주(慶州)까지는 길옆으로 겨우 700여 가(家)만 있습니다. 대개 거란의 영토가 비록 넓다고 하나 사람과 말은 매우 적습니다. 행여 남쪽을 공략한다면 반드시 고려(高麗)·발해(渤海)·흑수(黑水)·여진(女眞)·실위(室韋) 등의 나라가 함께 싸우려 할 것인데, 오는 길이 멀어서 양식이 떨어질 것입니다. … 또 저들이 믿는 것은 오직 말뿐입니다. 하지만 여러 방책으로 힘을 다해 말을 사용하지 못하게 하면, 적을 격파할 수 있고 유주(幽州)와 연주도 얻을 수 있을 것입니다."라고 하였다. 황제가 간언을 칭찬하고 조서를 내려 독원노(獨轅弩) 2만 개를 설치하고, 동시에 제거백사(提擧百司)와 남북작방(南北作坊)에서 군기(軍器)를 완성하게 하였다.

○ 권368, 열전(列傳) 127, 위승(魏勝)

> 紹興三十一年, 金人將南侵, 聚芻糧, 造器械, 籍諸路民爲兵. 勝躍曰, "此其時也." 聚義士三百, 北渡淮, 取漣水軍, 宣布朝廷德意, 不殺一人, 漣水民翕然以聽. 遂取海州. 郡守渤海高文富聞勝起, 遣兵來捕勝.

소흥(紹興) 31년(1161)에 금나라 사람들이 장차 남침하려고 추량(芻糧: 꼴과 군량)을 모으고 무기를 만들며 여러 로(路)의 백성을 등록시켜 병사로 삼았다. [위]승([魏]勝)이 펄쩍 뛰면서 말하기를 "바로 이때다."라고 하면서 의사(義士) 300명을 모아 북으로 회하(淮河)를 건너 연수군(漣水軍)을 점령하고 조정의 덕의(德意)를 선포하며 한 명도 주살하지 않으니 연수(漣水)의 백성들이 기꺼이 명을 따랐고, 마침내 해주(海州)를 점령하였다. 군수(郡守)인 발해(渤

海) 고문부(高文富)가 [위]승이 기병(起兵)했다는 소식을 듣고 군대를 보내 [위]승을 체포하였다.

○ 권399, 열전(列傳) 158, 구서(仇悆)

[大觀]三年進士, 授邠州司法, … 時金人出入近境, 悆求援於宣撫司, 不報. … 其後麟復增兵來寇, 悆復壽春, 俘馘甚衆, 獲旗械數千, 焚糧船百餘艘, 降渤海首領二人.

[대관] 3년(1109)에 진사가 되어 빈주사법(邠州司法)을 제수받았고, … 이때 금나라 사람들이 가까운 변경을 출입해서 구서(仇悆)가 선무사(宣撫司)에게 구원을 요청하였으나 답이 없었다. … 그 후 [유]린([劉]麟)이 다시 병사를 더하여 와서 노략질하였으나, [구]서가 수춘(壽春)을 회복하고 사로잡거나 죽인 이가 매우 많았다. 깃발과 기계 수천 개를 포획하고 군량을 실은 배 100여 척을 불태우니, 발해 수령 2인이 항복하였다.

明年, 宣撫司始遣大將王德來, 時寇已去. 德謂其伍曰, 當事急時, 吾屬無一人渡江擊賊, 今事平方至, 何面目見仇公耶. 德麾下多女眞·渤海歸附者, 見悆像, 不覺以手加額. …

이듬해(1135)에 선무사(宣撫司)가 비로소 대장(大將) 왕덕(王德)을 보내왔으나, 이때 도적들은 이미 가 버린 뒤였다. [왕]덕이 부하에게 이르기를 "일이 급박할 때에 우리는 한 사람도 강을 건너 적(賊)을 치지 못하고, 이제 일이 끝나고 나서야 도착했으니 무슨 면목으로 구공(仇公: 仇悆)을 뵙겠는가?"라고 하였다. [왕]덕의 휘하에는 여진(女眞)과 발해(渤海)에서 귀부한 이들이 많았는데, 구서의 화상(畫像)을 보고는 저절로 손을 이마에 올려 존경을 표하였다. …

○ 권432, 열전(列傳) 191, 유림(儒林) 2, 호단(胡旦)

胡旦字周父, 濱州渤海人.

호단(胡旦)은 자(字)가 주부(周父)이고, 빈주(濱州) 발해(渤海) 사람이다.

○ 권449, 열전(列傳) 208, 충의(忠義) 4, 조우문(曹友聞)

> 明年, 友聞引兵扼仙人關. 諜聞北兵合西夏·女眞·回回·吐蕃·渤海軍五十餘萬大至, 友聞語萬曰, "國家安危, 在此一擧, 衆寡不敵, 豈容浪戰. 惟當乘高據險, 出奇匿伏以待之."

이듬해(1235)에 [조]우문([曹]友聞)이 병사를 이끌고 선인관(仙人關)을 막았다. 북병(北兵: 금나라 군대)이 서하(西夏), 여진(女眞), 회회(回回), 토번(吐蕃), 발해(渤海)의 군대 50여만 명을 합쳐 대규모로 도착한다는 첩보가 있었다. [조]우문은 [조]만([曹]萬)에게 이르기를 "국가의 안위가 이 한번의 싸움에 달려 있다. 수가 적어 대적하기 어려우니 어찌 함부로 작전을 펼치겠는가? 오로지 높고 험한 지형을 의지하고, 날랜 병사를 보내 매복해 기다려야 한다."라고 하였다.

○ 권472, 열전(列傳) 231, 간신(姦臣) 4, 곽약사(郭藥師)

> 郭藥師, 渤海鐵州人也.

곽약사(郭藥師)는 발해(渤海)의 철주(鐵州) 사람이다.

○ 권475, 열전(列傳) 234, 판신(判臣) 상, 유예(劉豫)

> 九月, 豫下僞詔, 有混一六合之言. 遣子麟入寇, 及誘金人宗輔·撻辣·兀朮分道南侵, 步兵自楚·承進, 騎兵由泗趨滁.[11] 復遣僞知樞密院盧緯請師於金主, 金主集諸將議, 粘罕·希尹難之, 獨宗輔以爲可. 乃以宗輔權左副元帥, 撻辣權右副元帥, 調渤海·漢軍五萬應豫. …

---

11) '滁'는 원래 '徐'로 되어 있으나, 『繫年要錄』 卷80, 紹興 4年 9月 乙丑과 『中興聖政』 卷16에 의거하여 고쳤다.

[소흥(紹興) 4년(1134)] 9월에 [제(齊)의 황제] [유]예([劉]豫)가 거짓 조서를 내렸는데, '온 세상을 하나로 한다[混一六合]'라는 말이 있었다. 아들 [유]린([劉]麟)을 보내 침범하고 금나라 사람인 종보(宗輔), 달랄(撻辣), 올출(兀朮)을 꾀어 길을 나누어 남쪽으로 침입하게 하였으며, 보병(步兵)은 초(楚)와 승(承)으로부터 나아가고, 기병(騎兵)은 사(泗)를 거쳐 저(滁)로 나아갔다. 다시 위지추밀원(僞知樞密院) 노위(盧緯)를 보내 금주(金主)에게 군사를 요청하자, 금주는 여러 장수를 모아 회의하였다. 점한(粘罕)[12]과 희윤(希尹)은 어렵게 여겼고, 오직 종보만이 가능하다고 하였다. 이에 종보를 권좌부원수(權左副元帥), 달랄을 권우부원수(權右副元帥)로 삼고, 발해(渤海)와 한군(漢軍) 5만 명을 뽑아 [유]예에게 응하도록 하였다. …

七年春, … 金人業已廢豫, 而豫日益請兵, 遂以女眞萬戶束拔爲元帥府左都監屯太原, 渤海萬戶大撻不也爲右都監屯河間. 於是尙書省奏豫治國無狀, 當廢. 十一月丙午, 廢豫爲蜀王.

 [소흥(紹興)] 7년(1137) 봄에 … 금나라 사람들이 이미 [유]예를 폐위하기로 했으나 [유]예가 날마다 병사를 요청하므로, 마침내 여진만호(女眞萬戶) 속발(束拔)을 원수부좌도감(元帥府左都監)으로 삼아 태원(太原)에 주둔하게 하고, 발해만호(渤海萬戶) 대달불야(大撻不也)[13]를 우도감(右都監)으로 삼아 하간(河間)에 주둔하게 하였다. 이에 상서성(尙書省)에서 [유]예가 나라를 다스릴 만한 자질이 없으니 폐위하는 것이 마땅하다고 아뢰었다. 11월 병오

---

12) 粘罕은 금나라 장수 完顏宗翰(1080~1137)의 본명인 粘沒喝을 漢字로 표기한 것이다. 國相 完顏撒改의 아들로, 개국공신이자 태조·태종·희종 3대를 섬겼다.

13) 요양 출신 발해인(1088~1155)으로 다른 이름은 大㚖이다. 그 조상은 대대로 요나라에서 벼슬을 했다. 금 태조가 요를 정벌할 때 寧江州가 격파되자 도망갔다가 포로가 되었다. 태조가 가세를 물어보고 거두어들여 東京奚民謀克이 되었다가, 高永昌을 격파하는 데 공을 세우고 東京 주변을 사찰하여 보고한 뒤 猛安 겸 同知東京留守事가 되었다. 태조를 따라 요나라를 멸하고, 태종 天會 초에 宗望을 따라 송나라를 공격하여 여러 차례 전공을 세웠다. 河間尹과 元帥右都監, 尙書右丞相, 東京留守 등을 지냈다. 여러 번 太傅에 올라 三省의 일을 관장했으며, 漢國公에 봉해졌다. 그 공으로 1140년 漢人과 발해인의 千戶와 謀克을 혁파할 때 홀로 면하였다.

일에 [유]예를 [제(齊)의 황제에서] 폐위하여 촉왕(蜀王)으로 삼았다.

○ 권485, 열전(列傳) 244, 외국(外國) 1, 하국(夏國) 상(上)

> 昔唐承隋後, 隋承周·齊, 上遡元魏, 故西北之疆有漢·晉正朔所不逮者. 然亦不過使介之相通·貢聘之時至而已. 唐德旣衰, 荒服不至, 五季迭興, 綱紀自紊, 遠人慕義, 無所適從. 宋祖受命, 諸國削平, 海內淸謐. 於是東若高麗·渤海, 雖阻隔遼壤, 而航海遠來, 不憚跋涉.

옛날에 당(唐)은 수(隋)의 뒤를 이었고 수는 북주(北周)와 북제(北齊)를 이어 거슬러 올라가면 원위(元魏: 北魏)까지 이르는 까닭에, 서북의 영토에는 한(漢)과 진(晉)의 정삭(正朔: 曆法)이 미치지 못하는 곳이 있었다. 그럼에도 또한 간혹 사신이 서로 통했고, 조빙(貢聘)이 때때로 이르곤 하였다. 당나라의 덕이 이미 쇠미해져서 멀리 떨어져 있는 지역에는 이르지 못했고, 오대(五代)가 번갈아 일어나 기강이 저절로 문란해져 먼 곳의 사람들은 의리(義理)를 사모하나 의지하여 따를 곳이 없었다. 송의 태조가 천명을 받고서 여러 나라를 평정하니 해내(海內: 온 천하)가 안정되었다. 이에 동쪽의 고려와 발해 같은 나라는 비록 요나라의 땅에 막혀 통하지 못하게 되었지만, 해로를 통해 멀리서 오니 여정의 어려움을 꺼리지 않았다.

○ 권487, 열전(列傳) 246, 외국(外國) 3, 고려(高麗)

> [雍熙]三年, 出師北伐, 以其國接契丹境, 常爲所侵, 遣監察御史韓國華賫詔諭之曰, 朕誕膺丕構, 奄宅萬方, 華夏蠻貊, 罔不率俾. 蠢玆北裔, 侵敗王略, 幽薊之地, 中朝土疆, 晉·漢多虞, 禽緣盜據. 今國家照臨所及, 書軌大同, 豈使齊民陷諸獷俗. 今已董齊師旅, 殄滅妖氛.

[옹희(雍熙)] 3년(986)에 [태종(太宗)이] 군사를 내어 북쪽[거란]을 정벌하였다. 그 나라(고려)는 거란 국경에 인접해 있었기 때문에 항상 [거란의] 침략을 당하였다. 감찰어사(監察御史)인 한국화(韓國華)를 파견하여 조서를 보내 이르기를 "짐(朕)은 태어나면서부터 [나라를 세우는] 대업(大業)을 부여받아 온 세상에 터전을 잡으니 화하(華夏)와 만맥(蠻貊)이 모두

믿고 따르지 않음이 없었는데, 어리석은 북방 오랑캐가 왕략(王略: 영토)을 침략했다. 원래 유주(幽州)와 계주(薊州)는 중국의 영토였지만, 후진(後晉)과 후한(後漢) 시기에 많은 근심거리가 되어 이 틈을 타서 도적의 근거지가 되었다. 지금 국가(宋)의 통치가 미치는 곳마다 문자와 수레가 통일되었으니, 백성들에게 어찌 여러 광속(獷俗: 蠻俗)에 빠지게 하겠는가? 이제 군대를 독려하고 정돈하여 요망한 기운을 섬멸코자 한다.

> 惟王久慕華風, 素懷明略, 效忠純之節, 撫禮義之邦. 而接彼邊疆, 罹於蠆毒, 舒泄積憤, 其在茲乎. 可申戒師徒, 迭相掎角, 協比隣國, 同力蕩平. 奮其一鼓之雄, 戡此垂亡之寇, 良時不再, 王其圖之. 應俘獲生口·牛羊·財物·器械, 並給賜本國將士, 用申賞勸.

오직 [고려]왕은 오랫동안 중국의 풍속을 사모하여 평소 밝은 책략을 마음속에 가져서, 충순(忠純)의 절의를 바치고 예의(禮義)의 나라를 다스렸다. 그러나 그들의 변경에 인접하여 전갈의 독에 걸려 있으니, 쌓인 울분을 씻을 기회는 바로 지금이라고 하겠다. 군대를 내어 신칙(申飭)하고 경계하여 [송과 고려가] 기각(掎角: 앞뒤에서 적을 견제함)을 번갈아 하고, 이웃 나라와 협력해 힘을 합쳐 [거란을] 탕평(蕩平)하고자 한다. 북소리를 한번 크게 떨쳐 일어나면 멸망에 이른 적들을 평정할 것이다. 좋은 기회가 다시없으니 왕은 이를 도모할지어다! 사로잡은 포로와 소, 양, 재물, 무기 등은 응당 본국(고려)의 장수와 병사들에게 모두 내려 줄 것이니, 포상을 권하는 데 힘쓰도록 하라."라고 하였다.

> 先是, 契丹伐女眞國, 路由高麗之界, 女眞意高麗誘導構禍, 因貢馬來愬于朝, 且言高麗與契丹結好, 倚爲勢援, 剽略其民, 不復放還. 洎高麗使韓遂齡入貢, 太宗因出女眞所上告急木契以示遂齡, 仍令歸白本國, 還其所俘之民. 治聞之憂懼, 及國華至, 令人言於國華曰, 前歲冬末, 女眞馳木契來告, 稱契丹興兵入其封境, 恐當道未知, 宜豫爲之備. 當道與女眞雖爲鄰國, 而路途遐遠, 彼之情僞, 素知之矣, 貪而多詐, 未之信也. 其後又遣人告曰, 契丹兵騎已濟梅河. 當道猶疑不實, 未暇營救. 俄而契

丹雲集, 大擊女眞, 殺獲甚衆, 餘族敗散逃遁, 而契丹壓背追捕, 及于當道西北德昌・德成・咸化・光化之境, 俘擒而去. 時有契丹一騎至德米河北, 大呼關城戍卒而告曰, 我契丹之騎也. 女眞寇我邊鄙, 率以爲常. 今則復仇已畢, 整兵回矣. 當道雖聞師退, 猶憂不測, 乃以女眞避兵來奔二千餘衆, 資給而歸之.
女眞又勸當道控梅河津要, 築治城壘, 以爲防遏之備, 亦以爲然. 方令行視興功, 不意女眞潛師奄至, 殺略吏民, 驅掠丁壯, 沒爲奴隷, 轉徙他方. 以其歲貢中朝, 不敢發兵報怨, 豈期反相誣構, 以惑聖聽. 當道世稟正朔, 踐修職貢, 敢有二心, 交通外國? 況契丹介居遼海之外, 復有大梅・小梅二河之阻, 女眞・渤海本無定居, 從何徑路, 以通往復. 橫罹讒謗, 憤氣塡膺, 日月至明, 諒垂昭鑒. 間者, 女眞逃難之衆, 罔不存恤, 亦有授以官秩, 尚在當國, 其職位高者有勿屈尼于・郳元・尹能達・郳老正・衛迦耶夫等十數人, 欲望召赴京闕, 與當道入貢之使庭辯其事, 則丹石之誠, 庶幾昭雪. 國華諾之, 乃命發兵西會. 治遷延未卽奉詔, 國華屢督之, 得報發兵而還, 具錄女眞之事以奏焉.

이보다 앞서 거란이 여진국(女眞國)을 정벌하면서 길이 고려 땅을 지나게 되었다. 여진은 고려가 [거란을] 유인해 화(禍)를 자초했다고 여기고, 말을 조공한다는 핑계로 [송의] 조정(朝廷)에 와서 하소연하였다. 또 고려와 거란이 우호 관계를 맺고 서로를 배후로 삼고 [여진의] 백성을 겁박하고 노략해 다시 돌려보내지 않았다고 알렸다. 고려의 사신인 한수령(韓遂齡)이 도착해 조공하자, 태종(太宗)은 여진이 급변(急變)을 보고한 목계(木契)를 내오게 해서 [한]수령에게 보여 주고 본국(고려)으로 귀국하면 사로잡은 백성들을 돌려보내라고 명하였다. 왕치(王治: 고려 성종)는 이(태종의 명)를 듣고 두려워하였다. [한]국화(韓國華)가 도착하자, 사람을 보내 [한]국화에게 말하기를 "지난해 겨울 끝에 여진이 급하게 목계를 보내 와서 알리기를 거란이 군대를 일으켜 그 봉경(封境: 여진의 경계)을 침입했다고 하며 당도(當道: 고려)가 아직 알고 있지 못할 것을 걱정해 마땅히 미리 알고 준비하라고 했습니다. 당도와 여진이 비록 이웃 나라가 되어 길이 아득히 멀어도 저들의 진위를 잘 알고 있습니다. [저들은] 탐욕하고 거짓이 많아 믿을 수 없습니다. 그 후에 또 사람을 보내 이르기를 '거란의 병기(兵騎)가 이미 매하(梅河: 遼河의 支流)를 건넜습니다.'라고 했습니다. 하지만 당도는 이를 거짓으로 의심하면서도 구원할 겨를도 없었습니다. 얼마 후 거란이 구름처럼 모여 여진을 크게 공격하여 죽이거나 사로잡은 포로가 매우 많았고, 나머지 무리들이 싸움에 져서 흩어져 도망치자 거란이 뒤를 쫓아 사로잡았는데, 당도의 서북쪽인 덕창(德昌), 덕성(德成), 위화(威化), 광화(光化) 경계에까지 이르러서 이들을 사로잡아 돌아갔습니다. 이때 거란 기병(騎兵) 한 명이 덕미하(德米河) 북쪽에서 큰소리로 관성(關城)의 수졸(戍卒)에게 외치기를 '나는 거란의 기병인데 여진이 우리의 변방을 구략(寇掠)하는 것을 일상으로 삼았다. 지금 복수를 이미 끝냈기에 군사를 정리하여 돌아가겠다.'라고 했습니다. 당도는 비록 군대가 물러갔다고 들었지만 여전히 예측하지 못한 일을 우려하여 곧 [거란군을] 피해 온 여진의 병사 2천여 명에게 식량을 주고 돌려보냈습니다.

　여진이 또 당도에게 매하의 요충인 나루터를 통제하여 성루(城壘)를 쌓아 [거란의] 방어에 대비하라고 권고하여 또한 옳다고 보았습니다. 그래서 시기를 살펴 공사를 하려는데 갑자기 여진이 군사를 숨겨 들이닥쳐서, [고려] 백성과 관리를 죽이고 장정을 포획해 한꺼번에 노예로 삼아 다른 지역으로 옮겼습니다. [여진은] 해마다 중국에 조공했기에 병사를 보내 원수를 갚지 못했는데, 어찌 상황을 바꾸기를 도모하고 거짓을 얽어 성덕(聖聽)을 미혹할 수 있겠습니까? 당도는 대대로 책력(冊曆)을 받고 직공(職貢)을 실천하고 있는데 감히 두마음으로 타국과 내통하겠습니까? 하물며 거란은 요해(遼海)의 밖에 살고 있고, 또한 대매하(大梅河)와 소매하(小梅河)는 매우 험합니다. 여진과 발해는 원래 정착해 살지 않는데, [고려가] 어떤 경로로 [거란과] 왕래를 했겠습니까? 갑자기 참소를 당하니 울분이 가슴에 가득합니다. 해와 달은 매우 밝으니 분명히 살펴 주기를 바랍니다. 그간에 여진에서 도망한 무리들을 구휼하지 않은 적이 없고, 게다가 관질(官秩)을 제수한 것이 아직도 당국(當國: 고려)에 있습니다. 직위(職位)가 높은 자로는 홀굴니우(勿屈尼于), 반원(郙元), 윤능달(尹能達), 반노정(郙老正), 위가야부(衛迦耶夫) 등 10여 인이 있습니다. [이들을] 경사(京師)의 궁궐로 불러 당도에서 조공하러 가는 사신과 함께 그 일을 분별하려고 한다면 굳건한 충성심이 분명히 밝혀질 것입니다."라고 하였다.

　[한]국화가 승낙하여 곧 병사를 내어 서쪽에서 만나기로 하였다. [왕]치([王]治)는 시간을 끌면서 바로 조서(詔書)를 받들지 않아, [한]국화가 거듭 독촉하여 병사를 냈다는 소식을 듣고서야 [송으로 돌아와서] 여진의 일을 자세히 준비해 아뢰었다.

○ 권491, 열전(列傳) 250, 외국(外國) 7, 정안국(定安國)

> [太平興國]六年冬, … 會女眞遣使來貢, 路由本國, 乃托其使附表來上云, 定安國王臣烏玄明言: 伏遇聖主洽天地之恩, 撫夷貊之俗, 臣玄明誠喜誠抃, 頓首頓首. 臣本以高麗舊壤, 渤海遺黎, 保據方隅, 涉歷星紀, 仰覆露鴻鈞之德, 被浸漬無外之澤, 各得其所, 以遂本性. 而頃歲契丹恃其強暴, 入寇境土, 攻破城砦, 俘略人民, 臣祖考守節不降, 與衆避地, 僅存生聚, 以迄于今. 而又扶餘府昨背契丹, 並歸本國, 災禍將至, 無大於此. 所宜受天朝之密畫, 率勝兵而助討, 必欲報敵, 不敢違命. 臣玄明誠墾誠願, 頓首頓首. 其末題云: 元興六年十月日, 定安國王臣玄明表上聖皇帝前.

[태평흥국(太平興國)] 6년(981) 겨울에 때마침 여진(女眞)이 보낸 사신이 조공하러 오면서 길이 본국(本國: 定安國)을 거치게 되자, 그 사신에게 부탁하여 표문(表文)을 부쳐 올렸다. 이르기를, "정안국[14]왕(定安國王) 신(臣) [오]현명(烏玄明)이 말씀드립니다. 성주(聖主: 聖王)께서 하늘과 땅에 두루 미친 은혜를 입어 오랑캐의 풍속을 무마(撫摩)하고 있으니, 신 [오]현명은 진심으로 기뻐하며 손뼉을 치고 머리를 조아리고 또 조아립니다. 신은 본래 고려(高麗)의 옛 땅인 발해(渤海)의 유민으로, 한쪽 귀퉁이에 웅거하여 여러 해를 지내 오는 동안 고르게 감싸 주신 덕(德)에 의지하고 한량없이 베풀어 주신 은택(恩澤)을 입어 저마다 살 곳을 얻어 본성(本性)을 이루었습니다. 그러나 얼마 전에 거란(契丹)이 그 강포함을 믿고 강토를 침입하여 성채(城砦)를 공격하여 부수고 인민(人民)들을 사로잡아 갔습니다. 신의 조고(祖考)가 지절(志節)을 지켜 항복하지 않고 백성들과 함께 다른 곳으로 피하여 겨우 백성을 보전하여 지금에 이르렀습니다. 그러나 또 부여부(扶餘府)[15]가 앞서 거란을 배반하고

---

14) 정안국은 발해 유민이 압록강 중류 지역에서 세운 나라로, 985년 거란 성종 때에 멸망당하였다. 정안국의 성립에 대해서, 10여 년간 유지되었던 大氏의 後渤海가 자체 내의 왕위 찬탈전 결과 後唐 淸泰 3년으로부터 宋 開寶 3년 사이에 烈氏 定安國으로 바뀌었다고 보는 견해가 있고(和田淸, 1916; 李龍範, 1974, 77~78쪽), 압록강 유역의 大光顯 정권과 忽汗城의 그 숙부 정권이 대립하다가 숙부 정권이 승리하였으나 938년경에 南海府를 거점으로 하고 있던 烈氏 정권이 압록부를 차지하면서 건국되었다고 보는 견해가 있다(日野開三郞, 1951, 46쪽 주 3; 한규철, 1997, 9~10쪽).

15) 부여부의 위치에 대해서는 開原縣설, 農安설, 阿城설, 昌圖 북쪽 四面城설 등이 있는데, 현재 농안설이 유력하다. 속주로는 扶州·仙州의 2주를 거느렸다. 발해의 수도인 上京 龍泉府로부터 거란으로 통하는

아울러 본국으로 귀부하였으니 앞으로 닥칠 재앙이 이보다 큰 것이 없을 겁니다. 마땅히 천조(天朝)의 은밀한 계획을 받들어 날랜 병사[勝兵]를 인솔하여 [거란의] 토벌을 도와 기필코 원수를 갚을 것이니, 감히 명을 어기지 않겠습니다. 신 [오]현명은 진실로 정성을 다하여 기원하면서 머리를 조아리고 또 조아립니다."라고 하였다. 그 말미에 제목은 "원흥(元興) 6년 10월 일에 정안국왕 신 [오]현명은 성스러운 황제 앞에 표를 올리다."라고 하였다.

> 上答以詔書曰, 勅定安國王烏玄明. 女眞使至, 得所上表, 以朕嘗賜手詔諭旨, 且陳感激. 卿遠國豪帥, 名王茂緒, 奄有馬韓之地, 介于鯨海之表, 強敵吞併, 失其故土, 沉冤未報, 積憤奚伸. 矧彼獯戎, 尚搖蠆毒, 出師以薄伐, 乘夫天災之流行, 敗衄相尋, 滅亡可待. 今國家已于邊郡廣屯重兵, 只俟嚴冬, 卽申天討. 卿若能追念累世之恥, 宿戒擧國之師, 當予伐罪之秋, 展爾復仇之志, 朔漢底定, 爵賞有加, 宜思永圖, 無失良便. 而況渤海願歸於朝化, 扶餘已背於賊庭, 勵乃宿心, 糾其協力, 克期同擧, 必集大勳. 尚阻重溟, 未遑遣使, 倚注之切, 鑒寐寧忘. 以詔付女眞使, 令齎以賜之.

황제께서 조서(詔書)로 답하여 이르기를, "정안국왕(定安國王) 오현명(烏玄明)에게 이르노라. 여진(女眞)의 사신이 이르러 올린 표문을 받았는데, 짐(朕)이 예전에 수조(手詔)로 내린 유지(諭旨)에 또한 감격하였음을 말하고 있구나. 그대는 멀리 있는 나라의 호수(豪帥: 큰 우두머리)이자 이름난 왕의 후손으로 돌연히 마한(馬韓)의 땅을 차지하여 경해(鯨海: 세찬 물결을 일으키는 바다) 밖에 있는 탓에, 강한 적에게 병탄(倂呑)당해 그 옛 땅을 빼앗기고도 맺힌 원한을 풀지 못하였으니 쌓인 울분을 어떻게 씻을 수 있겠는가. 더구나 저 흉포한 오랑캐가 아직도 전갈[蠆]의 독기(毒氣)를 뿜어 내기에 군사를 출동시켜 잠시 정벌하였더니 무릇 하늘의 재앙이 널리 퍼져 연달아 패하고 있으니 멸망을 기다릴 수 있을 것이다. 이제 [짐의] 국가에서 이미 변경의 고을에 강력한 병사들을 널리 주둔시켜 놓았고, 추운 겨울을 넘긴 뒤 바로 토벌을 시행할 것이다. 그대가 만약 능히 여러 대의 치욕을 생각하여 미리 온 나라의 병사들에게 알려 내가 [거란의] 죄를 토벌할 때에 맞추어 그대가 복수하려는 뜻을 펼친다면,

---

거란도의 길목이어서, 발해에서 부여부에 항상 날랜 병사를 거주시켜 契丹을 방비하게 하였다.

북방의 사막이 평정된 후 관작과 상을 내릴 것이다. 마땅히 나라를 길이 보존할 계책[長久之策]을 생각하여 좋은 기회를 놓치지 말라. 더구나 발해(渤海)가 조정(朝廷)의 교화에 귀부하기를 원하고 부여(扶餘)도 이미 적정(賊庭: 거란)을 배반하였으니, 그대의 묵은 복수심을 떨쳐 [송과] 협력하여 진실로 함께 정벌하기로 약속한다면 분명 큰 공훈(功勳)을 세울 것이다. 아직도 망망한 바다에 가로막혀 사신을 보낼 겨를이 없지만, [그대에게] 쏠린 간절한 마음이야 자나 깨나 어찌 잊을 수 있겠는가!"라고 하였다. 조서를 여진 사신에게 부쳐 가지고 가서 [정안국에] 주도록 하였다.

○ 권491, 열전(列傳) 250, 외국(外國) 7, 발해국(渤海國)

> 渤海本高麗之別種. 唐高宗平高麗, 徙其人居中國. 則天萬歲通天中, 契丹攻陷營府, 高麗別種大祚榮走保遼東, 睿宗以爲忽汗州都督, 封渤海郡王. 因自稱渤海國, 幷有扶餘·肅愼等十餘國, 歷唐·梁·後唐, 朝貢不絶. …
> 後唐天成初, 爲契丹阿保機攻扶餘城下之, 改扶餘爲東丹府, 命其子突欲留兵鎭之. 阿保機死, 渤海王復攻扶餘, 不能克. 歷長興·淸泰, 遣使朝貢. 周顯德初, 其酋豪崔烏斯等三十人來歸, 其後隔絶不能通中國.

발해(渤海)는 본래 고[구]려(高[句]麗)의 별종(別種)[16]이다. 당(唐) 고종(高宗)이 고[구]려

---

[16] 발해의 계통에 대해 『舊唐書』 발해말갈전에서는 '본래 고려의 별종(本高麗別種)'이라고 하였고, 『新唐書』 渤海傳에서는 '본래 속말말갈로 고[구]려에 붙은 자(本粟末靺鞨附高麗者)'라고 기록하였다. 그런데 이 大祚榮의 출신이나 발해의 구성원에 대해서는 같은 사료를 놓고 다양한 해석이 있었다. 고려와 조선에서는 대조영의 출신을 고구려 계통으로 보는 경향이 있었는데, 李承休의 『帝王韻記』와 柳得恭의 『渤海考』가 대표적이다. 일본에서는 대체로 속말말갈이나 여진 계통으로 보았다. 발해국의 주체는 靺鞨族이지만, 大祚榮은 고구려 別部 출신으로 보는 경우(鳥山喜一, 1915), 새로운 종족으로 발해말갈을 이해하는 경우(池內宏, 1916), 지배층은 고구려인, 피지배층은 말갈인으로 보는 경우(白鳥庫吉, 1933)도 있다. 현대에 들어와서 발해사 연구를 촉발한 대표적인 연구자는 북한의 박시형이다. 그는 발해국의 성립에 중심 역할을 한 것은 고구려 멸망 후 요서 지방으로 이주된 고구려인 집단이었고, 이들을 조직하여 지휘한 것이 고구려 장수인 대조영이라고 하였다. 발해국은 고구려 왕실의 일족 또는 고구려 계통의 귀족 출신들이 거의 권력을 독점하였고, 문화 방면에서도 고구려의 문화가 주도적 역할을 하였다고 보았다(박시형, 1979: 송기호, 1989). 한국의 李龍範도 발해의 주체가 고구려 유민이었음을 주장하였다

를 평정하고 그 사람들을 옮겨 중국에 살게 하였다. 측천[무후](則天[武后])[17] 만세통천(萬歲通天) 연간(696~697)에 거란(契丹)이 영부(營府: 營州)를 공격하여 함락하니, 고[구]려의 별종인 대조영(大祚榮)이 요동(遼東)으로 달아나 웅거하여 예종(睿宗)[18]은 [그를] 홀한주[19]도독(忽汗州都督)으로 삼고 발해군왕(渤海郡王)에 책봉하였다. 이로 말미암아 스스로 발해국이라 칭하고, 부여(扶餘)·숙신(肅愼) 등 10여 나라를 병합하였다. 당, 후량(後梁), 후당(後唐)에 이르기까지 조공이 끊기지 않았다. …

후당(後唐) 천성(天成, 926~930) 초에 거란(契丹)의 아보기(阿保機)가 부여성(扶餘城)을 쳐서 함락시키고 부여를 고쳐 동단부(東丹府)로 삼고서, 그 아들 돌욕(突欲)에게 명하여 병사

(李龍範, 1972·1973). 이후 한국 학계에서는 기본적으로 대조영을 고구려 계통으로 보았으나, 종족은 속말말갈로 고구려에 옮겨와 정착하여 동화된 인물, 즉 말갈계 고구려인으로 보기도 한다(송기호, 1995). 말갈의 명칭 자체를 고구려 변방 주민이나 중국 동북 지역민에 대한 비칭·범칭으로 보고, 발해의 구성원이 된 말갈은 흑수말갈과 구분되는 예맥계인 고구려말갈이며, 대조영은 고구려인으로 속말강(송화강) 지역민이라고 보는 견해도 있다(한규철, 1988; 2007). 중국 학계에서는 근대 초기에 양면적 인식이 보였다. 대표적인 학자는 金毓黻이다(『渤海國志長編』, 1934). 그러나 중화인민공화국이 수립된 이후에는 발해사를 중국의 소수민족사로 보고 고구려계승성을 부정하며 말갈을 강조하는 입장이다(권은주, 2022). 한편 19세기 중반 연해주 지역을 차지하였던 러시아에서는 자국의 極東 지역 소수민족사의 일부로서 관심을 갖고 발해를 말갈족의 역사로 규정하며 대조영 역시 말갈인으로 보고 있다. 이 밖에 소수 설로 말갈 중 대조영을 백산말갈 출신으로 보는 경우도 있다(津田左右吉, 1915; 李健才, 2000).

17) 唐 高宗의 皇后(624~705). 幷州 文水人 武士彠의 딸. 원래 太宗의 후궁이었다가 고종의 황후가 되었다. 고종의 사후에 친아들 中宗과 睿宗을 번갈아 폐위시킨 뒤 690년에 국호를 周로 바꾸고 황제가 되었다. 705년 병으로 인해 太上皇으로 물러나자 中宗이 복위하며 당 왕조가 부활하였고, 그해 12월에 사망하여 황후로서 장례를 치렀다.

18) 당나라 제5대 황제이며, 이름은 李旦이다. 高宗의 여덟째 아들로, 則天武后의 소생이다. 684년 측천무후가 臨朝稱制하며 中宗을 폐위한 뒤 예종을 제위에 올렸지만 政事에 간여하지 못하였다. 705년 중종이 다시 즉위하자 司徒 右羽林衛大將軍에 제수되었다. 측천무후가 집권하던 시기부터 중종 때까지 정변이 많이 일어났으나, 처신을 잘하여 화를 면하였다. 710년 韋后가 중종을 독살하자 臨淄王 李隆基가 위후 등을 죽이고 다시 옹립하지만, 정권은 太子 이융기와 太平公主가 장악하였다. 712년 玄宗(이융기)에게 讓位하여 太上皇이라 자칭하고 大政만 처결하였다. 이듬해 현종이 태평공주 일파를 주살하자 현종에게 정권을 돌려주었다. 붕어 이후에 橋陵에 묻혔으며, 시호는 玄眞皇帝이다.

19) 忽汗州는 忽汗河에서 따온 이름이다. 발해의 3대 문왕 대에 천도한 상경 근처에 있는 鏡泊湖를 忽汗海라고 하며, 이 호수에서 북쪽으로 흘러 나가는 牧丹江은 忽汗河, 忽爾海河, 瑚爾哈河로 불리어 왔다. 홀한주라고 한 것은 당나라의 천하관에 따라 관념적인 羈縻州 행정구역을 설정한 것에 불과하다.

를 주둔시켜 진압하게 하였다. 아보기가 죽자 발해왕이 다시 부여를 공격하였으나, 이기지 못하였다. 장흥(長興) 연간(930~933)과 청태(淸泰) 연간(934~936)을 지내면서 사신을 보내 조공하였다. 후주(後周) 현덕(顯德, 954~959) 초에 그 추장(酋豪) 최오사(崔烏斯) 등 30여 명이 와서 귀부하였다. 그 뒤로는 단절되어 중국과 왕래가 없었다.

> 太平興國四年, 太宗平晉陽, 移兵幽州, 其酋帥大鸞河率小校李勛等十六人·部族三百騎來降, 以鸞河爲渤海都指揮使.

태평흥국(太平興國) 4년(979)에 태종(太宗)이 진양(晉陽)을 평정하고 유주(幽州)로 병사를 이동시키니 그 우두머리인 대난하(大鸞河)가 소교(小校) 이훈(李勛) 등 16명과 부족의 300 기병(騎兵)을 거느리고 항복해 오니, 대난하로 발해군도지휘사(渤海都指揮使)를 삼았다.

> [太平興國]六年, 賜烏舍城浮渝府渤海琰府王詔曰: 朕纂紹丕構, 奄有四海, 普天之下, 罔不率俾. 矧太原封域, 國之保障, 頃因竊據, 遂相承襲, 倚遼爲援, 歷世逋誅. 朕前歲親提銳旅, 盡護諸將, 拔幷門之孤壘, 斷匈奴之右臂, 眷言弔伐, 以蘇黔黎. 蠢茲北戎, 非理搆怨, 輒肆荐食, 犯我封略. 一昨出師逆擊, 斬獲甚衆. 今欲鼓行深入, 席捲長驅, 焚其龍庭, 大殲醜類. 素聞爾國密邇寇讐, 迫於呑幷, 力不能制. 因而服屬, 困於率割. 當靈旗破敵之際, 是鄰邦雪憤之日, 所宜盡出族帳, 佐予兵鋒. 俟其翦滅, 沛然封賞, 幽·薊土宇, 復歸中原, 朔漠之外, 悉以相與. 勗乃協力, 朕不食言. 時將大擧征契丹, 故降是詔諭旨.

[태평흥국(太平興國)] 6년(981)에 오사성(烏舍城) 부유부(浮渝府)의 발해염부왕(渤海琰府王)에게 조서(詔書)를 내려 이르기를, "짐(朕)이 비구(丕構: 帝業)를 이어받아 사해(四海)를 다 소유하였으니 온 천하가 따르지 않음이 없게 하여야 할 것이다. 더구나 태원(太原) 지역은 국가의 보장(保障)인데, 최근에 [거란에게] 부당하게 절취되고 마침내는 승습(承襲) 되기까지 하여 요(遼)나라에 기대어 후원(後援)이 되었고, 여러 대가 지나도록 주벌(誅伐)을 벗어나 있었다. 짐이 지난해에 친히 정예 군사들을 거느리고 모든 장수들도 대동해 병문(幷

門)의 외딴 성채를 함락시켜 흉노(匈奴)의 우비(右臂: 要害處)를 끊어 버리고, 더구나 조벌(弔伐)[20]하여 백성들을 소생시켰다. 벌레 같은 북쪽의 오랑캐들은 도리에 어긋나게 원한을 품고 함부로 차츰차츰 잠식하여 우리 국토를 침범하므로, 이전에 군사를 출동시켜 역습해 목을 베고 노획한 것이 매우 많았다. 이제 북을 울리면서 깊숙이 쳐들어가 돗자리를 말듯이 신속하게 진군하여, 그 용정(龍庭: 조정)을 불사르고 오랑캐들을 크게 무찌르고자 한다. 평소에 그대의 나라는 원수들과 인접해 있어 병탄되면서도 힘으로 능히 제재하지 못하고 그대로 복속되어 땅을 떼어 주며 시달리고 있다고 들었다. [짐의] 신령스런 깃발이 적을 쳐부술 때에는 이웃나라에게 울분을 씻을 기회가 되니, 부족들을 다 출동시켜 우리 병사의 선봉(先鋒)을 돕는 것이 마땅하다. 그 전멸(翦滅)을 기다려 성대하게 상을 내릴 것으로, 유주(幽州)와 계주(薊州)는 다시 중원(中原)에 귀속시키고, 북방 사막의 바깥은 모두 그대에게 줄 것이다. 가능한 대로 협력하기 바란다. 짐은 거짓말을 하지 않는다."라고 하였다. 당시에 [송나라가] 장차 크게 군사를 일으켜 거란(契丹)을 정벌하려 했기 때문에 이런 조서를 내려 황제의 뜻을 알린 것이다.

> [太平興國]九年春, 宴大明殿, 因召大鸞河慰撫久之. 上謂殿前都校劉廷翰曰: 鸞河, 渤海豪帥, 束身歸我, 嘉其忠順. 夫夷落之俗, 以馳騁爲樂, 候高秋戒候, 當與駿馬數十匹, 令出郊遊獵, 以遂其性. 因以緡錢十萬并酒賜之.

[태평흥국(太平興國)] 9년(984) 봄에 대명전(大明殿)에서 연회(宴會)를 베풀고 대난하(大鸞河)를 불러들여 오래도록 위무하였다. 황제가 전전도교(殿前都校) 유정한(劉廷翰)에게 이르기를 "난하는 발해(渤海)의 호수(豪帥: 큰 우두머리)로, 몸을 공손히 하여 우리에게 귀부(歸附)하였으니, 그 충순(忠順)함을 아름답게 여기노라. 무릇 오랑캐의 습속은 말달리기를 즐기기 때문에, 높고 푸른 하늘이 되는 늦가을을 기다렸다가 수십 필의 준마와 함께 교외로 나가 사냥케 하여 본성을 따르게 하라."라고 하였다. [대난하에게] 민전(緡錢: 낚싯줄에 꿰어 놓은 엽전 뭉치) 10만과 술을 하사하였다.

---

20) 弔伐은 학대받는 백성들을 위문하고 죄를 지은 임금을 친다는 뜻이다.

> 발해사 자료총서 – 중국사료 편 권1

6. 『요사(遼史)』

원(元)의 한림국사원(翰林國史院)의 수사국(修史局)에서 편찬한 관찬 사서로, 요(遼)나라의 흥망사로부터 야율대석(耶律大石)이 세운 서요(西遼)의 역사까지를 다루고 있다. 본기(本紀) 30권, 지(志) 32권, 표(表) 8권, 열전(列傳) 45권 및 『국어해(國語解)』 1권 등 총116권으로 구성된 기전체 사서이다. 순제(順帝) 때 우승상 탈탈(脫脫, 1314~1388)이 도총재관이 되어, 게혜사(揭傒斯, 1274~1344), 장기암(張起巖, 1285~1353), 구양현(歐陽玄, 1283~1357) 등이 편찬에 참여하였다.

원래 세조(世祖)가 중통(中統) 2년(1261)에 『금사』의 편찬을 지시하였지만, 곧바로 실행되지 못하였다. 남송을 멸망시키고 다시 요·금·송의 역사를 편찬하도록 하였으나, 정통론에 입각하여 3사(三史)의 체제를 어떻게 할 것인지가 결정되지 않아 계속 유보되었다. 그리고 순제(順帝) 지정(至正) 3년(1343)에 이르러 3사를 각각 정통으로 삼기로 하고, 다시 수찬하여 『요사』는 1344년 3월에, 『금사』는 같은 해 11월에, 『송사』는 이듬해 10월에 완성되었다. 3사를 합쳐 총 747권을 2년 반 만에 편찬함에 따라, 3사 모두 기사의 착오와 중복, 결락과 소략이 매우 심한 편이다. 『요사』는 야율엄(耶律儼)의 『황조실록(皇祖實錄)』과 금 진대임(陳大任)의 『요사』를 활용하였고, 『자치통감』·『거란국지』와 여러 사서의 거란전(契丹傳)을 참고하여 요사 연구에 가장 기본이 되는 사료로 평가된다.

발해와 관련해서는 발해 건국 과정에서 멸망까지에 관련된 기록이 수록되어 있고, 특히 멸망 전후와 관련해서 많은 정보가 담겨 있다. 10세기에 들어 거란이 발해와 요동을 두고 20여 년간 다툼을 벌이고, 925년 12월 야율아보기의 대규모 친정으로 926년 1월 발해 홀한성(忽汗城)을 함락하여 발해를 멸망시킨 과정이 자세하다. 이후 발해 여러 부주(府州)에서 발생한 군사적 저항과 동단국(東丹國)의 설치와 운영, 발해 유민들의 이주 상황과 부흥국, 즉 대연림(大延琳)의 흥료국(興遼國)과 고영창(高永昌)의 대발해(大渤海) 건국 및 멸망에 대한 상황도 확인할 수 있다. 그 밖에 대인수(大仁秀) 시기에 남으로 신라와 국경을 획정하고 북으로 여러 부를 경략하여 영토 확장을 이룬 사실도 새로 확인할 수 있다.

지리지를 통해서는 『신당서(新唐書)』에 기록된 5경 15부 62주 외에 군(郡)·현(縣)의 존재와 그 명칭 및 유래를 확인할 수 있어, 특정 시기에 발해의 지방행정제도가 경부주제에서 군현제로 변화하거나 두 제도가 공존했을 가능성을 보여 준다. 『요사』가 두찬(杜撰)이라는 평가를 받지만, 발해의 영토·지리를 연구하는 데 있어서 중요한 사서로 활용되는 까닭이 여기에 있다. 그리고 본기·표·열전에 기술되어 있는 관련 기록의 서술 차이와 상세 여부, 발해 정벌 과정에서의 각 구성원의 역할이나 군사력·진군 노선 등을 비교하여 종합하면, 멸망기에 발해와 거란의 전쟁을 복원할 수 있다는 점에서 발해사 심화 연구의 중요한 사료라고 할 수 있다.

아래의 원문은 한적전자문헌자료고(漢籍電子文獻資料庫)의 「원말명초번각본잔본(元末明初翻刻本殘本)」을 저본으로 하였으며, 중국기본고적고에서 제공하는 「청건륭무영전각본(淸乾隆武英殿刻本)」과 「백납본경인원간본(百衲本景印元刊本)」을 비교본으로 하였다.

○ 권1, 본기(本紀) 제1, 태조(太祖) 상(上)

[神冊三年二月]癸亥, 渤海 … 遣使來貢.

[신책 3년(918) 2월] 계해일에 발해가 … 사신을 보내 조공하였다.

○ 권2, 본기(本紀) 제2, 태조(太祖) 하(下)

[神冊四年二月]丙寅, 修遼陽故城, 以漢民渤海戶實之, 改爲東平郡, 置防禦使.

[신책 4년(919) 2월] 병인일에 요양고성(遼陽故城)을 수리하여 한민(漢民)과 발해호(渤海戶)로 그곳을 채우고, 고쳐서 동평군(東平郡)[1]으로 삼고 방어사(防禦使)를 두었다.

[天贊三年夏五月] … 是月, 徙薊州民實遼州地. 渤海殺其刺史張秀實而掠其民.

[천찬 3년(924) 여름 5월] … 이달에 계주(薊州) 백성들을 옮겨 요주(遼州) 땅을 채웠다. 발해가 그 자사 장수실(張秀實)을 죽이고 그 백성을 노략질하였다.

[天贊四年]十二月乙亥, 詔曰: 所謂兩事, 一事已[2])畢, 惟渤海世讎[3]) 未雪, 豈宜安駐. 乃擧兵親征渤海大諲譔. 皇后皇太子大元帥堯骨皆從. 閏月 … 壬寅, 以青牛白馬祭天地于烏山. 己酉, 次撒葛山, 射鬼箭. 丁巳, 次商嶺, 夜圍扶餘府.

[천찬 4년(925)] 12월 을해일에 조서를 내려 말하기를 "이른바 두 가지 일 중에서 한 가지 일은 이미 마쳤으나, 오직 발해와 대대로 맺은 원한은 아직 씻지 못했으니 어찌 편안히 머무를 수 있겠는가."라고 하였다. 이에 병사를 들어 몸소 발해 대인선(大諲譔)[4])을 정벌하였다. 황후·황태자·대원수 요골(堯骨)이 모두 따랐다.

윤월 … 임인일에 청우와 백마로 오산(烏山)에서 하늘과 땅에 제사를 지냈다. 기유일에 살갈산(撒葛山)에 이르러 귀전(鬼箭)을 쏘았다.[5]) 정사일에 상령(商嶺)에 이르렀고, 밤에 부여부(扶餘府)[6])를 포위하였다.

---

1) 현재의 遼陽 지역이다. 요나라 태조가 발해를 멸망시킨 뒤 이곳에 東平郡을 설치하였다. 천현 3년(928) 요 태종이 동평군을 올려 南京으로 삼고 府名을 요양이라 하였다. 회동 원년(938)에 東京으로 이름을 고쳤다.
2) 「百衲本景印元刊本」에는 '巳'.
3) 「淸乾隆武英殿刻本」에는 '讐'.
4) 발해 제15대 왕으로 마지막 왕이다. 906년부터 926년까지 재위하면서 요동을 두고 거란과 치열한 싸움을 벌였다. 그러나 925년 12월에 거란이 대대적인 침공을 시작하여 곧바로 발해 서쪽 변경의 군사 요충지인 부여부를 함락시키고 얼마 안 되어 수도 홀한성을 포위하자 항복하였고, 926년 1월 멸망하였다. 같은 해 7월에 야율아보기가 회군하면서 왕후와 함께 끌고 가 거란의 수도 상경 임황부의 서쪽에 성을 쌓고 살게 하였다.
5) 거란군의 출전 의식의 하나로, 황제가 친정할 때 갑주를 쓰고 사당에 제사를 지내고, 죄수나 포로를 매어 두고 활을 쏜다. 이때 쏘는 화살은 鳴箭인데, 귀신이 우는 소리와 같다고 하여 귀전이라고도 한다.
6) 부여부의 위치에 대해서는 開原縣설, 農安설, 阿城설, 昌圖 북쪽 四面城설 등이 있는데, 현재 농안설이

> 天顯元年春正月己未, 白氣貫日. 庚申, 拔扶餘城, 誅其守將. 丙寅, 命惕隱安端·前北府宰相蕭阿古只等將萬騎⁷⁾爲先鋒, 遇諲譔老相兵,⁸⁾ 破之. 皇太子·大元帥堯骨·南府宰相蘇·北院夷離堇斜涅赤, 南院夷離堇迭里是夜圍忽汗城. 己巳, 諲譔請降. 庚午, 駐軍于忽汗城南. 辛未, 諲譔素服, 藁索牽羊, 率僚屬三百餘人出降. 上優禮而釋之. 甲戌, 詔諭渤海郡縣. 丙子, 遣近侍康末怛等十三人入城索兵器, 爲邏卒所害. 丁丑, 諲譔復叛, 攻其城, 破之. 駕幸城中. 諲譔請罪馬前. 詔以兵衛諲譔及族屬以出. 祭告天地. 復還軍中.

천현 원년(926) 봄 정월 기미일에 흰 기운이 해를 꿰뚫었다. 경신일에 부여성을 쳐서 빼앗고 그곳을 지키던 장수를 베어 죽였다. 병인일에 척은(惕隱)⁹⁾ 안단(安端)과 전(前) 북부재상(北府宰相)¹⁰⁾ 소아고지(蕭阿古只)¹¹⁾ 등에게 1만 기병¹²⁾을 이끌면서 선봉이 되도록 명하였으며, [대]인선의 노상병(老相兵)을 맞아 격파시켰다.¹³⁾ 황태자·대원수 요골·남부재상(南府宰相) 소(蘇)·북원이리근(北院夷離堇)¹⁴⁾ 사날적(斜涅赤)·남원이리근(南院夷離堇) 질리(迭里)가

유력하다. 속주로는 扶州·仙州의 2주를 거느렸다. 발해의 수도인 上京 龍泉府로부터 거란으로 통하는 거란도의 길목이어서, 발해에서 부여부에 항상 날랜 병사를 거주시켜 契丹을 방비하게 하였다.

7) 『遼史』, 卷73, 列傳3, 蕭阿古只, "… 攻渤海 破扶餘城 獨將騎兵五百 敗老相軍三萬."
8) 『遼史』, 卷64, 表2, 皇子表, 安端, "天顯元年 征渤海 破老相兵三萬餘人."
9) 황족에 관한 사무를 맡아보던 宗正職이다. 거란어 음역이며 梯里已라고도 한다.
10) 요대의 관직명이다. 遙輦氏 시기에 거란 8부를 北府와 南府로 나누었는데, 耶律阿保機가 요련씨를 대신하며 즉위한 이후 后族인 蕭氏를 북부재상으로 삼았다. 요 건국 이후 북·남재상부는 상설 관서가 되었으며, 좌재상·우재상·총지군국사·지국사 등의 관직을 두었다.
11) 蕭阿古只는 거란의 名將으로, 字는 撒本이다. 요 태조 아보기가 즉위 전 于越일 때 발탁하였고, 그 형 蕭敵魯와 함께 심복으로 삼았다. 태조의 21명 공신의 하나이다. 926년 태조를 따라 발해를 침공하여 부여성을 함락시켰고, 발해 老相軍 3만을 무찔렀다. 발해 멸망 이후에는 압록부 등의 반란을 진압하였다.
12) 蕭阿古只가 이끈 선발대의 규모에 대해서 『遼史』 권1, 本紀 제1, 太祖上 天顯元年 春正月 丙寅조에서는 "1만 기로 선병을 삼았다."라고 하였으나, 동서 권73, 列傳3, 蕭阿古只편에는 "기병 오백"으로 기록되어 있어 차이를 보인다.
13) 노상병의 규모에 대해서 『遼史』, 卷64, 表2, 皇子表 安端에서는 "3만여 인", 동서 卷73, 列傳3, 蕭阿古只에서는 "3만"으로 기록하고 있다.

이날 밤 홀한성(忽汗城)15)을 포위하였다. 기사일에 인선이 항복을 요청하였다. 경오일에 홀한성 남쪽에 군사를 주둔시켰다. 신미일에 인선이 흰옷을 입고 새끼로 묶은 채 양을 끌며 요속(僚屬) 3백여 인을 이끌고 나와 항복하였다. 황상이 예우를 다하고 풀어 주었다. 갑술일에 조서를 내려 발해 군현(郡縣)에 알렸다. 병자일에 근시(近侍) 강말달(康末怛) 등 13명을 보내 성에 들어가 병기를 찾게 하였는데, [발해] 나졸들에게 해를 당하였다. 정축일에 인선이 다시 배반하였으므로 그 성을 공격하여 깨뜨렸다. 어가가 성안으로 행차하니 인선이 말 앞에서 죄를 청하였다. 조서를 내려 군사들로 인선과 그 족속들을 호위하여 [성을] 나가도록 하였다. 제사를 올려 하늘과 땅에 아뢰고 다시 군중으로 돌아왔다.

二月庚寅, 安邊·鄚頡·南海·定理等府及16)諸道節度·刺史來朝, 慰勞遣之. 以所獲器幣諸物賜將士. 壬辰, 以靑牛白馬祭天地. 大赦, 改元天顯. 以平渤海遣使報唐. 甲午, 復幸忽汗城, 閱府庫物, 賜從臣有差. 以奚部長勃魯恩·王郁自回鶻·新羅·吐蕃·党項·室韋·沙陀·烏古等從征有功, 優加賞賚. 丙午, 改渤海國爲東丹, 忽汗城爲天福. 冊皇太子倍爲人皇王以主之. 以皇弟迭剌爲左大相, 渤海老相爲右大相, 渤海司徒大素賢爲左次相, 耶律羽之爲右次相. 赦其國內殊死以下. 丁未, 高麗·濊貊·鐵驪·靺鞨來貢.

2월 경인일에 안변(安邊)17)·막힐(鄚頡)18)·남해(南海)19)·정리(定理)20) 등의 부와 여러

---

14) 夷離菫은 돌궐어의 音譯으로, 移里菫이라고도 한다. 원래 부족 수령의 칭호로, 거란에서는 군사 수령으로 本部의 兵馬大權을 가지고 있었다. 耶律阿保機가 于越 겸 迭剌部 夷離菫으로서 연맹가한에 추대되자 北府와 南府에 宰相을 두고 각 부의 이리근을 예하에 두었다. 922년 질랄부를 北院과 南院으로 나누고 각기 이리근을 두었고, 938년에는 북원·남원과 乙室部의 이리근을 大王으로, 나머지 부의 이리근은 令穩으로 고쳤다가, 996년 節度使로 고쳤다.

15) 발해의 수도인 上京城이다. 중국 黑龍江省 牡丹江市 寧安市 渤海鎭에 위치한다. 전체 둘레가 16,300m이며, 宮城·內城·外城으로 이뤄져 있다. 755년경 顯州에서 이곳으로 천도하였고, 785년 東京으로 천도했다가 794년에 上京으로 다시 천도한 이후 발해가 멸망할 때까지 수도였다.

16) 〈淸乾隆武英殿刻本〉과 〈百衲本景印元刊本〉에는 '及'→'洎'.

17) 安邊府의 위치에 대해 金毓黻은 烏蘇里江 유역으로 비정하였다(『渤海國志長編』卷14「地理考」). 和田淸(1955)은 定理·安邊 2府가 挹婁의 故地로 서로 근접한다고 보고 金代의 錫林路로서 Olga 지방인 것으

도 절도·자사들이 와서 조회하였으므로 위로하여 돌려보냈다. 획득한 기물과 폐물 등 여러 물화는 장수와 병졸들에게 내려 주었다. 임진일에 청우와 백마로 하늘과 땅에 제사를 지냈다. 크게 사면하고, 연호를 천현(天顯)으로 고쳤다. 발해를 평정한 것을 사신을 보내 [후]당에 알렸다. 갑오일에 다시 홀한성에 행차하여 곳간의 물화를 살펴보고 따르던 신하들에게 차등 있게 나누어 주었다. 해[21]부장(奚部長) 발로은(勃魯恩)과 왕욱(王郁)이 회골[22]·신라·토번[23]·당항[24]·실위·사타[25]·오고 등에서 정벌을 좇아 공이 있었으므로 더욱 상을 더하여

로 비정하였다.

18) 鄭頊府는 『遼史』「地理志」東京道 韓州條에 "··· 本槀離國舊治柳河縣 高麗置鄭頊府 都督鄭·頊二州 渤海因之 ···"라고 하여 고구려 때부터 있었던 것으로 나온다. 金毓黻은 農安 북쪽으로 비정하였고(『渤海國志長編』「地理考」), 和田淸(1955)은 阿城 부근으로 비정하였다.

19) 남경 남해부의 위치에 대해서는 韓鎭書의 『續海東繹史』「渤海」에서 北靑설을, 丁若鏞의 『我邦疆域考』「渤海考」에서 咸興설을 내세운 이래로, 鏡城설(內藤虎次郞, 1907; 松井等, 1913), 북청설(鳥山喜一, 1935; 채태형, 1998), 함흥설(池內宏, 1937; 白鳥庫吉, 1935; 和田淸, 1955), 鍾城설 등의 견해가 있다. 남경과 남해부의 치소는 동일 지역에 있었던 것으로 보이나, 관청이 하나였는지 분리되어 있었는지는 불분명하다. 남해부의 위치 비정에는, 776년 남해부 '吐號浦'에서 발해 사신단이 일본으로 출발했다는 기록(『續日本紀』)에 부합하는 항구와 남해부의 특산물인 곤포, 즉 다시마가 생산되는 지역이라는 조건이 붙는다. 정약용이 곤포의 주요 산지인 함흥을 남해부로 본 이후로 함흥설은 많은 지지를 받았고, '토호포'를 함흥 서남쪽으로 약 15km 떨어진 '連浦(고려·조선시대 都連浦)'로 추정하였다. 그러나 북한에서 발굴 성과를 토대로 북청군의 청해토성(북청토성)을 남해부로 비정한 이후 북청설이 유력시되고 있다.

20) 定理府의 위치에 대하여 『盛京通志』와 『大淸一統志』에서 熱河의 承德城으로 비정하였고, 韓鎭書는 寧古塔 부근으로(『續海東繹史』「渤海」), 松井等(1913)과 金毓黻은 烏蘇里江 부근으로, 和田淸(1955)은 沿海州의 Olga 부근으로 비정하였다.

21) 거란과 함께 東胡 鮮卑 계통으로, 庫莫奚라고도 한다. 활동 지역은 老哈河를 중심으로 遼寧省 阜新市 부근까지, 서쪽으로는 內蒙古自治區 克什克騰旗의 이남 지대까지이다. 4세기 후반에 처음 기록에 등장하며 점차 세력을 확대하여 阿會氏 5부 연맹을 형성하였다. 7세기 초부터 군사력이 거란과 비교될 정도였고 어느 시기에는 거란을 압도하였다. 거란 鮮質可汗의 토벌로 쇠퇴하여 거란과 함께 回紇에 귀부하였고, 이후 화친과 상쟁을 반복하였다. 요 태조 때 항복하여 해5부가 되었으며 墮瑰部 설치로 해6부로 불렸다. 성종 때 北府에 예속되었다.

22) 몽골 고원과 중앙아시아에서 활약한 튀르크계 민족으로, 원래 이름은 回紇이며 지금의 위구르인이다. 744년 동돌궐을 멸망시키고 제국을 세웠고 840년 키르기즈에 멸망한 뒤에 여러 왕국을 세웠다. 회골의 이름은 『宋史』, 『遼史』 등에 回鶻, 高昌回鶻, 甘州回鶻, 龜玆回鶻, 阿薩蘭回鶻 등이 나온다. 각기 그 거주하는 곳이나 왕의 이름을 따서 부른 것이다.

주었다. 병오일에 발해국을 고쳐 동단(東丹)[26]으로 삼았고, 홀한성을 천복[성](天福[城])으로 삼았다. 황태자 배(倍)를 인황왕(人皇王)으로 책봉하여 그곳(동단국)을 다스리게 하였다. 황제의 동생 질랄(迭剌)로 좌대상을 삼고, 발해의 노상(老相)으로 우대상을 삼았으며, 발해의 사도 대소현(大素賢)으로 좌차상[27]을 삼고, 야율우지(耶律羽之)로 우차상을 삼았다. 그 나라에 있던 사형수 이하를 사면하였다. 정미일에 고려·예맥[28]·철려[29]·말갈[30]이 와서 조

---

23) 西羌 중 發羌의 전음이라는 설과 南涼의 禿髮이 와전되었다는 설이 있다. 수나라 초기부터 세력이 커졌으며, 633년 松贊干布가 党項 諸部를 통일하여 토번제국을 세웠다. 토번이 급성장하며 당을 위협하자 당나라는 문성공주를 시집보내는 등 유화책을 썼다. 그러나 송찬간포의 사망 이후 관계가 악화되고 669년 토번이 안서 4진을 함락하면서 완전히 적대 관계로 돌아섰다. 9세기에 후계 다툼으로 내전이 일어나며 842년 멸망하였다.

24) 탕구트의 한자 표기로, 党項羌이라고도 한다. 7세기 중반부터 13세기 초반까지 활동한 티베트 일족으로 튀르크족과의 혼혈로도 추정된다. 본래 지금의 青海 河曲과 四川 松潘 이서의 산골짜기에서 살았는데, 당대 토번으로 인해 甘肅·寧夏·陝北 지역으로 옮겼고 그 일부는 한인 지역으로 들어와 살았다. 1038년 平夏部의 拓跋氏인 元昊가 지금의 寧夏 銀川으로 비정되는 興慶府에서 大夏(西夏)를 건국하였고, 1227년 몽골에게 멸망되었다.

25) 서돌궐의 별부 處月의 일파로 사타돌궐이라고도 한다. 지금의 신장 傳格達山 남쪽과 신장 巴里坤湖의 동쪽에 살았다. 사타족은 당 태종의 고구려 원정과 薛延陀 원정, 鐵勒 토벌전 등에 참여하여 공을 세웠다. 이후 북정도호부의 관할을 받았고, 당 현종 시기에는 그 추장이 금만주도독이 되었다. 868년에는 龐勛의 난을 진압한 공로로 朱邪赤心이 李國昌이라는 성명을 하사받았다. 그 아들 李克用은 黃巢의 난을 토벌하는 데 공을 세웠고, 손자인 李存勖은 後梁을 멸망시키고 後唐을 세웠다.

26) 東丹國은 거란 야율아보기가 926년 1월 발해를 멸망시키고 세웠다. 아울러 발해의 수도인 忽汗城을 天福城으로 고치고, 황태자 倍(일명 突欲)를 人皇王으로 책봉하여 동단국왕으로 삼았다. 아보기의 동생인 迭剌을 左大相, 渤海老相을 右大相, 渤海司徒 大素賢을 左次相, 耶律羽之를 右次相으로 삼았다(『遼史』 권2, 本紀 제2, 太祖下, 天顯元年 2월 丙午). 발해인과 거란인을 함께 상층 관리로 임명하였으나 실권은 후자에게 있었다.

27) 동단국 중대성의 차관직이다. 926년 설치하였으며 982년 폐지하였다.

28) 고대 만주와 한반도 북부 지역에 살았던 종족의 명칭이다. 예와 맥을 구분하거나 범칭으로 보는 등 계통에 대해서는 이견이 있다. 고구려, 부여, 동예 등이 예맥족에 속하는데, 이들의 종족을 예맥으로 통칭하는 경우도 있으나, 중국 사서에서는 고구려를 주로 貊族이라고 하고 부여나 동예는 濊族으로 기록한 경우가 있다. 異種族說로 예족과 맥족이 계통과 경제생활 방식이 달랐다고 보는 견해(三上次男, 1966), 동일 계통이지만 일찍이 분화하여 거주 지역이 구별되었다는 견해(尹武炳, 1966; 金貞培, 1968; 李殿福, 1993; 王綿厚, 1994; 朴京哲, 1997)가 있다. 그리고 중국 북방에 거주하던 맥족이 동방으로 이주하였다고 보는 견해(和田清, 1947; 呂思勉, 1996), 본래 중국 대륙 서북에서 동방에 걸쳐 널리 분포하였는데, 서북과 북방의 맥족은 일찍부터 漢族에 동화된 반면 동북과 동방의 맥족은 진한시대

공하였다.

> 三月戊午, 遣夷離畢[31]康默記·左僕射韓延徽攻長嶺府. 甲子, 祭天. 丁卯, 幸人皇王宮. 己巳, 安邊·鄚頡·定理三府叛, 遣安端討之. 丁丑, 三府平. 壬午, 安端獻俘, 誅安邊府叛帥二人. 癸未, 宴東丹國僚佐, 頒賜有差. 甲申, 幸天福城. 乙酉, 班師, 以大諲譔擧族行.

3월 무오일에 이리필(夷離畢) 강묵기(康默記)와 좌복야(左僕射)[32] 한연휘(韓延徽)를 보내 장령부(長嶺府)[33]를 공격하였다. 갑자일에 하늘에 제사를 지냈다. 정묘일에 인황왕궁에 행차

이후에도 독자성을 유지했다고 보는 견해(傅斯年, 1932) 등이 있다. 대체로 한국 학계에서는 『삼국지』 동이전 등에 부여·고구려·옥저·동예 등은 서로 언어와 습속이 유사했다고 하며, 읍루와는 구별되었던 것이 확실하여, 예와 맥을 같은 종족으로 보고 있다.

29) 鐵驢, 鐵驪, 鐵離라고도 한다. 철려는 말갈 7부 중에는 그 명칭이 없으나, 발해 건국 초기부터 고구려와 관계가 깊던 불열말갈, 월희말갈과 함께 활동하는 것으로 보아, 고구려 당시부터 있었고 고구려와 밀접한 관련이 있었던 것으로 보인다. 위치에 대해서는 圖們江北·興凱湖의 南說(丁若鏞, 『渤海考』), 黑龍·烏蘇里江下流地域說(松井等, 1913; 鳥山喜一, 1915), 牧丹江流域說(津田左右吉, 1916), 阿什河流域說(池内宏, 1916), 松花江下流域의 依蘭地域說(小川裕人, 1937) 등이 있다. 여진이 흥기했을 때에는 길림성 동경성(지금의 寧安) 부근에 있다가 完顔部에 편입되었다(外山軍治, 1975, 45쪽).

30) 北魏 때에는 勿吉, 수·당 때에는 靺鞨이라 하였다. 粟末·伯咄·安車骨·拂涅·號室·黑水·白山 등이 말갈 7부로 이름이 알려졌다. 물길은 5세기 중반에 발흥하여 동류 송화강 유역을 장악하고 고구려의 北境 및 農安의 부여를 공격하여 멸망시켰다. 이후 물길-말갈계 집단이 농안 지역으로 대거 이주해 들어와 거주하다가, 6세기 말 고구려의 북진으로 일부는 수나라의 요서 지방으로 망명하고 일부는 고구려에 귀속되었다. 이들 말갈은 고구려 멸망 이후 고구려 유민과 함께 발해 건국의 주요 세력이 된다(池内宏, 1930; 傅斯年, 1933; 李學智, 1957; 최남선, 1918; 정인보, 1946; 리지린, 1964; 薛虹, 1980-2; 한규철, 1988; 楊保隆, 1989; 노태돈, 1999; 송호정, 2003; 송기호, 2003).

31) 「淸乾隆武英殿刻本」에는 '董'.

32) 尙書省의 부장관이며 송나라에서는 정1품이다. 요나라는 남면 朝官에 이 직을 두었으나 어떤 일을 맡았는지는 자세하지 않다.

33) 長嶺府의 위치에 대하여 『滿洲源流考』에서는 "今吉林西南五百里 有長嶺子 滿洲語稱果勒敏珠敦(Golmin Judun, 長嶺의 뜻)"이라고 하고 지금의 英額門 부근으로 비정하였다. 韓鎭書는 永吉州 等地로 비정하였는데(『續海東繹史』「渤海」), 지금의 吉林이다. 津田左右吉(1915)은 輝發河 상류에 있는 北山城子로 보았다.

하였다. 기사일에 안변·막힐·정리 3부가 배반하였으므로 안단을 보내 그들을 토벌하였다. 정축일에 3부가 평정되었다. 임오일에 안단이 포로들을 바쳤으며, 안변부 반란의 수장 2명을 베어 죽였다. 계미일에 동단국 요좌(僚佐)에게 잔치를 베풀고, [물품을] 차등 있게 내려 주었다. 갑신일에 천복성에 행차하였다. 을유일에 군사를 돌려 대인선에게 일족을 거느리고 가게 하였다.

夏四月丁亥朔, 次傘[34)]子山. 辛卯, 人皇王率東丹國僚屬辭.

여름 4월 초하루 정해일에 산자산(傘子山)에 머물렀다. 신묘일에 인황왕이 동단국 요속을 거느리고 하직 인사를 하였다.

五月辛酉, 南海·定理二府復叛, 大元帥堯骨討之.

5월 신유일에 남해, 정리 2부가 다시 배반하니, 대원수 요골이 그들을 토벌하였다.

六月丁酉, 二府平. 丙午, 次愼州.

6월 정유일에 [남해, 정리] 2부를 평정하였다. 병오일에 신주(愼州)에 머물렀다.

秋七月丙辰, 鐵州刺史衛鈞反. 乙丑, 堯骨攻拔鐵州. 庚午, 東丹國左大相迭剌卒. 辛未, 衛送大諲譔于皇都西, 築城以居之. 賜諲譔名曰烏魯古, 妻曰阿里只. … 甲戌, 次扶餘府, 上不豫. 是夕, 大星隕于幄前. 辛巳 … 上崩.

가을 7월 병진일에 철주자사(鐵州刺史) 위균(衛鈞)이 반란을 일으켰다. 을축일에 요골이

---

34) 〈淸乾隆武英殿刻本〉과 〈百衲本景印元刊本〉에는 '繖'.

철주[35]를 공격하여 빼앗았다. 경오일에 동단국 좌대상 질랄이 죽었다. 신미일에 대인선을 호위하여 황도 서쪽으로 보내 성을 쌓고 그곳에 살게 하였다. [대]인선에게 오로고(烏魯古)라는 이름을 내려 주었고, 그 처는 아리지(阿里只)라 불렀다. … 갑술일에 부여부에 머물렀는데 황상이 병이 났다. 이날 저녁 큰 별이 (황상의) 휘장 앞에 떨어졌다. 신사일에 … 황상이 붕어하셨다.

> 八月辛卯, 康默記等攻下長嶺府. 甲午, 皇后奉梓宮西還.[36] 壬寅, 堯骨討平諸州, 奔赴行在. 乙巳, 人皇王倍繼至.

8월 신묘일에 강묵기 등이 장령부(長嶺府)를 공격하여 함락시켰다. 갑오일에 황후가 재궁(梓宮: 황제의 관)을 받들고 서쪽으로 돌아갔다. 임인일에 요골이 여러 주를 토벌하여 평정하고 행재소로 달려왔다. 을사일에 인황왕 배가 이어서 이르렀다.

> [天顯]二年八月丁酉, 葬太祖皇帝于祖陵. … 太祖所崩行宮在扶餘城西南兩河之間, 後建昇天殿于此, 而以扶餘爲黃龍府云.

[천현] 2년(927) 8월 정유일에 태조황제를 조릉(祖陵)에 장사 지냈다. … 태조가 붕어한 행궁이 부여성 서남쪽 두 강 사이에 있었으므로, 뒷날 이곳에 승천전(昇天殿)을 짓고 부여[부]를 황룡부(黃龍府)[37]로 고쳤다고 한다.

---

35) 鐵州는 『遼史』 「地理志」에는 위치가 "在京西南六十里"로 되어 있고, 位城·河端·蒼山·龍珍 4현을 거느리며, 遼代에 屬縣을 廢한 것으로 되어 있다. 和田淸은 '鐵州'라는 이름이 '位城의 鐵'에서 비롯된 것으로 보고, 西古城子의 서남, 함경북도 茂山 서북에서 철이 많이 생산되기 때문에 이곳을 鐵州로 비정하였다.
36) 〈淸乾隆武英殿刻本〉에는 '遷'.
37) 거란이 926년 扶餘府를 고쳐 설치하였으며, 그 치소는 지금의 길림 農安이다. 975년 폐지하였다가 1020년 다시 설치하였다.

○ 권3, 본기(本紀) 제3, 태종(太宗) 상(上)

> [天顯二年]冬十一月壬戌, 人皇王倍率羣臣請于后曰: 皇子大元帥勳望, 中外攸屬, 宜承大統. 后從之. 是日卽皇帝位.

[천현 2년(927)] 겨울 11월 임술일에 인황왕 배가 여러 신하를 거느리고 [황]후에게 청하여 "황자 대원수의 공과 인망을 나라 안팎에서 따르므로 마땅히 대통(大統: 황위)을 이어야 합니다."라고 하였으므로, [황]후가 그 말을 좇았다. 이날 황제의 자리로 나아갔다.

> [天顯三年]九月 … 己丑, 幸人皇王倍第. 庚寅, 遣人使唐. 辛卯, 再幸人皇王第.

[천현 3년(928)] 9월 … 기축일에 인황왕 배의 집에 행차하였다. 경인일에 사신을 보내 [후]당에 보냈다. 신묘일에 다시 인황왕의 집에 행차하였다.

> [十二月]甲寅 … 時人皇王在皇都, 詔遣耶律羽之遷東丹民以實東平. 其民或亡入新羅·女直, 因詔困乏不能遷者, 許上國富民給贍而隸屬之. 升東平郡爲南京.

[12월] 갑인 … 이때 인황왕이 황도(皇都)에 있었는데, 조서를 내려 야율우지(耶律羽之)를 보내 동단국 백성을 옮겨 동평[부]를 채우게 하였다. 그 백성들이 혹 신라나 여직[38]으로 도망갔으므로 조서를 내려 곤궁해서 옮겨 갈 수 없는 자들은 상국(거란)의 부유한 사람들이 재물을 주고 예속할 수 있도록 허락하였다. 동평군(東平郡)을 올려 남경(南京)[39]으로 삼았다.

---

38) 당 초기에 黑水와 粟末 2부 중 흑수부가 곧 여진이다. 오대 시기부터 등장한 여진은 거란에 적을 둔 숙여진과 거란 통치 밖의 생여진으로 나뉜다. 여직은 본래 여진이었는데, 거란 흥종의 휘 宗眞을 피휘하여 女直으로 썼다. 이에 『요사』에는 모두 여직으로 기록되었다. 반면 『고려사』나 『송사』에는 모두 그대로 여진으로 기록되어 있다.

39) 현재의 遼陽 지역이다. 요나라 태조가 발해를 멸망시킨 뒤 이곳에 東平郡을 설치하였다. 천현 3년(928) 요 태종이 동평군을 올려 南京으로 삼고 府名을 요양이라 하였다. 회동 원년(938)에 東京으로 이름을 고쳤다.

[天顯四年]夏四月 … 辛酉, 人皇王倍來朝.

[천현 4년(929)] 여름 4월 … 신유일에 인황왕 배가 와서 조회하였다.

八月 … 癸卯, 幸⁴⁰⁾人皇王第.

8월 … 계묘일에 인황왕 집에 행차하였다.

冬十月壬寅, 幸人皇王第, 宴羣臣.

겨울 10월 임인일에 인황왕 집에 행차하여 여러 신하에게 잔치를 베풀었다.

[天顯五年]二月己亥 詔修南京. … 丙午, 以先所俘渤海戶賜李胡. 丙辰, 上與人皇王朝皇太后. 太后以皆工書, 命書于前以觀之.

[천현 5년(930)] 2월 기해일에 조서를 내려 남경을 수리하도록 하였다. … 병오일에 이전에 포로가 된 발해호(渤海戶)를 이호(李胡)에게 내려 주었다. 병진일에 황상이 인황왕과 더불어 황태후를 문안하였다. 태후는 [두 사람이] 모두 글에 조예가 있으므로 [자신의] 앞에서 글을 쓰게 하고 그것을 구경하였다.

三月 … 辛未, 人皇王獻白紵. … 乙酉, 宴人皇王僚屬便殿. 庚寅, 駕發南京.

3월 … 신미일에 인황왕이 흰 모시를 바쳤다. … 을유일에 인황왕의 요속(僚屬)들에게 편전

---

40) 〈淸乾隆武英殿刻本〉에는 '自幸'.

(便殿)에서 잔치를 열어 주었다. 경인일에 어가가 남경으로 출발하였다.

> 夏四月乙未, 詔人皇王先赴祖陵謁太祖廟. 丙辰, 會祖陵. 人皇王歸國.

여름 4월 을미일에 조서를 내려 인황왕이 먼저 조릉(祖陵)에 가서 태조 사당에 참배하도록 하였다. 병진일에 조릉에서 만났다. 인황왕이 나라(동단국)로 돌아갔다.

> 九月己卯, 詔舍利普寧撫慰人皇王. 庚辰, 詔置人皇王儀衛.

9월 기묘일에 조서를 내려 사리(舍利)[41] 보녕(普寧)에게 인황왕을 어루만지고 위로하게 하였다. 경진일에 조서를 내려 인황왕이 의장호위를 두도록 하였다.

> 冬十月戊戌, 遣使賜人皇王胙. … 甲辰, 人皇王進玉笛.

겨울 10월 무술일에 사신을 보내 인황왕에게 제사 고기를 내려 주었다. … 갑진일에 인황왕이 옥적(玉笛)을 진상하였다.

> 十一月戊寅, 東丹奏人皇王浮海適唐.

11월 무인일에 동단[국]에서 인황왕이 바다를 건너 [후]당으로 갔다고 아뢰었다.

> [天顯六年]春正月 … 丁卯, 如南京.

---

41) 舍利는 俟利라고도 한다. 원래 추장이나 수령을 의미하는 일반명사였다가 거란이 관직명으로 채택한 것으로 보는 견해가 있다(盧泰敦, 1981, 98~99쪽 주 74).

[천현 6년(931)] 봄 정월 … 정묘일에 남경에 갔다.

三月 … 丁亥, 人皇王倍妃蕭氏率其國僚屬來見.

3월 … 정해일에 인황왕 배의 비 소씨(蕭氏)[42]가 그 나라(동단국) 요속을 이끌고 와서 알현하였다.

夏四月 … 是月置中臺省于南京.

여름 4월 … 이달에 남경에 중대성(中臺省)[43]을 설치하였다.

五月 … 乙亥, 至自南京.

5월 … 을해일에 남경에서 돌아왔다.

[天顯七年]夏四月甲戌, 唐遣使來聘, 致人皇王倍書.

[천현 7년(932)] 여름 4월 갑술일에 [후]당이 사신을 보내와서 안부를 묻고, 인황왕 배의 글을 바쳤다.

[天顯八年]十一月辛丑, 太皇太后崩, 遣使告哀于唐及人皇王倍.

---

42) 述律皇后의 친정 조카인 蕭翰의 여동생이 태종의 황후가 되자 황후족은 모두 蕭를 성으로 삼았다.
43) 발해 때의 3省 가운데 하나로, 唐의 中書省에 해당하는 官署이다. 나라의 정책 수립과 詔令을 맡아보았다. 장관은 右相이며, 그 아래에는 右平章事, 內史, 詔誥舍人이 있었다.

[천현 8년(933)] 11월 신축일에 태황태후가 붕어하자 사신을 보내 [후]당 및 인황왕 배에게 슬픔을 알렸다.

[天顯九年]夏四月, 唐李從珂弒其主自立. 人皇王倍自唐上書請討.

[천현 9년(934)] 여름 4월에 [후]당 이종가(李從珂)가 그 임금을 시해하고 스스로 [황위에] 올랐다. 인황왕 배가 [후]당에서 서신을 보내 토벌을 청하였다.

[天顯十年]冬十一月丙午, 幸弘福寺爲皇后飯僧, 見觀音畫像. 乃大聖皇帝·應天皇后及人皇王所施, 顧左右曰: 昔與父母兄弟聚觀于此, 歲時未幾, 今我獨來. 悲嘆不已. 乃自製文題于壁, 以極追感之意. 讀者悲之.

[천현 10년(935)] 겨울 11월 병오일에 홍복사(弘福寺)에 행차하여 황후를 위하여 승려에게 음식을 대접하고 관음화상(觀音畫像)을 알현하였다. 이어 대성황제(大聖皇帝)·응천황후(應天皇后) 및 인황왕을 위해 시주하고, 좌우를 돌아보며 말하기를 "옛날 부모와 형제가 모여서 여기에서 보았는데 얼마 지나지 않았는데 지금은 나 홀로 왔구나!"라고 하면서 슬퍼하고 탄식하기를 그치지 않았다. 이에 스스로 글을 지어 벽에 걸었는데, 지난날을 돌아보는 뜻이 지극하여 읽는 사람들이 슬퍼하였다.

[天顯十一年]閏月 … 辛巳, 晉帝至河陽, 李從珂窮蹙, 召人皇王倍同死, 不從. 遣人殺之, 乃擧族自焚.

[천현 11년(936)] 윤월 … 신사일에 [후]진 황제가 하양(河陽)에 이르고 이종가가 궁지에 몰리게 되자, 인황왕 배를 불러 같이 죽자고 하였으나 따르지 않았다. 사람을 보내 그를 죽이고 온 가족이 스스로 분사하였다.

○ 권4, 본기(本紀) 제4, 태종(太宗) 하(下)

[會同元年]二月 ··· 丙申, 上思人皇王, 遣惕隱率宗室以下祭其行宮.

[회동 원년(938)] 2월 ··· 병신일에 황상(太宗)이 인황왕을 생각하여, 척은(惕隱)을 보내 종실 이하를 이끌고 가서 그(인황왕) 행궁에서 제사 지내게 하였다.

秋七月 ··· 戊辰, 遣中臺省右相耶律述蘭迭烈哥使晉, 臨海軍節度使趙思溫副之, 冊晉帝爲英武明義皇帝.

가을 7월 ··· 무진일에 중대성(中臺省) 우상(右相) 야율술란(耶律述蘭)과 질렬가(迭烈哥)를 [후]진에 사신으로 보내고, 임해군절도사(臨海軍節度使) 조사온(趙思溫)으로 그를 돕게 하였으며, [후]진 황제를 책봉하여 영무명의황제(英武明義皇帝)로 삼았다.

[會同三年]春正月 ··· 庚寅, 人皇王妃來朝.

[회동 3년(940)] 봄 정월 ··· 경인일에 인황왕 비가 와서 조회하였다.

六月乙未朔, 東京宰相耶律羽之言渤海相大素賢不法, 詔僚佐部民擧有才德者代之.

6월 초하루 을미일에 동경[44] 재상(東京宰相) 야율우지가 발해상(渤海相) 대소현이 불법을 저지른다고 아뢰었으므로, 조서를 내려 요좌(僚佐)와 부민(部民) 중에서 재덕이 있는 자를 천거하여 그를 대신하게 하였다.

---

44) 현재의 遼陽 지역이다. 요나라 태조가 발해를 멸망시킨 뒤 이곳에 東平郡을 설치하였다. 천현 3년(928) 요 태종이 동평군을 올려 南京으로 삼고 府名을 요양이라 하였다. 회동 원년(938)에 東京으로 이름을 고쳤다.

秋七月 … 丙子, 從皇太后視人皇王妃疾. 戊寅, 人皇王妃蕭氏薨. … 丙戌, 徙人皇王行宮于其妃薨所.

가을 7월 … 병자일에 황태후를 따라가서 인황왕 비의 병문안을 하였다. 무인일에 인황왕비 소씨가 죽었다. … 병술일에 인황왕의 행궁을 왕비의 빈소로 옮겼다.

八月己亥, 詔東丹吏民爲其王倍妃蕭氏服.

8월 기해일에 조서를 내려 동단국 관리와 백성들에게 그 왕 [야율]배의 비 소씨를 위해 상복을 입도록 하였다.

○ 권5, 본기(本紀) 제5, 세종(世宗)

世宗孝和莊憲皇帝, 諱阮, 小字兀欲. 讓國皇帝長子, 母柔貞皇后蕭氏.

세종 효화장헌황제(孝和莊憲皇帝)의 휘는 완(阮)이고, 어렸을 때 이름은 올욕(兀欲)이다. 양국황제(讓國皇帝: 야율배)의 맏아들이고, 어머니는 유정황후(柔貞皇后) 소씨이다.

[大同元年]九月 … 丁卯 … 追諡皇考曰讓國皇帝. 以安端主東丹國, 封明王.

[대동 원년(947)] 9월 정묘 … 황고(皇考: 야율배)를 양국황제로 시호를 추증하였다. [야율]안단으로 동단국을 다스리게 하고 명왕(明王)으로 봉하였다.

[天祿二年]冬十月壬午, 南京留守魏王趙延壽薨, 以中臺省右相牒蠟爲南京留守, 封燕王.

[천록 2년(948)] 겨울 10월 임오일에 남경유수(南京留守) 위왕(魏王) 조연수(趙延壽)가 죽으니, 중대성(中臺省) 우상(右相) 첩랍(牒蠟)을 남경유수로 삼고 연왕(燕王)으로 봉하였다.

○ 권6, 본기(本紀) 제6, 목종(穆宗) 상(上)

[應曆⁴⁵⁾二年]六月 … 壬寅,⁴⁶⁾ 漢爲周所侵, 遣使求援, 命中臺省右相高模翰赴之.

[응력 2년(952)] 6월 … 임인일에 [북]한이 [후]주에게 침략당하자 사신을 보내 구원을 요청하였으므로, 중대성 우상 고모한(高模翰)⁴⁷⁾에게 명하여 그를 보냈다.

十二月癸未朔, 高模翰及漢兵圍晉州. … 辛亥, 明王安端薨.

12월 계미일 초하루에 고모한 및 [북]한 병사가 진주(晉州)를 에워쌌다. … 신해일에 명왕 [야율]안단이 죽었다.

○ 권8, 본기(本紀) 제8, 경종(景宗) 상(上)

[保寧二年]夏四月, 幸東京, 致奠于讓國皇帝及世宗廟.

[보녕 2년(970)] 여름 4월에 동경에 행차하여 양국황제 및 세종의 종묘에 제사 지냈다.

[保寧五年]秋七月庚辰, 以保大軍節度使耶律斜里底爲中臺省左相.

---

45) 〈清乾隆武英殿刻本〉에는 '應歷'.
46) 〈清乾隆武英殿刻本〉에는 '于寅'.
47) 高模翰(?~959)은 다른 이름은 高松이며, 요 태조가 발해를 공격할 때 고려로 피신하였다가 죄를 짓고 거란으로 도망하여 중용되었다(『遼史』권76, 열전 6, 高模翰). 936년 後唐을 격퇴하여 後晉의 石敬塘을 구원하고, 938년 다시 後晉과의 전쟁에서 활약하는 등 많은 공을 세웠고, 侍中, 太傅, 中臺省 右·左相 등의 벼슬을 역임했다.

[보녕 5년(973)] 가을 7월 경진일에 보대군절도사(保大軍節度使) 야율사리저(耶律斜里底)를 중대성(中臺省) 좌상(左相)으로 삼았다.

[保寧七年]秋七月, 黃龍府衛將燕頗殺都監張琚以叛, 遣敵史耶律曷里必討之.

[보녕 7년(975)] 가을 7월에 황룡부위장(黃龍府衛將) 연파(燕頗)⁴⁸⁾가 도감(都監) 장거(張琚)를 죽이고 배반하니, 창사(敵史) 야율갈리필(耶律曷里必)을 보내 그를 토벌하였다.

九月, 敗燕頗於治河, 遣其弟安摶追之. 燕頗走保兀惹城, 安摶乃還, 以餘黨千餘戶城通州.

9월에 연파를 치하(治河)에서 깨뜨리고, 그 [야율갈리필의] 아우 안박(安摶)을 보내 그를 추격하였다. 연파가 올야성(兀惹城)⁴⁹⁾으로 달아나서 [성을] 지켰고, 안박이 이에 돌아오자 그 남은 무리 1천여 호로 통주(通州)에 성을 쌓았다.

○ 권10, 본기(本紀) 제10, 성종(聖宗) 1

[乾亨四年]十二月 … 庚辰, 省置中臺省官.

[건형 4년(982)] 12월 … 경진일에 중대성의 관리 배치를 살펴보았다.

---

48) 연파는 발해 유민으로, 거란 黃龍府(발해 扶餘府)의 衛將이었다. 雅必이라고도 한다. 요 경종 保寧 7년 (975) 7월에 황룡부 都監 張琚를 죽이고 반란을 일으켰으나, 북원대왕 耶律曷里必에게 격파되자 북쪽 兀惹城으로 도망하였다. 요 성종 통화 13년(995)에 올야의 烏昭度와 함께 鐵驪를 침략하였는데, 이후의 행적은 알 수 없다.
49) 遼 保寧 7년(975) 7월에 황룡부 衛將 燕頗가 요나라에 반란을 일으켰다가, 9월에 패배하여 兀惹城에 웅거하였다. 올야성은 발해 수도였던 忽汗城으로 추정되며(池內宏, 『滿鮮史研究』 中世1, 吉川弘文館, 1933, 112쪽), 黑龍江省 通河縣 부근으로 추정되기도 한다. 요대에 東京道에 속하였다.

> [統和元年]春正月 … 丙子 … 渤海撻馬解里以受先帝厚恩, 乞殉葬, 詔不許, 賜物以旌之.

[통화 원년(983)] 봄 정월 … 병자일에 … 발해달마(渤海撻馬) 해리(解里)가 선제(先帝)에게 두터운 은혜를 받은 것으로 순장(殉葬)을 청하였으나, 조서를 내려 허락하지 않고 재물을 내려 그를 기렸다.

> [統和二年]十二月辛丑 … 大仁靖東京中臺省右平章事.

[통화 2년(984)] 12월 신축일에 … 대인정(大仁靖)을 동경 중대성 우평장사(右平章事)로 삼았다.

○ 권11, 본기(本紀) 제11, 성종(聖宗) 2

> [統和四年]夏四月 … 癸丑, … 渤海小校貫海等叛入于宋, 籍其家屬, 分賜有功將校.

[통화 4년(986)] 여름 4월 … 계축일에 … 발해소교(渤海小校) 관해(貫海) 등이 배반하여 송나라에 들어갔으므로, 그 가속을 적몰하여 공이 있는 장교에게 나누어 주었다.

○ 권13, 본기(本紀) 제13, 성종(聖宗) 4

> [統和十年]二月 … 壬申, 兀惹來貢.

[통화 10년(992)] 2월 … 임신일에 올야(兀惹)[50]가 와서 조공하였다.

---

50) 요금 시기 송화강 중류에서 시호테산맥, 흑룡강, 烏蘇里江, 牡丹江 일대에 살던 烏惹, 烏舍, 屋惹, 兀兒, 盟熱 등으로 불리던 종족 이름이다. 요대에 동경도에 속하였다. 고려는 滿洲 내지에서 유목 생활을

> [統和十二年]十二月 … 癸巳, 女直以宋人浮海賂[51)]本國及兀惹叛來告.

[통화 12년(994)] 12월 … 계사일에 여직(女直)이 송나라 사람이 바다를 건너 본국에 뇌물을 바친 것과 올야가 배반하였음을 와서 아뢰었다.

> [統和十三年]秋七月 … 丁巳, 兀惹烏昭度・渤海燕頗等侵鐵驪, 遣奚王和朔奴等討之.

[통화 13년(995)] 가을 7월 … 정사일에 올야 오소도(烏昭度)와 발해[인] 연파 등이 철려(鐵驪)를 침략하여, 해왕(奚王) 화삭노(和朔奴) 등을 보내 그들을 토벌하였다.

> 冬十月 … 戊子, 兀惹歸欸, 詔諭之.

겨울 10월 … 무자일에 올야가 와서 기대니 조서를 내려 그를 위로하였다.

> [統和十四年]夏四月 … 是月, 奚王和朔奴・東京留守蕭恆德等五人以討兀惹不克, 削官.

[통화 14년(996)] 여름 4월 … 이달에 해왕 화삭노와 동경유수 소항덕(蕭恆德) 등 5인으로 올야를 토벌하였으나 이기지 못하여 관직을 삭탈하였다.

하던 여진을 北蕃이라고 불렀는데, 숲(Weji)에서 생활하므로 이를 우디케(兀狄哈, 兀惹)라고도 불렸다. 이들은 유목과 수렵 생활을 하므로 한군데 정착하지 않고 부족 단위로 수초를 따라 이주하며 생활하였다. 이들 가운데는 고려와 관계를 맺기도 했는데, 오늘날 골드(Gold)族으로 여겨지기도 한다(최규성, 1995, 320쪽).

51) 〈清乾隆武英殿刻本〉에는 '路'.

> 冬十月 … 戊午, 烏昭度乞內附.

겨울 10월 … 무오일에 오소도가 와서 내부(內附)하기를 간청하였다.

> [統和十五年]春正月 … 癸未, 兀惹長武周來降.

[통화 15년(997)] 봄 정월 … 계미일에 올야의 우두머리 무주(武周)가 와서 항복하였다.

> 三月 … 庚寅, 兀惹烏昭度以地遠, 乞歲時免進鷹·馬·貂皮, 詔以生辰·正旦貢如舊, 餘免.

3월 … 경인일에 올야의 오소도가 땅이 멀다는 이유로 세시에 매·말·초피를 진상하는 것을 면제해 주기를 비니, 조서를 내려 생신 때와 정단(正旦)에만 예전같이 하고 나머지는 면해 주었다.

○ 권14, 본기(本紀) 제14, 성종(聖宗) 5

> [統和十六年]二月 … 丙午, 以監門衛上將軍耶律喜羅爲中臺省左相.

[통화 16년(998)] 2월 … 병오일에 감문위(監門衛) 상장군(上將軍) 야율희라(耶律喜羅)를 중대성 좌상으로 삼았다.

> [統和十七年]六月, 兀惹烏昭慶來.

[통화 17년(999)] 6월에 올야의 오소경(烏昭慶)이 왔다.

[統和二十一年]夏四月 … 戊辰, 兀惹·渤海·奧里米·越里篤·越里吉[52]等五部遣使來貢.

[통화 21년(1003)] 여름 4월 … 무진일에 올야·발해·오리미(奧里米)·월리독(越里篤)[53]·월리길(越里吉) 등 5부에서 사신을 보내 조공하였다.

[統和二十二年]秋七月 … 丁亥, 兀惹·蒲奴里·剖阿里·越里篤·奧里米等部來貢.

[통화 22년(1004)] 가을 7월 … 정해일에 올야·포노리(蒲奴里)·부아리(剖阿里)·월리독·오리미 등 부에서 와서 조공하였다.

九月己丑, 以南伐諭高麗. 丙午, 幸南京. 女直遣使獻所獲烏昭慶妻子.

9월 기축일에 남쪽을 정벌한 일로써 고려를 깨우쳤다. 병오일에 남경에 행차하였다. 여직에서 사신을 보내 사로잡은 오소경의 처자를 바쳤다.

○ 권15, 본기(本紀) 제15, 성종(聖宗) 6

[統和二十八年]十一月 … 壬辰, … 高麗禮部郎中渤海陀失來降.

[통화 28년(1010)] 11월 … 임진일에 … 고려 예부낭중(禮部郎中) 발해타실(渤海陀失)이 와서 항복하였다.

---

[52] 〈淸乾隆武英殿刻本〉과 〈百衲本景印元刊本〉에는 '古'.
[53] 지금의 흑룡강성 依蘭에서 러시아 하바롭스크 일대에 거주하던 여진 계통의 부족이다. 剖阿里, 奧里米, 浦奴里, 鐵驪 등과 함께 오국 또는 오국부로 불렸다. 玩突 또는 越離睹으로도 나온다.

[開泰元年]八月丙申朔,[54] 鐵驪那沙等送兀惹百餘戶至賓州, 賜絲絹.

[개태 원년(1012)] 8월 병신일 초하루에 철려(鐵驪)의 나사(那沙) 등이 올야 1백여 호를 호송하여 빈주(賓州)에 이르렀으므로, 사(絲)와 견(絹)을 하사하였다.

○ 권16, 본기(本紀) 제16, 성종(聖宗) 7

[開泰七年]十二月 … 是月, 蕭排押等與高麗戰于茶·陀二河. … 渤海詳穩高淸明·天雲軍詳穩海里等皆死之.

[개태 7년(1018)] 12월 … 이달에 소배압(蕭排押) 등이 고려와 다하(茶河)와 타하(陀河)에서 싸웠다. … 발해상온(渤海詳穩)[55] 고청명(高淸明), 천운군상온(天雲軍詳穩) 해리(海里) 등은 모두 죽었다.

[開泰八年]三月 … 己卯, 詔加征高麗有功渤海將校官. … 丙戌, 置東京渤海承奉官都知押班.

[개태 8년(1019)] 3월 … 기묘일에 조서를 내려 고려를 정벌할 때 공이 있는 발해 장교의 벼슬을 더해 주게 하였다. … 병술일에 동경에 발해승봉관(渤海承奉官) 도지압반(都知押班)을 두었다.

五月 … 乙亥, 遷寧州渤海戶于遼·土二河之間.

---

54) 〈淸乾隆武英殿刻本〉과 〈百衲本景印元刊本〉에는 '丙申'.
55) 상온은 각 관서의 최고 책임자를 가리키는 거란말로, 군대의 경우 장군을 지칭한다(유득공 지음, 김종복 옮김, 2018, 101쪽).

5월 … 을해일에 영주(寧州)의 발해호(渤海戶)를 요하(遼河)와 토하(土河) 사이로 옮겼다.

[太平二年]五月 … 庚辰, 鐵驪遣使獻兀惹十六戶.

[태평 2년(1022)] 5월 … 경진일에 철려가 사신을 보내 올야 16호를 바쳤다.

○ 권17, 본기(本紀) 제17, 성종(聖宗) 8

[太平八年]九月壬辰朔, 以渤海宰相羅漢權東京統軍使.

[태평 8년(1028)] 9월 임진일 초하루에 발해 재상 나한(羅漢)을 권동경통군사(權東京統軍使)로 삼았다.

[太平九年]八月己丑, 東京舍利軍詳穩大延琳囚留守·駙馬都尉蕭孝先及南陽公主, 殺戶部使韓紹勳·副使王嘉·四捷軍都指揮使蕭頗得, 延琳遂僭位, 號其國爲興遼, 年爲天慶. 初, 東遼之地, 自神冊來附, 未有榷酤鹽麴之法, 關市之征亦甚寬弛. 馮延休·韓紹勳相繼以燕地平山之法繩之, 民不堪命. 燕又仍歲大饑, 戶部副使王嘉復獻計造船, 使其民諳海事者, 漕粟以振燕民, 水路艱險, 多至覆沒. 雖言不信, 鞭楚[56] 搒掠, 民怨思亂. 故延琳乘之, 首殺紹勳·嘉, 以快其眾. 延琳先事與副留守王道平謀, 道平夜棄其家, 踰城走, 與延琳所遣召黃龍府黃翩者, 俱至行在告變. 上卽徵諸道兵, 以時進討. 時國舅詳穩蕭匹敵治近延琳, 先率本管及家兵據其要害, 絶其西渡之計. 渤海太保夏行美亦舊主兵, 戍保州, 延琳密馳書, 使圖統帥耶律蒲古. 行美乃以實告, 蒲古得書, 遂殺渤海兵八百人, 而斷其東路. 延琳知黃龍·保州皆不附, 遂分兵西取瀋州, 其節度使蕭王六初至, 其副張傑聲言欲降, 故不急攻. 及知其詐, 而已有備, 攻之不克而還. 時南·北女直皆從延琳, 高麗亦稽其貢. 及諸道兵次第皆至,

---

56) 〈百衲本景印元刊本〉에는 '鞭琳'.

延琳嬰城固守.

　[태평 9년(1029)] 8월 기축일에 동경 사리군상온(舍利軍詳穩)[57] 대연림(大延琳)[58]이 [동경]유수이자 부마도위(駙馬都尉)인 소효선(蕭孝先) 및 남양공주(南陽公主)를 가두고, 호부사(戶部使) 한소훈(韓紹勳)·[호부]부사 왕가(王嘉)·사첩군도지휘사(四捷軍都指揮使) 소파득(蕭頗得)을 죽였다. [대]연림이 드디어 참람되게 자리에 올라 국호를 흥료(興遼)[59]라 부르고, 연호를 천경(天慶)이라 하였다. 처음에 동요(東遼)의 땅에서 신책 연간(916~921)부터 와서 의지하였는데, [그때는] 각고(榷酤)와 염국(鹽麯)의 법도 없었고 관시(關市)[60]의 세금 또한 매우 관대하였다. 풍연휴(馮延休)와 한소훈이 연이어 연(燕) 땅 평산(平山)의 법으로 그들을 얽어매니, 백성들은 그 명을 감당할 수 없었다. 연 또한 대기근이 드니 호부부사 왕가가 다시 배를 만들어 바다에 익숙한 백성들을 시켜 곡식을 운반하여 연(燕)의 백성을 진휼하자고 계책을 올렸다. [그러나] 물길이 험난하여 침몰하는 것이 많았다. 비록 말하였으나 믿지 않았고, 매질과 약탈을 당하니 백성들은 원망하며 난리를 생각하였다. 이 때문에 [대]연림이 그 틈을 타서 먼저 [한]소훈과 [왕]가를 죽여 그 무리의 마음을 통쾌하게 하였다. [대]연림이 일을 도모함에 앞서 부유수(副留守) 왕도평(王道平)과 모의를 했는데, [왕]도평이 밤에 그 가속을 버리고 성을 넘어 달아났다. [대]연림이 보내서 부른 황룡부의 황편(黃翩)이라는 자와 더불어 행재소에 이르러 변을 아뢰었다. 황상이 즉시 여러 도의 병사를 뽑아 때에 맞춰 나아가

---

57) 사리군은 군사 지휘관인 사리가 이끄는 군대라는 의미로 거란족 군대에 대한 총칭이며, 상온은 각 관서의 최고 책임자를 가리키는 거란말로 군대의 경우 장군을 가리킨다(유득공 지음, 김종복 옮김, 2018, 101쪽).
58) 『東國通鑑』〈奎1139〉卷第16, 高麗紀 顯宗 20年에는 "발해 시조 대조영의 7대손"으로 기술되어 있다.
59) 흥료국은 1029년(고려 현종 20) 8월 초 遼의 東京道 관할하에 있던 東京舍利軍 詳穩 大延琳이 세운 나라이다. 대연림은 女眞과 고려와 함께 거란에 대항하기 위해, 건국 직후인 그해 9월 초에 高吉德을 고려에 보내 건국을 알리고 구원을 요청하였다. 그러나 고려는 郭元이 주도한 保州城(의주) 공격이 실패한 뒤에는 거란의 남침에 대비만 하는 수세로 돌아섰다. 따라서 1029년 12월부터 1030년 9월까지 여러 차례 거듭된 흥료국의 구원 요청을 들어주지 않았다. 한편 요는 1029년 10월 초에 동경성을 포위하여 공격하였고, 흥료국은 거의 1년 동안 거란에 포위당한 채 저항하였으나 楊詳世의 배반으로 요양성이 함락되고 대연림이 붙잡히면서 멸망하였다.
60) 關市는 변경의 교통 요지에 설치한 시장으로, 주로 관문 밖의 이민족과 교역하던 시장을 말한다.

토벌하였다. 이때 국구 상온(詳穩) 소필적(蕭匹敵)이 [대]연림과 가까운 지역을 다스리고 있어서, 먼저 본래 관리하는 병사와 가병을 이끌어 그 요충지를 점거하여 [대연림이] 서쪽으로 건너가려는 계책을 끊어 버렸다. 발해태보(渤海太保) 하행미(夏行美) 역시 옛 주인의 병사로 보주(保州)를 지키고 있었는데, [대연림이] 급한 서신을 보내 통수 야율포고(耶律蒲古)를 도모하게 하였다. [하]행미가 이에 사실을 아뢰고 [야율]포고가 서찰을 얻어 드디어 발해병 8백 인을 죽여 그 동쪽 길을 끊었다. [대]연림이 황룡과 보주가 모두 와서 붙지 않음을 알고서 마침내 병사를 나눠 서쪽의 심주(瀋州)61)를 취하였다. 그곳 절도사 소왕륙(蕭王六)이 가장 먼저 이르고, 절도부사 장걸(張傑)이 항복한다고 소문을 내었으므로 급하게 공격하지 않았다. 그것이 속임수임을 알았을 때에는 이미 대비가 있어, 성을 공격하였으나 이기지 못하고 돌아갔다. 이때 남북여진은 모두 [대]연림을 따랐고 고려 또한 조공을 늦추고 있었다. 여러 도의 병사가 차례로 모두 이르니, [대]연림은 성문을 굳게 닫고 지켰다.

冬十月丙戌朔, 以南京留守燕王蕭孝穆爲都統, 國舅詳穩蕭匹敵爲副統, 奚六部大王蕭蒲奴爲都監以討之.

겨울 10월 병술일 초하루에 남경유수(南京留守) 연왕(燕王) 소효목(蕭孝穆)을 도통(都統)62)으로 삼고, 국구 상온 소필적을 부통으로 삼았으며, 해육부대왕(奚六部大王) 소포노(蕭蒲奴)를 도감(都監)으로 삼아 그(대연림)를 토벌하였다.

[太平十年]三月甲寅朔, 詳穩蕭匹敵至自遼東言, 都統蕭孝穆去城四面各五里許, 築城堡以圍之, 駙馬延寧與其妹穴地遁去, 惟公主崔八在後, 爲守陣者覺而止.

[태평 10년(1030)] 3월 갑인일 초하루에 상온 소필적이 요동에서 와서 이르러 말하기를

---

61) 瀋州는 『遼史』「地理志」東京道條에 '瀋州'로 되어 있고, 9縣을 거느렸다.
62) 도통은 금나라의 최고 군사 지휘관이다. 그 아래 만호, 군수(軍帥), 맹안이 있었다(유득공 지음, 김종복 옮김, 2018, 220쪽).

"도통 소효목이 성 사면에서 각각 5리쯤 떨어진 곳에 성보를 쌓아 그를 에워쌌습니다. 부마 연녕(延寧)과 그 누이는 땅굴을 파고 도망갔으나, 오직 공주 최팔(崔八)은 뒤에 있다가 성을 지키던 자에게 발각되어 도망가지 못하였습니다."라고 하였다.

八月丙午, 東京賊將楊詳世密送欸, 夜開南門納遼軍. 擒延琳, 渤海平.

8월 병오일에 동경의 적장(賊將) 양상세(楊詳世)가 몰래 글을 보내 내통하고, 밤에 남문을 열어 요나라 군대를 받아들였다. [대]연림을 사로잡고 발해를 평정하였다.

十一月辛亥, … 詔渤海舊族有勳勞材力者敍用, 餘分居來·隰·遷·潤等州.

11월 신해일에 … 조서를 내려, 발해 구족(舊族) 중에 공훈과 재능이 있는 자는 서용(敍用)하고 나머지는 내(來)·습(隰)·천(遷)·윤(潤) 등의 주에 나누어 살도록 하였다.

○ 권19, 본기(本紀) 제19, 흥종(興宗) 2

[重熙十五年]十一月 … 己亥, 渤[63)]海部以契丹戶例通括軍馬.

[중희 15년(1046)] 11월 … 기해일에 발해부(渤海部)가 거란호(契丹戶)의 예(例)로써 군마를 통틀어 조사하였다.

○ 권27, 본기(本紀) 제27, 천조황제(天祚皇帝) 1

[天慶四年]秋七月, … 阿骨打乃與弟粘罕·胡舍等謀, 以銀朮割·移烈·婁室·闍母等爲帥, 集女直諸部兵, 擒遼障鷹官. 及攻寧江州, 東北路統軍司以聞. 時上在慶州射鹿, 聞之略[64)]不介意, 遣海州刺史高仙壽統渤海軍應援.

---

63) 〈百衲本景印元刊本〉에는 '■'.

[천경 4년(1114)] 가을 7월에 … [완안]아골타([完顏]阿骨打)[65]가 이에 아우 점한(粘罕)[66]·호사(胡舍) 등과 모의하여 은술할(銀朮割)·이렬(移烈)·누실(婁室)·도모(闍母) 등을 장수로 삼고, 여직 여러 부의 병사들을 모아 요나라의 장응관(障鷹官)을 사로잡았다. 영강주(寧江州)[67]를 공격함에 미쳐 동북로통군사(東北路統軍司)가 [그 사실을] 아뢰었다. 이때 황상은 경주(慶州)에서 사슴을 사냥하였는데 [그 사실을] 듣고도 대수롭지 않게 여겼다. 해주자사(海州刺史) 고선수(高仙壽)를 보내 발해군을 이끌고 지원토록 하였다.

十二月, 咸·賓·祥三州及鐵驪·兀惹皆叛入女直.

12월에 함(咸)·빈(賓)·상(祥) 3주 및 철려·올야가 모두 배반하고 여직으로 들어갔다.

○ 권28, 본기(本紀) 제28, 천조황제(天祚皇帝) 2

[天慶五年]二月, 饒州渤海古欲等反, 自稱大王.

[천경 5년(1115)] 2월에 요주(饒州)의 발해고욕(渤海古欲)[68] 등이 배반하여, 스스로 대왕

---

64) 〈淸乾隆武英殿刻本〉과 〈百衲本景印元刊本〉에는 '罟'.
65) 完顏劾里鉢의 둘째 아들로, 漢式 이름은 王旻(1068~1123)이다. 1114년 寧江州에서 요나라 군대를 격파하고, 이듬해인 1115년에 금나라를 세웠다. 시호는 武元皇帝이며, 묘호는 太祖이다. 연호는 收國이며, 會寧에 도읍하였다.
66) 粘罕은 금나라 장수 完顏宗翰(1080~1137)의 본명인 粘沒喝을 漢字로 표기한 것이다. 國相 完顏撒改의 아들로, 개국공신이며 태조·태종·희종 3대를 섬겼다.
67) 遼 淸寧 연간(1055~1064)에 설치되었고, 東京道 黃龍府에 속하였다. 여진 完顏部의 본거지인 阿城의 서남쪽, 오늘날 陶賴昭의 서쪽 북류 송화강 강기슭에 가까운 곳으로서(外山軍治, 1975, 37쪽), 지금의 길림성 松原市 扶餘縣 三岔河 石頭城子로 비정된다. 1114년 요군이 완안아골타에게 패한 곳으로 유명하다. 요나라가 영강주전투에서 패배한 이후 동경도 북부의 공제권을 상실하자, 이 지역의 주도권이 여진으로 넘어갔다(임상선 편역, 2019, 198~199쪽).
68) 거란 上京 臨潢府 관할의 饒州 출신 발해인이다. 1115년 2월 요주에서 거병하여 스스로 大王이라고 하였다. 이때 인근의 발해 유민들이 동참했는데, 고욕은 마보군 3만여 명을 이끌고 요나라 군대와 싸워 여러 차례 승리하였다. 그러나 5개월 만인 6월에 南面副部署 蕭陶蘇斡에게 붙잡히며 진압되었다. 고욕

이라고 일컬었다.

三月, 以蕭謝佛留等討之.

3월에 소사불류(蕭謝佛留) 등으로 그(발해고욕)를 토벌하였다.

夏四月癸丑, 蕭謝佛留等爲渤海古欲所敗, 以南面副部署蕭陶蘇斡爲都統, 赴之.

여름 4월 계축일에 소사불류 등이 발해고욕에게 패하여, 남면부부서(南面副部署) 소도소알(蕭陶蘇斡)을 도통으로 삼아 그곳으로 가게 하였다.

五月, 陶蘇斡及古欲戰, 敗績.

5월에 [소]도소알이 [발해]고욕과 싸워 크게 졌다.

六月 … 丙辰, 陶蘇斡招獲古欲等.

6월 … 병진일에 [소]도소알이 [발해]고욕 등을 불러들여 잡았다.

[天慶六年]春正月丙寅朔, 東京夜有惡少年十餘人, 乘酒執刃, 踰垣入留守府, 問留守蕭保先所在, 今軍變, 請爲備. 蕭保先出, 刺殺之. 戶部使大公鼎聞亂, 卽攝留守事, 與副留守高淸明集奚·漢兵千人, 盡捕其衆, 斬之, 撫定其民. 東京故渤海地, 太祖力戰二十餘年乃得之. 而蕭保先嚴酷, 渤海苦之, 故有是變. 其裨將渤海高永昌

의 거병은 이듬해 정월 高永昌의 발해부흥운동에 영향을 주었다고 평가된다.

僭號, 稱隆基元年. 遣蕭乙薛·高興順招之, 不從.

[천경 6년(1116)] 봄 정월 병인일 초하루에 동경에서 밤에 못된 소년 10여 인이 있었는데 술에 취해 칼을 가지고 담을 넘어 유수부에 들어갔다. 유수 소보선(蕭保先)의 소재를 물으며, "지금 군사들이 변란을 일으켰으니 방비하소서."라고 하였다. 소보선이 나오자 그를 찔러 죽였다. 호부사(戶部使) 대공정(大公鼎)이 변란 소식을 듣고 바로 유수의 일을 대신 맡았다. 부유수 고청명(高淸明)과 더불어 해[69]·한의 병사 1천 인을 모아, 그 무리를 모두 잡아 참수하고 그 백성들을 어루만져 안정시켰다. 동경은 옛날 발해 땅으로 [거란] 태조가 20여 년을 애써 싸워 비로소 그곳을 얻었다. 그러나 소보선이 혹독한 정치를 해서 발해가 그것을 괴로워 했기 때문에 이 변란이 생긴 것이다. 그의 비장 발해 고영창(高永昌)[70]이 [황제를] 참호하고, 융기(隆基) 원년이라 칭하였다.[71] [황제가] 소을설(蕭乙薛)·고흥순(高興順)을 보내 그를 불렀으나, 따르지 않았다.

閏月己亥, 遣蕭韓家奴·張琳討之. 戊午, 貴德州守將耶律余覩以廣州渤海叛附永昌,

---

69) 거란과 함께 東胡 鮮卑 계통으로, 庫莫奚라고도 한다. 활동 지역은 老哈河를 중심으로 遼寧省 阜新市 부근까지, 서쪽으로는 內蒙古自治區 克什克騰旗의 이남 지대까지이다. 4세기 후반에 처음 기록에 등장하며 점차 세력을 확대하여 阿會氏 5부 연맹을 형성하였다. 7세기 초부터 군사력이 거란과 비교될 정도였고 어느 시기에는 거란을 압도하였다. 거란 鮮質可汗의 토벌로 쇠퇴하다가 거란과 함께 回紇에 귀부하였고, 이후 화친과 상쟁을 반복하였다. 요 태조 때 항복하여 해5부가 되었으며 墮瑰部 설치로 해6부로 불렸다. 성종 때 北府에 예속되었다.
70) 고영창은 요나라 供奉官으로, 1115년 阿骨打가 요동으로 남하하자 이를 지지하기 위해 渤海武勇馬軍 2,000명을 모집하여 요양부 인근의 白草谷을 지켰다. 그 이듬해 정월 東京留守 蕭保先의 혹독한 학정에 시달리던 발해 유민과 함께 요양부를 점령하고, 국호를 '大渤海國'이라 하였다. 金과 교섭하여 요에 대항하려 했으나 도리어 요와 금 양쪽으로부터 공격을 받았고, 고영창이 금에 붙잡혀 참살되며 대발해국은 5개월 만에 멸망하였다.
71) 고영창이 세운 나라가 大渤海인지 大元인지 정확하지 않다. 『高麗史』·『高麗史節要』에는 국명과 연호가 '대원'과 '隆基'로 나오지만, 『契丹國志』卷10 天祚紀上에는 "高永昌自殺留守蕭保先後 自據東京 稱大渤海皇帝 開元應順 據遼東五十餘州"라고 하여 '대발해'와 '應順'으로 나와 차이를 보인다(이효형, 2002, 22쪽; 이효형, 2006, 14쪽).

我師擊敗之.

윤[정]월 기해일에 소한가노(蕭韓家奴)와 장림(張琳)을 보내 그를 토벌하였다. 무오일에 귀덕주(貴德州) 수장(守將) 야율여도(耶律余覩)가 광주(廣州)의 발해로써 배반하고 [고]영창에게 가서 붙으니, 우리 군대가 그를 공격하여 패배시켰다.

二月戊辰, 侍御司徒撻不也等討張家奴, 戰于祖州, 敗績. 乙酉, 遣漢人行宮都部署蕭特末率諸將討張家奴. 戊子, 張家奴誘饒州渤海及中京賊侯槩等萬餘人, 攻陷高州.

2월 무진일에 시어사도(侍御司徒) 달불야(撻不也) 등이 장가노(張家奴)를 토벌하여 조주(祖州)에서 싸웠으나 크게 패하였다. 을유일에 한인행궁도부서(漢人行宮都部署) 소특말(蕭特末)을 보내어 여러 장수를 거느리고 장가노를 토벌하였다. 무자일에 장가노가 요주(饒州)의 발해와 중경의 도적 후개(侯槩) 등 1만여 인을 꾀어 고주(高州)를 공격하여 함락시켰다.

夏四月戊辰, 親征張家奴. 癸酉, 敗之. 甲戌, 誅叛黨, 饒州渤海平.

여름 4월 무진일에 [황제가] 친히 장가노를 정벌하였다. 계유일에 그들을 패배시켰다. 갑술일에 반란의 무리를 주살하고 요주의 발해를 평정하였다.

五月, … 女直軍攻下瀋州, 復陷東京, 擒高永昌.

5월에 … 여직군이 심주(瀋州)를 공격하여 무너뜨리고, 다시 동경을 함락시켜 고영창을 사로잡았다.

> 秋七月, … 春州渤海二千餘戶叛, 東北路統軍使勒兵追及, 盡俘以還.

가을 7월에 … 춘주(春州)의 발해 2천여 호가 배반하니, 동북로통군사(東北路統軍使)가 군사를 정비하여 바짝 뒤쫓아서 모두 포로로 잡아 돌아왔다.

> [天慶七年春正月]月, 女直軍攻春州, 東北面諸軍不戰自潰,[72] 女古·皮室四部及渤海人皆降, 復下泰州.

[천경 7년(1117) 봄 정월] 이달에 여직군이 춘주를 공격하자 동북면의 여러 군대가 싸우지도 않고 스스로 무너졌다. 여고(女古)와 피실(皮室) 4부와 발해인이 모두 항복하였고, 다시 태주(泰州)도 함락되었다.

○ 권31, 지(志) 제1, 영위지(營衛志) 상(上)

> 宮衛.

궁위.

> 算斡魯朵.
> 太祖置. 國語心腹曰, 算, 宮曰, 斡魯朵. 是爲弘義宮. 以心腹之衛置, 益以渤海俘, 錦州戶. 其斡魯朵在臨潢府, 陵寢在祖州東南二十里.

산알로타.
태조가 설치하였다. 국어로 심복(心腹)을 산(算)이라 하고, 궁(宮)을 알로타(斡魯朵)라고 한다. 이것이 홍의궁(弘義宮)이다. 호위하는 심복들로 배치하였으며, 발해 포로와 금주(錦州)

---

[72] 〈百衲本景印元刊本〉에는 '潰'.

의 호를 보탰다. 알로타는 임황부(臨潢府)[73]에 있고 [태조의] 능침은 조주(祖州) 동남쪽 20리에 있다.

國阿輦斡魯朶.
太宗置. 收[74]國曰, 國阿輦. 是爲永興宮, 初名孤穩斡魯朶. 以太祖平渤海俘戶, 東京懷州提轄司及雲州懷仁縣·澤州灤河縣等戶置. 其斡魯朶在游古河側, 陵寢在懷州南三十里.

국아련알로타.

태종이 설치하였다. 수국(收國)을 국아련(國阿輦)이라고 한다. 이것이 영흥궁(永興宮)이다. 처음에는 고온알로타(孤穩斡魯朶)라고 하였다. 태조가 발해를 평정하고 포로로 잡은 호와 동경 회주제할사(懷州提轄司) 및 운주(雲州) 회인현(懷仁縣)과 택주(澤州) 난하현(灤河縣) 등의 호를 두었다. 알로타는 유고하(游古河) 곁에 있고 [태종의] 능침은 회주(懷州) 남쪽 30리에 있다.

○ 권34, 지(志) 제4, 병위지(兵衛志) 상(上)

[天贊]四年, 又[75]親征渤海. 天顯元年, 滅渤海國, 地方五千里, 兵數十萬, 五京·十五府·六十二州, 盡有其衆, 契丹益大.

[천찬] 4년(925)에 [태조가] 다시 친히 발해를 정벌하였다. 천현 원년(926)에 발해국을 멸망시켜,[76] 사방 5천 리의 영토와 수십만의 군사, 5경 15부 62주의 그 무리를 모두 차지하여

---

73) 요나라 수도인 上京 臨潢府. 중국 內蒙古自治區 赤峯市 巴林左旗 林東鎭 남쪽에 위치한다.
74) 〈淸乾隆武英殿刻本〉과 〈百衲本景印元刊本〉에는 '牧'.
75) 〈百衲本景印元刊本〉에는 '疑'.
76) 발해가 멸망한 까닭에 대해서는 발해 말기 고위직을 지낸 수많은 발해 유민이 고려로 내투한 현상에 주목하여 지도층 내부의 권력 다툼 또는 내분에 주목하는 견해가 일반적이다(박시형, 1979, 89쪽; 楊保隆, 1988, 13~14쪽; 王承禮, 1984, 167~171쪽; 방학봉, 1990, 202쪽; 宋基豪, 1996, 226~232쪽; 에.뻬.샤

거란이 더욱 커졌다.

○ 권34, 지(志) 제4, 병위지(兵衛志) 상(上), 병제(兵制)

> 凡擧兵, 帝率蕃漢文武臣僚, 以靑牛白馬祭告天地·日神, 惟不拜月, 分命近臣告太祖以下諸陵及木葉山神, 乃詔諸道徵兵. 惟南·北奚王, 東京渤海兵馬, 燕京統軍兵馬, 雖奉詔, 未敢發兵, 必以聞. 上遣大將持金魚符, 合, 然後行.

대개 군대를 일으킬 때에는 황제가 번한(蕃漢)의 문무 신료를 이끌고 청우(靑牛)와 백마(白馬)로 천지(天地)·일신(日神)에게 제사를 지내 아뢰고, 달에게만은 절하지 않는다. 근신(近臣)을 나누어 태조 이하 여러 능(陵)과 목엽산(木葉山)77) 신에게 아뢰도록 명하고, 이내 여러 도에 조서를 내려 군사를 징집한다. 오직 남·북해왕과 동경의 발해 병마(兵馬)와 연경(燕京) 통군(統軍)의 병마는 비록 조서를 받더라도 감히 발병하지 못하고 반드시 [천자에게] 아뢰게 한다. 황상이 대장에게 금어부(金魚符)를 지니고 가게 하여 [그것을 서로] 맞춰 본 연후에 [군사를] 움직이게 한다.

브꾸노프 엮음, 송기호·정석배 옮김, 1996, 58쪽; 朴玉杰, 1996, 92~93쪽). 하지만 고려 때부터 지배권을 인정받아 유지해 온 토착 세력인 수령이 잔존한 것이 발해 정권의 기반을 약화시켰다고 인식하는 견해(河上洋, 1983, 218~219쪽), 재지 세력인 수령에 대한 발해의 통제력이 이완되어 초래된 결과라는 견해(金東宇, 1996, 342쪽)도 있고, 발해 멸망을 천도와 연결시키는 견해, 즉 상경 용천부에서 요하로 천도하지 않아 중원의 원조를 받지 못했기 때문이라는 견해(孫玉良, 1983, 112쪽)나 唐을 중심으로 하는 책봉 체제의 붕괴에서 원인을 찾는 견해(大隅晃弘, 1984, 123~124쪽)도 있으며, 발해의 방위 단위인 城 운용이 고구려의 총력적 방위 방식과 차이를 보인다는 견해(高橋學而, 1989, 166~167쪽)도 있다. 이 밖에도 백두산의 화산 폭발로 멸망하였다는 견해도 있으나 인정되지 않는다. 최근에는 遼代 '陳滿의 묘지명'을 검토하여 거란 耶律阿保機의 親征이 이미 923년에 있었으며 925년 12월 이전 요동과 압록부에 대한 공격이 있었던 사실을 밝히고 발해 멸망 전쟁이 장기간에 걸쳐 이루어졌다는 주장이 제기되었다(권은주, 2016, 150~151쪽).

77) 지금의 내몽고자치구 林東縣(巴林左旗) 동남쪽 西拉木倫과 土河가 합류하는 곳에 위치한 거란족의 聖山이다. 이 산에는 거란 시조의 사당이 있어 遼代에 중요한 전쟁이 있을 때와 매해 봄·가을에 백마와 청우로 제사를 지냈다. 국가 최고 의례지로서 함부로 입산하면 사형에 처했다.

○ 권36, 지(志) 제6, 병위지(兵衛志) 하(下), 오경(五京) 향정(鄕丁)

遼建五京. 臨潢, 契丹故壤, 遼陽, 漢之遼東, 爲渤海故國. … 東京, 本渤海, 以其地[78]建南京遼陽府. … 天顯十三年, 太宗改爲東京.

요는 오경(五京)을 세웠다. 임황(臨潢)은 거란의 옛 땅이고, 요양(遼陽)은 한의 요동이며 발해의 고국(故國)이다. … 동경은 본래 발해인데, 이 땅에 남경(南京) 요양부(遼陽府)를 세웠다. … 천현 13년(938)에 태종이 동경(東京)으로 고쳤다.

○ 권37, 지(志) 제7, 지리지(地理志) 1

太祖 … 東倂渤海, 得城邑之居百有三.

태조는 … 동쪽으로 발해를 병합하며 얻은 성읍이 103개나 되었다.

長泰縣. 本渤海國長平縣民. 太祖伐大諲譔, 先得是邑, 遷其人於京西北, 與漢民雜居. 戶四千.

장태현(長泰縣). 본래 발해국 장평현(長平縣) 백성들이다. 태조가 대인선(大諲譔)을 정벌하여 먼저 이 읍을 얻고, 그 사람을 [상]경 서북쪽으로 옮겨 한(漢) 백성과 섞여 살게 하였다. 호는 4천이다.

定霸縣. 本扶餘府强師縣民. 太祖下扶餘, 遷其人於京西, 與漢人雜處, 分地耕種.

정패현(定霸縣). 본래 부여부(扶餘府) 강사현(强師縣) 백성들이다. 태조가 부여를 함락시키고 그 사람들을 [상]경 서쪽으로 옮겨 한인들과 섞여 살게 하고, 토지를 나눠 주어 농사를

---

[78] 〈百衲本景印元刊本〉에는 '他'.

짓게 하였다.

> 保和縣. 本渤海國富利縣民. 太祖破龍州, 盡徙富利縣人散居京南. … 戶四千.

보화현(保和縣). 본래 발해국 부리현(富利縣) 백성들이다. 태조가 용주(龍州)[79]를 깨뜨리고 부리현 사람을 전부 옮겨 [상]경 남쪽에 흩어져 살게 하였다. … 호는 4천이다.

> 潞縣. 本幽州潞縣民. 天贊元年, 太祖破薊州, 掠潞縣民, 布於京東, 與渤海人雜處. … 戶三千.

노현(潞縣). 본래 유주(幽州) 노현 백성들이다. 천찬 원년(922)에 태조가 계주(薊州)를 깨뜨리고 노현 백성들을 약탈하여 [상]경 동쪽에 배치하여 발해인들과 섞여 살게 하였다. … 호는 3천이다.

> 易俗縣. 本遼東渤海之民. 太平九年, 大延琳結構遼東夷叛, 圍守經年, 乃降, 盡遷於京北, 置縣居之. 是年, 又徙渤海叛人家屬置焉. 戶一千.

역속현(易俗縣). 본래 요동 발해의 백성이다. 태평 9년(1029)에 대연림이 요동의 오랑캐들과 짜고 반란을 일으켜 포위하여 지킨 지 한 해가 지나서야 항복하였다. 모두를 [상]경 북쪽으로 옮겨 현을 두어 살게 하였다. 이해에 다시 발해의 반란인 가속(家屬)을 옮겨 배치하였다. 호는 1천이다.

> 遷遼縣. 本遼東諸縣渤海人, 大延琳叛, 擇其謀勇者置之左右. 後以城降, 戮之, 徙

---

79) 龍州는 上京의 首州로서, 상경성이 위치한 곳으로 추정된다(金毓黻, 1934; 和田淸, 1955). 遼代에는 扶餘府 故地에 黃龍府를 두어 龍州라고 칭하였다.

其家於京東北, 故名. 戶一千.

천요현(遷遼縣). 본래 요동 여러 현에 발해인들이 대연림이 배반하자 지모와 용맹이 있는 자를 뽑아 좌우에 배치하였다. 후에 성이 항복하자 그들을 죽이고 그 가족을 [상]경 동북으로 옮겼으므로 이름하였다. 호는 1천이다.

渤海縣. 本東京人, 因叛, 徙置.

발해현(渤海縣). 본래 동경 사람인데 [대연림의] 반란으로 옮겨 배치하였다.

宣化縣. 本遼東神化縣民. 太祖破鴨淥府, 盡徙其民居京之南. … 戶四千.

선화현(宣化縣). 본래 요동 신화현(神化縣) 백성이다. 태조가 압록부(鴨淥府)를 깨뜨리고 그 백성들을 모두 옮겨 [상]경 남쪽에 살게 하였다. … 호는 4천이다.

上京道.

상경도.

唐於契丹嘗置饒樂州, 今渤海人居之.

당나라가 거란에 일찍이 요락주(饒樂州)를 두었다. 지금은 발해인이 살고 있다.

祖州, 天成軍. 上, 節度. … 長霸縣. 本龍州長平縣民, 遷于此. 戶二千.

조주(祖州) 천성군(天成軍). 상[등의 주로] 절도사[가 다스린다]. … 장패현(長霸縣). 본래 용주(龍州) 장평현 백성인데 이곳으로 옮겼다. 호는 2천이다.

咸寧縣. 本長寧縣. 破遼陽, 遷其民置. 戶一千.

함녕현(咸寧縣). 본래는 장녕현(長寧縣)이다. 요양(遼陽)을 깨뜨리고 그 백성들을 옮겨 설치하였다. 호는 1천이다.

懷州, 奉陵軍. 上, 節度. 本唐歸誠州. 太宗行帳放牧於此. 天贊中, 從太祖破扶餘城, 下龍泉府, 俘其人, 築寨居之.

회주(懷州) 봉릉군(奉陵軍). 상[등의 주로] 절도사[가 다스린다]. 본래 당나라 귀성주(歸誠州)다. [요] 태종이 장막을 치고 이곳에서 방목하였다. 천찬(922~926) 중에 태조를 따라 부여성(扶餘城)을 깨뜨리고 용천부(龍泉府)를 함락시켜서, 그 사람들을 사로잡아 성채를 짓고 살게 하였다.

扶餘縣. 本龍泉府. 太祖遷渤海扶餘縣降戶於此, 世宗置縣. 戶一千五百.

부여현(扶餘縣). 본래 용천부다. 태조가 발해 부여현에서 항복한 호를 이곳에 옮겼으며, 세종(世宗)이 현을 두었다. 호는 1천5백이다.

顯理縣. 本顯理府人. 太祖伐渤海, 俘其王大諲譔, 遷民於此, 世宗置縣. 戶一千.

현리현(顯理縣). 본래 현리부(顯理府) 사람이다. 태조가 발해를 쳐서 그 왕 대인선(大諲譔)을 사로잡고 백성을 이곳으로 옮겼으며, 세종이 현을 두었다. 호는 1천이다.

> 慶州, 玄寧軍. 上, 節度. … 富義縣. 本義州, 太宗遷渤海義州民於此.[80]

경주(慶州) 현녕군(玄寧軍). 상[등의 주로] 절도사[가 다스린다]. … 부의현(富義縣). 본래 의주(義州)인데 태종이 발해 의주 백성을 이곳에 옮겼다.

> 永州, 永昌軍. 觀察. … 長寧縣. 本顯德府縣名. 太祖平渤海, 遷其民於此. 戶四千五百.

영주(永州) 영창군(永昌軍). 관찰[사가 다스린다]. … 장녕현(長寧縣). 본래 현덕부(顯德府)의 현 이름이다. 태조가 발해를 평정하고 그 백성을 이곳에 옮겼다. 호는 4천5백이다.

> 義豐縣. 本鐵利府義州. 遼兵破之, 遷其民於南樓之西北, 仍名義州. 重熙元年, 廢州, 改今縣. 在州西北一百里. 又嘗改富義縣, 屬泰州. 始末不可具考, 今兩存之. 戶一千五百.

의풍현(義豐縣). 본래 철리부(鐵利府)[81] 의주(義州)이다. 요나라 군사가 그곳을 깨뜨리고 그 백성을 남루(南樓)의 서북으로 옮기고 여전히 의주라고 이름하였다. 중희 원년(1032)에 주를 폐하고 지금의 현으로 고쳤다. 주 서북쪽 1백 리에 있다. 또 일찍이 부의현(富義縣)으로 고쳐 태주(泰州)에 속하게 하였다. [변천의] 시말은 갖추어 살필 수가 없어 지금 둘 다 기록한다. 호는 1천5백이다.

---

80) 〈百衲本景印元刊本〉에는 '■'.

81) 鐵驢, 鐵驪, 鐵離라고도 한다. 철리는 말갈 7부 중에는 그 명칭이 없으나, 발해 건국 초기부터 고구려와 관계가 깊던 불열말갈, 월희말갈과 함께 활동한 것으로 보아, 고구려 당시부터 있었고 고구려와 밀접한 관련이 있었던 것으로 보인다. 위치에 대해서는 圖們江北·與凱湖의 南說(丁若鏞, 『渤海考』), 黑龍·烏蘇里江下流地域說(松井等, 1913; 鳥山喜一, 1915), 牧丹江流域說(津田左右吉, 1916), 阿什河流域說(池內宏, 1916), 松花江下流域의 依蘭地域說(小川裕人, 1937) 등이 있다. 여진이 흥기했을 때에는 길림성 동경성(지금의 寧安) 부근에 있다가 完顏部에 편입되었다(外山軍治, 1975, 45쪽).

降聖州, 開國軍, 下, 刺史. … 永安縣. 本龍原府慶州縣名. 太祖平渤海, 破懷州之永安, 遷其人置寨於此, 建縣. 戶八百.

항성주(降聖州) 개국군(開國軍). 하[등의 주로] 자사[가 다스린다]. … 영안현(永安縣). 본래 용원부(龍原府) 경주(慶州)의 현 이름이다. 태조가 발해를 평정하고 회주(懷州)의 영안을 깨뜨리고 이곳에 목책을 설치하여 그 백성을 옮겨 현을 세웠다. 호는 8백이다.

饒州, 匡義軍, 中, 節度. … 長樂縣. 本遼城縣名. 太祖伐渤海, 遷其民, 建縣居之. 戶四千.

요주(饒州) 광의군(匡義軍). 중[등의 주로] 절도사[가 다스린다]. … 장락현(長樂縣). 본래 요성현(遼城縣)의 이름이다. 태조가 발해를 치고 그 백성들을 옮겨 현을 세우고 살게 하였다. 호는 4천이다.

安民縣. 太宗以渤海諸邑所俘雜置. 戶一千.

안민현(安民縣). 태종이 발해의 여러 읍에서 사로잡은 자를 섞어 배치하였다. 호는 1천이다.

頭下軍州.

두하군주.

鳳州. 槀離國故地, 渤海之安寧郡境, 南王府五帳分地. … 戶四千.

봉주(鳳州). 고리국(槀離國)의 옛 땅이자 발해 안녕군(安寧郡) 지역이며, 남왕부(南王府)

오장(五帳)이 땅을 나누었다. … 호는 4천이다.

邊防城 … 鎭州 … 渤[82]海·女直·漢人配流之家七百餘戶, 分居鎭·防·維三[83]州. 東南至上京三千餘里.

변방성(邊防城) … 진주(鎭州) … 발해·여직·한인으로 유배된 집 7백여 호가 진(鎭)·방(防)·유(維) 3주에 나뉘어 산다. 동남으로 상경까지 3천여 리이다.

○ 권38, 지(志) 제8, 지리지(地理志) 2

東京遼陽府, 本朝鮮之地. 周武王釋箕子囚, 去之朝鮮, 因以封之. … 元魏太武遣使至其所居平壤城, 遼東京本此. 唐高宗平高麗, 於此置安東都護府, 後爲渤海大氏所有. 大氏始保挹婁之東牟山.[84] 武后萬歲通天中, 爲契丹盡忠所逼, 有乞乞仲象者, 度遼水自固,[85] 武后封爲震國公. 傳子祚榮, 建都邑, 自稱震王.[86] 併吞海北, 地方五千里, 兵數十萬. 中宗賜所都曰忽汗州, 封渤海郡王. 十有二世至彛震, 僭號改元, 擬建宮闕. 有五京·十五府·六十二州, 爲遼東盛國.[87] 忽汗州卽故平壤城也, 號中京顯德府. 太祖建國, 攻渤海, 拔忽汗城, 俘其王大諲譔, 以爲東丹王國, 立太子圖欲爲人皇王以主之. 神冊四年, 葺遼陽故城, 以渤海·漢戶建東平郡, 爲防禦州. 天顯三年, 遷東丹國民居之, 升爲南京. 城名天福.

동경(東京) 요양부(遼陽府). 본래 조선(朝鮮) 땅이다. 주(周) 무왕(武王)이 기자(箕子)를 감옥에서 풀어 주고 그가 조선으로 가자 그 땅에 책봉하였다. … 원위(元魏) 태무[제]가 사신

---

82) 〈百衲本景印元刊本〉에는 '流'.
83) 〈淸乾隆武英殿刻本〉과 〈百衲本景印元刊本〉에는 '二'.
84) 『舊唐書』 卷199下, 列傳 第149下, 北狄 渤海靺鞨에는 '桂樓之故地據東牟山'.
85) 『新唐書』 卷219, 列傳 第144, 渤海傳에는 '保'.
86) 『舊唐書』 卷199下, 列傳 第149下, 北狄 渤海靺鞨에는 '振國王'.
87) 『新唐書』 卷219, 列傳 第144, 渤海傳에는 '海東盛國'.

을 보내 그가 살고 있는 평양성(平壤城)에 이르렀으니, 요 동경은 본래 이곳이다. 당 고종이 고[구]려를 평정하고 이곳에 안동도호부(安東都護府)[88]를 두었는데, 뒤에 발해 대씨(大氏)의 소유가 되었다. 대씨는 처음에 읍루(挹婁)[89]의 동모산(東牟山)[90]을 차지하였다. [측천]무후 만세통천(695~696) 중에 거란 [이]진충([李]盡忠)[91]의 핍박을 받게 되었는데, 걸걸중상(乞乞仲象)이라는 사람이 있어 요수를 건너 스스로 굳게 지키니 [측천]무후가 진국공(震國公)으로 책봉하였다. 아들 [대]조영([大]祚榮)[92]에게 [왕위를] 물려주니 도읍을 세우고 스스

---

[88] 668년에 당나라가 고구려를 멸망시킨 뒤 평양에 안동도호부를 설치하고 薛仁貴를 도호부사로 삼아 고구려 땅을 통치하도록 하였다. 고구려부흥운동이 일어나고 신라가 고구려·백제 유민과 함께 당에 항쟁을 펼치자, 당은 한반도에서 물러나 676년에 도호부를 遼東의 遼陽 지역으로 옮겼고, 677년에 다시 新城으로 옮겼다. 696년에는 요서 지역인 營州에서 거란 李盡忠의 난이 일어나며, 요동 지역 역시 전란에 휩싸였다. 대조영이 이끄는 고구려 유민과 말갈인이 天門嶺전투에서 승리하며 발해 건국에 성공한 이후 요동에서 당의 세력이 크게 약화되었고, 당은 699년에 안동도호부를 안동도독부로 낮추었으며 幽州(지금의 北京)에 移屬시켰다. 이후 다시 도호부로 복귀되었으나 714년 平州로, 743년 遼西故郡城으로 府治를 옮겼다가, 安祿山의 난을 계기로 758년에 완전히 폐지되었다(日野開三郞, 1984, 26~36쪽; 권은주, 2010).

[89] 『舊唐書』 渤海靺鞨傳에는 '桂樓'의 옛 땅으로 되어 있고, 『新唐書』 渤海傳에는 '挹婁'로 되어 있다. 발해에 사신으로 다녀갔던 당나라 사신 張建章의 묘지명에서도 忽汗州를 가리켜 읍루의 옛 땅이라고 한 점 등을 통해 '桂' 자가 '挹'과 유사하여 '桂'로 잘못 쓴 것으로 보기도 한다. 그러나 장건장이 다녀간 지역은 상경 지역이고, 발해 건국지인 동모산은 상경보다 남쪽에 위치한 敦化 지역이므로, 『구당서』와 『신당서』의 차이는 처음에 고구려의 영역 안에서 건국하였다가 영역이 확장됨에 따라 옛 읍루 지역인 상경으로 천도한 것에 따른 것일 가능성이 있다. 참고로 발해 건국지에 대해 한국 사료인 『삼국사기』 권46, 열전 6, 최치원전에는 의봉 3년(678) '태백산 아래'로, 『삼국유사』에서 인용한 『신라고기』에는 '태백산 남쪽'으로, 『제왕운기』에는 '태백산 南城'으로, 『삼국사절요』에는 '태백산 동쪽'으로 나온다.

[90] 중국 吉林省 敦化市 賢儒鄕 城山子村의 城山子山城이 유력시되었으나, 최근 중국 학계에서는 圖們市의 城子山山城(磨盤村山城)설이 확산되고 있다(吉林省文物考古硏究所·延邊朝鮮族自治州文物保護中心, 2018).

[91] 거란의 추장으로 松漠都督이 되어 당 高宗 永徽 5년(654)에 고구려의 공격을 新城에서 막아 공을 세운 李窟哥의 손자이다. 측천무후 萬歲通天 원년(696) 5월에 기근이 들었음에도 營州都督 趙文翽가 진휼하지 않고 거란 추장들을 奴僕처럼 천시하자 처남 손만영과 함께 반란을 일으켰다. 영주를 함락하여 조문홰를 살해하고 하북의 長城 이남까지 진격하였으나, 9월에 病死하였다.

[92] 大祚榮의 出自에 대해서는 『舊唐書』 발해말갈전의 '본래 고려의 별종(本高麗別種)'과 『新唐書』 渤海傳의 '본래 속말말갈로 고[구]려에 붙은 자(本粟末靺鞨附高麗者)'라는 기록이 기본 사료이다. 그런데 이 대조영의 출신이나 발해의 구성원에 대해서는 같은 사료를 놓고 다양한 해석이 있었다. 고려와 조선에

로 진[국]왕(震[國]王)[93])이라 하였다. 바다 북쪽을 병탄하여 땅이 사방 5천 리였고,[94]) 병사는 수십만이었다. 중종[95])이 도읍한 곳을 내려 주어 홀한주(忽汗州)라 하고 발해군왕(渤海郡王)[96])으로 책봉하였다. 12세 [대]이진([大]彝震)[97]) 때에 이르러 참칭하고 연호를 고쳤으며

서는 대조영의 출신을 高句麗 계통으로 보는 경향이 있었는데, 李承休의 『帝王韻紀』와 柳得恭의 『渤海考』가 대표적이다. 일본에서는 대체로 속말말갈이나 여진 계통으로 보았다. 발해국의 주체는 靺鞨族이지만, 대조영은 고구려 別部 출신으로 보는 경우(鳥山喜一, 1915), 새로운 종족으로 발해말갈을 이해하는 경우(池內宏, 1916), 지배층은 고구려인, 피지배층은 말갈인으로 보는 경우(白鳥庫吉, 1933)도 있다. 현대에 들어와서 발해사 연구를 주도한 대표적인 연구자는 북한의 박시형이다. 그는 발해국 성립에 중심 역할을 한 세력은 고구려 멸망 후 요서 지방으로 이주된 고구려인 집단이었고, 이들을 조직하여 지휘한 것이 고구려 장수인 대조영이라고 하였다. 발해국은 고구려 왕실의 일족 또는 고구려 계통의 귀족 출신들이 거의 권력을 독점하였고, 문화 방면에서도 고구려의 문화가 주도적 역할을 하였다고 보았다(박시형, 1979; 송기호, 1989). 한국의 李龍範도 발해의 주체가 고구려 유민이었음을 주장하였다(李龍範, 1972·1973). 이후 한국 학계에서는 기본적으로 대조영을 고구려 계통으로 보았으나, 종족은 속말말갈로 고구려에 옮겨와 정착하여 동화된 인물, 즉 말갈계 고구려인으로 보기도 한다(송기호, 1995). 말갈의 명칭 자체를 고구려 변방 주민이나 중국 동북 지역민에 대한 비칭·범칭으로 보고, 발해의 구성원이 된 말갈은 흑수말갈과 구분되는 예맥계인 고구려말갈이며, 대조영은 고구려인으로 속말강(송화강) 지역민이라고 보는 견해도 있다(한규철, 1988; 2007). 중국 학계에서는 근대 초기에 양면적 인식이 보였다. 대표적인 학자는 金毓黻이다(『渤海國志長編』, 1934). 그러나 중화인민공화국이 수립된 이후에는 발해사를 중국의 소수민족사로 보고 고구려계승성을 부정하며 말갈을 강조하는 입장이다(권은주, 2022). 한편 19세기 중반 연해주 지역을 차지하였던 러시아에서는 자국의 極東 지역 소수민족사의 일부로서 관심을 갖고 발해를 말갈족의 역사로 규정하며 대조영 역시 말갈인으로 보고 있다. 이밖에 소수 설로 말갈 중 대조영을 백산말갈 출신으로 보는 경우도 있다(津田左右吉, 1915; 李健才, 2000).

93) 발해의 초기 국호인 진국(振國·震國)(『구당서』 발해말갈전; 『신당서』 발해전 등)을 고려와 조선시대에는 주로 진단으로 표기하였다. 진단은 원래 인도에서 중국을 별칭한 것으로, 불교 경전에 震旦, 眞檀, 震壇 등으로 썼다. 이후 역대 우리나라의 별칭으로도 쓰였다. 震은 『周易』 說卦에서 東方으로 해석된다.

94) 사방 5,000리는 『신당서』 발해전에 근거한 것인데, 『구당서』 발해말갈전에는 "地方二千里, 編戶十餘萬, 勝兵數萬人."이라고 하여 차이가 있다. 『구당서』의 상황은 대조영 때의 상황을 말하며, 『신당서』의 내용은 그 이후 적극적으로 영토를 확장한 뒤의 상황을 보여 주는 것이다. 발해의 강역 범위와 관련하여, 『신당서』 기록 등을 검토하여 최전성기의 고구려 영토는 평균 사방 4,000리이고 발해는 사방 5,000리로 발해가 고구려의 1.5배 정도의 영역이고, 그 범위는 남쪽이 신라와 국경을 접하여 대동강과 원산만을 잇는 선, 서쪽은 遼河, 북쪽은 대체로 흑룡강과 우수리강이 합류하는 지점을 거쳐 동쪽으로 연해주 남단에 뻗쳐 있었던 것으로 인식된다(송기호, 1996, 277~278쪽; 한규철, 2008, 19~20쪽).

95) 당 현종의 오기이다.

모방하여 궁궐을 지었다. 5경 15부 62주가 있으며 요동성국[98]이 되었다. 홀한주는 곧 옛 평양성이니 중경(中京) 현덕부(顯德府)[99]라 불렀다. 태조가 나라를 세우고 발해를 공격하여 홀한성을 함락시켰다. 그 왕 대인선(大諲譔)을 사로잡고 [발해를] 동단왕국으로 만들고, 태자 [야율]도욕을 세워 인황왕으로 삼아 그곳을 다스리게 하였다. [이보다 앞서] 신책 4년(919)에 요양고성(遼陽故城)을 수리하고, 발해와 한(漢)의 호로 동평군(東平郡)을 세워 방어주(防禦州)로 삼았다. 천현 3년(928)에 동단국 백성을 옮겨 살게 하고 남경으로 승격시켰다. 성은 천복이라 이름하였다.

遼陽縣. 本渤海國金德縣地. 漢浿水縣, 高麗改爲勾麗縣, 渤海爲常樂縣. 戶一千五百.

요양현(遼陽縣). 본래 발해국 금덕현(金德縣) 땅이다. 한의 패수현(浿水縣)을 고[구]려가 구려현(勾麗縣)으로 고쳤고, 발해는 상락현(常樂縣)으로 삼았다. 호는 1천5백이다.

仙鄉縣. 本漢遼隊縣, 渤海爲永豐縣. … 戶一千五百.

---

96) 당의 爵位는 9등급으로, 王·國王은 그중 첫 번째이다. 정1품이고, 식읍이 1만 호이다. 君王은 두 번째로 종1품이고, 식읍은 5,000호이다. 이어서 國公·君公·縣公·縣侯·縣伯·縣子·縣男 순이다.
97) 발해 제11대 왕으로, 시호는 알 수 없으며 연호는 咸和이다. 선왕의 손자로 선왕의 아들인 新德이 일찍 죽어 즉위하였다. 『구당서』 발해전에는 선왕의 사망 연도가 831년으로 적혀 있으나, 『신당서』 발해전에는 830년으로 되어 있고 이듬해인 831년 조서를 내려 대이진에게 작위를 세습하게 하였다. 이를 따른다면 대이진은 830년부터 857년까지 27년간 재위하였다.
98) 요동성국, 곧 海東盛國이라 불린 시기에 대해서는 제2대 大武藝 때, 제10대 大仁秀 때, 제11대 大彝震 때, 제13대 大玄錫 때 등으로 의견이 분분하다. 이 가운데 영토 확장과 중앙집권화 등에 근거하여 대인수 시기에 '해동성국'으로 불렸을 것으로 보는 견해가 유력하다(朱國忱·魏國忠 共著, 濱田耕策 譯, 1996, 60~61쪽; 金恩國, 1999, 125쪽 주 28; 김진광, 2012, 117쪽).
99) 中京은 제3대 文王 때 上京으로 천도하기 전의 수도였다. 위치 비정에 대해서는 蘇密城說, 那丹佛勒城說, 敦化縣說, 西古城子說 등이 있었다. 지금은 和龍 인근의 용두산고분군에서 文王의 네 번째 딸 貞孝公主의 무덤이 발굴되고 주변에서 발해 유적들이 함께 발견되면서 서고성을 발해 중경으로 보는 것이 통설이 되었다.

선향현(仙鄕縣). 본래 한나라 요대현(遼隊縣)이며, 발해가 영풍현(永豊縣)으로 삼았다. … 호는 1천5백이다.

鶴野縣. 本漢居就縣地, 渤海爲雞山縣. … 戶一千二百.

학야현(鶴野縣).[100] 본래 한의 거취현(居就縣)[101] 땅이며, 발해가 계산현(雞山縣)으로 삼았다. … 호는 1천2백이다.

析木縣. 本漢望平縣地, 渤海爲花山縣. 戶一千.

석목현(析木縣).[102] 본래 한의 망평현(望平縣)[103] 땅으로 발해가 화산현(花山縣)으로 삼았다. 호는 1천이다.

紫蒙縣. 本漢鏤芳縣地. 後拂涅國置東平府, 領蒙州紫蒙縣. 後徙[104]遼城, 幷入黃嶺縣. 渤海復爲紫蒙縣. 戶一千.

자몽현(紫蒙縣).[105] 본래 한의 누방현(鏤芳縣)[106] 땅이다. 뒤에 불열국(拂涅國)에 동평

---

100) 지금의 요령성 요양시 서남 唐馬寨 또는 鞍山市 서남 東鞍山鎭 鞍山城村으로 비정된다(유득공 지음, 김종복 옮김, 2018, 188쪽).
101) 한나라 요동군의 속현. 『한서』 지리지에 따르면, 이곳에서 室僞水가 발원하여 북쪽 襄平으로 흐르다가 大梁水와 합류하였다(유득공 지음, 김종복 옮김, 2018, 188쪽).
102) 지금의 요령성 해성시 동남 析木鎭 일대이다(유득공 지음, 김종복 옮김, 2018, 188쪽).
103) 한나라 요동군의 속현이다. 『한서』 지리지 망평현의 주에는 "大遼水가 만리장성 밖에서 발원하여, 남쪽으로 安市에 이르러 바다로 들어가는데 1,250리나 된다."라고 할 뿐, 망평현의 위치가 정확하지 않다. 『水經注』에 따르면, 대요수가 만리장성 밖에서 동쪽으로 흘러 곧바로 요동의 망평현 서쪽까지 이르다가, 서남쪽으로 꺾어 흘러 襄平縣 고성 서쪽을 지난다(유득공 지음, 김종복 옮김, 2018, 188쪽).
104) 〈百衲本景印元刊本〉에는 '徒'.
105) 지금의 요령성 요양시 부근이다(유득공 지음, 김종복 옮김, 2018, 188쪽).

부[107]를 설치하고, 몽주(蒙州)의 자몽현을 거느리도록 하였다. 뒤에 요성(遼城)[108]으로 옮겼으며, 황령현(黃嶺縣)에 합병되었다. 발해가 다시 자몽현으로 삼았다. 호는 1천이다.

> 興遼縣. 本漢平郭縣地, 渤海改爲長寧縣. 唐元和中, 渤海王大仁秀南定新羅, 北略諸部, 開置郡邑, 遂定今[109]名. 戶一千.

흥료현(興遼縣).[110] 본래 한의 평곽현(平郭縣)[111] 땅이며, 발해가 장녕현(長寧縣)으로 고쳤다. 당 원화(806~820) 중에 발해왕 대인수(大仁秀)[112]가 남쪽으로 신라와 [국경을] 정하고, 북쪽으로 여러 부(部)를 공략하여 군읍을 설치하여, 마침내 지금의 이름으로 정하였다. 호는 1천이다.

> 肅愼縣. 以渤海戶置.

숙신현(肅愼縣). 발해호로 두었다.

---

106) 한나라 낙랑군의 속현이다(유득공 지음, 김종복 옮김, 2018, 188쪽).
107) 拂涅部의 위치에 대해 논란이 있는 것과 마찬가지로, 동평부의 위치에 대해서도 여러 설이 있다. 흑수말갈의 일부가 발해 후기에 복속된 것으로 보지만 행정구역 설치가 확인되지 않는데, '黑州'와 '黑水'의 흑이 같은 글자이기 때문이다.
108) 지금의 요령성 新民市 동북쪽 公主屯鎭 遼濱塔古城이다(유득공 지음, 김종복 옮김, 2018, 189쪽).
109) 〈百衲本景印元刊本〉에는 '令'.
110) 지금의 요령성 요양시 부근이다(유득공 지음, 김종복 옮김, 2018, 189쪽).
111) 한나라 요동군의 속현이다. 『한서』 지리지에 이곳에 鐵官과 鹽官을 두었다고 하므로, 철과 소금의 산지임을 알 수 있다(유득공 지음, 김종복 옮김, 2018, 189쪽).
112) 발해 제10대 왕인 선왕으로, 연호는 建興이다. 『구당서』 발해전에는 제8대 희왕에 이어 818년에 대인수가 즉위한 것으로 되어 있으나, 『신당서』 발해전에는 817년 희왕의 사후 그의 동생인 簡王 大明忠이 즉위하여 1년 뒤인 818년에 죽자 대인수가 즉위한 것으로 나온다. 대인수는 대명충의 從父로, 대조영의 아우인 大野勃의 4세손이다. 818년에 즉위하여 830년까지 13년간 재위하였다.

開州, 鎭國軍. 節度. 本濊貊地, 高麗爲慶州, 渤海爲東京龍原府. 有宮殿. 都督慶‧鹽‧穆‧賀四州事, 故縣六, 曰龍原‧永安‧烏山‧壁谷‧熊山‧白楊, 皆廢. 疊石爲城, 周圍二十里. … 太祖平渤海, 徙113)其民于大部落, 城遂廢.

개주(開州)114) 진국군(鎭國軍).115) 절도[사가 다스린다]. 본래는 예맥(濊貊)116)의 땅으로 고[구]려는 경주(慶州)로 삼고, 발해는 동경(東京) 용원부(龍原府)117)라 하였다. 궁전이 있다. 경(慶)‧염(鹽)118)‧목(穆)‧하(賀) 4주의 일을 총괄하였다. 옛 현은 여섯으로, 용원(龍原)‧영

---

113) 〈百衲本景印元刊本〉에는 '徒'.
114) 지금의 요령성 鳳城市이다(유득공 지음, 김종복 옮김, 2018, 189쪽).
115) 요나라는 개주처럼 큰 주에 節度使를 설치하였다. 진국군은 그가 거느린 군대 이름으로, 절도사는 민정과 군정을 총괄하였다. 아래에 나오는 군대 이름이 있는 지명은 모두 절도사가 설치된 지역이다(유득공 지음, 김종복 옮김, 2018, 189쪽).
116) 고대 만주와 한반도 북부 지역에 살았던 종족의 명칭이다. 예와 맥을 구분하거나 범칭으로 보는 등 계통에 대해서는 이견이 있다. 고구려, 부여, 동예 등이 예맥족에 속하는데, 이들의 종족을 예맥으로 통칭하는 경우도 있으나, 중국 사서에서는 고구려를 주로 貊族이라고 하고 부여나 동예는 濊族으로 기록한 경우가 있다. 異種族說로 예족과 맥족이 계통과 경제생활 방식이 달랐다고 보는 견해(三上次男, 1966), 동일 계통이지만 일찍이 분화하여 거주 지역이 구별되었다는 견해(尹武炳, 1966; 金貞培, 1968; 李殿福, 1993; 王綿厚, 1994; 朴京哲, 1997)가 있다. 그리고 중국 북방에 거주하던 맥족이 동방으로 이주하였다고 보는 견해(和田淸, 1947; 呂思勉, 1996), 본래 중국 대륙 서북에서 동방에 걸쳐 널리 분포하였는데, 서북과 북방의 맥족은 일찍부터 漢族에 동화된 반면 동북과 동방의 맥족은 진한시대 이후에도 독자성을 유지했다고 보는 견해(傅斯年, 1932) 등이 있다. 대체로 한국 학계에서는 『삼국지』 동이전 등에 부여‧고구려‧옥저‧동예 등은 서로 언어와 습속이 유사했다고 하며, 읍루와는 구별되었던 것이 확실하여, 예와 맥을 같은 종족으로 보고 있다.
117) 발해 5경 가운데 하나이다. 동경은 제3대 文王 大欽茂가 785년 무렵 이곳으로 천도한 이후 제5대 成王 大華璵가 다시 상경으로 천도하는 794년까지 약 10년간 발해의 수도였다. 일명 '柵城府'라고도 하며, 屬州로는 慶州‧鹽州‧穆州‧賀州의 4주가 있다. 위치에 대해서는 琿春설, 함경북도 穩城‧鍾城설, 연해주 블라디보스토크설, 니콜리스크(Nikolisk)설 등이 있었다. 1942년에 이르러 琿春의 半拉城(현재 八連城) 발굴 이후 이곳이 동경성이며 혼춘이 동경 용원부 지역임에 이견이 없다(김은국, 2006).
118) 鹽州는 『遼史』「地理志」에 "一名 龍河郡"으로, 海陽‧接海‧格川‧龍河의 4縣을 거느린다. 和田淸은 Possjet灣 北岸에 顏楚(Yen-Chu) 또는 眼春(Yen-Chun)이라는 지명이 있었던 것이 이 鹽州(Yen-Chou)의 轉訛일지도 모른다고 추측하였다(「渤海國地理考」, 76쪽). 현재는 연해주 크라스키노성으로

안(永安)·오산(烏山)·벽곡(壁谷)·웅산(熊山)·백양(白楊)이며 모두 폐지되었다. 돌을 쌓아 성을 만들었는데 둘레는 20리이다. … 태조가 발해를 평정하고 그 백성을 큰 부락으로 옮기자, 성이 마침내 폐해졌다.

開遠縣. 本柵城地. 高麗爲龍原縣, 渤海因之, 遼初廢. … 民戶一千.

개원현(開遠縣).[119] 본래 책성(柵城)[120] 땅이다. 고[구]려가 용원현(龍原縣)으로 삼고 발해가 그대로 따랐으나, 요 초기에 폐지되었다. … 민호는 1천이다.

鹽州. 本渤海龍河郡, 故縣四, 海陽·接海·格川·龍河, 皆廢. 戶三百.

염주(鹽州).[121] 본래 발해의 용하군(龍河郡)이다. 옛 현은 넷으로 해양(海陽)·접해(接海)·격천(格川)·용하(龍河)이며, 모두 폐지되었다. 호는 3백이다.

穆州, 保和軍. 刺史. 本渤海會農郡, 故縣四: 會農·水歧·順化·美縣, 皆廢. 戶三百.

목주(穆州)[122] 보화군(保和軍). 자사[가 다스린다]. 본래 발해의 회농군(會農郡)이다. 옛

보는 것이 통설이다.
119) 지금의 요령성 봉성시 南邊門 古城 일대 또는 봉성시 동남 鳳凰山堡 일대이다(유득공 지음, 김종복 옮김, 2018, 190쪽).
120) 발해 5경 가운데 하나인 東京 龍原府의 異稱이다. 책성은 목책을 두른 성이라는 뜻으로, 이미 고구려 때부터 사용된 지명이다. 府治의 위치는 발해의 東京城인 八連城과 별도로 부근의 溫特赫部城이나 薩其城으로 보는 설과 延吉의 城子山山城, 興安古城 등으로 보는 설이 있다(구난희, 2017, 134~139쪽). 고구려의 책성에 대해 치소성을 중심으로 광역의 행정단위를 가리키는 '柵城圈'으로 이해하는 연구도 있다(김현숙, 2000, 140·156~157쪽; 김강훈, 2017, 244쪽).
121) 지금의 요령성 봉성시 부근이다(유득공 지음, 김종복 옮김, 2018, 190쪽).
122) 지금의 요령성 岫巖滿族 자치현 일대이다(유득공 지음, 김종복 옮김, 2018, 190쪽).

현은 넷으로 회농(會農)·수기(水歧)·순화(順化)·미현(美縣)이며, 모두 폐지되었다. 호는 3백이다.

> 賀州. 刺史. 本渤海吉理郡, 故縣四, 洪賀·送誠·吉理·石山, 皆廢. 戶三百.

하주(賀州).[123] 자사[가 다스린다]. 본래 발해의 길리군(吉理郡)이다. 옛 현은 넷으로 홍하(洪賀)·송성(送誠)·길리(吉理)·석산(石山)이며, 모두 폐지되었다. 호수는 3백이다.

> 辰州, 奉國軍. 節度. 本高麗蓋牟城. 唐太宗會李世勣攻破蓋牟城, 卽此. 渤海改爲蓋州, 又改辰州, 以辰韓得名. 井邑騈列, 最爲衝會. 遼徙[124]其民於祖州. 初曰長平軍. 戶二千.

진주(辰州)[125] 봉국군(奉國軍). 절도[사가 다스린다]. 본래 고[구]려 개모성(蓋牟城)이다. 당 태종[126]이 이세적(李世勣)[127]을 만나 개모성을 공격하여 격파하였다는 곳이 바로 여기이

---

123) 지금의 요령성 봉성시 동쪽 지역이다(유득공 지음, 김종복 옮김, 2018, 190쪽).
124) 〈百衲本景印元刊本〉에는 '徙'.
125) 지금의 요령성 蓋州市 일대이다(유득공 지음, 김종복 옮김, 2018, 190쪽).
126) 당나라 제2대 황제로, 이름은 李世民이다. 高祖 李淵의 둘째 아들로, 隋末 아버지를 따라 太原에서 기병해 長安을 점령하였다. 武德 원년(618) 尚書令에 임명되고 秦王에 봉해졌다. 각지에 할거하던 薛仁杲·劉武周·王世充·竇建德·劉黑闥 등을 격파하였다. 무덕 9년(626) 玄武門의 변을 일으켜 즉위하였다. 房玄齡·杜如晦·魏徵 등을 宰相으로 임명했고, 隋가 망한 것을 거울로 삼아 간언을 받아들여 인재를 등용했으며, 吏治에 힘썼다. 선정을 베풀어 사회가 안정되고 경제가 발전했는데, 이를 소위 '貞觀之治'라 한다. 貞觀 4년(630) 東突厥을 평정하자 서북 유목민들이 '天可汗'이라 칭하였다. 이후 吐谷渾과 高昌을 평정하고 吐蕃과 평화를 유지하였다. 중기 이후 전쟁이 많아 점차로 賦役이 늘어났으며 직언하는 신하를 멀리하였다. 645년에는 30만 군으로 요하를 건너, 요동성을 점령하여 전진 기지로 삼고 安市城을 공격하였으나 약 60일간의 싸움에도 함락시키지 못하고 돌아갔다. 그 뒤에도 647년과 648년에 걸쳐 고구려를 침략했으나 실패하였다. 붕어한 이후에 昭陵(지금 陝西省 禮泉縣)에 매장되었으며, 시호는 文皇帝였다.
127) 중국 唐나라 때의 무장. 본래 성과 이름은 徐世勣(594~669)이다. 수나라 말년에 李密의 밑에 있었으나, 무덕 3년(620)에 당나라에 귀순하였다. 당 高祖가 李氏를 賜姓하였고, 太宗 李世民의 '世' 자를 피휘하

다. 발해가 고쳐 개주(蓋州)로 삼았다가, 다시 진주로 고쳤는데, 진한(辰韓)으로 이름한 것이다. 마을이 나란히 잇닿아 있는 가장 요충의 도회지다. 요가 그 백성을 조주(祖州)로 옮겼다. 처음에는 장평군(長平軍)이라 하였다. 호는 2천이다.

盧州, 玄德軍. 刺史. 本渤海杉盧郡, 故縣五, 山陽·杉盧·漢陽·白巖·霜巖, 皆廢. 戶三百.

노주(盧州) 현덕군(玄德軍). 자사[가 다스린다]. 본래 발해 삼로군(杉盧郡)이다. 옛 현은 다섯으로 산양(山陽)·삼로(杉盧)·한양(漢陽)·백암(白巖)·상암(霜巖)이며, 모두 폐지되었다. 호는 3백이다.

鐵州, 建武軍, 刺史. 本漢安市縣, 高麗爲安市城. 唐太宗攻之不下, 薛仁貴白衣登城, 卽此. 渤海置州, 故縣四, 位城·河端·蒼山·龍珍, 皆廢. 戶一千.

철주(鐵州)[128] 건무군(建武軍). 자사[가 다스린다]. 본래는 한 안시현(安市縣)인데 고[구]려가 안시성으로 삼았다. 당 태종이 공격하였으나 함락시키지 못하였고, 설인귀(薛仁貴)가 흰옷을 입고 성에 기어올랐다는 곳이 바로 여기이다. 발해가 주를 설치하였다. 옛 현은 넷으로 위성(位城)·하단(河端)·창산(蒼山)·용진(龍珍)이며, 모두 폐지되었다. 호는 1천이다.

興州, 中興軍. 節度. 本漢海冥縣地. 渤海置州, 故縣三, 盛吉·蒜山·鐵山, 皆廢. 戶二百.

여 '李勣'이라 하였다. 정관 3년(629)에 돌궐을 정복하고, 정관 19년(645)에는 태종과 함께 고구려를 침공하였으나 안시성전투에서 실패하고 회군하였다. 이후 총장 원년(668)에 신라군과 연합하여 평양성을 함락하고 고구려를 멸망시켰다. 이듬해 12월에 76세로 죽었다(『구당서』 권67, 이적열전; 『신당서』 권93, 이적열전).

128) 지금의 요령성 大石橋市 북쪽 湯池村 고성 일대이다(유득공 지음, 김종복 옮김, 2018, 191쪽).

홍주(興州)[129] 중흥군(中興軍). 절도[사가 다스린다]. 본래 한 해명현(海冥縣) 땅이다. 발해가 주를 설치하였다. 옛 현은 셋으로 성길(盛吉)·산산(蒜山)·철산(鐵山)이며, 모두 폐지되었다. 호는 2백이다.

> 湯州. 本漢襄平縣地. 渤海置州, 故縣五, 靈峯·常豊·白石·均谷·嘉利, 皆廢. 戶五百.

탕주(湯州)[130] 본래 한 양평현(襄平縣) 땅이다. 발해가 주를 설치하였다. 옛 현은 다섯으로 영봉(靈峯)·상풍(常豊)·백석(白石)·균곡(均谷)·가리(嘉利)이며, 모두 폐지되었다. 호는 5백이다.

> 崇州, 隆安軍. 刺史. 本漢長岑縣地. 渤海置州, 故縣三, 崇山·潙水·綠城, 皆廢. 戶五百.

숭주(崇州) 융안군(隆安軍). 자사[가 다스린다]. 본래 한 장잠현(長岑縣) 땅이다. 발해가 주를 설치하였다. 옛 현은 셋으로 숭산(崇山)·위수(潙水)·녹성(綠城)이며, 모두 폐지되었다. 호는 5백이다.

> 海州, 南海軍. 節度. 本沃沮國地. 高麗爲沙卑城, 唐李世勣嘗攻焉. 渤海號南京南海府. 疊石爲城, 幅員九里, 都督沃·晴[131]·椒三州. 故縣六, 沃沮·鷲巖·龍山·濱海·昇平·靈泉, 皆廢. 太平中, 大延琳叛, 南海城堅守, 經歲不下, 別部酋長皆被擒, 乃降. 因盡徙[132]其人於上京, 置遷遼縣, 移澤州民來實之. 戶一千五百.

---

129) 西古城子에서 서남으로 分水嶺을 넘어 豆滿江 하류 일대일 것으로 추정하기도 한다.
130) 湯州의 治所는 北鎭縣과 黑山縣 2현의 부근인 乾州로 비정된다.
131) 〈淸乾隆武英殿刻本〉과 〈百衲本景印元刊本〉에는 '晴'.
132) 〈百衲本景印元刊本〉에는 '徒'.

해주(海州) 남해군(南海軍). 절도[사가 다스린다]. 본래 옥저국(沃沮國) 땅이다. 고[구]려가 사비성(沙卑城)[133]으로 삼았는데 당의 이세적이 일찍이 공격하던 곳이다. 발해는 남경(南京) 남해부(南海府)[134]라 불렀다. 돌을 쌓아 성을 만들었는데 둘레가 9리이다. 옥(沃)[135]·청(晴)[136]·초(椒)[137] 3주의 일을 총괄한다. 옛 현은 여섯으로 옥저(沃沮)·취암(鷲巖)·용산(龍山)·빈해(濱海)·승평(昇平)·영천(靈泉)이며, 모두 폐지되었다. 태평(1021~1030) 중에 대연림이 배반하여 남해성(南海城)을 굳게 지켰다. 한 해가 넘어가도록 함락시키지 못하였는데 별부 추장이 모두 사로잡히자 이에 항복하였다. 이로 인하여 백성을 모두 상경으로 옮기고 천요현(遷遼縣)을 두었으며, 택주(澤州)의 백성을 옮겨 그곳을 채웠다. 호는 1천5백이다.

耀州. 刺史. 本渤海椒州, 故縣五, 椒山·貂嶺·澌泉·尖山·巖淵, 皆廢. 戶七百.

---

133) 645년(보장왕 4년, 당 태종 정관 14년)에 당의 장수 程名振이 沙卑城을 함락하였다. 정명진이 함락한 사비성은 비사성(卑沙城, 卑奢城)의 다른 이름으로 보기도 한다. 그런데 비사성은 요동반도 남단에 위치한 지금의 요령성 大連市 金州區의 大黑山城으로 비정된다. 이곳은 해성시와 멀리 떨어져 있으므로 『요사』 지리지의 이 기록이 잘못이 아니라면 비사성과 사비성은 다른 곳으로 보아야 한다(유득공 지음, 김종복 옮김, 2018, 192쪽).
134) 남경 남해부의 위치에 대해서는 韓鎭書의 『續海東繹史』 「渤海」에서 北青설을, 丁若鏞의 『我邦疆域考』 「渤海考」에서 咸興설을 내세운 이래로, 鏡城설(內藤虎次郎, 1907; 松井等, 1913), 북청설(鳥山喜一, 1935; 채태형, 1998), 함흥설(池內宏, 1937; 白鳥庫吉, 1935; 和田淸, 1955), 鍾城설 등의 견해가 있다. 남경과 남해부의 치소는 동일 지역에 있었던 것으로 보이나, 관청이 하나였는지 분리되어 있었는지는 불분명하다. 남해부의 위치 비정에는, 776년 남해부 '吐號浦'에서 발해 사신단이 일본으로 출발했다는 기록(『續日本紀』)에 부합하는 항구와 남해부의 특산물인 곤포, 즉 다시마가 생산되는 지역이라는 조건이 붙는다. 정약용이 곤포의 주요 산지인 함흥을 남해부로 본 이후로 함흥설은 많은 지지를 받았고, '토호포'를 함흥 서남쪽으로 약 15km 떨어진 '連浦(고려·조선시대 都連浦)'로 추정하였다. 그러나 북한에서 발굴 성과를 토대로 북청군의 청해토성(북청토성)을 남해부로 비정한 이후 북청설이 유력시되고 있다.
135) 沃州는 『遼史』 「地理志」에 沃沮·鷲巖·龍山·濱海·昇平·靈泉의 6縣을 거느렸다.
136) 『遼史』 「地理志」에 天晴·神陽·蓮池·狼山·仙巖의 5縣을 거느렸다. 和田淸(1955)은 위치를 城津으로 추정하였다.
137) 椒州는 『遼史』 「地理志」에 椒山·貂嶺·澌泉·尖山·巖淵의 5縣을 거느렸다. 和田淸(1955)은 鏡城으로 비정하였다.

요주(耀州). 자사[가 다스린다]. 본래 발해의 초주(椒州)이다. 옛 현 다섯으로 초산(椒山)·초령(貂嶺)·사천(澌泉)·첨산(尖山)·암연(巖淵)이며, 모두 폐지되었다. 호는 7백이다.

> 嬪州, 柔遠軍. 刺史. 本渤海晴州, 故縣五, 天晴[138]·神陽·蓮池·狼山·仙巖, 皆廢. 戶五百.

빈주(嬪州) 유원군(柔遠軍). 자사[가 다스린다]. 본래 발해의 청주(晴州)이다. 옛 현은 다섯으로 천청(天晴)·신양(神陽)·연지(蓮池)·낭산(狼山)·선암(仙巖)이며, 모두 폐지되었다. 호는 5백이다.

> 淥州, 鴨淥軍. 節度. 本高麗故國, 渤海號西京鴨淥府. 城高三丈, 廣輪二十里, 都督神·桓·豐·正四州事. 故縣三, 神鹿·神化·劍門, 皆廢. 大延琳叛, 遷餘黨於上京, 置易俗縣居之. 在者戶二千.

녹주(淥州) 압록군(鴨淥軍). 절도[사가 다스린다]. 본래 고[구]려 고국(故國)으로 발해가 서경(西京) 압록부(鴨淥府)[139]라 불렀다. 성 높이는 3장이고 너비는 20리이며, 신(神)·환(桓)·풍(豐)·정(正) 4주를 총괄한다. 옛 현은 셋으로 신록(神鹿)·신화(神化)·검문(劍門)이며, 모두 폐지되었다. 대연림(大延琳)이 배반하니 남은 무리를 상경에 옮기고 역속현(易俗縣)을 두어 그곳에 살게 하였다. [그곳에] 있는 호는 2천이다.

> 桓州. 高麗中都城, 故縣三, 桓都·神鄉·淇水, 皆廢. … 戶七百.

---

138) 〈淸乾隆武英殿刻本〉과 〈百衲本景印元刊本〉에는 '晴'.
139) 西京은 『遼史』「地理志」東京道條에 "淥州 鴨淥軍 節度 本高麗故國 渤海號西京鴨淥府 城高三丈 廣輪二十里 都督 神·桓·豐·正四州事"로 나온다. 丁若鏞은 평안북도 慈城 北에서 鴨綠江 대안으로(『我邦疆域考』「渤海考」), 韓鎭書는 江界府의 滿浦鎭 대안으로(『續海東繹史』「渤海」), 松井等(1913)은 奉天省 臨江縣 帽兒山으로, 鳥山喜一(1915)은 通溝로 비정하였고, 현재 臨江 지역으로 보는 것이 일반적이다.

환주(桓州).140) 고[구]려의 중도성(中都城)141)이다. 옛 현은 셋으로 환도(桓都)142)·신향(神鄉)·기수(淇水)이며, 모두 폐지되었다. … 호는 7백이다.

豐州. 渤海置盤安郡, 故縣四, 安豐·渤恪·隱壤·砆石, 皆廢. 戶三百.

풍주(豐州).143) 발해가 반안군(盤安郡)을 두었다. 옛 현은 넷으로 안풍(安豐)·발각(渤恪)·습양(隱壤)·협석(砆石)이며, 모두 폐지되었다. 호는 3백이다.

正州. 本沸流王故地, 國爲公孫康所幷. 渤海置沸流郡. 有沸流水. 戶五百. … 統縣一, 東那縣. 本漢東耐縣地. 在州西七十里.

정주(正州).144) 본래 비류왕(沸流王)145)의 옛 땅으로, 그 나라는 공손강(公孫康)146)에게 병합되었다. 발해가 비류군(沸流郡)을 두었다. 비류수147)가 있다. 호는 5백이다. … 거느리는

---

140) 지금의 길림성 집안시 일대이다(유득공 지음, 김종복 옮김, 2018, 193쪽).
141) 원문의 '中都城'은 고유명사가 아니라, 수도인 中都에 쌓은 성이라는 일반명사이다(유득공 지음, 김종복 옮김, 2018, 193쪽).
142) 고구려의 舊都로서 중국 길림성 집안시로 비정된다.
143) 和田淸은 鴨綠江 上源의 厚昌古邑 방면 또는 長白·惠山鎭으로 비정하였다(1955, 78쪽).
144) 和田淸은 鴨綠江 上源의 厚昌古邑 방면 또는 長白·惠山鎭으로 비정하였고(1955, 78쪽), 김종복은 지금의 길림성 통화시 일대 또는 요령성 단동시 서북쪽 일대로 비정하였다(유득공 지음, 김종복 옮김, 2018, 193쪽).
145) 『삼국사기』에는 비류왕이 두 명 보이는데, 주몽이 고구려를 건국한 초기에 항복시킨 비류수 상류에 있던 비류국의 왕 송양(松讓)과 또 다른 이름인 비류왕으로 불린 백제의 시조 온조왕이다(『삼국사기』 백제본기 시조 온조왕 본기 세주 "一云始祖 沸流王"). 여기서 비류왕은 송양을 가리키는 것으로 보이나, 연우(산산왕) 또는 이이모(고국천왕)와 대립하여 공손강에게 투항하였다가 비류수로 되돌아온 발기를 가리키는 것으로 추정되기도 한다(유득공 지음, 김종복 옮김, 2018, 193쪽).
146) 공손강(?~221)은 204년부터 아버지 공손도를 이어 요동 지역을 지배하고, 낙랑군 남쪽에 대방군을 설치하여 韓과 濊를 침공하였다(유득공 지음, 김종복 옮김, 2018, 193쪽).
147) 지금의 중국 길림성 白山市 북쪽에서 발원하여 요령성 桓仁縣을 거쳐 압록강으로 합류하는 渾江(佟佳

현은 한 곳으로 동나현(東那縣)이다. 본래 한의 동내현(東耐縣) 땅이며, 주의 서쪽 70리에 있다.

> 慕州. 本渤海安遠府地, 故縣二, 慕化·崇平, 久廢. 戶二百.

모주(慕州).[148] 본래 발해 안원부(安遠府)[149] 땅이다. 옛 현은 둘로 모화(慕化), 숭평(崇平) 이며, 오래전에 폐지되었다. 호는 2백이다.

> 顯州, 奉先軍. 上, 節度. 本渤海顯德府地. 世宗置, 以奉顯陵. 顯陵者, 東丹人皇王墓也. 人皇王性好讀書, 不喜射獵, 購書數萬卷, 置醫巫閭山絶頂, 築堂曰望海. 山南去海一百三十里. 大同元年, 世宗親護人皇王靈駕歸自汴京. 以人皇王愛醫巫閭山水奇秀, 因葬焉.

현주(顯州)[150] 봉선군(奉先軍). 상[등의 주로] 절도[사가 다스린다]. 본래 발해의 현덕부(顯德府)[151] 땅이다. 세종이 설치하여 현릉(顯陵)을 받들게 하였다. 현릉은 동단[국] 인황왕의

江)의 옛 이름이다(유득공 지음, 김종복 옮김, 2018, 193쪽).
148) 지금의 길림성 柳河縣 일대. 또는 요령성 岫巖縣 동부 일대이다(유득공 지음, 김종복 옮김, 2018, 194쪽).
149) 安遠府는 『遼史』 「地理志」 東京道 慕州條에 "本渤海安遠府地 故縣二 慕化·崇平 … 隸淥州 在西二百里"라고 하여 屬縣으로 慕化·崇平의 2縣을 거느렸다. 西京 鴨淥府의 府治인 淥州 서북으로 200리에 있다고 하여 鴨綠江과 輝發河의 중간인 柳河縣으로 비정되기도 하며, 韓鎭書는 黑龍江 유역으로 비정한 바 있다(『續海東繹史』 「渤海」). 松井等과 和田淸은 松花江 하류로(「渤海國의 疆域」, 419쪽; 「渤海國地理考」, 106~107쪽), 金毓黻은 興凱湖 東岸인 것으로 비정하였다(『渤海國志長編』 「地理考」).
150) 지금의 요령성 北鎭市 일대이다(유득공 지음, 김종복 옮김, 2018, 194쪽).
151) 현재의 길림성 연변조선족자치주 화룡시 서고성으로 비정된다. 『新唐書』 卷219, 列傳 第144, 渤海에 중경 현덕부 관할에 顯州보다 盧州가 먼저 기술되어 있는 점과 관련하여 중경 소재지에 대한 다양한 주장이 제기되었다. 일반적인 규칙에 의하면, 중경 현덕부는 盧州에 설치되어야 하는데 기록과 지리 비정에서 차이가 확인되기 때문이다. 그 주장을 보면, 현주와 중경 현덕부가 동일 지역이며 그 장소는 서고성이라는 주장(李健才·陳相偉, 「渤海的中京和朝貢道」, 『北方論叢』 1, 1982), 현주는 蘇密城 또는

묘이다. 인황왕은 성품이 독서를 좋아하고 사냥을 즐겨하지 않아서, 수만 권의 책을 사서 의무려산(醫巫閭山) 꼭대기에 두고 당(堂)을 지어 망해(望海)라 이름하였다. 산 남쪽에서 바다까지 130리 떨어져 있다. 대동 원년(947)에 세종이 친히 인황왕의 영가를 변경(汴京)에서 모시고 돌아왔다. 인황왕이 의무려산의 산수가 수려함을 사랑하였으므로 여기에 장사 지냈다.

山東縣. 本漢望平縣. 穆宗割渤海永豊縣民爲陵戶, 隷積慶宮.

산동현(山東縣). 본래 한 망평현(望平縣)[152]이다. 목종이 발해 영풍현(永豊縣)의 백성을 나눠 능호(陵戶)로 삼고, 적경궁(積慶宮)에 예속시켰다.

歸義縣. 初置顯州, 渤海民自來助役, 世宗嘉憫, 因籍其人戶置縣.

귀의현(歸義縣). 처음에 현주(顯州)를 두었다. 발해 백성이 스스로 와서 일을 도우므로, 세종이 기쁘고 가엾게 여겨 그 인호를 호적에 올리고 현을 설치하였다.

康州. 下, 刺史. 世宗遷渤海率賓府人戶置, 屬顯州.

강주(康州). 하등[의 주로] 자사[가 다스린다]. 세종이 발해 솔빈부(率賓府)[153]의 인호를

大甸子古城이라는 주장(駒井和愛, 1977), 安圖縣 松江鎭이라는 주장(朴龍淵, 1983), 돈화 大蒲柴河 西才浪河古城이라는 주장(孫進己, 1982) 및 상경 용천부 출토 와당에 근거하여 서고성과 현주가 관련성이 없으며 그곳은 화룡 하남둔고성이라는 주장(田村晃一, 2001; 田村晃一, 2002) 등이 그것이다(임상선, 2010, 173쪽). 이뿐만 아니라 顯州의 소재지였던 서고성이 발해의 첫 도읍지이며 현주를 포함한 지역은 振國의 영역이라고 인식한 견해도 있다(장창희, 1991, 226쪽).

152) 한나라 요동군의 속현이다. 『한서』 지리지 망평현의 주에는 "大遼水가 만리장성 밖에서 발원하여, 남쪽으로 安市에 이르러 바다로 들어가는데 1,250리나 된다."라고 할 뿐, 망평현의 위치가 정확하지 않다. 『水經注』에 따르면, 대요수가 만리장성 밖에서 동쪽으로 흘러 곧바로 요동의 망평현 서쪽까지 이르다가, 서남쪽으로 꺾어 흘러 襄平縣 고성 서쪽을 지난다(유득공 지음, 김종복 옮김, 2018, 188쪽).

옮겨서 두고, 현주(顯州)에 소속시켰다.

> 率賓縣. 本渤海率賓府地.

솔빈현(率賓縣).[154] 본래 발해 솔빈부(率賓府)의 땅이다.

> 熊山縣. 本渤海縣地.

웅산현(熊山縣).[155] 본래 발해현(渤海縣) 땅이다.

> 靈山縣. 本渤海靈峯縣地.

영산현(靈山縣).[156] 본래 발해 영봉현(靈峯縣) 땅이다.

> 司農縣. 本渤海麓郡縣, 幷麓波·雲川二縣入焉.

---

153) 그 이름이 綏芬河와 발음이 유사하여 현재 수분하 지역으로 보는 것이 통설이다. 率賓府의 이름은 遼代에도 그대로 쓰였으나, 金·元代에는 '恤品'·'速頻'·'蘇濱'의 이름으로 史書에 보이며, 淸代에는 綏芬路로 알려져 있었다. 金毓黻은 '쌍성자', 張太湘은 '동녕 대성자고성'으로 비정하였다(丹化沙, 1983, 15~21쪽).

154) 康州의 속현으로, 지금의 요령성 북진시 일대 또는 안산시 臺安縣 일대로 추정된다(유득공 지음, 김종복 옮김, 2018, 194쪽).

155) 웅산현의 주민은 발해 멸망 후 요 동경도 宗州로 끌려왔다(『遼史』 권38, 志제8, 地理志 2, 東京道, 宗州, "宗州 下 刺史. 在遼東石熊山 耶律隆運以所俘漢民置. 聖宗立爲州 隷文忠王府. 王薨 屬提轄司. 統縣一. 熊山縣 本渤海縣地.").

156) 乾州 廣德軍의 속현으로, 지금의 요령성 북진시 일대, 또는 黑山縣 일대, 또는 阜新市 彰武縣 일대로 추정된다(유득공 지음, 김종복 옮김, 2018, 194쪽).

사농현(司農縣).[157] 본래 발해 녹군현(麓郡縣)이며, 녹파(麓波)와 운천(雲川) 두 현을 병합하여 편입시켰다.

> 貴德縣. 本漢襄平縣, 渤海爲崇山縣.

귀덕현(貴德縣).[158] 본래 한의 양평현(襄平縣)이며, 발해가 숭산현(崇山縣)으로 삼았다.

> 奉德縣. 本渤海緣城縣地, 嘗[159]置奉德州.

봉덕현(奉德縣).[160] 본래 발해 연성현(緣城縣) 땅이며, 일찍이 봉덕주(奉德州)를 두었다.

> 瀋州, 昭德軍. 中, 節度. 本挹婁國地. 渤海建瀋州, 故縣九, 皆廢.

심주(瀋州) 소덕군(昭德軍). 중[등의 주로] 절도사[가 다스린다]. 본래 읍루국(挹婁國) 땅이다. 발해가 심주(瀋州)를 세웠다. 옛 현은 아홉이며, 모두 폐지되었다.

> 巖州, 白巖軍. 下, 刺史. 本渤海白巖城, 太宗撥屬瀋州. … 統縣一, 白巖縣. 渤海置.

암주(巖州)[161] 백암군(白巖軍). 하[등의 주로] 자사[가 다스린다]. 본래 발해 백암성(白巖

---

157) 건주 광덕군의 속현으로 영산현 부근이다(유득공 지음, 김종복 옮김, 2018, 194쪽).
158) 貴德州 寧遠郡의 속현으로, 지금의 요령성 撫順市 古爾山 일대를 말한다(유득공 지음, 김종복 옮김, 2018, 194쪽).
159) 〈淸乾隆武英殿刻本〉과 〈百衲本景印元刊本〉에는 '常'.
160) 귀덕주 영원군의 속현으로, 귀덕현 부근이다(유득공 지음, 김종복 옮김, 2018, 194쪽).
161) 지금의 요령성 燈塔市 燕州城 일대를 말한다(유득공 지음, 김종복 옮김, 2018, 195쪽).

城)인데, 태종이 바꾸어 심주에 소속시켰다. … 거느리는 현은 하나로, 백암현(白巖縣)[162]이다. 발해가 설치하였다.

> 集州. 懷衆軍. 下. 刺史. 古陴離郡地, 漢屬險瀆縣, 高麗爲霜巖縣, 渤海置州. 統縣一, 奉集縣. 渤海置.

집주(集州)[163] 회중군(懷衆軍). 하[등의 주로] 자사[가 다스린다]. 옛 비리군(陴離郡) 땅인데 한나라는 험독현(險瀆縣)[164]에 속하게 하였고, 고[구]려는 상암현(霜巖縣)으로 삼았으며, 발해는 주를 설치하였다. 거느리는 현은 하나로, 봉집현(奉集縣)[165]이다. 발해가 두었다.

> 廣州. 防禦. 漢屬襄平縣, 高麗爲當山縣, 渤海爲鐵利郡. 太祖遷渤海人居之, 建鐵利州. 統和八年省. 開泰七年以漢戶置. 統縣一, 昌義縣.

광주(廣州). 방어사[가 다스린다]. 한나라 때에는 양평현(襄平縣)에 속하였고 고[구]려는 당산현(當山縣)으로 삼았으며, 발해는 철리군(鐵利郡)이라 하였다. 태조가 발해인을 옮겨 그곳에서 살게 하고 철리주(鐵利州)를 세웠다. 통화 8년(990)에 없앴다. 개태 7년(1018)에 한호(漢戶)를 두었다. 거느리는 현은 하나로, 창의현(昌義縣)이다.

> 遼州. 始平軍. 下. 節度. 本拂涅國城, 渤海爲東平府. … 太祖伐渤海, 先破東平府, 遷民實之. 故東平府都督伊·蒙·陀·黑·北五州, 共領縣十八, 皆廢.

---

162) 주의 首縣이므로, 위치는 위와 같거나 그 부근이다(유득공 지음, 김종복 옮김, 2018, 195쪽).
163) 『신당서』 발해전에는 발해의 주가 62개라고 하지만, 실제로 전하는 것은 60개이다. 집주가 이름이 전하지 않는 2개 중 하나일 가능성이 있다. 지금의 요령성 심양시 동남쪽 奉集保 일대로 추정된다(유득공 지음, 김종복 옮김, 2018, 195쪽).
164) 한나라 요동군의 속현이다(유득공 지음, 김종복 옮김, 2018, 195쪽).
165) 지금의 요령성 심양시 동남쪽 봉집보 일대이다(유득공 지음, 김종복 옮김, 2018, 195쪽).

요주(遼州) 시평군(始平軍). 하[등의 주로] 절도사[가 다스린다]. 본래 불열국성(拂涅國城)[166]이며, 발해가 동평부(東平府)[167]로 삼았다. … 태조가 발해를 정벌하여 먼저 동평부를 격파하고, 그 백성을 옮겨 이곳을 채웠다. 옛 동평부가 이(伊)·몽(蒙)·타(陀)·흑(黑)·북(北) 5주의 일을 총괄하였다. 거느리는 현은 모두 열여덟이며, 모두 폐지되었다.

祺州, 祐聖軍. 下, 刺史. 本渤海蒙州地.

기주(祺州) 우성군(祐聖軍). 하[등의 주로] 자사[가 다스린다]. 본래 발해 몽주(蒙州) 땅이다.

遂州, 刺史. 本渤海美州地, 採訪使耶律頗德以部下漢民置.

수주(遂州).[168] 자사[가 다스린다]. 본래 발해 미주(美州) 땅이다. 채방사(採訪使) 야율파덕(耶律頗德)이 부(部) 아래의 한민(漢民)을 두어 설치하였다.

山河縣. 本渤海縣, 倂黑川·麓川二縣置.

산하현(山河縣). 본래 발해현(渤海縣)이다. 흑천(黑川)과 녹천(麓川) 두 현을 병합하여 설치하였다.

---

166) 말갈족의 하나인 불열부의 중심지로 보이며, 불열부의 거주지는 興凱湖 부근으로 비정된다(유득공 지음, 김종복 옮김, 2018, 188쪽).
167) 拂涅部의 위치에 대해 논란이 있는 것과 마찬가지로, 동평부의 위치에 대해서도 여러 설이 있다. 흑수말갈의 일부가 발해 후기에 복속된 것으로 보지만 행정구역 설치가 확인되지 않는데, '黑州'와 '黑水'의 흑이 같은 글자이기 때문이다.
168) 지금의 요령성 철령시 창도현 서북쪽 七家子鎭, 또는 내몽고자치구 통요시 庫倫旗 동북 三家子鎭 일대로 추정된다(유득공 지음, 김종복 옮김, 2018, 196쪽).

> 通州, 安遠軍. 節度. 本扶餘國王城, 渤海號扶餘城.

통주(通州)[169] 안원군(安遠軍). 절도사[가 다스린다]. 본래 부여국 왕성이었는데, 발해가 부여성(扶餘城)이라고 불렀다.

> 通遠縣. 本渤海扶餘縣, 併布多縣置.

통원현(通遠縣).[170] 본래 발해 부여현이며, 포다현(布多縣)과 합병하여 설치하였다.

> 安遠縣. 本渤海顯義縣, 併鵲川縣置.

안원현(安遠縣).[171] 본래 발해 현의현(顯義縣)이며, 작천현(鵲川縣)과 합병하여 설치하였다.

> 歸仁縣. 本渤海強帥縣, 併新安縣置.

귀인현(歸仁縣).[172] 본래 발해 강수현(強帥縣)이며, 신안현(新安縣)과 합병하여 설치하였다.

> 漁谷縣. 本渤海縣.

어곡현(漁谷縣).[173] 본래 발해현이다.

---

169) 지금의 길림성 四平市 일대이다(유득공 지음, 김종복 옮김, 2018, 196쪽).
170) 지금의 길림성 사평시 一面城 일대이다(유득공 지음, 김종복 옮김, 2018, 197쪽).
171) 지금의 길림성 사평시 또는 요령성 開原市 일대이다(유득공 지음, 김종복 옮김, 2018, 197쪽).
172) 지금의 요령성 철령시 창도현 서북쪽 四面城鎭 또는 寶力古城으로 추정된다(유득공 지음, 김종복 옮김, 2018, 197쪽).

韓州, 東平軍. 下, 刺史. 本槀[174]離國舊治柳河縣. 高麗置鄚頡府, 都督鄚·頡二州. 渤海因之. 今廢.

한주(韓州)[175] 동평군(東平軍). 하[등의 주로], 자사[가 다스린다]. 본래 고리국(槀離國)의 옛 치소인 유하현(柳河縣)이다. 고[구]려가 막힐부(鄚頡府)[176]를 두고 막(鄚)[177]·힐(頡) 2주의 일을 총괄하게 하였다. 발해가 그대로 이었다. 지금은 폐지하였다.

柳河縣. 本渤海粤喜縣地, 幷萬安縣置.

유하현(柳河縣).[178] 본래 발해 오희현(粤喜縣)이며, 만안현(萬安縣)과 합병하여 설치하였다.

雙州, 保安軍. 下, 節度. 本挹婁故地. 渤海置安定郡, 久廢.

쌍주(雙州)[179] 보안군(保安軍). 하[등의 주로], 절도사[가 다스린다]. 본래 읍루의 옛 땅이었다. 발해가 안정군(安定郡)을 두었으며, 오래전에 폐지되었다.

雙城縣. 本渤海安夷縣地.

---

173) 지금의 길림성 사평시 또는 요령성 개원시 일대로 추정된다(유득공 지음, 김종복 옮김, 2018, 197쪽).
174) 〈淸乾隆武英殿刻本〉과 〈百衲本景印元刊本〉에는 '槀'.
175) 지금의 길림성 사평시 八面城 일대이다(유득공 지음, 김종복 옮김, 2018, 197쪽).
176) 鄚頡府는 『遼史』 「地理志」 東京道 韓州條에 "本槀離國舊治柳河縣 高麗置鄚頡府 都督鄚·頡二州 渤海因之"라고 하여 고구려 때부터 있었던 것으로 나온다. 金毓黻은 農安 북쪽으로 비정하였고(『渤海國志長編』 「地理考」), 和田淸(1955)은 阿城 부근으로 비정하였다.
177) 鄚州는 屬縣에 奧喜·萬安의 2縣이 있었다.
178) 지금의 길림성 사평시 八面城으로 추정된다(유득공 지음, 김종복 옮김, 2018, 197쪽).
179) 지금의 요령성 심양시 북쪽 石佛寺 고성 일대로 추정된다(유득공 지음, 김종복 옮김, 2018, 197쪽).

쌍성현(雙城縣). 본래 발해 안이현(安夷縣) 땅이다.

> 銀州, 富國軍. 下, 刺史. 本渤海富州.

은주(銀州)[180] 부국군(富國軍). 하[등의 주로] 자사[가 다스린다]. 본래 발해 부주(富州)이다.

> 延津縣. 本渤海富壽縣, 境有延[181]津故城, 更名.

연진현(延津縣). 본래 발해 부수현(富壽縣)이다. 경내에 연진고성(延津故城)이 있어 이름을 바꾸었다.

> 新興縣. 本故越喜國地, 渤海置銀冶, 嘗[182]置銀州.

신흥현(新興縣).[183] 본래 옛 월희국(越喜國)[184] 땅이다. 발해가 은 대장간[銀冶]을 두고 일찍이 은주(銀州)를 설치하였다.

> 永平縣. 本渤海優富縣地, 太祖以俘戶置. 舊有永平寨.

영평현(永平縣).[185] 본래 발해 우부현(優富縣) 땅이며, 태조가 사로잡은 호를 두었다. 옛날에 영평채(永平寨)[186]가 있었다.

---

180) 지금의 요령성 철령시로 추정된다(유득공 지음, 김종복 옮김, 2018, 197쪽).
181) 〈百衲本景印元刊本〉에는 '廷'.
182) 〈百衲本景印元刊本〉에는 '常'.
183) 지금의 요령성 철령시 銀州區 新興古城 일대로 추정된다(유득공 지음, 김종복 옮김, 2018, 197쪽).
184) 월희말갈의 중심 지역이나 정체 세력을 이르는 것으로 보인다.
185) 지금의 요령성 철령시 부근이다(유득공 지음, 김종복 옮김, 2018, 198쪽).

同州, 鎭安軍.[187] 下, 節度. 本漢襄平縣地, 渤海爲東平寨.

동주(同州) 진안군(鎭安軍). 하[등의 주로], 절도사[가 다스린다]. 본래 한 양평현(襄平縣) 땅이며, 발해가 동평채(東平寨)로 삼았다.

咸州, 安東軍. 下, 節度. 本高麗銅山縣地, 渤海置銅山郡. 地在漢候城縣北, 渤海龍泉府南.

함주(咸州)[188] 안동군(安東軍). 하[등의 주로], 절도[사가 다스린다]. 본래 고[구]려 동산현(銅山縣) 땅이며, 발해가 동산군(銅山郡)을 두었다. 이곳은 한나라 후성현(候城縣) 북쪽, 발해 용천부 남쪽에 있다.

信州, 彰聖軍. 下, 節度. 本越喜故城. 渤海置懷遠府, 今廢.

신주(信州)[189] 창성군(彰聖軍). 하[등의 주로], 절도[사가 다스린다]. 본래 월희고성(越喜故城)이다. 발해가 회원부(懷遠府)[190]를 두었으며, 지금은 폐지되었다.

武昌縣. 本渤海懷福縣地, 析平州提轄司及豹山縣一千戶隷之.

무창현(武昌縣).[191] 본래 발해 회복현(懷福縣)의 땅이다. 평주제할사(平州提轄司)와 표산

---

186) '寨'는 방어용 목책이다(유득공 지음, 김종복 옮김, 2018, 198쪽).
187) 〈淸乾隆武英殿刻本〉에는 '尙州 鎭遠軍'.
188) 지금의 요령성 개원시 동북쪽 老城街道 일대이다(유득공 지음, 김종복 옮김, 2018, 198쪽).
189) 지금의 길림성 公主嶺市 서북쪽 秦家屯鎭 일대로 추정된다(유득공 지음, 김종복 옮김, 2018, 198쪽).
190) 위치에 대해서는 발해 중심부에서 매우 먼 지역일 것으로 추정되며, 중국 黑龍江省 依蘭縣의 烏蘇里江과 松花江이 만나는 지역설, 연해주 동해가설, 흑룡강성 同江縣설 등이 있다.

현(豹山縣)의 1천 호를 떼어 속하게 하였다.

> 定武縣. 本渤海豹山縣地.

정무현(定武縣).192) 본래 발해 표산현 땅이다.

> 賓州, 懷化軍. 節度. 本渤海城.

빈주(賓州)193) 회화군(懷化軍). 절도[사가 다스린다]. 본래는 발해성이다.

> 龍州, 黃龍府. 本渤海扶餘府.

용주(龍州) 황룡부(黃龍府). 본래 발해 부여부(扶餘府)이다.

> 黃龍縣. 本渤海長平縣, 幷富利・佐慕・肅愼置.

황룡현(黃龍縣). 본래 발해 장평현(長平縣)이며, 부리(富利), 좌모(佐慕), 숙신(肅愼)194)을

---

191) 信州의 首縣이므로, 위치는 신주와 같거나 그 부근이다(유득공 지음, 김종복 옮김, 2018, 198쪽).
192) 지금의 길림성 공주령시 부근 또는 요령성 철령시 동북 지역으로 비정된다(유득공 지음, 김종복 옮김, 2018, 198쪽).
193) 지금의 길림성 농안현 동북 靠山鎭 일대로 비정된다(유득공 지음, 김종복 옮김, 『(정본)발해고』, 책과함께, 2018, 199쪽).
194) 고대 중국의 동북 지방에 살던 종족 중 하나로, 楛矢와 石砮를 사용하였다. 肅愼, 息愼 혹은 稷愼 등으로도 쓰였다. 계통에 대한 논란이 많은데, 후한 대까지는 특정 주민 집단과 연결하는 인식이 확립되지 않았고(沈一民, 2009), 고대 중국인들이 자신의 북방 혹은 동북 지방에 거주하던 종족 집단을 일컫던 막연한 호칭이었다고 보기도 한다(保井克己, 1982). 『三國志』와 『後漢書』에는 숙신과 관련된 挹婁 열전이 등장하는데, 三國時代에 활동하던 挹婁가 마침 楛矢・石砮를 사용하였기 때문에 古肅愼氏

병합하여 설치하였다.

遷民縣. 本渤海永寧縣, 併豐水·扶羅置.

천민현(遷民縣).[195] 본래 발해 영녕현(永寧縣)이며, 풍수(豐水)·부라(扶羅)를 병합하여 설치하였다.

永平縣. 渤海置.

영평현(永平縣).[196] 발해가 설치하였다.

湖州, 興利軍. 刺史. 渤海置.

호주(湖州)[197] 흥리군(興利軍). 자사[가 다스린다]. 발해가 설치하였다.

渤州, 清化軍. 刺史. 渤海置.

발주(渤州)[198] 청화군(清化軍). 자사[가 다스린다]. 발해가 설치하였다.

貢珍縣. 渤海置.

와 挹婁를 동일시하게 된 것으로 추정된다(池內宏, 1951). 이후 중국 정사류에서 '숙신-읍루-물길-말갈-여진'으로 이어지는 계통 인식이 형성되었다.
195) 지금의 길림성 농안현 부근이다.
196) 지금의 요령성 철령시 부근이다.
197) 지금의 鏡泊湖 방면에 있었던 것으로 보는 것이 일반적이다.
198) 지금의 寧安 부근으로 추정된다.

공진현(貢珍縣). 발해가 설치하였다.

郢州, 彰聖軍. 刺史. 渤海置.

영주(郢州)[199] 창성군(彰聖軍). 자사[가 다스린다]. 발해가 설치하였다.

銅州, 廣利軍. 刺史. 渤海置.

동주(銅州)[200] 광리군(廣利軍). 자사[가 다스린다]. 발해가 설치하였다.

析木縣. 本漢望平縣地, 渤海爲花山縣. 初隸東京, 後來屬.

석목현(析木縣).[201] 본래 한나라 망평현(望平縣) 땅이다. 발해가 화산현(花山縣)으로 삼았다. 처음에는 동경에 예속되었다가 나중에 와서 예속되었다.

涑州. 刺史. 渤海置.

속주(涑州).[202] 자사[가 다스린다]. 발해가 설치하였다.

---

199) 和田淸(1955)은 鐵利·越喜와 上京 龍泉府를 연결하는 大道 上의 요충으로 寧古塔 북쪽 어딘가로 비정하였고, 김종복은 지금의 요령성 동북부의 법고·개원·철령 일대의 요하 중상류 지역으로 비정하였다(유득공 지음, 김종복 옮김, 2018, 200쪽).
200) 지금의 요령성 해성시 동남쪽 析木鎭 일대이다(유득공 지음, 김종복 옮김, 2018, 200쪽).
201) 지금의 요령성 해성시 동남쪽 析木鎭 일대이다(유득공 지음, 김종복 옮김, 2018, 188쪽).
202) 『吉林通志』「沿革志」涑州條에 吉林에서 북으로 약 65리인 打牲烏拉로 비정한 이후 대체로 이를 따라 길림 인근으로 본다.

率賓府. 刺史. 故率賓國地.

솔빈부(率賓府). 자사[가 다스린다]. 옛 솔빈국(率賓國) 땅이다.

定理府. 刺史. 故挹婁國地.

정리부(定理府). 자사[가 다스린다]. 옛 읍루국(挹婁國) 땅이다.

鐵利府. 刺史. 故鐵利國地.

철리부(鐵利府). 자사[가 다스린다]. 옛 철리국(鐵利國) 땅이다.

安定府.

안정부(安定府).

長嶺府.

장령부(長嶺府).

東州. 以渤海戶置.

동주(東州). 발해호로 설치하였다.

尚州. 以渤海戶置.

상주(尙州). 발해호로 설치하였다.

麓州. 下, 刺史. 渤海置.

녹주(麓州).[203] 하[등의 주로] 자사[가 다스린다]. 발해가 설치하였다.

寧州, 觀察. 統和二十九年伐高麗, 以渤海降戶置.

영주(寧州). 관찰사[가 다스린다]. 통화 29년(1011)에 고려를 정벌하고 발해의 항복한 호로 설치하였다.

歸州, 觀察. 太祖平渤海, 以降戶置, 後廢. 統和二十九年伐高麗, 以所俘渤海戶復置.

귀주(歸州). 관찰사[가 다스린다]. 태조가 발해를 평정하고 항복한 호로 설치하였다가, 나중에 폐지하였다. 통화 29년(1011)에 고려를 정벌하고 포로로 잡은 발해호로 다시 설치하였다.

渤海州.

발해주(渤海州).

---

[203] 『신당서』 발해전에는 발해의 주가 62개라고 하지만, 실제로 전하는 것은 60개이다. 녹주가 이름이 전하지 않는 2개 중 하나일 가능성이 있다(유득공 지음, 김종복 옮김, 2018, 200쪽).

○ 권39, 지(志) 제9, 지리지(地理志) 3

恩州. … 開泰中, 以渤海戶實之.

은주(恩州). … 개태(1012~1020) 중에 발해호로 채웠다.

恩化縣. 開泰中渤海人戶置.

은화현(恩化縣). 개태(1012~1020) 중에 발해 인호로 설치하였다.

黔州. … 太祖平渤海, 以所俘戶居之.

검주(黔州). … 태조가 발해를 평정하고 포로로 잡은 호를 살게 하였다.

盛吉縣. 太祖平渤海, 俘興州盛吉縣民來居, 因置縣.

성길현(盛吉縣). 태조가 발해를 평정하고, 포로로 잡은 흥주(興州) 성길현 백성을 와서 살게 하고 이어 현을 설치하였다.

遷州. … 聖宗平大延琳, 遷歸州民置, 來屬.

천주(遷州). … 성종이 대연림(大延琳)을 평정하고 귀주(歸州) 백성을 옮겨 설치하니, 와서 속하였다.

潤州. … 聖宗平大延琳, 遷寧州之民居此, 置州.

윤주(潤州). … 성종이 대연림을 평정하고 영주(寧州) 백성을 옮겨 이곳에 살게 하였으며, 주를 설치하였다.

海陽²⁰⁴⁾縣. 本漢陽樂縣地, 遷潤州. 本東京城內渤海民戶, 因叛移於此.

해양현(海陽縣). 본래 한나라 양락현(陽樂縣) 땅이며, 윤주(潤州)로 옮겼다. 본래 동경성 안 발해 민호인데, 반란으로 인해 이곳으로 옮겼다.

○ 권45, 지(志) 제15, 백관지(百官志) 1, 북면황족장관(北面皇族帳官)

大東丹國中臺省. 太祖天顯元年置, 乾亨四²⁰⁵⁾年聖宗省.

대동단국 중대성(中臺省). 태조 천현 원년(926)에 설치하였으며, 건형 4년(982)에 성종이 폐하였다.

左大相.

좌대상(左大相).

右大相.

우대상(右大相).

左次相.

---

204) 〈清乾隆武英殿刻本〉과 〈百衲本景印元刊本〉에는 '濱'.
205) 〈清乾隆武英殿刻本〉과 〈百衲本景印元刊本〉에는 '元'.

좌차상(左次相).

右次相.

우차상(右次相).

○ 권45, 지(志) 제15, 백관지(百官志) 1, 북면제장관(北面諸帳官)

遼太祖 … 滅渤海國, 存其族帳.

요 태조는 … 발해국을 멸망시키고, 그 족장(族帳)을 보존시켰다.

渤海帳司. 官制未詳.

발해장사(渤海帳司). 관제는 자세하지 않다.

渤海宰相.

발해재상(渤海宰相).

渤海太保.

발해태보(渤海太保).

渤海撻馬.

발해달마(渤海撻馬).

渤海近侍詳穩司.

발해근시상온사(渤海近侍詳穩司).

○ 권46, 지(志) 제16, 백관지(百官志) 2, 북면변방관(北面邊防官)

契丹奚漢渤海四軍都指揮使司.

거란해한발해사군도지휘사사(契丹奚漢渤海四軍都指揮使司).

渤海軍都指揮使司.

발해군도지휘사사(渤海軍都指揮使司).

○ 권46, 지(志) 제16, 백관지(百官志) 2, 북면속국관(北面屬國官)

渤海部.

발해부(渤海部).

西北渤海部.

서북발해부(西北渤海部).

○ 권47, 지(志) 제17 상(上), 백관지(百官志) 3, 남면조관(南面朝官)

契丹漢兒渤海內侍都知.

거란한아발해내시도지(契丹漢兒渤海內侍都知).

○ 권48, 지(志) 제17 하(下), 백관지(百官志) 4, 남면경관(南面京官)

東京渤海承奉官. 聖宗開泰八年耶律八哥奏, 渤海承奉班宜設官以統之, 因置.

동경발해승봉관(東京渤海承奉官). 성종 개태 8년(1019)에 야율팔가(耶律八哥)가 아뢰기를, 발해 승봉반에 관직을 설치하여 그들을 다스려야 한다고 하여 두었다.

渤海承奉都知押班.

발해승봉도지압반(渤海承奉都知押班).

○ 권48, 지(志) 제17 하(下), 백관지(百官志) 4, 남면방주관(南面方州官)

遼東·西, 燕·秦·漢·唐已置郡縣, 設官職矣. 高麗·渤海因之.

요동·요서·연·진·한·당에서 이미 군현을 설치하고서 관직을 두었다. 고[구]려와 발해가 그대로 따랐다.

○ 권53, 지(志) 제22, 예지(禮志) 6, 가의(嘉儀) 하(下) 세시잡의(歲時雜儀)

五月重五日, 午時, 採艾葉和綿著衣, 七事以奉天子, 北南臣僚各賜三事, 君臣宴樂, 渤海膳夫進艾餻.

5월 중5일(단오절) 오시에 쑥잎[艾葉]을 따서 무명실에 물들인 옷을 입고 칠사(七事)를 천자에게 바치면, 북남의 신료에게 각각 삼사(三事)를 하사하였다. 군신이 잔치를 열어 즐기며, 발해 선부(膳夫)는 쑥떡[艾餻]을 진상한다.

○ 권58, 지(志) 제27, 의위지(儀衛志) 4

渤海仗.

발해장.

天顯四年, 太宗幸遼陽府, 人皇王備乘輿羽衛以迎. 乾亨五年, 聖宗東巡, 東京留守具儀衛迎車駕. 此故渤海儀衛也.

천현 4년(929)에 태종이 요양부(遼陽府)에 행차하니, 인황왕이 승여(乘輿)와 우위(羽衛)를 갖춰 맞이하였다. 건형 5년(983)에 성종이 동쪽으로 순행하니, 동경유수가 의위(儀衛: 의장 호위)를 갖춰 거가를 맞이하였다. 이 때문에 발해의위(渤海儀衛)라 한 것이다.

○ 권60, 지(志) 제29, 식화(食貨) 하(下)

太宗得燕, 置南京. 城北有市, 百物山偫, 命有司治其征. 餘四京及它州縣貨產懋遷之地, 置亦如之.

태종이 연(燕)을 얻고 남경(南京)을 설치하였다. 성의 북쪽에 시장을 두었는데 온갖 산물이 산처럼 쌓이자, 유사에 명하여 그 세금을 관리하도록 하였다. 나머지 4경 및 다른 주현의 재화와 물산을 성대하게 옮기는 곳에도 설치하기를 역시 같게 하였다.

東平郡城中置看樓, 分南·北市, 晨中交易市北, 午漏下交易市南. 雄州·高昌·渤海

亦立互市, 以通南宋·西北諸部·高麗之貨, 故女直以金·帛·布·蜜·蠟諸藥材及鐵
驪·靺鞨·于厥等部以蛤珠·青鼠·貂鼠·膠魚之皮·牛羊·駝馬·毳罽等物, 來易於
遼者, 道路繼屬. … 一時産鹽之地如渤海·鎭城·海陽·豐州·陽洛城·廣濟湖等處,
五京計司各以其地領之. … 神冊初, 平渤海, 得廣州, 本渤海鐵利府, 改曰鐵利州.
地亦多鐵.

동평군(東平郡) 성 가운데에 간루(看樓)를 두고 남시(南市)와 북시(北市)로 나누어, 우중(禺中: 오전)에는 시 북쪽에서 교역하도록 하고, 오루(午漏: 정오를 알리는 물시계)가 내린 뒤(정오 이후)에는 시 남쪽에서 교역하도록 하였다. 웅주(雄州)·고창(高昌)·발해에도 호시(互市)를 세워 남송과 서북 여러 부(部), 고려의 물화가 통하게 하였다. 그리하여 여직은 금·백·포·꿀·[밀]랍의 여러 약재로써, 그리고 철리·말갈·우궐(于厥) 등의 부는 합주(蛤珠)·청서(青鼠)·초서(貂鼠)·교어(膠魚)의 가죽, 우양(牛羊)과 타마(駝馬)·취계(毳罽) 등의 물품으로써 와서 요나라에서 교역하니 도로에 끊이지 않았다. … 한때 소금을 생산하는 곳은 발해·진성(鎭城)·해양(海陽)·풍주(豐州)·양락성(陽洛城)·광제호(廣濟湖) 등인데, 오경계사(五京計司)가 각각 그 지역을 관할하였다. … 신책(916~921) 초에 발해를 평정하고 광주(廣州)를 얻었다. 본래 발해 철리부(鐵利府)를 철리주(鐵利州)로 고쳤다. 땅에 역시 철이 많았다.

○ 권61, 지(志) 제30, 형법지(刑法志) 상(上)

至太宗時, 治渤海人一依漢法, 餘無改焉.

태종 때에 이르러서 발해인을 다스림에 한결같이 한법(漢法)을 따랐고, 나머지는 고친 것이 없었다.

○ 권64, 표(表) 제2, 황자표(皇子表)

寅底石, 字阿辛. … 太祖遺詔寅底石守太師·政事令, 輔東丹王. … 太祖命輔東丹

王, 淳欽皇后遣司徒劃沙殺于路.

인저석(寅底石)의 자는 아신(阿辛)이다. … 태조가 인저석에게 유조를 내려 수태사(守太師)·정사령(政事令)으로서 동단왕(東丹王)을 보좌하게 하였다. … 태조가 동단왕을 보좌하도록 명하였는데, 순흠황후가 사도(司徒) 획사(劃沙)를 보내 길에서 살해하였다.

安端, 字猥隱. … 天祿[206]初, 以功王東丹國, 賜號明王. … 天顯[207]元年, 征渤海, 破老相兵三萬餘人. 安邊·鄚頡·定理三府叛, 平之.

안단(安端)은 자가 외은(猥隱)이다. … 천록(947~950) 초에 공로가 있어 동단국의 왕이 되고, 명왕(明王)이라는 호를 하사받았다. … 천현 원년(926)에 발해를 정벌하여 노상병(老相兵) 3만여 인을 격파하였다. 안변(安邊)·막힐(鄚頡)·정리(定理) 3부가 배반하니, 이를 평정하였다.

蘇, 字獨昆.[208] … 天顯初, 征渤海, 攻破忽汗城, 大諲譔降. … 征渤海國還, 薨.

소(蘇)는 자가 독곤(獨昆)이다. … 천현(926~936) 초 발해를 정벌하여 홀한성(忽汗城)을 공격하여 무너뜨리니, 대인선(大諲譔)이 항복하였다. … 발해국을 정벌하고 돌아와서 죽었다.

倍, 小字圖欲. 唐明宗賜姓東丹, 名慕華, 改賜姓李, 名贊華. 神冊元年, 立爲皇太子. 天顯元年, 爲東丹國人皇王, 建元甘露, 稱制行事, 置左右大相及百官, 一用漢法. 太宗立詔居東平郡, 升爲南京. 太宗諡曰文武元皇王, 世宗諡讓國皇帝. 統和中,

---

206) 〈淸乾隆武英殿刻本〉에는 '保'.
207) 〈淸乾隆武英殿刻本〉과 〈百衲本景印元刊本〉에는 '天贊'.
208) 〈淸乾隆武英殿刻本〉과 〈百衲本景印元刊本〉에는 '雲獨昆'.

更諡文獻皇帝. 重熙二十一²⁰⁹⁾年, 增諡文獻欽義皇帝. 唐遣人來招, 倍浮海奔唐, 唐人迎以天子儀衛改瑞州爲懷化軍, 拜懷化軍節度使. 瑞·愼等州觀察使. 移鎭滑州, 召入, 遙領虔州節度使. 聰敏好學, 通陰陽·醫藥·箴灸之術, 知音律, 善畫, 工文章. 太祖征烏古·党項, 倍爲先鋒都統, 經略燕地, 至定州, 聞太祖與李存勗相拒于雲碧店, 引兵馳赴, 存勗退走. 陳渤海可取之計, 天顯元年, 從征渤海, 拔扶餘城, 太祖欲括戶口, 諫止, 且勸乘勢攻忽汗城, 夜圍降之. 唐李從珂自立, 密報太宗曰: 從珂²¹⁰⁾弑君, 不可不討.

[야율]배([耶律]倍)는 어렸을 때 자가 도욕(圖欲)이다. [후]당 명종이 성으로 동단(東丹)을 내려 주고 이름을 모화(慕華)라 하였으며, 고쳐서 성으로 이(李)를 내려 주고 이름을 찬화(贊華)라 하였다. 신책 원년(916)에 황태자가 되었다. 천현 원년(926)에 동단국의 인황왕(人皇王)이 되어, 연호를 세워 감로(甘露)라 하고 칭제(稱制)²¹¹⁾하였으며, 좌우의 대상 및 백관을 두고, 한결같이 한법(漢法)을 적용하였다. 태종이 [황위에] 올라 조서(詔書)를 내려 동평군(東平郡: 요양)에 거하게 하다가 [동평군을] 올려 남경으로 삼았다. 태종의 시호는 문무원황왕(文武元皇王)이며, 세종의 시호는 양국황제(讓國皇帝)이다. 통화(983~1011) 중에 시호를 문헌황제(文獻皇帝)로 고쳤으며, 중희 21년(1052)에는 증시하여 문헌흠의황제(文獻欽義皇帝)라 하였다. [후]당에서 사람을 보내 초빙하자, [야율]배가 바다를 건너 [후]당으로 달려갔다. 당나라 사람들이 천자의 의위로 영접하고 서주(瑞州)를 회화군(懷化軍)으로 고쳐 회화군절도사(懷化軍節度使)에 제수하였다. 서(瑞)·신(愼) 등의 주 관찰사를 진주(鎭州)와 활주(滑州)로 옮기고 불러들여, 멀리 건주절도사(虔州節度使)를 통령하게 하였다. 총명하고 민첩하며 학문을 좋아하여 음양·의약·잠구(箴灸)의 술법에 통달하였으며, 음률을 알았고 그림에 능하였으며 문장에도 정통하였다. 태조가 오고(烏古)·당항(党項)을 정벌하니 배가 선봉이 되어 모두를 통솔하였다. 연(燕) 지역을 경략할 때에도 정주(定州)에 이르러 태조가 이존욱(李存勗)²¹²⁾과

---

209) 〈淸乾隆武英殿刻本〉과 〈百衲本景印元刊本〉에는 '二十'.
210) 〈百衲本景印元刊本〉에는 '河'.
211) 制는 황제의 명령을 이른다. 정변으로 스스로 제위에 오르거나 황태후 등이 황제의 위상에 부응하는 권력을 장악한 후 명령을 내릴 때에도 '稱制'라고 한다.

운벽점(雲碧店)에서 서로 막고 있다는 것을 듣고 군사를 이끌고 달려가자, 존욱이 퇴각하여 달아났다. 발해를 손에 넣을 수 있는 계책을 올렸다. 천현 원년에 발해 원정을 수행하여 부여성(扶餘城)을 함락시켰고, 태조가 호구를 파악하려 하자 그만두도록 간언하였다. 또한 승세를 몰아 홀한성(忽汗城)을 공략할 것을 권하고 야간에 포위해서 항복을 받았다. [후]당 이종가(李從珂)가 스스로 왕이 되자, 태종에게 은밀히 보고하여 아뢰기를 "[이]종가가 임금을 시해하였으니 토벌하지 않을 수 없다."라고 하였다.

○ 권65, 표(表) 제3, 공주표(公主表)

景宗. 四女. … 渤海妃生一女. 淑哥, 第四, 無封號, 乾亨二年, 下嫁盧俊.

경종. 4녀를 두었다. … 발해비가 1녀를 낳았다. 숙가(淑哥)는 넷째이며, 봉호(封號)가 없다. 건형 2년(980)에 노준(盧俊)에게 시집갔다.

聖宗. 十四女. … 大氏生一女. 長壽, 第八. 封臨海郡主, 進封公主. 下嫁大力秋. 駙馬都尉大力秋坐大延琳事伏誅,213) 改適蕭慥古.

성종. 14녀를 두었다. … 대씨가 1녀를 낳았다. 장수(長壽)는 여덟째이며, 임해군주(臨海郡主)로 봉하였다가 공주를 진봉하였다. 대력추(大力秋)에게 시집갔다. 부마도위 대력추가 대연림(大延琳)의 일에 연루되어 복주되자, 소조고(蕭慥古)에게 개가하였다.

---

212) 李存勖(885~926)은 沙陀人으로, 後唐의 창건자이며 묘호는 莊宗이다. 908년 부친인 李克用의 뒤를 이어 晉王이 되었고, 923년 황제로 칭하며 魏州에서 후당을 건국하였다. 같은 해 後梁을 멸망시키고 洛陽으로 천도하였다. 군대에 환관을 감찰로 파견하는 제도에 불만을 품은 무장들의 반란으로 살해당했다.
213) 〈百衲本景印元刊本〉에는 '諫'.

○ 권69, 표(表) 제7, 부족표(部族表)

天顯元年三月, 安邊·鄚頡·定理三府叛, 討之.

천현 원년(926) 3월에 안변(安邊)·막힐(鄚頡)·정리(定理) 3부가 배반하여 토벌하였다.

[大安]三年七月, 西[214]北部渤海進牛.

[대안] 3년(1087) 7월에 서북부의 발해가 소를 진상하였다.

[天慶]五年二月, 饒州渤海古欲等反, 自稱大王, 以蕭謝佛留等討之.

[천경] 5년(1115) 2월에 요주(饒州)의 발해고욕(渤海古欲) 등이 배반하여 스스로 대왕이라 하였으므로, 소사불류(蕭謝佛留) 등을 보내 토벌하였다.

○ 권70, 표(表) 제8, 속국표(屬國表)

[神冊]三年二月, 渤海 … 遣使來貢.

[신책] 3년(918) 2월에 발해 … 사신을 보내 공물을 바쳤다.

天顯元年二月, … 改渤海國爲東丹國, 忽汗城爲天福城.

천현 원년(926) 2월에 … 발해국을 고쳐 동단국(東丹國)으로 삼고, 홀한성을 천복성(天福城)으로 하였다.

---

214) 〈淸乾隆武英殿刻本〉과 〈百衲本景印元刊本〉에는 '四'.

> [統和]二十一年四月, … 兀惹·渤海·奧里米·越里篤·越里吉五部來貢.

[통화] 21년(1003) 4월에 … 올야(兀惹)·발해·오리미(奧里米)·월리독(越里篤)·월리길(越里吉) 5부가 와서 공물을 바쳤다.

> [統和]二十二年九月, 南京女直國遣使獻所獲烏昭慶妻子.

[통화] 22년(1004) 9월에 남경 여직국(女直國)이 사신을 보내 사로잡은 오소경(烏昭慶)의 처자를 바쳤다.

> [天慶]七年春正月, … 女古皮室四部及渤海人皆降.

[천경] 7년(1117) 봄 정월에 … 여고(女古), 피실(皮室) 4부(部) 및 발해인들이 모두 항복하였다.

○ 권71, 열전(列傳) 제1, 후비(后妃) 태조(太祖) 순흠황후(淳欽皇后) 술률씨(述律氏)

> 太祖淳欽皇后述律氏. … 其平渤海, 后與有謀.

태조 순흠황후(淳欽皇后) 술률씨(述律氏). … 발해를 평정하였으며, 황후는 책략에도 참여하였다.

> 初, 太祖嘗謂太宗必興我家, 后欲令皇太子倍避之, 太祖冊倍爲東丹王. 太祖崩, 太宗立, 東丹王避之唐.

처음에 태조가 일찍이 태종을 일러 분명 우리 가문을 일으킬 것이라고 하였다. 황후가 황태자 [야율]배로부터 피신시키려고 하였으며, 태조가 배를 동단왕으로 삼았다. 태조가 붕어하고 태종이 등극하니, 동단왕이 피하여 [후]당으로 달아났다.

○ 권72, 열전(列傳) 제2, 종실(宗室)

義宗, 名倍, 小字圖欲, 太祖長子, 母淳欽皇后蕭氏. 幼聰敏好學, 外寬內摯. 神冊元年春, 立爲皇太子. 時太祖問侍臣曰: 受命之君, 當事天敬神. 有大功德者, 朕欲祀之, 何先. 皆以佛對. 太祖曰: 佛非中國教. 倍曰: 孔子大聖, 萬世所尊, 宜先. 太祖大悅, 卽建孔子廟, 詔皇太子春秋釋奠.

의종의 이름은 배(倍)이며, 어렸을 때 자는 도욕(圖欲)이다. 태조의 맏아들이며, 어머니는 순흠황후(淳欽皇后) 소씨(蕭氏)이다. 어려서부터 총명하고 민첩하며 학문을 좋아하였고, 밖으로 드러난 모습은 너그러웠고 속마음은 진실하였다. 신책 원년(916) 봄에 황태자로 책봉되었다. 이때 태조가 모시고 있는 신하들에게 묻기를 "천명을 받은 군주는 당연히 하늘을 섬기고 신을 공경해야 한다. 큰 공덕이 있는 분을 짐이 제사 받들고자 하는데 누구를 먼저 받들어야 하겠느냐?" 하니, 모두 부처라고 대답하였다. 태조가 말하기를, "부처는 중국에서 가르침으로 삼아야 할 분이 아니다."라고 하였다. [야율]배가 말씀드리기를, "공자는 큰 성인이십니다. 대대로 높여야 할 분이니 마땅히 먼저여야 합니다."라고 하였다. 태조가 크게 기뻐하여 바로 공자묘를 세우게 하고, 황태자에게 조서를 내려 봄가을로 석전(釋奠)을 올리게 하였다.

嘗從征烏古·党項, 爲先鋒都統, 及經略燕地. 太祖西征, 留倍守京師, 因陳取渤海計. 天顯元年, 從征渤海, 拔扶餘城. 上欲括戶口, 倍諫曰: 今始得地而料民, 民必不安. 若乘破竹之勢, 徑造忽汗城, 克之必矣. 太祖從之. 倍與大元帥德光爲前鋒, 夜圍忽汗城, 大諲譔窮蹙, 請降, 尋復叛, 太祖破之. 改其國曰東丹, 名其城曰天福, 以倍爲人皇王主之. 仍賜天子冠服, 建元甘露, 稱制, 置左右大次四相及百官, 一用漢法. 歲貢布十五萬端, 馬千匹. 上諭曰: 此地瀕海, 非可久居, 留汝撫治, 以見朕愛民之心. 駕將還, 倍作歌以獻, 陛辭. 太祖曰: 得汝治東土, 吾復何憂. 倍號泣而出, 遂如儀坤州.

[야율배는] 일찍이 오고(烏古)와 당항(党項)을 정벌할 때 따르며 선봉의 도통(都統)이 되었고 연 지역까지 경략하였다. 태조가 서쪽 지역을 정벌하며 [야율]배를 남겨 경사(京師)를 지키게 하니, 곧 발해를 취할 계책을 아뢰었다. 천현 원년(926)에 발해 정벌에 종군하여 부여성을 함락시켰다. [황]상이 호구를 조사하려 하자, 배가 간언하기를 "지금 땅을 얻자마자 백성 수를 조사하면 백성이 분명 불안할 것입니다. 만약 파죽지세를 타고 지름길로 홀한성(忽汗城)으로 나아간다면 반드시 이길 수 있을 것입니다." 하니, 태조가 그의 말을 따랐다. 배가 대원수 덕광(德光)[215]과 선봉이 되어 밤에 홀한성을 포위하였다. 대인선(大諲譔)이 다급해져 항복을 청하였다가 이내 다시 배반하니, 태조가 그를 격파하였다. 그 나라를 고쳐 동단(東丹)이라 하고 그 성은 이름하여 천복(天福)이라 하였으며, 배를 인황왕(人皇王)으로 삼아 다스리게 하였다. 이어 천자의 관복을 [야율배에게] 하사하고 연호를 세워 감로(甘露)라 하였다. 칭제(稱制)하여 좌우 대상과 차상 4인과 백관을 두고, 한결같이 한법(漢法)을 사용하였다. 해마다 포(布) 15만 단, 말 1천 필을 공납하게 하였다. 황상이 깨우쳐 말하기를, "이 땅은 바닷가에 가까워서 오래 머물 수 있는 곳이 아니니, 너를 남겨 어루만져 다스리게 하여 짐이 백성들을 사랑하는 마음을 보여 주려 한다."라고 하였다. 어가가 돌아가려 하자, 배가 노래를 지어 바쳐 하직 인사를 하였다. 태조가 말하기를, "너에게 이곳 동쪽 지역을 다스리게 하였으니, 내가 다시 무슨 걱정을 하겠느냐."라고 하였다. [이에] 배가 소리를 내어 울며 나가므로, 마침내 의곤주(儀坤州)라고 하였다.

未幾, 諸部多叛, 大元帥討平之. 太祖訃至, 倍卽日奔赴山陵. 倍知皇太后意欲立德

---

215) 耶律德光(902~947)은 요나라 제2대 황제인 태종(재위 927~947)으로, 태조 야율아보기의 차남이다. 본명은 堯骨이며, 字는 德謹이다. 아보기의 발해 親征에 대원수가 되어 참여하여 공을 세웠다. 926년 아보기가 발해를 멸망시킨 뒤 회군할 때 사망하자, 황후인 述律氏가 섭정으로 정권을 장악하고 맏이인 東丹國王 突欲을 대신해 덕광이 즉위할 수 있도록 하였다. 즉위 후에 燕雲 十六州를 차지하고 後唐과 後晉을 멸망시켰다. 947년에 국호를 거란에서 大遼로 고쳤다.

> 光, 乃謂公卿曰: 大元帥功德及人神, 中外攸屬, 宜主社稷. 乃與羣[216]臣請於太[217]
> 后而讓位焉. 於是大元帥卽皇帝位, 是爲太宗.

얼마 지나지 않아 여러 부가 반란을 많이 일으키니, 대원수가 그들을 토벌하여 평정하였다. 태조의 부음이 이르자 [야율]배는 그날로 산릉(山陵)으로 달려갔다. 배는 황태후가 덕광을 세우고자 한다는 것을 알았다. 이에 공경에게 일러 말하기를, "대원수의 공덕은 백성들과 신에게 미쳐 있고 안과 밖이 속한 바 되었으니, 마땅히 사직의 주인이 되어야 한다."라고 하였다. 곧 여러 신료와 함께 태후에게 청하여 [황제의] 자리를 사양하였다. 이에 대원수가 황제의 자리에 오르니 바로 태종이다.

> 太宗旣立, 見疑, 以東平爲南京, 徙倍居之, 盡遷其民. 又置衛士陰伺動靜. 倍旣歸國, 命王繼遠撰建南京碑, 起書樓于西宮, 作樂田園詩. 唐明宗聞之, 遣人跨海持書密召倍. 倍因畋海上, 使再至. 倍謂左右曰: 我以天下讓主上, 今反見疑, 不如適他國, 以成吳太伯之名. 立木海上, 刻詩曰: 小山壓大山, 大山全無力. 羞見故鄕人, 從此投外國. 攜高美人, 載書浮海而去.

태종이 즉위한 후 의심하여 동평(東平: 지금의 요양)을 남경(南京)으로 삼고 [야율]배를 옮겨 그곳에 살게 하였으며 그 백성을 모두 옮겼다. 또 위사(衛士)를 두고 몰래 동정을 염탐하였다. 배가 귀국한 뒤 왕계원(王繼遠)에게 명하여 글을 지어 남경비(南京碑)를 세우게 하였고, 서궁(西宮)에는 글을 읽고 서책을 보관할 누(樓)를 짓게 하였으며, 전원을 즐기는 시를 짓기도 하였다. [후]당 명종이 이 소식을 듣고 사람을 보내 바다를 건너가서 몰래 배를 불렀다. 배가 바닷가에서 사냥을 하는데 사신이 다시 왔다. 배가 좌우에게 이르기를, "내가 천하를 주상에게 양보하였는데 지금 도리어 의심을 받으니 다른 나라로 떠나 오태백(吳太伯)의 명성을 이루는 것만 못하다."라고 하였다. 바닷가에 나무 기둥을 세우고 시를 새겨 말하기를, "작은 뫼가

---

216) 〈百衲本景印元刊本〉에는 '群'.
217) 〈百衲本景印元刊本〉에는 '大'.

큰 뫼를 내리누르나 큰 뫼는 아무런 힘이 없네. 고향 사람 보기 부끄러우니 이제 외국으로 떠나노라." 하였다. [그리고 야율배는] 고미인(高美人)을 데리고 서책을 싣고 바다를 건너 떠나갔다.

> 唐以天子儀衛迎倍. 倍坐船殿, 眾[218]官陪列上壽. 至汴, 見明宗, 明宗以莊宗后夏氏妻之, 賜姓東丹, 名之曰慕華. 改瑞州爲懷化軍, 拜懷化軍節度使, 瑞·愼等州觀察使. 復賜姓李, 名贊華. 移鎭滑州, 遙領虔州節度使. 倍雖在異國, 常思其親, 問安之使不絕.

[후]당이 천자의 의위(儀衛)로 [야율]배를 맞이하였다. 배가 선전(船殿)에 좌정하자, 관원들이 늘어서서 장수를 비는 술을 올렸다. 변(汴) 지방에 이르러 명종을 알현하니, 명종이 장종(莊宗)의 후비 하씨(夏氏)를 아내로 주고 동단(東丹)이라는 성을 하사하고 그를 이름하여 모화(慕華)라 하였다. 서주(瑞州)를 회화군(懷化軍)으로 고치고 배에게 회화군절도사(懷化軍節度使)와 서(瑞)·신(愼) 등 주 관찰사를 벼슬로 내려 주었다. 다시 이씨 성을 하사하고 이름은 찬화(贊華)라 하였다. 활주(滑州)로 옮겨 지키게 하고, 멀리 건주절도사(虔州節度使)를 거느리게 하였다. 배는 비록 몸은 다른 나라에 있었으나 늘 그 가족을 그리워하여 문안하는 사신이 끊이지 않았다.

> 後明宗養子從珂弑其君自立, 倍密報太宗曰: 從珂弑君, 盍討之. 及太宗立石敬瑭爲晉主, 加兵于洛. 從珂欲自焚, 召倍與俱, 倍不從, 遣壯士李彥紳害之, 時年三十八. 有一僧爲收瘞之. 敬瑭入洛, 喪服臨哭, 以王禮權厝. 後太宗改葬于醫巫閭山, 諡曰文武元皇王. 世宗卽位, 諡讓國皇帝, 陵曰顯陵. 統和中, 更諡文獻, 重熙二十年, 增諡文獻欽義皇帝, 廟號義宗. 及諡二后曰端順, 曰柔貞.

뒤에 명종의 양자 [이]종가가 그 임금을 시해하고 스스로 왕이 되자, [야율]배가 태종에게

---

218) 〈淸乾隆武英殿刻本〉과 〈百衲本景印元刊本〉에는 '衆'.

몰래 알리기를 "종가가 임금을 시해하였으니 토벌해야 합니다."라고 하였다. 태종이 석경당(石敬瑭)[219]을 세워 [후]진의 임금으로 삼고 낙양에 군대를 증가시켰다. 종가가 스스로 불에 타 죽으려고 배를 불러 함께 죽자고 하였다. 배가 따르지 않자 건장한 사내 이언신(李彦紳)을 보내 시해하였으니, 당시 나이는 38세였다. 한 스님이 시신을 거둬 묻어 주었다. [석]경당이 낙양에 들어가 상복을 입고 나아가 곡하고 왕의 예로 임시 무덤을 만들어 주었다. 뒷날 태종이 의무려산(醫巫閭山)에 개장하고 시호를 문무원황왕(文武元皇王)이라고 하였다. 세종이 즉위하여 시호를 양국황제(讓國皇帝)라 하고 능은 현릉(顯陵)이라고 하였다. 통화(983~1011) 중에 다시 시호를 문헌(文獻)이라 하였으며, 중희 20년(1051)에는 시호를 덧붙여 올려 문헌흠의황제(文獻欽義皇帝)라 하고 묘호는 의종(義宗)이라고 하였다. 두 황후는 단순황후(端順皇后), 유정황후(柔貞皇后)라 시호하였다.

> 倍初市書至萬卷, 藏于醫巫閭絶頂之望海堂. 通陰陽, 知音律, 精醫藥・砭炳之術. 工遼・漢文章, 嘗譯陰符經. 善畫本國人物, 如射騎・獵雪騎・千鹿圖, 皆入宋秘府. 然性刻急好殺, 婢妾微過, 常加刲灼. 夏氏懼而求削髮爲尼. 五子: 長世宗, 次婁國・稍・隆先・道隱 … 平王隆先 字團隱, 母大氏. … 保寧之季, 其子陳哥與渤海官屬謀殺其父, 擧兵作亂, 上命轘裂于市.

[야율]배가 처음에 서적을 사들여 그 양이 1만 권에 이르렀다. 의무려산의 꼭대기 망해당(望海堂)에 비치해 두었다. 음양학에 통달하고 음률도 알았으며 의약과 침술과 뜸 등 시술에도 정통하였다. 요와 한의 문장에도 조예가 깊어 일찍이 『음부경(陰符經)』을 번역하였다. 본국의 인물화에도 뛰어나 사기(射騎)・납설기(獵雪騎)・천록도(千鹿圖)와 같은 작품은 모두 송 황실 비부(祕府)에 있다. 그러나 성미가 각박하고 성급하여 사람 죽이기를 좋아하였으므로 비첩들의 작은 잘못에도 늘 살점을 저미거나 불로 지지는 형벌을 가하였다. 하씨가 두려움에 머리를 깎고 비구니가 되기를 청하였다. 다섯 아들을 두니 맏이는 세종, 다음은 누국(婁國)・

---

219) 沙陀族 출신으로, 五代 後晉의 초대 황제(재위 936~942)이다. 後唐의 明宗을 섬겨 전공을 세우고 그 딸을 아내로 맞아 세력가가 되었다. 거란의 원조로 후당을 멸망시키고 후진을 건국했다. 즉위 후 거란에 燕雲 十六州를 할양하고 매년 30만 필의 비단을 조공하는 등 사대 외교를 펼쳤다.

초(稍)·융선(隆先)·도은(道隱)이다. … 평왕 융선의 자는 단은이고, 어머니는 대씨이다. … 보령(969~978) 말에 그 아들 진가(陳哥)가 발해의 관원과 자기 아버지를 죽이려 모의하고서 군사를 일으켜 난을 일으키자, 황제가 명하여 저자에서 거열형을 내렸다.

○ 권73, 열전(列傳) 제3, 소적로(蕭敵魯)

> 阿古只, 字撒本. … [神冊]三年, 以功拜北府宰相. … 攻渤海, 破扶餘城, 獨將騎兵五百, 敗老相軍三萬. 渤海旣平, 改東丹國. 頃之, 已[220]降郡縣復叛, 盜賊蜂起. 阿古只與康默記討之, 所向披靡. 會賊游騎七千自鴨淥府來援, 勢張甚. 阿古只帥麾下精銳, 直犯其鋒, 一戰克之, 斬馘三千餘, 遂進軍破回跋城.

아고지(阿古只)는 자가 살본(撒本)이다. … [신책] 3년(918)에 공으로 북부재상(北府宰相)에 배수되었다. … 발해를 공격하여 부여성을 깨뜨리고 홀로 기병 5백 명을 이끌고 노상군(老相軍) 3만 명을 패배시켰다. 발해가 이미 평정되니 동단국으로 고쳤다. 조금 지나 이미 항복했던 군현이 다시 배반하여, 도적들이 벌떼처럼 일어났다. 아고지가 강묵기(康默記)와 함께 그들을 토벌하니, 향하는 곳마다 패하여 흩어져 달아났다. 마침 적군의 유기(游騎) 7천이 압록부(鴨淥府)에서 와서 도우니, 기세가 크게 올랐다. 아고지가 휘하 정예를 거느리고 곧바로 그 선봉을 쳐들어가 한번 싸움으로 그들을 이기고 3천여 명의 머리를 베었으며, 마침내 진군하여 회발성(回跋城)을 격파하였다.

○ 권73, 열전(列傳) 제3, 야율사날적(耶律斜涅赤)

> 耶律斜涅赤, 字撒剌, 六院部舍利裹古直之族. … 及討渤海, 破扶餘城, 斜涅赤從太子大元帥率眾[221]夜圍忽汗城, 大諲譔降. 已[222]而復叛, 命諸將分地攻之. 詰[223]旦, 斜

---

220) 〈百衲本景印元刊本〉에는 '巳'.
221) 〈清乾隆武英殿刻本〉과 〈百衲本景印元刊本〉에는 '衆'.
222) 〈百衲本景印元刊本〉에는 '巳'.
223) 〈百衲本景印元刊本〉에는 '詁'.

> 涅赤感勵士伍, 鼓譟登陴, 敵震慴, 莫敢禦, 遂破之.

야율사날적(耶律斜涅赤)은 자가 살날(撒剌)이며, 육원부사리(六院部舍利) 요고직(裏古直)의 집안사람이다. … 발해를 토벌함에 부여성을 함락시켰고, 사날적은 태자 대원수를 따라 무리를 거느리고 밤에 홀한성을 포위하니, 대인선이 항복하였다. 다시 [대인선이] 배반하자 여러 장수에게 명하여 지역을 나눠 공격하였다. 다음 날 아침 사날적이 군사들의 사기를 올려 요란하게 북을 치며 성을 타고 오르자 적들이 놀라 떨며 감히 막아서지 못하여, 마침내 함락하였다.

○ 권73, 열전(列傳) 제3, 야율욕온(耶律欲穩)

> 耶律欲穩, 字轄剌干, 突呂不部人. … 從征渤海有功.

야율욕온(耶律欲穩)은 자가 할랄간(轄剌干)이며, 돌려불부(突呂不部) 사람이다. … 발해 정벌에 따라나서 공을 세웠다.

○ 권73, 열전(列傳) 제3, 야율해리(耶律海里)

> 耶律海里, 字涅剌昆, 遙輦昭古可汗之裔. … 天顯初, 征渤海, 海里將遙輦糺, 破忽汗城. 師般,[224] 卒.

야율해리(耶律海里)는 자가 날랄곤(涅剌昆)이며, 요련(遙輦)[225]의 소고가한(昭古可汗)의 자손이다. … 천현(926~937) 초 발해를 정벌하니 해리는 요련의 규(糺)를 거느리고 홀한성을

---

224) 〈淸乾隆武英殿刻本〉에는 '班'.
225) 거란 부족의 씨족 이름이다. 거란족은 당나라 초기부터 大賀氏를 중심으로 8부 연맹을 형성했는데, 당 개원 천보 연간에 대하씨를 대신하여 遙輦氏가 연맹장이 되어 가한이라 불렸다. 요련씨 가한은 9대가 이어졌고, 마지막 痕德可汗이 906년 사망하며, 迭剌部의 耶律阿保機가 스스로 가한이 되었고 王이라 부르며 契丹國을 세웠다. 遼 건국 이후에 요련씨 9가한의 후예를 遙輦 九帳으로 나누고 황족과 지위를 같게 하였다.

격파하였다. 회군하는 중에 죽었다.

○ 권74, 열전(列傳) 제4, 강묵기(康默記)

> 康默記, 本名照. … 天贊四年, 親征渤海, 默記與韓知古從. 後大諲譔叛, 命諸將攻之. 默記分薄東門, 率驍勇先登. 既拔, 與韓延徽下長嶺府. 軍還, 已[226]下城邑多叛, 默記與阿古只平之. 既破回跋城, 歸營太祖山陵畢, 卒.

강묵기(康默記)는 본명이 조(照)이다. … 천찬 4년(925) 태조가 친히 발해를 정벌하니 강묵기가 한지고(韓知古)와 종군하였다. 뒤에 대인선이 배반하자 여러 장수에게 명하여 그를 공격하였다. [강]묵기는 세를 나누어 동문을 압박하는 일을 맡았으며 날래고 용맹 있는 군사를 이끌고 제일 먼저 성에 올라갔다. 성이 함락된 뒤 한연휘(韓延徽)와 함께 장령부(長嶺府)를 함락시켰다. 군이 회군한 뒤 이미 항복했던 성읍 중 배반한 곳이 많아지니, 묵기가 아고지와 함께 그들을 평정하였다. 회발성(回跋城)을 격파하고서 돌아와 태조의 산릉(山陵) 조영을 마치고서 죽었다.

○ 권74, 열전(列傳) 제4, 한연휘(韓延徽)

> 韓延徽, 字藏明, 幽州安次人. … 天贊四年, 從征渤海, 大諲譔乞降. 既而復叛, 與諸將破其城, 以功拜左僕射. 又與康默記攻長嶺府, 拔之. 師還, 太祖崩, 哀動左右.

한연휘는 자가 장명(藏明)이며, 유주 안차인(安次人)이다. … 천찬 4년(925) 발해 정벌에 따라나섰으며, 대인선이 항복하기를 청하였다. 시간이 지난 뒤 다시 배반하자 여러 장수와 그 성을 함락시켰고, 그 공으로 좌복야(左僕射)에 배수되었다. 또 강묵기와 더불어 장령부를 공격하여 함락시켰다. 회군한 뒤 태조가 붕어하자 애통해하였다.

---

226) 〈百衲本景印元刊本〉 '已' → '巳'.

○ 권74, 열전(列傳) 제4, 소훈(紹勳)

紹勳, 仕至東京戶部使. 會大延琳叛, 被執, 辭不屈, 賊以鋸解之, 憤罵至死.

소훈(紹勳)은 벼슬이 동경호부사(東京戶部使)에 이르렀다. 마침 대연림(大延琳)이 배반하자, [그들에게] 붙잡혔으나 굽히지 않았다. 적이 그의 몸뚱이를 톱으로 자르는데도 크게 꾸짖으며 죽었다.

○ 권74, 열전(列傳) 제4, 한지고(韓知古)

韓知古, 薊州玉田人, 善謀有識量. … 與康默記將漢軍征渤海有功, 遷中書令.

한지고(韓知古)는 계주 옥전인(玉田人)이며, 계책에 뛰어났고 식견과 도량이 있었다. … 강묵기(康默記)와 함께 한(漢) 군사를 거느리고 발해를 정벌하여 공을 세워 중서령으로 옮겨졌다.

○ 권75, 열전(列傳) 제5, 야율적렬(耶律覿烈)

耶律覿烈, 字兀里軫, 六院部蒲古只夷離菫之後. … 太祖嘉其功, 錫賚甚厚. 從伐渤海, 拔扶餘城, 留覿烈與寅底石守之.

야율적렬(耶律覿烈)은 자가 올리진(兀里軫)이며, 육원부(六院部) 포고지(蒲古只) 이리근의 후손이다. … 태조가 그 공을 가상히 여겨 선물을 내림이 매우 두터웠다. 발해 정벌에 종군하여 부여성이 함락시켰고, 야율적렬과 인저석(寅底石)을 남겨 지키게 하였다.

○ 권75, 열전(列傳) 제5, 야율우지(耶律羽之)

羽之, 小字兀里, 字寅底哂. 幼豪爽不羣,[227] 長嗜學, 通諸部語. 太祖經營之初, 多

---
227) 〈百衲本景印元刊本〉에는 '群'.

預軍謀. 天顯元年, 渤海平, 立皇太子爲東丹王, 以羽之爲中臺省右次相. 時人心未安, 左大相迭剌不踰月薨, 羽之蒞事勤恪, 威信並行.

[야율]우지([耶律]羽之)는 어렸을 때의 자가 올리(兀里)이고, 자는 인저신(寅底哂)이다. 어려서는 호기롭고 시원시원하여 무리에서 단연 뛰어났고, 자라서는 학문을 즐겨 여러 부(部)의 말을 할 수 있었다. 태조가 [국가를] 경영할 초기에 군사 계책에 많이 참여하였다. 천현 원년(926)에 발해가 평정되자 황태자를 세워 동단왕으로 삼았고, 우지는 중대성(中臺省) 우차상(右次相)으로 삼았다. 이때 인심이 아직 안정되지 않았는데, 좌대상(左大相) 질랄(迭剌)이 한 달을 넘기지 못하고 죽었다. 우지가 일을 담당하매 부지런하고 삼가서 그 위신이 아울러 알려졌다.

太宗卽位, 上表曰: 我大聖天皇始有東土, 擇賢輔以撫斯民, 不以臣愚而任之. 國家利害, 敢不以聞. 渤海昔畏南朝, 阻險自衛, 居忽汗城. 今去上京遼邈, 旣不爲用, 又不罷戍, 果何爲哉? 先帝因彼離心, 乘釁而動, 故不戰而克. 天授人與, 彼一時也. 遺種浸[228]以蕃息, 今居遠境, 恐爲後患. 梁水之地乃其故鄕, 地衍土沃, 有木鐵鹽魚之利. 乘其微弱, 徙還其民, 萬世長策也. 彼得故鄕, 又獲木鐵鹽魚之饒, 必安居樂業. 然後選徒以翼吾左, 突厥·党項·室韋夾輔吾右, 可以坐制南邦, 混一天下, 成聖祖未集之功, 貽後世無疆之福. 表奏, 帝嘉納之. 是歲, 詔徙東丹國民於梁水, 時稱其善.

태종이 즉위하자 표를 올렸다. "우리 대성천황(大聖天皇)이 처음 동쪽 땅을 얻고 현명한 재상을 가려 백성을 어루만질 때, 신을 어리석다 여기지 않고 임용해 주셨습니다. 국가의 이해득실을 감히 말씀드리지 않을 수 있겠습니까. 발해는 예전에 남조(南朝)를 두려워하여 험준함으로 스스로를 지켰고 홀한성(忽汗城)에 머물렀습니다. 지금 상경과 거리가 요원하며 이미 소용됨이 없으면서도 또 군사로 지키는 일은 없애지 못하고 있습니다. 과연 어째서이겠

---

228) 〈淸乾隆武英殿刻本〉에는 '寢'.

습니까? 선황제께서 저들의 마음이 갈라져 있는 틈을 타고 군사를 움직인 까닭에 싸우지 않고 이겼습니다. 하늘이 준 기회고 백성들이 따라 준 것이니 이것은 그때 한 번이었습니다. [발해의] 남은 종자들이 점점 많아지고 지금 국경 멀리에 처해 있으니 후환이 될까 두렵습니다. 양수(梁水) 지역은 그들의 고향으로 토지가 비옥하고 목재와 쇠, 소금과 생선을 얻을 수 있는 이로움이 있습니다. 저들이 미약하였을 때 저 백성들을 옮겨 돌아가게 하는 것이 만세의 훌륭한 계책일 것입니다. 저들이 고향을 얻고 또 목재며 쇠며 소금이며 생선의 이점을 얻는다면 분명 편안하게 살며 즐겁게 생업에 종사할 것입니다. 그런 뒤에 무리를 선발하여 우리의 왼쪽을 돕게 하고 돌궐(突厥)[229]과 당항(党項)과 실위(室韋)가 우리의 오른쪽을 돕게 한다면 앉아서 남쪽을 다스리고 천하를 통일하여 성스러운 선황제께서 이룩하지 못한 공을 이루어 후에 끝이 없는 복록을 물려줄 수 있을 것입니다." 표를 올려 아뢰자 황제가 기뻐하며 받아들였다. 이 해에 동단국 백성을 양수로 옮기니 당시 이를 잘한 일이라고 일컬었다.

> 人皇王奔唐, 羽之鎭撫國人, 一切如故. 以功加守太傅, 遷中臺省左相. 會同初, 以冊禮赴闕, 加特進. 表奏左次相渤海蘇貪墨不法事, 卒. 子和里, 終東京留守.

인황왕(人皇王)이 [후]당으로 달아나자 [야율]우지가 나라 사람을 다스리고 어루만짐에 모든 것을 예전처럼 하였다. 그 공으로 수태부(守太傅)를 더하였고 중대성(中臺省) 좌상(左相)으로 옮겼다. 회동(938~946) 초 책례(冊禮)로 궁궐에 이르자 특진(特進)이 더해졌다. 표를 올려, 좌차상(左次相) 발해소(渤海蘇)가 이익을 탐해 저지른 불법을 아뢰고 죽었다. 아들 화리(和里)는 [관직을] 동경유수(東京留守)로 마쳤다.

---

[229] 6세기부터 8세기 사이에 중앙아시아와 동북아시아 북부 스텝 지대에서 활동한 튀르크계의 민족명이자 국명이다. 광의로는 돌궐과 철륵 諸部가 포함되며 협의로는 突厥 可汗國을 가리킨다. 6세기경 알타이산 이남에서 유목하였는데, 이 산의 모습이 투구처럼 생겨서 돌궐이라는 이름이 붙었다고 한다. 阿史那土門이 552년 유연을 격파하고 伊利可汗이 되어 돌궐칸국(제1돌궐제국)을 세웠으나, 582년 西面可汗 達頭와 大可汗 沙鉢略의 불화로 동·서 돌궐로 나누어졌다. 동돌궐은 630년에 당에 멸망하였고, 서돌궐은 659년에 당에 복속되었다. 679년부터 681년까지 돌궐 민족이 당에 반기를 들고, 阿史那骨篤祿이 682년 제2돌궐제국(東突厥可汗國)을 세웠다. 이 제국은 745년까지 존속하였다.

○ 권75, 열전(列傳) 제5, 야율탁진(耶律鐸臻)

耶律鐸臻, 字敵輦, 六院部人. … 天贊三年, 將伐渤海, 鐸臻諫曰: 陛下先事渤海, 則西夏必²³⁾躡吾後. 請先西討, 庶無後顧憂. 太祖從之.

야율탁진(耶律鐸臻)은 자가 적련(敵輦)이며, 육원부(六院部) 사람이다. … 천찬 3년(924) 발해를 정벌하려 하자, 탁진이 간하여 말하기를 "폐하가 먼저 발해의 일을 처리하시면 서하(西夏)²³¹⁾가 분명 우리 뒤를 밟을 것입니다. 먼저 서쪽을 토벌해야만 훗날의 근심이 없을 것입니다."라고 하니, 태조가 그 말을 따랐다.

○ 권75, 열전(列傳) 제5, 야율돌려불(耶律突呂不)

突呂不, 字鐸袞, 幼聰敏嗜學. … 太祖東伐, 大諲譔降而復叛, 攻之, 突呂不先登. 渤海平, 承詔銘太祖功德于永興殿壁. 班師, 已²³²⁾下州郡往往復叛, 突呂不從大元帥攻破之.

[야율]돌려불([耶律]突呂不)은 자가 탁곤(鐸袞)이며, 어릴 때부터 총명하고 민첩하여 공부하기를 즐겼다. … 태조가 동쪽을 정벌할 때 대인선(大諲譔)이 항복하였다가 다시 배반하여 그를 공격하니, 돌려불이 맨 먼저 [성곽에] 올랐다. 발해가 평정되자 조서를 받아 태조의 공덕을 영흥전(永興殿) 벽에 새겼다. 군대가 돌아오자 이미 함락되었던 주군이 왕왕 배반하니, 돌려불이 대원수를 따라 그들을 공략하여 격파하였다.

---

230) 〈百衲本景印元刊本〉에는 '必西夏'.

231) 현재의 寧夏, 甘肅 서북부와 내몽골 일대를 근거로 탕구트족[党項] 羌族이 세운 나라이다. 西平王 李元昊가 탕구트 부족을 통일하고 1036년 서하문자를 만들고 관제를 정비하여, 1038년 大夏의 황제를 선포하였고 독자적인 연호를 사용하였다. 宋에서는 서쪽에 있어서 서하로 불렀다. 그 뒤 서하는 비단길을 독점하며 크게 발전하였으나, 1227년 칭기즈칸의 몽골군에 의해 멸망했다.

232) 〈淸乾隆武英殿刻本〉과 〈百衲本景印元刊本〉에는 '巳'.

○ 권76, 열전(列傳) 제6, 야율삭고(耶律朔古)

耶律朔古, 字彌骨頂, 橫帳孟父之後. 幼爲太祖所養. 旣冠, 爲右皮[233]室詳穩. 從伐渤海, 戰有功.

야율삭고(耶律朔古)는 자가 미골정(彌骨頂)이며, 횡장(橫帳) 맹보(孟父)의 후손이다. 어려서 태조의 손에 길러졌다. 20세가 넘어 우피실[234]상온(右皮室詳穩)이 되었다. 발해 정벌에 따라나서 전공을 세웠다.

○ 권76, 열전(列傳) 제6, 고모한(高模翰)

高模翰, 一名松, 渤海人. 有膂力, 善騎射, 好談兵. 初, 太祖平渤海, 模翰避地高麗, 王妻以女. 因罪亡歸. 坐使酒殺人下獄, 太祖知其才, 貰之.

고모한(高模翰)[235]은 또 다른 이름이 송(松)이며, 발해인이다. 힘이 장사이고 말타기와 활쏘기를 잘하였으며 병법을 즐겨 말하였다. 처음에 태조가 발해를 평정하여 모한이 고려로 피신하자, [고려]왕이 딸로 아내를 삼아 주었다. 죄를 짓고 도망해 [요나라로] 돌아왔다. 술기운에 사람을 죽인 일에 연루되어 감옥에 갇혔는데, 태조가 그의 재주를 알아보고 용서하였다.

天顯十一年七月, 唐遣張敬達·楊光遠帥師五十萬攻太原, 勢銳甚. 石敬瑭遣人求救, 太宗許之. 九月, 徵兵出雁門, 模翰與敬達軍接戰, 敗之, 太原圍解. 敬瑭夜出謁帝, 約爲父子. 帝召模翰等賜以酒饌, 親饗士卒, 士氣益振. 翌日, 復戰, 又敗之. 敬達鼠

---

233) 〈百衲本景印元刊本〉에는 '度'.
234) 皮室은 金剛이라는 뜻으로, 거란 태조가 건국 후 천하 정병을 뽑아 중요 지역에 두어 숙위로 삼은 군대이다. 남피실상온과 북피실상온을 두어 좌·우 2군을 거느렸다.
235) 高模翰(?~959)은 다른 이름은 高松이며, 요 태조가 발해를 공격할 때 고려로 피신하였다가 죄를 짓고 거란으로 도망하여 중용되었다(『遼史』 권76, 열전 6, 高模翰). 936년 後唐을 격퇴하여 後晉의 石敬塘을 구원하고 938년 다시 後晉과의 전쟁에서 활약하는 등 많은 공을 세웠고, 侍中과 太傅, 中臺省 右·左相 등의 벼슬을 역임했다.

竄晉安寨, 模翰獻俘于帝. 會敬瑭自立爲晉帝, 光遠斬敬達以降, 諸州悉下. 上諭模翰曰: 朕自起兵, 百餘戰, 卿功第一, 雖古名將無以加. 乃授上將軍.

천현 11년(936) 7월에 [후]당이 장경달(張敬達)과 양광원(楊光遠)을 보내 군사 50만을 거느리고 태원(太原)을 공격하니, 그 기세가 매우 날카로웠다. 석경당(石敬瑭)이 사람을 보내 구원을 청하자, 태종이 허락하였다. 9월에 군사를 징발하여 안문(雁門)을 나갔고 [고]모한이 경달의 군과 맞붙어 싸워 승리하니 태원의 포위가 풀렸다. 경당이 밤에 나와 황제를 알현하고 부자가 되기를 약속하였다. 황제가 모한 등을 불러 술과 안주를 내려 주고 친히 사졸들을 먹이니, 사기가 더욱 올랐다. 다음 날 다시 싸워 또 승리하였다. 경달이 진안채(晉安寨)로 쥐처럼 도망쳤으며, 모한이 황제에게 포로들을 바쳤다. 이때 경당이 자립하여 [후]진 황제가 되었고, 광원이 경달의 목을 베어 항복하자 여러 주가 모두 함락되었다. 황제가 모한에게 깨우쳐 이르기를 "짐이 군사를 일으키고서 백여 차례 전투를 벌였는데 경의 공이 최고이니 옛날의 명장일지라도 더할 수 없다."라고 하고, 이에 상장군을 제수하였다.

會同元年, 冊禮告成, 宴百官及諸國使于二儀殿. 帝指模翰曰: 此國之勇將, 朕統一天下, 斯人之力也. 羣臣皆稱萬歲. 及晉叛盟, 出師南伐. 模翰爲統軍副使, 與僧遏前驅, 拔赤城, 破德·貝諸寨. 是冬, 兼總左右鐵鷂子軍, 下關南城邑數十.

회동 원년(938)에 책례(冊禮)를 마치고 백관과 여러 나라 사신들에게 이의전(二儀殿)에서 잔치를 열었다. 황제가 [고]모한을 가리켜 말하기를 "이 나라의 용맹한 장수이고 짐이 천하를 통일한 것은 이 사람의 힘이다."라고 하니, 신하들이 모두 만세를 불렀다. [후]진이 맹약을 저버린 일로 군대를 내어 남쪽을 정벌하였다. 모한은 통군부사(統軍副使)로 승알(僧遏)과 함께 선봉이 되어 적성(赤城)을 함락시키고 덕(德)과 패(貝) 등 여러 성채를 격파하였다. 이해 겨울에 좌우철요자군(左右鐵鷂子軍)을 아울러 총괄하며 관남(關南)[236]의 성읍 수십을 함락하였다.

---

236) 오늘날 하북성 白洋澱 동쪽의 大淸河 유역 이남까지 河間縣에 이르는 일대를 가리킨다.

三月, 勅虎官楊覃赴乾寧軍, 爲滄州節度使田武名所圍, 模翰與趙延壽聚議往救. 俄有光自模翰目中出, 縈繞旗矛, 焰焰[237]如流星久之. 模翰喜曰: 此天贊之祥. 遂進兵, 殺獲甚衆.[238] 以功加侍中. 略地鹽山, 破饒安, 晉人震怖, 不敢接戰. 加太傅.

3월에 호관 양담(楊覃)에게 칙서를 내려 건녕군(乾寧軍)으로 가게 하였는데, 창주절도사(滄州節度使) 전무명(田武名)에게 포위되어 [고]모한이 조연수(趙延壽)와 회동하여 구원할 일을 의논하였다. 순간 모한의 눈에서 광채가 나와 깃발과 창을 휘감고 돌며 유성처럼 선명한 빛을 한참 동안 내뿜었다. 모한이 기뻐서 말하기를 "이는 하늘이 도와주는 상서로움이다." 하고는, 마침내 군사를 진격시켜 죽이고 사로잡은 무리가 매우 많았다. 그 공으로 시중(侍中)이 더해졌다. 염산(鹽山)을 공략하여 요안(饒安)을 격파하자, [후]진 사람들이 놀라고 두려워서 감히 맞붙지 못하였다. 태부(太傅)가 더해졌다.

晉以魏府節度使杜重威領兵三十萬來拒, 模翰謂左右曰: 軍法在正不在多. 以多陵少, 不義必敗. 其晉之謂乎. 詰[239]旦, 以麾下三百人逆戰, 殺其先鋒梁漢璋, 餘兵敗走. 手詔褒美, 比漢之李陵.

[후]진이 위부절도사(魏府節度使) 두중위(杜重威)[240]를 보내 군사 30만으로 나아와 막아섰다. [고]모한이 좌우에 일러 말하기를, "군법은 옳은 출전이냐에 있는 것이지 수의 많고 적음에 있는 것이 아니다. 많다고 하여 적음을 깔보거나 출전이 의롭지 아니하면 반드시 패한다고 하였으니, 이 말은 [후]진을 두고 이른 말일 것이다."라고 하였다. 이튿날 아침 휘하 3백 명으로 맞아 싸워 그 선봉 양한장(梁漢璋)을 죽이니 남은 병사들이 패하여 달아났다. 조서를 직접

---

237) 〈清乾隆武英殿刻本〉과 〈百衲本景印元刊本〉에는 '燄燄'.
238) 〈清乾隆武英殿刻本〉과 〈百衲本景印元刊本〉에는 '衆'.
239) 〈百衲本景印元刊本〉에는 '詰'.
240) 오대 朔州人으로 後唐의 防州刺史로 後晉을 세운 石敬瑭(후진 고조)의 매부이다. 후진 건국 이후 潞州節度使, 同平章事, 成德節度使가 되었다. 뒤에 후진 出帝 重貴의 諱를 피하여 이름에서 重 자를 뺐다. 後漢에 항복하여 檢校太師 守太傅 兼中書令에 올랐다. 후한 고조 사망 이후 피살되었다.

써서 내려 아름다움을 표창하니, 한나라 이릉(李陵)에 견줄 만하였다.

> 頃之, 杜重威等復至滹沱河, 帝召模翰問計. 上善其言曰: 諸將莫及此. 乃令模翰守中渡橋. 及戰, 復敗之, 上曰: 朕憑高觀兩軍之勢, 顧卿英銳無敵, 如鷹逐雉兔. 當圖形麟閣, 爵貤後裔. 已[241]而杜重威等降. 車駕入汴, 加特進檢校太師, 封悊郡開國公, 賜璽書·劍器. 爲汴州巡檢使, 平汜水諸山土賊, 遷鎭中京.

조금 시간이 지난 뒤 두중위(杜重威) 등이 다시 호타하(滹沱河)에 이르니, 황제가 [고]모한을 불러 계책을 물었다. 황상이 그의 말을 훌륭하게 여겨 말하기를, "여러 장수는 여기에 미치지 못할 것이다."라고 하였다. 모한에게 명하여 중도교(中渡橋)를 지키도록 하였다. 전투에 미쳐 다시 그들을 물리치자, 황상이 말하기를 "짐이 높은 곳에 의지하여 두 군의 형세를 보니, 경의 영명하고 예리함은 짝할 상대가 없는 것이 마치 매가 꿩과 토끼를 쫓는 것과 같았다. 마땅히 기린각[麟閣]에 초상을 그리고 후손에게 작위가 이어지게 하리라." 하였다. 이윽고 두중위 등이 항복하였다. 거가가 변(汴) 지방에 들어가니, 특진(特進) 검교(檢校)[242] 태사(太師)[243]를 더하고 철군개국공(悊郡開國公)에 봉하였으며 새서(璽書)와 검기(劍器)를 내렸다. 변주순검사(汴州巡檢使)가 되어 사수(汜水) 근처 여러 산의 도적 떼를 평정하였으며 중경(中京)을 지켰다.

> 天祿二年, 加開府儀同三司, 賜對衣·鞍勒·名馬. 應曆[244]初, 召爲中臺省右相. 至東京, 父老歡迎曰: 公起戎行, 致身富貴, 爲鄕里榮, 相如·買臣輩不足過也. 九年正月, 遷左相, 卒.

---

241) 〈淸乾隆武英殿刻本〉과 〈百衲本景印元刊本〉에는 '巳'.
242) 檢校는 우대하여 원래 正職이나 品階보다 높여 승진시키는 의미로 사용되었으며, 임시 또는 대리의 기능을 표시하는 호칭이다.
243) 태사는 정1품 三師인 太師, 太傅, 太保 중 하나이다.
244) 〈淸乾隆武英殿刻本〉에는 '歷'.

천록 2년(947)에 개부의동삼사(開府儀同三司)[245]를 더하고, 의복과 안장과 굴레, 명마를 하사하였다. 응력(951~969) 초에 불러서 중대성(中臺省) 우상(右相)으로 삼았다. 동경에 이르니, 부로가 나와 환영하여 말하기를 "공이 군에서 시작하여 부귀를 이루니 고향의 영광이며, 상여(相如)·매신(買臣)의 무리도 족히 더하지 못할 것입니다." 하였다. 9년(954) 정월에 좌상(左相)으로 옮긴 뒤 죽었다.

○ 권76, 열전(列傳) 제6, 조사온(趙思溫)

神冊二年, 太祖遣大將經略[246]燕地, 思溫來降. 及伐渤海, 以思溫爲漢軍都團練使, 力戰拔扶餘城. 身被數創, 太祖親爲調藥.

신책 2년(917) 태조가 대장을 보내 연 지역을 경략하니, 사온(思溫)이 와서 항복하였다. 발해를 정벌함에 이르러 사온을 한군도단련사(漢軍都團練使)로 삼으니, 힘을 다해 싸워 부여성을 함락시켰다. 몸에 여러 곳에 상처를 입어 태조가 친히 약을 지어 주었다.

○ 권77, 열전(列傳) 제7, 야율안박(耶律安搏)

耶律安搏, … 父迭里 … 天贊三年, 爲南院夷離堇, 征渤海, 攻忽汗城, 俘斬甚衆.[247] 太祖崩, 淳欽皇后稱制, 欲以大元帥嗣位. 迭里建言, 帝位宜先嫡長, 今東丹王赴朝, 當立. 由是忤旨. 以黨附東丹王, 詔下獄, 訊[248]鞫, 加以炮烙. 不伏, 殺之, 籍其家.

야율안박(耶律安搏), … 아버지는 [야율]질리([耶律]迭里)이다. … [질리는] 천찬 3년(924)에 남원이리근(南院夷離堇)이 되었고, 발해를 정벌하고 홀한성을 공격하여 사로잡고 목을

---

245) 당나라 文散階 가운데 종1품. 중국 후한과 위진남북조 시기부터 사용되었으며, 문산관의 최고 품계로 대우를 받았다. 三司와 마찬가지로 스스로 관아를 설치하여 속관을 둘 수 있었다.
246) 〈淸乾隆武英殿刻本〉에는 '畧'.
247) 〈淸乾隆武英殿刻本〉과 〈百衲本景印元刊本〉에는 '衆'.
248) 〈淸乾隆武英殿刻本〉에는 '詞'.

벤 것이 매우 많았다. 태조가 붕어하자, 순흠황후(淳欽皇后)가 칭제하고 대원수로 대통을 잇게 하려고 하였다. 질리가 건의하여 말하기를, "황제의 자리는 적장자가 우선함이 마땅합니다. 지금 동단왕이 조정에 다다랐으니 당연히 [황제의 자리에] 세워야 합니다."라고 하였다. 이 일로 [태후의] 뜻을 거슬렀다. 동단왕을 무리 지어 따랐다고 하여 [황후가] 조서를 내려 감옥에 가두었다. 국문하고 불로 지지는 형벌을 가했으나 [질리가] 자복하지 않자, [그를] 죽이고 그 집안은 적몰하였다.

○ 권80, 열전(列傳) 제10, 야율팔가(耶律八哥)

> 耶律八哥, 字烏古鄰, 五院部人. … 明年, 還東京, 奏渤海承奉官宜有以統領之, 上從其言, 置都知押班.

야율팔가(耶律八哥)는 자가 오고린(烏古鄰)이며, 오원부(五院部) 사람이다. … 다음 해(1019)에 동경으로 돌아와 아뢰기를, 발해승봉관(渤海承奉官)이 마땅히 통괄해 거느려야 한다고 하였다. 황상이 그 말에 따라 도지압반(都知押班)을 두었다.

○ 권81, 열전(列傳) 제11, 소효충(蕭孝忠)

> 蕭孝忠, 字撒板. … 重熙七年, 爲東京留守. 時禁渤海人擊毬, 孝忠言: 東京最爲重鎭, 無從禽之地, 若非毬馬, 何以習武. 且天子以四海爲家, 何分彼此. 宜弛其禁. 從之.

소효충(蕭孝忠)은 자가 살판(撒板)이다. … 중희 7년(1038)에 동경유수(東京留守)가 되었다. 이때 발해인의 격구(擊毬)[249]를 금지하였다. 효충이 말하기를, "동경은 가장 중요한 군사 지역이나 사냥할 지역이 없는데 만약 격구와 말타기가 아니라면 무엇으로 무예를 익힐 수 있겠습니까? 또 천자는 사해를 한집안으로 삼는다고 하는데 어찌 서로를 나눌 일이겠습니까?

---

249) 말을 타고 기다란 막대로 작은 공을 치는 전통 놀이로, 馬球라고도 한다. 페르시아에서 기원하였기 때문에 波羅球라고도 한다.

마땅히 그 금령을 푸셔야 합니다." 하니, 그대로 따랐다.

○ 권87, 열전(列傳) 제17, 소효목(蕭孝穆)

蕭孝穆, 小字胡獨菫. … 九年, 大延琳以東京叛, 孝穆爲都統討之, 戰于蒲水. 中軍稍却, 副部署蕭匹敵·都監蕭蒲奴以兩翼夾擊, 賊潰, 追敗之于手山北. 延琳走入城, 深溝自衛. 孝穆圍之, 築重城, 起樓櫓, 使內外不相通, 城中撤屋以爨. 其將楊詳世等擒延琳以降, 遼東悉平.

소효목(蕭孝穆)은 어렸을 때 자가 호독근(胡獨菫)이다. … [태평] 9년(1029) 대연림(大延琳)이 동경을 기반으로 배반하였다. 효목이 도통(都統)이 되어 그를 토벌하여 포수(蒲水)에서 전투를 벌였다. 중군(中軍)이 약간 밀리자 부부서(副部署) 소필적(蕭匹敵)과 도감(都監) 소포노(蕭蒲奴)가 양쪽 날개의 군사들로 협공하니 적이 무너졌으며, 달아나는 적을 수산(手山) 북쪽까지 추격하였다. 연림이 달아나 성안으로 들어가서 도랑을 깊이 파고 스스로 지켰다. 효목이 포위하여 겹성을 쌓고 망루를 세워 안과 밖이 서로 오갈 수 없도록 하니, 성안에서는 집을 헐어 밥을 지어 먹었다. 그 장수 양상세(楊詳世) 등이 연림을 사로잡아 항복하니, 요동이 완전히 평정되었다.

○ 권87, 열전(列傳) 제17, 소효선(蕭孝先)

孝先, 字延寧. … 會大延琳反, 被圍數月, 穴地而出. 延琳平, 留守上京.

효선(孝先)은 자가 연녕(延寧)이다. … 마침 대연림이 반란으로 몇 달 동안 포위되었다가 땅을 파고 탈출하였다. 연림이 평정되자 상경에 머물러 지켰다.

○ 권87, 열전(列傳) 제17, 소포노(蕭蒲奴)

蕭蒲奴, 字留隱. … 太平九年, 大延琳據東京叛, 蒲奴爲都監, 將右翼軍, 遇賊戰蒲水. 中軍少却, 蒲奴與左翼軍夾攻之. 先據高麗·女直要衝, 使不得求援, 又敗賊于手山. 延琳走入城. 蒲奴不介馬而馳, 追殺餘賊. 已[250]而大軍圍東京, 蒲奴討諸叛邑, 平吼山賊, 延琳堅守不敢出. 既被擒, 蒲奴以功加兼侍中.

소포노(蕭蒲奴)는 자가 유은(留隱)이다. … 태평 9년(1029) 대연림이 동경을 점거하고 반란을 일으키자, 포노는 도감(都監)이 되어 우익군(右翼軍)을 이끌고 적군을 만나 포수(蒲水)에서 싸웠다. 중군(中軍)이 조금 후퇴하자, 포노는 좌익군(左翼軍)과 협공하였다. 먼저 고려와 여직의 요충을 차지하여 그들이 구원할 수 없도록 하고 또다시 적들을 수산(手山)에서 패배시켰다. 연림이 달아나 성으로 들어갔다. 포노는 말에 갑옷도 입히지 않고 달려가 남은 적들을 추격하여 죽였다. 이윽고 대군이 동경을 포위하고 포노는 반란을 일으킨 여러 고을을 토벌하여 후산(吼山)의 적들을 평정하니, 연림은 [성을] 굳게 지키고 감히 나오지 못하였다. 이윽고 [대연림이] 사로잡히니 포노는 공훈으로 겸시중(兼侍中)이 더해졌다.

○ 권87, 열전(列傳) 제17, 야율포고(耶律蒲古)

耶律蒲古, 字提隱, 太祖弟蘇之四世孫. … 九年, 大延琳叛, 以書結保州. 夏行美執其人送蒲古, 蒲古入據保州, 延琳氣沮.

야율포고(耶律蒲古)는 자가 제은(提隱)이며, 태조의 아우 소(蘇)의 4세손이다. … [태평] 9년(1029) 대연림이 반란을 일으키고 보주(保州)에 편지를 보내 결탁하려 하였다. 하행미(夏行美)가 그 사람을 붙잡아 포고에게 보냈고, 포고가 보주로 들어가 지키자 연림의 기가 꺾였다.

○ 권87, 열전(列傳) 제17, 하행미(夏行美)

夏行美, 渤海人. 太平九年, 大延琳叛, 時行美總渤海軍于保州. 延琳使人說欲與俱叛, 行美執送統軍耶律蒲古, 又誘賊黨百人殺之. 延琳謀沮, 乃[251]嬰城自守, 數月而

---

250) 〈清乾隆武英殿刻本〉에는 '巳'.
251) 〈清乾隆武英殿刻本〉과 〈百衲本景印元刊本〉에는 '酒'.

> 破. 以功加同政事門下平章事, 錫賚甚厚. 明年, 擢忠順軍節度使. 重熙十七年, 遷副部署, 從點檢耶律義先討蒲奴里, 獲其酋陶得里以歸. 致仕, 卒. 上思其功, 遺使祭于家.

하행미(夏行美)는 발해인이다. 태평 9년(1029)에 대연림(大延琳)이 반란을 일으켰는데, 이 때 하행미는 보주(保州)에서 발해군을 총괄하고 있었다. 연림이 사람을 보내 함께 반란을 일으키고자 설득하였다. 행미는 [그를] 붙잡아 통군 [야율]포고([耶律]蒲古)에게 보내고 또 적의 무리 백여 명을 꾀여 죽였다. 연림은 모의가 실패하자 이에 농성하여 굳게 지키니, 몇 달 만에야 격파되었다. 그 공으로 동정사문하평장사(同政事門下平章事)가 더해졌으며 내려진 선물이 매우 많았다. 다음 해(1030)에 충순군절도사(忠順軍節度使)에 발탁되었다. 중희 17년(1048) 부부서(副部署)로 옮겨졌으며, 점검(點檢) 야율의선(耶律義先)을 따라 포노리(蒲奴里)를 정벌하여 그 추장 도득리(陶得里)를 사로잡아 돌아왔다. 벼슬에서 물러난 뒤 죽었다. 황상이 그의 공을 생각하여 집으로 사신을 보내 제를 지냈다.

○ 권88, 열전(列傳) 제18, 소발랄(蕭拔剌)

> 拔剌, 字別勒隱. … 太平末, 大延琳叛, 拔剌將北·南院兵往討, 遇于蒲水, 南院兵少却. 至手山, 復與賊遇. 拔剌乃易兩院旗幟, 鼓勇力戰, 破之.

발랄(拔剌)은 자가 별륵은(別勒隱)이다. … 태평 말(1029) 대연림이 반란을 일으키자 발랄이 북원과 남원의 군사를 거느리고 토벌하러 갔다. 포수(蒲水)에서 [적과] 만났으나 남원의 군사가 약간 밀렸다. 수산(手山)에 이르러 다시 적과 만났다. 발랄이 이에 남원과 북원의 깃발을 서로 바꾸고 용기를 북돋워 힘껏 싸워 격파하였다.

○ 권88, 열전(列傳) 제18, 소배압(蕭排押)

> 蕭排押, 字韓隱, 國舅少父房之後. … 二十二年, 復攻宋, 將渤海軍, 下德清軍.

소배압(蕭排押)은 자가 한은(韓隱)이며, 국구 소부방(少父房)의 후손이다. … [통화] 22년(1004)에 다시 송나라를 공격하여 발해군을 이끌고 덕청군(德淸軍)을 함락하였다.

○ 권88, 열전(列傳) 제18, 소필적(蕭匹敵)

> 匹敵, 字蘇隱, 一名昌裔. … 九年, 渤海大延琳叛, 勢[252]掠鄰部, 與南京留守蕭孝穆往討. 孝穆欲全城降, 乃築重城圍之, 數月, 城中人陰來納款, 遂擒延琳, 東京平, 以功封蘭陵郡王.

[소]필적([蕭]匹敵)은 자가 소은(蘇隱)이며, 창예(昌裔)라고도 부른다. … [태평] 9년(1029) 발해 대연림이 배반하여 이웃 부락을 협박하고 약탈하니 남경유수(南京留守) 소효목(蕭孝穆)과 함께 가서 토벌하였다. 효목이 온 성을 항복받고자 하여 겹성을 쌓아 포위하니, 몇 달 만에 성안 사람이 몰래 와서 내통하였다. 마침내 연림을 사로잡고 동경을 평정하였으며, 그 공으로 난릉군왕(蘭陵郡王)에 봉해졌다.

○ 권88, 열전(列傳) 제18, 대강예(大康乂)

> 大康乂, 渤海人. 開泰間, 累官南府宰相, 出知黃龍府, 善綏撫, 東部懷服. 榆里底乃部長伯陰與榆烈比來附, 送于朝. 且言蒲盧毛朶界多渤海人, 乞取之. 詔從其請. 康乂領兵至大石河駝[253]準城, 掠數百戶以歸. 未幾卒.

대강예(大康乂)는 발해인이다. 개태 연간(1012~1020)에 여러 벼슬을 거쳐 남부재상(南府宰相)이 되었다. 지황룡부(知黃龍府)로 나가 잘 다독이고 어루만져 동부(東部)를 부드럽게 복종시켰다. 유리저내부(榆里底乃部)의 우두머리 백음(伯陰)이 유열비(榆烈比)와 함께 내부하니 조정으로 보냈다. 또한 포로모타(蒲盧毛朶) 경계에 발해인이 많으니 그들을 취하자고 청하였다. 조서를 내려 그의 청원을 따라 주었다. 강예는 군사를 거느리고 대석하(大石河)

---

252) 〈淸乾隆武英殿刻本〉과 〈百衲本景印元刊本〉에는 '劫'.
253) 〈淸乾隆武英殿刻本〉과 〈百衲本景印元刊本〉에는 '馳'.

타준성(駝準城)에 이르러 수백 호를 빼앗아 돌아왔다. 얼마 지나지 않아 죽었다.

○ 권92, 열전(列傳) 제22, 야율고욱(耶律古昱)

> 耶律古昱, 字磨魯菫. … 開泰間 … 上親征渤海, 將黃皮室軍, 有破敵功.

야율고욱(耶律古昱)은 자가 마로근(磨魯菫)이다. … 개태 연간(1012~1020)에 … 황상이 친히 발해를 정벌하니, 황피실군(黃皮室軍)을 이끌고 적을 격파하는 공을 세웠다.

○ 권94, 열전(列傳) 제24, 야율알납(耶律斡臘)

> 耶律斡臘, 字斯寧, 奚迭剌部人. … 統和十三年秋, 爲行軍都監, 從都部署奚王和朔奴伐兀惹烏昭度, 數月至其城. 昭度請降. 和朔奴利其俘掠, 令四面急攻. 昭度率眾[254]死守, 隨方捍禦. 依埤堄虛構戰棚, 誘我軍登陴, 俄撤枝柱, 登者盡覆. 和朔奴知不能下, 欲退. 蕭恒德謂師久無功, 何以藉口, 若深入大掠,[255] 猶勝空返. 斡臘曰: 深入, 恐所得不償所損. 恒德不從, 略地東南, 循高麗北鄙還. 道遠糧絶, 人馬多死.

야율알납(耶律斡臘)은 자가 사령(斯寧)이며, 해(奚) 질랄부(迭剌部)[256] 사람이다. … 통화 13년(995) 가을에 행군도감(行軍都監)이 되어, 도부서(都部署) 해왕(奚王) 화삭노(和朔奴)를 따라 올야(兀惹) 오소도(烏昭度)를 토벌하여 몇 개월 만에 그 성에 이르렀다. 소도가 항복을 청하였다. 화삭노가 그곳의 포로를 잡고 약탈하는 것이 이롭다고 여겨 사방에서 급히 공격하였다. 소도는 무리를 거느리고 죽기로 지키며 곳곳에서 사납게 막아섰다. 그리고 성가퀴에 의지해 거짓으로 전붕(戰棚)을 지어 우리 군사가 기어오르도록 꾀었는데, 잠깐 사이에 기둥을 철거하니 기어오르던 자들이 모두 깔려 죽었다. 화삭노가 함락할 수 없음을 알고서 물러나려

---

254) 〈淸乾隆武英殿刻本〉과 〈百衲本景印元刊本〉에는 '衆'.
255) 〈淸乾隆武英殿刻本〉과 〈百衲本景印元刊本〉에는 '涼'.
256) 迭剌部는 거란의 한 지파로, 요나라 北面朝官인 北大王院과 南大王院의 전신이다. 이 부의 夷離菫인 耶律阿保機가 916년 거란 부족을 통일하고 거란국을 세웠다.

하였다. 소항덕(蕭恒德)이 말하기를, "군사가 오랫동안 출정하였는데 공이 없으니 무엇으로 변명을 하시렵니까. [적진에] 깊숙이 들어가 크게 약탈하게 된다면 그래도 빈손으로 돌아가는 것보다 나을 것입니다." 하였다. 알납이 말하기를 "깊이 들어갔다가는 잘못 얻는 것이 잃는 것만 못합니다."라고 하였으나, 항덕이 따르지 않았다. 동남쪽을 약탈하여 고려의 북쪽 경계를 돌아서 왔다. 길이 멀고 양식이 끊겨 군사와 말이 많이 죽었다.

○ 권96, 열전(列傳) 제26, 야율아사(耶律阿思)

> 耶律阿思, 字撒班. 淸寧初, 補祗候郎君. 以善射, 掌獵事, 進渤海近侍詳穩.

야율아사(耶律阿思)는 자가 살반(撒班)이다. 청녕(1055~1064) 초 지후낭군(祗候郎君)에 보임되었다. 활을 잘 쏘아 사냥 일을 관장하다가 발해근시상온(渤海近侍詳穩)에 올랐다.

○ 권100, 열전(列傳) 제30, 소수알(蕭酬斡)

> 蕭酬斡, 字訛里本, 國舅少父房之後. … 天慶中, 以妹復尊爲太皇太妃, 召酬斡爲南女直詳穩, 遷征東副統軍. 時廣州渤海作亂, 乃與駙馬都尉蕭韓家奴襲其不備, 平之, 復敗敵將侯槩于川州. 是歲, 東京叛, 遇敵來擊, 師潰, 酬斡[257]率麾下數人力戰, 歿于陣, 追贈龍虎衛上將軍.

소수알(蕭酬斡)은 자가 와리본(訛里本)이며, 국구 소부방(少父房)의 후손이다. … 천경(1111~1120) 중에 누이가 다시 존귀해져 태황태비가 되자, 수알을 불러 남여직상온(南女直詳穩)을 삼았다가 정동부통군(征東副統軍)으로 옮겼다. 이때 광주(廣州)의 발해가 난을 일으키니, 이에 부마도위 소한가노(蕭韓家奴)와 함께 그들이 방비하지 않은 틈에 기습하여 평정시켰다. 다시 적장 후개(侯槩)를 천주(川州)에서 패배시켰다. 이해에 동경이 배반하여 적군의 공격을 받아 군대가 무너졌다. 수알이 휘하의 몇 사람을 이끌고 힘껏 싸우다가 진중에서 죽었으므로, 용호위상장군(龍虎衛上將軍)을 추증하였다.

---

257) 〈淸乾隆武英殿刻本〉과 〈百衲本景印元刊本〉에는 '獨酬斡'.

○ 권100, 열전(列傳) 제30, 야율장노(耶律章奴)

耶律章奴, 字特末衍. … 時饒州渤海及侯槩等相繼來應, 眾[258)]至數萬, 趨廣平淀.

야율장노(耶律章奴)는 자가 특말연(特末衍)이다. … 이때 요주(饒州)의 발해 및 후개(侯槩) 등이 서로 연이어 찾아와 호응하여 무리가 수만 명에 이르렀으며, 광주(廣州)의 평전(平淀)으로 나아갔다.

○ 권101, 열전(列傳) 제31, 소도소알(蕭陶蘇斡)

蕭陶蘇斡, 字乙辛隱. … [天慶四年]數月間, 邊兵屢北, 人益不安. 饒州渤海結構頭下城以叛, 有步騎三萬餘, 招之不下. 陶蘇斡帥兵往討, 擒其渠魁, 斬首數千級, 得所掠物, 悉還其主.

소도소알(蕭陶蘇斡)은 자가 을신은(乙辛隱)이다. … [천경 4년(1114)에] 몇 달간 변경의 군사들이 여러 차례 패하며 백성이 더욱 불안해졌다. 요주(饒州)의 발해가 두하성(頭下城)과 결탁하여 반란을 일으키고, 보병과 기병이 3만여 명이나 되었으므로 불러도 항복하지 않았다. 도소알이 군사를 거느리고 가서 토벌하여 그 수괴를 사로잡고 머리 수천 급을 베었다. 노략질한 물건은 모두 본래의 주인에게 되돌려 주었다.

○ 권103, 열전(列傳) 제33, 문학(文學) 상(上) 소한가노(蕭韓家奴)

蕭韓家奴, 字休堅. … 時詔天下言治道之要 … 韓家奴對曰: 臣伏見比年以來, 高麗未賓, 阻卜猶強, 戰守之備, 誠不容已[259)] … 況[260)]渤海·女直·高麗合從連衡, 不時征討. 富者從軍, 貧者偵候.

---

258) 〈淸乾隆武英殿刻本〉과 〈百衲本景印元刊本〉에는 '衆'.
259) 〈淸乾隆武英殿刻本〉과 〈百衲本景印元刊本〉에는 '巳'.
260) 〈淸乾隆武英殿刻本〉과 〈百衲本景印元刊本〉에는 '况'.

소한가노(蕭韓家奴)는 자가 휴견(休堅)이다. … 이때 천하에 조서를 내려 다스리는 도(道)의 요점을 물었다. … 한가노가 대답하여 말하기를, "신이 삼가 보건대 근년에 들어 고려는 굴복하지 않고 조복(阻卜)[261]은 강해지고 있으니, 전투와 수비에 관한 대비는 진실로 그칠 때가 아니옵니다. … 하물며 발해와 여진과 고려가 합종연횡하고 있는데도 때맞춰 토벌하지 못하고 있습니다. 부자는 종군시키고 가난한 자들은 정탐을 시키십시오."라고 하였다.

○ 권105, 열전(列傳) 제35, 능리(能吏) 대공정(大公鼎)

> 大公鼎, 渤海人, 先世籍遼陽率賓縣. 統和間, 徙遼東豪右以實中京, 因家于大定. 曾祖忠, 禮賓使. 父信, 興中主簿.

대공정(大公鼎)은 발해인이며, 선조는 요양(遼陽) 솔빈현(率賓縣)[262]에서 살았다. 통화 연간(983~1011)에 요동 지역의 부호 집안을 중경으로 이사시켜 채우면서, 대정(大定)에 자리를 잡고 살게 되었다. 증조부 충(忠)은 예빈사(禮賓使)였고, 아버지 신(信)은 흥중주부(興中主簿)를 지냈다.

> 公鼎幼莊愿, 長而好學. 咸雍十年, 登進士第, 調瀋州觀察判官. 時遼東雨水傷稼, 北樞密院大發瀕河丁壯以完隄防. 有司承令峻急, 公鼎獨曰: 邊障甫寧, 大興役事, 非利國便農之道. 乃疏[263]奏其事. 朝廷從之, 罷役, 水亦不爲災. 瀕河千里, 人莫不悅. 改良鄕令, 省徭役, 務農桑, 建孔子廟學, 部民服化. 累遷興國軍節度副使.

[대]공정은 어려서는 엄숙하고 성실하였으며 자라서는 공부하기를 좋아하였다. 함옹 10년(1074) 진사 시험에 합격하여 심주관찰판관(瀋州觀察判官)에 임명되었다. 이때 요동 지역에

---

261) 북방 부족 이름으로 遼金代에 韃靼을 부르던 호칭이며, 室韋를 같은 계통으로 본다. 주로 몽고초원과 고비사막 인근에 살았고, 북조복·서조복·서북조복·조복별부 등이 있었다.

262) 康州의 속현으로, 지금의 요령성 북진시 일대 또는 안산시 臺安縣 일대로 추정된다(유득공 지음, 김종복 옮김, 2018, 194쪽).

263) 〈百衲本景印元刊本〉에는 '踈'.

비로 곡식이 상하게 되자 북추밀원(北樞密院)에서 강 주변의 장정을 동원하여 제방 축조를 마치도록 하였다. 유사 관원이 이 명령을 받고 매우 엄하고 급하게 하였으나, 공정은 홀로 말하기를 "변경의 수비가 겨우 편안해졌는데 크게 요역을 일으키는 것은 나라를 이롭게 하고 농사를 편리하게 하는 길이 아니다." 하고 이 일을 상소하여 아뢰었다. 조정이 그의 말을 따라 요역을 파하자 물도 재앙이 되지 않았다. 강 언저리 1천여 리에 사는 백성이 기뻐하지 않는 자가 없었다. 양향령(良鄕令)으로 바꾸고, 요역을 줄이며 농사와 누에를 치는 일을 힘쓰게 하고 공자의 사당과 학교를 세우니, 부민(部民)이 심복하고 교화되었다. 여러 벼슬을 거쳐 흥국군절도부사(興國軍節度副使)로 옮겼다.

> 時有隸鷹坊者, 以羅畢爲名, 擾害田里. 歲久, 民不堪. 公鼎言于上, 卽命禁戢. 會公鼎造朝, 大臣諭上嘉納之意. 公鼎曰: 一郡獲安, 誠爲大幸. 他郡如此者衆,[264] 願均其賜于天下. 從之. 徒長春州錢帛都提點. 車駕如春水, 貴主例爲假[265]貸, 公鼎曰: 豈可輒官用, 徇[266]人情. 拒之. 頗聞怨詈語, 曰: 此吾職, 不敢廢也. 俄拜大理卿, 多所平反.

이때 응방(鷹坊)에 소속된 자들이 그물질이라는 명목으로 농사를 해치는 일이 있었다. 그것이 오래가자 백성이 못 견뎌 하였다. [대]공정이 황상에게 말하자 바로 금지하는 명령이 내려졌다. 이때 공정이 조회에 나아가자, 대신들이 황상이 기쁘게 받아들인 뜻을 일러 주었다. 공정이 말하기를 "한 군(郡)이 편안해졌으니 참으로 크게 다행스러운 일입니다. 다른 군도 이 같은 곳이 많을 것이니 원하옵건대 천하에 고르게 [이 명령을] 내려 주십시오." 하자, 그대로 따랐다. 장춘주전백도제점(長春州錢帛都提點)으로 옮겼다. 거가가 춘수(春水)에 갈 때면 존귀한 공주들이 으레 물품을 빌려 갔는데, 공정이 말하기를 "어찌 관청의 물품을 양여하여 인정에 따르겠는가?" 하고 거절하였다. 원망하고 욕하는 말들을 제법 듣게 되자 말하기를, "이는 나의 직무이니, 감히 하지 않을 수 없다." 하였다. 조금 지나 대리경(大理卿)에 배수되었

---

264) 〈淸乾隆武英殿刻本〉과 〈百衲本景印元刊本〉에는 '衆'.
265) 〈百衲本景印元刊本〉에는 '暇'.
266) 〈淸乾隆武英殿刻本〉에는 '狥'.

으며 잘못된 것을 많이 바로 잡았다.

> 天祚卽位, 歷長寧軍節度使·南京副留守, 改東京戶部使. 時盜殺留守蕭保先, 始利其財, 因而倡亂. 民亦互生猜忌, 家自爲鬪. 公鼎單騎行郡, 陳以禍福, 衆[267]皆投兵而拜曰: 是不欺我, 敢弗聽命. 安輯如故. 拜中京留守, 賜貞亮功臣, 乘傳赴官. 時盜賊充斥, 有遇公鼎于路者, 卽叩馬乞自新. 公鼎給以符約, 俾還業, 聞者接踵而至. 不旬日, 境內淸肅. 天祚聞之, 加賜保節功臣. 時人心反側, 公鼎慮生變, 請布恩惠以安之, 爲之肆赦.

천조제(天祚帝)가 즉위하고 장녕군절도사(長寧軍節度使)와 남경부유수(南京副留守)를 거쳐 동경호부사(東京戶部使)로 바뀌었다. 이때 도적들이 유수 소보선(蕭保先)을 살해하고, 처음에는 그의 재물을 [차지하는 것으로] 이익이라 생각하더니 난을 일으켰다. 백성들끼리 서로 시기하고 집안마다 서로 싸웠다. [대]공정이 홀로 말을 타고 군에 부임하여 그들에게 재앙과 복록을 들어 설득하였다. 무리가 모두 병기를 던져 버리고 절을 하며 말하기를 "이 사람은 우리를 속일 분이 아니니 감히 명령을 따르지 않겠는가." 하고, 편안하게 모여 살기를 예전처럼 하였다. 중경유수(中京留守)에 배수되고 정량공신(貞亮功臣)이 내려져, 역참의 말을 타고 임지로 갔다. 이때 도적 떼가 사방에 가득하였는데, 길에서 공정을 만나는 자들은 곧 말고삐를 잡고 스스로 새사람이 되겠다고 청하였다. 공정은 약속하는 표신을 주고 본업으로 돌아가게 하였는데, 이 소식을 들은 자들이 연이어 이르렀다. 열흘이 채 되지 않아 경내가 맑고 엄숙해졌다. 천조제가 이 소식을 듣고 보절공신(保節功臣)을 더 내려 주었다. 이때 민심이 반란의 기미가 있자, 공정이 변란이 일어날까 걱정하고 은혜를 베풀어 저들을 안심시킬 것을 청하니, 사면령이 내려졌다.

> 公鼎累表乞歸, 不許. 會奴賊張撒八率無賴嘯聚, 公鼎欲擊而勢有不能. 嘆曰: 吾欲謝事久矣. 爲世故所牽, 不幸至此, 豈命也夫. 因憂憤成疾. 保大元年卒, 年七十九.

---

267) 〈淸乾隆武英殿刻本〉과 〈百衲本景印元刊本〉에는 '衆'.

子昌齡, 左承制, 昌嗣, 洺州刺史, 昌朝, 鎭寧軍節度.

[대]공정이 여러 차례 표문을 올려 돌아가기를 빌었으나, 허락하지 않았다. 이때 못된 도적 장살팔(張撒八)이 무뢰배를 거느려 집단을 이루어 공정은 공격하려 해도 형세상 할 수 없었다. 탄식하여 말하기를, "내가 벼슬에서 떠나고자 한 것이 오래였구나. 세상일에 잡혀 불행히도 이 지경에 이르렀으니 어찌 운명이 아니겠는가." 하였다. 근심과 울분이 병이 되었다. 보대원년(1121)에 죽으니 나이는 79세였다. 아들 창령(昌齡)은 좌승제(左承制)를 지냈고, 창사(昌嗣)는 명주자사(洺州刺史)를 지냈으며, 창조(昌朝)는 진녕군절도(鎭寧軍節度)를 지냈다.

○ 권109, 열전(列傳) 제39, 환관(宦官) 조안인(趙安仁)

趙安仁, 字小喜, 深州樂壽人.

조안인(趙安仁)은 자가 소희(小喜)이며, 심주(深州) 낙수인(樂壽人)이다.

重熙初 … 充契丹漢人渤海內侍都知, 兼都提點.

중희(重熙, 1032~1055) 초에 … 거란한인발해내시도지(契丹漢人渤海內侍都知) 겸도제점(兼都提點)에 임명되었다.

○ 권112, 열전(列傳) 제42, 역신(逆臣) 상(上) 야율할저(耶律轄底)

轄底 … 懼人圖己,[268] 挈其二子迭里特·朔刮奔渤海, 僞爲失明. 後因毬馬之會, 與二子奪良馬奔歸國.

[야율]할저([耶律]轄底)는 … 사람들이 자신을 해칠까 두려워서, 자신의 두 아들 [야율]질리

---

268) 〈淸乾隆武英殿刻本〉과 〈百衲本景印元刊本〉에는 '巳'.

특([耶律]迭里特)과 [야율]삭괄([耶律]朔刮)을 데리고 발해로 달아나 거짓으로 소경이 되었다. 뒤에 격구와 말타기 대회[毬馬之會]를 틈타 두 아들과 함께 좋은 말을 빼앗아 타고 달아나 귀국하였다.

○ 권112, 열전(列傳) 제42, 역신(逆臣) 상(上) 날로고(涅魯古)

> 涅魯古, 小字耶魯綰. … [淸寧]九年秋獵, 帝用耶律良之計, 遣人急召涅魯古. 涅魯古以事泄, 遽擁兵犯行宮. 南院樞密使許王仁先等率宿衛士討之. 涅魯古躍馬突出, 爲近侍詳穩渤海阿厮·護衛蘇射殺之.

날로고(涅魯古)는 어렸을 때 자가 야로관(耶魯綰)이다. … [청녕] 9년(1063) 가을 사냥에 황제가 야율량(耶律良)의 계책을 따라 사람을 보내 급히 날로고를 불렀다. 날로고는 일이 새어 나간 것을 알고 급히 군사를 거느리고 행궁을 침범하였다. 남원추밀사(南院樞密使) 허왕(許王) 인선(仁先) 등이 숙위 군사를 거느리고 그들을 토벌하였다. 날로고가 말에 뛰어올라 급히 달아나니, 근시상온(近侍詳穩) 발해아시(渤海阿厮)와 호위(護衛) 소(蘇)가 활로 쏘아 그를 죽였다.

○ 권113, 열전(列傳) 제43, 역신(逆臣) 중(中) 야율첩랍(耶律牒蠟)

> 牒蠟, 字述蘭. … 天顯中, 爲中臺省右相. … 世宗卽位, … 封燕王, 爲南京留守.

[야율]첩랍([耶律]牒蠟)은 자가 술란(述蘭)이다. … 천현(926~936) 중에 중대성 우상이 되었다. … 세종이 즉위하면서, … 연왕(燕王)에 봉해졌고 남경유수(南京留守)가 되었다.

○ 권114, 열전(列傳) 제44, 역신(逆臣) 하(下) 해회리보(奚回離保)

> 奚回離保, 一名翰, 字按懶, 奚王忒鄰之後. … 保大二年 … 卽箭笴山自立, 號奚國皇帝, 改元天復, 設奚·漢·渤海三樞密院.

해회리보(奚回離保)는 이름을 한(翰)이라고도 하고, 자는 뇌란(挼懶)이며, 해왕(奚王) 특린(忒鄰)의 후손이다. … 보대 2년(1122)에 … 곧 전가산(箭笴山)에서 자립하여 해국황제(奚國皇帝)라 부르고 천복(天復)으로 개원하였으며, 해·한·발해 세 추밀원(樞密院)을 세웠다.

○ 권115, 열전(列傳) 제45, 이국외기(二國外記) 고려(高麗)

> [開泰]七年, 詔東平郡王蕭排押爲都統, 蕭虛烈爲副統, 東京留守耶律八哥爲都監, 復伐高麗. 十二月, 蕭排押與戰于茶·陀二河之間, 我軍不利. … 渤海詳穩高淸明等皆沒于陣.

[개태] 7년(1018) 조서를 내려 동평군왕(東平郡王) 소배압(蕭排押)을 도통(都統)으로 삼았고, 소허렬(蕭虛烈)을 부통(副統)으로 삼았으며, 동경유수(東京留守) 야율팔가(耶律八哥)는 도감(都監)으로 삼아 다시 고려를 토벌하였다. 12월에 소배압이 고려와 더불어 다강(茶江)과 타강(陀江) 사이에서 싸움을 벌였는데, 우리 군(요나라 군대)이 불리하였다. … 발해상온(渤海詳穩) 고청명(高淸明) 등이 모두 군진(軍陣)에서 죽었다.

발해사 자료총서 – 중국사료 편 권1

7. 『금사(金史)』

　원(元)의 한림국사원(翰林國史院)의 수사국(修史局)에서 편찬한 관찬 사서로, 금나라의 역사를 다룬 기전체 사서이다. 본기(本紀) 19권, 지(志) 39권, 표(表) 4권, 열전(列傳) 73권 등 총 135권으로 이루어져 있다. 열전의 끝에 여진어로 해설한 국어해(國語解)가 붙어 있다. 순제(順帝) 때 우승상 탈탈(脫脫, 1314~1388)이 도총재관이 되어 게혜사(揭傒斯, 1274~1344), 장기암(張起巖, 1285~1353), 구양현(歐陽玄, 1283~1357) 등과 편찬하였다.

　금나라에서는 『조종실록(祖宗實錄)』·『태조실록(太祖實錄)』·『태종실록(太宗實錄)』 등 10부(部)의 실록이 편찬되었는데, 천흥(天興) 2년(1233) 도읍인 변경(汴京)이 몽골군에 함락되었을 때 그 대부분이 장유(張柔)의 손에 넘어갔다. 장유의 아래에 있던 원호문(元好問)이 이를 기초로 『금사』 편찬을 기도하였으나, 뜻대로 되지 않았다. 원호문 사후에 원 세조(世祖)가 중통(中統) 2년(1261)에 『금사』의 편찬을 지시하였지만, 곧바로 실행되지 못하였다. 남송을 멸망시키고 다시 요·금·송의 역사를 편찬하도록 하였으나, 정통론에 입각하여 3사(三史)의 체제를 어떻게 할 것인지 결정되지 않아 계속 유보되었다. 그리고 순제(順帝) 지정(至正) 3년(1343)에 이르러 3사를 각각 정통으로 삼기로 하고, 다시 수찬하여 1344년 11월에 완성되었다. 짧은 시간에 완성되어 기사의 착오와 중복, 결락과 소략이 심한 편이다. 실록 이외에 태조(太祖)·태종(太宗)·희종(熙宗)·해릉폐제(海陵廢帝) 4조의 국사(國史), 『대금조벌록(大金弔伐錄)』, 원호문의 『임진잡편(壬辰雜編)』·『중주집(中州集)』·『유산집(遺山集)』, 유기(劉祁)의 『귀잠지(歸潛志)』, 한기선(韓企先)의 『대금집례(大金集禮)』가 활용되었다.

　발해사와 관련해서는 우선 『금사』 권1 본기1 세기에서 발해의 성격을 언급하면서, "속말말갈로 고[구]려에 부용한 자이며, 고려 멸망 이후 동모산에서 건국하였는데 뒤에 발해가 되었다. 왕을 칭했으며, 10여 대를 유지하였다. 문자·예악·관부·제도와 5경 15부 62주가 존재하였다."라고 기록하고 있다. 이는 『신당서』의 기록과 상통하는 면이 있지만, 대폭 축소하여 기록하고 있다. 흑수말갈에 대해서는 당의 고구려 토벌 시에 안시성 전투에 투입된 사실과 개원 중에 흑수부가 설치되고 당의 관리에 의해 통제를 받은 사실, 뒤에 발해가 강성해지며 발해에 포함된 사실, 발해가 멸망한 이후에 거란에 부용한 일 등을 기록하였다. 여기서 주목되는 것은 여진(女眞)과 발해가 '본동일가(本同一家)'라고 언급한 부분으로, 여진인의 발해에 대한 인식을 보여 준다. 그리고 『금사』는 발해 유민에 대한 내용이 풍부한데, 금 건국에 공헌한 발해인들이 대를 거듭하여 금 중기에 이르면 조정 내 영향력 있는 인물로 성장하여 정권 교체나 금 황실의 주요 구성원이 되었던 내용 등이 담겨져 있다.

현재 중국에서 통용되는 『금사』의 판본은 두 종류가 있다. 하나는 1935년에 상무인서관(商務印書館)에서 「지정간본(至正刊本)」을 저본으로 영인한 『금사』「백납본(百衲本)」이다. 다른 하나는 1975년 중화서국(中華書局)에서 「백납본」을 저본으로 하여 앞선 시대 학자들의 고증과 교정 성과를 반영해 만든 『금사』「표점교감본(標點校勘本)」이다. 아래의 원문은 「표점교감본」을 저본으로 하였다.

○ 권1, 본기(本紀) 제1, 세기(世紀)

金之先, 出靺鞨氏. 靺鞨本號勿吉. 勿吉, 古肅愼地也. 元魏時, 勿吉有七部, 曰粟末部, 曰伯咄部, 曰安車骨部, 曰拂涅部, 曰號室部, 曰黑水部, 曰白山部. 隋稱靺鞨, 而七部幷同. 唐初, 有黑水靺鞨, 粟末靺鞨, 其五部無聞.

粟末靺鞨始附高麗, 姓大氏. 李勣破高麗, 粟末靺鞨保東牟山. 後爲渤海, 稱王, 傳十餘世. 有文字禮樂官府制度. 有五京十五府六十二州.

黑水靺鞨居肅愼地, 東瀕海, 南接高麗, 亦附于高麗. 嘗以兵十五萬衆助高麗拒唐太宗, 敗于安市. 開元中, 來朝, 置黑水府, 以部長爲都督刺史, 置長史監之. 賜都督姓李氏, 名獻誠, 領黑水經略使. 其後渤海盛强, 黑水役屬之, 朝貢遂絶. 五代時, 契丹盡取渤海地, 而黑水靺鞨附屬于契丹. 其在南者籍契丹, 號熟女直, 其在北者不在契丹籍, 號生女直. 生女直地有混同江長白山, 混同江亦號黑龍江, 所謂白山黑水是也. … 及太祖敗遼兵于境上, 獲耶律謝十, 乃使梁福斡答刺招諭渤海人曰, 女直渤海本同一家. 蓋其初皆勿吉之七部也.

　금(金)의 선조는 말갈씨(靺鞨氏)에서 나왔다. 말갈은 본래 물길(勿吉)이라고 불렸는데, 물길은 옛 숙신(肅慎)[1] 땅이다. 북위(北魏) 때 물길에는 7부(部)가 있었으니, 속말부(粟末部)·백돌부(伯咄部)·안거골부(安車骨部)·불열부(拂涅部)·호실부(號室部)·흑수부(黑水部)[2]·백산부(白山部)가 그것이다. 수나라 때에는 말갈이라고 불렸으니, 7부 모두 말갈이라고 불렀다. 당나라 초기에 흑수말갈(黑水靺鞨), 속말말갈(粟末靺鞨)이 있었으나, 나머지 다섯 부에 대해서는 전하는 바가 없다.

　속말말갈은 본래 고[구]려(高[句]麗)에 딸려 있었으니, 성(姓)은 대씨(大氏)이다. 이적(李勣)[3]이 고[구]려를 멸망시킬 때, 속말말갈은 동모산(東牟山)[4]을 지켰다. 그 뒤 발해(渤海)를

---

1) 고대 중국의 동북 지방에 살던 종족 중 하나로, 楛矢와 石砮를 사용하였다. 肅慎, 息慎 혹은 稷慎 등으로도 쓰였다. 계통에 대한 논란이 많은데, 후한 대까지는 특정 주민 집단과 연결하는 인식이 확립되지 않았고(沈一民, 2009), 고대 중국인들이 자신의 북방 혹은 동북 지방에 거주하던 종족 집단을 일컫던 막연한 호칭이었다고 보기도 한다(保井克己, 1982). 『三國志』와 『後漢書』에는 숙신과 관련된 挹婁 열전이 등장하는데, 三國時代에 활동하던 挹婁가 마침 楛矢·石砮를 사용하였기 때문에 古肅慎氏와 挹婁를 동일시하게 된 것으로 추정된다(池內宏, 1951). 이후 중국 정사류에서 '숙신-읍루-물길-말갈-여진'으로 이어지는 계통 인식이 형성되었다.
2) 黑水靺鞨은 고구려 시기의 靺鞨 7部 가운데 하나로, 가장 강한 세력으로 꼽힌다. 『구당서』 말갈전에는 흑수말갈이 가장 북방에 있으면서 제일 강성하여 늘 용맹을 과시하므로 항상 이웃의 걱정이 되었다고 하였다. 『신당서』 흑수말갈전에는 고구려 멸망 후 말갈 6부가 당에 들어가거나 분산되어 점차 미약해지고 유민들은 발해로 들어갔지만, 흑수만이 완강하여 16부락으로 나뉘어 남부와 북부로 일컬었다고 하였다. 그 이름은 거주지인 黑水에서 비롯되었으며, 거주지는 지금의 黑龍江과 松花江이 합류하는 지역과 그 하류로 비정된다. 『新唐書』 「地理志」 靺鞨州條에 인용되어 있는 賈耽의 『道里記』에는 渤海의 國都에서 북으로 德理鎭을 거쳐 南黑水靺鞨에 이르기까지 1,000리로 되어 있다. 松井等은 德理鎭의 위치를 明代에 三姓 지역의 松花江 좌안에 있던 斡朶里站과 같은 지역이며, '德理'는 '斡朶里'의 줄임말로 추정하였다(松井等, 1913).
3) 중국 唐나라 때의 무장. 본래 성과 이름은 徐世勣(594~669)이다. 수나라 말년에 李密의 밑에 있었으나, 무덕 3년(620)에 당나라에 귀순하였다. 당 高祖가 李氏를 賜姓하였고, 太宗 李世民의 '世' 자를 피휘하여 '李勣'이라 하였다. 정관 3년(629)에 돌궐을 정복하고, 정관 19년(645)에는 태종과 함께 고구려를 침공하였으나 안시성전투에서 실패하고 회군하였다. 이후 총장 원년(668)에 신라군과 연합하여 평양성을 함락하고 고구려를 멸망시켰다. 이듬해 12월에 76세로 죽었다(『구당서』 권67, 이적열전; 『신당서』

세우고 왕이라고 일컬으며 10여 세(世)를 이어갔다. 문자와 예악(禮樂), 관부(官府), 제도가 있었고, 전국을 5경(京) 15부(府) 62주(州)로 나누어 다스렸다.

　흑수말갈은 숙신 지역에 자리 잡고 있으며, 동쪽은 바다, 남쪽은 고[구]려와 접해 있었는데, 역시 고[구]려에 복속되어 있었다. 일찍이 15만 명의 군사를 일으켜 고[구]려를 도와 당나라 태종(太宗)의 침공에 맞섰으며, 안시성(安市城)에서 당나라 군사를 패퇴시켰다. 개원(開元) 연간에 와서 조공을 바치자 당나라는 흑수부(黑水府)를 설치하고, 부의 우두머리를 도독(都督)·자사(刺史)로 삼았으며, 장사(長史)[5]를 두어 감독하게 하였다. 도독에게 이씨(李氏) 성과 헌성(獻誠)이라는 이름을 하사하고[6] 흑수경략사(黑水經略使)를 제수하였다. 그 뒤로 발해가 강성해지자 흑수는 발해에 예속되었고 당에 대한 조공도 마침내 끊어졌다. 오대(五代) 시기에 거란[7]이 발해의 땅을 모두 점령하자, 흑수말갈은 거란에 귀부하여 복속되었다. 그들 가운데 남쪽에 있던 자들은 거란의 민적(民籍)에 이름을 올렸으니 숙여직(熟女直)[8]이라고

　　권93, 이적열전).
4) 중국 吉林省 敦化市 賢儒鄉 城山子村의 城山子山城이 유력시되었으나, 최근 중국 학계에서는 圖們市의 城子山山城(磨盤村山城)설이 확산되고 있다(吉林省文物考古研究所·延邊朝鮮族自治州文物保護中心, 2018).
5) 당나라 때 都督이나 刺史의 바로 아래에 두었는데, '別駕'라고도 하며 실질적인 권한이 없었다. 大都府의 장사는 상대적으로 지위가 높아서 上州의 자사나 절도사로 임명되기도 하였다.
6) 『舊唐書』 靺鞨傳에는 "(開元)十六年, 其都督賜姓李氏名獻誠."으로 728년의 일로 나온다.
7) 契丹은 고대 시라무렌강(Siramuren, 西剌木倫) 지역에서 일어난 부족이다. 거란의 열전은 『魏書』에 처음 입전되었다. 거란이라는 이름이 보이는 가장 오래된 자료는, 北魏의 使者 韓貞이 景明 3년(502)에 契丹으로 가면서 朝陽 동쪽 義縣 부근의 萬佛洞에 새긴 명문이다. 5세기 후반 동쪽에서 고구려가 遼西로 적극적으로 진출하고 서쪽에서 柔然의 압박이 가해지자, 거란은 北魏에 內附하여 白狼水(大凌河)의 동쪽으로 남하하였다. 거란의 別部인 出伏部 등 그 일부는 고구려에 臣屬하였다. 隋·唐代에는 고구려나 돌궐에 복속하거나 연대하여 수·당에 대항하기도 하고, 반대로 수·당에 복속하여 고구려나 돌궐에 저항하기도 하였다. 唐 太宗은 거란 서쪽에 인접해 있는 庫莫奚를 지배하기 위해서 시라무렌강 상류에 饒樂都督府를 설치하였고, 거란을 지배하기 위해서 營州 부근에 松漠都督府를 설치하였다. 당 초기에는 大賀氏가 지배 씨족인 8부 연맹을 형성하고 있었다. 당 태종은 그 수장인 窟哥를 都督으로 삼고, 李氏 성을 주어 부족민을 다스리게 하였다. 이들은 영주 부근에 살면서 평소에는 자치를 하며 유목 생활을 하다가 당의 고구려 공격과 같은 대외 전쟁 시기에는 藩兵으로 동원되었다. 10세기로 넘어가며 耶律阿保機가 거란 부족을 통일하고 遼나라를 세웠다.
8) 당 초기에 黑水와 粟末 2부 중 흑수부가 곧 여진이다. 오대 시기부터 등장한 여진은 거란에 적을 둔 숙여진과 거란 통치 밖의 생여진으로 나뉜다. 여직은 본래 여진이었는데, 거란 흥종의 휘 宗眞을 피휘하

불렀고, 북쪽에 있던 자들은 거란의 민적에 편입하지 않았으니 생여진(生女眞)이라고 불렀다. 생여진의 땅에는 혼동강(混同江)과 장백산(長白山)이 있는데, 혼동강은 또한 흑룡강(黑龍江)이라고도 불렀다. 이른바 백산흑수(白山黑水)라는 곳이 이곳이다.

… 태조[9]가 국경에서 요나라 병사들을 물리치고 야율사십(耶律謝十)을 사로잡고는, 양복(梁福)과 알답자(斡答剌)를 파견해 발해 사람들을 회유하여 말하기를 "여진과 발해는 본래 한 집안이다."[10]라고 하였는데, 이는 애초에 모두가 물길의 7부이었기 때문이다.

○ 권2, 본기(本紀) 제2, 태조(太祖)

> 穆宗將伐蕭海里, 募兵得千餘人. 女直兵未嘗滿千, 至是, 太祖勇氣自倍曰, 有此甲兵, 何事不可圖也. 海里來戰, 與遼兵合, 因止遼人, 自爲戰. 勃海留守以甲贈太祖, 太祖亦不受. 穆宗問何爲不受曰, 被彼甲而戰, 戰勝則是因彼成功也.

목종이 장차 소해리(蕭海里)[11]를 치려고 병사를 모집하여 1천여 명을 얻었다. 여직의 병사는 일찍이 1천 명을 채운 일이 없었는데, 이에 이르자 용기가 절로 배가 되어 말하기를 "이런 병사들이 있다면 무슨 일인들 도모하지 못하겠는가?"라고 하였다. 해리가 공격해 오자 요나라 병사들과 전투가 벌어졌는데, 태조가 요나라 사람을 멈추게 하고 혼자 싸우러 갔다. 발해유수

여 女直으로 썼다. 이에 『요사』에는 모두 여직으로 기록되었다. 반면 『고려사』나 『송사』에는 모두 그대로 여진으로 기록되어 있다.

9) 完顏劾里鉢의 둘째 아들로 이름은 완안아골타이며, 漢式 이름은 王旻(1068~1123)이다. 1114년 寧江州에서 요나라 군대를 격파하고, 이듬해인 1115년에 금나라를 세웠다. 시호는 武元皇帝이며, 묘호는 太祖이다. 연호는 收國이며, 會寧에 도읍하였다.

10) 女眞의 선조격인 靺鞨은 발해의 구성원이었으므로 발해인과 지역적으로도 밀접했다. 따라서 여기서 말하는 '발해인과 한집안'이라는 표현은 종족적 일체감이라기보다는 지역적 내지는 정치적 일체감을 표명한 것이다(나영남, 2017, 284쪽).

11) 蕭海里는 遼의 舅帳人으로, 乾統 2년(1102)에 반란을 모의하다가 실패하고 乾州의 무기고를 습격한 뒤에 熟女眞 阿典部에 의탁하였다. 그리고 生女眞 完顏部 盈歌에게 같이 요나라를 치도록 꾀었으나 영가는 도리어 사자를 붙잡고 소해리를 토벌하는 데 참가하였다. 소해리는 遼의 토벌군은 무찔렀지만, 뒤이은 여진군의 공격에 패하여 죽었다. 이 전투 이후 완안부를 중심으로 여진의 세력이 흥기하였고 고려와 사신 왕래가 이뤄졌으며, 1115년에는 영가의 조카인 아골타에 의해 金이 건국되었다.

(勃海留守)가 태조에게 갑옷을 주었으나 태조는 이 또한 받지 않았다. 목종이 어찌해서 받지 않느냐고 물으니, 태조가 말하기를 "저 갑옷을 입고 싸워서 전쟁에 이기면 저 갑옷 때문에 공을 이루었다고 할 것이기 때문입니다."라고 하였다.

> [二年甲午]六月 … 命統軍蕭撻不野調諸軍於寧江州. 太祖聞之, 使僕聒剌復索阿素, 實觀其形勢. 僕聒剌還言, 遼兵多, 不知其數. 太祖曰, 彼初調兵, 豈能遽集如此. 復遣胡沙保往, 還言, 惟四院統軍司與寧江州軍及渤海八百人耳. … 實不迭往完睹路 執遼障鷹官達魯古部副使辭列寧江州渤海大家奴.

[태조 2년(1114) 갑오년] 6월에 … 통군 소달불야(蕭撻不野)에게 영강주(寧江州)¹²⁾에서 각 군(軍)을 소집하여 조련하도록 명하였다. 태조가 이 소식을 듣고 복괄랄(僕聒剌)을 파견하여 다시 아소(阿素)를 찾게 하였으니, 실제로는 저들의 형세를 관찰하기 위한 것이었다. 복괄랄이 돌아와서 말하기를 "요나라 군사가 너무 많아서 그 수를 알 수 없습니다."라고 하였다. 태조가 말하기를 "저들이 처음으로 군사를 모아 조련하는데, 어떻게 갑자기 그렇게 많이 모일 수 있겠는가?"라고 하였다. 다시 호사보(胡沙保)를 파견하였는데, 돌아와 아뢰기를 "사원(四院)의 통군사와 영강주의 군대 및 발해의 병사 8백 명뿐이었습니다."라고 하였다. … 실불질(實不迭)에게는 완도로(完睹路)로 가서 요나라 장응관(障鷹官) 달로고부(達魯古部) 부사(副使) 사열(辭列), 영강주 발해의 대가노(大家奴)¹³⁾를 잡도록 하였다.

> 九月 … 將至遼界, 先使宗幹督士卒夷塹. 旣度, 遇渤海軍攻我左翼七謀克, 衆少却,

---

12) 遼 淸寧 연간(1055~1064)에 설치되었고, 東京道 黃龍府에 속하였다. 여진 完顔部의 본거지인 阿城의 서남쪽, 오늘날 陶賴昭의 서쪽으로 북류 송화강 강기슭에 가까운 곳으로서(外山軍治, 1975, 37쪽), 지금의 길림성 松原市 扶餘縣 三岔河 石頭城子로 비정된다. 1114년 요군이 완안아골타에게 패한 곳으로 유명하다. 요나라가 영강주전투에서 패배한 이후 동경도 북부의 공제권을 상실하자, 이 지역의 주도권은 여진으로 넘어가게 되었다(임상선 편역, 2019, 198~199쪽).
13) 발해 왕실의 후예로, 1114년 금 태조의 군대가 寧江州를 공격할 때 붙잡혔다. 금나라 초기 匹里水路의 6謀克의 한 사람이었다(金毓黻, 『渤海國志長編』 卷13, 遺裔列傳 5).

> 敵兵直犯中軍. … 進軍寧江州, 諸軍塡塹攻城. 寧江人自東門出, 溫迪痕阿徒罕邀擊盡殪之.

9월에 … 요나라 국경에 이르게 되었을 때, [태조는] 먼저 [완안]종간([完顔]宗幹)[14])을 파견하여 병사들에게 구덩이를 메우게 하였다. 국경을 넘어서자 발해 군사가 우리 좌익(左翼) 7개 모극(謀克)[15])을 공격해 왔다. 우리 병사들이 조금 물러나자 적병은 곧바로 중군(中軍)을 침범해 왔다. … 영강주로 진군하여 각 군이 해자를 메우고 공격하였다. 영강주 사람들이 동쪽 문을 통해 도망가자, 온적흔(溫迪痕)·아도한(阿徒罕)이 그들을 가로막고 공격하여 모두 죽였다.

> 十月朔 … 克其城, 獲防禦使大藥師奴, 陰縱之, 使招諭遼人. 鐵驪部來送款. 次來流城, 以俘獲賜將士. 召渤海梁福, 斡荅剌使之僞亡去, 招諭其鄕人曰, 女直, 渤海本同一家, 我興師伐罪, 不濫及無辜也.

10월 초하루에 … 성을 함락하였다. 방어사(防禦使) 대약사노(大藥師奴)[16])를 사로잡았는데, 은밀히 놓아주어 요나라 사람에게 투항을 권유하게 하였다. 철려부(鐵驪部)[17])가 와서

---

14) 完顔宗幹은 금 태조 아골타의 아들로, 여진 이름은 斡本이다. 태조를 따라 요나라를 토벌하고 여러 차례 공을 세웠다. 次妃는 발해 유민인 衛王 大昊天의 딸로, 제4대 황제인 해릉왕을 낳았다. 『金史』 권74에 관련 내용이 있다.

15) 금나라의 행정 및 군사제도로, 기존의 부족적 군사제도를 금 태조가 1114년에 정비한 것이다. 300호를 1모극부로 하고 장을 모극이라고 하였으며, 10모극부를 1맹안부로 하여 그 장을 맹안이라고 하였다. 1모극부에서 100명의 군사를 징집하여 1모극군이라고 하였고, 10모극군을 모아 1맹안군으로 편성하였다. 모극과 맹안의 직위는 모두 세습되었다.

16) 발해 유민으로 요의 寧江州 防禦使였는데, 1114년 10월 금 태조가 영강주를 공격할 때 붙잡혔는데, 태조가 몰래 풀어 주며 遼人들을 招諭하게 하였다. 『金史』 斡魯전에 1116년 고영창을 토벌하는 데 참여한 것으로 나온다.

17) 鐵驢, 鐵驪, 鐵離라고도 한다. 철려는 말갈 7부 중에는 그 명칭이 없으나, 발해 건국 초기부터 고구려와 관계가 깊던 불열말갈, 월희말갈과 함께 활동한 것으로 보아, 고구려 당시부터 있었고 고구려와 밀접한 관련이 있었던 것으로 보인다. 위치에 대해서는 圖們江北·興凱湖의 南說(丁若鏞, 『渤海考』), 黑龍·烏

귀순의 뜻을 표시하였다. 내류성(來流城)에 이르러 포로와 노획한 재물들을 장교와 병사들에게 하사하였다. 발해의 양복(梁福)·알답랄(斡答剌)을 불러 그들에게 거짓으로 도망하게 한 뒤, 그 마을 사람들을 불러 회유하기를 "여진과 발해는 본래 같은 한집안이니, 우리가 군사를 일으킴은 죄를 지은 사람을 토벌하려 함이요, 무고한 이들을 함부로 해치려는 것이 아닙니다."라고 하였다.

> [收國二年正月戊子]詔曰, 自破遼兵, 四方來降者衆, 宜加優恤. 自今契丹奚漢渤海, 係遼籍女直室韋達魯古兀惹鐵驪諸部官民, 已降或爲軍所俘獲, 逃遁而還者, 勿以爲罪. 其酋長仍官之, 且使從宜居處.

[수국 2년(1116) 정월 무자일에] 조서를 내려 말하였다. "요나라 군대를 격파한 뒤로 사방에서 투항해 오는 자들이 많으니 응당 넉넉하게 구호하도록 해야 할 것이다. 지금부터 거란·해(奚)[18]·한(漢)·발해와 요나라에 국적을 둔 여진과 실위(室韋)[19]·달로고(達魯古)·올야(兀惹)[20]·철려(鐵驪) 등 각 부의 관민들 가운데에는 이미 투항하였거나 혹은 군대에 포로로

蘇里江下流地域說(松井等, 1913; 烏山喜一, 1915), 牧丹江流域說(津田左右古, 1916), 阿什河流域說(池內宏, 1916), 松花江下流域의 依蘭地域說(小川裕人, 1937) 등이 있다. 여진이 흥기했을 때에는 길림성 동경성(지금의 寧安) 부근에 있다가 完顔部에 편입되었다(外山軍治, 1975, 45쪽).

18) 거란과 함께 東胡 鮮卑 계통으로, 庫莫奚라고도 한다. 활동 지역은 老哈河를 중심으로 遼寧省 阜新市 부근까지, 서쪽으로는 內蒙古自治區 克什克騰旗의 이남 지대까지이다. 4세기 후반에 처음 기록에 등장하며 점차 세력을 확대하여 阿會氏 5부 연맹을 형성하였다. 7세기 초부터 군사력이 거란과 비교될 정도였고 어느 시기에는 거란을 압도하였다. 거란 鮮質可汗의 토벌로 쇠퇴하다가 거란과 함께 回紇에 귀부하였고, 이후 화친과 상쟁을 반복하였다. 요 태조 때 항복하여 해5부가 되었으며 墮瑰部 설치로 해6부로 불렸다. 성종 때 北府에 예속되었다.

19) 중국 南北朝시대인 6세기 중엽부터 唐나라 때까지 중국 東北 지방을 본거지로 한 민족. 몽골계에 퉁구스계가 혼혈된 민족이다. 처음에는 興安嶺산맥 동쪽에 있었으나 隋나라 때 점차 세력을 넓혀 당나라 때에는 그 영역이 黑龍江·松花江의 합류점에서부터 몽골고원의 突厥에 접하였다. 중국과 교역을 하는 경우가 많았으나 때로 돌궐·거란 등과 중국의 북쪽 변경을 침범하였다. 그러나 통일국가를 건설하지 못하였다.

20) 요금 시기 송화강 중류에서 시호테산맥, 흑룡강, 烏蘇里江, 牡丹江 일대에 살던 烏惹, 烏舍, 屋惹, 兀兒, 盟熱 등으로 불리던 종족 이름이다. 요대에 동경도에 속하였다. 고려는 滿洲 내지에서 유목 생활을

잡혀 있거나 도망갔다가 돌아온 자도 있을 것이다. 그러나 그 모든 것을 추구해 죄로 삼지 말라. 그 부락의 추장들은 여전히 관리로 임명할 것이며, 또 그들의 근거지에서 임의대로 편하게 거주케 할 것이다."

[閏月]高永昌據東京, 使撻不野來求援. 高麗遣使來賀捷, 且求保州. 詔許自取之.

[윤정월에] 고영창(高永昌)[21]이 동경(東京)[22]을 점거하자, 동경에서 달불야(撻不野)를 보내 구원해 달라고 요청하였다. 고려가 사신을 보내와 전투에서 이긴 것을 축하하면서 보주(保州)[23]를 요구하였다.[24] 이에 스스로 공격해서 취할 것을 허락하는 조서를 내렸다.

[四月乙丑]以斡魯統內外諸軍, 與蒲察迪古乃會咸州路都統斡魯古討高永昌. 胡沙補等被害.

하던 여진을 北蕃이라고 불렀는데, 숲(Weji)에서 생활하므로 이를 우디케(兀狄哈, 兀惹)라고도 불렀다. 이들은 유목과 수렵 생활을 하므로 한군데 정착하지 않고 부족 단위로 수초를 따라 이주하며 생활하였다. 이들 가운데는 고려와 관계를 맺기도 했는데, 오늘날 골드(Gold)族으로 여겨지기도 한다(최규성, 1995, 320쪽).

21) 고영창은 요나라 供奉官으로, 1115년 阿骨打가 요동으로 남하하자 이를 저지하기 위해 渤海武勇馬軍 2,000명을 모집하여 요양부 인근의 白草谷을 지켰다. 그 이듬해 정월 東京留守 蕭保先의 혹독한 학정에 시달리던 발해 유민과 함께 요양부를 점령하고, 국호를 '大渤海國'이라 하였다. 金과 교섭하여 요에 대항하려 했으나 도리어 요와 금 양쪽으로부터 공격을 받았고, 고영창이 금에 붙잡혀 참살되며 대발해국은 5개월 만에 멸망하였다.

22) 현재의 遼陽 지역이다. 요나라 태조가 발해를 멸망시킨 뒤 이곳에 東平郡을 설치하였다. 천현 3년(928) 요 태종이 동평군을 올려 南京으로 삼고 府名을 요양이라 하였다. 회동 원년(938)에 東京으로 이름을 고쳤다.

23) 평안북도 義州의 옛 이름으로, 거란이 점령했을 때 붙여진 이름이다.

24) 『고려사』 권14, 세가 제14, 예종 11년(1116) 3월조에는 고영창에게 신하를 자칭한 鄭良稷을 논죄하였다고 나오며, 『고려사』 권96, 열전 제9, 諸臣에는 윤관의 아들인 尹彥純이 고영창의 협박에 굴복하여 하례하고 돌아와서 그 사실을 숨기다가 일이 누설되어 탄핵받았다고 나온다.

[4월 을축일에] [완안]알로([完顔]斡魯)25)가 안팎의 각 군을 통솔하고 포찰(蒲察)·적고내(迪古乃)와 더불어 함주로도통(咸州路都統) 알로고(斡魯古)와 회동하여 고영창을 토벌하였다. 호사보(胡沙補) 등이 해를 입었다.

[五月]斡魯等敗永昌, 撻不野擒永昌以獻, 戮之于軍. 東京州縣及南路係遼女直皆降.

[5월에] [완안]알로 등이 영창을 격파했으며, 달불야가 영창을 사로잡아 바치니 군중(軍中)에서 그를 죽였다. 동경의 주현 및 남로(南路)에 있던 요나라 국적의 여직 사람이 모두 투항하였다.

[天輔二年七月癸未]詔曰, 匹里水路完顔術里古渤海大家奴等六謀克貧乏之民, 昔嘗給以官糧, 置之漁獵之地. 今歷日已久, 不知登耗, 可具其數以聞.

[천보 2년(1118) 7월 계미일에] 조서를 내려 말했다. "필리수로(匹里水路) 완안술리고(完顔術里古)와 발해 대가노 등 6모극의 가난하고 궁핍한 백성들에게는 과거에 일찍이 관곡(官穀)을 내어 구호하며 고기잡이하고 사냥하는 땅에 살게 하였다. 이제 세월이 이미 오래되어 그 증감을 알지 못하니 숫자를 갖추어 보고토록 하라."

[十月乙未]咸州都統司言, 漢人李孝功渤海二哥率衆來降. 命各以所部爲千戶.

[10월 을미일에] 함주도통사(咸州都統司)가 보고하기를, 한인 이효공(李孝功)과 발해 이가(二哥)가 무리를 거느리고 와서 투항하였다고 하였다. 명하여 각기 그들이 거느리던 부락의

---

25) 完顔斡魯(?~1127)는 금나라 개국공신으로, 태조 阿骨打의 큰아버지인 完顔劾者의 셋째 아들이다. 1106년에 고려가 曷懶甸에 9성을 쌓자, 1107년에 완안알로가 출정하여 역시 9성을 마주 쌓고 고려에 대항하였다. 금나라 건국 후인 1116년에는 東京의 발해인 高永昌의 난을 진압했다.

천호로 삼았다.

○ 권3, 본기(本紀) 제3, 태종(太宗)

[天會四年春正月戊辰]大㚖攻下濬州.

[천회 4년(1126) 봄 정월 무진일에] 대고(大㚖)[26]가 준주(濬州)를 공격하여 함락시켰다.

[七月壬申]出金牌, 命孛菫大㚖以所領渤海軍八猛安爲萬戶.

[7월 임신일에] 금패(金牌)를 내어 발근(孛菫)·대고에게 그가 거느리고 있는 발해군(渤海軍) 8개 맹안(猛安)[27]으로 만호(萬戶)를 삼았다.

[天會七年十月丁酉]大㚖破敵于壽春.

[천회 7년(1129) 10월 정유일에] 대고가 수춘(壽春)에서 적군을 격파하였다.

---

26) 요양 출신 발해인으로 본명은 撻不野이다. 그 조상은 대대로 요나라에서 벼슬을 했다. 금 태조가 요를 정벌할 때 寧江州가 격파되자 도망갔다가 포로가 되었다. 태조가 가세를 물어보고 거두어들여 東京奚民謀克이 되었다가, 高永昌을 격파하는 데 공을 세우고 東京 주변을 사찰하여 보고한 뒤 猛安 겸 同知東京留守事가 되었다. 태조를 따라 요나라를 멸하고, 태종 天會 초에 宗望을 따라 송나라를 공격하여 여러 차례 전공을 세웠다. 河間尹과 元帥右都監, 尙書右丞相, 東京留守 등을 지냈다. 여러 번 太傅에 올라, 三省의 일을 관장했으며, 漢國公에 봉해졌다. 그 공으로 1140년 漢人과 발해인의 千戶와 謀克을 혁파할 때 홀로 면하였다.
27) 금나라의 행정 및 군사제도로, 기존의 부족적 군사제도를 금 태조가 1114년에 정비한 것이다. 300호를 1모극부로 하고 장을 모극이라고 하였으며, 10모극부를 1맹안부로 하여 그 장을 맹안이라고 하였다. 1모극부에서 100명의 군사를 징집하여 1모극군이라고 하였고, 10모극군을 모아 1맹안군으로 편성하였다. 모극과 맹안의 직위는 모두 세습되었다.

[十二月丁亥]大臭敗宋樞密使周望于秀州, 又敗宋兵于杭州東北.

[12월 정해일에] 대고가 송나라 추밀사(樞密使) 주망(周望)을 수주(秀州)에서 물리치고, 또 항주(杭州) 동북쪽에서 송나라 군대를 격파하였다.

○ 권4, 본기(本紀) 제4, 희종(熙宗)

[天眷元年九月乙未]詔百官誥命, 女直契丹漢人各用本字, 渤海同漢人.

[천권 원년(1138) 9월 을미일에] 조서를 내려 백관의 고명(誥命, 임명장)에 여직과 거란, 한인(漢人)은 각기 본족의 문자를 사용하도록 하고, 발해인은 한인과 같게 하도록 하였다.

[皇統九年八月庚申]宰臣議徙遼陽勃海之民於燕南, 從之. 侍從高壽星等當遷, 訴於后.

[황통 9년(1149) 8월 경신일에] 재신(宰臣)들이 요양의 발해 백성들을 연남(燕南)으로 이주시킬 것을 논의하자, [황제가] 그에 따랐다. 시종 고수성(高壽星)[28] 등이 이주당하게 되자 황후에게 [불가함을] 호소하였다.

○ 권5, 본기(本紀) 제5, 해릉(海陵)

廢帝海陵庶人亮, 字元功, 本諱迪古乃, 遼王宗幹第二子也. 母大氏. 天輔六年壬寅歲生.

폐위된 황제 해릉(海陵)[29] 서인(庶人) [완안]량([完顏]亮)의 자(字)는 원공(元功)이다. 본

---

28) 발해 유민으로, 금나라 희종 때 近侍가 되었다(金毓黻, 『渤海國志長編』 卷13, 遺裔列傳 5).
29) 금나라 제4대 황제(재위, 1149~1161)로, 본명은 完顏亮이고, 여진 이름은 迪古乃이다. 太祖 아골타의

래 이름은 적고내(迪古乃)이며 요왕(遼王) [완안]종간([完顏]宗幹)의 둘째 아들이다. 어머니는 대씨(大氏)[30]이다. 천보(天輔) 6년(1122) 임인년에 출생하였다.

[皇統九年正月]熙宗使小底大興國賜亮生日, 悼后亦附賜禮物, 熙宗不悅, 杖興國百, 追其賜物, 海陵由此不自安.
護衛十人長僕散忽土舊受宗幹恩. 徒單阿里出虎與海陵姻家. 大興國給事寢殿, 時時乘夜從主者取符鑰歸家, 以爲常. 興國嘗以李老僧屬海陵, 得爲尚書省令史, 故使老僧結興國爲內應, 而興國亦以被杖怨熙宗, 遂與亮約. 十二月丁巳, 忽土阿里出虎內直. 是夜, 興國取符鑰啓門納海陵秉德辯烏帶, 徒單貞李老僧等入至寢殿, 遂弑熙宗. … 是日以秉德爲左丞相兼侍中左副元帥. … 興國爲廣寧尹.
己未, 大赦. 改皇統九年爲天德元年. 參知政事蕭肄除名. 鎮南統軍李極爲尚書左丞. 賜左丞相秉德右丞相辯平章政事烏帶廣寧尹興國點檢忽土阿里出虎左衛將軍貞尚書省令史老僧辯父刑部尚書阿里等錢絹馬牛羊有差. 甲子, 誓太祖廟 召秉德辯烏帶忽土阿里出虎興國六人賜誓券.

[황통 9년(1149) 정월에] 희종(熙宗)이 소저(小底) 대흥국(大興國)[31]을 시켜 [완안]량에게

서장자인 完顏宗幹와 次妃인 발해인 大氏의 아들이다. 天德 원년(1149) 사촌인 熙宗을 살해하고 즉위했다. 皇族 諸王과 여진인 유력자 등 반대 세력을 제거하고 중국인을 중용하여 중국화와 황제권의 강화를 도모했다. 天德 4년(1152) 수도를 燕京(北京)으로 옮기면서 이전 도읍인 上京 會寧府를 거의 폐허로 만들었다. 1161년 남송을 치기 위해 대군을 이끌고 출병했지만, 東京에서 정변으로 世宗이 즉위하고 군대 안에서 동요가 일어나며 完顏元宜 등에게 살해당했다.

30) 금나라 요양 출신 발해인 衛王 大旻天의 딸로, 太祖 아골타의 서장자인 完顏宗幹의 次妃이다. 아들 셋을 낳았는데 맏이가 곧 海陵王이다. 天德 2년(1150) 정월에 완안종간의 正室인 徒單氏와 함께 황태후가 되었다. 1153년 죽은 뒤에 慈憲皇后로 追封되었으나, 해릉왕이 폐위된 까닭에 뒤에 海陵太妃와 遼王夫人으로 잇따라 강등되었다(金毓黻, 『渤海國志長編』 卷13, 遺裔列傳 5; 『金史』 권63, 列傳 제1, 后妃上 海陵母大氏傳).

31) 본래 이름은 大興國(?~1183)이다. 발해 유민으로 금나라의 大臣이다. 형은 大邦傑이다. 해릉왕이 大邦基라는 이름을 하사하였다. 희종 때에 寢殿小底를 맡고 있었는데, 희종에게 매를 맞고 원한을 품어 右丞相 完顏亮(해릉왕)과 모의하여 희종을 살해하는 데 일조하였다. 세종이 즉위한 뒤에는 파관되었고,

생일 선물을 하사하였는데, 도후(悼后)도 이편에 덧붙여 예물을 하사하였다. [이를 알고는] 희종이 기뻐하지 아니하여 대흥국에게 장 100대를 치고 하사하였던 물건을 가져오게 하니, 해릉이 이로 말미암아 불안해하였다.

호위십인장(護衛十人長) 복산홀토(僕散忽土)는 과거에 [완안]종간의 은혜를 입은 적이 있었다. 도단아리출호(徒單阿里出虎)는 해릉과 사돈 간이었다. 대흥국은 침전에서 심부름하고 있었다. 때때로 밤이 되면 당직자를 따라 침전 열쇠를 가지고 귀가하곤 하였는데, 이것이 일상이 되었다. 흥국이 일찍이 이노승(李老僧)이 해릉에게 부탁하여 상서성영사(尙書省令史)가 될 수 있었던 까닭에, 해릉은 이노승을 시켜 흥국과 결탁하여 내응토록 하였다. 흥국 또한 장을 맞은 일로 희종을 원망하고 있었으므로 마침내 [완안]량과 맹약을 하였다. 12월 정사일에 홀토와 아리출호가 내직(內直)을 서게 되었다. 이날 밤 흥국이 침전 열쇠를 가지고 문을 열자 해릉과 병덕(秉德), 당괄변(唐括辯), 오대(烏帶), 도단정(徒單貞), 이노승 등이 침전에 들어가 마침내 희종을 시해하였다. 이날 병덕을 좌승상 겸 시중·좌부원수(左副元帥)로 삼았고, 흥국을 광녕윤(廣寧尹)으로 삼았다.

기미일에 대사면을 단행하였다. 황통 9년(1149)을 천덕(天德) 원년으로 고쳤다. 참지정사(參知政事) 소이(蕭肄)가 관직을 삭탈당하였다. 진남통군(鎭南統軍) 패극(孛極)을 상서좌승(尙書左丞)으로 삼았다. 좌승상 병덕, 우승상 당괄변, 평장정사 오대, 광녕윤 흥국, 점검(點檢) 홀토와 아리출호, 좌위장군 정(貞), 상서성영사 이노승, 당괄변의 아버지 형부상서 아리(阿里) 등에게 돈과 비단, 말, 소, 양 등을 하사하였는데, 차등을 두었다. 갑자일에 태조묘에서 맹세하고, 병덕과 당괄변, 오대, 홀토, 아리출호, 흥국 등 여섯 사람을 불러서 서권(誓券)을 하사하였다.

[天德二年正月癸巳]尊嫡母徒單氏及母大氏皆爲皇太后. 名徒單氏宮曰永壽, 大氏宮曰永寧.

[천덕 2년(1150) 정월 계사일에] 적모(嫡母) 도단씨(徒單氏)[32]와 어머니 대씨(大氏)를 높

그 뒤 역모죄로 희종의 능묘 곁에서 사지를 찢어 죽이는 형벌을 받았다(『金史』 권132, 열전 제70; 『金史』 권8, 본기 제8, 세종 下; 金毓黻, 『渤海國志長編』 卷13, 遺裔列傳 5).

여 황태후로 삼았다. 도단씨의 궁을 영수궁(永壽宮)이라 하고, 대씨의 궁을 영녕궁(永寧宮)이라고 하였다.

[五月戊子]以平章行臺尙書省事右副元帥大臭爲行臺尙書右丞相, 元帥如故.

[5월 무자일에] 평장행대상서성사(平章行臺尙書省事)·우부원수(右副元帥) 대고(大臭)를 행대상서우승상(行臺尙書右丞相)으로 삼고, 원수(元帥)는 예전과 같이 유임토록 하였다.

[七月己丑]參知政事張浩丁憂, 起復如故.

[7월 기축일에] 참지정사(參知政事) 장호(張浩)[33]가 상을 당하였는데 탈상 전에 복직시켜 예전과 같이 등용하였다.

[十一月癸未]以參知政事張浩爲尙書右丞.

[11월 계미일에] 참지정사 장호를 상서우승(尙書右丞)으로 삼았다.

---

32) 太祖 아골타의 서장자인 完顔宗幹의 正室(1108~1161)로, 海陵王 完顔亮의 嫡母이다. 천덕 2년(1150) 해릉왕의 생모인 대씨와 함께 황태후로 봉해졌다. 대씨가 도단씨에게 정실에 대한 예를 다하자, 그것을 못마땅하게 여긴 해릉왕이 남쪽으로 천도하며 도단씨를 寧德宮에 남기고 高福娘으로 감시하게 하였다. 1161년 고복낭이 도단씨가 해릉왕의 천도와 南宋 정벌 등을 원망해 반란을 일으키려 한다고 고한 뒤에 살해당했다.
33) 장호는 요양 발해 사람으로, 자는 浩然이다. 본성은 고씨이다. 증조인 高霸가 요나라에서 벼슬할 때 장씨로 성을 바꾸었다. 태조가 요동을 점령할 때 투항한 뒤에 책략을 올려 御前文字가 되었다. 태종 천회 8년(1130)에 진사가 되어, 비서랑에 올랐다. 해릉왕 때 호부상서와 참지정사, 상서우승을 역임했다. 해릉왕이 변경으로 천도한 후에는 태부와 상서령으로 임명되었으며, 세종 때 태사와 상서령을 지냈다(『金史』 권83, 列傳 제21, 張浩傳).

[十二月己未]以右副元帥大臭爲尙書右丞相兼中書令.

[11월 기미일에] 우부원수(右副元帥) 대고를 상서우승상 겸 중서령으로 삼았다.

[天德三年閏四月辛未朔]命尙書右丞張浩調選燕京, 仍諭浩無私徇.

[천덕 3년(1151) 윤4월 초하루 신미일에] 상서우승 장호에게 명하여 연경의 관리를 뽑으라고 하면서 장호에게 사사로움을 따르지 말 것을 유시하였다.

[天德四年九月丙午]尙書右丞相大臭罷.

[천덕 4년(1152) 9월 병오일에] 상서우승상 대고가 파직되었다.

[貞元元年四月戊寅]皇太后大氏崩.

[정원 원년(1153) 4월 무인일에] 황태후 대씨가 죽었다.

[貞元二年二月甲申朔]以平章政事張浩爲尙書右丞相兼中書令.

[정원 2년(1154) 2월 초하루 갑신일에] 평장정사 장호를 상서우승상 겸 중서령으로 삼았다.

[貞元三年正月辛酉]以判東京留守大臭爲太傅領三省事.

[정원 3년(1155) 정월 신유일에] 판동경유수(判東京留守) 대고를 태부·영삼성사로 임명하였다.

[二月壬午]右丞相張浩爲左丞相兼侍中.

[2월 임오일에] 우승상 장호를 좌승상 겸 시중으로 삼았다.

[三月壬子]以左丞相張浩, 平章政事張暉每見僧法寶必坐其下, 失大臣體, 各杖二十.

[3월 임자일에] 좌승상 장호와 평장정사 장휘(張暉)가 승려 법보(法寶)를 볼 때마다 반드시 그의 아래에 앉아 대신의 체통을 잃었기에 이를 문제 삼아 각각 장 20대씩을 쳤다.

[十二月己亥]太傅領三省事大臬薨, 親臨哭之, 命有司廢務及禁樂三日.

[12월 기해일에] 태부·영삼성사 대고가 죽으니, 황제가 친히 가서 곡을 하고 유관 부서에 명하여 3일 동안 공무를 폐하고 음악을 연주하지 못하도록 하였다.

[正隆六年七月丁亥]以左丞相張浩爲太傅尚書令.

[정륭 6년(1161) 7월 기해일에] 좌승상 장호를 태부·상서령으로 삼았다.

[八月癸亥]杖尚書令張浩.

[8월 계해일에] 상서령 장호를 장형에 처하였다.

[九月甲午]尚書令張浩左丞相蕭玉參知政事敬嗣暉留治省事.

[9월 갑오일] 상서령 장호, 좌승상 소옥(蕭玉), 참지정사 경사휘(敬嗣暉)는 남아서 상서성의 사무를 돌보게 하였다.

○ 권6, 본기(本紀) 제6, 세종(世宗) 상(上)

[正隆六年九月]及討括里還至淸河, 遇故吏六斤. 乘傳自南來, 具言海陵殺其母, 殺兄子檀奴阿里白及樞密使僕散忽土等, 又曰, 且遣人來害宗室兄弟矣. 上聞之, 益懼.

[정륭 6년(1161) 9월에] 괄리(括里)를 토벌하고 청하(淸河)[34]로 돌아왔는데, 과거 관리였던 육근(六斤)[35]을 만났다. 역마를 타고 남쪽 변방으로부터 와서, 해릉이 그의 어머니를 살해하고 형의 아들인 단노(檀奴)·아리백(阿里白) 및 추밀사(樞密使) 복산홀토(僕散忽土) 등을 살해했다고 자세하게 말하고, 또 말하기를 "또한 사람을 보내서 종실의 형제를 해친다."라고 하였다. 황상(세종)이 듣고서 더욱 두려워하였다.

[十月癸亥]詔諭南京太傅尙書令張浩. 甲子, 興平軍節度使張玄素上謁.

[10월 계해일] 남경태부·상서령 장호(張浩)에게 조서를 내려 회유하게 하였다. 갑자일에 흥평군절도사(興平軍節度使) 장현소(張玄素)[36]가 황상을 알현하게 하였다.

[大定二年二月己亥]前翰林待制大顈以言盜賊忤海陵, 杖而除名, 起爲秘書丞. … 壬寅, 太傅尙書令張浩來見.

---

34) 지금의 중국 河北省 淸河縣 일대이다.
35) 발해 유민으로 금나라 해릉왕 때 宗室인 完顔亨의 가노였다. 완안형의 侍妾과 사통한 것이 드러나 죽을 위험에 처하였는데, 도리어 자신의 주인을 謀反으로 모함하여 죽게 만들었다(金毓黻, 1934, 『渤海國志長編』 卷13, 遺裔列傳 5).
36) 발해 유민으로, 자는 子貞이다. 장호와 더불어 증조부가 같다. 할아버지는 張祐이고 아버지는 張匡인데, 요나라에 벼슬했고 관직은 절도사에 이르렀다(『金史』 권83, 列傳 제21, 張玄素傳).

[대정 2년(1162) 2월 기해일에] 전(前) 한림대제(翰林待制) 대영(大穎)[37]이 도적의 일을 말하여 해릉을 거슬렀다. 장을 치고 제명하였다가 기용하여 비서승(秘書丞)으로 삼았다. … 임인일에 태부·상서령 장호가 알현하였다.

[大定三年六月甲申]太師尙書令張浩罷.

[대정 3년(1163) 6월 갑신일에] 태사·상서령 장호가 파면되었다.

[大定五年九月丁未朔]以吏部尙書高衎等爲賀宋生日使.

[대정 5년(1165) 9월 초하루 정미일에] 이부상서 고간(高衎)[38] 등을 하송생일사(賀宋生日使)로 삼았다.

[大定八年九月辛巳]上嘗命左衛將軍大磐訪求良弓, 而磐多自取, 護衛婁室以告, 上命點檢司鞠磐. 磐妹爲寶林, 磐屬內侍僧兒言之寶林, 寶林以聞, 命杖僧兒百, 出磐爲隴州防禦使.

[대정 8년(1168) 9월 신사일에] 황상이 일찍이 좌위장군(左衛將軍) 대반(大磐)[39]에게 명하

---

37) 발해 유민으로 금나라 正隆 연간(1156~1161)에 翰林待制가 되었다. 1161년 지방 순찰에서 돌아와 해릉왕이 남쪽을 정벌하려고 많은 물자를 징발했으므로 河北과 山東에서 도적이 벌떼처럼 일어났다고 보고하자, 해릉왕이 杖을 때리고 파면시켰다. 大定 2년(1162) 세종이 즉위한 뒤 그의 충직함을 기뻐하고 秘書丞을 제수했다.
38) 高衎(?~1167)은 金나라 때 遼陽 출신 발해인으로, 자는 穆仲이다. 26세에 進士에 급제하였고 2년 뒤 詿陰丞에 임명되었다. 그 뒤 중앙으로 올려져 尙書省令史와 右司都事를 시작으로 여러 관직을 역임했다. 대정 5년(1165)에 송나라 황제의 생일 축하 사절로 가다가 중도에 병이 나서 관직에서 물러났다. 대정 7년(1167)에 죽었다(金毓黻, 『渤海國志長編』 卷13, 遺裔列傳 5).
39) 금나라 요양 발해인으로 본명이 蒲速越이고, 大臬의 아들이다. 父蔭으로 벼슬에 나가 登州刺史에까지

여 좋은 활을 찾아 구하도록 하였는데, 반이 좋은 활 대부분을 자기가 차지했으므로, 호위(護衛) 누실(婁室)이 이 사실을 보고하였다. 그리하여 황상이 점검사(點檢司)에게 반을 국문하도록 명하였다. 반의 누이가 궁중의 보림(寶林)⁴⁰⁾이 되었는데 반이 내시 승아(僧兒)에게 부탁해서 보림에게 말하였다. 보림이 [황상에게] 보고하자, 승아는 장 100대를 맞았으며 대반은 농주방어사(隴州防禦使)로 내보내도록 하였다.

[大定九年正月丙戌]制漢人渤海兄弟之妻, 服闋歸宗, 以禮續婚者, 聽.

[대정 9년(1169) 정월 병술일에] 한인(漢人)과 발해인 형제의 아내가 남편이 죽은 뒤 상복의 기일을 채운 이후에 생가에 돌아와서 예법에 따라 다시 결혼하는 것을 허락도록 하였다.

○ 권7, 본기(本紀) 제7, 세종(世宗) 중(中)

[大定十二年二月丙辰]戶部尙書高德基濫支朝官俸錢四十萬貫, 杖八十.

[대정 12년(1172) 2월 병진일에] 호부상서 고덕기(高德基)⁴¹⁾가 조정 관원의 녹봉 40만 관(貫)을 함부로 지출하여, 장 80대를 맞았다.

올랐다. 僕散忠義를 따라 송나라 정벌에 나서 공을 세웠으나, 포상이 적은 것을 원망하다 杖責을 받고 해직되었다. 나중에 재기하여 韓州와 祁州의 자사를 지냈는데, 모두 일에 연루되어 해직되었다. 성격이 강포해 여러 차례 형률을 어겨 결국 임용이 되지 못하였고, 대고의 적자가 그밖에 없어 맹안·모극만을 세습하였다(『金史』 권80, 列傳 第18, 大磐傳).
40) 金代의 內官制에 따르면 정6품에 해당하며 27인이 있었다고 한다(『金史』 卷63, 后妃傳).
41) 高德基(1119~1172)는 금나라 때 遼陽 출신 발해인으로, 자는 元履이다. 熙宗 皇統 2년(1142)에 進士가 되었고, 4년 뒤에 尙書省令史에 올랐다. 完顔亮(海陵王)이 재상이 되어 전횡을 부리자, 그가 항상 상세하게 변론했다. 해릉왕이 즉위한 뒤에 燕京行臺省都事, 中都路都轉運副使, 戶部郎中 등을 역임하였다. 世宗 大定 초에는 同知北京路都轉運使事가 되었다. 홍수가 京城으로 들어오자 長樂門을 열어 홍수의 피해를 막는 등 공적을 올리고 거듭 승진하였다. 대정 11년(1171)에는 戶部尙書에까지 올랐는데, 일에 연루되어 蘭州刺史로 좌천되었다가 죽었다.

[大定十七年十二月戊辰]以渤海舊俗男女婚娶多不以禮, 必先攘竊以奔, 詔禁絶之, 犯者以姦論.

[대정 17년(1177) 12월 무진일에] 발해의 옛 풍속에 남녀가 혼인하고 아내를 취함에 대부분 예식을 치르지 않고 반드시 먼저 빼앗아 달아나곤 하였기에, 조서를 내려 금하여 못하게 하고 지키지 않는 사람은 간통으로 논하게 하였다.

○ 권8, 본기(本紀) 제8, 세종(世宗) 하(下)

[大定二十一年閏三月癸卯]參知政事張汝弼爲右丞.

[대정 21년(1181) 윤3월 계묘일에] 참지정사 장여필(張汝弼)42)을 우승(右丞)으로 삼았다.

[大定二十二年三月癸巳]以吏部尙書張汝霖爲御史大夫.

[대정 22년(1182) 3월 계사일에] 이부상서(吏部尙書) 장여림(張汝霖)43)을 어사대부로 삼았다.

[大定二十三年正月甲午]大邦基伏誅.

[대정 23년(1183) 정월 갑오일에] 대방기(大邦基, 大興國)가 형벌을 받아 죽었다.

---

42) 장여필은 발해 유민으로, 자는 仲佐이다. 아버지는 張玄徵으로 창신군절도사였으며 張玄素의 형이다 (『金史』 권83, 列傳 제21, 張汝弼傳).
43) 장여림은 요양 출신 발해 유민으로, 자는 仲澤이며, 장호의 둘째 아들이다(『金史』 권83, 列傳 제21, 張浩傳).

[二月戊申]以尙書右丞張汝弼攝太尉, 致祭于至聖文宣王廟.

[2월 무신일에] 상서우승 장여필이 태위를 대신하여 지성문선왕묘(至聖文宣王廟)에 제사 지냈다.

[大定二十三年五月庚午]縣令大雛訛只等十人以不任職罷歸.

[대정 23년(1183) 5월 경오일에] 현령 대추와지(大雛訛只) 등 10인이 맡은 직분을 수행하지 못해서 파면하고 집으로 돌려보냈다.

[七月乙酉]御史大夫張汝霖坐失糾擧, 降授棣州防禦使.

[7월 을유일에] 어사대부 장여림이 규찰과 검거에 실패하여 체주방어사(棣州防禦使)로 강등되었다.

[大定二十四年二月丙戌]西上閤門使大仲尹爲慰問使.

[대정 24년(1184) 2월 병술일에] 서상합문사(西上閤門使) 대중윤(大仲尹)을 위문사(慰問使)로 삼았다.

[大定二十五年十二月]丙寅, 左丞相完顔守道左丞張汝弼右丞粘割斡特刺參知政事張汝霖坐擅增東宮諸皇孫食料, 各削官一階. … 丙子, 上問宰臣曰, … 汝弼對曰, 不忘本者, 聖人之道也.

[대정 25년(1185) 12월에] 병인일에 좌승상 완안수도(完顔守道), 좌승 장여필, 우승 점할알

특랄(粘割幹特剌), 참지정사 장여림이 동궁의 여러 황손의 음식 재료를 제멋대로 늘렸기 때문에 죄를 물어 각기 관직 1급을 삭탈하였다. … 병자일에 황상이 재상들에게 물었다. … 여필이 대답하여 말하기를 "근본을 잊지 않는 것은 성인의 도입니다."라고 하였다.

[大定二十六年三月丁亥]以大理卿闕, 上問誰可, … 左丞張汝弼曰, 下位雖有才能, 必試之乃見.

[대정 26년(1186) 3월 정해일에] 대리경(大理卿)이 결원이었기 때문에, 황상이 누가 가능한지를 물었다. … 좌승 장여필이 말하기를 "아래 지위에 있는 자는 비록 재능이 있더라도 반드시 그를 시험해야만 발견할 수 있습니다."라고 하였다.

[五月戊戌]參知政事張汝霖爲右丞.

[5월 무술일에] 참지정사 장여림을 우승으로 삼았다.

[十一月丙寅]上謂侍臣曰, … 右丞張汝弼對曰, 知之非艱, 行之惟艱.

[11월 병인일에] 황상이 주변 신하들에게 말하였다. … 우승 장여필이 대답하여 말하기를 "아는 것은 어렵지 않으나 행하는 것은 어렵습니다."라고 하였다.

[十二月丙申]上謂宰臣曰, … 右丞張汝霖曰, 今推排皆非被災之處.

[12월 병신일에] 황상이 대신들에게 말하였다. … 우승 장여림이 말하기를 "지금 부세를 산정한 곳은 모두 재해를 입은 곳이 아닙니다."라고 하였다.

[大定二十七年正月己酉]上曰, 學士院比舊殊無人材, 何也. 右丞張汝霖曰, 人材須作養, 若令久任練習, 自可得人.

[대정 27년(1187) 정월 기유일에] 황상이 대신들에게 말하기를, "학사원이 옛날보다 사뭇 인재가 없으니 어째서인가?"라고 하였다. 우승 장여림이 말하기를, "인재는 모름지기 양성해야 하니 만약 오랫동안 임무를 맡겨 연습하게 한다면 절로 사람을 얻을 수 있습니다."라고 하였다.

[十一月]甲子, 上謂宰臣曰, 卿等老矣, 殊無可以自代者乎, 必待朕知而後進乎. 顧右丞張汝霖曰, 若右丞者亦石丞相所言也. 平章政事襄及汝霖對曰, 臣等苟有所知, 豈敢不言, 但無人耳. 上曰, 春秋諸國分裂, 土地褊小, 皆稱有賢. 卿等不擧而已. 今朕自勉, 庶幾致治, 他日子孫, 誰與共治者乎. 宰臣皆有慙色.

[11월] 갑자일에 황상이 대신들에게 말하기를 "경들은 늙었는데 모름지기 자신을 대신할 자가 없는 것인가? 아니면 반드시 짐이 알기를 기다린 이후에 추천하려는 것인가?"라고 하였다. 우승 장여림을 돌아보고 말하기를 "우승 같은 자도 역시 석 승상(石丞相)이 추천한 사람이다."라고 하였다. 평장정사 양(襄)과 여림이 대답하여 말하기를 "신들이 진실로 아는 바가 있으면 어찌 말하지 않겠습니까? 다만 적합한 사람이 없을 뿐입니다."라고 하였다. 황상이 말하기를 "춘추시대에 각국이 분열하여 토지가 협소하였는데도 모두 어진 이가 있음을 말하였다. 경들은 천거하지 않을 따름이다. 이제 짐이 스스로 노력하여 국가의 법치를 거의 이룩하였는데, 다른 날 자손의 시대에는 누구와 함께 국가를 다스릴 것인가?" 하니, 대신들이 모두 부끄러워하는 기색이 있었다.

[大定二十八年十月乙酉]上顧謂右丞張汝霖曰, 前世忠言之臣何多, 今日何少也. 汝霖對曰, 世亂則忠言進, 承平則忠言無所施. 上曰, 何代無可言之事, 但古人知無不言, 今人不肯言耳. 汝霖不能對.

[대정 28년(1188) 10월 을유일에] 황상이 우승 장여림을 돌아보고 말하기를 "앞선 시대에는 충언하는 신하가 어찌하여 많고, 지금은 어찌하여 적은가?"라고 하니, 여림이 대답하기를 "세상이 어지러우면 충언을 올리게 되어 있고, 나라가 오랫동안 태평하면 충언을 해도 쓸 곳이 없기 때문입니다."라고 하였다. 황상이 말하기를 "어느 시대인들 말할 만한 일이 없겠는가. 다만 옛사람은 아는 것을 말하지 않음이 없었고, 지금 사람은 즐겨 말하지 않을 뿐이다."라고 하였다. 장여림이 대답을 하지 못하였다.

[十二月丙戌]右丞張汝霖爲平章政事. … 戊子 … 平章政事張汝霖宿於內殿.

[12월 병술일에] 우승 장여림을 평장정사로 삼았다. … 무자일에 … 평장정사 장여림을 내전(內殿)에서 숙위하게 하였다.

○ 권9, 본기(本紀) 제9, 장종(章宗) 1

[大定二十九年冬十月辛卯]上顧謂宰臣曰, 翰林闕人. 平章政事汝霖對曰, 鳳翔治中郝俁可. 汝霖諫止田獵, 詔答曰, 卿能每事如此, 朕復何憂. 然時異事殊, 得中爲當.

[대정 29년(1189) 겨울 10월 신묘일에] 황상이 재신(宰臣)들을 돌아보며 말하기를 "한림이 결원이다."라고 하니, 평장정사 [장]여림이 대답하여 "봉상치중(鳳翔治中) 학우(郝俁)가 임용할 만합니다."라고 하였다. 여림이 사냥을 그만둘 것을 간하니, 조서를 내려 답하기를 "그대들이 언제나 이렇게 일을 한다면 내가 무엇을 근심하겠는가? 그러나 시대가 다르고 일이 다르니 중용을 얻음이 마땅하다."라고 하였다.

[十一月癸亥]上謂宰臣曰, 今之用人, 太拘資歷. 循資之法, 起於唐代, 如此何以得人. 平章政事汝霖對曰, 不拘資格, 所以待非常之材.

[11월 계해일에] 황상이 재신들에게 말하기를 "지금 사람을 등용함에 자질과 경력에 크게

얽매인다. 자질과 경력을 따르는 법은 당나라 때 시작되었는데 이와 같다면 어찌 사람을 얻을 수 있겠는가?" 평장정사 [장]여림이 대답하여 말하기를 "자질과 경력을 따지지 않으면 비범한 사람을 얻을 수 있습니다."라고 하였다.

[明昌三年十二月癸卯]以東上閤門使張汝猷爲高麗生日使.

[명창 3년(1192) 12월 계미일에] 동상합문사(東上閤門使) 장여유(張汝猷)⁴⁴⁾를 고려생일사로 삼았다.⁴⁵⁾

○ 권10, 본기(本紀) 제10, 장종(章宗) 2

[明昌四年九月戊辰]以西上閤門使大礜爲夏國生日使.

[명창 4년(1193) 9월 무진일에] 서상합문사(西上閤門使) 대각(大礜)을 하국생일사로 삼았다.

[十二月甲辰]西上閤門使大礜等爲夏國勅祭慰問使.

[12월 갑진일에] 서상합문사 대각 등을 하국칙제위문사(夏國勅祭慰問使)로 삼았다.

[明昌五年冬十月庚戌]張汝弼妻高陀斡以謀逆 伏誅.

---

44) 장여유는 발해 유민 출신으로, 금대 재상으로 유명한 張浩의 일곱째 아들이다. 장여유의 묘지명과 張行願의 묘지가 발견되어, 발해 유민 장씨 7대에 걸친 가계가 확인되었다(권은주, 2020).
45) 『고려사』 권20, 세가 제20, 명종 23년(1193) 1월조에 금에서 예부시랑 장여유를 보내와서 왕의 생일을 축하하였다고 나온다.

[명창 5년(1194) 겨울 10월 경술일에] 장여필(張汝弼)의 아내 고타알(高陀斡)이 반역을 모의하여 복주되었다.

○ 권12, 본기(本紀) 제12, 장종(章宗) 4

[泰和四年八月丁巳]減敎坊長行五十人, 渤海敎坊長行三十人.

[태화 4년(1204) 8월 정사일에] 교방(敎坊)의 장행(長行) 50명, 발해교방(渤海敎坊)[46]의 장행 30명을 줄였다.

○ 권39, 지(志) 제20, 악상(樂上) 아악(雅樂)

有渤海樂. …
[泰和四年]尙書省奏, 宮縣樂工總用二百五十六人, 而舊所設止百人, 時或用之卽以貼部敎坊閱習. 自明昌間, 渤海敎坊兼習, 而又創設九十二人. 且宮縣之樂須行大禮乃始用之, 若其數復闕, 但前期遣漢人敎坊及大興府樂人習之, 亦可備用. 遂詔罷創設者.

발해악이 있다. …
[태화 4년(1204)에] 상서성에서 아뢰기를 "궁현악공이 모두 256인인데, 예전에는 단지 100인을 설치하고 때때로 혹은 필요하면 첨부교방(貼部敎坊)의 악공을 훈련하여 보충하였습니다. 명창 연간으로부터 발해교방(渤海敎坊)을 사용하여 궁현악을 겸해서 익히고 또 92인을 두었습니다. 아울러 궁현의 악은 대례를 행해야 이에 비로소 사용할 수 있으니, 악공이 다시 빌 것 같으면 다만 기한보다 앞서 한인교방(漢人敎坊) 및 대흥부(大興府) 악공을 파견하여 연습시켜도 충분합니다."라고 하였다. 결국 [황상이] 조령을 내려 창설하는 것을 그만두게 하였다.

---

[46] 발해교방은 금나라에서 渤海舞를 교습하던 기관으로, 금나라에까지 발해 춤이 계승되었음을 알 수 있다(송방송, 2007, 349~351쪽).

○ 권39, 지(志) 제20, 악상(樂上) 산악(散樂)

[泰和初]有司又奏太常工人數少, 卽以渤海漢人敎坊及大興府樂人兼習以備用.

[태화 초에] 유관 부서가 또 태상공인(太常工人)의 수가 적으니 곧 발해교방(渤海敎坊), 한인교방(漢人敎坊) 및 대흥부(大興府) 악인을 연습시켜 충당할 것을 아뢰었다.

○ 권44, 지(志) 제25, 병(兵) 병제(兵制)

及其得志中國, 自顧其宗族國人尙少, 乃割土地崇位號以假漢人, 使爲之效力而守之. 猛安謀克雜厠漢地, 聽與契丹漢人昏因以相固結. 迨夫國勢寖盛, 則歸土地削位號, 罷遼東渤海漢人之襲猛安謀克者, 漸以兵柄歸其內族. 然樞府簽軍募軍兼采漢制, 伐宋之役參用漢軍及諸部族而統以國人. …

마침내 중국을 얻는 뜻을 이룬 이후에 스스로 돌아보니 종족(宗族)과 본국인들이 적어서, 토지를 나누고 높은 작위와 명호를 한인(漢人)에게 임시로 주어 그들에게 힘을 내어 나라를 지키도록 하였다. 맹안·모극을 한인들의 땅에 섞여 살게 하고 거란인과 한인을 혼인하게 정하여 서로 굳건히 단결하도록 하였다. 나라의 세력이 점점 강성해지자 토지를 회수하고 작위와 명호를 삭탈하였으며, 요동(遼東)의 발해인(渤海人)과 한인들 중 세습 맹안·모극의 사람들을 혁파하고 점점 병권을 자신들 족인(族人)의 수중에 넣었다. 그러나 추부(樞府)에서 군사를 징병하거나 모병할 때에는 한족의 제도를 겸용하였으며, 송나라를 토벌하는 전쟁에 있어 한족의 군대와 여러 부족을 혼합하여 쓰면서 본국인들에게 통솔하도록 하였다. …

[熙宗皇統五年]又罷遼東漢人渤海猛安謀克承襲之制, 浸移兵柄於其國人. … 所謂渤海軍, 則渤海八猛安之兵也.

[희종 황통 5년(1145)에] 또한 요동의 한인과 발해인 가운데 맹안·모극을 세습하는 제도를 폐지하여, 점차 병권을 그 나라 사람(거란인)에게 옮겼다.[47] … 이른바 발해군(渤海軍)은 발해

8개 맹안의 병사들이다.

○ 권44, 지(志) 제25, 병(兵) 대장부 치소의 칭호[大將府治之稱號]

> 收國元年十二月, 始置咸州軍帥司, 以經略邊地, 討高永昌. … 天輔五年 … 又以渤海軍爲八猛安.

수국 원년(1115) 12월에 처음으로 함주군수사(咸州軍帥司)를 두어 요나라 땅을 경략하였고, 고영창(高永昌)을 토벌하였다. … 천보 5년(1181)에 발해군을 8맹안으로 삼았다.

○ 권45, 지(志) 제26, 형(刑)

> 舊禁民不得收制書, 恐滋告訐之弊, 章宗大定二十九年, 言事者乞許民藏之. 平章張汝霖曰, 昔子産鑄刑書, 叔向譏之者, 蓋不欲預使民測其輕重也. 今著不刊之典, 使民曉然知之, 猶江 河之易避而難犯, 足以輔治, 不禁爲便. 以衆議多不欲, 詔姑令仍舊禁之.

예전에는 민간이 제서(制書)를 간직하는 것을 금지하였으니, 서로 남의 나쁜 일을 들추어내어 이를 관에 고발하는 병폐가 늘어날까 두려워해서였다. 장종 대정 29년(1189)에 일을 진언하는 자가 민간에서 제서를 간직하는 것을 허락하기를 간청하였다. 평장정사 장여림(張汝霖)이 말하기를, "옛날에 정나라 자산(子産)이 형서(刑書)를 주조하였는데 숙향(叔向)이 그를 비난하였으니, 대개 미리 백성에게 법률의 경중을 헤아려 알게 하고자 하지 않아서입니다. 지금 영구히 전하여 없어지지 않는 불후의 법전을 저술하여 백성에게 환히 알게 하는 것은 마치 장강과 황하를 피하기는 쉬운데 범하기는 어려운 것과 같으니, 나라를 다스림에 보조할 수 있어 금하지 않는 것이 편합니다."라고 하였다. 많은 사람의 의견이 대부분 이렇게 하는

---

47) 한인과 발해인의 맹안·모극을 해체한 이유는 병권을 빼앗을 목적도 있었지만, 이른바 북방 민족이 세운 정복 왕조는 농경민과 유목민을 분리하여 통치하는 것을 원칙으로 삼았기 때문이다. 따라서 요의 이중 지배 체제와 마찬가지로 금의 행정 체제도 맹안·모극과 주현으로 구분하여 설치하였고, 이에 따라 여진·해·거란족은 맹안·모극에, 한인·발해인은 주현에 편제되었다(나영남, 2017, 290쪽).

것을 원하지 않았기 때문에 [황상이] 조령을 내려 잠시 이전대로 좇아 민간에서 제서를 간직하는 것을 금하게 하였다.

> [明昌元年]上問宰臣曰, 今何不專用律文. 平章政事張汝霖曰, 前代律與令, 各有分, 其有犯令, 以律決之. 今國家制律混淆, 固當分也. 遂置詳定所, 命審定律令.

[명창 원년(1190)에] 황상이 재신들에게 물어 말하기를 "지금 어째서 율문(律文)을 전용하지 않는가?"라고 하였다. 평장정사 장여림이 아뢰기를 "전대의 법률과 제령(制令)이 각기 구분되어 있는데 제령을 범하는 것이 있어 법률로 재결하였습니다. 지금 국가의 제령과 법률이 뒤섞였으니 진실로 마땅히 구분해야 합니다."라고 하였다. 드디어 상정소(詳定所)⁴⁸⁾를 설치하여 법률과 제령을 심정(審定)하게 명하였다.

○ 권46, 지(志) 제27, 식화(食貨) 1

> 凡漢人渤海人不得充猛安謀克戶.

무릇 한인과 발해인은 맹안·모극의 호에 들어갈 수 없었다.

○ 권63, 열전(列傳) 제1, 후비(后妃)⁴⁹⁾ 상(上), 태조 성목황후(太祖聖穆皇后)

> 崇妃, 蕭氏. … 海陵母大氏事蕭氏甚謹. 海陵篡立, 尊大氏爲皇太后, 居永寧宮. 每

---

48) 국가의 준칙이나 조례 등을 상정하는 관청을 말한다.
49) 금 건국 후 태조부터 애종까지의 后妃의 계통과 수를 비교하면, 다음과 같다(나영남, 2017, 300쪽).

	황후	정1품[妃]	정2품[嬪]	정3품 이하
여진족	14	15	1	2
발해인	4	6	3	2
한족	2	4		5
해족		5		
거란족		2	1	

有宴集, 太妃坐上坐, 大氏執婦禮. 海陵積不能平.

　숭비(崇妃)는 소씨(蕭氏)이다. … 해릉(海陵)의 어머니 대씨(大氏)는 소씨를 섬김에 대단히 근신하였다. 해릉이 황상의 자리를 찬탈하여 즉위하였을 때 대씨를 존숭하여 황태후로 하였으며 영령궁(永寧宮)에 거주하였다. 매번 연회가 있을 때 태비가 윗자리에 앉고 대씨는 며느리의 예를 행하였다.

○ 권63, 열전(列傳) 제1, 후비(后妃) 상(上), 희종 도평황후(熙宗悼平皇后)

… 左丞相亮生日, 上遣大興國以司馬光畫像玉吐鶻廐馬賜之, 后亦附賜生日禮物. 熙宗聞之, 怒, 遂杖興國而奪回所賜.

　… 좌승상 [완안]량([完顏]亮, 해릉)의 생일에 황상이 대흥국(大興國)을 보내 사마광(司馬光)의 화상(畫像)·옥토골(玉吐鶻)·구마(廐馬)를 하사하였는데 [도평황]후([悼平皇]后)가 또 덧붙여 생일 예물을 하사하였다. 희종(熙宗)이 그것을 듣고 화를 내 흥국을 매질하고 [완안량에게] 하사하였던 것을 빼앗아 회수하였다.

○ 권63, 열전(列傳) 제1, 후비(后妃) 상(上), 해릉적모 도단씨(海陵嫡母徒單氏)

… 次室大氏生三子, 長卽海陵庶人也. 徒單氏賢, 遇下有恩意, 大氏事之甚謹, 相得歡甚. … 海陵自以其母大氏與徒單嫡妾之分, 心常不安.

　… 차실(次室) 대씨(大氏)가 3명의 아들을 낳았는데, 그중 큰아들이 해릉서인(海陵庶人)이다. 도단씨(徒單氏)는 어질어서 아랫사람을 대우함에 은혜로운 뜻을 지녔고 대씨가 그를 섬김에 대단히 근신하여 서로 기뻐함이 심하였다. … 해릉은 그의 어머니 대씨와 도단이 적실과 첩실로 구분되어 마음이 항상 불안하였다.

> 天德二年正月, 徒單與大氏俱尊爲皇太后. 徒單居東宮, 號永壽宮, 大氏居西宮, 號永寧宮. 天德二年, 太后父蒲帶與大氏父俱贈太尉, 封王. 徒單太后生日, 酒酣, 大氏起爲壽. 徒單方與坐客語, 大氏跽者久之. 海陵怒而出. 明日, 召諸公主宗婦與太后語者皆杖之. 大氏以爲不可. 海陵曰, 今日之事, 豈能尚如前日邪. 自是嫌隙愈深.

천덕 2년(1150) 정월에 도단이 대씨와 함께 황태후가 되었다. 도단이 동궁에 거주하여 영수궁(永壽宮)이라 하였고, 대씨가 서궁에 거주하여 영녕궁(永寧宮)이라 하였다. 천덕 2년에 태후의 아버지 포대(蒲帶)와 대씨의 아버지를 함께 태위에 추증하고 왕으로 봉하였다. 도단태후의 생일에 술을 한창 즐기고 있었는데 대씨가 일어나 장수를 기원하였다. 도단이 바야흐로 앉아 있는 손님과 말하고 있어서 대씨가 무릎을 꿇고 앉아 있는 것이 오랫동안 지속되었다. 해릉이 화가 나서 나갔다. 다음날에 여러 공주와 종부를 불러 태후와 말한 사람은 모두 장을 쳤다. 대씨는 옳지 않다고 생각하였다. 해릉이 말하기를, "오늘의 일이 어찌 전날보다 더하겠습니까?"라고 하였다. 이로부터 혐오하여 틈이 더욱 깊어졌다.

> 天德四年, 海陵遷中都, 獨留徒單於上京. 徒單常憂懼, 每中使至, 必易衣以俟命. 大氏在中都常思念徒單太后, 謂海陵曰, 永壽宮待吾母子甚厚, 愼毋相忘也. 十二月十四日, 徒單氏生日, 海陵使秘書監納合椿年往上京爲太后上壽. 貞元元年, 大氏病篤, 恨不得一見. 臨終, 謂海陵曰, 汝以我之故, 不令永壽宮偕來中都. 我死, 必迎致之, 事永壽宮當如事我. … 及至汴京, … 乃召點檢大懷忠, … 使殺太后于寧德宮, … 太后方樗蒲, 大懷忠等至, 令太后跪受詔. 太后愕然, 方下跪, 虎特末從後擊之, 仆而復起者再. …

천덕 4년(1152)에 해릉이 중도(中都)로 천도하고, 도단은 상경(上京)에 홀로 머물렀다. 도단이 항상 근심하고 두려워하였으며 매번 궁중의 사신이 오면 반드시 옷을 바꿔 입고서 명령을 기다렸다. 대씨가 중도에 있으면서 항상 도단태후를 생각하고 해릉에게 말하기를 "영수궁은 우리 모자를 매우 후하게 대우하였으니 신중히 하여 서로 잊지 마시오."라고 하였다. 12월 14일 도단씨의 생일에 해릉이 비서감(秘書監) 납합춘년(納合椿年)을 파견해 상경에 가서 태후의 축수를 기원하게 하였다. 정원 원년(1153)에 대씨가 병이 위독하였는데 도단을 한번 만나볼 수 없음을 한스럽게 여겼다. 임종할 때 해릉에게 말하기를, "네가 나 때문에 영수궁이 함께 중도에 오지 못하게 하였다. 내가 죽거든 반드시 맞이하여 오게 하고 영수궁을 섬김을 마땅히 나를 섬기는 것처럼 하여라."라고 하였다. … 변경(汴京)에 도착한 이후에 … 점검(點檢) 대회충(大懷忠)을 불러 … 태후를 영덕궁(寧德宮)에서 살해하게 하였다. … 태후가 저포(樗蒲)[50] 놀이를 하고 있었는데, 대회충 등이 이르러서 태후에게 무릎을 꿇어 조서를 받게 하였다. 태후가 깜짝 놀라 바야흐로 무릎을 꿇었는데, 호특말(虎特末)이 뒤로 가서 가격하자 [태후가] 엎어졌다가 다시 일어나는 것이 여러 번이었다.

○ 권63, 열전(列傳) 제1, 후비(后妃) 상(上), 해릉후 도단씨(海陵后徒單氏)

> 正隆六年, 海陵幸南京. 六月癸亥, 左丞相張浩率百官迎謁. … 海陵爲人善飾詐, … 後宮諸妃十二位, … 第二娘子大氏封貴妃, … 其後貴妃大氏進封惠妃. 貞元元年, 進封姝妃. 正隆二年, 進封元妃.

정륭 6년(1161)에 해릉이 남경(南京)으로 행차하였다. 6월 계해일에 좌승상 장호(張浩)가 모든 관리를 거느리고 맞이하여 알현하였다. … 해릉의 사람됨은 사기와 가식을 잘하였으며, … 후궁의 여러 비(妃)는 12위(位)였는데, … 두 번째 낭자 대씨는 귀비(貴妃)로 봉하고, … 그 뒤 귀비 대씨는 작위를 높여 혜비(惠妃)로 봉하였다. 정원 원년(1153)에 작위를 높여 주비(姝妃)로 봉하고, 정륭 2년(1157)에 작위를 높여 원비(元妃)로 봉하였다.

○ 권63, 열전(列傳) 제1, 후비(后妃) 상(上), 해릉모 대씨(海陵母大氏)

> 天德二年正月, 與徒單氏俱尊爲皇太后. 大氏居永寧宮. 曾祖堅嗣贈司空, 祖臣寶贈司徒, 父昊天贈太尉國公, 兄興國奴贈開府儀同三司衛國公. 十一月, 昊天進封爲王.

---

50) 樗蒲는 나무로 만든 주사위를 던져서 하는 놀이로, 삼국시대부터 즐겼다. 전통놀이인 윷놀이의 기원으로 보거나 비슷한 것으로 본다.

천덕 2년(1150) 정월에 도단씨와 함께 높여 황태후가 되었다. 대씨는 영녕궁에 거주하였다. 증조 [대]견사([大]堅嗣)는 사공(司空), 할아버지 [대]신보([大]臣寶)는 사도(司徒), 아버지 [대]호천([大]昊天)은 태위국공(太尉國公), 형 [대]흥국노([大]興國奴)는 개부의동삼사위국공(開府儀同三司衛國公)으로 추증하였다. 11월에 호천을 진봉하여 왕으로 삼았다.

> 三年正月十六日, 海陵生日, 宴宗室百官於武德殿. 大氏歡甚, 飮盡醉. 明日, 海陵使中使奏曰: 太后春秋高, 常日飮酒不過數杯, 昨見飮酒沈醉. 兒爲天子, 固可樂, 若聖體不和, 則子心不安, 其樂安在. 至樂在心, 不在酒也. 及遷中都, 永壽宮獨留上京, 大氏常以爲言.

3년(1151) 정월 16일 해릉의 생일에 종실과 모든 관리가 무덕전(武德殿)에서 잔치하였다. 대씨가 기뻐함이 대단하였고 술을 마시어 매우 취하였다. 해릉이 궁중 내시를 보내 보고하여 말하기를, "태후는 춘추가 높아 보통날에는 술을 마심이 몇 잔에 지나지 않았는데, 어제는 술을 마시어 몹시 취하였음을 보았습니다. 아들이 천자가 되어 진실로 즐거워할 만하지만 만일 성체가 화평하지 못하면 아들의 마음이 편안하지 않으니 그 즐거움이 어디에 있겠습니까? 지극한 즐거움은 마음에 있지 술에 있지 않습니다."라고 하였다. 중도로 천도하였을 때 영수궁이 홀로 상경에 머물렀는데, 대씨는 항상 이것을 언급하였다.

> 貞元元年四月, 大氏有疾, 詔以錢十萬貫求方藥. 及病篤, 遺言海陵, 當善事永壽宮. 戊寅, 崩. 詔尚書省: 應隨朝官至五月一日方治事. 中都自四月十九日爲始, 禁樂一月. 外路自詔書到日後, 官司三日不治事, 禁樂一月, 聲鍾七晝夜.

정원 원년(1153) 4월에 대씨가 질병이 있어 조서를 내려 돈 10만 관(貫)으로 병을 치료하는 처방을 구하게 하였다. 병이 위독함에 이르러 해릉에게 유언하기를, 마땅히 영수궁을 잘 섬겨야 한다고 하였다. 무인일에 죽었다. 상서성에 조서를 내리기를, "응당 조정의 관리는 5월 1일에 이르러 바야흐로 업무를 처리하시오. 중도는 4월 19일부터 시작하여 음악은 한 달을 금지하시오. 외로(外路)는 조서가 도달한 날로부터 관사는 3일 동안 업무를 처리하지 말며,

음악은 한 달을 금지하고, 종은 7일 주야를 소리 나게 울리시오."라고 하였다.

貞元三年, 大祥, 海陵率後宮奠哭于㪍宮. 海陵將遷山陵于大房山, 故大氏猶在㪍宮也. 九月, 太祖太宗德宗梓宮至中都. 尊諡曰慈憲皇后. 海陵親行冊禮, 與德宗合葬于大房山, 升祔太廟. 大定七年, 降封海陵太妃, 削去皇后諡號. 及宗幹降帝號, 封遼王, 詔以徒單氏爲妃, 而大氏與順妃李氏寧妃蕭氏文妃徒單氏並追降爲遼王夫人.

정원 3년(1155) 대상(大祥)에 해릉이 후궁을 거느리고 추궁(㪍宮)에서 제사 지내고 곡하였다. 해릉이 장차 대방산(大房山)에 조종의 산릉을 옮기려 하였고 대씨는 여전히 추궁에 있었다. 9월에 태조·태종·덕종의 재궁이 중도에 이르렀다. 대씨의 시호를 높여 '자헌황후(慈憲皇后)'라 하였다. 해릉이 친히 책봉의 예식을 행하고 덕종과 함께 대방산에 합장하였으며, 태묘에 올라 한곳에 합하여 모셔 제사를 지냈다. 대정 7년(1167)에 강등하여 '해릉태비(海陵太妃)'로 봉하고 황후의 시호를 삭제하였다. [완안]종간의 황상 칭호가 강등되어 요왕(遼王)으로 봉해짐에 이르러, 조서를 내려 도단씨를 왕비로 삼고 대씨와 순비(順妃) 이씨, 영비(寧妃) 소씨, 문비(文妃) 도단씨는 함께 요왕부인(遼王夫人)으로 추강(追降)하였다.

○ 권64, 열전(列傳) 제2, 후비(后妃) 하(下), 세종 소덕황후(世宗昭德皇后)

元妃張氏, 父玄徵. 母高氏, 與世宗母貞懿皇后叚莘親. 世宗納爲次室, 生趙王永中, 而張氏卒. 大定二年, 追封宸妃. 是歲十月, 追進惠妃. 十九年, 追進元妃. 大定二十五年, 皇太子薨. 永中於諸子最長, 而世宗與徒單克寧議立章宗爲太孫. 世宗嘗曰, 克寧與永中有親, 而建議立太孫, 眞社稷臣也. 尙書左丞汝弼者, 玄徵子, 永中母舅. 汝弼妻高陀斡屢以邪言恍永中, 畫元妃像, 朝夕事之, 覬望徵福, 及挾左道. 明昌五年, 高陀斡誅死, 事連汝弼及永中, 汝弼以死後事覺, 得不追削官爵, 而章宗心疑永中, 累年不釋. … 金代外戚之禍, 惟張氏云. … 大定二十八年九月, … 柔妃大氏俱陪葬于坤厚陵.

원비(元妃) 장씨(張氏)의 아버지는 [장]현징([張]玄徵)이다. 어머니 고씨(高氏)는 세종의 어머니인 정의황후(貞懿皇后)의 먼 친척이다. 세종이 두 번째 부인으로 맞이하여 조왕(趙王) [완안]영중([完顔]永中)을 낳았는데, 장씨는 죽었다. 대정 2년(1162)에 신비(宸妃)로 추봉하였다. 이해 10월에 혜비로 추봉되었다. 19년(1179)에 원비(元妃)로 추봉되었다. 대정 25년(1185)에 황태자가 죽었다. 영중이 여러 아들 중에서 나이가 가장 많았지만, 세종과 도단극녕(徒單克寧)이 의논하여 장종(章宗)을 [황]태손으로 삼았다. 세종이 일찍이 말하기를, "극녕과 영중은 친척인데, 도리어 [황]태손을 세우기를 논의하니 진실로 사직의 신하로다."라고 하였다. 상서좌승 장여필(張汝弼)은 현징(玄徵)의 아들로 영중의 외삼촌이다. 장여필의 처 고타알(高陀斡)이 간사한 말로 영중을 미혹하여 원비(元妃)의 초상을 그리고, 아침저녁으로 섬기게 하여 초상을 보면서 복을 구하였는데, 마치 사교를 받드는 것 같았다. 명창 5년(1194) 고타알이 죽음을 당하였는데, 이 일에 장여필과 영중도 연루되었다. 장여필은 사후에 일이 폭로되었기 때문에 삭탈관직은 당하지 않았다. 그러나 장종은 오히려 마음속으로 영종을 의심하여 몇 년이 지나도 풀어 주지 않았다. … 금나라에서 외척의 화는 오직 장씨뿐이라고 말한다. … 대정 28년(1188) 9월에 유비(柔妃) 대씨를 갖추어 곤후릉(坤厚陵)에 배장하였다.

○ 권64, 열전(列傳) 제2, 후비(后妃) 하(下), 장종 흠회황후(章宗欽懷皇后)

承安五年, 帝以繼嗣未立, 禱祀太廟山陵. 少府監張汝猷因轉對, 奏皇嗣未立, 乞聖主親行祀事之後, 遣近臣詣諸岳觀廟祈禱.

승안 5년(1200)에 황제가 후사를 아직 세우지 못하여 태묘와 산릉에 기도하였다. 소부감(少府監) 장여유(張汝猷)가 [황제를] 뵙고 정사를 아뢰기를 "황상의 후계자를 아직 세우지 못하였으니, 성주(聖主)께서 친히 제사를 지낸 뒤에 가까운 신하들을 여러 큰 산의 관묘(觀廟)에 보내어 기도하게 하십시오."라고 하였다.

○ 권71, 열전(列傳) 제9, 알로(斡魯)

> 收國二年四月, 詔斡魯統諸軍, 與闍母蒲察迪古乃合咸州路都統斡魯古等, 伐高永昌. 詔曰, 永昌誘脅戍卒, 竊據一方, 直投其隙而取之耳. 此非有遠大計, 其亡可立而待也. 東京渤海人德我舊矣, 易爲招懷. 如其不從, 卽議進討, 無事多殺.

수국 2년(1116) 4월에 조서를 내려, [완안]알로([完顔]斡魯)가 여러 군대를 통솔하게 하고 도모(闍母)·포찰(蒲察)·적고내(迪古乃)와 함주로도통(咸州路都統) 알로고(斡魯古) 등과 연합하여 고영창(高永昌)을 토벌하게 하였다. 조서에 말하였다. "고영창이 수졸(戍卒)을 꾀고 협박하여 몰래 한쪽 지방을 점거하였으니 직접 그 틈에 투입하여 그를 취할 따름이다. 이는 원대한 계획이 있는 것이 아니라서 그의 멸망은 서서 기다릴 수 있다. 동경(東京)의 발해(渤海) 사람에게 나의 덕이 미친 지 오래되었으니 불러서 달래는 것이 용이하다. 만일 그들이 순종하지 않으면 나아가 토벌할 것을 의논하고 일삼아 살해를 많이 하지는 말라."

> 高永昌渤海人, 在遼爲裨將, 以兵三千, 屯東京八甑口. 永昌見遼政日敗, 太祖起兵, 遼人不能支, 遂覬覦非常. 是時, 東京漢人與渤海人有怨, 而多殺渤海人. 永昌乃誘諸渤海, 幷其戍卒入據東京, 旬月之間, 遠近響應, 有兵八千人, 遂僭稱帝, 改元隆基. 遼人討之, 久不能克. 永昌使撻不野杓合, 以幣求救於太祖, 且曰, 願倂力以取遼. 太祖使胡沙補往諭之曰, 同力取遼固可. 東京近地, 汝輒據之, 以僭大號可乎. 若能歸款, 當處以王爵. 仍遣係遼籍女直胡突古來. 高永昌使撻不野與胡沙補胡突古偕來, 而永昌表辭不遜, 且請還所俘渤海人. 太祖留胡突古不遣, 遣大藥師奴與撻不野往招諭之.

고영창은 발해 사람으로, 요나라에서 비장(裨將)이 되어 병사 3천을 거느리고 동경 팔담구(八甑口)에 주둔하였다. 영창은 요나라의 정사가 날로 무너지는 것을 보고, 태조가 병사를 일으킴에 요나라 사람이 맞설 수 없게 되자 드디어 분에 넘치는 비상을 품었다. 이때 동경의 한인(漢人)이 발해 사람과 원한이 있어서 발해 사람을 많이 살해하였다. 영창이 이에 발해를 꾀어 그의 수졸과 함께 동경에 들어가 점거하였고, 한 달 사이에 멀고 가까운 곳이 응하여 병사 8천 명을 가지고 마침내 참람하게도 칭제(稱帝)[51]하고 융기(隆基)로 개원(改元)하였다. 요나라 사람이 그를 토벌하였는데 오랫동안 이길 수 없었다. 영창이 달불야(撻不野)·표합(杓合)을 보내 폐백으로써 태조에게 구원을 요구하면서, 또 말하기를 "힘을 합하여 요나라를 취할 것을 원합니다."라고 하였다. 태조가 호사보(胡沙補)를 가게 해서 그를 회유하여 말하기를, "힘을 합쳐 요나라를 취함은 진실로 옳다. 동경은 나와 가까운 땅인데 그대가 문득 그곳을 점거해서 대호(大號)를 참칭함이 옳은가? 만약 능히 나에게 귀부한다면 마땅히 왕작(王爵)으로 처우하겠소. 인하여 요나라의 호적을 가진 여직인 호돌고(胡突古)를 보내서 오게 하시오."라고 하였다. 고영창이 달불야와 호사보·호돌고를 보내 함께 왔는데, 영창은 표(表)의 내용이 불손하였으며 또한 포로로 사로잡은 발해 사람을 돌려보낼 것을 요청하였다. 태조는 호돌고를 머물게 하고 보내지 않았으며, 대약사노(大藥師奴)와 달불야를 보내 가서 그들을 회유하게 하였다.

> 斡魯方趨東京, 遼兵六萬來攻照散城, 阿徒罕勃菫烏論石準與戰於益褪之地, 大破之. 五月, 斡魯與遼軍遇於瀋州, 敗之, 進攻瀋州, 取之. 永昌聞取瀋州, 大懼, 使家奴鐸剌以金印一銀牌五十來, 願去名號, 稱藩. 斡魯使胡沙補撒八往報之. 會渤海高楨降, 言永昌非眞降者, 特以緩師耳. 斡魯進兵, 永昌遂殺胡沙補等, 率衆來拒. 遇于沃里活水, 我軍旣軍旣濟, 永昌之軍不戰而却, 逐北至東京城下. 明日, 永昌盡率其衆來戰, 復大敗之, 遂以五千騎奔長松島.

[완안]알로가 바야흐로 동경에 빨리 갔는데 요나라 병사 6만이 조산성(照散城)에 와서 공격하였고, 아도한(阿徒罕) 발근(勃菫)과 오론석준(烏論石準)이 그들과 익퇴(益褪)의 땅에서 싸워 요나라 병사를 크게 격파하였다. 5월에 알로가 요나라 군대와 심주(瀋州)[52]에서 만나 그들을 격파하고 심주에 진입하여 공격해서 빼앗았다. [고]영창은 심주를 빼앗겼다는 소식을 듣고 크게 두려워하여, 가노(家奴)인 탁랄(鐸剌)을 보내 금인(金印) 1개와 은패(銀牌) 50개를 가져

---

51) 制는 황제의 명령을 이른다. 정변으로 스스로 제위에 오르거나 황태후 등이 황제의 위상에 부응하는 권력을 장악한 후 명령을 내릴 때에도 '稱制'라고 한다.
52) 지금의 요령성 심양시 老城區 일대를 말한다(유득공 지음, 김종복 옮김, 2018, 194쪽).

와서 황상의 명호(名號)를 삭제하고 번신이 될 것을 말하였다. 알로는 호사보(胡沙補)와 살팔(撒八)을 보내 그에게 회답하게 하였다. 마침 고정(高楨)[53]이 항복하였는데, 영창은 진실로 항복하지 않고 다만 군사를 늦추기 위할 따름이었다고 하였다. 알로가 진군하자, 영창은 마침내 호사보 등을 살해하고 무리를 이끌고 와서 막았다. 옥리활수(沃里活水)에서 만나 우리 군대가 이미 물을 건넜는데, 영창의 군대가 싸우지 않고서 퇴각하였으며, 알로가 추격하여 동경의 성 아래에 이르렀다. 다음날 영창이 무리를 이끌고 와서 싸웠는데 다시 그들을 크게 물리쳤다. 이에 [고영창이] 5천 명의 기병을 이끌고 장송도(長松島)로 달아났다.

> 初, 太祖下寧江州, 獲東京渤海人皆釋之, 往往中道亡去, 諸將請殺之, 太祖曰, 旣以克敵下城, 何爲多殺. 昔先太師嘗破敵, 獲百餘人, 釋之, 皆亡去. 旣而, 往往招其部人來降. 今此輩亡, 後日當有效用者. 至是, 東京人恩勝奴仙哥等, 執永昌妻子以城降, 卽寧江州所釋東京渤海人也. 先太師, 蓋謂世祖云. 未幾, 撻不野執永昌及鐸剌以獻, 皆殺之. 於是, 遼之南路係籍女直及東京州縣盡降.

처음에 태조가 영강주(寧江州)[54]를 함락시키고 동경의 발해 사람을 사로잡았다가 모두 석방하였다. 그들이 때때로 가는 길 중간에서 도망가 여러 장수가 그들을 살해할 것을 요청하니, 태조가 말하기를 "이미 적군을 이기고 성을 함락시켰는데 어찌해서 많이 살해하겠는가? 옛날 선태사(先太師)가 일찍이 적군을 물리치고 1백여 명을 사로잡았다가 그들을 석방하였는

---

53) 高楨(1091~1159)은 금나라 때 요양 발해인으로 高牟翰의 5세손이다. 1116년 高永昌이 동경 요양부에서 반란을 일으켰는데, 요 天祚帝의 토벌군을 물리치기 위해 금 태조 阿骨打에게 구원을 요청했다. 금나라 군대가 요양을 지나 瀋州(현재 심양)까지 함락시키자, 고영창은 거짓으로 降書를 보냈다. 당시 고정은 모친을 만나기 위해 심주로 가서 금군에 투항하고, 고영창의 거짓 항복을 알려 그를 진압하는 데 일조를 하였다. 그 뒤 同知東京留守事와 猛安의 직위를 받고, 여러 직을 거쳤으며, 戴國公, 任國公, 河內郡王, 代王 등에 봉해졌다(『金史』 권84, 列傳 제22, 高楨傳).

54) 遼 淸寧 연간(1055~1064)에 설치되었고, 東京道 黃龍府에 속하였다. 여진 完顏部의 본거지인 阿城의 서남쪽, 오늘날 陶賴昭의 서쪽으로 북류 송화강 강기슭에 가까운 곳으로서(外山軍治, 1975, 37쪽), 지금의 길림성 松原市 扶餘縣 三岔河 石頭城子로 비정된다. 1114년 요군이 완안아골타에게 패한 곳으로 유명하다. 요나라는 영강주전투에서 패배한 이후 동경도 북부의 공제권을 상실하였고, 이 지역의 주도권은 여진으로 넘어가게 되었다(임상선 편역, 2019, 198~199쪽).

데 모두 도망갔다. 이후에 그들 몇 사람이 왕왕 그들 부의 사람을 불러와서 항복하였다. 이제 이들 무리가 도망갔다 하지만 훗날 마땅히 쓸모가 있을 것이다."라고 하였다. 이에 동경 사람 은승노(恩勝奴)·선가(仙哥) 등이 고영창의 아내와 자식을 사로잡고 성으로써 항복하였으니, 곧 영강주에서 석방한 동경 발해 사람이었다. 선태사는 대개 세조를 이르는 말이다. 얼마 지나지 않아 달불야가 영창과 탁랄을 사로잡아 바치니, 그들을 다 죽였다. 이에 요나라의 남로(南路)에 적을 둔 여직 및 동경의 주·현이 모두 항복하였다.

○ 권71, 열전(列傳) 제9, 도모(闍母)

闍母, 世祖第十一子, 太祖異母弟也. 高永昌據東京, 斡魯往伐之, 闍母等爲之佐. 已克瀋州, 城中出奔者, 闍母邀擊殆盡. 與永昌隔沃里活水, 衆遇淖不敢進, 闍母以所部先濟, 諸軍畢濟. 軍東京城下, 城中人出城來戰, 闍母破之于首山, 殲其衆, 獲馬五百匹.

도모(闍母)는 세조의 열한번째 아들이며 태조의 이복 아우이다. 고영창(高永昌)이 동경(東京)을 점거하자 [완안]알로([完顔]斡魯)가 가서 토벌하니 도모 등이 그를 보좌하였다. 심주(瀋州)를 무너뜨리고 성안에서 도망쳐 나온 자는 도모가 요격하여 거의 다 죽였다. 영창과 옥리활수(沃里活水)를 사이에 두고 무리의 사람들이 진창을 만나 감히 나아가지 못하였는데, 도모가 거느리고 있는 부대가 먼저 건너가자 여러 군대가 모두 건너갔다. 군대가 동경성 아래에 주둔하였고 성안의 사람이 성을 나와서 싸웠는데, 도모가 수산(首山)에서 그들을 물리치고 그 무리를 섬멸하였으며 말 5백 마리를 얻었다.

○ 권71, 열전(列傳) 제9, 종서(宗敍)

明年契丹攻寧昌, 宗敍止有女直渤海騎兵三十漢兵百二十人, 自將擊之. 遇賊千餘騎, 漢兵皆散走, 宗敍與女直渤海三十騎盡銳力戰.

다음 해(대정 2년(1162) 2월)에 거란이 영창(寧昌)을 공격하니, 종서(宗敍)는 다만 여직·발해의 기병 30명과 한나라 병사 120명이 있었는데 스스로 거느리고 공격하였다. 적 1천여

기를 만났는데, 한인 병사들은 모두 흩어져 달아났고 종서는 여진·발해 기병 30명과 기세를 다해 힘써 싸웠다.

○ 권73, 열전(列傳) 제11, 종웅(宗雄)

功寧江州, 渤海兵銳甚. 宗雄以所部敗渤海兵.

영강주(寧江州)를 공격하였는데 발해의 군대가 매우 날카로웠다. 종웅(宗雄)이 거느린 부대로 발해군을 격파하였다.

○ 권76, 열전(列傳) 제14, 종의(宗義)

斜也有幼子阿虎里, 其妻撻不野女, 海陵妃大氏女兄.

사야(斜也)에게는 아호리(阿虎里)라는 어린 아들이 있었는데, 그의 처는 달불야(撻不野)[55]의 딸이며 해릉(海陵)의 비인 대씨(大氏)의 언니였다.

○ 권76, 열전(列傳) 제14, 종간(宗幹)

太祖伐遼, 遼人來禦, 遇于境上. 使宗幹率衆先往塡塹, 士卒畢渡. 渤海軍馳突而前, 左翼七謀克少却, 遂犯中軍. … 宗幹擇土人之材幹者, 以詔書諭之. 於是女固睥室四部及渤海人皆降.

---

55) 요양 출신 발해인(1088~1155)으로 다른 이름은 大臭이다. 그 조상은 대대로 요나라에서 벼슬을 했다. 금 태조가 요를 정벌할 때 寧江州가 격파되자 도망갔다가 포로가 되었다. 태조가 가세를 물어보고 거두어들여 東京寃民謀克이 되었다가, 高永昌을 격파하는 데 공을 세우고 東京 주변을 사찰하여 보고한 뒤 猛安 겸 同知東京留守事가 되었다. 태조를 따라 요나라를 멸하고, 태종 天會 초에 宗望을 따라 송나라를 공격하여 여러 차례 전공을 세웠다. 河間尹과 元帥右都監, 尙書右丞相, 東京留守 등을 지냈다. 여러 번 太傅에 올라 三省의 일을 관장했으며, 漢國公에 봉해졌다. 그 공으로 1140년 漢人과 발해인의 千戶와 謀克을 혁파할 때 홀로 면하였다.

태조가 요나라를 정벌할 때 요나라 사람들이 와서 방어하여 국경에서 만났다. 종간(宗幹)을 파견하여 병사를 이끌고 먼저 가서 참호를 메꾸도록 하여, 군사들이 모두 건너가도록 하였다. 발해의 군사들이 돌격하여 앞에 이르자 좌익의 7개 모극이 조금 물러났다. 이리하여 [적군이] 중군(中軍)을 침범하였다. … 종간이 현지에서 재능이 있는 사람을 뽑아 조서를 내려 그들을 회유하였다. 이에 여고(女固)와 비실(婢室) 4부(部)와 발해인들이 모두 투항하였다.

○ 권77, 열전(列傳) 제15, 종필(宗弼)

> 及宗望伐宋, … 宋杜充率步騎六萬來拒戰, 鶻盧補當海迪虎大臭合擊破之. … 大臭破宋周汪軍.

종망(宗望)이 송나라를 토벌할 때 … 송나라 두충(杜充)이 보병과 기병 6만을 이끌고 와서 항전하였고, 골로보(鶻盧補)·당해(當海)·적호(迪虎)·대고(大臭)가 연합하여 그를 격파하였다. … 대고가 송나라 주왕(周汪)의 군대를 격파하였다.

○ 권77, 열전(列傳) 제15, 완안형(完顔亨)

> 亨本名孛迭. … 家奴梁遵告亨與衛士符公弼謀反, 考驗無狀, 遵坐誅. 海陵益疑之. 改廣寧尹, 再任李老僧使伺察亨動靜, 且令構其罪狀.

[완안]형([完顔]亨)은 본래 이름이 패질(孛迭)이다. … 노비 양준(梁遵)이 형과 위사(衛士) 부공필(符公弼)의 모반을 고발하였지만, 증거를 조사함에 근거가 없었고, 준은 이 때문에 벌을 받아 죽음을 당하였다. 해릉(海陵)은 더욱 그(완안형)를 의심하였다. 광녕윤(廣寧尹)으로 고쳤는데 재차 이노승(李老僧)에게 형의 동정을 엿보아 살피게 하고 또한 그의 죄상을 만들어 내게 하였다.

> 久之, 亨家奴六斤頗黠, 給使總諸奴, 老僧謂六斤曰, 爾渤海大族, 不幸坐累爲奴, 寧不念爲良乎. 六斤識其意. 六斤嘗與亨侍妾私通, 亨知之, 怒曰, 必殺此奴. 六斤

聞之懼, 密與老僧謀告亨謀逆. 亨有良馬, 將因海陵生辰進之, 以謂生辰進馬者衆, 不能以良馬自異, 欲他日入見進之. 六斤言亨笑海陵不識馬, 不足進. 亨之奴有自京師來者, 具言徒單阿里出虎誅死. 亨曰, 彼有貸死誓券, 安得誅之. 奴曰, 必欲殺之, 誓券安足用哉. 亨曰, 然則將及我矣. 六斤卽以爲怨望, 遂誣亨欲因間刺海陵. 老僧卽捕繫亨以聞. 工部尚書耶律安禮, 大理正忒里等鞠之, 亨言嘗論鐵券事, 實無反心, 而六斤亦自引伏與妾私通, 亨嘗言欲殺之狀. … 正隆六年, 海陵遣使殺諸宗室, 於是殺亨妃徒單氏次妃大氏及子羊蹄等三人.

오래 지나 [완안]형의 노비 육근(六斤)이 자못 교활하였는데 부림을 받아 여러 종을 관리하니, [이]노승이 육근에게 말하기를 "너는 발해의 대족이나 불행히도 연루되어 종이 되었으니 어찌 양민이 되고자 하는 생각이 없겠는가?" 하였다. 육근은 그가 말한 의미를 알았다. 육근은 일찍이 형의 시첩(侍妾)과 사통하였는데, 형이 그것을 알고서 성내어 말하기를 "반드시 이 종을 살해하겠다."라고 하였다. 육근은 이것을 듣고서 두려워하였으며 비밀리에 노승과 모의하여 형의 역모를 고발하였다. 형이 좋은 말을 가지고 있어서 장차 해릉의 생신에 그것을 진상하려고 하였는데, 생신에 말을 진상하는 자가 많았기 때문에 좋은 말로써 자기가 특이할 수 없으므로 다른 날에 들어가 알현하고 진상하려 하였다. 육근이 말하기를, 형이 해릉의 말을 알아보지 못함을 비웃고 진상할 가치가 없다고 하였다. 형의 종 가운데 경사로부터 온 자가 있어 구체적으로 도단아리출호(徒單阿里出虎)가 죽음을 당한 정황을 말하니, 형이 말하기를 "그는 죽을죄를 관대히 다스리는 서권(書卷)을 가지고 있는데 어찌 그를 베어 죽일 수 있는가?"라고 하였다. 종이 말하기를 "반드시 그를 살해하려고 하는데 서권은 어찌 쓸 수 있겠습니까?"라고 하니, 형이 말하기를 "그렇다면 장차 나에게도 미칠 것이다."라고 하였다. 육근은 곧 이것을 형이 원망한다고 생각하고, 마침내 형이 기회를 이용하여 해릉을 찔러 죽이려 한다고 무고하였다. 노승이 곧 형을 포박하여 가두고서 보고하였다. 공부상서(工部尚書) 야율안례(耶律安禮), 대리정(大理正) 특리(忒里) 등이 그(완안형)를 국문하니, 형은 일찍이 철권(鐵券)의 일을 논의한 것이고 진실로 반심이 없음을 말하였다. 육근도 역시 시첩과 사통하였음을 자백하여 형이 일찍이 그를 살해하려고 했던 정황을 말하였다. 정륭 6년(1161)에 해릉이 사람을 보내 여러 종실을 살해하였고 이에 형의 비 도단씨, 차비 대씨 및 아들

양제(羊蹄) 등 3명을 살해하였다.

○ 권77, 열전(列傳) 제15, 달라(撻懶)

… 其後撫定奚部及分南路邊界, 表請設官鎭守. 上曰, 依東京渤海列置千戶謀克.

그 후에 해부(奚部)를 어루만져 안정시키고 남로(南路)의 변방 경계를 나누고는 표를 올려 관을 설치하여 진수하도록 요청하였다. 황상(태조)이 말하기를, "동경 발해의 예를 따라 천호모극(千戶謀克)을 두시오."라고 하였다.

○ 권80, 열전(列傳) 제80, 대고(大臬)

大臬本名撻不野, 其先遼陽人, 世仕遼有顯者. 太祖伐遼, 遼人徵兵遼陽, 時臬年二十餘, 在選中. 遼兵敗, 臬脫身走寧江. 寧江破, 臬越城而逃, 爲軍士所獲, 太祖問其家世, 因收養之. 收國二年, 爲東京奚民謀克. 是時, 初破高永昌, 東京旁郡邑未盡服屬, 使臬伺察反側. 有聞必達, 太祖以爲忠實, 授猛安兼同知東京留守事.

대고(大臬)의 본명은 달불야(撻不野)이며, 그의 조상은 요양(遼陽) 사람이다. 대대로 요나라에서 벼슬하여 현달한 가문이다. 태조가 요나라를 정벌할 때 요나라 사람들이 요양에서 병사를 징집하였는데, 이때 고의 나이 20여 세로 선발되었다. 요나라 병사들이 패하고 고는 탈출하여 영강(寧江)으로 도망갔다. 영강이 격파되자 고는 성벽을 넘어 도망갔는데 군사들에게 사로잡혔다. 태조가 그의 가계를 물어보고 거두어들여 길렀다. 수국 2년(1116)에 동경해민모극(東京奚民謀克)에 임명되었다. 이때 막 고영창(高永昌)을 격파하였는데, 동경 주변의 군과 읍이 아직 전부 복속되지 않았기 때문에, 고에게 아직 순종하지 않은 자들을 정찰하게 하였다. 보고 들은 것은 모두 보고하여 태조가 [그를] 충성스럽고 진실하다고 여겨서 맹안(猛安) 겸 동지동경유수사(同知東京留守事)를 제수하였다.

取中西兩京, 隷闍母軍. 遼軍二十萬來戰, 吳王使臬以本部守營, 臬堅請出戰, 不許.

或謂臬曰, 戰, 危事, 獨苦請, 何也. 臬曰, 丈夫不得一決勝負, 尚何爲. 苟臨戰不捷, 雖死猶生也. 吳王聞而壯之, 乃遣出戰. 旣合戰, 闍母軍少却, 遼兵後躡之, 臬麾本部兵橫擊, 殺數百人, 由是顯名軍中.

중경(中京)과 서경(西京)을 취할 때 도모(闍母)의 군대에 예속되었다. 요나라 군대 20여만 명이 공격해 왔는데, 오왕(吳王)이 [대]고에게 본부의 진영을 지킬 것을 명하자 고는 전쟁에 나갈 것을 고집부렸으나 허락되지 않았다. 어느 사람이 고에게 말하기를 "전쟁은 위험한 일인데 힘을 다하여 청하니 왜 그러는가?"라고 하였다. 고가 대답하기를, "대장부가 전투에서 승부를 내지 못한다면 무엇을 할 수 있겠는가. 만약 전쟁에 나가 이기지 못하여 비록 죽는다고 해도 사는 것과 같은 것이다."라고 하였다. 오왕이 그 이야기를 듣고 장하다고 여겨서 전쟁에 파견하였다. 전투가 벌어지고 도모의 군대가 조금 물러났는데 요나라 병사들이 뒤를 따르자, 고가 본부의 병력을 이끌고 요나라 부대를 횡으로 습격을 하여 수백 명을 죽이니, 이때부터 군대에서 이름이 나기 시작하였다.

天會三年, 宗望伐宋, 信德府居燕汴之中, 可駐軍以濟緩急, 欲遂攻之, 恐不能亟下, 議未決. 臬獨率本部兵, 選善射者射其城樓, 別以輕銳潛升於樓角之間, 遂克其城. 明年, 軍至濬州, 宋人已燒河橋, 宗望下令, 軍中有能先濟者功爲上. 臬捕得十餘舟, 使勇悍者徑渡, 擊其守者而奪其戍柵, 由是大軍俱濟.

천회 3년(1125)에 종망(宗望)이 송나라를 정벌할 때, 신덕부(信德府)가 연경(燕京)과 변경(汴京)의 중간에 있어 군대를 주둔시키며 완급을 조절할 수 있는 곳이어서 공격을 하여 함락시키고자 하였으나, 도리어 함락시키지 못할까 두려워서 의논해도 쉽게 결정을 내리지 못하고 있었다. [대]고가 단독으로 본부의 병력을 이끌고 가서 활을 잘 쏘는 군사들을 뽑아 성루를 쏘게 하고, 별도로 날랜 정예병으로 성루와 각루 사이의 은폐처를 통해 성벽에 오르게 하여 결국에는 성을 함락시켰다. 이듬해 군대가 준주(濬州)에 이르렀는데, 송나라 사람들이 이미 황하의 다리를 불태워 버렸다. 종망이 명령을 내려 "군사 중에서 먼저 건너는 사람의 공을 으뜸으로 하겠다."라고 하였다. 고가 배 10여 척을 얻고 용감하고 날랜 병사들로 직접 강을 건너게 하여 건너편을 지키는 사람을 공격하고 방어 목책을 빼앗으니, 이로 말미암아 대군이 모두 건널 수 있게 되었다.

> 八月, 再伐宋, 授萬戶, 賜金牌. 旣破汴京, 臭爲河間路都統. 已克河間, 闍母怒其不早降, 因縱軍大掠, 臭諫止之, 已掠者官爲贖還. 除河間尹, 從攻襲慶府. 先一日, 臭命軍士預備畚鍤及薪, 旣傅城, 諸將方經營攻具, 未鳴鼓, 臭軍有素備, 遂先登. 軍帥以臭未鳴鼓輒戰, 不如軍令, 請罪臭, 朝廷釋弗問, 仍例賞之. 宗弼伐江南, 濟淮, 宋將時康民率兵十七萬來拒, 臭率本部從擊, 敗之. 復以騎二千與當海擊敗淮南賊十萬, 殺萬餘人, 王善來降. 將渡江, 臭軍先渡, 舟行去岸尙遠, 宋列兵江口, 臭視其水可涉, 則麾兵捨舟趨岸疾擊之, 宋兵走, 大軍相繼而濟. 俄遇杜充兵六萬於江寧之西, 臭與鶻盧補擊走之. 師還, 臭留爲揚州都統, 經略淮海高郵之間. 再爲河間尹, 兼總河北東路兵馬.

8월에 다시 송나라를 정벌하였는데, [태종이 대고를] 만호로 제수하고 금패를 하사하였다. 변경을 격파한 후 [대]고를 하간로도통(河間路都統)으로 제수하였다. 하간(河間)에 대한 공격을 시작한 후 빨리 항복하지 않자 도모가 노하여 군사를 풀어 멋대로 노략질을 하도록 하였다. 고가 간하여 그치게 하고는 이미 노략질한 것은 관에서 속량하여 돌려주도록 하였다. 하간윤(河間尹)에 제수되어 습경부(襲慶府)를 공격하는 데 종군하였다. 공격하기 하루 전날 고가 군사들에게 명령을 내려 삼태기와 철 방망이와 땔나무를 준비시켰다. 성 근처까지 이르러 많은 장수가 공성 도구를 배열하고 있었다. 전쟁을 시작하는 북이 울리기 전 고의 부대는 일찍부터 준비가 되어 있었기 때문에 먼저 성을 올랐다. 군 전체를 지휘하던 사람이 고의 부대가 북이 울리기도 전에 먼저 공격한 것은 군령에 맞지 않다고 하여, 고에게 벌을 주도록 청하였다. 조정에서는 죄를 묻지 않기로 하고 예에 따라서 [대고에게] 상을 주었다. 종필(宗弼)이 강남을 정벌하려고 회수(淮水)를 건너려는데 송나라 장수 시강민(時康民)이 17만 명의 병력을 거느리고 와서 막았다. 고가 본부의 병력을 거느리고 쫓아 공격하여 그들을 물리쳤다. 다시 기병 2천 명을 거느리고 당해(當海)와 함께 회남의 도적 10만 명을 공격하여 1만여 명을 죽였다. 왕선(王善)이 와서 항복하였다. 강을 건너려고 하며 고의 군사들이 먼저 건넜다.

[그런데] 배가 건너 언덕에 가기까지 아직 멀었는데 송나라의 군사들이 강가에 늘어서 있었다. 고가 물을 보니 [걸어서] 건널 수 있을 것 같아서 휘하의 병사들에게 배를 버리고 언덕까지 빠르게 가서 그들을 공격하도록 하니, 송나라 병사들이 도주하였다. 대군이 잇달아 [강을] 건넜다. 잠시 후 두충(杜充)의 병사 6만 명과 강녕(江寧)의 서쪽에서 조우하였다. 고와 골로보(鶻盧補)가 그들을 격파하였다. 회군하면서 고를 남겨 양주도통(揚州都統)으로 삼고, 회수와 해수, 고우(高郵) 사이를 경략(經略)하도록 하였다. 다시 하간윤으로 삼고 총하북동로병마(總河北東路兵馬)를 겸하였다.

十一年, 入見, 太宗賜坐, 慰勞甚久, 特遷太子太保, 賜衣一襲馬二匹及鞍轡鎧甲, 改元帥右都監. 齊國廢, 臭守汴京. 熙宗念臭久勞, 降御書寵異之. 天眷三年, 罷漢渤海千戶謀克, 以臭舊臣, 獨命依舊世襲千戶. 是歲, 拜元帥右監軍, 宗弼再伐宋, 宋人稱臣乞和, 遂班師, 臭獨留汴, 行元帥府事, 皇統三年, 加開府儀同三司. 八年, 進左監軍. 天德二年, 改右副元帥 兼行臺左丞, 遷平章行臺省事, 進行臺右丞相, 右副元帥如故. 海陵疑左副元帥撒離喝, 以爲行臺左丞相, 使臭伺察之, 詔軍事不令撒離喝與聞. 撒離喝不知海陵意旨, 每與臭爭軍事不能得, 遂與臭有隙. 海陵竟殺撒離喝, 召臭入朝, 拜尚書右丞相, 封神麓郡王.

[천회] 11년(1133)에 [조정으로] 들어와 알현하니, 태종이 앉도록 하여 고생한 일을 위로하기를 심히 오랫동안 하였다. 특별히 태자대보(太子太保)로 옮겼으며 옷 한 벌과 말 두 마리 및 안장과 갑옷 등을 하사하였다. 원수우도감(元帥右都監)으로 바꿨다. 제나라를 폐한 후 [대]고에게 변경을 지키도록 하였다. 희종은 고가 오랫동안 고생하였다고 생각하여 어서(御書)를 내려 특별히 총애하였다. 천권 3년(1151)에 한인과 발해인의 천호모극(千戶謀克)을 폐지하고 고처럼 오래된 신하에게만 예전에 따라 천호를 세습하도록 명하였다. 이해에 원수우감군(元帥右監軍)으로 배수하였다. 종필이 다시 송을 정벌할 때 송나라 사람이 신하를 칭하면서 강화를 요청하였다. 이에 회군하고 고만 홀로 변경에 남겨 두어 행원수부사(行元帥府事)로 하였다. 황통 3년(1143)에 개부의동삼사(開府儀同三司)를 더하였다. 8년(1148) 좌감군(左監軍)으로 올렸다. 천덕 2년(1150)에 우부원수로 고쳐 행대좌승(行臺左丞)을 겸하였다. 평장행

대성사(平章行臺省事)로 옮겼다. 진급하여 행대우승상(行臺右丞相)이 되었으며 우부원수의 일은 예전처럼 하였다. 해릉이 좌부원수(左副元帥) 살리갈(撒離喝)을 의심하여 [그를] 행대좌승상(行臺左丞相)으로 삼고, 고에게 감시하도록 하였다. 조서를 내려 살리갈이 들어와 군사 일을 논하지 못하도록 하였다. 살리갈이 해릉의 의중을 알지 못하고 매번 고와 군사 일로 논쟁하였다. [뜻을] 얻지 못하자 마침내 고와 틈이 생기게 되었다. 해릉이 끝내 살리갈을 죽였다. 고를 조정으로 불러들여서 상서우승상(尙書右丞相)을 배수하고 신록군왕(神麓郡王)에 봉하였다.

> 四年, 請老, 爲東京留守. 貞元三年, 拜太傅, 領三省事, 累封漢國王. 十二月, 有疾, 海陵幸其第問之. 是歲, 薨, 年六十八. 海陵親臨哭之, 詔有司廢務三日, 禁樂三日. 其三日當賜三國使館燕, 以不賜敎坊樂, 命左宣徽使敬嗣暉宣諭之. 贈太師晉國王, 諡傑忠, 遣使護喪歸葬. 正隆奪王爵, 贈太傅梁國公. 子磐.

[천덕] 4년(1152)에 나이가 들어 [사직을] 청하니 동경유수(東京留守)로 삼았다. 정원 3년(1155)에 태부(太傅), 영삼성사(領三省事)를 배수하였다. 여러 번 봉하여 한국왕(漢國王)에 이르렀다. 12월에 [대고가] 병이 들자 해릉이 직접 그의 집으로 병문안을 왔다. 이해에 죽으니 나이가 68세였다. 해릉이 직접 조문하고 곡을 하였으며, 유관 부서에 조서를 내려 3일 동안 국정을 폐하도록 하고 3일 동안 음악을 금하도록 하였다. [해릉이] 좌선휘사(左宣徽使) 경사휘(敬嗣暉)에게 명하여 세 나라의 사신들에게 3일 동안 교방악(敎坊樂)을 하지 않는 이유를 설명하도록 하였다. [대고에게] 태사진국왕(太師晉國王)으로 추증하였으며 시호는 걸충(傑忠)으로 하였다. 고향으로 돌아가 안장하도록 사신을 보내 상여를 호송하였다. 정륭 연간에 왕의 작위를 삭탈하고 태부양국공(太傅梁國公)으로 추증하였다. 아들은 [대]반([大]磐)이다.

> 磐, 本名蒲速越, 以大臣子累官登州刺史, 襲猛安. 大定三年, 除嵩州刺史, 從僕散忠義伐宋有功. 五年, 召爲符寶郎, 遷拱衛直都指揮使.

[대]반([大]磐)의 본명은 포속월(蒲速越)이다. 대신의 아들로서 여러 관직을 거쳐 등주자사

(登州刺史)에 이르렀으며 맹안(猛安)을 세습받았다. 대정 3년(1163)에 숭주자사(嵩州刺史)에 제수되었으며, 복산충의(僕散忠義)를 따라 송나라를 정벌하는 데 공을 세웠다. 5년(1165)에 [조정으로] 불러들여서 부보랑(符寶郎)으로 삼았다. 공위직도지휘사(拱衛直都指揮使)로 옮겼다.

> 初, 磐以伐宋功, 進官一階, 磐心少之, 頗形于言. 上聞之, 下吏按問, 杖一百五十, 改左衛將軍. 詔求良弓, 磐多自取, 及護衛入直者, 輒以己意更代. 護衛婁室告其事, 詔點檢司詰問. 磐有妹在宮中爲寶林, 磐屬內侍僧兒員思忠使, 言于寶林曰, 我無罪, 問事者迫我, 使自誣服. 寶林訴于上, 上怒, 杖僧兒一百, 磐責隴州防禦使. 上戒之曰, 汝在近密, 執迷自用, 朕以卿父之功, 不忍廢棄, 姑令補外, 其思勉之. 改亳州防禦使, 遷武寧軍節度使, 坐事除名. 起爲韓州刺史. 改祁州刺史, 復坐事, 削四官, 解職.

처음에 [대]반이 송나라를 토벌할 때 공을 세워 관 1계가 올랐는데, 반이 마음속으로 보잘것없다고 여기고는 그 말을 늘 하고 다녔다. 황상이 그 이야기를 듣고 관리들에게 심문하게 하고는 장 150대를 치고 좌위장군(左衛將軍)으로 바꿨다. [황상이] 조서를 내려 좋은 활을 구했는데, 반이 [들어오는 활을] 스스로 취한 것이 많았다. 호위로 입직하는 사람들을 번번이 자기 멋대로 바꾸었다. 호위 누실(婁室)이 이 일을 [황상에게] 아뢰니 황상이 조서를 내려 점검사(點檢司)에 [그를] 문책하도록 하였다. 반의 누이는 궁궐의 보림(寶林)이었다. 반이 내시인 승아(僧兒) 원사충(員思忠)에게 부탁을 하여, 보림에게 말을 전하기를 "나는 죄가 없다. 심문하는 사람들이 나를 핍박하여 무고하게 죄를 고백하도록 하였다."라고 하였다. 보림이 황상에게 하소연하니, 황상이 노하여 승아는 장 1백 대를 치고, 반은 농주방어사(隴州防禦使)로 좌천시켰다. 황상이 훈계하며 말하기를, "너는 가까이 있으면서도 잘못을 고집하여 깨닫지 못하고 마음대로 행하는구나. 짐이 너의 아버지의 공로를 생각하여 차마 버리지 못하고 외직으로 보내는 것이니, 너의 잘못을 알고 근면하라."라고 하였다. 박주방어사(毫州防禦使)로 바꿨다가 무녕군절도사(武寧軍節度使)로 옮겼지만, 일에 얽혀 제명되었다. 기용하여 한주자사(韓州刺史)로 삼았다가 기주자사(祁州刺史)로 고쳤는데, 다시 일에 연루되어서 관

4급을 삭탈당하고 해직되었다.

> 久之, 尙書省奏, 大磐以年當敍. 上曰, 剛暴之人, 屢冒刑章, 不可復用. 太傅大㚖,
> 別無嫡嗣, 其世襲猛安謀克, 不可易也.

한참을 지나서 상서성에서 아뢰기를, "대반은 나이로 관직을 주어야 합니다."라고 하였다. 황상이 말하기를, "그는 억세고 포악한 인물로 여러 차례 형법을 범하였으니 다시 임용할 수 없다. [다만] 태부 대고에게는 다른 적자가 없으니, 그의 세습 맹안·모극은 바꿀 수 없다."라고 하였다.

○ 권81, 열전(列傳) 제19, 고표(高彪)

> 高彪, 本名召和失, 辰州渤海人. 祖安國, 遼興辰開三鎭節度使. 父六哥, 左承制, 官
> 至刺史. 彪始生, 其父用術者言, 爲其時日不利於己. 欲不擧, 其母爲營護. 居數歲,
> 竟逐之, 彪匿於外家. 遼人調兵東京時, 六哥已老, 當從軍, 悵然謂, 所親曰, 吾兒若
> 在, 可勝兵矣. 所親具以實告, 因代其父行. 戰於出河店, 遼兵敗走, 彪獨力戰, 軍帥
> 見之曰, 此勇士也. 令生致之. 斡魯攻東京, 六哥率其鄕人迎降, 以爲楡河州千戶.
> 久之告老, 彪代領其衆.

고표(高彪)는 본래 이름이 소화실(召和失)이며 진주(辰州) 발해 사람이다.[56] 할아버지는 안국(安國)이며 요나라 흥(興)·진(辰)·개(開)의 삼진절도사(三鎭節度使)를 역임하였다. 아버지는 [고]육가([高]六哥)이며 좌승제(左承制)로서 관직이 자사(刺史)에 이르렀다. 표가 처음 태어났을 때 그의 부친이 술사의 말을 믿고 [고표가 출생하는] 시일이 자기에게 불리하다고 여겨서 양육하고자 아니하였으므로, 그의 모친이 주선하여 보호하였다. 몇 년을 살다가 마침내 그를 내쫓았으므로 표는 외가에 숨었다. 요나라 사람이 동경에서 군대를 징발할 때

---

[56] 요대에는 '○주+발해인'의 용례가 '실거주지'로서의 표현이었다면, 금대에는 발해인 개인의 '출신 지역'으로서의 의미가 더 강하게 작용하였다(임상선 편, 2019, 211쪽).

육가는 이미 연로하였는데도 종군해야 했으므로, 한탄하면서 친근한 사람에게 말하기를 "만약 내 아들이 있다면 군대에 가 줄 텐데."라고 하였다. [육가와] 가까운 사람이 이러한 사실을 [고표에게] 말하였고, 이로 인해 [고표는] 그의 부친을 대신해서 종군하였다. 출하점(出河店)에서 싸울 때 요나라 병사가 패주하였는데 표가 홀로 분전하며 싸우자, 금나라 군대의 장수가 그를 보고서 말하기를 "이자는 용사이다."라고 하면서 그를 사로잡게 하였다. [완안]알로([完顔]斡魯)가 동경을 공격할 때 육가는 그의 고향 사람들을 이끌고 항복하였으며, 유하주천호(楡河州千戶)로 임명되었다. [그가] 오래 있다가 연로함으로 물러나기를 청하자, 표가 부친을 대신해서 고향 사람들을 통솔하였다.

> 都統臭攻中京, 彪領謀克, 從斡魯破遼將合魯燥及韓慶民於高惠之境. 已而駐軍武安, 合魯燥以勁兵二萬來襲, 從斡魯出戰, 與所部皆去馬先登, 奮擊敗之. 奚人負險拒命, 所在屯結, 彪屢戰有功. 宗望攻平州, 彪徇地西北道, 破敵, 招降石家山寨. 再從宗望伐宋, 爲猛安. 師次眞定, 彪率兵士七十人. 臨城築甬道, 城中夜出兵焚攻具, 彪擊走之. 大軍圍汴, 以五十騎屯於東南水門, 宋人再以重兵出戰, 彪皆敗之. 師還, 屯鎭河朔, 復破敵於覇州, 擒其裨將祝昂. 河間夜出兵二萬襲我營壘, 彪率三謀克兵擊敗之.

도통(都統) [대]고([大]臭)가 중경을 공격할 때, [고]표가 모극 병사들을 거느리고 알로를 따라 요나라 장수 합로조(合魯燥)와 한경민(韓慶民)을 고(高)·혜(惠)의 접경 지역에서 격파하였다. 이어 군대를 무안(武安)에 주둔하였는데, 합로조가 정예 군대 2만 명을 이끌고 와서 습격하였다. [고표는] 알로를 따라 출전하였다. 그와 모극 병사들은 모두 말을 버리고 걸어서 선봉으로 진격하여 요나라 군대를 격파하였다. 해족 사람들이 험준한 곳을 의지하여 명령에 항거하면서 각처의 둔병을 집결시켰는데, 표가 여러 번 그들과 교전하였고 또 전공이 있었다. 종망(宗望)이 평주를 공격할 때, 표는 서북도에서 적군을 격파하고 석가산채(石家山寨)를 항복시켰다. 재차 종망을 따라 송나라를 토벌하고 맹안이 되었다. 군대가 진정(眞定)에 잠시 머물렀을 때 표는 병사 70명을 이끌고 성 가까운 곳에 용도(甬道)[57]를 쌓았다. 그런데 밤에 성안에서 군사가 나와 공성 기구를 불사르자, 표가 그들을 공격하여 물리쳤다. 대군이 변경(汴

京)을 포위하였는데, 표는 50명의 기병을 이끌고 동남수문(東南水門)에 주둔하였다. 송나라 사람이 재차 많은 군사로 성을 나와 공격하였는데, 표가 그들을 모두 물리쳤다. 군대가 물러나 하삭(河朔)에 진을 치고 수비하였는데, 다시 패주(霸州)에서 적군을 격파하고 적군의 비장 축앙(祝昂)을 사로잡았다. 하간(河間)에서 밤에 적군 2만 명이 나와 아군의 영루(營壘)를 습격하였는데, 표는 3개 모극의 병사를 이끌고 그들을 격파하였다.

> 天會五年, 授靜江軍節度使壽州刺史. 明年, 伐宋, 從帥府徇地山東, 攻城克敵, 數被重賞. 七年, 師至睢, 彪以所部招誘京西人民. 次柘城縣, 其官吏出降, 彪獨與五十餘騎入城. 繼而城中三千餘人復叛, 彪率其衆力戰敗之, 撫安其民而還.

천회 5년(1127)에 정강군절도사(靜江軍節度使)·수주자사(壽州刺史)로 임명되었다. 다음 해 송나라를 토벌함에 원수부를 따라 산동의 땅을 점령하고 성을 공격하여 적군을 물리쳐서 여러 번 큰 상을 받았다. 7년(1129)에 군대가 휴주(睢州)에 이르자, [고]표는 그의 군대를 이끌고 경서(京西)의 백성을 초무하였다. 자성현(柘城縣)에 머무를 때 그곳의 관리가 성을 나와 항복하였다. 표는 홀로 50여 명의 기병과 함께 성에 진입하였다. 그러나 뒤이어 성안의 3천여 명이 다시 반기를 들었고, 표는 그의 병사들을 거느리고 힘써 싸워 그들을 물리친 뒤 그곳의 백성을 안무하고 돌아왔다.

> 從梁王宗弼襲康王, 至杭州. 師還, 宋將韓世忠以戰艦數百扼於江北. 宗弼引而西, 將至黃天蕩, 敵舟三十餘來逼南岸. 其一先至者載兵士二百餘, 彪度垂及, 以鉤拽之, 率勇士數人, 躍入敵舟, 所殺甚衆, 餘皆逼死於水中.

[고표는] 양왕(梁王) 종필(宗弼)을 따라 [송나라] 강왕(康王)을 습격하여 항주(杭州)에 이르렀다. 군대가 철수할 때 송나라 장수 한세충(韓世忠)이 전함 수백 척으로 장강의 북쪽 언덕을 지키고 있었다. 종필이 군대를 이끌고 서쪽으로 가서 장차 황천탕(黃天蕩)에 도달하려고

---

57) 양옆에 담을 쌓아 만든 통로를 말한다.

하였는데, 적함 30여 척이 와서 남쪽 언덕을 핍박하였다. 그중에 먼저 도달한 한 척의 배에는 병사 2백여 명이 타고 있었는데, 표는 그들이 일찍 도착할 것을 헤아리고 쇠갈고리로 배를 끌어왔다. 그리고 용사 수십 명을 이끌고 적군의 배에 뛰어들어 가서 죽인 자가 대단히 많았으며 나머지는 모두 물속에 빠뜨려 죽였다.

明年, 從攻陝西, 師至寧州, 彪與宗人昂率兵三千取廓州. 始至, 有來降者言: 城東北隅守兵將謀爲內應. 彪卽夜從家奴二人以登, 左右守者覺之, 彪與從者皆殊死戰, 諸軍繼進, 遂克其城. 從攻和尙原及仙人關. 與阿里監護漕糧幷戰艦至亳州, 宋人以舟五十艘阻河路, 擊敗之, 擒其將蕭通. 擊漣水賊水寨, 進取漣水軍, 其官民已遁去, 悉招降之.

다음 해에 섬서(陝西)를 공격하였다. 군대가 영주(寧州)에 이르렀을 때 [고]표는 종인(宗人)인 [고]앙([高]昂)과 함께 병사 3천 명을 이끌고 곽주(廓州)를 점령하였다. 처음 곽주에 이르렀을 때 항복해 온 자가 말하기를 "성의 동북쪽 모퉁이의 성을 지키는 병사가 장차 내응하려고 합니다."라고 하였다. 표는 그날 밤 노비 2명을 데리고 성에 올랐는데, 좌우에서 성을 지키는 자가 그들을 발견하였다. 표와 그를 따르는 노비들 모두가 거의 죽도록 싸우고 있었는데, 군대가 진입하여 드디어 그 성을 빼앗았다. 종군하여 화상원(和尙原)과 선인관(仙人關)을 공격하였다. 아리(阿里)와 함께 양식을 운송하는 배와 전함을 호위하면서 박주(亳州)에 이르렀는데, 송나라 사람이 50척의 배를 사용하여 물길을 막았다. [고표는] 그것을 격파하고 그 장수 소통(蕭通)을 사로잡았다. 연수적(漣水賊)의 수채(水寨)를 공격하고 진군하여 연수군(漣水軍)을 탈취할 때 그곳의 관리와 백성들이 이미 도망갔는데, [고표가] 그들을 모두 항복시켰다.

彪勇健絶人, 能日行三百里, 身被重鎧, 歷險如飛. 及臨敵, 身先士卒, 未嘗反顧, 大小數十戰, 率以少擊衆, 無不勝捷.

[고]표는 용감하고 강건함이 다른 사람보다 뛰어났다. 능히 하루에 3백 리를 갈 수 있었으며 몸에 두꺼운 갑옷을 입고 험준한 곳을 지나감에 나는 듯이 갔다. 적과 대적할 때 자신이 사졸보다 앞서서 갔으며, 절대로 후퇴하거나 위축되지 않았다. 크고 작은 수십 번의 전투에서 [그는] 모두 적은 숫자로 많은 적군을 공격하여 승리하지 않음이 없었다.

> 齊國旣廢, 攝滕陽軍以東諸路兵馬都統, 撫諭徐宿曹單滕陽及其屬邑皆按堵如故. 爲武寧軍節度使, 頗黷貨, 嘗坐贓, 海陵以其勳舊, 杖而釋之. 改沂州防禦使, 歷安化安國武勝軍節度使, 遷行臺兵部尙書, 改京兆尹, 封郜國公. 以憂去官, 起復爲武定軍節度使, 歸德尹. 正隆例授金紫光祿大夫. 久之致仕, 復起爲樞密副使舒國公, 賜名彪. 卒年六十七, 諡桓壯. 彪性機巧, 通音律, 人無貴賤, 皆溫彦接之.

제나라가 폐지된 후 [고표는] 동제로병마도통(東諸路兵馬都統)으로 등양군(滕陽軍)을 거느리고, 서숙(徐宿), 조단(曹單), 등양(滕陽)과 그 속읍을 안무하고 회유하여 모두 예전과 같은 평안함을 유지하였다. 그가 무녕군절도사(武寧軍節度使)로 있을 때 재화를 탐하여 뇌물을 받은 죄에 걸렸는데, 해릉은 그가 훈구(勳舊)여서 장을 치고 석방해 주었다. 기주방어사(沂州防禦使)로 고치고, 안화안국무승군절도사(安化安國武勝軍節度使)를 역임하게 하였고, 행대병부상서(行臺兵部尙書)로 옮겼다. 경조윤(京兆尹)으로 고치고 고국공(郜國公)에 봉해졌다. 상을 당하여 관직을 떠났다가 기복(起復)[58]되어 무정군절도사(武定軍節度使)·귀덕윤(歸德尹)이 되었다. 정륭 연간에 금자광록대부(金紫光祿大夫)로 제수되었다. 오래 있다가 그는 치사(致仕)[59]하였지만, 다시 기용하여 추밀부사서국공(樞密副使舒國公)으로 삼고 표(彪)라는 이름을 하사하였다. 나이 67세로 죽었는데 환장(桓壯)이라는 시호가 내려졌다. 표는 성품이 기교하였고 음률에 통하였다. 사람들을 귀천으로 구분하지 않고 모두 온화한 얼굴로 접대하였다.

---

58) 起復出仕의 준말로, 상중에 있는 관리를 상이 끝나기 전에 기용하는 것을 말한다.
59) 나이가 많아 벼슬에서 물러나는 것을 이른다.

○ 권82, 열전(列傳) 제20, 곽약사(郭藥師)

> 郭藥師, 渤海鐵州人也. 遼國募遼東人爲兵, 使報怨于女直, 號曰怨軍. 藥師爲其渠帥. 斡魯古攻顯州, 敗藥師于城下. 遼帝亡保天德, 耶律捏里自立, 改怨軍爲常勝軍, 擢藥師諸衛上將軍. 捏里死, 其妻蕭妃稱制, 藥師以涿易二州歸于宋. 藥師以宋兵六千人奄至燕京, 甄五臣以五千人奪迎春門, 皆入城. 蕭妃令閉城門與宋兵巷戰. 藥師大敗, 失馬步走, 踰城以免. 宋人猶厚賞之.

곽약사(郭藥師)는 발해 철주(鐵州)[60] 사람이다. 요나라에서 요동 사람들을 모아 병사로 삼고 여직인들에 대한 원한을 갚으라고 하면서 호칭을 원군(怨軍)이라 하였는데, 약사는 이 [군대의] 우두머리였다. 알로고(斡魯古)가 현주(顯州)를 공격하였는데, 성 아래에서 약사를 패배시켰다. 요나라 황상은 천덕(天德)으로 도망하여 수비하고 있었다. 야율날리(耶律捏里)가 자립하여 원군을 상승군(常勝軍)으로 고치고 약사를 제위상장군(諸衛上將軍)으로 삼았다. 날리가 죽고 그의 처 소비(蕭妃)가 권력을 행사하였는데, 약사는 탁주(涿州)와 역주(易州) 두 곳을 가지고 송나라에 귀부하였다. 약사가 송나라 병사 6천 명을 이끌고 연경(燕京)을 급습하였는데, 견오신(甄五臣)이 5천 명으로 영춘문(迎春門)을 탈취하여 모두 성으로 진입하였다. 소비가 문을 닫고 송나라 병사와 시가전을 벌이도록 명령하였다. 약사가 크게 패하여 말을 잃어버리고 뛰어서 성을 넘어 도망쳐 죽음을 면하였다. 송나라 사람들이 그에게 크게 상을 내렸다.

> 太祖割燕山六州與宋人, 宋使藥師副王安中守燕山. 及安中不能庇張覺而殺之, 函其首以與宗望, 藥師深尤宋人, 而無自固之志矣. 宗望軍至三河, 藥師等拒戰于白河. 兵敗, 藥師乃降. 宗望遂取燕山.

태조가 연산(燕山)[61]의 여섯 주를 나누어 송나라 사람에게 주었다. 송나라는 [곽]약사에게

---

60) 지금의 요령성 大石橋市 북쪽 湯池村 고성 일대이다(유득공 지음, 김종복 옮김, 2018, 191쪽).
61) 河北省 薊縣 서남쪽에 있는 산이다.

왕안중(王安中)을 도와 연산을 지키도록 하였다. 안중이 장각(張覺)을 보호하지 못하고, 그를 죽여 그 머리를 함에 담아 종망(宗望)에게 보내자, 약사는 송나라 사람들을 깊이 책망하면서 자기 뜻이 굳건히 지켜질 수 없다는 것을 알았다. 종망의 군대가 삼하(三河)에 이르자 약사 등이 백하(白河)에서 맞서 싸웠다. [송나라] 군대는 패배하였고 약사는 항복하였다. 종망이 마침내 연산을 차지하였다.

太宗以藥師爲燕京留守, 給以金牌, 賜姓完顔氏. 從宗望伐宋, 凡宋事虛實, 藥師盡知之. 宗望能以懸軍深入, 駐兵汴城下, 約質納幣割地, 全勝以歸者, 藥師能測宋人之情, 中其肯綮故也. 及兩鎭不受約束, 命諸將討之, 藥師破順安軍營, 殺三千餘人. 海陵卽位, 詔賜諸姓者皆復本姓, 故藥師子安國仍姓郭氏.

태종이 [곽]약사를 연경유수(燕京留守)로 삼고 금패를 지급하고 완안씨(完顔氏)의 성을 하사하였다. 종망이 송나라를 정벌할 때 종군하였는데, 송나라의 허와 실을 약사가 모두 알고 있었다. 종망이 단독 부대를 거느리고 [송나라 경내로] 깊숙이 들어가서 변성(汴城) 아래에 주둔하자, [송나라가] 인질과 폐백을 바칠 것과 땅을 할양할 것을 약속하였다. 전승을 거두고 돌아왔지만, 그들이 여전히 요해처를 장악하고 있기 때문에 약사는 송나라 사람들의 속내를 헤아릴 수 있었다. 두 곳의 진(鎭)이 약속을 받아들이지 않자 여러 장군에게 토벌하도록 명하였다. 약사는 순안군(順安軍) 진영을 격파하고 3천여 명을 죽였다. 해릉(海陵)이 즉위한 후 조서를 내려, 각종 성씨를 하사받은 사람들은 본래의 성으로 돌아가도록 명하였다. 따라서 약사의 아들인 안국(安國)의 성은 곽씨가 되었다.

郭安國, 藥師子也. 累遷奉國上將軍南京副留守. 貞元三年, 南京大內火, 海陵使右司郎中梁錄同知安武軍節度事王全按問失火狀. 留守馮長寧都轉運使左瀛各杖一百, 除名. 安國及留守判官大良順各杖八十, 削三官. 火起處勾當官南京兵馬都指揮使吳濬杖一百五十, 除名. 失火位押宿兵吏十三人幷斬. 諭之曰, 朕非以宮闕壯麗也. 自卽位以來, 欲巡省河南, 汝等不知防愼, 致外方姦細, 燒延殆盡. 本欲處爾等死罪,特以舊人寬貸之. 押宿人兵法當處死, 疑此輩容隱姦細, 故皆斬也.

　　곽안국(郭安國)은 [곽]약사의 아들이다. 여러 번 옮겨 봉국상장군(奉國上將軍)·남경부유수(南京副留守)가 되었다. 정원 3년(1155) 남경에 큰불이 나자, 해릉이 우사낭중(右司郎中) 양구(梁銶)와 동지안무군절도사(同知安武軍節度事) 왕전(王全)을 보내 화재의 실상을 살피도록 하였다. 유수(留守) 풍장녕(馮長寧)과 도전운사(都轉運使) 좌영(左瀛)이 각각 장 100대를 맞고 제명되었다. 안국과 유수판관(留守判官) 대양순(大良順)은 각각 장 80대를 맞고 관직 3급을 삭탈당하였다. 불이 일어난 지역의 담당관인 남경병마도지휘사(南京兵馬都指揮使) 오준(吳濬)은 장 150대를 맞고 제명당했다. 불이 일어난 지역의 숙직 병사와 관리 30명은 모두 참수되었다. [해릉이] 조서를 내려 말하기를, "짐이 궁전의 아름다움을 잃게 된 것으로 인하여 이렇게 처리한 것은 아니다. [내가] 즉위한 이래로 하남을 순시하고자 하였는데, 너희들이 제대로 방비하지 못해 밖에서 간세(姦細)들이 들어와 이렇게 방화를 하여 궁전이 거의 모두 타버렸다. 본래 너희들을 모두 사형에 처하려 하였지만, 예전부터 공이 있는 자들이기 때문에 특별히 사면해 주었다. 숙직한 관리와 병사들은 모두 죽음을 당했는데, [나는] 이 무리 중에 간세가 숨어 있다고 의심해 모두 참수했다."라고 하였다.

安國性輕躁, 本無方略. 海陵將伐宋, 以安國將家子, 擢拜兵部尙書, 改刑部尙書. 軍興, 領武捷軍都總管, 與武勝武平軍爲前鋒. 海陵授諸將方略, 安國前奏曰, 趙構聞王師至, 其勢必逃竄. 臣等不以遠近, 追之獲而後已, 但置之何地. 海陵大喜曰, 卿言是也. 得構卽置之寺觀, 嚴兵守之. 及聞世宗卽位, 海陵謀北還, 更置浙西道兵馬都統制府, 以完顔元宜爲都統制, 安國副之. 及海陵遇弑, 衆惡安國所爲, 與李通輩皆殺之.

　　[곽]안국은 성품이 경박하고 조급하며 본래부터 지략이 없었다. 해릉이 송나라를 정벌하려고 할 때 안국을 장수의 집안 자제라고 발탁해 병부상서로 배수했다가 형부상서로 고쳤다. 전쟁이 시작되자 영무첩군도총관(領武捷軍都總管)으로 무승군(武勝軍)·무평군(武平軍)과 함께 선봉을 맡았다. 해릉이 여러 장군의 전략을 받았는데, 안국이 앞에 나아가 상주하기를

"조구(趙構)62)는 우리 군대가 이르렀다는 소식을 들으면 형세상 반드시 달아나 숨을 것입니다. 신들은 멀고 가까움을 따지지 않고 그를 추격하여 사로잡은 후에 멈출 것입니다. 다만 그를 어느 곳에 둘 것인가가 문제입니다."라고 하였다. 해릉이 크게 기뻐하면서 말하기를, "경의 말이 옳다. 구를 잡게 되면 사관(寺觀)에 두고 병사들이 엄하게 지켜야 할 것이다."라고 하였다. 세종이 즉위하였다는 소식을 듣자, 해릉은 북쪽으로 돌아가려고 계획하고 다시 절서도병마도통제부(浙西道兵馬都統制府)를 설치하고 완안원의(完顔元宜)를 도통제(都統制)로 삼고, 안국을 그의 부관으로 삼았다. 해릉이 피살된 후 사람들은 안국의 행태를 미워하여 [그와] 이통(李通)의 무리를 모두 죽였다.

○ 권82, 열전(列傳) 제20, 고송(高松)

> 高松, 本名檀朶, 澄州析木人. 年十九, 從軍爲蒲輦, 有力善戰, 宗弼聞其名, 召置左右, 從破汴京及和尙原, 累官咸平總管府判官. 世宗卽位, 充管押東京路渤海萬戶. 兵部尙書可喜謀反, 前同知延安尹李老僧曰, 我與萬戶高松謀之, 必從我矣. 衆曰, 若得此軍, 擧事易矣. 老僧往見松, 說松曰, 君有功舊人, 至今不得大官, 何也. 松曰, 我一縣令也, 每念聖恩, 累世不能報, 尙敢有望乎. 老僧遂不敢言. 可喜布輝阿知事不可成, 遂上變, 共捕幹論赴有司.

고송(高松)의 본명은 단타(檀朶)로, 징주(澄州) 석목(析木) 사람이다. 나이 19세 때 군대에 들어가 포련(蒲輦)이 되었는데, 힘이 있고 전투에 능하였다. 종필(宗弼)이 그의 이름을 듣고 불러서 곁에 두었다. [그는] 변경(汴京)과 화상원(和尙原)을 공격하여 함락시키는 데 참여했으며, 여러 관직을 거쳐 함평총관부판관(咸平總管府判官)에 이르렀다. 세종이 즉위한 뒤 동경로발해만호(東京路渤海萬戶)가 되었다. 병부상서 가희(可喜)가 모반을 꾀하자, 전(前) 동지

---

62) 南宋의 제1대 황제(1107~1187)로, 北宋 徽宗의 아홉 번째 아들이다. 자는 德基고, 묘호는 高宗이다. 欽宗 靖康 2년(1126) 금나라 군대가 휘종과 흠종을 포로로 잡아가자, 이듬해 南京에서 즉위했다. 이어 長江을 건너 남쪽으로 달아나 臨安을 수도로 삼았다. 岳飛와 韓世忠 등을 기용하여 금군의 남하를 저지하였으나, 금나라와 화의를 맺기 위해 악비를 살해하고 금나라에 稱臣納貢하였다. 1162년 조카인 趙昚에게 양위하고 太上皇帝가 되었다(임종욱, 2010).

연안윤(同知延安尹) 이노승(李老僧)이 말하기를 "우리가 만호 고송과 함께 모의하면, 그는 반드시 우리를 따를 것이다."라고 하였다. 이에 사람들이 모두 말하기를 "만약 이 군대를 얻는다면 거사가 쉬울 것이다."라고 하였다. 노승이 가서 송을 만난 뒤 말하기를 "그대가 예전부터 공이 있는 중신인데도 현재까지 큰 벼슬을 하지 못하는 것은 무엇 때문일까."라고 하니, 송이 말하기를 "나는 일개 현령일 뿐이다. 오로지 성은만 생각한다. 그 은덕을 몇 대가 지나도 보답하지 못할 것 같은데 감히 무엇을 바라겠는가?"라고 하였다. 노승이 감히 더 이상 말을 하지 못하고 왔다. 가희와 포휘아(布輝阿)가 일이 이루어지지 못한 것을 알고는, 마침내 변고를 위에 알리고 함께 알론(斡論)을 잡아서 유관 부서에 넘겼다.

> 松從征窩斡, 以功遷咸平少尹, 四遷崇義軍節度使. 卒, 年七十四.

[고]송은 와알(窩斡)을 정벌하는 데 따라가서, 이 공으로 옮겨 함평소윤(咸平少尹)이 되었다. 네 번이나 옮겨 숭의군절도사(崇義軍節度使)에 이르렀다. 나이 74세에 죽었다.

○ 권82, 열전(列傳) 제20, 해릉의 여러 아들[海陵諸子]

> 海陵后徒單氏生太子光英, 元妃大氏生崇王元壽.

해릉의 황후 도단씨(徒單氏)는 태자 광영(光英)을 낳았고, 원비(元妃) 대씨(大氏)는 숭왕(崇王) 원수(元壽)를 낳았다.

> 滕王廣陽, 母南氏, 本大臭家婢, 隨元妃大氏入宮, 海陵幸之, 及有娠, 卽命爲殿直.

등왕(滕王) 광양(廣陽)은 어머니가 남씨(南氏)로, 본래 대고(大臭) 집안의 노비이다. 원비 대씨를 따라 궁에 들어왔다가, 해릉의 은혜를 받았다. 임신을 하자 명을 내려 [배 속에 있는 아이를] 전직(殿直)[63]으로 삼았다.

○ 권83, 열전(列傳) 제21, 장호(張浩)

> 張浩, 字浩然, 遼陽渤海人. 本姓高, 東明王之後. 曾祖霸, 仕遼而爲張氏. 天輔中, 遼東平, 浩以策干太祖, 太祖以浩爲承應御前文字. 天會八年, 賜進士及第, 授秘書郎.

장호(張浩)는 자(字)가 호연(浩然)이고, 요양(遼陽) 발해 사람이다. 본래의 성은 고(高)이니, 동명왕(東明王)의 후손이다. 그의 증조는 패(霸)인데, 요나라에 벼슬하고서 장씨가 되었다. 천보(天輔) 연간에 요동이 평정되자 장호는 계책으로 태조에게 간구(干求)하였으며, 태조는 장호를 승응어전문자(承應御前文字)로 삼았다. 천회(天會) 8년(1130)에 진사 급제를 하사하고 비서랑(秘書郎)으로 삼았다.

> 太宗將幸東京, 浩提點繕修大內, 超遷衛尉卿, 權簽宣徽院事, 管勾御前文字, 初定朝儀. 求養親, 去職. 起爲趙州刺史. 官制行, 以中大夫爲大理卿.

태종이 장차 동경을 행차하려고 함에 [장]호는 제점관으로 임명되어 황궁의 수선을 맡았으며, [관계를] 초월하여 위위경(衛尉卿) 권첨선휘원사(權簽宣徽院事)로 어전문자(御前文字)를 관리하였고, 처음으로 조정의 의례를 제정하였다. [장호는] 부모를 봉양할 것을 요청하고 직무를 떠났다. 조주자사(趙州刺史)에 기용되었다. 관제가 실행됨에 그는 중대부(中大夫)로서 대리경(大理卿)이 되었다.

> 天眷二年, 詳定內外儀式, 歷戶工禮三部侍郎, 遷禮部尙書. 田谷黨事起, 臺省一空, 以浩行六部事. 簿書叢委, 決遣無留, 人服其才. 以疾求外, 補除彰德軍節度使, 遷燕京路都轉運使. 俄改平陽尹. 平陽多盜, 臨汾男子夜掠人婦, 浩捕得, 榜殺之, 盜遂衰息. 近郊有淫祠, 郡人頗事之. 廟祝田主爭香火之利, 累年不決. 浩撤其祠屋, 投其像水中. 強宗黠吏屛迹, 莫敢犯者. 郡中大治. 乃繕葺堯帝祠, 作擊壤遺風亭.

---

63) 전각을 지키는 직무를 맡은 관직으로, 右班殿職과 左班殿直 등이 있다.

천권(天眷) 2년(1139)에 [장호는] 내외의 의식을 상세히 제정하였고 호(戶)·공(工)·예(禮)의 삼부시랑(三部侍郞)을 역임하였으며 예부상서(禮部尙書)로 옮겼다. 전곡(田谷)의 붕당 사건이 일어남에 어사대와 상서성이 모두 비자, 호가 6부의 일을 보았다. [관부의] 문서가 쌓여 밀렸는데, [그는] 남김없이 결정하여 보내서 사람들이 그의 재간에 탄복하였다. 질병으로 외임을 청구하여 창덕군절도사(彰德軍節度使)를 보임하고 연경로도전운사(燕京路都轉運使)로 옮겼다. 조금 있다가 평양윤(平陽尹)으로 바꿨다. 평양은 도둑이 많아 임분(臨汾)의 남자가 밤에 다른 사람의 아내를 약탈하였는데, 호가 그를 잡아서 매질하여 죽이자 도적이 없어졌다. 근교에 음사(淫祠)가 있어 군의 사람들이 자못 그것을 섬기었다. 사당에서 묘축(廟祝)과 전주(田主)가 향화(香火)의 이익을 다투어 여러 해 동안 해결하지 못하였다. 호가 그 사당을 철거하고 그곳의 우상을 물속으로 던졌다. 호족과 교활한 아전이 자취를 감추었고 감히 범하는 자가 없어서 군(郡) 안이 잘 다스려졌다. 이에 요제사(堯帝祠: 요 임금의 사당)를 수선하고 격양유풍정(擊壤遺風亭)을 지었다.

> 海陵召爲戶部尙書, 拜參知政事. 天德二年, 丁母憂. 起復參知政事, 進拜尙書右丞. 天德三年, 廣燕京城, 營建宮室. 浩與燕京留守劉筈, 大名尹盧彦倫監護工作, 命浩就擬差除. 旣而暑月, 工役多疾疫. 詔發燕京五百里內醫者, 使治療, 官給藥物, 全活多者與官, 其次給賞, 下者轉運司擧察以聞.

해릉(海陵)이 [장호를] 불러 호부상서로 삼고 참지정사로 배수하였다. 천덕(天德) 2년(1150)에 모친상 중에 기복하여 참지정사가 되었고, 상서우승으로 옮겨 배수하였다. 천덕 3년에 연경(燕京) 성을 넓히고 궁실을 건설하였다. [장]호와 연경유수 유괄(劉筈)·대명윤(大名尹) 노언륜(盧彦倫)이 토목 공사를 감독하면서, 호에게 차출할 관원을 입안하도록 명령하였다. 여름이 되자 토목 공사 일꾼들이 역병을 많이 앓았다. [해릉이] 조서를 내려 연경 5백 리 이내의 의원을 징발하여 치료하게 하였다. 관부가 약물을 공급하여 온전하게 살린 사람이 많은 자는 관직을 주고, 그다음은 상을 주며, 하등인 자는 전운사(轉運司)가 수사하여 알렸다.

貞元元年, 海陵定都燕京, 改燕京爲中都, 改析津府爲大興府. 浩進拜平章政事, 賜金帶玉帶各一, 賜宴于魚藻池. 浩請凡四方之民欲居中都者, 給復十年, 以實京城, 從之. 拜尙書右丞相兼侍中, 封潞王, 賜其子汝霖進士及第. 未幾, 改封蜀王, 進拜左丞相.

정원(貞元) 원년(1153)에 해릉이 도읍을 연경에 정하고 연경을 고쳐 중도(中都)로 하였으며, 기진부(析津府)를 대흥부(大興府)로 바꿨다. [장]호는 평장정사에 올랐고 금대(金帶)·옥대(玉帶) 각기 1개씩을 하사하고 어조지(魚藻池)에서 잔치를 베풀어 주었다. 호가 무릇 사방의 백성 중에 중도에 거주하고자 하는 자는 요역 10년을 면제하여 경성을 채울 것을 요청하였고, [해릉이] 따랐다. 상서우승상 겸 시중에 배수하고 노왕(潞王)에 봉하였으며 그의 아들 [장]여림([張]汝霖)에게 진사 급제를 하사하였다. 오래지 않아 촉왕(蜀王)으로 고쳐 봉하였고 좌승상으로 올려 배수하였다.

正隆二年, 改封魯國公. 表乞致仕. 海陵曰, 人君不明, 諫不行, 言不聽, 則宰相求去. 宰相老病不能任事則求去. 卿於二者何居. 浩對曰, 臣羸病不堪任事, 宰相非養病之地也, 是以求去. 不許.

정륭(正隆) 2년(1157)에 노국공(魯國公)으로 고쳐 봉하였다. [장호는] 표를 올려 치사(致仕)하기를 간청하였다. 해릉이 말하기를 "임금이 영명하지 못하여 간해도 실행되지 않고 진언해도 들어주지 않으면 재상이 떠나갈 것을 요청한다. 재상이 늙고 병들어 정사를 맡을 수 없으면 떠나갈 것을 요청한다. 경은 두 가지 중에 어떤 것에 속하는가?"라고 하였다. [장]호가 대답하여 말하기를 "신은 쇠약하고 병들어 정사를 맡을 수 없습니다. 재상은 병을 치료하는 처지가 아니니 이런 까닭으로 떠나갈 것을 요청합니다."라고 하였으나, 허락하지 않았다.

海陵欲伐宋, 將幸汴, 而汴京大內失火, 於是使浩與敬嗣暉營建南京宮室. 浩從容奏曰, 往歲營治中都, 天下樂然趨之. 今民力未復, 而重勞之, 恐不似前時之易成也. 不

聽. 浩朝辭, 海陵問用兵利害. 浩不敢正諫, 乃婉詞以對, 欲以微止海陵用兵, 奏曰,
臣觀天意, 欲絶趙氏久矣. 海陵愕然曰, 何以知之. 對曰, 趙構無子, 樹立疎屬, 其勢
必生變, 可不煩用兵而服之. 海陵雖喜其言, 而不能從也. 浩至汴, 海陵時時使宦者
梁珫來視工役, 凡一殿之成, 費累鉅萬, 珫指曰, 某處不如法式. 輒撤之. 浩不能抗
而與之均禮. 汴宮成, 海陵自燕來遷居之. 浩拜太傅, 尙書令, 進封秦國公.

해릉이 송나라를 정벌하고자 하여 장차 변경에 행차하려고 했는데 변경의 황궁에 불이 났다. 이에 [장]호와 경사휘(敬嗣暉)에게 남경(南京)의 궁실을 건설하게 하였다. 호가 조용히 보고하기를 "지난해에 중도를 건설할 때 천하의 백성이 즐거이 달려왔습니다. 지금 민력(民力)이 아직 회복되지 않았는데 거듭 그들을 수고롭게 한다면, 아마도 이전처럼 쉽게 성공하지 못할 것 같습니다."라고 하였다. [해릉이] 듣지 않았다. 호가 하직할 때 해릉은 용병(用兵)의 이해득실을 물었다. 호는 감히 정직하게 간하지 못하고 완곡한 말로 대답하여 해릉이 전쟁을 일으키는 것을 은밀하게 제지하고자 하였다. 그가 아뢰기를, "신은 하늘의 뜻이 조씨(趙氏: 송나라)를 멸하고자 함이 오래되었음을 관찰하였습니다."라고 하였다. 해릉이 놀라면서 말하기를, "그대가 어떻게 아는가?"라고 하였다. [장호가] 대답하기를, "조구(趙構)는 아들이 없어 소원한 친속의 사람을 계승인으로 세웠으므로 그 형세가 반드시 변란을 발생하게 하리니, 번거롭게 용병을 하지 않고서도 그들을 항복시킬 수 있습니다."라고 하였다. 해릉은 비록 그의 말을 좋아하였으나 들어줄 수 없었다. 호가 변경에 이르자, 해릉은 수시로 환관 양류(梁珫)를 보내서 토목 공사를 시찰하였고 무릇 하나의 궁전이 완성되면 비용이 수만을 누적하였다. 충이 손가락으로 가리키면서 말하기를 "어느 곳이 법식과 같지 않습니다."라고 하면, 바로 그곳을 철거하였다. 호는 항거할 수 없었고 [그와] 균등한 예절로써 하였다. 변경의 황궁이 완성되자, 해릉이 연경으로부터 옮겨와서 거주하였다. 호는 태부(太傅)·상서령(尙書令)으로 배수하고 진국공(秦國公)으로 올려 봉하였다.

海陵至汴, 累月不視朝, 日治兵南伐, 部署諸將. 浩欲奏事, 不得見. 會海陵遣周福
兒至浩家, 浩附奏曰, 諸將皆新進少年, 恐誤國事. 宜求舊人練習兵者, 以爲千戶謀

克. 而海陵部署已定, 惡聞其言, 乃杖之. 海陵自將發汴京, 皇后太子居守. 浩留治尚書省事.

해릉이 변경에 이르러서는 여러 달 동안 조정을 돌보지 않고 날마다 남벌할 군대를 다스려 여러 장수를 나눠서 할 일을 분담시켰다. [장]호가 일을 보고하려 하였지만 알현할 수 없었다. 마침 해릉이 주복아(周福兒)를 호의 집에 보내자, 호가 덧붙여 보고하기를 "여러 장수가 모두 신진이니 국사를 그르칠까 염려됩니다. 마땅히 옛사람으로 병사를 훈련시킬 자를 구해 천호모극(千戶謀克)으로 삼아야 합니다."라고 하였다. 그러나 해릉은 부서가 이미 정해졌으므로 그러한 말을 듣는 것을 싫어하였고, 이에 [장호를] 장에 처하였다. 해릉이 스스로 [군대를] 통솔하여 변경을 출발하였고 황후와 태자는 남아 지키게 하고, 호는 [변경에] 머무르면서 상서성의 일을 관장하였다.

世宗卽位于遼陽, 揚州軍變, 海陵遇害. 都督府使使殺太子光英于南京. 浩遣戶部員外郞完顏謀衍上賀表. 明年二月, 浩朝京師, 入見. 世宗謂曰, 朕思天位惟艱, 夙夜惕懼, 不遑寧處. 卿國之元老, 當戮力贊治, 宜令後世稱揚德政, 毋失委注之意也. 俄拜太師尙書令, 封南陽郡王. 世宗曰: 卿在正隆時爲首相, 不能匡救, 惡得無罪. 營建兩宮, 殫竭民力, 汝亦嘗諫, 故天下不以咎汝, 惟怨正隆. 而卿在省十餘年, 練達政務, 故復用卿爲相, 當自勉, 毋負朕意. 浩頓首謝. 居數日, 世宗謂浩曰, 卿爲尙書令, 凡人材有可用者, 當擧用之. 浩擧紇石烈志寧等, 其後皆爲名臣.

세종(世宗)이 요양에서 즉위하였다. 양주(揚州)에서 군대 내부의 변란이 일어나 해릉이 해를 당하였다. 도독부가 사신을 시켜 남경에서 태자 광영(光英)을 살해하였다. [장]호는 호부원외랑(戶部員外郞) 완안모연(完顏謀衍)을 보내 [세종에게] 축하하는 표문을 올렸다. 다음해 2월에 장호가 경사에 조회하여 들어가 알현하니, 세종이 그에게 말하기를 "짐은 천자의 지위가 오직 어려움과 괴로움만 있다고 생각한다. 이른 아침부터 저녁까지 근심 걱정으로 한가하고 편안할 겨를이 없는 곳이다. 경은 나라의 원로이니 마땅히 힘을 다해 정치를 보좌하여, 후세가 그대의 덕정(德政)을 찬양하게 하고 그대를 중용한 뜻을 잃어버리지 말아야 한다."

하였다. 잠시 있다가 태사(太師)·상서령(尙書令)으로 배수하고 남양군왕(南陽郡王)으로 봉하였다. 세종이 말하기를 "경이 정륭 연간에 수상이 되었으면서도 바로잡아 구원할 수 없었으니 어찌 죄가 없을 수 있겠는가? 양쪽 지역에 황궁을 건설하여 민력을 다 없앴는데 그대가 또한 일찍이 간하였으므로, 천하의 사람들이 그대를 책망하지 않고 오직 정륭(해릉)을 원망한다. 그러나 경이 [상서]성에서 10여 년을 있으면서 정무에 통달하였으므로 다시 경을 재상으로 삼으니 마땅히 스스로 힘써서 짐의 뜻을 저버리지 말아야 한다." 하니, 호가 머리를 조아리고 감사하였다. 며칠이 지나 세종이 장호에게 말하기를 "경은 상서령이 되었으니 무릇 임용할 만한 인재가 있으면 마땅히 천거하여 임용할 것이다."라고 하였다. 호는 흘석렬지녕(紇石烈志寧) 등을 천거하였고 이후에 모두 명신이 되었다.

> 浩有疾, 在告者久之. 遣左司郎中高衎及浩姪汝弼宣諭. 浩力疾入對, 卽詔入朝毋拜, 許設座殿陛之東, 若有咨謀, 然後進對. 或體中不佳, 不必日至省中, 大政可就第裁決. 浩雖受詔, 然每以退爲請. 三年夏, 復申前請. 乃除判東京留守. 疾不能赴任, 因請致仕.

[장]호가 병이 들어 휴양한 지가 오래되었다. [세종은] 좌사낭중(左司郎中) 고간(高衎)과 호의 조카 [장]여필([張]汝弼)을 보내 안부를 물었다. 호가 병을 참고 [조정에] 들어와 대답함에, [세종은] 즉시 조서를 내려 [그가] 입조할 때에 절하지 말게 하였으며 궁전 섬돌의 동쪽에 자리를 설치하여 [세종이] 의견을 구할 때만 앞으로 나아와 대답하도록 허락하였다. 혹시 몸이 불편하면 날마다 상서성에 이를 필요가 없고 큰 정사는 집에서 결재하도록 하였다. 호가 비록 조서를 받았으나 매번 물러날 것을 요청하였다. [정륭] 3년(1158) 여름에 다시 이전에 요청한 것을 아뢰었다. 이에 판동경유수(判東京留守)로 제수하였다. [그러나] 질병으로 부임할 수 없었으므로 치사(致仕)하기를 청하였다.

> 初, 近侍有欲罷科擧者, 上曰, 吾見太師議之. 浩入見, 上曰, 自古帝王有不用文學者乎. 浩對曰, 有. 曰, 誰歟. 浩曰, 秦始皇. 上顧左右曰, 豈可使我爲始皇乎. 事遂寢.

처음에 근시(近侍) 중에 과거를 그만두게 하고자 하는 사람이 있었는데, 황상(세종)이 말하기를 "내가 태사를 만나서 상의하겠소."라고 하였다. [장]호가 들어와 알현하니, 황상이 말하기를 "예로부터 제왕 중에 문학을 쓰지 않은 자가 있는가?"라고 하였다. 장호가 대답하여 말하기를 "있습니다."라고 하였다. [황상이] 말하기를 "누구인가?" 하니, 장호가 대답하여 말하기를 "진시황입니다."라고 하였다. 황상이 좌우를 돌아보고 말하기를 "어찌 나에게 진시황이 되게 하는가!"라고 하였다. 이 일은 마침내 잠잠해졌다.

是歲, 薨. 上輟朝一日. 詔左宣徽使趙興祥率百官致奠, 賻銀千兩重綵五十端絹五百匹. 諡曰文康. 明昌五年, 配享世宗廟廷. 泰和元年, 圖像衍慶宮. 子汝爲汝霖汝能汝方汝猷.

이해에 [장호가] 죽었다. 황상이 조회를 하루 멈추었다. 조서를 내려, 좌선휘사 조흥상(趙興祥)이 백관을 거느리고 가서 제사 지내게 하고 은 1천 냥·중채(重綵) 50단·비단 500필을 부의금으로 보냈다. 시호는 문강(文康)이다. 명창(明昌) 5년(1194)에 세종의 묘정에 배향하였다. 태화(泰和) 원년(1201)에 연경궁(衍慶宮)에 [그의] 초상을 그렸다. 아들은 [장]여위([張]汝爲), [장]여림([張]汝霖), [장]여능([張]汝能), [장]여방([張]汝方), [장]여유([張]汝猷)이다.

汝霖字仲澤, 少聰慧好學, 浩嘗稱之曰, 吾家千里駒也. 貞元二年, 賜呂忠翰榜下進士第, 特授左補闕, 擢大興縣令, 再遷禮部員外郎翰林待制. 大定八年, 除刑部郎中, 召見於香閣, 諭之曰: 卿以待制除郎中, 勿以爲降. 朕以刑部闕漢官, 故以授卿. 且卿入仕未久, 姑試其能耳. 如職事修擧, 當有陞擢. 爾父太師以戶部尚書升諸相位, 由崇德大夫躐遷金紫, 卿所自見也. 當卽厥心, 無忝乃父. 明年, 授太子左諭德兼禮部郎中.

[장]여림의 자(字)는 중택(仲澤)이며 젊어서 총명하고 학문을 좋아하여, [장]호가 일찍이 그를 칭찬하여 말하기를 "우리 집의 천리마이다."라고 하였다. 정원(貞元) 2년(1154)에 여충

한(呂忠翰)의 과거 급제 성명을 공시하는 아래에서 진사 급제를 받았고, 특별히 좌보궐(左補闕)로 임명되었으며 대흥현령(大興縣令)에 발탁되었고 다시 예부원외랑(禮部員外郎)·한림대제(翰林待制)에 올랐다. 대정(大定) 8년(1168)에 형부낭중(刑部郎中)으로 임명되었는데, [세종이] 불러 향각에서 접견하고 그를 회유하여 말하기를 "경은 [한림]대제로서 [형부]낭중으로 제수된 것을 직분을 내렸다고 생각하지 마라. 짐이 형부(刑部)에 한인 관리가 부족하다고 여겼기 때문에 경에게 제수한 것이다. 또한 경은 벼슬길에 들어온 지 오래되지 않았으니 잠시 그대의 재능을 시험할 뿐이다. 만일 직무를 익혀 잘 수행한다면 마땅히 그대를 올려 발탁할 것이다. 그대의 부친인 태사는 호부상서(戶部尚書)로 재상의 지위에 올랐고, 숭덕대부(崇德大夫)로부터 관계를 뛰어넘어 금자광록대부(金紫光祿大夫)로 옮겼으니, 경이 스스로 본 바이다. 그대는 마땅히 힘을 다하여 부친을 욕되게 하지 말아야 한다." 하였다. 이듬해에 태자좌유덕(太子左諭德) 겸 예부낭중(禮部郎中)을 제수하였다.

先是, 知登聞檢院王震改禮部郎中, 世宗諭宰臣曰, 此除未允人望, 禮官當選有學術士, 如張汝霖者可也. 於是, 命汝霖兼之而除震別職. 擢刑部侍郎以憂解, 起復爲太子詹事, 遷太子少師兼御史中丞. 世宗召謂曰, 卿嘗言, 監察御史所察州縣官多因沽買以得名譽, 良吏奉法不爲表襮, 必無所稱. 朕意亦然. 卿今爲臺官, 可革其弊. 尋改中都路都轉運使太子少師兼禮部尚書, 俄轉吏部, 爲御史大夫.

이에 앞서 지등문검원(知登聞檢院) 왕진(王震)을 예부낭중으로 바꾸었는데, 세종이 재신을 회유하여 말하기를 "이 임명은 사람들의 기대에 부합하지 않으니, 예관은 마땅히 학술이 있는 인사를 선택해야 하며 장여림 같은 자가 마땅하다."라고 하였다. 이에 여림에게 명하여 [예부낭중을] 겸임하게 하고, 왕진에게는 다른 관직을 내려 주었다. [장여림이] 형부시랑(刑部侍郎)에 발탁되었다. 상을 당하여 관직을 떠나갔다가 기복하여 태자첨사(太子詹事)가 되었고, 태자소사(太子少師) 겸 어사중승(御史中丞)으로 옮겼다. 세종이 그를 불러 말하였다. "경은 일찍이 말하기를, 감찰어사가 살핀 바의 주현 관리들은 허다하게 온갖 수단을 부려서 명예를 얻으며, 선량한 관리들은 법을 받들어 지키고 겉으로 드러내지 않으니, 반드시 그들을 칭찬하는 사람이 없다고 하였다. 짐의 생각도 또한 그러하오. 경은 지금 대관(臺官)이 되었으니 그 폐단을 고쳐 없애시오." 조금 있다가 [장여림은] 중도로도전운사(中都路都轉運使)·태자소사 겸 예부상서로 변경되었고, 오래지 않아 이부(吏部)로 옮겨 어사대부가 되었다.

時將陵主簿高德溫大收稅戶米, 逮御史獄. 汝霖具二法上. 世宗責之曰, 朕以卿爲公正, 故登用之. 德溫有人在宮掖, 故朕頗詳其事. 朕肯以宮掖之私撓法耶. 不謂卿等顧徇如是. 汝霖跪謝. 久之, 上顧左諫議大夫楊伯仁曰, 臺官不正如此. 伯仁奏曰, 罪疑惟輕, 故具二法上請, 在陛下裁斷耳. 且人材難得, 與其材智而邪, 不若用愚而正者. 上作色曰, 卿輩皆愚而不正者也. 未幾, 復坐失出大興推官高公美罪, 謫授棣州防禦使. 頃之, 復爲太子少師兼禮部尚書. 拜參知政事, 太子少師如故. 是日, 汝霖兄汝弼亦進拜尚書左丞, 時人榮之.

당시에 장릉주부(將陵主簿) 고덕온(高德溫)이 조세를 바치는 호(戶)에서 쌀을 대량으로 거두어들여 어사의 감옥에 체포되었다. [장]여림이 두 종류의 법을 갖추어 보고하였다. 세종이 [그를] 책망하여 말하기를, "짐은 경이 공정한 사람이라 여겼기 때문에 등용하였다. 고덕온은 황궁 안에 있는 사람이므로 짐이 자못 그의 일을 자세히 안다. 짐이 궁궐 안의 사사로운 정으로 법을 어지럽히는 것을 즐겼는가? 경들이 정을 돌아보고 사사로움을 경영함이 이와 같은 줄을 생각하지 못하였다."라고 하였다. 여림이 꿇어앉아 사죄하였다. 오래 있다가 황상이 좌간의대부 양백인(楊伯仁)을 돌아보고 말하기를, "대관(臺官)이 정직하지 않음이 이와 같다."라고 하였다. 백인이 아뢰기를, "죄상이 분명하지 아니하여 가볍게 생각하였고 따라서 두 종류의 법을 갖추어 올려 요청하였사오니, 폐하께서 판단을 내려 주실 뿐입니다. 인재를 얻기는 어려우니 그 재간과 지혜가 있으면서 간사한 사람보다는 어리석지만 정직한 사람을 임용하는 것만 같지 못합니다."라고 하였다. 황상이 불쾌한 안색을 드러내면서 말하기를, "경들은 모두 어리석으면서 정직하지 못한 사람이다."라고 하였다. 오래지 않아 [장여림이] 다시 실수로 대흥추관(大興推官) 고공미(高公美)의 죄를 면제해 준 것 때문에 벌을 받아 체주방어사(棣州防禦使)로 좌천되었다. 잠시 후에 다시 태자소사 겸 예부상서가 되었다. 참지정사를 제수하고 태자소사는 예전대로 하였다. 이날에 여림의 형 여필도 또한 상서좌승에 올랐으니, 당시의 사람들이 이 일을 영광스럽게 여겼다.

後因朝奏日論事上前, 世宗謂曰, 朕觀唐史, 見太宗行事初甚勵精, 晚年與群臣議多飾辭, 朕不如是也. 又曰, 唐太宗, 明天子也, 晚年亦有過擧. 朕雖不能比迹聖帝明王, 然常思始終如一. 今雖年高, 敬愼之心無時或怠. 汝霖對曰, 古人有言, 靡不有初, 鮮克有終, 有始有卒者, 其惟聖人乎. 魏徵所言守成難者, 正謂此也. 上以爲然. 二十五年, 章宗以原王判大興府事, 上命汝霖但涓視事日且加輔導. 尋坐擅支東宮諸皇孫食料, 奪官一階. 久之, 遷尙書右丞.

이후에 [장여림이] 조정에 나아와 보고하는 날에 어전에서 정사를 논의하였고, 세종이 그에게 말하기를 "짐이 당나라 시대의 역사를 보니 당 태종이 일을 처리함에 처음에는 대단히 분발하여 부지런히 힘썼는데, 만년에는 많은 신하와 논의함에 꾸미는 말을 많이 하여 부실하였으니, 짐은 이처럼 하지 않겠다."라고 하였다. 또 말하기를, "당 태종은 영명한 천자인데 만년에 또한 과오의 거동이 있었다. 짐이 비록 현명한 제왕의 자취에 나란히 할 수는 없지만, 항상 처음과 끝이 변함 없이 똑같음을 생각한다. 지금 비록 나이가 많으나 공경하고 근신하는 마음은 어떤 때에도 나태하지 않다."라고 하였다. [장]여림이 대답하여 말하기를, "옛사람이 말하기를 '사람이 처음에는 잘하지 아니함이 없으나 능히 견지하여 마침에 이르는 자는 드물다.'라고 하였으니, 시작이 있고 마침이 있는 자는 오직 성인일 것입니다! 당나라 위징(魏徵)이 '성취한 것을 지키는 것이 어렵다'라고 말한 것은 바로 이것을 말합니다."라고 하였다. 황상은 그러하다고 여겼다. [대정] 25년(1185)에 장종(章宗)이 원왕(原王)의 신분으로 판대흥부사(判大興府事)가 되었고, 황상은 장여림에게 다만 [장종이] 선택되어 일을 맡아보는 날에 또한 도와서 인도함을 추가하도록 명령하였다. 오래지 않아 장여림은 동궁 여러 황손의 식료를 함부로 지출한 죄로 관직 1급을 삭탈당하였다. 오래 있다가 상서우승에 올랐다.

是時, 世宗在位久, 熟悉天下事, 思得賢材與圖致治, 而大臣皆依違苟且, 無所薦達. 一日, 世宗召宰臣謂曰, 卿等職居輔相, 曾無薦擧何也. 且卿等老矣, 殊無可以自代者乎. 惟朕嘗言某人可用, 然後從而言之. 卿等旣無所言, 必待朕知而後進用, 將復有幾. 因顧汝霖曰, 若右丞者, 亦因右丞相言而知也. 汝霖對曰, 臣等苟有所知, 豈

> 敢不薦, 但無人耳. 上曰, 春秋諸國分裂, 土地褊小, 皆稱有賢. 今天下之大, 豈無人才. 但卿等不擧而已. 今朕自勉, 庶幾致治. 他日子孫誰與共治乎. 汝霖等皆有慙色. 二十八年, 進拜平章政事, 兼修國史, 封芮國公. 世宗不豫, 與太尉徒單克寧, 右丞相襄同受顧命. 章宗卽位, 加銀靑光祿大夫, 進封莘.

이때 세종이 재위한 지 오래되어 천하의 일을 익숙하게 알았고 현명한 인재를 얻어서 그들과 함께 태평성대를 도모하려고 생각하였는데, 대신들이 모두 망설이며 결정하지 못하고 구차하여 인재를 천거하는 바가 없었다. 어느 날 세종이 재신을 불러 말하기를, "경들은 보상(輔相)의 직위에 있으면서 일찍이 인재를 천거한 적이 없으니 무엇 때문인가? 또한 경들은 모두 늙었으니 자못 자신을 대체할 수 있는 자가 없는가? 오직 짐이 일찍이 아무개가 임용할 만하다고 말하면, 그러한 이후에 경들은 따라서 그러하다고 말한다. 경들이 말하는 것은 없었고 반드시 짐이 인재를 알아본 이후를 기다려서 올려 임용하니, 장차 다시 몇 사람이 있겠는가?" 하였다. 그리고 세종이 [장]여림을 돌아보고 말하기를, "우승(右丞) 같은 자도 역시 우승상이 말하였기 때문에 알았다."라고 하였다. 여림이 대답하여 말하기를, "신들이 진실로 아는 바가 있으면 어찌 감히 천거하지 않겠습니까? 다만 사람이 없을 뿐입니다."라고 하였다. 황상이 말하기를 "춘추시대에는 여러 나라가 분열하여 토지가 협소하였으나 모두 현인이 있다고 일컬어졌다. 지금 천하가 넓은데 어찌 인재가 없겠는가? 다만 경들이 천거하지 않을 따름이다. 지금은 [짐이] 스스로 힘써 거의 정치를 성취하였다. 다른 날에는 짐의 자손이 누구와 함께 국가를 다스리겠는가?" 하니, 여림 등이 모두 부끄러운 기색이 있었다. [대정] 28년(1188)에 평장정사에 올랐고 겸 수국사(修國史)가 되었으며 예국공(芮國公)에 봉해졌다. 세종이 병이 나서 몸이 불편할 때 [장여림은] 태위 도단극녕(徒單克寧)·우승상 [완안]양([完顔]襄)과 함께 고명(顧命)을 받았다. 장종이 즉위하고 [장여림은] 은청광록대부(銀靑光祿大夫)를 더하였으며 신[국공](莘[國公])으로 올려 봉해졌다.

> 先是, 右丞相襄言, 熙宗聖節蓋七月七日, 爲係景宣忌辰, 更用正月受外國賀. 今天壽節在七月, 雨水淫暴, 外方人使赴闕, 有碍行李, 乞移他月爲便. 汝霖言, 帝王之

> 道當示信於天下. 昔宋主構生日, 亦係五月. 是時, 都在會寧, 上國遣使賜禮, 不聞
> 有霖潦碍阻之說. 今與宋構好日久, 遽以暑雨爲辭, 示以不實. 萬一雨水踰常, 愆期
> 到闕, 猶愈更用別日. 參知政事劉瑋御史大夫唐括貢中丞李晏刑部尚書兼右諫議大夫
> 完顔守貞修起居注完顔烏者同知登聞檢院事孫鐸亦皆言其不可. 帝初從之, 旣而竟用
> 襄議. 時帝在諒陰, 初出獵, 諫院聯章言心喪中未宜. 其後冬獵, 汝霖諫之. 詔答曰,
> 卿能每事如此, 朕復何憂. 然時異事殊, 難同古昔, 如能斟酌得中, 斯爲當矣.

이에 앞서 우승상 [완안]양이 말하였다. "희종(熙宗)의 생신이 대개 7월 7일인데 경선(景宣) [황상의] 기일에 연계되므로 정월로 변경하여 외국의 하례를 받으십시오. 지금 천수절(天壽節: 황제의 생신)이 7월에 있어 빗물이 사납게 쏟아져서 외국의 사자가 대궐에 다다름에 행리(行李)를 방해함이 있으니, 다른 달로 옮기어 편리하게 할 것을 간청합니다." [장]여림이 말하였다. "제왕의 나라를 다스리는 방도는 마땅히 천하에 믿음을 보여야 합니다. 옛날 송나라 주인 [조]구([趙]構)의 생일도 또한 5월에 있었습니다. 당시에 [송의] 도읍이 회령(會寧)에 있었으므로 상국(금)이 사자를 보내어 예물을 하사하였는데 장마로 가로막아 방해하였다는 말을 듣지 못하였습니다. 지금 [송나라와] 강화한 지 오래되었는데 갑자기 여름 비로써 핑계로 삼는다면 성실하지 않음을 보이는 것입니다. 만에 하나 빗물이 평상시를 넘겨서 기약한 날짜를 어기어 대궐에 도달한다면 오히려 다른 날로 변경하는 것이 낫습니다." 참지정사 유위(劉瑋), 어사대부 당괄공(唐括貢), 중승(中丞) 이안(李晏), 형부상서 겸 우간의대부 완안수정(完顔守貞), 수기거주(修起居注) 완안오자(完顔烏者), 동지등문검원사(同知登聞檢院事) 손탁(孫鐸)도 모두 불가하다고 말하였다. 황제가 처음에는 따르는 듯했으나, 논의만 되풀이하다가 끝났다. 당시에 황제가 상중이었는데 처음으로 사냥을 나갔다. 간원(諫院)의 관원들이 잇달아 장주(章奏)를 올려 상중에 [이렇게 하는 것이] 마땅하지 않음을 말하였다. 그 이후의 겨울 사냥에서 여림이 [또] 간하였다. [장종이] 조서를 내려 대답하여 말하기를, "경이 능히 매사에 이처럼 하니 짐이 다시 무슨 근심이 있겠는가? 그러나 시대가 다르고 사정이 달라 옛날과 똑같이 하기가 어려우니, 만일 능히 짐작하여 적중한다면 이는 당연히 해야 한다."라고 하였다.

一日, 帝謂宰臣曰, 今之用人, 太拘資歷, 如此何能得人. 汝霖奏曰, 不拘資格, 所以待非常之材. 帝曰, 崔祐甫爲相, 未踰年薦八百人, 豈皆非常材耶. 時有司言民間收藏制文, 恐因而滋訟, 乞禁之. 汝霖謂, 王者之法, 譬猶江河, 欲使易避而難犯, 本朝法制, 坦然明白, 今已著爲不刊之典, 天下之人無不聞誦. 若令私家收之, 則人皆曉然不敢爲非, 亦助治之一端也. 不禁爲便. 詔從之. 明昌元年三月, 表乞致仕, 不許. 十二月, 卒. 時帝獵饒陽, 訃聞, 勅百官送葬, 賻禮加厚, 諡曰文襄.

어느 날 황제가 재신에게 말하기를 "지금에 사람을 임용함은 너무 자격을 구속하니 이처럼 하면 어찌 인재를 얻을 수 있겠는가?"라고 하니, [장]여림이 보고하여 말하기를 "자격을 구속하지 않으면 비상한 인재를 대우할 수 있습니다."라고 하였다. 황제가 말하기를, "최우보(崔祐甫)는 재상이 되어 1년을 넘기지도 않았는데 8백 명을 천거하였으니 어찌 모두 비상한 인재이겠는가?"라고 하였다. 당시에 유관 부서가 민간이 법제의 글을 소장하는 것을 말하면서, 이것으로 인해 소송이 늘어나는 것을 두려워하여 금지할 것을 간청하였다. 여림이 말하였다. "제왕의 법은 비유컨대 장강·황하와 같으니 쉽게 피하고 범하기 어렵게 하고자 합니다. 본조(금나라)의 법제는 평탄하고 명백하여 지금 이미 고칠 수 없는 법전으로 편찬되었고, 천하의 사람이 듣고 외우지 않음이 없습니다. 만약 사가(私家)에게 그것을 소장하게 한다면 사람들은 모두 환하게 알아 감히 그릇된 일을 하지 않을 것이고 또한 이것은 다스림을 돕는 일단입니다. 금지하지 않고 편리하게 하십시오." [장종이] 조서를 내려 동의하여 따랐다. 명창(明昌) 원년(1190) 3월에 표를 올려 치사(致仕)를 간청하였으나, 허락하지 않았다. 12월에 죽었다. 당시에 황제가 요양에서 사냥하였는데, [그의] 부음을 듣고서 칙서를 내려 백관이 장례를 주관하게 하고 부의를 더욱 후하게 내려 주었다. 시호를 문양(文襄)이라 하였다.

汝霖通敏習事, 凡進言必揣上微意, 及朋附多人爲說, 故言不忤而似忠也. 初, 章宗新卽位, 有司言改造殿庭諸陳設物, 日用繡工一千二百人, 二年畢事. 帝以多費, 意輟造. 汝霖曰, 此非上服用, 未爲過侈. 將來外國朝會, 殿宇壯觀, 亦國體也. 其後奢用浸廣, 蓋汝霖有以導之云.

[장]여림은 통달하고 민첩하게 일을 익혔고, 무릇 진언함에 반드시 황상의 드러나지 않은 은밀한 뜻을 헤아렸으며, 많은 사람을 벗하여 가까이하였으므로, [그의] 말은 거슬리지 않고서 충언 같았다. 처음에 장종이 새로 즉위함에 유관 부서가 궁전의 여러 진설물을 개조할 것을 아뢰었는데, 날마다 수공(繡工) 1,200인을 써서 2년을 해야 일을 마칠 수 있었다. 황제는 비용이 많이 들어서 개조를 멈추려고 하였다. 여림이 말하기를, "이것은 황상께서 누리는 것이 아니니 지나치게 사치하는 것이 아닙니다. 장래에 외국[의 사신]이 조회할 때 전우(殿宇)의 장관은 또한 나라의 체면입니다."라고 하였다. 그 이후로 사치하여 쓰는 것이 점점 많아졌으니, 대개 여림이 유도함이 있었다고 한다.

○ 권83, 열전(列傳) 제21, 장현소(張玄素)

張玄素, 字子眞, 與浩同曾祖. 祖祐, 父匡, 仕遼至節度使. 玄素初以廕得官. 高永昌據遼陽, 玄素在其中. 斡魯軍至, 乃開門出降, 特授世襲銅州猛安. 天會間, 歷西上閤門使客省使東宮計司. 天眷元年, 以靜江軍節度使知涿州, 察廉最, 進官一階. 皇子魏王道濟遙領中京, 以玄素爲魏王府同提點, 尋改鎭西軍節度使, 遷東京路都轉運使, 改興平軍節度使. 正隆末年, 天下盜起, 玄素發民夫增築城郭, 同僚諫止之, 不聽. 未幾, 寇掠鄰郡, 皆無備, 而興平獨安.

장현소(張玄素)는 자(字)가 자진(子眞)이며, 장호와는 증조가 같다. 조부는 [장]우([張]祐)이며 부친은 [장]광([張]匡)인데, 요나라에서 벼슬하여 절도사에 이르렀다. 현소는 처음 음서로써 관직을 얻었다. 고영창(高永昌)이 요양을 점거하였을 때 현소는 그 안에 있었다. [완안]알로([完顔]斡魯)의 군대가 이르자 성문을 열고 나가서 항복하였으므로 특별히 세습동주맹안(世襲銅州猛安)을 제수하였다. 천회(天會) 연간에 서상합문사(西上閤門使)·객성사(客省使)·동궁계사(東宮計司)를 역임하였다. 천권(天眷) 원년(1138)에 [그는] 정강군절도사지탁주(靜江軍節度使知涿州)로서 관리의 성적을 고찰함에 최고였으므로 관계 1급이 올랐다. 황자 위왕(魏王) 도제(道濟)가 중경(中京)을 순수할 때 현소를 위왕부동제점(魏王府同提點)으로 삼았고 얼마 뒤 진서군절도사(鎭西軍節度使)로 바뀌었으며, 동경로도전운사(東京路都轉運使)로 옮겼다가 흥평군절도사(興平軍節度使)로 바뀌었다. 정륭 말년에 천하에 도적이 일어나자 현소가 백성을 징발하여 성곽을 증축하니, 동료들이 그칠 것을 간하였지만 듣지 않았다. 얼마 지나지 않아 도적이 이웃 군을 약탈하였는데, [이웃한 군들은] 모두 준비함이 없었는데 흥평만 홀로 평안하였다.

> 世宗卽位, 玄素來見于東京. 玄素在東京, 希海陵旨, 言世宗嘗取在官黃糧, 及摭其數事. 至是來見, 世宗一切不問. 玄素與李石力言宜早幸燕京, 上深然之. 遷戶部尙書, 出鎭定武, 遂致仕. 年八十四, 卒.

세종이 즉위함에 [장]현소가 동경에 이르러 알현하였다. 현소가 동경에 있을 때 해릉(海陵)의 뜻에 영합하여, 세종이 일찍이 관부 창고에 있는 양식을 취하였다고 말하면서 [세종의] 여러 사례를 주워 모았다. 이때에 이르러 [장현소가] 와서 알현함에 세종은 일절 추궁하지 않았다. 현소와 이석(李石)은 힘을 다해 조속한 시일에 연경에 행차해야 할 것을 말하였고, 황상은 매우 그러하다고 여겼다. [현소는] 호부상서로 옮겼고, 나가서 정무(定武)를 진수하였다. 마침내 치사(致仕)하고, 84세에 죽었다.

> 玄素厚而剛毅, 人畏憚之. 往往以片紙署字其上治瘧疾, 輒愈, 人皆異之.

[장]현소는 후덕하면서 강직하여 사람들이 그를 두려워하고 꺼렸다. [그는] 왕왕 사람들에게 종이에 글을 써 주어 학질을 다스렸는데 [그것으로] 병이 나았기 때문에 사람들이 모두 특이하게 여겼다.

○ 권83, 열전(列傳) 제21, 장여필(張汝弼)

> 汝弼, 字仲佐, 父玄徵, 彰信軍節度使, 玄素之兄也. 汝弼初以父蔭補官. 正隆二年, 中進士第, 調瀋州樂郊縣主簿. 玄徵妻高氏與世宗母貞懿皇后有屬, 世宗納玄徵女爲次室, 是爲元妃. 張氏生趙王允中. 世宗卽位于遼陽, 汝弼與叔玄素俱往歸之, 擢應奉翰林文字.

장여필(張汝弼)의 자(字)는 중좌(仲佐)이고, 부친은 [장]현징([張]玄徵)으로 창신군절도사(彰信軍節度使)였으며 [장]현소([張]玄素)의 형이다. 여필은 처음 부친의 음서로 관직에 보임되었다. 정륭 2년(1157)에 진사에 급제하였고 심주악교현주부(瀋州樂郊縣主簿)로 전임하였다. 현징의 아내 고씨와 세종의 모친 정의황후(貞懿皇后)는 친속 관계이고, 세종이 현징의 딸을 받아들여 차실(次室)로 삼으니 이가 원비(元妃)가 되었다. 장씨(張氏)는 조왕(趙王) 윤중(允中)을 낳았다. 세종이 요양에서 즉위함에 여필과 숙부 현소가 함께 가서 세종에 귀의하였고, 여필은 응봉한림문자(應奉翰林文字)에 발탁되었다.

> 世宗御翠巒閣, 召左司郎中高衎及汝弼問曰, 近日除授, 外議何如. 宜以實奏, 母少隱也. 有不可用者當改之. 衎汝弼皆無以對. 自皇統以來, 內藏諸物費用無度, 吏貪緣爲姦, 多亡失. 汝弼與宮籍直長高公穆, 入殿小底王添兒閱實之, 以類爲籍, 作四庫以貯之. 於是, 內藏庫使王可道等皆杖一百, 汝弼等各進階. 頃之, 兼修起居注, 轉右司員外郎. 母憂去官. 起復吏部郎中, 累遷吏部尚書, 拜參知政事.

세종이 취만각(翠巒閣)에 거둥하여, 좌사낭중(左司郎中) 고간(高衎)과 [장]여필을 불러서 묻기를 "근일의 관직 기용에 대하여 밖의 논의는 어떠한가? 마땅히 사실대로 보고하고 조금도 숨기지 마라. 임용에 불가한 자가 있으면 마땅히 고쳐야 한다."라고 하였다. 간과 여필은 대답이 없었다. 황통 이래로 내고(內庫)의 여러 재물의 지출에 법도가 없었고, 관리가 뇌물을 주거나 연줄을 타서 출세하려고 부정행위를 하여 많은 재물이 없어졌다. 여필과 궁적직장(宮籍直長) 고공목(高公穆), 입전소저(入殿小底) 왕첨아(王添兒)가 실정을 조사하고 분류하여 문서에 기록하였으며, 네 개의 창고를 지어 [재물을] 저장하였다. 이에 내장고사(內藏庫使) 왕가도(王可道) 등은 모두 장 1백 대에 처하고, 여필 등은 각기 관계를 올려 주었다. 얼마 후에 수기거주(修起居注)를 겸하였고 우사원외랑(右司員外郎)으로 옮겼다. 모친상을 당하여 관직을 떠났다가 기복하여 이부낭중(吏部郎中)이 되었다. 여러 차례 옮겨 이부상서가 되고 참지정사에 배수되었다.

詔徙女直猛安謀克于中都, 給以近郊官地, 皆口脊薄. 其腴田皆豪民久佃, 遂專爲己有. 上出獵, 猛安謀克人前訴所給地不可種蓺, 詔拘官田在民久佃者與之. 因命汝弼議其事. 請條約立限, 令百姓自陳. 過限, 許人首告, 實者與賞. 上可其奏. 仍遣同知中都轉運使張九思拘籍之.

[세종이] 조서를 내려 중도에 여직의 맹안모극을 옮기고 근교의 관지(官地)를 주게 하였는데 모두 척박한 땅이었다. 그곳의 비옥한 전지는 모두 호민들에게 오랫동안 소작을 주어왔는데, 마침내 독차지하여 자기의 소유로 삼았다. 황상이 사냥을 나갔는데, 맹안모극의 사람이 앞으로 와서 나눠 준 토지에는 씨를 뿌려 곡식을 재배할 수 없음을 하소연하였다. [세종은] 조서를 내려 호민들이 오랫동안 소작하던 관전을 거두어들여 그들에게 주게 하였다. 그리고 여필에게 이 일을 의논하도록 명령하였다. [여필이] 청하기를, "조약에 기한을 정하고 백성들이 스스로 보고하게 하십시오. 기한을 넘겼으면 다른 사람이 앞서 고발하도록 허락하고, 고발한 것이 확실한 자에게는 상을 주십시오."라고 하였다. 황상이 그의 주청을 허가하였다. 그리고 동지중도전운사(同知中都轉運使) 장구사(張九思)를 보내어 [관전을] 거두어들여 기록하게 하였다.

上問, 高麗夏皆稱臣. 使者至高麗, 與王抗禮. 夏王立受, 使者拜, 何也. 左丞襄對曰, 故遼與夏爲甥舅, 夏王以公主故, 受使者拜. 本朝與夏約和, 用遼故禮, 所以然耳. 汝弼曰, 誓書稱一遵遼國舊儀, 今行之已四十年, 不可改也. 上曰, 卿等言是也. 上聞尚書省除授小官多不稱職, 召汝弼至香閤謂之曰, 他宰相年老, 卿等宜盡心. 汝弼對曰, 材薄不足以副聖意耳. 進拜尚書右丞. 於是, 戶部糶官倉粟, 汝弼請使暖湯院得糶之. 上讓曰, 汝欲積陰德邪. 何區區如此. 左丞相徒單克寧得解政務, 爲樞密使. 是日, 汝弼亦懷表乞致仕. 上使人止之曰, 卿年未老, 未可退也. 進左丞, 與族弟參知政事汝霖同日拜, 族里以爲榮. 有年未六十而乞致仕者, 上不許. 汝弼曰, 聖旨嘗許六十致仕. 上責之曰, 朕嘗許至六十者致仕, 不許未六十者. 且朕言六十致仕, 是則可行, 否則當言. 卿等不言, 皆此類也. 久之, 坐擅增諸皇孫食料, 與丞相守道,右丞粘割斡特剌, 參政張汝霖各削官一階. 上曰, 准法當解職, 但示薄責耳. 汝弼在病告, 上謂宰相曰, 汝弼久居執政, 練習制度, 頗能斟酌人材, 而用心不正. 乃罷爲廣寧尹, 賜通犀帶.

황상이 묻기를 "고려와 하(夏)나라는 모두 칭신(稱臣)한다. 사신이 고려에 이르러 [고려] 국왕과 대등한 예를 행하였다. 하나라의 왕은 서서 [우리] 사신의 절을 받으니 사신이 절하는 것은 무슨 까닭인가?"라고 하였다. 좌승 [완안]양([完顏]襄)이 대답하기를 "옛적 요나라와 하나라는 외숙과 조카의 관계가 되며 하나라 왕은 공주의 연고 때문에 사신의 절을 받습니다. 본조와 하나라가 맺은 화약은 요나라의 옛적 예의를 채용하였으므로 그러합니다."라고 하였다. [장]여필이 말하기를, "맹서는 완전히 요나라의 옛적 예의를 따랐고 지금 이미 40년을 집행하였으니 고칠 수가 없습니다."라고 하였다. 황상이 말하기를, "경들의 말이 옳다."라고 하였다. 황상이 상서성이 소관(小官)을 임용함에 허다하게 직분에 알맞지 않다는 말을 듣고서, 여필을 불러 향각에 이르게 하고 말하기를 "다른 재상은 연로하니 경들이 마땅히 마음을 다해야 한다."라고 하였다. 여필이 대답하기를 "재주가 부족하여 성의(聖意)를 보좌하기엔 부족합니다."라고 하니, [여필을] 상서우승으로 올려 배수하였다. 이때 호부가 관부 창고의 곡식을 내다 팔았는데 여필은 난탕원(暖湯院)에서 쌀을 사들일 수 있게 요청하였다. 황상이 [그를] 꾸짖으며 말하기를, "그대는 음덕을 쌓으려고 하는가? 어찌 구구하게 이처럼 하는가?"라고 하였다. 좌승상 도단극녕(徒單克寧)이 정무를 벗어나 추밀사가 되었다. 이날에 여필도 역시 표를 가지고 치사(致仕)하기를 간청하였다. 황상이 사람을 보내어 그를 멈추게 하고 말하기를, "경은 아직 연로하지 않으니 관직을 그만둘 수 없다."라고 하였다. 여필이 좌승에 올라 족제(族弟) 참지정사 [장]여림([張]汝霖)과 같은 날에 배수되었으니, 가족과 가향(家鄕) 사람들이 모두 영광스럽게 여겼다. 나이가 아직 60세가 되지 않았는데 벼슬을 사양하고 물러나기를 간청한 자는 세종이 허락하지 않았다. 여필이 말하기를 "성상의 뜻은 일찍이 60세에 벼슬을 사양하고 물러나기를 허락하였습니다."라고 하니, 황상이 그를 책망하여 말하기를 "짐은 일찍이 나이가 60세에 이른 자는 벼슬을 사양하고 물러나기를 허락하였고, 아직 60세가 되지 않은 자는 허락하지 않았다. 또한 짐이 60세에 벼슬을 사양하고 물러날 수 있다고 말한 것이 옳으면 집행하고, 옳지 않으면 마땅히 말을 해야 한다. 경들이 말을 하지 않음이 모두 이와 같다."라고 하였다. 오래 있다가 [장여필은] 여러 황손의 식료를 마음대로 늘린 죄로 승상 수도(守道), 우승 점할알특랄(粘割斡特剌), 참정 장여림과 함께 각기 관직 1급을 삭탈당했다. 황상이 말하기를, "법률에 따라 마땅히 파직해야 하지만 경미하게 처벌했을 뿐이다."라고 하였다. 여필이 질병으로 휴가를 내었는데, 세종이 재상에게 말하기를 "여필이 오랫동안 집정관에 있으면서 제도를 연습하여 자못 인재임을 짐작할 수 있지만, 마음을 쓰는 것이 바르지 않다."라고 하였다. 이에 파면하여 광녕윤(廣寧尹)으로 삼고 통서대(通犀帶)를 하사하였다.

汝弼爲相, 不能正諫. 上所欲爲, 則順而導之, 所不欲爲, 則微言以觀其意. 上責之, 則婉辭以引過, 終不忤之也. 而上亦知之. 且黷貨, 以計取諸家名園甲第珍玩奇好, 士論薄之. 二十七年, 薨.

[장]여필이 재상이 되어 정면으로 황상에게 간하지 못하였다. 황상이 하고자 하는 것이면 순종해서 인도하였고, 황상이 하고자 아니하는 것이면 은밀하게 드러나지 않는 말로써 황상의 뜻을 살폈다. 황상이 그를 책망하면 완곡한 언사로 과실을 인정하여 마침내는 거스르지 않았다. 황상도 역시 그것을 알았다. [장여필은] 또한 재화를 탐내어 계책으로 여러 집의 이름난 정원·좋은 저택·진귀한 완물(玩物)이나 기이하고 좋은 것을 취하였으니, 사인(士人)들이 그를 천박하다고 논하였다. [대정] 27년(1187)에 죽었다.

汝弼旣與永中甥舅, 陰相爲黨. 章宗卽位, 汝弼妻高氏每以邪言悗永中, 覬非望, 畵永中母像, 侍奉祈祝, 使術者推算永中. 有司鞫治, 高氏伏誅. 事連汝弼, 上以事覺在汝弼死後, 得免削奪.

[장]여필은 이미 영중(永中)과 생구(甥舅)의 관계여서 은밀하게 서로 당을 만들었다. 장종이 즉위함에 여필의 아내 고씨(高氏)가 매양 간사한 말로 영중을 유인하여 바라서는 아니 될 일을 넘보았고, 영중의 모친의 초상을 그려서 모시어 받들면서 기도하였으며 점치는 사람에게 영중의 [명운을] 추산하게 하였다. 유관 부서가 [이 일을] 국문하여 다스렸고 고씨는

주살되었다. 일이 여필에게 연관되었으나, 여필이 죽은 뒤에 발각되었기 때문에 황상이 [그에 대한 관직의] 삭탈을 면하게 하였다.

○ 권84, 열전(列傳) 제22, 분도(奔睹)

> 昂, 本名奔睹, 景祖弟孛黑之孫.

[완안]앙([完顏]昂)의 본명은 분도(奔睹)로, 경조(景祖)의 동생인 [완안]발흑([完顏]孛黑)의 손자이다.

> 昂在海陵時, 縱飲沈酣, 輒數日不醒. 海陵聞之, 常面戒不令飲. 得閒輒飲如故. 大定初, 還自揚州, 妻子爲置酒私第, 未數行, 輒臥不飲. 其妻大氏, 海陵庶人從母姊也, 怪而問之. 昂曰: 吾本非嗜酒者, 但向時不以酒自晦, 則汝弟殺我久矣. 今遇遭明時, 正當自愛, 是以不飮. 聞者稱之.

[완안]앙이 해릉(海陵) 때에 마음대로 술을 마시고 취하여 며칠 동안 깨어나지 못하였다. 해릉이 그 이야기를 듣고 얼굴을 마주하고 타이르며 술을 마시지 못하도록 하였다. 얼마 지나서 예전처럼 술을 마셨다. 대정(大定) 초에 양주(揚州)에서 돌아와 처자와 함께 자기 집에서 술을 마셨는데 몇 차례 마시지도 않고는 누워 버리고 더는 마시지 않았다. 그(완안앙)의 처인 대씨(大氏)는 해릉의 이모였는데 그의 태도를 이상하게 여겨 물으니, 앙이 말하기를 "내가 원래 술을 즐기는 사람이 아니다. 다만 종전에 그렇게 술을 마시고 자신을 감추지 않았다면 나는 이미 동생에게 죽임을 당한 지 오래되었을 것이다. 지금 밝은 때(성군의 때)를 만났으니 스스로 아끼는 것이 마땅하다."라고 하였다. 이야기를 들은 사람들이 모두 칭찬하였다.

○ 권84, 열전(列傳) 제22, 고정(高楨)

> 高楨, 遼陽渤海人. 五世祖牟翰仕遼, 官至太師. 楨少好學, 嘗業進士. 斡魯討高永

昌, 已下瀋州, 永昌懼, 僞送款以緩師. 是時, 楨母在瀋州, 遂來降, 告以永昌降款非誠, 斡魯及進攻. 旣破永昌, 遂以楨同知東京留守事, 授猛安. 天會六年, 遷尙書左僕射, 判廣寧尹, 加太子太傅. 在鎭八年, 政令淸肅, 吏畏而人安之. 十五年, 加太子太師, 提點河北西路錢帛事. 天眷初, 同簽會寧牧. 及熙宗幸燕, 兼同知留守, 封戴國公, 改同知燕京留守. 魏王道濟出守中京, 以楨爲同判, 俄改行臺平章政事, 爲西京留守, 封任國公.

고정(高楨)은 요양(遼陽) 발해 사람이다. 5세조 [고]모한([高]牟翰)이 요나라에서 벼슬을 하여 관직이 태사(太師)에 이르렀다. 정은 어렸을 때부터 학문을 좋아하여 일찍이 진사가 되었다. [완안]알로([完顏]斡魯)가 고영창(高永昌)을 토벌할 때 심주(瀋州)를 함락시키자, 영창이 두려워하여 거짓으로 투항하였다. 당시 정의 어머니가 심주에 있어 [고정이] 금나라 군에게 와서 항복하고 영창이 거짓으로 투항하였다고 말하였다. [이에] 알로가 곧바로 [고영창을] 공격하였다. 영창을 격파한 후 마침내 정을 동지동경유수사(同知東京留守事)로 삼고 맹안을 제수하였다. 천회(天會) 6년(1128)에 상서좌복야(尙書左僕射) 판광녕윤(判廣寧尹)으로 옮기고 태자태부(太子太傅)를 더하였다. 진(鎭)에 있은 지 8년 만에 정령(政令)이 올바르게 되어, 관리들이 두려워하여 백성들이 편안해졌다. 15년(1137)에 태자태사(太子太師)가 더해지고 하북서로전백사(河北西路錢帛事)로 삼았다. 천권(天眷) 초에 동첨회령목(同簽會寧牧)이 되었다. 희종이 연경(燕京)으로 행차했을 때 동지유수(同知留守)를 겸했고 대국공(戴國公)에 봉해졌다. 동지연경유수(同知燕京留守)로 고쳤다. 위왕(魏王) 도제(道濟)가 [조정에서] 나와 중경(中京)을 지켰는데, 정을 동판(同判)으로 삼았다. 얼마 후에 행대평장정사(行臺平章政事)로 고쳐, 서경유수(西京留守)로 삼고 임국공(任國公)으로 봉하였다.

是時, 奚霫軍民皆南徙, 謀克別術者因之嘯聚爲盜. 海陵患之, 卽以楨爲中京留守, 命乘驛之官, 責以平賊之期. 賊平, 封河內郡王. 海陵至中京, 楨警夜嚴肅. 有近侍馮僧家奴李街喜等皆得幸海陵, 嘗夜飮干禁, 楨杖之瀕死, 由是權貴皆震慴. 遷太子太保, 行御史大夫, 封莒王. 策拜司空, 進封代王, 太子太保行御史大夫如故.

당시에 해족(奚族)과 습족(霫族)의 군사와 백성들이 모두 남쪽으로 왔는데, 모극 별술(別術)이라는 사람이 기회를 틈타 무리를 모아 도적이 되었다. 해릉이 이를 우려하여 [고]정을 중경유수(中京留守)로 삼고 그에게 역참의 마차를 타고 부임하도록 하면서 일정 기간 안에 도적을 평정할 책임을 주었다. 도적이 평정되자 하내군왕(河內郡王)으로 봉해졌다. 해릉이 중경에 이르자 정이 야간 경계를 엄하게 하였다. 근시 풍승가노(馮僧家奴)와 이가희(李街喜) 등이 모두 해릉의 총애를 얻고 있었는데, 밤에 술을 마시고 금기를 어겨 정에게 장을 맞고 죽을 지경에 이르렀다. 이로 말미암아 권세 있는 자들이 [고정을] 두려워하였다. 태자태보(太子太保)·행어사대부(行御史大夫)로 옮기고 거왕(莒王)에 봉해졌다. 책서로 사공(司空)을 내려 주었으며, 대왕(代王)에 올려 봉해졌다. 태자태보, 행어사대부의 지위는 전과 같이 하였다.

> 楨久在臺, 彈劾無所避, 每進對, 必以區別流品, 進善退惡爲言, 當路者忌之. 薦張忠輔馬諷爲中丞, 二人皆險詖深刻, 欲令以事中楨. 正隆例封冀國公, 楨因固辭曰, 臣爲衆小所嫉, 恐不能免, 尙可受封爵耶. 海陵知其忠直, 慰而遣之. 及疾革, 書空獨語曰, 某事未決, 某事未奏, 死有餘恨. 薨, 年六十九. 海陵悼惜之, 遣使致奠, 賻贈加等. 楨性方嚴, 家居無聲伎之奉. 雖甚暑, 未嘗解衣緩帶. 對妻孥危坐終日, 不一談笑, 其簡黙如此.

[고]정이 오랫동안 [어사]대에 있으면서 [관리들을] 탄핵함에 거리끼는 것이 없었다. 매번 [황상의] 앞에 나가 대할 때에는 반드시 품계를 구별하였으며 선함은 진보시키고 악한 일은 물러나도록 말을 하니, 요직에 있는 사람들이 그를 기피하였다. 천거로 장충보(張忠輔)와 마풍(馬諷)을 [어사]중승으로 삼았는데, 두 사람은 모두 사악하고 바르지 못함이 심각하였다. [이들은 이] 일로 정을 트집 잡으려고 하였다. 정륭 연간의 예(例)에 따라 기국공(冀國公)에 봉해졌다. 정이 간곡히 사양하면서 말하기를, "신이 허다한 소인배로부터 질시를 받아 벗어나기도 두려운데, 어찌 봉작을 받을 수 있겠습니까?"라고 하였다. 해릉이 그의 충직함을 알고 위로하면서 그를 보냈다. 병이 위중함에 미쳐 허공에 글을 쓰면서 홀로 말하기를 "이 일은 아직 해결되지 않았고, 이 일은 아직 아뢰지도 않았는데, 죽어도 여한이 많구나."라고 하며 죽으니, 나이가 69세였다. 해릉이 안타깝게 여기고 슬퍼하면서 사신을 보내 제를 올리게 하고

부의를 더하였다. 정은 성품이 올곧고 엄하여 집에 있을 때에도 가무나 다른 받듦을 받지 않았다. 비록 매우 더운 날씨에도 옷과 허리띠를 풀어 헤치고 있지 않았다. 처나 노비들을 대할 때에도 종일 단정하게 앉아 있으며 담소 한마디 하지 않았으니, 간결하고 고요하기가 이와 같았다.

○ 권90, 열전(列傳) 제28, 고덕기(高德基)

> 高德基, 字元履, 遼陽渤海人. 皇統二年, 登進士第. 六年, 爲尙書省令史. 海陵爲相, 專愎自用, 人莫敢拂其意, 德基每與之詳辨. 及篡位, 命左司郎中賈昌祚, 諭旨曰, 卿公直果敢, 今委卿南京行省勾當. 未行, 會海陵欲都燕京, 命德基攝燕京行臺省都事. 改攝右司員外郎, 除戶部員外郎, 改中都路都轉運副使, 遷戶部郎中.

고덕기(高德基)의 자(字)는 원리(元履)이며, 요양 발해 사람이다. 황통(皇統) 2년(1142)에 진사에 급제하였다. 6년(1146)에 상서성영사(尙書省令史)가 되었다. 해릉(海陵)이 재상으로 있을 때 스스로 잘난 체하며 독단적으로 일을 처리하였다. 사람들이 감히 그의 뜻을 거스르지 못하였으나, 덕기는 매번 해릉과 상세한 변론을 벌였다. [해릉이] 황상의 자리를 찬탈한 뒤에 좌사낭중(左司郎中) 가창조(賈昌祚)에게 명하며 뜻을 [그에게] 전하기를 "경은 정직하고 과감하다. 지금 경에게 남경행성구당(南京行省勾當)을 맡기고자 한다."라고 하였다. [고덕기가] 아직 출발하기 전에 해릉이 연경으로 도읍을 옮기고자 하여 덕기를 연경행대성도사(燕京行臺省都事)로 임명하였다. 우사원외랑(右司員外郎)으로 고치고 호부원외랑(戶部員外郎)을 제수하였으며 중도로도전운부사(中都路都轉運副使)로 고쳤다가 호부낭중(戶部郎中)으로 옮겼다.

> 正隆三年, 詔左丞相張浩, 參知政事敬嗣暉營建南京宮室. 明年, 德基與御史中丞李籌, 刑部侍郎蕭中一俱爲營造提點. 海陵使中使謂德基等曰, 汝等欲乘傳往邪. 欲乘己馬往邪. 銀牌可於南京尙書省取之. 籌乞先降銀牌, 復遣中使謂籌曰, 牌之與否, 當出朕意, 爾敢輒言, 豈以三人中官獨高邪. 遂杖之三十, 遣乘己馬往, 德基中一乘

傳往, 轉同知開封尹.

정륭(正隆) 3년(1158)에 조서를 내려 좌승상(左丞相) 장호(張浩)와 참지정사(參知政事) 경사휘(敬嗣暉)에게 남경에 궁실(宮室)을 짓도록 하였다. 다음 해에 덕기, 어사중승(御史中丞) 이주(李籌), 형부시랑(刑部侍郎) 소중일(蕭中一) 모두를 영조제점(營造提點)으로 삼았다. 해릉이 중사(中使)를 파견해 덕기 등에 말하기를, "너희들은 역마를 타고 가고 싶은가? 아니면 자기의 말을 타고 가고 싶은가? 은패는 남경의 상서성에서 수령하면 된다."라고 하였다. 주가 먼저 은패 받기를 청하였다. 다시 중사를 파견하여 이르기를, "은패를 주느냐 마느냐는 오로지 짐의 뜻에 달려 있는데 네가 감히 멋대로 말을 하는가? 너희 세 사람 중에서 [너의] 관직이 가장 높은가?"라고 하였다. [이주는] 장 30대를 맞은 뒤 자신의 말을 타고 가도록 하였다. 덕기와 중일은 역마를 타고 가도록 하였다. 동지개봉윤(同知開封尹)으로 옮겼다.

大定三年, 以察廉治狀不善, 下遷同知北京路都轉運使事. 是年秋, 土河泛濫, 水入京城, 德基遽命開長樂門, 疏分使入御溝, 以殺其勢, 水不能爲害. 遷刑部侍郎. 七年, 改中都路都轉運使. 九年, 轉刑部尙書. 有犯罪當死者, 宰相欲從末減, 德基曰, 法無二門, 失出猶失入也. 不從. 及奏, 上曰, 刑部議是也. 因召諸尙書諭之曰, 自朕卽位以來, 以政事與宰相爭是非者, 德基一人而已. 自今部上省三議不合, 卽具以聞. 爲宋主生日使. 及還, 宋人禮物外 附進臘茶三千胯, 不親封署. 德基曰: 姪獻叔, 而不署, 是無名之物也. 卻之.

대정 3년(1163)에 염찰한 결과 성적이 좋지 않아 동지북경로도전운사사(同知北京路都轉運使事)로 강등되었다. 이해 가을에 황하가 범람하여 물이 경성에까지 들어오자, [고]덕기가 급히 장락문(長樂門)을 열도록 하였다. [그리고 물길을] 트이게 나누면서 어구(御溝)로 들게 하여 [물의] 힘을 죽여서 수해를 입지 않게 되었다. [대정] 7년에 중도로도전운사(中都路都轉運使)로 고쳤다. [대정] 9년에 형부상서(刑部尙書)로 옮겼다. 어떤 사람이 죽을죄를 지었는데, 재상이 형을 감해 주고자 하였다. [그러자] 덕기가 말하기를 "법에는 두 가지의 길이 없습니다.

나오는 길을 잃게 되면 들어가는 곳도 잃게 됩니다."라고 하고는, 따르지 않았다. 또다시 [고정이] 아뢰자, 황상이 말하기를 "형부의 의론이 옳다."라고 하였다. 그러고는 여러 상서를 불러 말하기를, "짐이 즉위한 이후로 정사로 인해 재상과 시비를 다툰 인물은 덕기 한 사람뿐이다. 지금부터 각 부에서 [상서]성에 보고할 때, 여러 번 상의해도 [의견이] 맞지 않는 경우에는 전부 [나에게] 아뢰도록 하라."라고 하였다. 송주생일사(宋主生日使)가 되었다. 돌아올 때 송나라 사람들이 예물 이외에 납차(臘茶: 작설차) 3천 과를 첨부해 보냈는데, [이것에는] 서명이 없었다. 덕기가 말하기를 "조카가 숙부에게 선물을 올리는데 서명이 없으니, 이것은 명분이 없는 물건이다."라고 하고는, 모두 돌려보냈다.

> 十一年, 改戶部尙書. 德基上疏, 乞免軍須房稅等錢, 減農稅及鹽酒等課, 未報. 隨朝官體粟折錢, 增高市價與之, 多出官錢幾四十萬貫. 上使人諭之曰, 卿爲尙書, 取悅宰執近臣, 濫出官錢. 卿之官爵, 一出於朕, 奈何如此. 於是決杖八十, 戶部郎中王佐, … 皆決杖有差. 詔自大定十一年十一月, 郊祀赦後, 尙書省御史臺戶部轉運司警巡院多支體粟折錢, 皆追還之. 德基降蘭州刺史, … 大定十二年, 德基卒, 年五十四. 子錫.

[대정] 11년(1171)에 호부상서로 바꿨다. [고]덕기가 상소를 올려서 군수방세(軍須房稅) 등으로 내는 돈을 면제하고 농업세와 소금세와 주세를 감해 주기를 청했는데, 답이 없었다. 조정 관리들의 녹봉을 돈으로 환산해 시장의 물가보다 많이 높여 주어서, 관전(官錢)이 40만 관쯤 더 많이 지출되었다. 황상이 사람을 보내어 말하기를, "경이 상서가 되어서 재집(宰執)과 근신들의 환심을 사기 위해 관전을 남발했다. 경의 관직과 작위는 모두 짐에게서 나가는 것인데 어찌 이렇게 할 수 있는가?"라고 하였다. 이리하여 장 80대를 맞았다. 호부낭중(戶部郎中) 왕좌(王佐) … 모두 차등을 두어 장을 맞았다. 조서로 대정 11년 11월의 교사제(郊祀祭) 사면 이후에 상서성(尙書省)·어사대(御史臺)·호부(戶部)·전운사(轉運司)·경순원(警巡院) 등에서 녹봉을 돈으로 지급한 것을 모두 되돌려 받도록 하였다. 덕기는 난주자사(蘭州刺史)로 강등되었다. … 대정 12년(1172)에 덕기가 나이 54세로 죽었다. 아들은 [고]석([高]錫)이다.

○ 권90, 열전(列傳) 제28, 고간전(高衎傳)

高衎, 字穆仲, 遼陽渤海人. 敏而好學, 自少有能賦聲, 同舍生欲試其才, 使一日賦十題戲之, 衎執筆怡然, 未暮, 十賦皆就, 彬彬然有可觀. 年二十六登進士第, 乞歸養, 逾二年方調洺陰丞. 召爲尙書省令史, 除右司都事. 母喪去官, 起復吏部員外郎, 攝左司員外郎.

고간(高衎)의 자(字)는 목중(穆仲)으로, 요양 발해 사람이다. 총명하고 학문을 좋아하였으며 어렸을 때부터 부(賦)를 잘 짓는다는 소리가 있었다. 같은 기숙사 생도들이 그의 재주를 시험해 보고자 하루에 열 편의 부를 짓도록 희롱하였다. 간이 유쾌하게 붓을 들었고, 해가 지기 전에 열 편의 부를 다 완성하였는데 아름답고 그럴듯하여 볼만하였다. 26세에 진사에 급제했지만, [고향으로] 돌아가서 [부모를] 봉양하기를 청하였다. 2년 후에 비로소 곽음[현]승(洺陰[縣]丞)이 되었다. 불러들여 상서성영사(尙書省令史)로 삼고, 우사도사(右司都事)를 제수하였다. 모친상을 당하여 관직을 떠났다가 기복하여 이부원외랑(吏部員外郎)·좌사원외랑(左司員外郎)을 삼았다.

王彦潛常大榮李慶之皆在吏部選中, 吏部擬彦潛大榮皆進士第一, 次當在慶之上, 彦潛洺州防禦判官, 大榮臨海軍節度判官, 慶之瀋州觀察判官. 左司郎中賈昌祚挾私, 欲與慶之洺州, 詭曰, 洺雖佳郡, 防禦幕官在節鎭下. 乃改擬彦潛臨海軍, 大榮瀋州, 慶之洺州. 慶之初赴選, 昌祚以慶之爲會試詮讀官, 而慶之弟慶雲爲尙書省令史, 多與權貴游, 海陵心惡之, 嘗謂左右司, 昌祚必與慶之善闕. 大奉國臣者, 遼陽人, 永寧太后族人, 先爲東京警巡院使, 以贓免去, 欲因太后求見, 海陵不許. 衎與奉國臣有鄕里舊, 擬爲貴德縣令. 海陵大怒, 於是昌祚衎吏部侍郎馮仲等, 各杖之有差, 慶雲決杖一百五十, 罷去. 未幾, 仲昌祚慶雲皆死, 衎降爲淸水縣主簿, 兵部員外郎攝吏部主事, 楊邦基降宜君縣主簿吏部主事, 宋仝降洺陰縣主簿, 尙書省知除楊伯傑降閣陽縣主簿.

왕언잠(王彦潛), 상대영(常大榮), 이경지(李慶之) 모두 이부(吏部)에 뽑혔다. 이부에서 언잠과 대영을 모두 진사 제일로 하고, 경지를 차점자로 하였다. 언잠을 명주방어판관(洺州防禦判官), 대영을 임해군절도판관(臨海軍節度判官), 경지를 심주관찰판관(瀋州觀察判官)으로 삼았다. 좌사낭중(左司郎中) 가창조(賈昌祚)가 은밀히 사심을 품고 이경지를 명주[방어판관]을 주려고 거짓말을 하기를, "명주가 비록 좋은 곳이기는 하지만 방어막관의 지위가 절진(節鎭)보다 아래다."라고 하였다. 이리하여 언잠을 임해군, 대영을 심주, 경지를 명주로 바꿔 보냈다. 경지가 처음 부임하였을 때 창조는 경지를 회시전독관(會試詮讀官), 경지의 동생인 [이]경운([李]慶雲)을 상서성영사로 삼아 같이 권문세가와 자주 교류하였다. 해릉(海陵)이 마음속으로 그를 미워하였다. 일찍이 좌우사(左右司)에게 말하기를, "창조가 분명히 경지에게 좋은 관직을 주었을 것이다."라고 하였다. 대봉국신(大奉國臣)은 요양 사람인데, 영녕태후(永寧太后)의 집안사람으로 먼저 동경경순원사(東京警巡院使)로 되었다가 뇌물을 받아 파직당하였다. [당시] 태후를 만나 뵙기를 청하였으나, 해릉이 허락하지 않았다. [고]간은 대봉국신과 같은 고향 친구로 [그를] 귀덕현령(貴德縣令)⁶⁴⁾으로 삼으려 하였다. 해릉이 크게 노하여 창조와 간, 이부시랑(吏部侍郎) 풍중(馮仲) 등에게 각기 장을 치도록 하고, 경운은 장 150대를 친 뒤 파직하였다. 얼마 지나지 않아 중, 창조, 경운 모두 죽음을 당하였다. 간은 청수현주부(淸水縣主簿) 병부원외랑(兵部員外郎) 섭이부주사(攝吏部主事)로 강등되었고, 양방기(楊邦基)는 의군현주부(宜君縣主簿) 이부주사(吏部主事)로 강등되었다. 송동(宋소)은 곽음현주부(溵陰縣主簿) 상서성지제(尙書省知除)로 강등되었고, 양백걸(楊伯傑)은 여양현주부(閭陽縣主簿)로 강등되었다.

居二年, 爲大理司直, 遷戶部員外郎, 同知中都都轉運使, 太常少卿, 吏部郎中. 大定初, 轉左司郎中. 世宗孜孜求諫, 群臣承順旨意, 無所匡正, 上曰, 朕初卽位, 庶政多未諳悉, 實賴將相大臣同心輔佐. 百姓且上書言事, 或有所補. 夫聽斷獄訟, 簿書期會, 何人不能, 如唐虞之聖, 猶曰, 稽于衆, 舍己從人. 正隆專任獨見, 不謀臣下, 以取敗亂. 卿等其體朕意. 使行傳詔臺省百司曰, 凡上書言事, 或爲有司沮遏, 許進

---

64) 귀덕현의 현령. 귀덕현은 貴德州 寧遠郡의 속현으로, 지금의 요령성 撫順市 古爾山 일대를 말한다(유득공 지음, 김종복 옮김, 2018, 194쪽).

表以聞.

2년 뒤에 [고간은] 대리사직(大理司直)이 되었으며, [이후에] 호부원외랑(戶部員外郎)·동지중도도전운사(同知中都都轉運使)·태상소경(太常少卿)·이부낭중(吏部郎中)으로 옮겼다. 대정 초에 좌사낭중(左司郎中)으로 옮겼다. 세종은 부지런히 쉬지 않고 일하며 [신하들의] 직언을 구하였다. 그러나 군신들은 모두 세종의 뜻에 따르기만 하고 바로잡아 구할 생각은 없었다. 황상이 말하기를, "짐이 방금 즉위하여 업무와 정치에 대하여 대부분 잘 모르기 때문에 실로 장상 대신들이 한결같은 마음으로 보좌하는 것에 실로 의지하였다. 백성들이 올린 글에도 도움이 될 만한 것들이 종종 있었다. 무릇 옥사와 소송의 처리, 장부와 문서, 계약과 회계에 관한 일을 어떤 사람이 할 수 없단 말인가? 예전의 요와 순 같은 성인들도 '많은 사람의 의견을 구해, 자신을 버리고 [다수의] 의견을 따른다.'라고 하였다. 정륭(해릉)이 멋대로 전횡하고 신하들과 도모하지 않아서 결국 패란에 이른 것이다. 경들은 짐의 뜻을 잘 이해하라."라고 하였다. [고]간에게 대성(臺省)의 모든 관리에게 조서를 전하도록 하여 말하기를, "무릇 글을 올려 아뢸 때 만약 유관 부서가 막거든 표를 올려 [내게] 알리도록 하라."라고 하였다.

遷吏部尚書. 每季選人至, 吏部託以檢閱舊籍, 謂之檢卷, 有滯留至後季猶不得去者. 衍三爲吏部, 知其弊, 歲餘銓事修理, 選人便之.

이부상서(吏部尚書)로 옮겼다. 계절마다 선인(選人)이 부(部)에 이르면 이부에 위탁하여 옛 문서를 검열하였는데, 그것을 검권(檢卷)이라고 하였다. 그런데 지체되어 한 계절이 지나도 떠날 수 없는 사람들이 있었다. [고]간이 3년 동안 이부에 있으면서 그 폐단을 알게 되어 한 해 남짓 걸려 그 일을 모두 처리하니, 선인이 편리하다고 여겼다.

五年, 爲賀宋國生日使, 中道得疾去職, 大定七年, 卒.

[대정] 5년(1165)에 송국생일사(宋國生日使)로 파견되었다가 도중에 병을 얻어 사직하고 돌아왔다. 대정 7년(1167)에 죽었다.

○ 권92, 열전(列傳) 제30, 대회정(大懷貞)

> 大懷貞, 字子正, 遼陽人. 皇統五年, 除閤門祗候, 三遷東上閤門使. 丁母憂, 起復符寶郎, 累官右宣徽使. 正隆伐宋, 爲武勝軍都總管.

대회정(大懷貞)의 자(字)는 자정(子正)으로, 요양 사람이다. 황통(皇統) 5년(1145) 합문지후(閤門祗候)에 제수되었으며 세 번 옮겨 동상합문사(東上閤門使)가 되었다. 모친상 중에 기복하여 부보랑(符寶郎)으로 복직되었으며, [이후] 관직을 쌓아 우선휘사(右宣徽使)에 이르렀다. 정륭(正隆) 연간에 송나라를 토벌할 때 무승군도총관(武勝軍都總管)으로 삼았다.

> 大定二年, 除洺州防禦使兼押軍萬戶, 改沂州, 再遷彰國安武軍節度使. 縣尉獲盜, 得一旗, 上圖亢宿. 詰之, 有謀叛狀, 株連幾萬人. 懷貞當以亂民之刑, 請誅其首亂者十八人, 餘皆釋之. 嘗以私忌飯僧數人, 就中一僧異常, 懷貞問曰: 汝何許人也. 對曰, 山西人. 復問, 曾爲盜殺人否. 對曰, 無之. 後三日詰盜, 果引此僧, 皆服其明察. 改興中尹. 錦州富民蕭鶴壽塗中殺人, 匿府少尹家, 有司捕不得, 懷貞以計取之, 置於法. 改彰德軍節度使, 卒.

대정 2년(1162)에 명주방어사(洺州防禦使) 겸 압군만호(押軍萬戶)로 제수되었다. 기주(沂州)로 바꿨다가 두 차례 옮겨 창국안무군절도사(彰國安武軍節度使)가 되었다. 현위(縣尉)가 도적을 사로잡아, [그들에게] 깃발을 하나 얻었는데 '항숙(亢宿)'이 그려져 있었다. 그들을 심문하였더니 모반의 정황이 있었고 그에 관련된 사람이 대략 1만 명이나 되었다. [대]회정이 난에 가담한 백성들의 형을 담당하여, 우두머리 18명만 주살하고, 나머지는 모두 석방토록 청하였다. 일찍이 자기 집 제삿날에 몇 명의 승려에게 밥을 제공하였는데, 그중의 한 승려가 사뭇 달랐다. 대회정이 묻기를 "너는 어디서 왔느냐?"라고 하니, 대답하기를 "산서 사람이다."라고 하였다. 다시 묻기를 "일찍이 도적으로 사람을 죽인 적이 있는가?"라고 하니, [승려가]

대답하여 말하기를 "없습니다."라고 하였다. 3일 후에 도적을 심문하였는데, 과연 그 승려였다. 사람들이 그의 명석한 관찰에 모두 탄복하였다. 흥중윤(興中尹)으로 바꿨다. 금주(錦州)의 부유한 백성인 소학수(蕭鶴壽)가 길에서 사람을 죽였으나 [금주]부소윤의 집에 숨어 있어서 유관 부서가 잡을 수가 없었는데, 회정이 꾀를 내어 그를 잡아들이고 법에 따라서 다스렸다. 창덕군절도사(彰德軍節度使)로 바꾸어 [재직하다가] 죽었다.

○ 권100, 열전(列傳) 제38, 고횡(高竑)

> 高竑, 渤海人. 以蔭補官, 累調貴德縣尉. 提刑司擧任繁劇, 遷奉聖州錄事. 察廉遷內黃令, 累官左藏庫副使. 元妃李氏以皁幣易紅幣, 竑獨拒不肯易. 元妃奏之. 章宗大喜, 遣人諭之曰, 所執甚善. 今姑與之, 後不得爲例. 轉儀鸞局, 少府少監, 改戶部員外郞, 安州刺史.

고횡(高竑)은 발해 사람이다. 음서로 벼슬에 올라 귀덕현위(貴德縣尉)에 이르렀다. 제형사(提刑司)가 [그가] 복잡하고 번거로운 임무를 잘 처리한다고 천거하여 봉성주녹사(奉聖州錄事)로 옮겼다. 염찰을 통해 [청렴함을 인정받아] 내[황]현령(內黃[縣]令)으로 옮겼다. 여러 관직을 거쳐 좌장고부사(左藏庫副使)에 이르렀다. 원비(元妃) 이씨(李氏)가 흑색 비단을 홍색 비단으로 바꾸고자 하였는데 고횡이 홀로 반대를 하자, 원비가 [그 이야기를 황상에게] 알렸다. 장종(章宗)이 크게 기뻐하여 사람을 보내 말하기를, "너의 굳센 의지가 매우 훌륭하도다. 지금 너에게 동의하니, 이후에도 이런 예를 만들지 말라."라고 하였다. 의란국(儀鸞局) 소부소감(少府少監)으로 옮겼다가 호부원외랑(戶部員外郞)·안주자사(安州刺史)로 바꿨다.

> 大安中, 越王永功判中山, 竑以王傅同知府事. 改同知河南府, 充安撫使. 徙同知大名府, 兼本路安撫使. 貞祐二年, 遷河北西路按察轉運使, 錄大名功, 遷三官, 致仕. 興定四年, 卒.

대안(大安) 연간(1209~1211)에 월왕(越王) 영공(永功)이 중산[부](中山[府])를 다스릴 때 고횡이 왕부동지부사(王傅同知府事)가 되었다. 다시 동지하남부(同知河南府)를 거쳐 안무사(安撫使)가 되었다. 동지대명부(同知大名府) 겸 본로안무사(本路安撫使)로 옮겼다. 정우(貞祐) 2년(1214) 하북서로안찰전운사(河北西路按察轉運使)로 옮겼다. 대명[부]에 공로가 있다고 기록되어 관직 3급이 올랐다. 치사하여 흥정(興定) 4년(1220)에 죽었다.

○ 권101, 열전(列傳) 제39, 이영(李英)

李英, 字子賢, 其先遼陽人, 徙益都中. 明昌五年進士第, 調淳化主簿登州軍事判官封丘令, 丁父憂, 服除, 調通遠令. 蕃部取民物不與直, 攝之不時至, 卽掩捕之, 論如法. 補尙書省令史.

이영(李英)의 자(字)는 자현(子賢)이고, 그의 선조는 요양 사람이며 익도(益都)로 옮겨 살았다. 명창(明昌) 5년(1194)에 진사에 급제하였고 순화[현]주부(淳化[縣]主簿)·등주군사판관(登州軍事判官)·봉구[현]령(封丘[縣]令)을 역임하였다. 부친의 상중에 상복을 벗고 통원[현]령(通遠[縣]令)에 선임되었다. 번부(蕃部) 사람이 백성의 물건을 탈취하고 값을 주지 않아 그들을 소집하였는데, 제때에 이르지 않자 곧 그들을 습격하여 사로잡았고 법에 따라 논하였다. 상서성영사(尙書省令史)를 보임하였다.

大安三年, 集三品以上官議兵事, 英上疏曰, 軍旅必練習者, 術虎高琪烏古孫兀屯納蘭佻頭抹撚盡忠先朝嘗任使, 可與商略. 餘者紛紛, 恐誤大計. 又曰, 比來增築城郭, 修完樓櫓, 事勢可知, 山東河北不大其聲援, 則京師爲孤城矣. 不報, 除吏部主事.

대안(大安) 3년(1211)에 3품 이상의 관원을 소집하여 군사에 관한 일을 논의하였는데, [이]영이 상소를 올려 말하였다. "군대는 반드시 [군사에 관한 일을] 익힌 자가 필요합니다. 술호고기(術虎高琪)·오고손올둔(烏古孫兀屯)·납란과두(納蘭佻頭)·말연진충(抹撚盡忠)이 선조에서 일찍이 임용하여 부렸으니, 그들과 상의하는 것이 옳습니다. 나머지는 [의견이] 분분하여 큰 계획을 그르칠까 두렵습니다."라고 말하였다. 또 말하기를, "근래에 적군이 성곽을 증축하여 망루를 수리하고 완비하였으니 일의 형세는 이것을 말미암아 알 수 있습니다. 산동·하북이 만일 기세를 크게 펼쳐서 구원하지 않으면 경사(京師)는 고립된 성이 됩니다."라고 하였다. 회답하지 않았다. 이부주사(吏部主事)로 제수되었다.

> 貞祐初, 攝左司都事, 遷監察御史. 右副元帥術虎高琪辟爲經歷官, 乃上書高琪曰, 中都之有居庸, 猶秦之崤函, 蜀之劍門也. 邇者撤居庸兵, 我勢遂去. 今土豪守之, 朝廷當遣官節制, 失此不圖, 忠義之士, 將轉爲他矣. 又曰, 可鎮撫宣德德興餘民, 使之從戎. 所在自有宿藏, 足以取給, 是國家不費斗糧尺帛, 坐收所失之關隘也. 居庸咫尺, 都之北門, 而不能衛護, 英實恥之. 高琪奏其書, 卽除尙書工部員外郞, 充宣差都提控, 居庸等關隘悉隷焉.

정우(貞祐) 초기에 섭좌사도사(攝左司都事)에서 감찰어사(監察御史)로 옮겼다. 우부원수(右副元帥) 술호고기가 그를 불러 경력관(經歷官)으로 삼자, 이에 글을 올려 술호고기에게 말하기를 "중도(中都)에 거용관(居庸關)[65]이 있는 것은 마치 진(秦)에 효산(崤山)·함곡관(函谷關), 촉(蜀)에 검문관(劍門關)이 있는 것과 같습니다. 근래 거용관의 수비병을 철수시켜 우리의 세력이 마침내 소멸하였습니다. 지금 토호(土豪)가 [관을] 지킴에 조정이 마땅히 관리를 파견하여 절제해야 하니, 이 시기를 잃고 도모하지 않으면 충성스럽고 의로운 사람들은 장차 전환하여 타인이 될 것입니다."라고 하였다. 또 말하기를, "선덕(宣德)·덕흥(德興)에 남아 있는 백성들을 진무하여 그들에게 종군하게 하십시오. 스스로 오랫동안 저장해 둔 것이 있는 곳은 취하여 지급하기 충분하니, 국가는 1두의 양식과 1척의 포백을 소비하지 않고 앉아서 잃어버린 관문 요새를 거두어들일 수 있습니다. 거용[관]은 지척이고 도읍의 북문인데 지킬 수 없으니 제가 진실로 부끄럽게 여깁니다." 하였다. 고기가 그의 서신을 아뢰었고, 곧 [이영에게] 상서공부원외랑(尙書工部員外郞)을 제수하고 선차도제공(宣差都提控)으로 삼아 거용관 등 관문 요새는 [모두] 그의 담당 아래 속하였다.

---

65) 關隘의 이름으로, 지금 北京 昌平區 서북에 위치한 만리장성에 설치된 관문이다. 軍都關 또는 薊門關이라고도 불렸으며, 험준하기로 유명하다.

二年正月, 乘夜與壯士李雄郭仲元郭興祖等四百九十人出城, 緣西山進至佛巖寺. 令李雄等下山招募軍民, 旬日得萬餘人. 擇衆所推服者領之, 詭稱土豪, 時時出戰. 被創, 召還. 遷翰林待制, 因獻十策, 其大概謂, 居中土以鎭四方, 委親賢以守中都, 立藩屛以固關隘, 集人力以防不虞, 養馬力以助軍威, 愛禾稼以結民心, 明賞罰以勸百官, 選守令以復郡縣, 併州縣以省民力. 頗施行之. 宣宗南遷, 與左諫議大夫把胡魯俱爲御前經歷官. 詔曰, 扈從軍馬, 朕自總之, 事有利害, 可因近侍局以聞. 宣宗次眞定, 以英爲國子祭酒, 充宣差提控隴右邊事. 無何, 召爲御史中丞. 英言, 兵興以來, 百務皆弛, 其要在于激濁揚淸, 奬進人材耳. 近年改定四善二十七最之法, 徒爲虛文. 大定間, 數遣使者分道考察廉能, 當時號爲得人. 願改前日徒設之文, 遵大定已試之效, 庶幾人人自勵, 爲國家用矣. 宣宗嘉納之. 自兵興以來, 亟用官爵爲賞, 程陳僧敗官軍于龕谷, 遣僞統制董九招西關堡都統王狗兒, 狗兒立殺之. 詔除通遠軍節度使, 加榮祿大夫, 賜姓完顏氏. 英言, 名器不可以假人, 上恩以難得爲貴. 比來釀於用賞, 實駭聞聽. 帑藏不足, 惟恃爵命, 今又輕之, 何以使人. 伏見蘭州西關堡守將王狗兒向以微勞, 旣蒙甄錄, 頃者堅守關城, 誘殺賊使, 論其忠節, 誠有可嘉. 若官之五品, 命以一州, 亦無負矣. 急於勸奬, 遂擢節鉞, 加階二品, 賜以國姓, 若取蘭州, 又將何以待之. 陝西名將項背相望, 曹記僧包長壽東永昌徒單醜兒郭祿大皆其著者. 狗兒蕞然賤卒, 一朝處衆人之右, 爲統領之官, 恐衆望不厭, 難得其死力. 宣宗以英奏示宰臣. 宰臣奏, 狗兒奮發如此, 賞以異恩, 殆不爲過. 上然其言. 中都久圍, 丞相承暉遣人以礬寫奏告急. 詔元帥左監軍永錫左都監烏古論慶壽將兵 英收河間淸滄義軍自淸州督糧運救中都. 英至大名, 得兵數萬, 馭衆素無紀律. 貞祐三年三月十六日, 英被酒, 與大元兵遇于霸州北, 大敗, 盡失所運糧. 英死, 士卒殲焉. 慶壽永錫軍聞之, 皆潰歸. 五月, 中都不守, 宣宗猶加恩, 贈通奉大夫, 諡剛貞, 官護葬事, 錄用其子云.

2년(1214) 정월에 [이영은] 밤을 타고 장사(壯士) 이웅(李雄)·곽중원(郭仲元)·곽흥조(郭興祖) 등 490명과 성을 나가서, 서산을 끼고 진군하여 불암사(佛巖寺)에 이르렀다. 이웅 등에게 산을 내려가 군사와 백성들을 불러 모으게 하였는데 열흘 동안 1만여 명을 얻었다. 사람들에게 추천받은 자를 선택하여 그들을 다스렸으며 토호로 속여서 수시로 출전하였다. [이영은] 상처를 입고 [조정으로] 소환되었다. 한림대제에 올랐고 인하여 10가지의 계책을 바쳤는데, 그 대개를 말하면 "중원에 거처하여 사방을 진수하며, 친하고 어진 신하에게 위임하여 중도(中都)를 지키며, 번병을 세워 관문 요새를 공고히 하며, 인력을 모아 예상치 못한 변고를 방지하며, 마력(馬力)을 길러 군의 위세를 도우며, 농작물을 아끼어 민심을 결집하며, 상벌을 분명히 하여 백관을 권장하며, 수령을 가려 뽑아 군현을 회복하며, 주와 현을 병합하여 민력을 아끼십시오."라고 하였다. 자못 그것이 시행되었다. 선종(宣宗)이 남쪽으로 천도할 때 [이영은] 좌간의대부 파호로(把胡魯)와 함께 어전경력관(御前經歷官)이 되었다. [황제가] 조서를 내려 말하기를, "호종하는 군마는 짐이 친히 거느릴 것이니 만일 이해(利害)가 있으면 근시국을 통해 보고하라."라고 하였다. 선종이 진정(眞定)에 머물렀는데 [이]영을 국자제주(國子祭酒)로 삼고 선차제공농우변사(宣差提控隴右邊事)로 임명하였다. 오래지 않아 [그를] 불러 어사중승으로 삼았다. 영이 말하기를, "전쟁이 일어난 이래로 각종의 정무가 모두 풀어졌는데, 관건은 선을 선양하고 악을 제거함에 있으니 인재를 장려하여 나아가게 할 따름입니다. 근년에 4선(善)·27최(最)의 법을 개정하였는데 한갓 허문(虛文)이 되었습니다. 대정 연간에 사신을 수 차례 각 도에 파견하여 청렴과 능력을 고찰하게 하였는데, 당시에 사람을 얻기 위해서였다고 했습니다. 바라건대 이전에 세운 [허]문을 개정하고 대정 연간에 이미 시험하여 효과가 있었던 법을 따른다면, 대개 사람마다 스스로 힘써서 국가를 위해 쓰일 것입니다."라고 하였다. 선종이 그것을 기쁘게 받아들였다. 전쟁이 일어난 이래로 자주 관작으로 상을 주었다. 정진승(程陳僧)이 감곡(龕谷)에서 관군(官軍)을 격파하고 가짜 통제(統制) 동구(董九)를 보내 서관보도통(西關堡都統) 왕구아(王狗兒)를 불렀는데, 왕구아가 바로 그를 살해하였다. 조를 내려 [왕구아에게] 통원군절도사(通遠軍節度使)를 제수하고 영록대부(榮祿大夫)를 더하고 완안씨(完顏氏)의 성을 하사하였다. 영이 말하기를, "명기(名器)는 사람에게 빌릴 수 없고 황상의 은혜는 얻기 어려우므로 귀중합니다. 근래 상을 하사함이 후하여 실로 듣는 사람을 깜짝 놀라게 합니다. 곳간의 재물이 부족한데 오직 작위를 믿고 임명하는 것을 지금 또 가볍게 여기니, 어찌 사람들을 부릴 수 있겠습니까? 엎드려 생각해 보건대 난주(蘭州) 서관보의 수장인 왕구아가 이전의 작은 공로로 녹용함을 입었는데, 근래 관성(關城)을 굳게 지키고 도적 떼의 사신을 유인하여 살해하였으니 그의 충절을 논함에 진실로 칭찬할 만한 곳이 있습니다. 만약 그에게 5품의 관직을 주고 한 주(州)를 [지키게] 명한다고 해도, 빚짐이 없을 것입니다.

[그러나] 권장함에 급하여 마침내 그를 절도사로 발탁하였고 2품을 더하였으며 국성(國姓)을 하사하였습니다. 만약 난주를 공격하여 취한다면 또 장차 무엇으로 그를 대우하겠습니까? 섬서의 명장들이 서로 바라보고 진퇴를 결정할 것이니 조기승(曹記僧)·포장수(包長壽)·동영창(東永昌)·도단추아(徒單醜兒)·곽녹대(郭祿大)가 모두 그중에 유명한 자들입니다. 왕구아는 아득히 미천한 병졸인데 하루아침에 사람들의 위에 올라 명령을 하는 관리가 되었으니, 사람들이 복종하지 아니하여 그들의 사력(死力)을 얻기 어려울까 두렵습니다."라고 하였다. 선종은 영의 상소를 재신(宰臣)에게 보여 주었다. 재신이 아뢰기를, "구아가 분발함이 이와 같으니 그에게 이례적인 은혜를 하사하는 것은 지나치지 않습니다."라고 하였다. 황상은 그의 말이 이치에 맞는다고 생각하였다. 중도가 오랫동안 포위되어 승상 승휘(承暉)가 사람을 보내 상소를 써서 위급을 보고하게 하였다. 조서를 내려 원수좌감군(元帥左監軍) 영석(永錫)·좌도감(左都監) 오고론경수(烏古論慶壽)가 군대를 거느리고 영은 하간부(河間府) 청주(淸州)·창주(滄州)의 의군(義軍)을 거두어, 청주로부터 양식의 운반을 감독하여 중도를 구원하게 하였다. 영이 대명(大名)에 이르러 병사 수만을 얻었는데 병사를 부림에 기강이 없었다. 정우(貞祐) 3년(1215) 3월 16일에 영이 술에 취하였는데 대원(大元)의 군대와 패주(霸州) 북쪽에서 만나 크게 패배하고 운반하던 양식을 모두 잃었다. 영은 전사하였고 사졸들은 전멸하였다. 오고론경수와 영석의 군대는 그 소식을 듣고 모두 무너져서 돌아갔다. 5월에 중도가 함락되자, 선종은 오히려 은혜를 더하여 [이영을] 통봉대부(通奉大夫)로 추증하였으며 시호는 강정(剛貞)이라 하였다. 관부가 장례를 돕고 그의 아들을 녹용(錄用)하였다고 한다.

○ 권121, 열전(列傳) 제59, 충의(忠義) 1, 호사보(胡沙補)

太祖使僕刮剌往遼國請阿疎, 實觀其形勢. 僕刮剌還言遼兵不知其數, 太祖疑之, 使胡沙補往. 還報曰: 遼方調兵, 尙未大集. 及見統軍, 使其孫被甲立於傍, 統軍曰, 人謂汝輩且反, 故爲備耳. 及行道中, 遇渤海軍, 渤海軍向胡沙補且笑且言曰, 聞女直欲爲亂, 汝輩是邪. 具以告太祖.

태조가 복괄랄(僕刮剌)에게 요나라에 가서 아소(阿疎)를 알현하게 하였는데, 실은 그 형세를 관찰하려 한 것이다. 복괄랄이 돌아와서 요나라 군대의 숫자를 알 수 없다고 말함에 태조가 의심하여 호사보(胡沙補)에게 가게 하였다. [호사보가] 돌아와 보고하여 말하기를, "요나라가 병사를 아직 많이 모으지 못했습니다."라고 하였다. [그가] 통군(統軍)을 만날 때에 그의 손자에게 갑옷을 입고 곁에 서 있게 하였는데, 통군이 말하기를 "너희들이 장차 반기를 들려 한다고 말하는 사람이 있어서 대비할 뿐이다."라고 하였다. [그가] 길을 가고 있을 때 발해군(渤海軍)을 만났고, 발해군은 호사보에게 웃으면서 말하기를 "여직이 난리를 일으키려 한다고 들었는데 너희들이냐?"라고 하였다. [호사보가] 갖추어서 [이런 정황을] 태조에게 보고하였다.

高永昌請和, 胡沙補往招之, 取胡突古以歸. 高永昌詐降于斡魯, 斡魯使胡沙補撒八往報. 會高楨降, 言永昌非眞降者, 斡魯乃進兵. 永昌怒, 遂殺胡沙補撒八, 皆支解之. 胡沙補就執, 神色自若, 罵永昌曰: 汝叛君逆天, 今日殺我, 明日及汝矣. 罵不絕口, 至死.

고영창(高永昌)이 화의를 청하자 호사보가 가서 초무하고 호돌고(胡突古)를 취해 돌아갔다. 고영창은 거짓으로 [완안]알로([完顏]斡魯)에게 투항하였고, 알로는 호사보·살팔(撒八)에게 가서 보고하게 하였다. 마침 고정(高楨)이 투항함에 영창이 진실로 투항한 것이 아님을 말하였고, 알로는 이에 진군하였다. 영창이 분노하여 드디어 호사보·살팔을 살해하고 모두 팔다리를 절단하였다. 호사보는 붙잡혔음에도 정신과 안색이 태연자약하였으며, 영창을 꾸짖어 말하기를 "너는 군주를 배반하고 하늘을 거슬러 오늘 나를 살해하지만 내일은 너에게 미칠 것이다."라고 하였다. 꾸짖어 욕함이 입에서 끊이지 않은 채 죽음을 맞았다.

○ 권121, 열전(列傳) 제59, 충의(忠義) 1, 복홀득(僕忽得)

寧江州渤海乙塞補叛, 僕忽得追復之.

영강주(寧江州) 발해의 을새보(乙塞補)가 반기를 들자, 복홀득(僕忽得)이 그를 되돌아오게 하였다.

○ 권121, 열전(列傳) 제59 충의(忠義) 1, 고석(高錫)

高錫, 字永之, 德基子. 以廕補官. 積勞調淄州酒使, 課最. 遷平鄉令. 察廉遷遼東路轉運支度判官太倉使法物庫使兼尙林署直長提擧都城所, 歷北京遼東轉運副使同知南京路轉運使事. 貞祐初, 累遷河北東路按察轉運使. 城破, 遂自投城下而死.

고석(高錫)은 자(字)가 영지(永之)이고, [고]덕기([高]德基)의 아들이다. 그는 음서로 관직에 나아갔다. 공로를 쌓아 치주주사(淄州酒使)로 뽑혔고 고과가 가장 우수하여 평향현령(平鄉縣令)으로 옮겼다. 염찰을 거쳐 요동로전운지도판관(遼東路轉運支度判官)·태창사(太倉使)·법물고사(法物庫使) 겸 상림서직장(尙林署直長)·제거도성소(提擧都城所)로 옮겼다. 북경요동전운부사(北京遼東轉運副使)·동지남경로전운사사(同知南京路轉運使事)를 역임하였다. 정우(貞祐) 초에 여러 관직을 거쳐 하북동로안찰전운사(河北東路按察轉運使)로 옮겼다. 성이 함락될 때 [고석은] 성 아래로 투신해서 죽었다.

○ 권126, 열전(列傳) 제64, 문예(文藝) 하, 왕정균(王庭筠)

王庭筠, 字子端, 遼東人. 生未期, 視書識十七字. 七歲學詩, 十一歲賦全題. 稍長, 涿郡王脩一見, 期以國士. 登大定十六年進士第. 調恩州軍事判官, 臨政卽有聲. 郡民鄒四者謀爲不軌, 事覺, 逮捕千餘人, 而鄒四竄匿不能得. 朝廷遣大理司直王仲軻治其獄, 庭筠以計獲鄒四, 分別註誤, 坐預謀者十二人而已. 再調館陶主簿.

왕정균(王庭筠)[66]의 자(字)는 자단(子端)이며, 요동 사람이다. 태어나서 1년이 지나지 않아 열일곱 글자를 알아보았다고 한다. 일곱 살에 시를 배우고 열한 살에 부(賦)를 지었는데 제목의 의미와 다르지 않았다. 자랄 때 탁군(涿郡) 왕수(王脩)가 글을 한번 보고 나라의 인물이

---

66) 금나라 蓋州 熊岳 출신 발해인으로, 자는 子端(1151~1202)이다. 부친은 王遵古이며, 모친은 발해인 張浩의 딸이다. 世宗 大定 16년(1176) 進士에 합격하고, 恩州軍事判官으로 재직하며 억울하게 연루된 백성들을 구제하기 위해 노력했다. 이후 彰德에 은거하고 黃華山의 사찰에서 독서하며 스스로를 黃華山主라 불렀다. 章宗 때 부름을 받아 應奉翰林文字가 되었고, 이후 관직이 翰林直學士에 이르렀다. 詩文과 書畫가 뛰어났는데, 작품으로는 『雲溪堂帖』과 『黃華集』 등이 있다.

되리라 예측하였다. 대정 16년(1176)에 진사에 급제하여 은주군사판관(恩州軍事判官)이 되었는데 정무를 잘 처리한다는 명성을 얻었다. 군민 중에 추사(鄒四)라는 자가 모반을 도모하였는데, 일이 발각되어 1천여 명을 잡아들였으나 추사가 숨어서 잡을 수가 없었다. 조정에서 대리사직(大理司直) 왕중가(王仲軻)를 파견하여 옥안을 처리하도록 하였는데, 정균이 계획을 세워 추사를 사로잡고 연루된 사람을 파악하니 [모의에] 가담한 사람은 겨우 열두 명뿐이었다. 다시 관도주부(館陶主簿)에 충원되었다.

明昌元年三月, 章宗諭旨學士院曰, 王庭筠所試文, 句太長, 朕不喜此, 亦恐四方效之. 又謂平章張汝霖曰, 王庭筠文藝頗佳, 然語句不健, 其人才高, 亦不難改也. 四月, 召庭筠試館職, 中選. 御史臺言庭筠在館陶嘗犯贓罪, 不當以館閣處之, 遂罷. 乃卜居彰德, 買田隆慮, 讀書黃華山寺, 因以自號. 是年十二月, 上因語及學士, 歎其乏材, 參政守貞曰, 王庭筠其人也. 三年, 召爲應奉翰林文字, 命與秘書郎張汝方品第法書名畫, 遂分入品者爲五百五十卷.

명창(明昌) 원년(1190) 3월에 장종이 학사원(學士院)에 말하기를, "왕정균의 시문(詩文)은 절구가 너무나 커서 짐이 좋아하는 바가 아니며, 사방에서 그를 본받으려 할까도 두렵다."라고 하였다. 또한 평장(平章) 장여림(張汝霖)에게 말하기를, "왕정균의 문예(文藝)는 매우 아름다우나 어구가 강건하지 못한데 그의 재주가 높아서 역시 고치기가 어려울 것이다."라고 하였다. 4월에 정균을 불러 관직(館職)을 시험하였는데 선발되었다. 어사대에서 정균이 관도(館陶)에 있을 때 뇌물을 받았으니 관각(館閣)에 있게 하는 것은 마땅하지 않다고 말하여, 마침내 [그를] 파직시켰다. 창덕(彰德)에 거주지를 정하고 융려(隆慮)에 있는 밭을 사고는 황화산(黃華山)의 절에서 글을 읽으면서 이것(황화산주)으로 호를 삼았다. 이해 12월에 황상이 학사의 문제점을 이야기하며 그들의 재주가 부족함을 탄식하였다. 참정(參政) 수정(守貞)이 말하기를, "왕정균이 바로 그런 사람입니다."라고 하였다. 3년(1192)에 [조정으로] 불러서 응봉한림문자(應奉翰林文字)로 삼았다. 비서랑(秘書郎) 장여방(張汝方)과 함께 법서와 명화의 등급을 평하도록 하였는데, 마침내 나누어 등급에 넣은 것이 550권이 되었다.

五年八月, 上顧謂宰執曰, 應奉王庭筠, 朕欲以詔誥委之, 其人才亦豈易得. 近黨懷英作長白山冊文, 殊不工. 聞文士多妬庭筠者, 不論其文, 顧以行止爲訾. 大抵讀書人多口頰, 或相黨. 昔東漢之士與宦官分朋, 固無足怪. 如唐牛僧孺李德裕, 宋司馬光王安石, 均爲儒者, 而互相排毀何耶. 遂遷庭筠爲翰林修撰.

[명창] 5년(1194) 8월에 황상이 재집(宰執)들을 돌아보며 말하기를, "응봉 왕정균은 짐이 생각한 대로 조서를 써서 가져다주니 이런 재주를 가진 사람을 [어디서] 쉽게 얻을 수 있겠는가. 근래 당회영(黨懷英)이 『장백산책문(長白山冊文)』을 지었는데, 잘 다듬어진 것이 아니다. 듣자 하니 많은 문사가 정균을 질투한다고 하는데, 그의 문장을 논하지 않고 다만 그의 행동을 헐뜯기만 한다. 대개 책을 읽은 이들이 매우 많아서 서로 무리를 만들기도 한다. 예전에 동한(東漢)의 선비들과 환관들이 붕당을 나누기도 하였으니 괴이한 일도 아니다. 당나라의 우승유(牛僧孺)[67]와 이덕유(李德裕),[68] 송나라의 사마광(司馬光)과 왕안석(王安石) 같은 이들은 모두 유학자들이지만 서로 비방하였으니 왜 그랬을까?"라고 하였다. 드디어 정균을 옮겨 한림수찬(翰林修撰)으로 삼았다.

承安元年正月, 坐趙秉文上書事, 削一官, 杖六十, 解職, 語在秉文傳. 二年, 降授鄭州防禦判官. 四年, 起爲應奉翰林文字. 泰和元年, 復爲翰林修撰, 扈從秋山, 應制賦詩三十餘首, 上甚嘉之. 明年, 卒, 年四十有七. 上素知其貧, 詔有司賻錢八十萬以給喪事, 求生平詩文藏之秘書閣. 又以御製詩賜其家, 其引云: 王遵古, 朕之故人也. 乃子庭筠, 復以才選直禁林者首尾十年, 今玆云亡, 玉堂東觀無復斯人矣.

---

67) 唐나라 穆宗代의 재상으로, 字는 思黯(779~847)이다. 805년에 진사에 급제하여 功員外郎, 御史中丞 등을 역임하였고, 목종의 총애를 받아 823년 재상이 되었다. 李宗閔과 결탁하여 당파를 만들고 정쟁을 일삼았는데, 841년 武宗이 즉위하며 실각되어 좌천되었다가 뒤에 太子少師가 되었다.
68) 당나라의 정치가(787~849)로, 자는 文饒이다. 翰林學士, 中書舍人, 中書門下平章事 등을 역임하였다. 藩鎭을 억압하고 廢佛 정책을 추진하였고, 武宗 대에 권력을 잡아 이종민·우승유 등의 반대파를 탄압하였다. 宣宗이 즉위하며 실각하였다.

승안(承安) 원년(1196) 정월에 조병문(趙秉文)이 상서한 일에 연루되어 1관을 삭탈당하고 장 60대를 맞고 해직당했다는 이야기가 병문전(秉文傳)에 실려 있다. 2년(1197)에 정주방어판관(鄭州防禦判官)으로 강등되었다. 4년(1199)에 [다시] 기용되어 응봉한림문자가 되었다. 태화(泰和) 원년(1201)에 다시 한림수찬이 되어 [황제가] 추산(秋山)에 갈 때 호종하여 명령을 받들어 시 30여 수를 지었는데, 황상이 매우 아름답게 여겼다. 다음 해에 47세의 나이로 죽었다. 황상은 평소 그가 가난한 것을 알아서 유관 부서에 조서를 내려 부의금 80만 전을 보내 장례를 치르도록 하고, 생전에 지었던 시문을 구하여 비각에 두도록 하였다. 또한 어제시를 그의 집에 하사하였는데, 시 앞에 이르기를 "왕준고(王遵古)[69]는 짐의 오랜 친구이다. 아들 정균이 재주로 선발되어 한림에 들어온 지 10년 만에 지금 다시 세상을 버렸으니, 옥당(玉堂)[70]과 동관(東觀)[71]에 다시 이런 사람은 없을 것이다."라고 하였다.

> 庭筠儀觀秀偉, 善談笑, 外若簡貴, 人初不敢與接. 旣見, 和氣溢於眉間, 慇懃慰藉如恐不及, 少有可取極口稱道, 他日雖百負不恨也. 從游者如韓溫甫路元亨張進卿李公度, 其薦引者如趙秉文馮璧李純甫, 皆一時名士, 世以知人許之.

　　[왕]정균은 몸가짐이 빼어나고 담소를 잘하여 겉으로 대범하고 귀하게 보여서, 사람들이 처음에는 감히 접근하지 못했다. [그러나] 이윽고 만나 보면 얼굴에 화기(和氣)가 넘쳐나고 은근히 위로하고 도와주면서 못 미칠까 염려하고, 조금이라도 취할 것이 있으면 힘을 다해

---

69) 금나라 蓋州 熊嶽 출신 발해인으로, 자는 元仲(?~1197)이다. 금나라 정융 5년(1160) 진사에 급제하였으며, 벼슬은 翰林直學士에까지 이르렀다. 청렴하고 학식이 깊어 '遼東의 夫子'라고 불렸다. 발해인 張浩의 딸에게 장가를 들어 네 아들을 낳았는데 王庭玉, 王庭堅, 王庭筠, 王庭揆이다(金毓黻, 『渤海國志長編』 卷13, 遺裔列傳 5).

70) 옥으로 장식한 殿堂으로, 궁전의 美稱이다. 송나라 이후에는 翰林院을, 조선에서는 弘文館을 옥당이라고 하였다.

71) 한나라 때 궁중에서 著作·藏書의 일을 맡아보던 곳이다. 그 뒤 궁중의 장서각의 별칭으로 사용되었다. 발해에서도 동관이라는 명칭이 확인되는데, 강희 연간(1662~1722)에 상경성 유적에서 비석 조각을 얻었는데, "下瞰城臺", "儒生盛於東觀" 등의 글자가 새겨져 있었다. 金毓黻은 글씨가 律庚令(歐陽詢체)와 비슷하다고 하여 국학비일 것이라고 보았다(『渤海國志長篇』 권20, 餘祿, 金石古蹟). 이를 일명 國學碑라고 부르며, 일반적으로 발해의 국학에 장서각인 동관을 두고 세운 비석으로 본다.

말하여 다른 날 비록 큰 부담이 되더라도 후회하지 않았다. 그와 더불어 교류한 이들은 한온보(韓溫甫), 노원형(路元亨), 장진경(張進卿), 이공도(李公度)이고, 그가 추천한 이들은 조병문, 풍벽(馮璧), 이순보(李純甫)이니, 모두 한 시대의 명사들이다. 세상 사람들이 그가 사람을 알아봄을 인정하였다.

> 爲文能道所欲言, 暮年詩律深嚴, 七言長篇尤工險韻. 有聚辨十卷, 文集四十卷. 書法學米元章, 與趙渢趙秉文俱以名家, 庭筠尤善山水墨竹云.

[그의] 문장은 능히 말하고자 하는 것을 드러내었다. 말년에 시의 운율이 매우 엄격해져 칠언장편은 더욱 어려운 운자를 능란하게 사용하였다. [저서로]『취변(聚辨)』10권과 문집 40권이 있다. 서법은 미원장(米元章)[의 풍격]을 배웠으며, 조풍(趙渢) 및 조병문과 함께 이름을 날렸다. [왕]정균은 산수묵죽(山水墨竹)에 아주 능했다고 한다.

> 子曼慶, 亦能詩幷書, 仕至行省右司郎中, 自號澹游云.

아들 [왕]만경([王]曼慶) 또한 시와 서를 잘하였고 벼슬이 행성우사낭중(行省右司郎中)에 이르렀으며 스스로 호를 담유(澹游)라고 하였다고 한다.

○ 권128, 열전(列傳) 제66, 순리(循吏), 노극충(盧克忠)

> 高永昌據遼陽, 克忠走詣金源郡王斡魯營降, 遂以撒屋出爲鄕導. 斡魯克東京, 永昌走長松島, 克忠與渤海人撻不也追獲之.

고영창(高永昌)이 요양을 점거할 때 [노]극충([盧]克忠)이 먼저 금원군왕(金源郡王) [완안]알로([完顏]斡魯)의 군영으로 달려가 항복하였다. 알로는 그를 살옥출(撒屋出)로 임명하고 길잡이로 삼았다. 알로가 동경을 함락시키자 영창은 장송도(長松島)로 달아났는데, 극충이 발해인 달불야(撻不也)와 함께 그를 추격하여 잡았다.

○ 권128, 열전(列傳) 제66, 순리(循吏), 왕정(王政)

> 王政, 辰州熊岳人也. 其先仕渤海及遼, 皆有顯者. 政當遼季亂, 浮沈州里. 高永昌據遼東, 知政材略, 欲用之. 政度其無成, 辭謝不就. 永昌敗, 渤海人爭縛永昌以爲功, 政獨逡巡引退. 吳王闍母聞而異之, 言於太祖, 授盧州渤海軍謀克. 從破白霫, 下燕雲. 及金兵伐宋, 滑州降, 留政爲安撫使. 前此, 數州旣降, 復殺守將反爲宋守, 及是人以爲政憂, 政曰, 苟利國家, 雖死何避. 宋王宗望壯之 曰, 身沒王事, 利及子孫, 汝言是也. 政從數騎入州. 是時, 民多以饑爲盜, 坐繫. 政皆釋之, 發倉廩以賑貧乏, 於是州民皆悅, 不復叛. 傍郡聞之, 亦多降者. 宋王召政至轅門, 撫其背曰, 吾以汝爲死矣, 乃復成功耶. 慰諭者久之.

왕정(王政)은 진주(辰州) 웅악(熊岳) 사람이다. 그의 선조는 발해와 요나라에서 벼슬을 하였는데 모두 현달하였다. 정은 요나라 말기에 [정치가] 문란해지자 시골[州里]에서 부침(浮沈)하였다. 고영창(高永昌)이 요동을 점거하고 정이 재주와 지략을 알고 그를 등용하고자 하였다. [그러나] 정은 그(고영창)가 뜻을 이룰 수 없다는 것을 헤아리고 사양하며 나아가지 않았다. 영창이 패하자 발해 사람들이 다투어 영창을 묶고 [그것을] 공으로 삼았는데, 정은 혼자 배회하면서 물러났다. 오왕(吳王) 도모(闍母)가 [그 이야기를] 듣고 기이하게 여기며 태조에게 말하니, [태조가] 노주발해군모극(盧州渤海軍謀克)으로 제수하였다. [이후에] 종군하여 백습(白霫)을 격파하고 연운(燕雲)을 함락시켰다. 금나라 병사들이 송나라를 정벌할 때 활주(滑州)가 투항하였는데, 정을 남겨 안무사(安撫使)로 삼았다. 이보다 앞서 몇 개의 주가 이어 투항하였는데, 다시 수장(守將)을 살해하고 반란을 일으켜 송나라의 수장(守將)이 되었다. 이에 어떤 사람이 정을 걱정하니, 왕정이 말하기를 "국가에 도움이 된다면 죽더라도 피할 수 없는 것이 아닌가?"라고 하였다. 송왕(宋王) 종망(宗望)이 그의 기백을 장하게 여겨 말하기를, "왕의 일로 죽는다면 그 이로움이 자손에게 이르리라는 말은 이를 두고 한 것이다."라고 하였다. 정이 기마병 몇 명만을 거느리고 주(州)로 들어갔다. 당시에 많은 백성이 굶주려서 도적이 되었다가 연루되어 옥에 갇혔다. 정이 그들을 모두 풀어 주고 창고를 열어 빈민들을 진휼하자, 백성들이 모두 기뻐하며 다시는 배반하지 않았다. 이웃 군(郡)에서 이를 듣고 모두 항복하였다. 송왕이 정을 불러 관청의 바깥문[轅門]에 이르자, 그의 어깨를 어루만지며 말하기를 "나는 네가 죽었는지 알았다. 이렇게 다시 성공하였구나."라고 하며 오래도록 이야기를 하며 그를 위로하였다.

> 天會四年, 爲燕京都麴院同監. 未幾, 除同知金勝軍節度使事. 改權侍衛親軍都指揮使兼掌軍資. 是時, 軍旅始定, 管庫紀綱未立, 掌吏皆因緣爲姦. 政獨明會計, 嚴扃鐍, 金帛山積而出納無錙銖之失. 吳王闍母戲之曰, 汝爲官久矣, 而貧不加富何也. 對曰, 政以楊震四知自守, 安得不貧. 吳王笑曰, 前言戲之耳. 以黃金百兩銀五百兩及所乘馬遺之.

천회(天會) 4년(1126)에 연경도국원동감(燕京都麴院同監)이 되었다. 얼마 후에 동지금승군절도사사(同知金勝軍節度使事)를 제수하였다. 권시위친군도지휘사(權侍衛親軍都指揮使)로 옮겨 군수 물자를 관리하였다. 이때 전쟁이 비로소 안정되고 창고의 관리 기강이 아직 정립되지 않아서 관리를 맡은 이들이 모두 인연을 따라 간악한 일을 하였다. [왕]정은 홀로 회계를 분명히 하고 엄격하게 보관하여 금과 비단이 산처럼 쌓여 있어도 출납에 조금도 차이가 없었다. 오왕 도모가 농담하며 말하기를 "너는 관리가 되어 오래되었는데도 가난하면서 부를 더하지 않는 것은 무슨 이유인가?"라고 하였다. [왕정이] 대답하기를, "저는 양진(楊震)의 '사지(四知)'[72]로 저 자신을 지키고 있으니 어찌 가난하지 않겠습니까?"라고 하였다. 오왕이 웃으면서 말하기를, "이전에 한 말은 농담이다."라고 하였다. 황금 1백 냥과 은 5백 냥과 자신이 타던 말을 보냈다.

> 六年, 授左監門將軍, 歷安州刺史檀州軍州事戶吏房主事. 天眷元年, 遷保靜軍節度使, 致仕卒, 年六十六.

---

72) 비밀이라도 하늘과 신과 상대방과 내가 알고 있어 언젠가는 반드시 드러난다는 의미의 고사성어이다. 後漢의 楊震이 王密을 추천하여 왕밀이 昌邑令이 되었는데, 양진이 東萊太守가 되어 부임하는 길에 왕밀이 몰래 뇌물을 주며 아무도 모를 것이라고 하자, 양진이 "天知神知子知我知, 何得無知."라고 하며 거절한 데서 유래하였다.

[천회] 6년(1128)에 좌감문장군(左監門將軍)으로 제수되었다. 안주자사(安州刺史)·단주군주사(檀州軍州事)·호방주사(戶房主事)·이방주사(吏房主事)를 역임하였다. 천권(天眷) 원년(1138)에 보정군절도사(保靜軍節度使)로 옮겼다가 치사(致仕)하고 물러난 후 66세의 나이에 죽었다.

政本名南撒里, 嘗使高麗, 因改名政. 子遵仁遵義遵古. 遵古子庭筠有傳.

[왕]정의 본명은 남살리(南撒里)인데, 일찍이 고려에 사신으로 갔으므로,[73] 이로 인하여 이름을 정으로 바꾸었다. 아들로는 [왕]준인([王]遵仁)·[왕]준의([王]遵義)·[왕]준고([王]遵古)가 있다. 준고의 아들인 정균은 [따로] 열전이 있다.

○ 권129, 열전(列傳) 제67, 영행(佞幸), 이통(李通)

海陵曰 … 朕聞 … 渤海漢人仕進者, 必賴吏部尙書李通戶部尙書許霖爲之先容, 左司郞中王蔚任其事. …

해릉(海陵)이 말하기를, "… 짐이 듣건대 … 발해인과 한인 가운데 벼슬에 나간 자는 반드시 이부상서(吏部尙書) 이통(李通)·호부상서(戶部尙書) 허림(許霖)에게 의뢰하여 먼저 받아들이고, 좌사낭중(左司郞中) 왕울(王蔚)이 그 일을 맡는다고 한다. …"라고 하였다.

遣使籍諸路猛安部族及州縣渤海丁壯充軍, 仍括諸道民馬.

사신을 파견하여 여러 로(路)의 맹안 부족(猛安部族) 및 주현의 발해 장정을 징집하여 군대에 충당하고, 아울러 여러 도(道)에서 백성의 말을 징수하였다.

---

73) 『고려사』 권16, 세가16, 인종 13년(1135)조에 사신으로 온 기록이 있다.

> 翰林待制大穎出使還朝, 皆言盜賊事. 海陵惡聞, 怒而杖之, 穎仍除名. 自是人人不復敢言.

한림대제(翰林待制) 대영(大穎)이 사신으로 갔다가 돌아와 도적의 일을 말하였다. 해릉이 듣기 싫은 말을 듣고 노하여, 그에게 장을 치고 관직을 삭탈하였다. 이로부터 사람들이 다시는 감히 말하지 못하였다.

○ 권129, 열전(列傳) 제67, 영행(佞幸), 마흠(馬欽)

> 大定二年, 除名. 是日, 起前翰林待制大穎爲秘書丞. 穎在正隆間嘗言山東盜賊, 海陵惡其言, 杖之除名. 世宗嘉穎忠直, 惡欽巧佞, 故復用穎而放欽焉.

대정(大定) 2년(1162)에 [마흠(馬欽)이] 관직을 삭탈당하였다. 이날에 전(前) 한림대제(翰林待制) 대영(大穎)을 비서승(秘書丞)으로 삼았다. 대영은 정륭 연간에 일찍이 산동에 있는 도적의 일을 말하였는데 해릉이 그의 말을 싫어해서 그에게 장을 치고 관직을 삭탈하였다. 세종은 대영의 충직함을 가상히 여기고 마흠이 계교를 부려 아첨하는 것을 미워하였기 때문에 다시 대영을 기용하고 마흠을 내쳤다.

○ 권132, 열전(列傳) 제70, 역신(逆臣), 병덕(秉德)

> 廷議欲徙遼陽渤海人屯燕南, 秉德及左司郞中三合議其事. 近侍高壽星在徙中, 壽星訴於悼后, 后以白帝, 帝怒, 杖秉德而殺三合.

조정에서 논의하여 요양 발해 사람들을 연성(燕城) 이남으로 이주시키고자 하였는데, 병덕(秉德)과 좌사낭중(左司郞中) 삼합(三合)이 그 일을 의논하였다. 근시(近侍) 고수성(高壽星)이 그 이주 행렬에 포함되어 있었다. [이에] 수성이 도후(悼后)에게 하소연을 하였고, [도]후는 황상에게 아뢰었다. 황제가 노하여 병덕에게는 장을 치고 삼합은 죽였다.

○ 권132, 열전(列傳) 제70, 역신(逆臣), 대흥국(大興國)

> 大興國, 事熙宗爲寢殿小底, 權近侍局直長, 最見親信, 未嘗去左右. 每逮夜, 熙宗就寢, 興國時從主者取符鑰歸家, 主者卽以付之, 聽其出入以爲常. 皇統九年, 海陵生日, 熙宗使興國以宋司馬光畫像及他珍玩賜海陵, 悼后亦以物附賜, 熙宗不悅, 杖興國一百.

대흥국(大興國)은 희종을 섬겨서 침전소저(寢殿小底) 권근시국직장(權近侍局直長)이 되었다. 가장 총애와 신임을 받았으며 잠시도 곁을 떠난 적이 없었다. 매일 밤에 희종이 침실에 들면 대흥국은 당시 주관자에게서 [출입] 허가증과 열쇠를 받아 집으로 돌아갔다. 주관자는 [그에게] 그것을 교부하는 것을 출입의 일상으로 여겼다. 황통 9년(1149) 해릉(海陵)의 생일에 희종이 대흥국을 보내 송나라 사마광의 초상화와 다른 진귀한 물건들을 해릉에게 하사하였다. 도후 역시 물건을 [대흥국에게] 부쳐 [해릉에게] 하사했는데, 희종이 기뻐하지 않으며 대흥국에게 장 1백 대를 때렸다.

> 海陵謀弒, 意先得興國迺可伺間入宮行大事, 且度興國無罪被杖必有怨望心, 可乘此說之, 乃因李老僧結興國. 旣而, 知無異心可與謀, 乃召至臥內令解衣, 欲與之俱臥, 意有所屬者. 興國固辭不敢, 曰, 卽有使, 惟大王之命. 海陵曰, 主上無故殺常勝, 又殺皇后. 乃以常勝家產賜阿楞, 旣又殺阿楞, 遂以賜我. 我深以爲憂, 奈何. 興國曰, 是固可慮也. 海陵曰, 朝臣旦夕危懼, 皆不自保. 向者我生日, 因皇后附賜物, 君遂被杖, 我亦見疑. 主上嘗言會須殺君, 我與君皆將不免, 寧坐待死何如擧大事. 我與大臣數人謀議已定, 爾以爲如何. 興國曰, 如大王言, 事不可緩也.

해릉이 [희종의] 시해를 모의하며 먼저 [대]흥국을 얻어야 비로소 궁에 들어가서 큰일을 도모할 수 있으며, 또한 흥국이 죄 없이 매를 맞은 것에 대해 원망하는 마음이 분명히 있을 것이라고 여기고 그것을 기회로 설득하기로 하였다. 이에 이노승(李老僧)을 보내 흥국과 결탁하게 하였다. 얼마 후에 그가 다른 마음이 없이 함께 일을 도모할 수 있는지 알아보려고 이내 침실로 불러 옷을 벗게 하고 같이 쉬면서 그의 속마음을 알고자 하였다. 흥국이 감히 그럴 수 없다고 사양하며 말하기를, "무슨 일을 시키신다면 오로지 대왕의 명령만을 받을 뿐입니다."라고 하였다. 해릉이 말하기를, "주상이 아무 이유도 없이 상승(常勝)을 죽였고 또 황후를 죽였다. 이내 상승의 재산을 아릉(阿楞)에게 하사하고는 이윽고 또 아릉을 죽이고 마침내 [그 재산을] 나에게 하사하였다. 나는 이로 인해 근심이 깊으니, 어떻게 해야 하는가?"라고 하였다. 홍국이 말하기를, "참으로 근심할 만한 일입니다."라고 하였다. 해릉이 말하기를, "조정의 신하들은 항상 자신을 보존할 수 없을까 두려워한다. 지난번 내 생일에 황후께서 물품을 보태어 하사했다고 그대도 장을 맞지 않았는가? 나도 또한 의심받고 있다. 주상께서 일찍이 말하기를 그대는 마땅히 죽어야 한다고 했다. 나와 그대는 모두 죽음을 면할 수 없을 것이다. 앉아서 죽음을 기다리느니 큰일을 도모함이 어떻겠는가? 나와 대신들 몇몇이 이미 모의를 끝냈는데 그대는 어찌하겠는가?"라고 하였다. 홍국이 말하기를, "대왕이 말씀하신 바가 이와 같다면 일을 늦출 수 없을 것입니다."라고 하였다.

乃約十二月九日夜起事. 興國取符鑰開門, 矯詔召海陵入. 夜二更, 海陵秉德等入. 熙宗常置佩刀於御榻上, 是夜興國先取投榻下, 及亂作, 熙宗求佩刀不得, 遂遇弒.

이에 12월 9일 밤에 거사하기로 약속하였다. [대]홍국이 출입 허가증과 열쇠를 취하여 [궁]문을 열고 거짓 조서로 해릉을 들어오도록 하였다. 밤 2경(9~11시)에 해릉과 병덕 등이 들어왔다. 희종은 항상 침상 밑에 패도(佩刀)를 두고 있었는데, 이날 밤에 홍국이 먼저 침상 아래에 있는 패도를 치웠다. 난리가 일어나자 희종이 패도를 찾았으나 찾지 못하고 마침내 시해당하였다.

海陵既立, 以興國爲廣寧尹, 賜奴婢百口犀玉帶各一錢絹馬牛鐵券如其黨, 進階金紫光祿大夫. 再賜興國錢千萬黃金四百兩銀千兩良馬四匹駝車一乘橐駝三頭眞珠巾玉鉤帶玉佩刀及玉校鞍轡. 天德四年, 改崇義軍節度使, 賜名邦基. 再授絳陽武寧節度使, 改河間尹.

해릉이 이윽고 즉위하여 [대]홍국을 광녕윤(廣寧尹)으로 삼고 노비 1백 명과 서옥대(犀玉

帶) 하나, 돈과 비단, 말과 소와 철권을 하사하였는데, 그 나머지 참여한 사람들도 이와 같았다. 금자광록대부(金紫光祿大夫)로 승진하였다. 다시 흥국에게 1천만 전, 황금 4백 냥, 은 1천 냥, 좋은 말 4마리, 낙타 수레 하나, 낙타 3마리, 진주 두건, 옥구대(玉鉤帶), 옥패도(玉佩刀), 그리고 옥 장식이 있는 안장과 고삐를 하사하였다. 천덕 4년(1152)에 숭의군절도사(崇義軍節度使)가 되어 방기(邦基)라는 이름을 하사받았다. 다시 강양(絳陽)·무녕절도사(武寧節度使)를 제수하고 하간윤(河間尹)으로 바꿨다.

世宗卽位, 廢于家, 凡海陵所賜皆奪之. 大定中, 邦基兄邦傑自京兆判官還, 世宗曰, 大邦傑因其弟進, 濫廁縉紳, 豈可復用. 幷罷其子弟與所贈父官. 及海陵降爲庶人, 詔曰, 大邦基與海陵同謀弒逆, 逋誅至今, 爲幸多矣. 遂磔于思陵之側.

세종이 즉위한 후 [대흥국은] 집에 유폐되었고 해릉이 하사한 것을 모두 빼앗았다. 대정 연간에 [대]방기의 형 [대]방걸([大]邦傑)이 경조판관(京兆判官)으로 있다가 [경사로] 돌아왔다. 세종이 말하기를, "대방걸은 동생 때문에 승진하여 사대부의 반열을 어지럽혔으니 어떻게 다시 등용할 수 있겠는가?"라고 하였다. 아울러 그의 자제들을 모두 파직하고 부친의 추증 [작위]도 취소하였다. 해릉이 강등되어 서인이 될 때 조서를 내려 말하기를 "대방기와 해릉은 시해의 역모를 함께 한 자들이니, 죽을죄를 짓고도 여태껏 살아온 것이 매우 큰 행운이다."라고 하였다. 사릉(思陵: 희종능) 옆에서 사지를 찢어 죽이는 형벌에 처하였다.

○ 권135, 열전(列傳) 제73, 외국(外國) 하(下), 고려(高麗)

唐滅高麗, 粟末保東牟山漸彊大, 號渤海, 姓大氏, 有文物禮樂. 至唐末稍衰, 自後不復有聞. 金伐遼, 渤海來歸, 蓋其遺裔也.

당나라가 고[구]려를 멸망시키자, 속말(粟末)은 동모산(東牟山)[74]을 차지하고 점차 강역이

---

74) 중국 吉林省 敦化市 賢儒鄕 城山子村의 城山子山城이 유력시되었으나, 최근 중국 학계에서는 圖們市의 城子山山城(磨盤村山城)설이 확산되고 있다(吉林省文物考古硏究所·延邊朝鮮族自治州文物保護中心,

커져 발해(渤海)라고 일컫고 성은 대씨(大氏)로 하였으며 문물과 예악이 있었다. 당나라 말엽에 이르러 점차 쇠락하여 이후로는 다시 들리지 않았다. 금나라가 요나라를 정벌하자 발해가 귀부하였으니 대개 그 후예였다.

2018).

발해사 자료총서 – 중국사료 편 권1

8. 『책부원귀(冊府元龜)』

　　북송(北宋) 제3대 황제인 진종(眞宗) 때 왕흠약(王欽若, 962~1025) 등이 칙명을 받아 편찬한 사서이다. 모두 1,000권이며, 목록과 음의(音義)가 각 10권이다. 『책부원귀』는 북송 태종대에 편찬된 『태평광기(太平廣記)』・『태평어람(太平御覽)』・『문원영화(文苑英華)』와 함께 송조 4대 유서(類書) 중의 하나이며, 그 가운데서도 분량이 가장 많다. 재상 왕흠약이 감수를 맡았고, 양억(楊億)을 중심으로 문재(文才)가 뛰어난 20명의 관료가 동원되어 8년에 걸쳐 편찬하여 대중상부(大中祥符) 6년(1013)에 완성하였다. 편찬 중에는 '역대군신사적(歷代君臣事跡)'이라 불렸지만, 완성 후 진종이 『책부원귀』라는 서명을 내렸다. '책부'는 서고(書庫), '원귀'는 귀감(龜鑑)을 뜻하며, 군신이 정치의 감계(鑑戒)로 삼을 수 있는 전적(典籍)의 보고(寶庫)라는 의미이다.

　　체제는 상고에서 오대에 이르는 군신의 정치 사적을 제왕(帝王)과 윤위(閏位) 등 31부(部)로 나누고, 각 부를 다시 세분하여 1,115문(門)으로 하였다. 활용한 자료는 정사(正史)를 위주로 하고, 경부(經部)・자부(子部)의 책을 이용하였으나 잡사(雜史)와 소설류는 채용하지 않았다. 내용은 군신의 선적(善跡)과 간사한 행동, 예악의 연혁, 관사(官師)의 논의, 학사(學士)의 훌륭한 행동, 법령의 완급 등 다양하다. 당・오대에 대해서는 역대 실록이나 후진(後晉) 가위(賈緯)의 『당년보록(唐年補錄)』 등도 이용하였다. 여기에는 현재 전하는 『구당서』나 불완전하게 복원된 『구오대사』에는 보이지 않는 기록들이 확인되며, 중복된 것이더라도 더 풍부한 내용을 담고 있는 경우가 많다.

　　발해와 관련해서도 많은 내용이 실려 있다. 종족 발해 편(권959)에서 『구당서』와 마찬가지로 발해를 고구려 별종이라 하였고, 초기 건국지도 계루(桂婁)의 옛 땅이라고 하였다. 토풍(土

風) 편(권959)에서는 초기 국명을 진국(振國)이라고 표현하고, 사방의 강계를 언급하였다. 관호(官號) 편(권962)에서는 『구오대사』와 동일한 기록을 싣고 있으며, 계습(繼襲) 편(권967)에서는 발해 15대 왕에 대한 승습 과정을 기록하였다. 원구(怨仇) 편(권1000)에서는 당의 흑수주 설치에 대한 보복과 당의 등주를 공격한 내용이 실려 있다. 또한 외신조공(外臣朝貢) 편(권971)과 외신포이(外臣褒異) 편(권974)에는 140여 회에 달하는 발해 및 불열(拂涅), 월희(越喜), 철리(鐵利), 흑수(黑水) 등 말갈의 대당 조공에 관해 기록하고 있다. 이 조공 기록은 발해의 말갈에 대한 세력 확장 과정을 살필 수 있으면서도, 시기별 대당 관계의 변화와 발해 내부의 상황을 엿볼 수 있는 중요한 자료이다. 또한 내원(來遠) 편(권170)에는 동단국왕(東丹國王)의 내부(來附) 등 발해 유민들의 동향을 파악하는 데 중요한 실마리를 주는 기록들이 있다.

『책부원귀』는 완성 2년 뒤에 처음 간각(刊刻)되었고 남송대(南宋代)에도 「신간감본(新刊監本)」 등이 간각되었지만, 방대한 양 때문에 후대에 널리 유포되지는 못하였다. 현재 북송과 남송 때의 간본은 전질이 남아 있지 않고, 명대의 것은 황국기(黃國琦)가 숭정(崇禎) 15년(1642)에 중간(重刊)한 것이 유일하다. 청대에 이 판본이 여러 차례 수정되어 출판되었지만, 새로운 착오가 더해진 것이 적지 않다. 현재 통용되는 『책부원귀』는 1960년에 간행된 「중화서국본(中華書局本)」이다. 이는 황국기의 판본을 위주로 송대 각본 잔권과 기타 4종의 판본을 참고하여 교정한 것이다. 「중화서국본」 마지막에는 색인을 만들어 검색하기 쉽게 하였고, 후기를 붙여 간행 사정을 설명하고 있다. 아래의 원문은 「중화서국본」을 저본으로 하였다.

○ 권41, 관서(寬恕)

[代宗大曆八年閏十一月]渤海質子盜修袞龍, 擒之. 辭云, 慕中華文物, 帝矜而捨之.

[대종 대력 8년(773) 윤11월에] 발해 질자가 곤룡포를 훔쳐서 그를 사로잡았다. 핑계하며 말하기를, "중화의 문물을 흠모하여 그런 것입니다."라고 하니, 황제가 불쌍히 여겨서 풀어 주었다.

○ 권60, 입제도(立制度) 1

[唐穆宗長慶元年七月]平盧節度使奏, 准勅加押新羅渤海兩蕃, 請印一面, 從之.

[당 목종 장경 원년(821) 7월에] 평로절도사[1]가 아뢰기를 "신라·발해 두 번을 관장하는 칙서에 따라 한 면으로 임명해 줄 것을 청합니다."라고 하니, 이에 따랐다.

○ 권65, 발호령(發號令) 4

[唐哀帝天祐三年六月壬辰]詔曰, … 渤海外國遠戎, 奔程以致新都, 入貢, 不虧于舊典.

[당 애제 천우 3년(906) 6월 임진일에] 조서를 내려 말하기를 "… 발해는 외국의 먼 오랑캐로 노정을 바삐 하여 새로운 도읍에 이르러 조공을 바침에 옛 법도를 어그러뜨림이 없었다."라고 하였다.

○ 권111, 연향(宴享) 3

[憲宗元和七年正月癸酉]帝御麟德殿, 對南詔渤海牂牱等使, 宴賜有差.

[헌종 원화 7년(812) 정월 계유일에] 황제가 인덕전[2]에 행차하여 남조(南詔)[3]·발해·장가

---

1) 평로는 唐·五代 方鎭의 하나로 唐 天寶(742~756) 초에 範陽節度使를 나누어 平盧節度使를 두어 營州(지금의 遼寧省 朝陽縣)에서 다스리게 했는데, 盧龍軍과 渝關 등 守捉 11개를 관할하였다. 절도사는 당송시대에 道 또는 州의 군사·민정·인사·이재 등의 권한을 장악한 장관으로, 節帥 혹은 節制라고도 하였다. 평로 번진은 761년에 치소를 青州로 옮겼으며, 765년부터 신라·발해를 관장하게 하였다(정재균, 2011, 124쪽).
2) 당나라 수도 長安城 大明宮의 부속 건물로, 황제가 國宴을 베풀고 佛事나 外事를 보던 곳이다. 인덕전의 동쪽으로는 太液池가 있으며, 서쪽으로는 서궁 벽에 접하여 있다. 당 고종 麟德 연간(664~665)에 건립되었다. 대명궁에서 가장 큰 구역을 차지하는데, 면적이 1만m^2가 넘는다(윤장섭, 1999).
3) 당나라 때 雲南 지방에 있던, 蠻族으로 불리던 티베트·미얀마족이 세운 왕국이다. 수도는 大里이다.

(牂牁)⁴⁾ 등의 사신을 대면하고 연회를 베풀었고, [선물을] 하사하는 데 차등이 있었다.

[元和八年十二月丙午]宴南詔渤海牂牁使, 賜以綿綵.

[원화 8년(813) 12월 병오일에] 남조·발해·장가 사신에게 연회를 베풀고 면채(綿綵)를 하사하였다.

[元和九年二月己丑]麟德殿召見渤海使高禮進等三十七人, 賜宴有差.

[원화 9년(814) 2월 기축일에] 인덕전에서 발해 사신 고예진(高禮進) 등 37인을 불러서 보고, 연회를 베풀었는데 차등이 있었다.

敬宗以長慶四年正月卽位. 二月壬午, 平盧軍節度使薛平遣使押領備宿衛渤海大聰叡等五十人至(長)樂驛, 命中官持酒脯迎宴焉.

경종이 장경 4년(824) 정월에 즉위하였다. 2월 임오일에 평로군절도사 설평(薛平)이 사신을 보내어 숙위 대총예(大聰叡) 등 50인을 이끌고 장락역에 도착하니, 중관(中官)에게 명하여 술을 내려 주고 환영 연회를 베풀었다.

[文宗開成二年正月癸巳]帝御麟德殿, 對賀正, … 渤海王子大明俊等一十人, 賜宴有差.

738년 6조를 통일하여 당을 위협할 정도로 성장했지만 902년 鄭買嗣의 반란으로 멸망하였다.
4) 隋·唐·五代 時期 牂牁 지역(지금의 貴州省 대부분 및 廣西·雲南의 일부 지역)에 거주하여 붙은 이름이다. 족속은 대체로 漢代의 西南夷에서부터 이어진다. 首領 謝龍羽는 唐 高祖 武德 3년(620) 사신을 파견하여 조공하고 牂州刺史에 제수되었으며 夜郎郡公으로 책봉되었다. 농업을 생업으로 삼았으나 성곽과 읍락 및 문자가 없었고, 전시에는 부족민이 모두 함께 모여 막아냈다.

[문종 개성 2년(837) 정월 계사일에] 황제가 인덕전에 행차하여 하정(賀正)[5]을 받았다. … 발해 왕자 대명준 등 11인에게 연회를 베풀었는데 차등이 있었다.

○ 권170, 내원(來遠)

[唐]中宗卽位, 遣侍御史張行岌, 往招慰靺鞨渤海郡王大祚榮.

[당] 중종이 즉위하여 시어사(侍御史) 장행급(張行岌)을 보내 말갈발해군왕(靺鞨渤海郡王)[6] 대조영(大祚榮)을 초위(招慰)하도록 하였다.

[玄宗先天二年]遣郞將崔訢, 往冊拜渤海大祚榮, 左驍衛員外大將軍·渤海郡王, 仍以其所統爲忽汗州都督. 自是每歲遣使朝賀.

[현종 선천 2년(713)에] 낭장 최흔(崔訢)[7]을 보내 발해 대조영을 좌효위원외대장군(左驍衛員外大將軍)[8]·발해군왕으로 책봉하고, 거듭 그 다스리는 곳으로 홀한주[9]도독을 삼았다. 이로부터 매년 사신을 보내 조정에 와서 하례하였다.

[開元十二年]是年, 安東都護薛泰請於黑水靺鞨內置黑水軍, 更以最大部落爲黑水府,

---

5) 새해를 축하함. 정월 초하루에 임금이 백관의 하례를 받는 의례를 賀正禮라고 한다.
6) 당의 爵位는 9등급으로, 王·國王은 그중 첫 번째이다. 정1품이고, 식읍이 1만 호이다. 君王은 두 번째로 종1품이고, 식읍은 5,000호이다. 이어서 國公·君公·縣公·縣侯·縣伯·縣子·縣男 순이다.
7) 당나라 현종 때의 관리로, 713년 발해에 대조영을 발해군왕으로 책봉하는 사신으로 파견되었다. 『구당서』 발해말갈전에는 "郞將 崔訢"으로 나오는데, 그가 714년 귀국하며 旅順의 黃金山麓에서 우물 2개를 파고 기념하여 바위에 남긴 글에는 "鴻臚卿 崔忻"으로 새겨져 있다. 이 鴻臚井刻石은 현재 일본 국내성 뜰에 소장되어 있다(권은주, 2007).
8) 唐의 16衛 가운데 左驍衛의 大將軍으로 정3품이다. 員外는 '정원 외'라는 뜻이다.
9) 忽汗州는 忽汗河에서 따온 이름이다. 발해의 3대 문왕 대에 천도한 상경 근처에 있는 鏡泊湖를 忽汗海라고 하며, 이 호수에서 북쪽으로 흘러 나가는 牧丹江은 忽汗河, 忽爾海河, 瑚爾哈河로 불리어 왔다. 홀한주라고 한 것은 당나라의 천하관에 따라 관념적인 羈縻州 행정구역을 설정한 것에 불과하다.

仍以其首領爲都督, 諸部刺史隸屬焉. 中國置長史, 就其部落監領之.

[개원 12년(724)] 이해에 안동도호[10] 설태(薛泰)가 흑수말갈[11] 안에 흑수군(黑水軍)을 둘 것을 청하고,[12] 다시 가장 큰 부락을 흑수부로 삼자고 하였다. 이에 그 수령을 도독으로 삼아 여러 부의 자사를 이에 예속하게 하였다. 중국에서 장사[13]를 두어 그 부락을 감독하였다.

[後唐明宗長興二年正月]東丹王突欲率衆, 自渤海國內附, 上御文明殿, 對突欲及其

---

10) 안동도호부의 장관이다. 668년 당나라가 고구려를 멸망시킨 뒤 평양에 안동도호부를 설치하고 薛仁貴를 도호부사로 삼아 고구려 땅을 통치하도록 하였다. 고구려부흥운동이 일어나고 신라가 고구려·백제 유민과 함께 당에 항쟁을 펼치자, 당은 한반도에서 물러나 676년 도호부를 遼의 遼陽 지역으로 옮겼고, 677년에 다시 新城으로 옮겼다. 696년에는 요서 지역인 營州에서 거란 李盡忠의 난이 일어나며, 요동 지역 역시 전란에 휩싸였다. 대조영이 이끄는 고구려 유민과 말갈인이 天門嶺전투에서 승리하며 발해 건국에 성공한 이후 요동에서 당의 세력이 크게 약화되었고, 당은 699년에 안동도호부를 안동도독부로 낮추었으며 幽州(지금의 北京)에 移屬시켰다. 이후 다시 도호부로 복귀되었으나 714년 平州로, 743년 遼西故郡城으로 府治를 옮겼다가, 安祿山의 난을 계기로 758년에 완전히 폐지되었다(日野開三郞, 1984, 26~36쪽; 권은주, 2010).

11) 黑水靺鞨은 고구려 시기의 靺鞨 7部 가운데 하나로, 가장 강한 세력으로 꼽힌다. 『구당서』 말갈전에는 흑수말갈이 가장 북방에 있으면서 제일 강성하여 늘 용맹을 과시하므로 항상 이웃의 걱정이 되었다고 하였다. 『신당서』 흑수말갈전에는 고구려 멸망 후 말갈 6부가 당에 들어가거나 분산되어 점차 미약해지고 유민들은 발해로 들어갔지만, 흑수만이 완강하여 16부락으로 나뉘어 남부와 북부로 일컬었다고 하였다. 그 이름은 거주지인 黑水에서 비롯되었으며, 거주지는 지금의 黑龍江과 松花江이 합류하는 지역과 그 하류로 비정된다. 『新唐書』 「地理志」 靺鞨州條에 인용되어 있는 賈耽의 『道里記』에는 渤海의 國都에서 북으로 德理鎭을 거쳐 南黑水靺鞨에 이르기까지 1,000리로 되어 있다. 松井等은 德理鎭의 위치를 明代에 三姓 지역의 松花江 좌안에 있었던 幹朶里站과 같은 지역이며, '德理'는 '幹朶里'의 줄임말로 추정하였다(松井等, 1913).

12) 『舊唐書』 靺鞨傳에는 "開元十三年 安東都護薛泰請於黑水靺鞨內置黑水軍 續更以最大部落爲黑水府"라고 되어 있어 설태의 건의가 725년에 있었던 일임을 알 수 있다. 『舊唐書』 渤海靺鞨傳, 『新唐書』 渤海傳에는 726년 흑수말갈이 당에 내조하자 그 땅을 흑수주로 삼고 장사를 설치한 것으로 나오며, 이것이 계기가 되어 발해의 흑수 토벌이 일어난 것으로 나온다.

13) 당나라 때 都督이나 刺史의 바로 아래에 두었는데, '別駕'라고도 하며 실질적인 권한이 없었다. 大都督府의 장사는 상대적으로 지위가 높아서 上州의 자사나 절도사로 임명되기도 하였다.

部曲, 慰勞久之, 賜鞍馬衣服金玉帶錦綵器物. 又大將軍·副將軍已下, 分物有差. 宰臣率百寮稱賀.

[후당 명종 장흥 2년(931) 정월에] 동단왕[14] 돌욕(突欲)이 무리를 거느리고 발해국으로부터 내부하였다. 황상이 문명전에 행차하여 돌욕과 그 부곡(部曲) 사람을 대면하고 오랫동안 위로하며 안장·의복·금옥대·금채(錦綵)·기물(器物)을 하사하였다. 또한 대장군·부장군 이하에 물건을 나누어 줌에 차등이 있었다. 재신(宰臣)들이 백관을 거느리고 축하를 하였다.

[三月辛酉]中書門下奏, 東丹王突欲遠泛滄波, 來歸皇化, 旣服冠帶, 難無姓名. 兼惕隱等頃以力助王都, 罪同禿餒, 爰從必死, 竝獲再生, 每預入朝, 各宜授氏. 庶使族編姓譜, 世荷聖恩, 況符前代之規, 永慰遠人之款. 自突欲已下, 請別賜姓名. 仍准本朝蕃官入朝例, 安排 勅旨付, 中書門下商量聞奏, 宰臣按, 四夷入朝蕃官, 例有懷德懷化, 歸德歸化等, 將軍·中郎將名號, 又本朝賜新羅·渤海兩蕃國王官, 初自檢校司空至太保, 今突欲是阿保機之子, 且類渤海國之王, 念自遠夷, 宜加異渥, 冀顯賓王之道, 以旌航海之思. 其惕隱赫邈已下, 始自朋凶, 不可同等. 古者保姓授氏, 有以因官, 有以所居所掌, 有因歸化, 特賜姓名. 勅旨, 突欲宜賜姓東丹, 名慕華, 乃授光祿大夫簡較太保安東都護兼御史大夫上柱國渤海郡開國公, 食邑一千五百戶, 充懷化軍節度·瑞愼等州觀察處置·押蕃落等使.

[장흥 3년(932) 신유일에] 중서문하성에서 아뢰기를, "동단왕 돌욕이 멀리서 바다를 건너 황제의 덕을 흠모하여 귀화하여 관대(冠帶)를 받았으나 성명이 없습니다. 척은(惕隱)[15]을

---

14) 東丹國은 거란 야율아보기가 926년 1월 발해를 멸망시키고 세웠다. 아울러 발해의 수도인 忽汗城을 天福城으로 고치고, 황태자 倍(일명 突欲)를 人皇王으로 책봉하여 동단국왕으로 삼았다. 아보기의 동생인 迭剌을 左大相, 渤海老相을 右大相, 渤海司徒 大素賢을 左次相, 耶律羽之를 右次相으로 삼았다(『遼史』권2, 本紀 제2, 太祖下, 天顯元年 2월 丙午). 발해인과 거란인을 함께 상층 관리로 임명하였으나 실권은 후자에게 있었다.

15) 황족에 관한 사무를 맡아보던 宗正職이다. 거란어 음역이며 梯里已라고도 한다.

겸하여 왕도를 돕게 하였으나 [실패하여 그] 죄가 독뇌(禿餒)[16]와 같아서 반드시 죽을 운명이었는데, 사로잡혀 다시 살게 되어 매번 입조(入朝)하고 각기 씨(氏)를 받았습니다. 바라건대, 족속을 모아 성(姓)을 준다면 세상 사람들이 성은을 입었다 할 것입니다. [이렇게 한다면] 전대의 규칙에 맞으며, 멀리서 온 사람에 관대함이 길이 기억될 것입니다. 돌욕 이하에 청컨대 특별히 성씨를 하사해 주십시오."라고 하였다. 본조(本朝)의 번관(蕃官)이 입조했을 때의 사례에 따라 칙지(勅旨)를 안배하도록 하였다. 중서문하성에서 논의하여 아뢰기를, "재신이 살피건대 사이(四夷)가 입조하여 번관이 된 사례로는 회덕회화(懷德懷化)·귀덕귀화(歸德歸化) 등이 있으며, 장군·중랑장이라는 명칭이 있습니다. 또한 본조에서 신라·발해 양번의 국왕에게 준 관직으로는 처음에 검교[17]사공[18](檢校司空)에서 태보(太保)에 이르렀습니다. 지금 돌욕은 [야율]아보기([耶律]阿保機)의 아들이며 발해국의 왕과 같은 유형으로 원이(遠夷)로서 극진하였으니 [이는] 왕도를 기대하여 항해하는 뜻을 나타낸 것입니다. 그 척은 혁모(赫邈) 이하는 흉악한 무리로 같은 급이 아닙니다. 예전에 성씨를 줄 때에는 관직명, 거주하는 곳, 관장하는 것, 귀화한 곳으로 특별히 성명을 주었습니다."라고 하였다. 칙지를 내려서, "돌욕에게 성씨 동단(東丹)과 이름 모화(慕華)를 하사하며, 광록대부(光祿大夫) 간교태보(簡較太保) 안동도호(安東都護) 겸 어사대부(御史大夫) 상주국(上柱國) 발해군개국공(渤海郡開國公)을 제수하고, 식읍 1,500호로 회화군절도(懷化軍節度) 서신등주관찰처치(瑞愼等州觀察處置) 압번락등사(押蕃落等使) 등에 충원한다."라고 하였다.

○ 권956, 종족(種族)

渤海靺鞨. 大祚榮本高麗別種也. 唐開元中, 高麗滅, 祚榮家屬保桂婁之故地, 據東牟山, 築城居之. 祚榮驍勇善用兵, 靺鞨之衆及高麗餘燼, 稍稍歸之.

---

16) 禿餒(?~929)는 奚族 추장으로, 거란의 장수이다. 거란이 925년 발해의 요동을 공격하면서 배후를 안정시키기 위해 녹뢰와 노문진 등에게 後唐의 燕州와 薊州를 위협하게 하였다(『舊五代史』 卷137, 外國列傳 第1 "同光三年(925), 舉其衆討渤海之遼東, 令禿餒·盧文進據營·平等州, 擾我燕薊.").
17) 檢校는 우대하여 원래 正職이나 品階보다 높여 승진시키는 의미로 사용되었으며, 임시 또는 대리의 기능을 표시하는 호칭이다.
18) 司空은 당의 三公 중 하나로, 정1품이다. 실무가 없는 명예직이었다.

발해말갈 대조영(大祚榮)은 본래 고[구]려의 별종[19]이다. 당 개원 연간(713~741)에 고[구]려가 멸망하자, 대조영이 가족과 동쪽으로 계루[20]의 옛 땅을 지키며 동모산에 웅거하여 성을 쌓고 거주하였다. 대조영은 날쌔고 용맹하여 병사를 잘 부려서, 말갈의 무리와 고[구]려 유민

---

19) 발해의 계통에 대해 『舊唐書』 발해말갈전에서는 '본래 고려의 별종(本高麗別種)'이라고 하였고, 『新唐書』 渤海傳에서는 '본래 속말말갈로 고[구]려에 붙은 자(本粟末靺鞨附高麗者)'라고 기록하였다. 그런데 이 大祚榮의 출신이나 발해의 구성원에 대해서는 같은 사료를 놓고 다양한 해석이 있었다. 고려와 조선에서는 대조영의 출신을 고구려 계통으로 보는 경향이 있었는데, 李承休의 『帝王韻記』와 柳得恭의 『渤海考』가 대표적이다. 일본에서는 대체로 속말말갈이나 여진 계통으로 보았다. 발해국의 주체는 靺鞨族이지만, 大祚榮은 고구려 別部 출신으로 보는 경우(鳥山喜一, 1915), 새로운 종족으로 발해말갈을 이해하는 경우(池內宏, 1916), 지배층은 고구려인, 피지배층은 말갈인으로 보는 경우(白鳥庫吉, 1933)도 있다. 현대에 들어와서 발해사 연구를 주도한 대표적인 연구자는 북한의 박시형이다. 그는 발해국의 성립에 중심 역할을 한 세력은 고구려 멸망 후 요서 지방으로 이주된 고구려인 집단이었고, 이들을 조직하여 지휘한 것이 고구려 장수인 대조영이라고 하였다. 발해국은 고구려 왕실의 일족 또는 고구려 계통의 귀족 출신들이 거의 권력을 독점하였고, 문화 방면에서도 고구려의 문화가 주도적 역할을 하였다고 보았다(박시형, 1979; 송기호, 1989). 한국의 李龍範도 발해의 주체가 고구려 유민이었음을 주장하였다(李龍範, 1972·1973). 이후 한국 학계에서는 기본적으로 대조영을 고구려 계통으로 보았으나, 종족은 속말말갈로 고구려에 옮겨와 정착하여 동화된 인물, 즉 말갈계 고구려인으로 보기도 한다(송기호, 1995). 말갈의 명칭 자체를 고구려 변방 주민이나 중국 동북 지역민에 대한 비칭·범칭으로 보고, 발해의 구성원이 된 말갈은 흑수말갈과 구분되는 예맥계인 고구려말갈이며, 대조영은 고구려인으로 속말강(송화강) 지역민이라고 보는 견해도 있다(한규철, 1988; 2007). 중국 학계에서는 근대 초기에 양면적 인식이 보였다. 대표적인 학자는 金毓黻이다(『渤海國志長編』, 1934). 그러나 중화인민공화국이 수립된 이후에는 발해사를 중국의 소수민족사로 보고 고구려계승성을 부정하며 말갈을 강조하는 입장이다(권은주, 2022). 한편 19세기 중반 연해주 지역을 차지하였던 러시아에서는 자국의 極東 지역 소수민족사의 일부로서 관심을 갖고 발해를 말갈족의 역사로 규정하며 대조영 역시 말갈인으로 보고 있다. 이 밖에 소수 설로 말갈 중 대조영을 백산말갈 출신으로 보는 경우도 있다(津田左右吉, 1915; 李健才, 2000).

20) 『新唐書』 渤海傳에는 '挹婁'로 되어 있다. 발해에 사신으로 다녀갔던 당나라 사신 張建章의 묘지명에서도 忽汗州를 가리켜 읍루의 옛 땅이라고 한 점 등을 통해 '桂' 자가 '挹'과 유사하여 '桂'로 잘못 쓴 것으로 보기도 한다. 그러나 장건장이 다녀간 지역은 상경 지역이고, 발해 건국지인 동모산은 상경보다 남쪽에 위치한 敦化 지역이므로, 『구당서』와 『신당서』의 차이는 처음에 고구려의 영역 안에서 건국하였다가 영역이 확장됨에 따라 옛 읍루 지역인 상경으로 천도한 것에 따른 것일 가능성이 있다. 참고로 발해 건국지에 대해 한국 사료인 『삼국사기』 권46, 열전 6, 최치원전에는 의봉 3년(678) '태백산 아래'로, 『삼국유사』에서 인용한 『신라고기』에는 '태백산 남쪽'으로, 『제왕운기』에는 '태백산 南城'으로, 『삼국사절요』에는 '태백산 동쪽'으로 나온다.

이 점점 모여들었다.

○ 권959, 토풍(土風) 1

> 振國. 本高麗. 其地在營州之東二千里. 南接新羅, 西接越憙靺鞨, 東北至黑水靺鞨, 地方二千里, 編戶十餘萬, 兵數萬人. 風俗與高麗及契丹同, 頗有文字及書記.

진국은 본래 고[구]려이다. 그 땅은 영주[21] 동쪽 2천 리에 있다. 남쪽은 신라와 접하고 서쪽은 월희말갈[22]과 접하며 동북쪽은 흑수말갈에 이르는데, 사방 2천 리이다.[23] 편호(編戶)는 10여만이며 병사는 1만 명이다. 풍속은 고[구]려 및 거란[24]과 같으며, 자못 문자와 기록

---

21) 지금의 중국 遼寧省 朝陽市 일대이다. 영주의 지명은 『爾雅』 「釋地」 등 고전에 9州나 2州의 하나로 일찍부터 나오지만, 영주가 요서 지역에 처음 설치된 것은 後趙 시기이다. 石虎가 지금의 中國 灤河·永平 부근에 영주를 설치하였고, 遼西·北平의 2郡을 거느리게 했다. 北魏 시기에는 治所를 朝陽 지역의 和龍城에 두고, 昌黎·建德·遼東·樂良·冀陽·冀陽·營丘의 7郡을 거느렸다. 隋代와 唐代에도 營州라고 불렀다. 당나라 초기부터 이 땅에는 거란족과 해족 등 다양한 민족이 거주하였고, 당이 고구려를 공격할 때 그 교두보 역할을 하였다. 고구려 멸망 이후에는 많은 고구려 유민과 고구려 예하에 있던 말갈인들이 당 內地로 끌려가면서 일부가 이곳에 남았다. 이들 중 상당수는 696년 거란 李盡忠의 반란을 계기로 東走하여 발해 건국에 참여하였다. 이곳은 이후에도 당나라가 동북방 민족들을 공제하고 방어하는 중요한 거점이었다.

22) 越憙靺鞨의 위치에 대해 『新唐書』 黑水靺鞨傳에 "당초 黑水[靺鞨]의 서북쪽에는 思慕部가 있는데, 북으로 10일을 더 가면 郡利部가 있고, 동북으로 10일을 가면 窟設部가 있다. [窟設은] 屈設이라고도 부른다. 조금 동남으로 10일을 가면 莫曳皆部가 있고, 또 拂涅·虞婁·越喜·鐵利 등의 部가 있다."라고 나온다. 『册府元龜』 등을 보면, 흑수와 별도로 鐵利·拂涅과 唐에 자주 朝貢한 것으로 나온다. 그런데 발해의 조공 시기와 겹치는 경우도 많아 발해와 이들 말갈이 밀접한 관련을 가지고 있었던 것으로 보인다. 월희말갈은 고구려 시기 말갈 7부에는 속하지 않지만, 고구려 멸망 후 설치된 기미주 중 越喜州都督府가 확인되고 있어 그 연원이 오래된 것을 알 수 있다(『신당서』 권43하, 지 제33하, 지리하, 하북도 고려항호주). 일반적으로 遼代에 兀惹와 그 서쪽에 있던 越里吉 등과 같은 부족으로 보며, 거주지는 오소리강과 松花江 두 강의 하류 부근으로 보는 견해(松井等, 1913), 중국 長春 西南의 懷德 방면으로 보는 견해(池內宏, 1916), 沿海州의 海邊 지역으로 보는 견해(金毓黻, 1933) 등이 있다. 『册府元龜』 권959, 外臣部 土風條에는 '越喜靺鞨' 앞에 '西接' 2자가 추가되어 있는데, 和田清은 三姓 부근으로 비정하고, 渤海國과 '西接'하는 것이 아니라 '北接'한다고 보았다.

23) 사방 2,000리는 발해 초기에 확보한 영역으로, 전성기에는 사방 5,000리였다(『신당서』 발해말갈전).

24) 契丹은 고대 시라무렌강(Siramuren, 西刺木倫) 지역에서 일어난 부족이다. 거란의 열전은 『魏書』에 처음

○ 권962, 관호(官號)

渤海國, 唐中宗時封大祚榮爲渤海郡王. 其俗呼其王爲可毒夫, 對面爲聖王, 箋表呼基下, 父母[25])老王, 母曰太妃, 妻曰貴妃, 長子曰副王, 諸子曰王子, 世以大氏爲酋長.

발해국은 당 중종 때에 대조영을 발해군왕으로 책봉하였다. 그 풍속에 왕을 가독부(可毒夫)라고 부르고, 대면할 때에는 성왕으로, 전표에서는 기하로, [왕의] 아버지는 노왕으로, 어머니는 태비로, 처는 귀비로, 맏아들은 부왕으로, 다른 자식들은 왕자로 불렀으며, 대대로 대씨가 추장이 되었다.

○ 권964, 봉책(封冊) 2

[唐玄宗先天二年二月]是月, 封靺鞨大祚榮爲渤海郡王. 大祚榮, 聖曆千[26])自立爲振國王. 在營州東二千里, 兵數萬人. 至是遣郎將崔訢, 往冊命祚榮, 左驍衛員外大將軍渤海郡王, 仍以其所統爲汗州都督. 自是每歲, 遣使朝貢.

입전되었다. 거란이라는 이름이 보이는 가장 오래된 자료는, 北魏의 使者 韓貞이 景明 3년(502)에 契丹으로 가면서 朝陽 동쪽 義縣 부근의 萬佛洞에 새긴 명문이다. 5세기 후반 동쪽에서 고구려가 遼西로 적극적으로 진출하고 서쪽에서 柔然의 압박이 가해지자, 거란은 北魏에 內附하여 白狼水(大凌河)의 동쪽으로 남하하였다. 거란의 別部인 出伏部 등 그 일부는 고구려에 臣屬하였다. 隋·唐代에는 고구려나 돌궐에 복속하거나 연대하여 수·당에 대항하기도 하고, 반대로 수·당에 복속하여 고구려나 돌궐에 저항하기도 하였다. 唐 太宗은 거란 서쪽에 인접해 있는 庫莫奚를 지배하기 위해서 시라무렌강 상류에 饒樂都督府를 설치하였고, 거란을 지배하기 위해서 營州 부근에 松漠都督府를 설치하였다. 당 초기에는 大賀氏가 지배 씨족인 8부 연맹을 형성하고 있었다. 당 태종은 그 수장인 窟哥를 都督으로 삼고, 李氏 성을 주어 부족민을 다스리게 하였다. 이들은 영주 부근에 살면서 평소에는 자치를 하며 유목 생활을 하다가 당의 고구려 공격과 같은 대외 전쟁 시기에는 藩兵으로 동원되었다. 10세기로 넘어가며 耶律阿保機가 거란 부족을 통일하고 遼나라를 세웠다.

25) '母' → '曰'.
26) '千' → '中'.

[당 현종 선천 2년(713) 2월] 이달에 말갈 대조영을 발해군왕으로 책봉하였다. 대조영은 성력 연간(698~699)에 자립하여 진국왕이 되었다. 영주 동쪽 2천 리에 있었고, 병사는 수만 명이었다. 낭장 최흔을 보내어 대조영을 좌효위원외대장군27) 발해군왕으로 책봉하고 그가 통솔하는 곳을 [홀]한주도독으로 하였다. 이로부터 매년 사신을 보내 조공을 하였다.

> [開元七年三月]忽汗州都督渤海郡王大祚榮卒. 遣使撫立其嫡子桂婁郡王大武藝, 襲爲左驍衛大將軍渤海郡王忽汗州都督.

[개원 7년(719) 3월에] 홀한주도독 발해군왕 대조영이 죽었다. 사신을 보내 위로하고, 그의 적자인 계루군왕(桂婁郡王)28) 대무예(大武藝)가 좌효위대장군 발해군왕 홀한주도독을 계승하게 하였다.

> [開元八年八月]是月, 冊渤海郡王左驍衛大將軍大武藝, 嫡男大都利行爲桂婁郡王.

[개원 8년(720) 8월] 이달에 발해군왕 좌효위대장군 대무예의 적남(嫡男)인 대도리행(大都利行)29)을 책봉하여 계루군왕으로 삼았다.

> [開元二十年]是年, 渤海桂婁郡王大武藝病死, 其子大欽茂嗣立. 帝降書冊, 且弔之

---

27) 당대의 정3품 武職事官이다.
28) 桂婁郡王 작호는 일반적으로 당에서 받은 것으로 이해하고 있으나, 大武藝에게 내린 계루군왕 작호는 大祚榮이 내린 것이며, 大都利行에게 내린 작호(『冊府元龜』권964, 봉책2, 개원 8년(720) 8월조)는 대무예의 사례를 따라 당이 내린 것이라는 주장이 있다(현명호, 1991, 48~49쪽). 반면 계루군왕 작호 부여가 곧 '발해=황제국'이라는 인식에 대해 '계루군왕'의 존재만으로 발해왕이 황제로서의 지위에 있었다는 주장은 받아들이기 어렵다는 주장도 있다(宋基豪, 1995, 193쪽). 계루라는 명칭이 고구려의 왕실 집단인 계루부에서 나왔다는 것은 분명하며, 누가 책봉의 주체가 되었든 발해와 고구려의 계승 관계를 인정한 것으로 볼 수 있다.
29) 발해 제2대 무왕 대무예의 嫡長子(?~728)로, 720년 당에서 桂樓郡王으로 책봉하였다. 726년에는 당나라에 사신으로 다녀왔고, 727년에는 당나라에 숙위로 가서 머물다가 728년 병에 걸려 죽었다.

> 曰, 念卿亡父, 素勵誠節, 與善無徵, 奄至殂謝, 興言求往, 軫念良深. 卿是長嫡, 當襲父位, 宜全忠孝, 以繼前踪. 今故遣使持節, 冊命兼申弔祭. 冊曰, 皇帝若曰, 於戲, 王者宅中, 守在海外, 必立藩長, 以寧遐荒, 咨爾故渤海郡王嫡子大欽茂, 伐承緒業. 早聞才幹, 昔在爾考, 忠於國家, 爰逮爾躬, 當茲負荷. 豈惟立嫡, 亦乃擇賢休問, 可嘉寵章, 宜及是用, 命爾爲渤海郡王, 爾往欽哉. 永爲藩屛, 長保忠信, 效節本朝, 作範殊俗, 可不美歟.

[개원 20년(732)] 이해에 발해 계루군왕 대무예가 병으로 죽고, 그의 아들 대흠무(大欽茂)가 이어서 즉위하였다. 황제가 글을 내려 책봉하였고, 또한 조문하여 말하기를 "경의 망부(亡父)는 본디 성절(誠節)에 힘썼으며 남에게는 좋게 해 주고 요구하지 않았네. 문득 죽음에 이르러 말로 위로를 구하니, 실로 진념(軫念)이 깊으리라. 경은 적장자이니 당연히 아버지의 작위를 계승해 마땅히 충효를 온전히 함으로써 선인의 발자취를 잇도록 하라. 이제 짐짓 지절사(持節使)를 보내 책명(冊命)하고 조제(弔祭)하노라."라고 하였다. 책명에 말하기를 "황제가 이르노니 아! 왕자는 집에 있고 수비는 해외에 있으니 반드시 번장(藩長)을 세움으로써 머나먼 변방의 안녕을 도모하리라. 아! 그대 고(故) 발해군왕의 적자인 대흠무가 왕업을 이어 받게 되었으니, 일찍이 재주에 대해 들었노라. 지난날 그대의 죽은 아버지는 국가에 충성하였으니, 응당 이 짐을 짊어져야 하리라. 어찌 적자라고만 해서 세웠겠는가! 현자를 간택함도 있으리라. 휴문(休問)도 좋거니와 총장(寵章)도 미쳐야만 하리라. 이에 그대를 발해군왕에 명하노니, 그대 가서 훌륭히 하라! 영원히 번국으로 충성과 신의를 길이 확보하고 본 조정에 절의를 이바지함으로써 속됨과는 달리 모범이 된다면 그 얼마나 훌륭하다고 할 것이랴!"라고 하였다.

> [開元二十一年]是年, 渤海靺鞨越海入寇登·萊, 詔新羅王金興光發兵討之, 仍加授興光開府儀同三司寧海軍使.

[개원 21년(733)] 이해에 발해말갈이 바다를 건너 등주[30]·내주에 들어와 노략질하니,[31] 신라왕 김흥광(金興光)에게 군사를 징발하여 공격하라는 조서를 내렸다.[32] 아울러 흥광에게

개부의동삼사[33] 영해군사[34]를 더하여 제수하였다.

○ 권965, 봉책(封冊) 3

> [德宗貞元十一年二月]令內常侍殷志瞻將冊書往渤海, 冊大嵩璘爲渤海王·忽汗州都督, 嵩璘渤海大欽茂之子, 襲父位也.

[덕종 정원 11년(795) 2월에] 내상시(內常侍)[35] 은지섬(殷志瞻)에게 책봉 서한을 지니고 발해에 가게 하여, 대숭린(大嵩璘)[36]을 발해왕 홀한주도독으로 책명하였다. 숭린은 발해 대흠무의 아들로, 아버지의 작위를 이었다.

> [十四年三月]加渤海郡王兼左驍衛大將軍忽汗州都督大嵩璘, 銀靑光祿大夫 簡較司空 冊爲渤海國王, 依前忽汗州都督. 大嵩璘父欽茂, 以開元二十六年, 襲其父武藝忽汗州都督渤海郡王左金吾大將軍, 天寶中, 累加特進太子詹事賓客, 寶應元年, 進封渤海國王. 大曆中, 又累拜司空太尉. 及嵩璘襲位, 但授其郡王將軍. 嵩璘遣使敍禮, 故更加冊命焉.

---

30) 登州는 현재 중국 산동반도의 蓬萊 지역이다. 고대부터 요동반도나 한반도로 이동하는 근해 항해의 주요 출발지였다.
31) 『구당서』 발해말갈전에는 개원 20년(732)에 무왕 대무예가 장군 張文休를 보내 해적을 거느리고 등주자사 위준을 공격하게 하였다고 전한다(『구당서』 199하, 열전 149하, 발해말갈). 발해의 등주 공격 원인은 726년 발해의 黑水 토벌과 대문예의 당 망명으로 빚어진 발해와 당의 갈등 및 730년대 초 당과 전쟁을 치르고 있는 契丹을 돕기 위한 목적이었다(김종복, 2009, 127쪽; 권은주, 2013).
32) 『구당서』와 『신당서』 발해전과 『삼국사기』 성덕왕 32년 7월조에 비슷한 내용이 나온다.
33) 당나라 文散階 가운데 종1품. 중국 후한과 위진남북조 시기부터 사용되었으며, 문산관의 최고 품계로 대우를 받았다. 三司와 마찬가지로 스스로 관아를 설치하여 속관을 둘 수 있었다.
34) 영해군사는 발해가 바닷길을 통해 당의 登州를 공격하자, 바닷길을 안정시킬 목적으로 신라 성덕왕에게 임시로 준 使職이었다. 이후 신라왕의 책봉호의 하나로 계속 사용되었다.
35) 內常侍는 당의 內侍省에 속한 관직으로, 정5품하이다.
36) 발해 제6대 왕인 강왕(재위 794~809)이다. 제3대 문왕의 작은아들이며, 제5대 성왕의 숙부이다. 이름은 大嵩璘이다. 연호는 '正曆'이다.

[14년(798) 3월] 발해군왕 겸 좌효위대장군 홀한주도독 대숭린에게 은청광록대부(銀青光祿大夫)37) 간교사공(簡較司空)38)을 더해 주고 발해국왕으로 책봉하였으며, 홀한주도독을 종전대로 하게 하였다. 대숭린의 아버지 [대]흠무는 개원 26년(738)에 그의 아버지 [대]무예의 홀한주도독 발해군왕 좌금오대장군(左金吾大將軍)39)을 계승하였으며, 천보 연간(742~755)에 여러 차례 특진하여 태자첨사빈객(太子詹事賓客)40)을 더하였다. 보응 원년(762)에 발해국왕으로 진봉하였다. 대력 연간(766~779)에 사공태위(司空太尉)를 더하였다. 숭린이 자리를 세습할 때, 군왕·장군만을 제수하였다. 숭린이 사자를 보내 예를 설명하자 다시 책명을 더해 준 것이다.

[貞元二十一年五月]加忽汗州都督渤海王大嵩璘, 金紫光祿大夫 簡校司徒.

[정원 21년(805) 5월에] 홀한주도독 발해왕 대숭린에게 금자광록대부(金紫光祿大夫)41) 간교사도(簡校司徒)42)를 더해 주었다.

[憲宗元和元年十月]加忽汗州都督·渤海國王大嵩璘, 簡較太尉.

[헌종 원화 원년(806) 10월에] 홀한주도독 발해군왕 대숭린에게 간교태위(簡較太尉)43)를 더해 주었다.

---

37) 銀青光祿大夫는 당의 종3품 文散官職이다.
38) 『구당서』 발해전에는 '檢校司空'.
39) 唐의 16衛 가운데 左金吾衛의 大將軍으로, 정원은 1원이며 정3품이다.
40) 태자첨사부의 장으로, 정3품관이며 정원은 4인이다. 侍從의 규찰을 관장하고, 예의와 연회를 돕고 태자의 교육을 맡았다.
41) 金紫光祿大夫는 당의 정3품 文散官職이다.
42) 『구당서』 발해전에는 '檢校司空'.
43) 『구당서』 발해전에는 '檢校太尉'.

[元和四年正月]以故渤海國王大嵩璘男元瑜爲銀青光祿大夫簡較秘書監, 充忽汗州都督, 冊爲渤海國王.

[원화 4년(809) 정월에] 고(故) 발해국왕 대숭린의 아들 [대]원유([大]元瑜)⁴⁴⁾를 은청광록대부(銀青光祿大夫) 간교비서감(簡較秘書監)⁴⁵⁾ 홀한주도독으로 삼고, 발해국왕으로 책봉하였다.

[元和八年正月]以故渤海國王大元瑜長弟權知國務言義爲銀青光祿大夫簡較秘書監忽汗州都督, 冊爲渤海國王, 遣內侍李重旻充使.

[원화 8년(813) 정월에] 고(故) 발해국왕 대원유의 큰 아우 권지국무(權知國務)⁴⁶⁾ [대]언의([大]言義)⁴⁷⁾를 은청광록대부 간교비서감 홀한주도독으로 삼고, 발해국왕으로 책봉하였다. 내시 이중민(李重旻)을 사신으로 보냈다.

[元和十三年四月]以知渤海國務大仁秀爲銀青光祿大夫簡較秘書監忽汗州都督, 冊爲渤海國王.

[원화 13년(818) 4월에] 지발해국무(知渤海國務) 대인수(大仁秀)⁴⁸⁾를 은청광록대부 간교

---

44) 발해 제7대 왕인 定王(재위 809~812)으로, 연호는 永德이다. 제6대 강왕 대숭린의 아들이며, 제8대 희왕의 형이다.
45) 『구당서』 발해전에는 '檢校秘書監'. 비서감은 당 비서성의 장관으로, 종3품이다. 현종의 開元令 전에는 九卿의 아래에 있었으나, 개원령 후부터 구경의 위로 옮겨졌다.
46) 權知는 임시로 일을 맡아 처리하는 직책이며, 여기에서는 발해국의 업무를 임시로 맡아 처리하는 직위이다. 당시에 발해는 당과 책봉 체제하에 놓여 있었으므로, 당으로부터 정식으로 책봉을 받을 때까지는 권지국무라는 이름으로 대외 관계를 수행하고, 내부적으로는 발해 왕위를 계승한 것이다.
47) 발해 제8대 왕인 僖王(재위 812~817)으로, 연호는 朱雀이다. 제7대 정왕의 동생이며, 제9대 간왕의 형이다.
48) 발해 제10대 왕인 선왕으로, 연호는 建興이다. 『구당서』 발해전에는 제8대 희왕에 이어 818년에 대인수

비서감 홀한주도독으로 삼고, 발해국왕으로 책봉하였다.

[元和十五年閏正月]加忽汗州都督渤海國王大仁秀金紫光祿大夫簡較司空.

[원화 15년(820) 윤정월에] 홀한주도독 발해국왕 대인수에게 금자광록대부 간교사공을 더하였다.

[文宗太和五年正月]以權知渤海國務大彝震爲銀青光祿大夫簡較秘書監兼忽汗州都督, 冊爲渤海國王.

[문종 태화 5년(831) 정월에] 권지발해국무(權知渤海國務) 대이진(大彝震)[49]을 은청광록대부 간교비서감 겸 홀한주도독으로 삼고, 발해국왕으로 책봉하였다.

○ 권967, 계습(繼襲) 2

渤海靺鞨. 唐聖曆中, 高麗別種大祚榮, 自立爲振國王. 先天二年, 冊拜渤海郡王. 仍以其所統爲忽汗州, 加授忽汗州都督. 開元七年, 祚榮死, 玄宗遣使冊立其嫡子桂婁郡王大武藝襲父爲左驍衛大將軍渤海王忽汗州都督九姓燕然都督. 二十五年, 武藝病死, 其子欽茂嗣立, 詔襲其父官爵. 寶應元年, 進封國王, 欽茂卒, 其子嵩璘嗣. 貞元十一年二月, 令內常侍殷志贍將冊書, 冊爲渤海王忽汗州都督. 元和四年, 嵩璘卒, 子元瑜嗣. 元瑜卒, 弟言義權知國務. 八年正月, 封言義爲國王. 十三年, 遣使告

가 즉위한 것으로 되어 있으나, 『신당서』 발해전에는 817년 희왕의 사후 그의 동생인 簡王 大明忠이 즉위하여 1년 뒤인 818년에 죽자 대인수가 즉위한 것으로 나온다. 대인수는 대명충의 從夫로, 대조영의 아우인 大野勃의 4세손이다. 818년에 즉위하여 830년까지 13년간 재위하였다.

49) 발해 제11대 왕으로, 시호는 알 수 없으며 연호는 咸和이다. 선왕의 손자로 선왕의 아들인 新德이 일찍 죽어 즉위하였다. 『구당서』 발해전에는 선왕의 사망 연도가 831년으로 적혀 있으나, 『신당서』 발해전에는 830년으로 되어 있고 이듬해인 831년 조서를 내려 대이진에게 작위를 세습하게 하였다. 이를 따른다면 대이진은 830년부터 857년까지 27년간 재위하였다.

哀, 詔以知國務大仁秀爲國王. 太和五年, 仁秀卒, 以權知國務大彝震國王. 梁開平元年, 其王曰大諲譔.

발해말갈. 당 성력 연간(698~699)에 고[구]려 별종 대조영이 자립하여 진국왕(振國王)이 되었다. 선천 2년(713)에 발해군왕으로 책봉하였다. 인하여 그 다스리는 곳으로 홀한주로 삼고 홀한주도독을 더해 제수하였다. 개원 7년(719)에 조영이 죽자, 현종[50]이 사신을 보내 그의 적자인 계루군왕 대무예를 책봉하여 아버지를 이어 좌효위대장군 발해왕 홀한주도독 구성연연도독(九姓燕然都督)으로 삼았다. 25년(737)에 무예가 병으로 죽자, 그의 아들 [대]흠무가 이어 즉위하니 조서를 내려 아버지의 관작을 계승하도록 하였다. 보응 원년(762)에 국왕으로 진봉하였고, 흠무가 죽자 그 아들 [대]숭린이 이었다. 정원 11년(795) 2월에 내상시 은지첨에게 책서를 가지고 가게 하여, 발해왕 홀한주도독으로 책봉하였다. 원화 4년(809) 숭린이 죽자, 아들 [대]원유가 계승하였다. 원유가 죽자 동생 [대]언의가 권지국무가 되었다. 8년(813) 정월에 언의를 국왕으로 책봉하였다. 13년(818)에 사신을 보내 상을 알리자, 조서를 내려 지국무 인수를 국왕으로 삼았다. 태화 5년(831)에 대인수가 죽자, 권지국무 대이진을 국왕으로 삼았다. 양 개평 원년(907)에 그 왕은 대인선[51]이었다.

---

50) 당나라 제6대 황제로, 이름은 李隆基이다. 睿宗의 셋째 아들로 楚王에 봉해졌다가 臨淄王으로 改封되었다. 景雲 초에 太平公主와 함께 韋后와 그 일당을 소탕하고 睿宗을 복위시켰으며, 太子로서 朝政에 참여하였다. 712년 즉위했고 이듬해 태평공주와 그 일당을 숙청하였다. 開元 연간(713~741) 사회 안정과 경제 발전, 문화 번영, 國勢의 강성을 이루어 이 시기 통치를 '開元之治'라 한다. 그러나 天寶 연간 (742~756) 이후 楊貴妃를 총애하고 李林甫와 楊國忠을 宰相으로 등용하게 되면서 정치가 부패하였다. 安史의 난이 일어나자 천보 15년(756) 6월 蜀으로 도망갔으며, 7월 太子 李亨이 靈武에서 즉위한 뒤에 太上皇을 칭하였다. 至德 2년(757) 말 촉에서 長安으로 돌아와 興慶宮에 유폐되었다가 죽었다. 泰陵에 장사 지냈으며 시호는 至道大聖大明孝皇帝이다.
51) 발해 제15대 왕으로, 마지막 왕이다. 906년부터 926년까지 재위하면서 요동을 두고 거란과 치열한 싸움을 벌였다. 그러나 925년 12월에 거란이 대대적인 침공을 시작하여 곧바로 발해 서쪽 변경의 군사 요충지인 부여부를 함락시키고 얼마 안 되어 수도 홀한성을 포위하자 항복하였고, 926년 1월 멸망하였다. 같은 해 7월에 야율아보기가 회군하면서 왕후와 함께 끌고 가 거란의 수도 상경 임황부의 서쪽에 성을 쌓고 살게 하였다.

○ 권971, 조공(朝貢) 4

[唐玄宗開元元年十二月]靺鞨王子來朝, 奏曰, 臣請就市交易, 入寺禮拜, 許之.

[당 현종 개원 원년(713) 12월에] 말갈 왕자가 내조(來朝)하여 아뢰기를, "신이 시장에서 교역하고, 사찰에 들러 예배를 할 수 있게 해 주시기를 바랍니다."라고 하니, 허락하였다.

[開元二年二月]拂涅靺鞨首領失異蒙·越喜大首領烏施可蒙·鐵利部落大首領闥許離等, 來朝.

[개원 2년(714) 2월에] 불열말갈 수령 실이몽(失異蒙), 월희 대수령 오시가몽(烏施可蒙), 철리[52]부락 대수령 달허리(闥許離) 등이 내조하였다.

[開元四年閏十二月]東蕃遠蕃靺鞨部落·拂涅部落·勃律國皆遣大首領, 來朝.

[개원 4년(716) 윤12월에] 동번·원번[53] 말갈부락, 불열말갈, 발률국에서 모두 대수령을 보내 내조하였다.

---

52) 鐵驢, 鐵驪, 鐵離라고도 한다. 철리는 말갈 7부 중에는 그 명칭이 없으나, 발해 건국 초기부터 고구려와 관계가 깊던 불열말갈, 월희말갈과 함께 활동한 것으로 보아, 고구려 당시부터 있었고 고구려와 밀접한 관련이 있었던 것으로 보인다. 위치에 대해서는 圖們江北·興凱湖의 南說(丁若鏞, 『渤海考』), 黑龍·烏蘇里江下流地域說(松井等, 1913; 鳥山喜一, 1915), 牧丹江流域說(津田左右吉, 1916), 阿什河流域說(池內宏, 1916), 松花江下流域의 依蘭地域說(小川裕人, 1937) 등이 있다. 여진이 흥기했을 때에는 길림성 동경성(지금의 寧安) 부근에 있다가 完顔部에 편입되었다(外山軍治, 1975, 45쪽).

53) 동번과 원번은 당에서의 거리에 따른 분류이다. 『唐六典』에는 당에 조공하는 蕃國이 열거되어 있는데, 여기에서는 遠蕃靺鞨과 渤海靺鞨을 구분하고 있다. 이러한 사례를 근거로 당이 가까이 있는 발해는 東蕃, 발해의 배후에 있는 말갈 제부는 遠蕃으로 불렀을 것으로 보기도 한다(김종복, 2011, 19쪽).

[開元五年三月]拂涅部落[54] ··· 遣使獻方物.

[개원 5년(717) 3월에] 불열 부락이 ··· 사신을 보내 방물(方物)을 바치었다.

[開元五年五月]靺鞨 ··· 遣使來朝, 並獻方物.

[개원 5년(717) 5월에] 말갈이 사신을 보내 내조하고 아울러 공물을 바쳤다.

[開元六年二月]靺鞨·鐵利·拂涅蕃守並遣使來朝.

[개원 6년(718) 2월에] 말갈·철리·불열 번수(蕃守)가 함께 사신을 보내 내조하였다.

[開元七年正月]拂涅靺鞨·鐵利靺鞨·越喜靺鞨並遣使來朝.

[개원 7년(719) 정월에] 불열말갈·철리말갈·월희말갈이 함께 사신을 보내 내조하였다.

[二月]拂涅靺鞨遣使獻方物.

[2월에] 불열말갈이 사신을 보내 방물을 바쳤다.

[八月]大拂涅靺鞨遣使獻鯨鯢魚睛·貂鼠皮·白兔猫皮.

[8월에] 대불열말갈이 사신을 보내 고래 눈, 담비 가죽,[55] 흰토끼와 고양이 가죽[56]을 바쳤다.

---

54) 중화서국본에는 '靺鞨'.

[開元九年十一月己酉]渤海郡靺鞨大首領·鐵利大首領·拂涅大首領 … 俱來朝, 幷拜折衝, 放還蕃.

[개원 9년(721) 11월 기유일에] 발해군 말갈 대수령, 철리 대수령, 불열 대수령이 … 모두 내조하였다. 아울러 절충(折衝)을 제수하고, 번(蕃)으로 돌려보냈다.[57]

[開元十年十月乙巳]越喜遣首領茂利蒙來朝, 幷獻方物.

[개원 10년(722) 10월 을사일에] 월희가 수령 무리몽(茂利蒙)을 보내 내조하고, 아울러 방물을 바쳤다.

[十一月]渤海遣其大臣味勃計來朝, 幷獻鷹.

[11월에] 발해가 그 대신 미발계(味勃計)를 보내 내조하고, 아울러 매[鷹]를 바쳤다.[58]

[開元十二年二月] … 渤海靺鞨遣其臣賀祚慶 … 來賀正, 各賜帛五十匹, 放還蕃.

---

55) '貂鼠'와 '貂'는 같은 표현으로 담비를 가리킨다(金毓黻, 『渤海國志長編』 卷17, 渤海國志 15, 食貨考 4, 貂鼠皮). 상등은 검은 담비의 모피이고, 중등은 노랑가슴 담비의 모피인 貂鼠皮와 노랑 담비의 모피인 貀皮이며, 하등은 흰 담비의 모피인 白貂皮라고 한다.
56) 白兔皮는 『新唐書』 渤海傳에 나오는 태백산의 토끼로 추정되기도 한다(윤재운, 2022, 45쪽). 猫皮는 들고양이 가죽으로 추정된다. 『盛京通志』에는 "들고양이는 산골짜기에 사는데 여우와 비슷하고 입은 각이 져 있다. 색은 푸르고 몸에는 얼룩무늬가 있으며 무리를 잘 이룬다. 야생너구리라고도 한다."라고 했다.
57) 『冊府元龜』 권974, 褒異 1, 개원 9년 11월조에 같은 내용이 기록되어 있다.
58) 『冊府元龜』 권975, 褒異 2, 개원 10년 11월 신미조에 같은 내용이 기록되어 있다. 『책부원귀』 조공조에는 달만 표기하는 반면에, 포이조는 日干支까지 명기되어 있다.

[개원 12년(724) 2월에] … 발해말갈이 그 신하 하조경(賀祚慶)을 보내 … 원단을 축하하니 [賀正], 비단 50필을 하사하고 번으로 돌려보냈다.[59]

[十二月]越喜靺鞨遣使破支蒙來賀正, 幷獻方物.

[12월에] 월희말갈이 사신 파지몽(破支蒙)을 보내 원단을 축하하고, 아울러 방물을 바쳤다.

[開元十三年正月]… 渤海遣大首領烏[60]借芝蒙, 黑水靺鞨遣其將五郞子 … 幷來賀正旦, 獻方物.

[개원 13년(725) 정월에] … 발해가 대수령 조차지몽(烏借芝蒙)을 보내고, 흑수말갈이 장수 오랑자(五郞子)를 보내어, … 함께 와서 원단을 축하하고 방물을 바쳤다.[61]

[開元十四年十一月]渤海靺鞨王遣其子義信來朝, 幷獻方物.

[개원 14년(726) 11월에] 발해말갈왕이 그 아들 [대]의신([大]義信)을 보내 내조하고, 아울러 방물을 바쳤다.

[開元十五年八月]渤海王遣其弟大寶方來朝.

[개원 15년(727) 8월에] 발해왕이 그 동생 대보방(大寶方)을 보내 내조하였다.

---

59) 『冊府元龜』 권975, 褒異 2, 개원 12년 2월 을사조에 같은 내용이 있다.
60) 중화서국본에는 '烏'.
61) 『冊府元龜』 권975, 褒異 2, 개원 13년 정월 신축조에 같은 내용이 있다.

[十月]靺鞨遣使來朝, 幷獻方物.

[10월에] 말갈이 사신을 보내 내조하고, 아울러 방물을 바쳤다.

[開元十七年二月]渤海靺鞨遣使獻鷹, 是月, 渤海靺鞨遣使獻鯔魚.

[개원 17년(729) 2월에] 발해말갈이 사신을 보내 매[鷹]를 바쳤다. 이달에 발해말갈이 사신을 보내 숭어[鯔魚]를 바쳤다.

[開元十八年正月]靺鞨遣其弟大郎雅來朝賀正, 獻方物.

[개원 18년(730) 정월에] 말갈이 그 동생 대낭아(大郎雅)[62]를 보내 내조하고 원단을 축하하였으며, 아울러 방물을 바쳤다.

[二月]渤海靺鞨大首領遣使知蒙來朝, 且獻方物, 馬三十匹.

[2월에] 발해말갈 대수령이 사신으로 지몽(知蒙)을 보내 내조하고, 또 방물과 말 30필을 바쳤다.

[五月]渤海靺鞨遣使烏那達初來朝, 獻海豹皮五張, 貂鼠皮三張, 瑪瑙盃一, 馬三十匹 … 黑水靺鞨遣使阿布科思來朝, 獻方物.

---

62) 당 현종이 발해 무왕에게 보내는 칙서에 따르면 대낭아는 국법을 어긴 죄로 735년까지 당에 구금되어 있었다. 이를 통해 이 기록의 말갈이 발해임을 알 수 있다(김종복, 2011, 27쪽).

[5월에] 발해말갈이 사신으로 오나달(烏那達)을 보내 내조하고, 바다표범 가죽[63] 5장, 담비 가죽 3장, 마노잔 1개, 말 30필을 바쳤다. … 흑수말갈이 사신으로 아포과사(阿布科思)를 보내 내조하고 방물을 바쳤다.

[九月]靺鞨·新羅國幷遣使朝貢.

[9월에] 말갈·신라국이 함께 사신을 보내 조공하였다.

[開元十九年二月]室韋·渤海靺鞨·新幷遣使來賀正.

[개원 19년(731) 2월에] 실위(室韋)·발해말갈·신라가 함께 사신을 보내 원단을 축하하였다.

[十月]渤海靺鞨王遣其大姓取珍等一百二十八來朝.

[10월에] 발해말갈왕이 그 대성(大姓)인 취진(取珍) 등 128명을 보내 내조하였다.

[開元二十三年三月]渤海靺鞨王遣其弟蕃來朝.

[개원 23년(735) 3월에] 발해말갈왕이 그 동생 [대]번([大]蕃)을 보내 내조하였다.

[八月]鐵利部落拂涅部落越喜部落俱遣使來朝, 獻方物.

---

63) 『柳邊紀略』에는 "바다표범 가죽이 동북쪽 바다에서 나는데, 길이가 3~4척이고 넓이가 2척쯤 되며 털이 짧고 담록색이며 검은 점이 있다. 검게 물을 들여 모자를 만든다."라고 했다. 발해의 동쪽 변경이 바다에 닿아 있어서, 바다표범 가죽이 특산품이 된 것으로 보인다(윤재운, 2022, 45쪽).

[8월에] 철리부락·불열부락·월희부락이 모두 사신을 보내 내조하고, 방물을 바쳤다.

[開元二十四年九月]越喜靺鞨遣使獻方物.

[개원 24년(736) 9월에] 월희말갈이 사신을 보내 방물을 바쳤다.

[開元二十五年正月]渤海靺鞨大首領木智蒙來朝.

[개원 25년(737) 정월에] 발해말갈 대수령 목지몽(木智蒙)[64]이 내조하였다.

[四月]渤海遣其臣公伯計來獻鷹鶻.

[4월에] 발해가 그 신하 공백계(公伯計)를 보내 송골매[鷹鶻]를 바쳤다.

[開元二十六年閏八月]渤海靺鞨遣使獻豹[65]鼠皮一千張, 乾文魚一百口.

[개원 26년(738) 윤8월에] 발해말갈이 사신을 보내 초서피 1천 장,[66] 마른 문어 1백 구(口)를 바쳤다.

[開元二十七年二月]渤海王遣使獻鷹, 又拂涅靺鞨遣使獻方物.

---

64) 목지몽을 730년 2월에 입당한 知蒙과 동일인으로 보는 견해도 있다(권덕영, 1997, 101쪽).
65) '豹' → '貂'.
66) 이때 평소와 달리 이례적으로 많은 양의 담비 가죽을 당에 보낸 것은 문왕이 당과의 외교 정상화를 꾀했기 때문으로 보이며(蓑島榮紀, 2015, 144쪽), 더불어 발해가 여러 말갈 세력을 재편하면서 이들에게 교역 이익을 주기 위한 반대급부였던 것으로 보기도 한다(윤재운, 2019, 254쪽).

[개원 27년(739) 2월에] 발해왕이 사신을 보내 매를 바쳤고, 또한 불열말갈이 사신을 보내 방물을 바쳤다.

[十月]渤海遣其臣受福子來謝恩.

[10월에] 발해가 그 신하 수복자(受福子)를 보내 사은(謝恩)하였다.

[開元二十八年二月]越喜靺鞨遣其臣野古利來獻方物, 鐵利靺鞨遣其臣綿度戶來獻方物.

[개원 28년(740) 2월에] 월희말갈이 그 신하 야고리(野古利)를 보내 방물을 바쳤고, 철리말갈이 그 신하 면도호(綿度戶)를 보내 공물을 바쳤다.

[十月]渤海靺鞨遣使獻貂鼠皮·昆布.

[10월에] 발해말갈이 사신을 보내 초서피와 다시마[昆布]를 바쳤다.

[開元二十九年二月]渤海靺鞨遣其臣失阿利, 越喜靺鞨遣其部落與舍利, 黑水靺鞨遣其臣阿布利稽.

[개원 29년(741) 2월에] 발해말갈이 그 신하 실아리(失阿利)를 보내고, 월희말갈이 그 부락 여사리(與舍利)를, 흑수말갈이 그 신하 아포리계(阿布利稽)를 보냈다.

[三月]拂涅靺鞨遣首領那棄勃 … 來朝賀正, 具獻方物.

[3월에] 불열말갈이 수령 나기발(那棄勃)을 보내 … 내조하고 원단을 축하하였으며, 방물을 바쳤다.[67]

[四月]渤海靺鞨遣使進鷹及鶻.

[4월에] 발해말갈이 사신을 보내 매[鷹]와 송골매[鶻]를 바쳤다.

[天寶五載三月]渤海遣使來賀正.

[천보 5년(746) 3월에] 발해가 사신을 보내 원단을 축하하였다.

[天寶六載正月]新羅·渤海 … 黑水靺鞨幷遣使來賀正, 各獻方物.

[천보 6년(747) 정월에] 신라·발해 … 흑수말갈이 함께 사신을 보내와서 원단을 축하하고, 각기 방물을 바쳤다.

[天寶七載正月]黑水靺鞨等幷遣使朝貢.

[천보 7년(748) 정월에] 흑수말갈 등이 아울러 사신을 보내 조공하였다.

---

[67] 말갈 제부 가운데 불열·월희·철리 등은 741년 이후 대당 교섭에서 자취를 감추고, 당이 발해에 대해 혼용하던 '발해말갈'과 '발해'도 이때를 기점으로 '발해'로 통일되었다. 이는 발해가 말갈 지역을 통합한 데 따른 결과이다. 다만 흑수말갈은 747년부터 752년까지 독자적으로 당과 교섭하였다. 한편 당의 동북 방면의 대외 교섭을 관장하던 평로절도사의 관할 범위에 흑수가 741년 무렵까지 포함되었다가, 775년 무렵에 신라로 대체되었다. 이는 흑수말갈이 발해의 통제 범위로 들어간 것을 의미한다(김종복, 2009, 144~145쪽).

[三月]黑水靺鞨 … 遣使獻金銀及六十綜布·魚牙綢·朝霞紬·牛黃·頭髮·人參.

[3월에] 흑수말갈이 … 사신을 보내 금은 및 60종포(綜布), 어아주(魚牙綢), 조하주(朝霞紬), 우황(牛黃), 머리털, 인삼을 바쳤다.

[天寶八載三月]渤海遣使獻鷹.

[천보 8년(749) 3월에] 발해가 사신을 보내 매를 바쳤다.

[天寶九載正月]黑水靺鞨 … 遣使賀正.

[천보 9년(750) 정월에] 흑수말갈이 … 사신을 보내 원단을 축하하였다.

[三月]渤海遣使獻鷹.

[3월에] 발해가 사신을 보내 매를 바쳤다.

[天寶十一載十一月]黑水靺鞨遣使來朝.

[천보 11년(752) 11월에] 흑수말갈이 사신을 보내 내조하였다.

[十二月]黑水 … 遣使來朝.

[12월에] 흑수가 … 사신을 보내 내조하였다.

> [天寶十二載三月]… 渤海遣使賀正.

[천보 12년(753) 3월에] … 발해가 사신을 보내 원단을 축하하였다.

> [天寶十三載正月]渤海遣使賀正.

[천보 13년(754) 정월에] 발해가 사신을 보내 원단을 축하하였다.

○ 권972, 조공(朝貢) 5

> [大曆二年七月]吐蕃及渤海並遣使來朝.

[대력[68]) 2년(767) 7월에] 토번[69])과 발해가 함께 사신을 보내 내조하였다.

> 八月, 契丹渤海, 九月, 靺鞨渤海, 十一月, 渤海, 十二月, 渤海, … 等國各遣使朝貢.

8월에 거란과 발해, 9월에 말갈발해, 11월에 발해, 12월에 발해 … 등의 나라가 각기 사신을 보내 조공하였다.

---

68) 『신당서』 발해전에 의하면 발해는 대력 연간(766~779)에 사신을 25회 파견하였다고 하는데, 『책부원귀』에는 23회이다.
69) 西羌 중 發羌의 전음이라는 설과 南涼의 禿髮이 와전되었다는 설이 있다. 수나라 초기부터 세력이 커졌으며, 633년 松贊干布가 党項 諸部를 통일하여 토번제국을 세웠다. 토번이 급성장하며 당을 위협하자 당나라는 문성공주를 시집보내는 등 유화책을 썼다. 그러나 송찬간포의 사망 이후 관계가 악화되고 669년 토번이 안서 4진을 함락하면서 완전히 적대 관계로 돌아섰다. 9세기에 후계 다툼으로 내전이 일어나며 842년 멸망하였다.

[大曆四年]三月, 渤海靺鞨, 十二月 … 渤海 … 並遣使朝貢.

[대력 4년(769)] 3월에 발해말갈, 12월에 … 발해가 … 아울러 사신을 보내 조공하였다.

[大曆七年十二月]渤海靺鞨 … 遣使朝貢.

[대력 7년(772) 12월에] 발해말갈이 … 사신을 보내 조공하였다.

[大曆八年四月]渤海遣使來朝, 並獻方物.

[대력 8년(773) 4월에] 발해가 사신을 보내 내조하고, 아울러 방물을 바쳤다.

[六月]渤海遣使賀正 … 引見於延英殿.

[6월에] 발해가 사신을 보내 원단을 축하하니 … [황제가] 연영전(延英殿)[70]에서 만났다.

[十一月]渤海遣使朝貢.

[11월에] 발해가 사신을 보내 조공하였다.

[閏十一月]渤海 … 遣使來朝.

---

70) 당나라 장안의 大明宮 안에 있던 전각으로, 宣政殿의 서쪽에 있었다. 연영전은 기록상 당나라 현종 開元 연간부터 그 존재가 확인된다. 代宗 대부터 政廳으로 사용되었다(松本保宣, 1990, 352쪽).

[윤11월에] 발해가 … 사신을 보내 내조하였다.

[十二月]渤海 … 遣使來朝 … 渤海靺鞨並遣使朝貢.

[12월에] 발해가 … 사신을 보내 내조하였다. … 발해말갈이 아울러 사신을 보내 조공하였다.

[大曆九年正月]室韋·渤海並來朝.

[대력 9년(774) 정월에] 실위·발해가 함께 내조하였다.

[十二月]渤海 … 靺鞨遣使來朝.

[12월에] 발해 … 말갈이 사신을 보내 내조하였다.

[大曆十年正月]渤海 … 靺鞨, 五月, 渤海, 六月, 渤海, 十二月, 渤海 … 靺鞨 … 遣使朝貢.

[대력 10년(775) 정월] 발해 … 말갈, 5월에 발해가, 6월에 발해가, 12월에 발해 … 말갈이 … 사신을 보내 조공하였다.

[大曆十二年正月]渤海遣使來朝, 並獻日本國舞女一十一人及方物.

[대력 12년(777) 정월에] 발해가 사신을 보내 내조하고, 아울러 일본국의 무녀(舞女) 11인과 방물을 바쳤다.

[二月]渤海遣使獻鷹.

[2월에] 발해가 사신을 보내 매를 바쳤다.

[四月]渤[71] … 靺鞨, 十二月, 渤海靺鞨 … 遣使來朝, 各獻方物.

[4월에] 발해 … 말갈, 12월에 발해말갈이 … 사신을 보내 내조하고, 각기 공물을 바쳤다.

[德宗建中元年十月]渤海並遣使朝貢.

[덕종 건중 원년(780) 10월에] 발해가 아울러 사신을 보내 조공하였다.

[建中三年五月]渤海國並遣使朝貢.

[건중 3년(782) 5월에] 발해국이 아울러 사신을 보내 조공하였다.

[貞元七年正月]渤海 … 遣使來朝.

[정원 7년(791) 정월에] 발해가 … 사신을 보내 내조하였다.

[貞元八年十二月]牂牁·靺鞨皆遣使朝貢.

[정원 8년(792) 12월에] 장가·말갈이 모두 사신을 보내 조공하였다.

---

71) 중화서국본에는 '渤海'.

[貞元十八年正月]虞婁·越喜等首領欽見.

[정원 18년(802) 정월에] 우루·월희 등의 수령이 알현하였다.

[貞元二十年十一月]渤海·新羅遣使來朝.

[정원 20년(804) 11월에] 발해·신라가 사신을 보내 내조하였다.

[憲宗元和元年十二月]渤海 … 遣使朝貢.

[헌종 원화 원년(806) 12월에] 발해가 … 사신을 보내 조공하였다.

[元和二年十二月]渤海 … 遣使朝貢.

[원화 2년(807) 12월에] 발해가 … 사신을 보내 조공하였다.

[元和五年正月]渤海遣使高才男等, 來朝.

[원화 5년(810) 정월에] 발해가 고재남(高才男) 등을 사신으로 보내 내조하였다.

[十一月]渤海王遣子大延眞等, 來獻方物.

[11월에] 발해왕이 아들 대연진(大延眞) 등을 보내 방물을 바쳤다.

[元和七年]是年, 渤海亦遣使來朝.

[원화 7년(812)] 이해에 발해 또한 사신을 보내 내조하였다.

[元和八年十二月]渤海王子辛文德等九十七人來朝.

[원화 8년(813) 12월에] 발해 왕자 신문덕(辛文德) 등 97인이 내조하였다.

[元和九年正月]渤海使高禮進等三十七人朝貢, 獻金銀佛象各一.

[원화 9년(814) 정월에] 발해가 고예진(高禮進) 등 37인을 보내 조공하고, 금불상과 은불상 각 하나씩을 바쳤다.

[十一月]渤海遣使獻鷹鶻.

[11월에] 발해가 사신을 보내 송골매를 바쳤다.

[十二月]渤海遣使大孝眞等五十九人來朝.

[12월에] 발해가 대효진(大孝眞) 등 59인을 사신으로 보내 내조하였다.

[元和十年]七月渤海王子大廷俊等一百一人, 十二月, 黑水酋長十一人, 幷來朝貢.

[원화 10년(815)] 7월에 발해 왕자 대정준(大廷俊) 등 101인이, 12월에 흑수추장 11인이

아울러 와서 조공하였다.

> [元和十一年]三月, 渤海靺鞨, 十一月 … 渤海 … 遣使朝貢.

[원화 11년(816)] 3월에 발해말갈이, 11월에 … 발해가 … 사신을 보내 조공하였다.

> [元和十二年二月]渤海 … 遣使朝貢.

[원화 12년(817) 2월에] 발해가 … 사신을 보내 조공하였다.

> [元和十五年閏正月]渤海 … 遣使朝貢.

[원화 15년(820) 윤정월에] 발해가 … 사신을 보내 조공하였다.

> [十二月]渤海復遣使朝貢.

[12월에] 발해가 다시 사신을 보내 조공하였다.

> [穆宗長慶二年正月]渤海 … 遣使朝貢.

[목종 장경 2년(822) 정월에] 발해가 … 사신을 보내 조공하였다.

> [長慶四年二月]吐蕃·渤海遣使朝貢.

[장경 4년(824) 2월에] 토번·발해가 사신을 보내 조공하였다.

[敬宗寶曆元年三月]吐藩·渤海遣使朝貢.

[경종 보력 원년(825) 3월에] 토번·발해가 사신을 보내 조공하였다.

[寶曆二年正月]… 渤海 … 遣使朝貢.

[보력 2년(826) 정월에] … 발해가 … 사신을 보내 조공하였다.

[文宗太和元年四月]渤海遣使來朝.

[문종 태화 원년(827) 4월에] 발해가 사신을 보내 내조하였다.

[太和三年十二月]渤海 … 遣使朝貢.

[태화 3년(829) 12월에] 발해가 … 사신을 보내 조공하였다.

[太和四年十二月]渤海 … 遣使朝貢.

[태화 4년(830) 12월에] 발해가 … 사신을 보내 조공하였다.

[太和五年十一月]渤海 … 遣使朝貢.

[태화 5년(831) 11월에] 발해가 … 사신을 보내 조공하였다.

> [太和六年三月]渤海王子大明俊來朝.

[태화 6년(832) 3월에] 발해 왕자 대명준(大明俊)이 내조하였다.

> [太和七年正月]渤海王遣同中書右平章事高賞英, 來謝策命.

[태화 7년(833) 정월에] 발해왕이 동중서우평장사(同中書右平章事)[72] 고상영(高賞英)을 보내와서 책명(策命)에 사례하였다.

> [開成元年十二月]渤海 … 遣使朝貢.

[개성 원년(836) 12월에] 발해가 … 사신을 보내 조공하였다.

> [開成四年十二月戊辰]渤海王子大延廣 … 來朝.

[개성 4년(839) 12월 무진일에] 발해 왕자 대연광(大延廣)이 내조하였다.

---

72) 발해의 3성은 宣詔省·中臺省·政堂省으로, 右平章事는 발해 중대성의 차관직이다(『신당서』 발해전). 반면 同中書는 당의 中書省과 같다는 의미인지, 중대성의 이름을 중서성으로 부르던 시기가 있었기 때문인지는 알 수 없다. 참고로 唐에서는 尙書·門下·中書 3省의 長官을 宰相으로 하였는데, 그 직책이 중하여 항상 둘 수 없을 때에는 他官으로서 맡게 하였다. 中書省의 경우 처음에는 국가의 기밀을 다루는 요직이었으나, 唐의 중기부터 門下·尙書省의 同中書平章事도 제각기 기밀을 다루게 되자, 同中書平章事는 虛名이 되어 관료의 加銜에 쓰이는 것이 상례로 되었다(『舊唐書』 卷43, 「職官志」).

[會昌六年正月]渤海 … 等使並朝于宣政殿.

[회창 6년(846) 정월에] 발해 … 등의 사신이 함께 선정전(宣政殿)에서 조회하였다.

[梁太祖開平元年五月]渤海王子大昭順, 貢海東物産.

[양 태조 개평 원년(908) 5월에] 발해 왕자 대소순(大昭順)이 해동의 산물을 바쳤다.

[開平三年三月]渤海王大諲譔差其相大誠諤朝貢, 進兒女口及物·貂鼠皮·熊皮等.

[개평 3년(910) 3월에] 발해왕 대인선(大諲譔)이 그 재상 대성악(大誠諤)을 보내 조공하고, 어린아이와 여자 및 초서피·웅피 등을 올렸다.

[梁太祖乾化元年八月]渤海國遣使朝賀, 且獻方物.

[양 태조 건화 원년(911) 8월에] 발해국이 사신을 보내 조하(朝賀)하고, 또 방물을 바쳤다.

[乾化二年五月]渤海王大諲譔差王子大光贊景帝表, 幷進方物.

[건화 2년(912) 5월에] 발해왕 대인선이 왕자 대광찬(大光贊)을 보내 경제(景帝)[73]에게 표를 올리고, 방물을 바쳤다.

---

73) 5대 10국의 첫 번째 왕조인 後梁(907~923)의 두 번째 황제로, 이름은 朱友珪이다. 재위 기간은 912~913년으로, 불과 1년이 안 되어 폐위되어 廢帝라고도 불린다.

[後唐莊宗同光二年正月]渤海王子大禹謨來朝貢.

[후당 장종 동광 2년(924) 정월에] 발해 왕자 대우모(大禹謨)가 와서 조공하였다.

[同光二年五月]渤海國王大諲譔, 遣使侄元讓貢方物.

[동광 2년(924) 5월에] 발해국왕 대인선이 조카 [대]원양([大]元讓)을 사신으로 보내 방물을 바쳤다.

[九月]黑水國遣使朝貢.

[9월에] 흑수국에서 사신을 보내 조공하였다.

[同光三年二月]渤海國王大諲譔遣使裴璆, 貢人參·松子·昆布·黃明·細布·貂鼠皮被一·褥六·髮·靴革·奴子二.

[동광 3년(925) 2월에] 발해국왕 대인선이 배구(裴璆)를 사신으로 보내 인삼, 잣, 다시마, 황명(黃明), 세포, 초서피 이불 한 채와 요 6개, 머리털, 가죽신, 노비 둘을 바쳤다.

[五月]黑水胡獨鹿·女貞[74]等使朝貢.

[5월에] 흑수의 호독록(胡獨鹿)·여진 등이 사신을 보내 조공하였다.

---

74) 중화서국본에는 '女眞'.

[明宗 天成元年四月]渤海國王大諲譔遣使大陳林等一百一十六人朝貢, 進兒口·女口各三人·人參·昆布·白附子及虎皮等.

[명종 천성 원년(926) 4월에] 발해국왕 대인선이 대진림(大陳林) 등 116인을 보내 조공하고, 어린아이와 여자 각 3인, 인삼, 다시마, 백부자와 호피 등을 바쳤다.

[七月]渤海使人大昭佐等六人朝貢.

[7월에] 발해사신 대소좌(大昭佐) 등 6인이 조공하였다.

[天成四年五月]渤海遣使高正詞入朝, 貢方物.

[천성 4년(929) 5월에] 발해가 고정사(高正詞)를 사신으로 보내 입조하여 방물을 바쳤다.

[八月]黑水遣使骨至來朝, 兼貢方物.

[8월에] 흑수에서 골지(骨至)를 사신으로 보내 내조하고, 아울러 방물을 바쳤다.

[長興元年二月]黑水兀兒遣使貢方物.

[장흥 원년(930) 2월에] 흑수 올아(兀兒)가 사신을 보내 방물을 바쳤다.

[長興二年正月]東丹王突欲進馬十匹·毯帳及諸方物, 又進本國印三面, 宣示宰臣.

[장흥 2년(931) 정월에] 동단왕 돌욕(突欲)이 말 10필, 모포와 여러 방물을 바치고 또 본국(本國)의 도장 3면을 바치자, [황제가] 재신(宰臣)에게 보여 주었다.

[十二月]渤海使文成角並來朝貢.

[12월에] 발해 사신 문성각(文成角)이 아울러 조공하였다.

[長興三年正月]渤海 … 遣使朝貢.

[장흥 3년(932) 정월에] 발해가 … 사신을 보내 조공하였다.

[廢帝淸泰二年十一月]渤海遣使列周義入朝, 貢方物.

[폐제 청태 2년(934) 11월에] 발해가 열주의(列周義)를 사신으로 보내 입조하고, 방물을 바쳤다.

○ 권973, 조국토벌(助國討伐)

[開元二十二年二月]新羅王興光從弟左領軍衛員外將軍忠信上表曰: 臣所奉進止, 令臣執節本國, 發兵馬討除靺鞨, 有事續奏者. 臣自奉聖旨, 誓將致命, 當此之時, 爲替人金孝方身亡, 便留臣宿衛. 臣本國王 以臣久待天庭, 遣從侄志廉代臣, 今已到訖, 臣卽合還. 每思前所奉進止, 無忘夙夜. 陛下先有制, 加本國王興光寧海軍大使, 錫之旌節, 以討凶殘. 皇威載臨, 雖遠猶近, 君則有命, 臣敢不祗. 蠢爾夷俘, 討以悔禍, 然除惡務本, 布憲惟新, 故出師義貴乎三申, 縱敵患貽于數代. 伏望陛下因臣還國, 以副使假臣, 盡將天旨, 再宣殊裔. 豈惟斯怒益振, 固亦武夫作氣, 必傾其巢穴, 靜此荒隅, 遂夷臣之小誠, 爲國家之大利. 臣等復乘桴滄海, 獻捷丹闈, 效毛髮之

功, 答雨露之施. 臣所望也. 伏惟陛下, 圖之. 帝許焉.

[개원 22년(734) 2월에] 신라왕 김흥광(金興光)의 종제인 좌령군위원외장군 [김]충신([金]忠信)이 표를 올려 아뢰기를, "신이 받은 분부는 신에게 부절을 가지고 본국에 가서 병마를 징발하여 말갈을 쳐서 없애는 것입니다. 계속하여 아뢸 것이 있다면, 신이 스스로 황제의 뜻을 받들어 장차 목숨을 바치려고 맹세하는 것입니다. 이때를 당하여 교대하러 온 김효방(金孝方)이 죽어서 곧 신이 계속 숙위로 머물게 되었습니다. 신의 본국 왕은 신이 오래도록 황제의 조정에 남아 있으므로 종질인 [김]지렴([金]至廉)을 보내 저를 대신하게 하여 지금 이미 도착하였으니 신은 돌아가는 것이 합당합니다. 전날에 받은 황제의 분부를 항상 생각하니 밤낮으로 잊을 수 없습니다. 폐하께서 앞서 본국 왕 흥광에게 영해군사를 더하고 정절을 주어 흉악한 도적을 토벌하게 했습니다. 황제의 위엄이 닿는 곳은 비록 먼 곳이라도 오히려 가깝게 여겨지는 것이니, 임금의 명령이 있으면 신이 어찌 받들지 않겠습니까? 아둔한 저 오랑캐들도 이미 잘못을 뉘우치리라 여겨집니다. 그러나 악한 것을 제거함에는 근본을 힘쓰고 모범을 펴는 데에는 혁신이 있어야 합니다. 따라서 군사를 보내는 데에는 의리가 세 번의 승리보다 귀하지만, 적을 놓아두면 그 후환이 몇 세대나 끼치게 됩니다. 엎드려 바라건대 폐하께서 신이 본국으로 돌아갈 때 부사의 직책을 신에게 임시로라도 주어 하늘의 뜻을 가지고 먼 바깥으로 나아가 거듭 알리게 해 주십시오. 이것이 어찌 황제의 노여움만 더 떨칠 뿐이겠습니까? 실로 군사들 또한 기운을 내어 반드시 그 소굴을 뒤집어엎고 황량한 이 지역도 평온하게 되어, 마침내 이 신라 신하의 작은 정성이 이루어져 나라의 큰 이익이 될 것입니다. 신 등이 다시 배를 타고 푸른 바다를 건너 승첩을 바칠 것이니, 터럭 같은 작은 공로로써 비와 이슬 같은 은혜에 보답하려는 것이 신의 소망입니다. 폐하께서 이를 도모하시기 바랍니다."라고 하였다. 황제가 그것을 허락하였다.

○ 권974, 포이(褒異) 1

[開元四年閏十二月]東蕃遠蕃靺鞨部落(拂)涅部落, 皆遣大首領來朝, 並賜物三十段, 放還蕃.

[개원 4년(716) 윤12월에] 동번(東蕃) 말갈부락, 원번(遠蕃) 말갈부락, 불열부락이 모두 대수령을 보내 내조하니, 아울러 물품 30단을 하사하고 번으로 돌려보냈다.

[開元六年二月乙酉]靺鞨渤海郡王大祚榮, 遣其男術藝來朝, 授懷化大將軍行左衛大將軍員外置, 留宿衛.

[개원 6년(718) 2월 을유일에] 말갈발해군왕 대조영(大祚榮)이 그 아들 [대]술예([大]術藝)를 보내 내조하니, 회화대장군(懷化大將軍) 행좌위대장군원외치(行左衛大將軍員外置)를 제수하고 숙위로 머물게 하였다.

[二月戊午]靺鞨·鐵利·拂涅蕃守並遣使來朝, 各授中郞將, 還蕃.

[2월 무오일에] 말갈·철리·불열의 번수(蕃守)가 아울러 사신을 보내 내조하였다. 각기 중랑장(中郞將)을 제수하니, 번으로 돌아갔다.

[開元七年正月丙申]拂涅靺鞨·越喜靺鞨並遣使來朝, 各賜帛五十匹.

[개원 7년(719) 정월 병신일에] 불열말갈·월희말갈이 함께 사신을 보내 내조하니, 각기 비단 50필을 하사하였다.

[六月丁卯]靺鞨渤海郡王大祚榮卒, 贈特進, 賜物五百段, 遣左監門率上柱國吳思謙攝鴻臚卿持節充使弔祭.

[6월 정묘일에] 말갈발해군왕 대조영이 죽자 특진(特進)을 추증하고 물품 5백 단을 하사하였으며, 좌감문솔(左監門率) 상주국(上柱國) 오사겸(吳思謙)을 보내 섭홍려경(攝鴻臚卿) 지

절충사(持節充使)로서 조문하게 하였다.

[開元九年十一月己酉]渤海郡靺鞨大首領·鐵利大首領·拂涅大首領 俱來朝, 並拜折衝, 放還蕃.

[개원 9년(721) 11월 기유일에] 발해군 말갈 대수령·철리 대수령·불열 대수령이 모두 내조하니, 아울러 절충(折衝)을 제수하고 번으로 돌려보냈다.

○ 권975, 포이(褒異) 2

[開元十年閏五月癸巳]黑水酋長倪屬利稽來朝, 授勃州刺史, 放還蕃, 勃蕃中州也.

[개원 10년(722) 윤5월 계사일에] 흑수 추장인 예속리계(倪屬利稽)가 내조하니, 발주자사(勃州刺史)를 제수하고 번으로 돌려보냈다. 발번(勃蕃)은 중주(中州)이다.[75]

[九月己巳]大拂涅靺如價及鐵利大拂涅買取利等六十八人來朝, 並授折衝, 放還蕃.

[9월 기사일에] 대불열말[갈]의 여가(如價)와 철리대불열(鐵利大拂涅)의 매취리(買取利) 등 60인이 내조하니, 아울러 절충을 제수하고 번으로 돌려보냈다.

[十月己亥]鐵利靺鞨可婁計來朝, 授郎將, 放還蕃.

---

75) 『구당서』 흑수말갈전에는 그 추장 倪屬利稽가 내조하자, 玄宗이 勃利州刺史로 삼았다고 나온다. 당은 州를 戶數에 따라 대·중·소로 구분하였는데, 발리주는 中州에 해당한다. 그런데 邊州나 羈縻州의 경우 호수와 상관없이 세력 규모나 당의 정치적 의도가 더 크게 작용하였다. 따라서 예속리계를 도독 아래인 刺史와 그 지역을 中州로 삼은 것은 발해보다 한 등급 낮은 대우지만, 다른 말갈에 비해서는 파격적인 대우였다. 이후 대외 정세의 변동 속에서 흑수말갈과 당의 정치·군사적 유착은 더욱 진전되었고, 그 결과 黑水軍, 都督府, 都督을 설치하기에 이르렀다(권은주, 2012, 131쪽).

[10월 기해일에] 철리말갈 가루계(可婁計)가 내조하니, 낭장을 제수하고 번으로 돌려보냈다.

[十一月辛未] 渤海遣使其大臣味勃計來朝, 並獻鷹, 授大將軍賜錦袍金魚袋, 放還蕃.

[11월 신미일에] 발해가 그 대신 미발계(味勃計)를 사신으로 보내 내조하고 매를 바치니, 대장군을 제수하고 금포·금어대를 하사하고 번으로 돌려보냈다.

[十二月戊午] 黑水靺鞨大酋長倪屬利稽等十人來朝, 並授中郎將, 放還蕃.

[12월 무오일에] 흑수말갈 대추장 예속리계(倪屬利稽) 등 10인이 내조하니, 아울러 중랑장을 제수하고 번으로 돌려보냈다.

[開元十一年十一月甲戌] 越喜靺鞨勃施計·拂涅靺鞨朱施蒙·鐵利靺鞨倪處梨俱來朝, 並授郎將, 放還蕃.

[개원 11년(723) 11월 갑술일에] 월희말갈 발시계(勃施計), 불열말갈 주시몽(朱施蒙), 철리말갈 예처리(倪處梨)가 모두 내조하니, 아울러 낭장을 제수하고 번으로 돌려보냈다.

[開元十二年二月] 丙申, 鐵利靺鞨渼池蒙來朝, 授將軍, 放還蕃. 越喜靺鞨奴布利等十二人來朝, 並授郎將, 放還蕃. 乙巳, 渤海靺鞨遣其臣賀祚慶來賀正 … 進階游擊將軍, 賜帛五十匹, 放還蕃. 丙辰, 黑水靺鞨大首領屋作箇來朝 … 授折衝, 放還蕃.

[개원 12년(724) 2월] 병신일에 철리말갈 오지몽(渼池蒙)이 내조하니, 장군을 제수하고 번으로 돌려보냈다. 월희말갈 노포리(奴布利) 등 12인이 내조하니, 아울러 낭장을 제수하고 번으로 돌려보냈다. 을사일에 발해말갈이 그 신하인 하조경(賀祚慶)을 보내 원단을 축하하

였다. … 유격장군(游擊將軍)으로 올려 주고 백(帛) 50필을 하사하여 번으로 돌려보냈다. 병진일에 흑수말갈 대수령 옥작개(屋作箇)가 내조하니, … 절충을 제수하고 번으로 돌려보냈다.

[五月乙酉]鐵利來朝, 並授折衝, 放還蕃.

[5월 을유일에] 철리가 내조하니, 아울러 절충을 제수하고 번으로 돌려보냈다.

[開元十三年正月辛丑]黑水靺鞨遣其將五郞子來賀正, 且獻方物, 授將軍, 賜紫袍金帶魚帶, 放還蕃.

[개원 13년(725) 정월 신축일에] 흑수말갈이 그 장수인 오랑자(五郞子)를 보내 원단을 축하하고 방물을 바치니, 장군을 제수하고 자포·금대·어대를 하사하여 번으로 돌려보냈다.

[三月丙午]鐵利靺鞨大首領封阿利等一十七人來朝, 越喜靺鞨苾利施來朝, 黑水靺鞨大首領烏素可蒙來朝, 拂涅靺鞨薛利蒙來朝並授折衝, 放還蕃.

[3월 병오일에] 철리말갈 대수령 봉아리(封阿利) 등 17인이 내조하고, 월희말갈 필리시(苾利施)가 내조하고, 흑수말갈 대수령 오소가몽(烏素可蒙)이 내조하고, 불열말갈 설리몽(薛利蒙)이 내조하니, 함께 절충을 제수하고 번으로 돌려보냈다.

[四月甲子]渤海首領謁德·黑水靺鞨諾箇蒙來朝, 並授果毅, 放還蕃.

[4월 갑자일에] 발해 수령 알덕(謁德), 흑수말갈 낙고몽(諾箇蒙)이 내조하니, 아울러 과의(果毅)를 제수하고 번으로 돌려보냈다.

[五月]渤海王大武藝之弟大昌勃價來朝, 授左威衛員外將軍, 賜紫袍金帶魚袋, 留宿衛, 黑水部落職紇蒙等二人來朝, 授中郞將, 賜紫袍銀帶金魚袋, 放還蕃.

[5월에] 발해왕 대무예(大武藝)의 동생인 대창발가(大昌勃價)[76]가 내조하니, 좌위위원외장군(左威衛員外將軍)을 제수하고 자포·금대·어대를 하사하고 숙위로 머물게 하였다. 흑수부락 직흘몽(職紇蒙) 등 2인이 내조하니, 중랑장을 제수하고 자포·은대·금어대를 하사하고 번으로 돌려보냈다.

[開元十四年三月乙酉]渤海靺鞨王[77]大都利[78]來朝.

[개원 14년(727) 3월 을유일에] 발해말갈 왕[자] 대도리[행](大道利[行])이 내조하였다.

[四月乙丑]渤海靺鞨王[79]大都利[80]來朝, 授左武衛大將軍員外置, 留宿衛.

[4월 을축일에] 발해말갈 왕[자] 대도리[행]이 내조하니, 좌무위대장군원외치(左武衛大將軍員外置)를 제수하고 숙위로 머물게 하였다.

---

[76] 大昌勃價는 무왕 대무예의 동생으로, 725년 5월 당에 사신으로 가서 左威衛員外將軍를 받고 宿衛하였다. 같은 해 11월 태산 봉선에 참여한 말갈(즉 발해) 侍子와 동일 인물로 보인다(『구당서』 권23, 禮儀3, 개원 13년 11월 병술). 727년 4월 당 현종의 조서에 따라 襄平縣開國男을 제수받고 같이 숙위하던 首領들과 함께 귀국하였다(『책부원귀』 권975, 포이2, 개원 15년 4월 정미).

[77] '王' → '王子'.

[78] '大都利' → '大道利行'. 다른 기록에 무왕의 아들 利行(『책부원귀』 권975, 포이2, 개원 15년 4월 경신), 大利行(『책부원귀』 권975, 포이2, 개원 16년 4월 계미), 大都利行(『책부원귀』 권964, 봉책2, 개원 8년 8월)으로 나온다. 발해 제2대 무왕 대무예의 嫡長子(?~728)로, 720년 당에서 桂樓郡王으로 책봉하였다. 726년에는 당나라에 사신으로 다녀왔고, 727년에는 당나라에 숙위로 가서 머물다 728년 병에 걸려 죽었다.

[79] '王' → '王子'.

[80] '大都利' → '大道利行'.

[開元十五年二月辛亥]鐵利靺鞨米象來朝, 授郎將, 放還蕃.

[개원 15년(728) 2월 신해일에] 철리말갈 미상(米象)이 내조하니, 낭장을 제수하고 번으로 돌려보냈다.

[四月丁未]勅曰, 渤海宿衛王子大昌勃價及首領等久留宿衛, 宜放還蕃. 庚申, 封大昌勃價襄平縣開國男, 賜帛五十匹, 首領以下各有差. 先是渤海王大武藝遣男利行來朝, 並獻貂鼠, 至是乃降書與武藝慰勞之, 賜彩練一百匹.

[4월 정미일에] 칙서에 "발해숙위 왕자 대창발가와 수령 등이 오랫동안 숙위로 머물러 있었으니 번으로 돌려보냄이 마땅하다."라고 하였다. 경신일에 대창발가를 양평현(襄平縣) 개국남(開國男)으로 봉하고 백(帛) 50필을 하사하고 수령 이하에게도 차등 있게 하였다. 이에 앞서 발해왕 대무예가 아들인 [대도]리행을 보내 내조하고 아울러 초서피를 바쳤다. 이에 무예에게 조서를 내려 위로하고 채련(彩練) 100필을 하사하였다.

[十一月丙辰]鐵利靺鞨首領失伊蒙來朝, 授果毅, 放還蕃.

[11월 병진일에] 철리말갈 수령 실이몽(失伊蒙)이 내조하니, 과의를 제수하고 번으로 돌려보냈다.

[開元十六年四月癸未]渤海王子留宿衛大都利行卒, 贈特進, 兼鴻臚卿, 賜絹三百匹·粟三百石, 命有司弔祭, 官造靈輿歸蕃.

[개원 16년(729) 4월 계미일에] 발해 왕자이자 숙위로 머물러 있던 대도리행이 죽자, 특진 겸 홍려경을 추증하고 견(絹) 300필과 조 300석을 하사하고, 유사(有司)에게 명하여 조제(弔

祭)하고 관에서 상여를 만들어 번으로 돌려보냈다.

[九月壬寅]渤海靺鞨菸夫須計來朝, 授果毅, 放還蕃.

[9월 임인일에] 발해말갈 어부수계(菸夫須計)가 내조하니, 과의를 제수하고 번으로 돌려보냈다.

[開元十七年三月甲子]渤海靺鞨王大武藝使其弟大胡雅來朝, 授游擊將軍, 賜紫袍金帶, 留宿衛.

[개원 17년(729) 3월 갑자일에] 발해말갈왕 대무예가 그 동생인 대호아(大胡雅)를 사신으로 보내 내조하니, 유격장군을 제수하고 자포·금대를 하사하여 숙위로 머물게 하였다.

[三月癸卯]渤海靺鞨遣使獻鯔魚, 賜帛二十匹, 遣之.

[3월 계묘일에] 발해말갈이 사신을 보내 숭어를 바치므로, 백(帛) 20필을 하사하고 보냈다.

[八月丁卯]渤海靺鞨王遣其弟大琳來朝, 授中郞將, 留宿衛.

[8월 정묘일에] 발해말갈왕이 그 동생인 대림(大琳)을 보내 내조하니, 중랑장을 제수하고 숙위로 남겼다.

[開元十八年正月]戊寅, 靺鞨遣其弟大郎雅來朝賀正, 獻方物 … 壬子, 大拂涅靺鞨冗異來朝, 獻馬四十匹, 授左武衛折衝, 賜帛三十段, 留宿衛.

[개원 18년(730) 정월] 무인일에 말갈이 그 동생인 대낭아(大郞雅)를 보내 내조하여 하정하고 방물을 바쳤다. … 임자일에 대불열말갈 올이(兀異)가 내조하여 말 40필을 바치자, 좌무위절충(左武衛折衝)을 제수하고 백 30단을 하사하고 숙위로 남겼다.

[二月戊寅]渤海靺鞨遣使智蒙來朝, 且獻方物馬三十匹, 授中郎將, 賜絹二十匹, 緋袍銀帶, 放還蕃.

[2월 무인일에] 발해말갈이 지몽(智蒙)을 사신으로 보내 내조하고 또한 방물로 말 30필을 바치자, 중랑장을 제수하고 견(絹) 20필과 비포(緋袍)·은대를 하사하고 번으로 돌려보냈다.

[五月]己酉, 渤海靺鞨遣使烏那達利來朝, 獻海豹皮五張·貂鼠皮三張·瑪瑙杯一·馬三十匹. 授果毅, 賜帛, 放還蕃. 壬午, 黑水靺鞨遣使阿布思利來朝, 獻方物. 賜帛, 放還蕃.

[5월] 기유일에 발해말갈이 오나달리(烏那達利)를 보내 내조하고 바다표범 가죽 5장, 초서피 3장, 마노잔 1개, 말 30필을 바쳤다. 과의를 제수하고 백(帛)을 하사하여 번으로 돌려보냈다. 임오일에 흑수말갈이 아포사리(阿布思利)를 사신으로 보내 내조하고 방물을 바쳤다. 백을 하사하고 번으로 돌려보냈다.

[六月戊午]黑水靺鞨大首領倪屬利稽等十人來朝, 並授中郎將, 放還蕃.

[6월 무오일에] 흑수말갈 대수령 예속리계(倪屬利稽) 등 10인이 내조하자, 아울러 중랑장을 제수하고 번으로 돌려보냈다.

[九月乙丑]靺鞨遣使來朝, 獻方物. 賜帛, 放還蕃.

[9월 을축일에] 말갈이 사신을 보내 내조하고 방물을 바쳤다. 백을 하사하고 번으로 돌려보냈다.

[開元十九年二月]癸卯, 靺鞨遣使賀正, 授將軍, 放還蕃. 己未, 渤海靺鞨遣使來朝正, 授將軍, 賜帛一百匹, 還蕃.

[개원 19년(731) 2월] 계묘일에 말갈이 사신을 보내 원단을 축하하니, 장군을 제수하여 번으로 돌려보냈다. 기미일에 발해말갈이 사신을 보내 새해를 축하하니, 백 100필을 하사하고 번으로 돌려보냈다.

[十月癸巳]渤海靺鞨王其大姓取珍等百二十人來朝, 並授果毅, 各賜帛三十匹, 放還蕃.

[10월 계사일에] 발해말갈왕이 대성취진(大姓取珍) 등 120인을 보내 내조하니, 아울러 과의를 제수하고 각기 백 30필을 하사하고 번으로 돌려보냈다.

[開元二十四年三月乙酉]渤海靺鞨王遣其弟蕃來朝, 授太子舍人員外, 賜帛三十匹, 放還蕃.

[개원 24년(736) 3월 을유일에] 발해말갈왕이 그 동생인 [대]번([大]蕃)을 보내 내조하니, 태자사인원외(太子舍人員外)를 제수하고 백 30필을 하사하여 번으로 돌려보냈다.

[十一月癸酉]靺鞨首領聿棄計來朝, 授折衝, 賜帛五百匹, 放還蕃.

[11월 계유일에] 말갈 수령 율기계(聿棄計)가 내조하니, 절충을 제수하고 백(帛) 50필을 하사하고 번으로 돌려보냈다.

[開元二十五年正月甲午]大拂涅靺鞨首領九異來朝, 授中郎將, 放還蕃.

[개원 25년(737) 정월 갑오일에] 대불열말갈 수령 구이(九異)가 내조하니, 중랑장을 제수하고 번으로 돌려보냈다.

[二月戊辰]新羅國金興光卒, 先是, 二十二年, 以渤海靺鞨寇登州, 興光發兵助討破, 以功遂授興光開府儀同三司寧海使, 及卒, 帝悼惜久之.

[2월 무진일에] 신라국 김흥광이 죽었다. 이에 앞서 22년(734)에 발해말갈이 등주(登州)를 노략질했으므로, 흥광이 군사를 내어 토벌을 도왔다. 그 공로로 마침내 흥광에게 개부의동삼사 영해[군]사를 제수하였는데, 죽음에 이르러 황제가 오랫동안 슬퍼하며 애도하였다.

[四月丁未]渤海遣其臣公伯計來獻鷹鶻, 授將軍, 放還蕃.

[4월 정미일에] 발해가 그 신하인 공백계(公伯計)를 보내 송골매[鷹鶻]를 바치자, 장군을 제수하고 번으로 돌려보냈다.

[八月戊申]渤海靺鞨大首領多蒙固來朝, 授左武衛將軍, 賜紫袍金帶及帛一百匹, 放還蕃.

[8월 무신일에] 발해말갈 대수령 다몽고(多蒙固)가 내조하니, 좌무위장군을 제수하고 자포와 금대 및 백 100필을 하사하여 번으로 돌려보냈다.

[開元二十七年二月丁未]渤海王弟大勗進來朝, 宴於內殿, 授左武衛大將軍員外置同正, 賜紫袍金帶及帛一百匹, 留宿衛.

[개원 27년(739) 2월 정미일에] 발해왕의 동생인 대욱진(大勗進)이 내조하니, 내전에서 연회를 베풀고 좌무위대장군원외치동정(左武衛大將軍員外置同正)을 제수하고 자포와 금대 및 백 100필을 하사하고 숙위로 머물게 하였다.

[十月乙亥]渤海遣其臣優福子來謝恩, 授果毅, 賜紫袍銀帶, 放還蕃.

[10월 을해일에] 발해가 그 신하인 우복자(優福子)를 보내 사은하니, 과의를 제수하고 자포와 은대를 하사하여 번으로 돌려보냈다.

[開元二十九年二月己巳]渤海靺鞨遣其臣失阿利來賀正, 越喜靺鞨遣其部落烏舍利來賀正, 黑水靺鞨遣其臣阿布利稽來賀正, 皆授郎將, 放還蕃.

[개원 29년(741) 2월 기사일에] 발해말갈이 그 신하 실아리(失阿利)를 보내 원단을 축하하였고, 월희말갈이 그 부락 오사리(烏舍利)를 보내 원단을 축하하였으며, 흑수말갈이 그 신하 아포리계(阿布利稽)를 보내 원단을 축하하였다. 모두 낭장을 제수하고 번으로 돌려보냈다.

[天寶二年七月癸亥]渤海王遣其弟蕃來朝, 授左領軍衛員外大將軍, 留宿衛.

[천보 2년(743) 7월 계해일에] 발해왕이 그 동생인 [대]번을 보내 내조하니, 좌령군위원외대장군(左領軍衛員外大將軍)을 제수하고 숙위로 머물게 하였다.

○ 권976, 포이(褒異) 3

[德宗貞元七年正月戊辰]以渤海賀正使大常靖爲衛尉卿同正, 令歸國.

[덕종 정원 7년(791) 정월 무진일에] 발해 하정사(賀正使) 대상정(大常靖)을 위위경동정

(衛尉卿同正)[81]으로 삼고 귀국하도록 하였다.

[貞元十年二月壬戌]以來朝渤海王子大淸允爲右衛將軍同正, 其下拜官三十餘人.

[정원 10년(794) 2월 임술일에] 내조한 발해 왕자 대청윤(大淸允)을 우위장군[82]동정(右衛將軍同正)으로 삼고, 그 아래 30여 명에게 벼슬을 제수하였다.

[貞元十四年十一月戊申]以渤海國王大嵩璘任能信爲左驍騎衛中郞將虞侯婁蕃長都督茹富仇爲右武衛將軍, 並放還蕃.

[정원 14년(798) 11월 무신일에] 발해국왕 대숭린(大嵩璘)의 조카 [대]능신([大]能信)을 좌효기위중랑장(左驍騎衛中郞將) 우후루번장도독(虞侯婁蕃長都督) 여부구(茹富仇)를 우무위장군(右武衛將軍)[83]으로 삼고 아울러 번으로 돌려보냈다.

[憲宗元和四年正月戊戌]帝御麟德殿, 引南詔·渤海使謁見, 賜物有差.

[헌종 원화 4년(809) 정월 무술일에] 황제가 인덕전에서 남조·발해 사절의 알현을 인견(引見)하였으며, 차등을 두어 물품을 하사하였다.

---

81) 衛尉卿은 唐 9寺 가운데 하나인 위위시의 장관으로, 종3품이다. 儀仗과 帷幕, 武器庫 관리 등의 일을 하며, 兵部의 政令을 따랐다. 同正職은 본직은 따로 있으면서 攝職 또는 兼職할 경우나, 실무 없이 명예직으로 사용하여 해당 관직에 준하는 대우를 할 때 사용되었다.
82) 左·右衛府는 魏代의 衛將軍이 西晉 武帝 代에 와서 좌·우위로 나누어 설치된 것을 시원으로 한다. 唐代의 左·右衛에는 정3품의 大將軍 각 1인과 종3품의 將軍 각 2인을 두었다. 직무는 궁정의 경비와 호위 및 의장대를 관할하였다.
83) 右武衛將軍은 唐의 16衛 가운데 右武衛의 차관직인 將軍으로, 종3품이다.

[元和七年正月]癸酉, 帝御麟德殿, 引南詔·渤海·牂牁等使, 賜物有差. 甲申, 賜渤海使官告三十五通, 衣各一襲.

[원화 7년(812) 정월] 계유일에 황제가 인덕전에서 남조·발해·장가 등의 사신을 보았으며, 차등을 두어 물품을 하사하였다. 갑신일에 발해 사신에게 관고(官告)[84] 35통과 의복 각 1습을 하사하였다.

[元和八年十二月丙午]宴南詔·渤海·牂牁使, 仍賜以綿彩.

[원화 8년(813) 12월 병오일에] 남조·발해·장가의 사신에게 연회를 베풀고 이어서 금채(綿彩)를 하사하였다.

[元和九年二月己丑]麟德殿召見渤海使高禮進等三十七人, 宴賜有差.

[원화 9년(814) 2월 기축일에] 인덕전에서 발해사 고예진(高禮進) 등 37인을 불러서 보고, 연회를 베풀어 [물품을] 하사하였는데 차등이 있었다.

[元和十年正月丁酉]詔賜渤海使者卯貞壽等官告, 放還蕃.

[원화 10년(815) 정월 정유일에] 조서로 발해 사신 묘정수(卯貞壽) 등에게 관고를 하사하고 번으로 돌려보냈다.

[二月甲子]賜渤海使大昌慶等官告, 歸之.

---

84) 官告는 告身이라고도 하며, 관리의 임명장을 말한다.

[2월 갑자일에]에 발해사 대창경(大昌慶) 등에게 관고를 하사하고 돌려보냈다.

[三月丙子]賜渤海使者官告, 歸之.

[3월 병자일에] 발해 사신에게 관고를 하사하고 돌려보냈다.

[元和十一年二月]癸卯, 賜廻鶻·渤海使錦彩銀器, 有差. 庚戌, 授渤海使高宿滿等二十人官.

[원화 11년(816) 2월] 계묘일에 회골[85]·발해 사신에게 금채(錦彩)·은기(銀器)를 하사하였는데 차등이 있었다. 경술일에 발해사 고숙만(高宿滿) 등 20인에게 벼슬을 제수하였다.

[元和十二年三月甲戌]以錦綿賜渤海使大誠愼等.

[원화 12년(817) 3월 갑술일에] 발해사 대성신(大誠愼) 등에게 금면(錦綿)을 하사하였다.

[穆宗以元和十五年卽位二月庚寅]對新羅·渤海朝貢使于麟德殿, 宴賜有差.

[목종이 원화 15년(820)에 즉위한 2월 경인일에] 신라·발해 조공사를 인덕전에서 만나 연회를 베풀고 차등 있게 [물품을] 하사하였다.

---

85) 몽골 고원과 중앙아시아에서 활약한 튀르크계 민족으로, 원래 이름은 回紇이며 지금의 위구르인이다. 744년 동돌궐을 멸망시키고 제국을 세웠고 840년 키르기스에 멸망한 뒤에 여러 왕국을 세웠다. 회골의 이름은 『宋史』, 『遼史』 등에 回鶻, 高昌回鶻, 甘州回鶻, 龜玆回鶻, 阿薩蘭回鶻 등이 나온다. 각기 그 거주하는 곳이나 왕의 이름을 따서 부른 것이다.

[元和十五年十二月壬辰]對新羅·渤海 … 等使于麟德殿, 宴賜有差.

[원화 15년(820) 12월 임진일에] 신라·발해 … 등의 사절을 인덕전에서 만나 연회를 베풀고 차등 있게 [물품을] 하사하였다.

[穆宗長慶二年正月壬子]對渤海者於麟德殿, 宴賜有差.

[목종 장경 2년(822) 정월 임자일에] 발해[사]를 인덕전에서 만나 연회를 베풀고 차등 있게 [물품을] 하사하였다.

[文宗太和元年四月癸巳]御麟德殿, 對渤海使者十一人, 宴賜有差.

[문종 태화 원년(827) 4월 계사일에] 인덕전에 행차하여 발해사 11인을 만나 연회를 베풀고 [물품을] 차등 있게 하사하였다.

[太和二年十二月己卯]渤海 … 遣使朝貢, 詔對於麟德殿, 宴賜有差.

[태화 2년(828) 12월 기묘일에] 발해가 사신을 보내 조공하니, 조서로 인덕전에서 만나기로 하고 연회를 베풀고 [물품을] 차등 있게 하사하였다.

[太和六年二月丙辰]麟德殿 … 對渤海王子大明俊等六人, 宴賜有差.

[태화 6년(832) 2월 병진일에] 인덕전에서 발해 왕자 대명준(大明俊) 등 6인을 만나 연회를 베풀고 [물품을] 차등 있게 하사하였다.

[太和七年二月己卯]麟德殿對 … 渤海王子大光晟等六人 … 宴賜有差.

[태화 7년(833) 2월 기묘일에] 인덕전에서 발해 왕자 대광성(大光晟) 등 6인을 만나 연회를 베풀고 [물품을] 차등 있게 하사하였다.

[開成二年正月癸巳]上御麟德殿, 對賀正 … 渤海王子大明俊等一十九人, 宴賜有差.

[개성 2년(837) 정월 계사일에] 황상께서 인덕전에 납시어 만나서 원단을 축하받고, … 발해 왕자 대명준 등 19인에게 연회를 베풀고 [물품을] 차등 있게 하사하였다.

[開成三年二月辛卯]上御麟德殿, 對入朝 … 渤海等, 各賜錦綵銀器, 有差.

[개성 3년(838) 2월 신묘일에] 황상이 인덕전에 납시어 입조(入朝)를 대면하시고, … 발해 등의 [사신에게] 각기 금채와 은기를 차등 있게 하사하였다.

[武宗會昌六年正月]渤海 … 等使並朝于宣政殿, 對于麟德殿, 賜食於內亭子, 仍贄錦綵器皿, 有差.

[무종 회창 6년(846) 정월에] 발해 등의 … 사신이 아울러 선정전에서 조하하였고, [황제가] 인덕전에서 대면하였다. 내정자(內亭子)에서 음식을 하사하고 예물로 금채·기명 등을 차등 있게 주었다.

[梁太祖開平二年正月]渤海國朝貢使殿中小令崔禮光以下各加爵秩, 並賜金帛, 有差.

[양 태조 개평 2년(908) 정월에] 발해국 조공사 전중소령(殿中小令) 최예광(崔禮光) 이하에

게 각기 작위를 더해 주었으며, 아울러 금과 백(帛)을 차등 있게 하사하였다.

[乾化二年閏五月戊申]詔以分物銀器賜渤海進貢首領以下, 遣還其國.

[건화 2년(912) 윤5월 무신일에] 조서로 발해에서 조공하러 온 수령 이하에게 물품과 은기를 나누어 주고 그 나라로 돌려보냈다.

[後唐莊宗同光二年五月庚申]賜渤海朝貢使大元讓等, 分物有差.

[후당 장종 동광 2년(924) 5월 경신일에] 발해 조공사 대원양(大元讓) 등에게 물품을 나누어 하사함에 차등이 있었다.

[八月]渤海朝貢使王侄學堂親衛大元謙, 可試國子監丞.

[8월에] 발해 조공사이며 왕의 조카이자 학당친위(學堂親衛)인 대원겸(大元謙)을 시국자감승(試國子監丞)으로 삼았다.

[十一月庚寅]以黑水國朝貢兀兒爲歸化中郎將.

[11월 경인일에] 흑수국에서 조공하러 온 올아(兀兒)를 귀화중랑장(歸化中郎將)으로 삼았다.

[同光三年五月乙卯]以渤海國入朝使, 政堂省守和部少卿, 賜紫金魚袋裴璆, 可右贊善大夫.

[동광 3년(925) 5월 을묘일에] 발해국 입조사 정당성[86]수화부소경(政堂省守和部少卿) 사자금어대(賜紫金魚袋) 배구(裴璆)를 우찬선대부(右贊善大夫)로 삼았다.

[明宗天成四年七月乙酉]以渤海國前入朝使高正詞爲太子洗馬.

[명종 천성 4년(929) 7월 을유일에] 발해국 전입조사(前入朝使) 고정사(高正詞)를 태자세마(太子洗馬)로 삼았다.

[天成四年八月乙巳]黑水朝貢使骨至來, 可歸德司戈.

[천성 4년(929) 8월 을사일에] 흑수 조공사 골지(骨至)가 와서 귀덕사과(歸德司戈)로 삼았다.

[長興三年正月]渤海 … 遣使朝貢 … 賜物有差.

[장흥 3년(932) 정월에] 발해가 … 사신을 보내 조공하니, … 물품을 하사하였는데 차등이 있었다.

○ 권980, 통호(通好)

[元和四年正月]命中官元文政往渤海, 充弔祭冊立使.

[원화 4년(809) 정월에] 중관(中官) 원문정(元文政)을 조제(弔祭)·책립사(冊立使)로 삼아 발해에 갈 것을 명하였다.

---

86) 政堂省은 발해 때의 3省 가운데 하나로, 唐의 尙書省에 해당하는 官署이다. 실무 기관인 6部를 거느리고 국가의 행정을 총괄하였다.

[元和八年正月]命內侍李重旻充渤海冊立宣慰使.

[원화 8년(813) 정월에] 내시 이중민(李重旻)을 발해책립선위사(渤海冊立宣慰使)로 임명하였다.

[元和十一年二月]授渤海使國信以歸.

[원화 11년(816) 2월에] 발해 사신에게 국신(國信)[87]을 주어 돌려보냈다.

[元和十三年三月]渤海國遣使李繼常等二十六人來朝.

[원화 13년(818) 3월에] 발해국이 이계상(李繼常) 등 26인을 사신으로 보내 내조하였다.

[後唐莊宗同光四年]明宗初簒嗣, 遣供奉官姚坤空函告哀. 至契丹西樓, 屬阿保機在渤海, 又徑至愼州. 崎嶇萬里, 旣至, 謁見, 保機延入穹廬.

[후당 장종 동광 4년(926)에] 명종이 이전에 왕위를 찬탈하고 공봉관(供奉官) 요곤(姚坤)을 보내어 표함 없이 부음을 알렸다. 거란 서루(西樓)[88]에 이르렀으나, [야율]아보기는 그때 발해에 있었으므로 또 곧장 1만 리의 험한 길을 지나 신주로 갔다. 그곳에 도착하여 [야율아보기를] 알현하자 [야율아]보기가 [그를] 천막 안으로 맞아들였다.

---

87) 외교 대상국 간에 주고 받던 國書를 말한다. 사신을 증명하는 부절이나 문서를 이르기도 한다.
88) 遼代 四樓의 하나로 요 태조 야율아보기가 수렵과 무예를 단련하기 위해 설치하였는데, 임시적인 정치 중심지의 기능도 가졌다. 西樓는 가을 수렵지로, 祖州에 위치하였다. 지금의 內蒙古自治區 赤峯市 북부에 있는 巴林左旗의 서남쪽 지역이다.

[明宗天成元年九月]幽州趙德均奏, 先差軍將陳繼威使契丹部內, 今使還得狀稱. 今年七月二十日至渤海界扶餘府, 契丹族帳在府城東南隅, 繼威旣至, 求見不通, 竊問漢兒, 言契丹主阿保機已得疾, 其月二十七日阿保機身死, 八月三日, 隨阿保機靈柩, 發離扶餘城.

[명종 천성 원년(926) 9월에] 유주의 조덕균(趙德均)이 아뢰기를, "앞서 군장 진계위(陳繼威)를 거란부에 보냈는데 지금 사신이 돌아왔습니다. 장계를 본즉 금년 7월 20일에 발해 경내 부여부[89]에 이르렀는데, 거란 족장(族帳)이 [부여]부성 동남쪽에 있어서 진계위가 이르러 보기를 원하였으나 볼 수가 없었습니다. 한족에게 [그 이유를] 몰래 물어보니, 거란 군주 [야율]아보기가 병을 얻어 그달 27일에 아보기가 죽었고 8월 3일에 [족장이] 아보기의 상여를 따라 부여성을 떠났다고 했습니다."라고 하였다.

[長興二年五月]癸亥 青州上言, 有百姓過海北樵採, 附得東丹王堂兄京尹汚整書, 問慕華行止, 欲修貢也.

[장흥 2년(931) 5월] 계해일에 청주에서 글을 올리기를, "동단왕의 사촌형 경윤(京尹) [야율]오([耶律]汚)가 백성 가운데 바다를 건너 북쪽으로 가서 땔나무를 채집하던 자에게 부쳐 보낸 서한에 '중화를 사모하는 행동으로 조공하고 싶다.'라는 문의가 있었습니다."라고 하였다.

[閏五月]青州進呈東丹國首領耶律羽之書二封.

[윤5월에] 청주에서 동단국 수령 야율우지(耶律羽之)의 서한 2통을 보내왔다.

---

89) 부여부의 위치에 대해서는 開原縣설, 農安설, 阿城설, 昌圖 북쪽 四面城설 등이 있는데, 현재 농안설이 유력하다. 속주로는 扶州·仙州의 2주를 거느렸다. 발해의 수도인 上京 龍泉府로부터 거란으로 통하는 거란도의 길목이어서, 발해가 부여부에 항상 날랜 병사를 거주시켜 契丹을 방비하게 하였다.

[長興四年]其年, 契丹耶律德光以兄東丹王突厥[90]在闕下, 其母繼發使申款, 朝廷亦優容之. 賜突厥姓李氏, 名贊華, 出鎭滑州, 以莊宗夫人夏氏嫁之.

[장흥 4년(933)] 그해에 거란의 야율덕광(耶律德光)[91]의 형인 동단왕 [야율]돌욕([耶律]突欲)이 궐하에 있으므로, 그의 어머니가 계속 사신을 보내 정성스럽게 말하니, 조정에서도 그를 너그럽게 잘 대해 주었다. 돌욕에게 이씨 성을 하사하고 이름을 찬화(贊華)로 하여 활주(滑州)에 나가 진수하게 했으며, 장종[92]의 부인 하씨(夏氏)를 그에게 시집보냈다.

[後晉高祖天福七年三月乙卯朔]契丹通事高模翰來聘.

[후진 고조 천복 7년(942) 3월 을묘일 초하루에] 거란 통사 고모한(高模翰)[93]이 내빙(來聘)하였다.

○ 권986, 정토(征討) 5

[唐玄宗開元八年九月]遣左驍衛郎將攝郎中張越使于靺鞨, 以奚及契丹背恩義, 討

---

90) '突厥' → '突欲'.
91) 耶律德光(902~947)은 요나라 제2대 황제인 태종(재위 927~947)으로, 태조 야율아보기의 차남이다. 본명은 堯骨이며, 字는 德謹이다. 아보기의 발해 親征에 대원수가 되어 참여하여 공을 세웠다. 926년 아보기가 발해를 멸망시킨 뒤 회군할 때 사망하자, 황후인 述律氏가 섭정으로 정권을 장악하고 맏이인 東丹國王 突欲을 대신해 덕광이 즉위할 수 있도록 하였다. 즉위 후에 燕雲 十六州를 차지하고 後唐과 後晉을 멸망시켰다. 947년에 국호를 거란에서 大遼로 고쳤다.
92) 李存勗(885~926)은 沙陀人으로, 後唐의 창건자이며 묘호는 莊宗이다. 908년 부친인 李克用의 뒤를 이어 晉王이 되었고, 923년 황제로 칭하며 魏州에서 후당을 건국하였다. 같은 해 後梁을 멸망시키고 洛陽으로 천도하였다. 군대에 환관을 감찰로 파견하는 제도에 불만을 품은 무장들의 반란으로 살해당했다.
93) 高模翰(?~959)은 다른 이름은 高松이며, 요 태조가 발해를 공격할 때 고려로 피신하였다가 죄를 짓고 거란으로 도망하여 중용되었다(『遼史』 권76, 열전6, 高模翰). 936년 後唐을 격퇴하여 後晉의 石敬塘을 구원하고, 938년 다시 後晉과의 전쟁에서 활약하는 등 많은 공을 세웠고, 侍中, 太傅, 中臺省 右·左相 등의 벼슬을 역임했다.

[당 현종 개원 8년(720) 9월에] 좌효위낭장섭낭중(左驍衛郎將攝郎中) 장월(張越)을 말갈에 사신으로 보내, 해(奚)와 거란이 은혜와 의리를 저버린 것을 토벌하도록 하였다.

[開元二十年九月]渤海靺鞨寇登州, 殺刺史韋俊. 命左領軍將軍蓋福順發兵討之.

[개원 20년(732) 9월에] 발해말갈이 등주를 노략질하여 자사 위준(韋俊)[94]을 죽였다. 좌령군장군(左領軍將軍) 개복순(蓋福順)[95]에게 명하여 병사를 징발하여 토벌하도록 하였다.

○ 권995, 교침(交侵)

[後唐莊宗同光二年七月]幽州奏, 偵得阿保機東攻渤海.

[후당 장종 동광 2년(924) 7월에] 유주에서 [야율]아보기([耶律]阿保機)가 동쪽으로 발해를 공격한 것을 정탐하였다고 아뢰었다.

[同光四年正月]北面招討使李紹眞奏, 北來奚首領云, 契丹阿保機寇渤海國.

[동광 4년(926) 정월에] 북면초토사(北面招討使) 이소진(李紹眞)이 "북쪽에서 온 해(奚)의

---

94) 732년 발해 무왕이 장군 張文休를 보내 해적을 거느리고 당의 登州를 공격할 때 그곳의 刺史로 전사하였다. 韋俊의 묘지명에는 이때의 상황을 "蠢尒島夷, 遠在荒裔, 潛度大海, 直指孤城, 變生倉卒, 薨于官舍, 春秋五十七."이라고 기록하고 있다(毛陽光·余扶危 主編, 2013, 251쪽).

95) 蓋福順은 『新唐書』에는 蓋福愼으로, 『資治通鑑』에 葛福順으로도 나온다(『新唐書』 권5, 本紀 5, 玄宗 開元 20년(732) "九月乙巳, 渤海靺鞨寇登州, 刺史韋俊死之, 左領軍衛將軍蓋福愼伐之."; 『資治通鑑』 권213, 唐紀29, 玄宗 開元 20년(732) 9월 "勃海靺鞨王武藝遣其將張文休帥海賊寇登州, 靺鞨 殺刺史韋俊, 上命右領軍將軍葛福順發兵討之.").

수령이 이르기를 '거란 아보기가 발해국을 노략질했다.' 하였습니다."라고 아뢰었다.

> [明宗天成元年十一月]青州霍彦威奏, 得登州狀申, 契丹先發諸部, 攻逼渤海國. 自阿保機身死, 雖已抽退, 尚留兵馬在渤海扶餘城, 今渤海王弟領兵士, 攻圍扶餘城契丹.

[명종 천성 원년(926) 11월에] 청주 곽언위(霍彦威)가 아뢰기를, "등주에서 온 보고로는, 거란이 먼저 여러 부를 징발하여 발해국을 공격하였습니다. 아보기가 죽은 이후로 비록 물러났지만, 여전히 발해 부여성에 군사와 말을 두고 있어서, 지금 발해왕의 동생이 병사를 거느리고 부여성의 거란을 포위하여 공격하고 있습니다."라고 하였다.

> [後唐明宗長興元年正月]青州奏, 差人押渤海王憲一行歸本國, 被黑水剽劫, 今得黑水兀兒狀及將印紙一張, 進呈.

[후당 명종 장흥 원년(930) 정월에] 청주에서 아뢰기를, "발해의 왕헌(王憲) 일행이 본국으로 돌아가다가 흑수에 피랍되었습니다. 지금 얻은 흑수 올아(兀兒)의 문서와 도장이 찍힌 문서 한 장을 바칩니다."라고 하였다.

○ 권996, 납질(納質)

> [代宗大曆九年二月辛卯]渤海質子大英俊還蕃, 引辭於延英殿.

[대종 대력 9년(774) 2월 신묘일에] 발해 질자 대영준(大英俊)이 번으로 돌아가려 해서 연영전에서 작별 인사를 하였다.

> [德宗貞元七年八月]渤海王遣其子大貞幹來朝, 請備宿衛.

[덕종 정원 7년(791) 8월에] 발해왕이 그 아들 대정간(大貞幹)을 보내 내조하고 숙위가 되기를 청하였다.

○ 권998, 간사(奸詐)

> [莊宗同光四年正月戊寅]契丹主阿保機, 遣使梅老鞋里己下三十七人, 貢馬三十匹. 時阿保機將寇渤海, 僞修和于我, 虜乘虛掩擊故也.

[장종 동광 4년(926) 정월 무인일에] 거란주 [야율]아보기가 매로혜리(梅老鞋里) 이하 37인을 사신으로 보내어 말 30필을 바쳤다. 당시 아보기가 발해를 노략질하려고 하여 거짓으로 우리와 화친을 맺어 빈틈을 노려 기습했기 때문이다.

○ 권999, 청구(請求)

> [開元三十六年六月甲子]渤海遣使求寫唐禮及三國志·晉書·三十六國春秋, 許之.

[개원 36년(748) 6월 갑자일에] 발해가 사신을 보내와서 『당례(唐禮)』[96]·『삼국지(三國志)』[97]·『진서(晉書)』[98]·『삼십육국춘추(三十六國春秋)』[99]의 필사를 요청하여 허락하였다.

> [文宗太和七年春正月己亥]銀青光祿大夫簡較秘書監忽汗都督國王大彛震奏: 遣學士

---

96) 『大唐開元禮』를 말한다. 현종 개원 연간에 蕭嵩 등이 황제의 명을 받아 태종 때의 『貞觀禮』와 고종 때의 『顯慶禮』를 절충하여 만들었다. 이 책이 만들어짐으로써 당대의 五禮 제도가 완비되었다. 이후의 여러 왕조가 모두 이것을 근거로 예제를 정하였다.
97) 晉나라 陳壽가 지은 위·촉·오 삼국의 역사를 기록한 책이다.
98) 중국 삼국시대 魏나라의 司馬懿 때부터 晉나라(265~420)까지의 역사를 기록한 사서이다. 당 태종의 명령에 따라 房玄齡 등이 646년에 편찬을 시작하여 648년에 완성하였다.
99) 『三十六國春秋』라는 책은 확인되지 않는다. 5호 16국 시대에 대해 南梁의 蕭方 등이 편찬한 『三十國春秋』(30권)와 北魏의 崔鴻이 편찬한 『十六國春秋』(120권)가 혼재되어 기록된 것 같다(유득공 지음, 김종복 옮김, 2018, 79쪽).

解楚卿·趙孝明·劉寶俊三人, 附謝恩使同中書右平章事高賞英, 赴上都學問. 先遣學生李居正·朱承朝·高壽海等三人, 事業稍成, 請準例遞乘歸本國, 許之.

[문종 태화 7년(833) 춘정월 기해일에] 은청광록대부(銀靑光祿大夫) 간교비서감(簡較秘書監) 홀한도독국왕(忽汗都督國王) 대이진(大彛震)이 아뢰기를, "학사 해초경(解楚卿)·조효명(趙孝明)·유보준(劉寶俊) 3인을 사은사(謝恩使) 동중서우평장사(同中書右平章事) 고상영(高賞英)에게 부쳐 보내어 상도(上都)에 이르러 학문을 배우고자 합니다. 이전에 보낸 학생 이거정(李居正)·주승조(朱承朝)·고수해(高壽海) 등 3인은 학업을 조금 이루었으니, 청컨대 예에 따라 본국으로 돌려보내 주십시오."라고 하였다. [이에] 허락하였다.

○ 권999, 호시(互市)

[文宗開成元年六月]淄青節度使奏: 新羅·渤海將到, 熟銅請不禁斷. 是月, 京兆府奏, 準建中元年 十月 六日勅, 諸錦罽·綾羅·縠繡·織成·細紬·絲布·牦牛尾·珍珠·銀·銅·鐵·奴婢等, 並不得與諸蕃互市. 又準令式, 中國人不合私與外國人交通買賣, 婚娶來往. 又擧取蕃客錢, 以産業·奴婢爲質子, 重請禁之.

[문종 개성 원년(836) 6월에] 치청절도사가 아뢰기를, "신라·발해가 장차 이르니, 숙동을 [거래하는 것을] 금하지 말기를 청합니다."라고 하였다. 이달에 경조부(京兆府)가 아뢰기를, "건중 원년(780) 10월 6일의 칙에 따라, 금계(錦罽)·능라(綾羅)·곡수(縠繡)·직성(織成)·세주(細紬)·사포(絲布)·소의 가는 꼬리[牦牛尾]·진주·은·동·철·노비 등은 아울러 제번(諸蕃)과 호시(互市)할 수 없습니다. 또한 영식(令式)에 의하면, 중국인은 사사로이 외국인과 교통하여 매매하거나 혼인을 할 수 없으며, 번객이 돈으로 영리 행위를 하거나 노비를 질자(質子)로 하는 것도 청컨대 엄히 금하십시오."라고 하였다.

[後唐莊宗同光三年八月]青州市到黑水蕃馬三十匹.

[후당 장종 동광 3년(925) 8월에] 청주의 시장에서 흑수번마(黑水蕃馬) 30필이 거래되었다.

[明宗長興二年五月]青州奏, 黑水瓦兒部至登州賣馬.

[명종 장흥 2년(931) 5월에] 청주에서 아뢰기를, "흑수 와아부(瓦兒部)가 등주에 와서 말을 팝니다."라고 하였다.

○ 권1000, 원수(怨讎)

渤海國王武藝, 本高麗之別種也. 其父祚榮保桂婁之地, 自立爲振國王, 以武藝爲桂婁郡王. 開元十四年, 黑水靺鞨遣使來朝, 武藝謂其屬曰, 黑水途經我境, 始可歸唐. 今不言而行, 必與大唐通謀, 腹背攻我也. 遂遣母弟大門藝, 發兵以擊黑水. 門藝以充質子至京師, 不欲構怨, 乃曰: 黑水歸唐而擊之, 是背唐也. 唐國人衆兵强, 萬倍於我, 一朝結怨, 但恐自取滅亡. 昔高麗全盛之時, 兵三十餘萬, 抗敵唐家, 不事賓伏, 唐兵一臨, 掃蕩俱盡. 今日渤海之衆, 數倍小於高麗, 乃欲違背唐家, 事必不可. 武藝不從, 固遣之. 門藝又上書諫, 武藝怒, 遣其從兄大壹夏代門藝統兵, 命左右殺門藝. 門藝聞之, 遂間道來奔, 詔授左驍衛將軍. 後武藝遣使朝貢, 上表極言門藝罪狀, 請殺之. 玄宗遣使往安撫, 報武藝曰, 門藝來歸投, 義不可殺. 今流向嶺南, 已遣去訖. 乃留其使馬文軌, 別遣使報之. 俄有洩其事者, 武藝又上書曰, 大國示人以信, 豈有欺誑之理. 今聞門藝不向嶺南, 伏請殺之. 由是鴻臚少卿李道邃·源復以不能督察官屬, 致有漏洩, 出道邃曹州刺史, 復爲澤州刺史. 遣門藝暫往嶺南以信之. 二十年, 武藝率海賊, 攻登州, 殺刺史韋俊. 詔門藝往幽州徵兵以討之, 仍令新羅發十萬人應接, 屬山阻寒雪, 竟無功而還. 武藝懷怨不已, 密遣使至東都, 厚賂刺客, 遮門藝於天津橋, 格之, 不死. 詔河南捕獲其賊, 盡殺之.

발해국왕 [대]무예는 본래 고[구]려의 별종이다. 아버지 [대]조영이 계루의 옛 땅을 지키고 자립하여 진국왕(振國王)이 되었다. 무예를 계루군왕(桂婁郡王)으로 삼았다. 개원 14년(726)에 흑수말갈이 사신을 보내 내조하였다. 무예가 그 아래에게 말하기를 "흑수가 우리 국경을 거쳐 처음으로 당과 통하였다. 지금 말하지 않고 가는 것은, 반드시 당(唐)과 내통하여 우리를 앞뒤로 공격하고자 하는 것이다."라고 하였다. 드디어 동모제인 대문예를 보내어 병사를 징발하여 흑수를 공격하도록 하였다. 문예는 질자(質子)로 경사에 있었던 적이 있어 원한을 맺지 않고자 하여, "흑수가 당에 귀의했는데 그를 공격하는 것은, 당을 배반하는 것입니다. 당나라는 사람이 많고 병사가 강하여 우리의 만 배나 되는데, 하루아침에 원한을 맺는다면 스스로 망할까 두렵습니다. 예전에 고[구]려의 전성 시기에 병사 30여만 명으로 당에 맞섰으나, 당병이 한번 덮치매 땅을 쓴 듯이 멸망하였습니다. 지금 발해의 무리는 고[구]려보다 수 배나 적은데도, 당을 저버린다면 이 일은 옳지 않습니다."라고 하였다. 무예는 따르지 않고 어기려고 하였다. 문예가 또 상서로 간언하자 무예가 노하여 사촌형인 대일하(大壹夏)를 보내 문예를 대신하여 병사를 거느리게 하고, 좌우에 문예를 죽일 것을 명하였다. 문예가 듣고 사잇길로 도망쳐 [당으로] 오니, 좌효위장군(左驍衛將軍)을 제수하였다. 뒤에 무예가 사신을 보내 조공하고, 표문을 올려 문예의 죄상을 강하게 말하고 죽여 줄 것을 청하였다. 현종은 사신을 보내어 가서 안무(安撫)하게 하면서, 무예에게 답하기를 "문예가 와서 투항하여 의리상 죽일 수가 없어, 지금 영남(嶺南)[100]으로 유배를 보내서 이미 떠나고 없다."라고 하였다. 그 사신 마문궤(馬文軌)는 머물러 있게 하고, 별도로 사신을 보내 답하였다. 조금 있다가 그 사실을 누설한 자가 있어, 무예가 또 글을 올려 말하기를 "대국은 신의를 보여야 하거늘 어찌 거짓을 일삼는단 말입니까? 지금 들으니 문예가 영남으로 떠나지 않았다고 합니다. 엎드려 청하건대 죽여 주시기 바랍니다."라고 하였다. 홍려소경(鴻臚少卿)[101] 이도수(李道邃)와 원복(源復)은 관속을 감독하지 못하여 누설하게 하였으니, 도수는 조주자사(曹州刺史)로, 복은 택주자사(澤州刺史)로 좌천되었다. 문예는 잠시 영남으로 보내고, [대무예에게] 서신하였다. [개원] 20년(732) 무예가 해적을 거느리고 등주(登州)를 공격하여 자사 위준(韋俊)을 죽였다. 문예에게 조서를 내려 유주(幽州)에 가서 병사를 징발하여 토벌하게 하고, 아울러 신라도 병사 10만 명을 징발하여 응하도록 하였는데, 마침 산이 험하고 차가운 눈으로 인해 공이 없이 돌아왔다. 무예가 원한을 풀지 못하여, 몰래 동도(東都)에 사신을 보내

---

100) 中國의 五嶺 이남의 땅을 가리키는데, 대체로 남중국의 越城嶺·萌諸嶺 등 山嶺 이남을 가리킨다. 唐 太宗 원년(627)에 嶺南道를 두어 福建, 廣東·廣西, 雲南 동남부, 越南 북부 지역을 관할하였다.
101) 鴻臚少卿은 鴻臚寺의 차관으로, 北齊 때 처음 설치되었다. 唐 무덕 연간(617~626)에 1인을 두었으며, 정관 연간(627~649)에 2인을 두었다. 종4품상이다. 朝會와 外賓의 의례를 담당한다.

자객을 빌려 천진교(天津橋)[102]에서 문예를 저격하게 하였으나, [문예는] 죽지 않았다. 하남부(河南府)[103]에 조서를 내려 그 적(賊)들을 잡아다 모두 죽였다.

---

102) 天津橋는 隋代에 처음 낙양성 안에 건립한 다리로, 洛河를 건너는 중요한 교통로였다.
103) 河南府는 洛陽에 설치되었던 府의 이름이다. 唐代에 河南郡을 都畿道 河南府로 개칭하였다.

발해사 자료총서 – 중국사료 편 권1

9. 『자치통감(資治通鑑)』

　　북송(北宋) 신종(神宗) 때 사마광(司馬光, 1019~1086)이 편찬한 총 294권의 편년체 사서이다. 『자치통감』은 원풍(元豊) 7년(1084)에 완성되었으며, 주(周) 위열왕(威烈王) 23년(기원전 403)부터 오대(五代) 후주(後周) 현덕(顯德) 6년(959)까지 1,362년간의 통사를 다루고 있다. 사마천(司馬遷)의 『사기(史記)』와 함께 중국의 가장 대표적인 역사서로 꼽힌다. 처음에 사마광은 『좌전(左傳)』을 모방하여 전국(戰國)·진(秦) 시기의 사실(史實)을 기록한 『통지(通志)』 8권을 편찬하였고, 치평(治平) 원년(1064)에 영종(英宗)에게 바쳤다. 이를 본 영종이 기뻐하고 '역대명신사적(歷代名臣事迹)'을 개칭하여 속수(續修)하도록 명하자, 치평(治平) 2년(1065) 숭문원(崇文院)에 수사국(修史局)을 설치하며 『자치통감』의 편찬이 시작되었다. 사마광은 편찬 조수로서 유서(劉恕)·범조우(范祖禹)·유반(劉攽)을 선발하여, 유서는 삼국(三國)에서 수대(隋代)를, 범조우는 당대(唐代)·오대를, 유반은 한대(漢代)를 분담하도록 하였다. 이후 19년에 걸쳐 책을 완성하였는데, 서명(書名)은 신종이 "예전의 일을 거울삼아 치도(治道)에 보탬이 된다."라는 뜻으로 '자치통감(資治通鑑)'이라고 하였다.

　　체제는 주기(周紀) 5권, 진기(秦紀) 3권, 한기(漢紀) 60권, 위기(魏紀) 10권, 진기(晉紀) 40권, 송기(宋紀) 16권, 제기(齊紀) 10권, 양기(梁紀) 22권, 진기(陳紀) 10권, 수기(隋紀) 8권, 당기(唐紀) 81권, 후량기(後梁紀) 6권, 후당기(後唐紀) 8권, 후진기(後晉紀) 6권, 후한기(後漢紀) 4권, 후주기(後周紀) 5권으로 이루어졌다. 또한 내용이 방대하여 별도로 간편하게 볼 수 있도록 『자치통감목록(資治通鑑目錄)』 30권과 사실 고증의 경위를 기록한 『자치통감고이(資治通鑑考異)』 30권을 동시에 편찬하였다.

　　발해와 관련해서는 건국 과정과 왕위 계승에 관한 기사가 많이 기록되어 있다. 흑수말갈을 놓고서 벌어진 무왕 대무예와 그 친동생 대문예의 갈등, 발해의 등주 공격에 관한 내용 등도 살펴볼 수 있다. 주목되는 것은 대문예가 언급한 당시 발해의 군사력이 고구려 전성기 때보다 10분의 1 혹은 2라고 표현한 부분이다. 3분의 1이라고 표현한 다른 사료들보다 발해의 군사 수를 낮게 표현하고 있다. 아울러 『자치통감』에서는 거란의 부흥과 발해와의 전쟁에 관한 기록이 담겨져 있고, 권275, 권277, 권287 등에서는 발해 멸망 이후의 동단국에 관한 내용을 기술하고 있어 동단국의 상황과 발해 유민에 대한 실태를 파악하는 데 있어서도 일정한 실마리를 제공하고 있다.

『자치통감』은 신종에게 상신된 이후 원우(元祐) 원년(1086)에 교정이 행해지고 월주(越州)에서 최초의 간본(刊本)이 나왔다. 북송판(北宋版) 3종을 비롯한 여러 판본이 남아 있다. 중화서국(中華書局)에서 1956년에 「교점본(校點本)」 20책을 초판하였는데, 각 판본의 장점을 모아 교감한 것으로 이용하기에 가장 편리하다. 아래의 원문은 중화서국 「교점본」을 저본으로 하였다.

○ 권제210, 당기(唐紀) 26, 현종(玄宗) 개원(開元) 원년

[二月] 初, 高麗旣亡, 其別種大祚榮徙居營州. 及李盡忠反, 祚榮與靺鞨乞四比羽聚衆東走, 阻險自固. 盡忠死, 武后使將軍李楷固討其餘黨. 楷固擊乞四比羽, 斬之, 引兵踰天門嶺, 逼祚榮. 祚榮逆戰, 楷固大敗, 僅以身免. 祚榮遂帥其衆東據東牟山, 築城居之. 祚榮驍勇善戰, 高麗·靺鞨之人稍稍歸之. 地方二千里, 戶十餘萬, 勝兵數萬人, 自稱振國王, 附于突厥. 時奚·契丹皆叛, 道路阻絶, 武后不能討. 中宗卽位, 遣侍御史張行岌招慰之, 祚榮遣子入侍. 至是, 以祚榮爲左驍衛大將軍渤海郡王, 以其所統爲忽汗州, 令祚榮兼都督.

[개원 원년(713) 2월] 처음에 고[구]려가 이미 멸망하자, 그 별종[1]인 대조영(大祚榮)이

---

1) 발해의 계통에 대해 『舊唐書』 발해말갈전에서는 '본래 고려의 별종(本高麗別種)'이라고 하였고, 『新唐書』 渤海傳에서는 '본래 속말말갈로 고[구]려에 붙은 자(本粟末靺鞨附高麗者)'라고 기록하였다. 그런데 이 大祚榮의 출신이나 발해의 구성원에 대해서는 같은 사료를 놓고 다양한 해석이 있었다. 고려와 조선에서는 대조영의 출신을 고구려 계통으로 보는 경향이 있었는데, 李承休의 『帝王韻記』와 柳得恭의 『渤海考』가 대표적이다. 일본에서는 대체로 속말말갈이나 여진 계통으로 보았다. 발해국의 주체는 靺鞨

영주[2])에 옮겨가 살았다. [거란] 이진충(李盡忠)[3])이 반역하자, 조영이 말갈 걸사비우와 함께 무리를 모아 동으로 달아나 험준한 곳에 스스로 지키고 있었다.[4]) 진충이 죽자, [측천]무후([則

族이지만, 大祚榮은 고구려 別部 출신으로 보는 경우(烏山喜一, 1915), 새로운 종족으로 발해말갈을 이해하는 경우(池內宏, 1916), 지배층은 고구려인, 피지배층은 말갈인으로 보는 경우(白鳥庫吉, 1933) 도 있다. 현대에 들어와서 발해사 연구를 주도한 대표적인 연구자는 북한의 박시형이다. 그는 발해국의 성립에 중심 역할을 한 세력은 고구려 멸망 후 요서 지방으로 이주된 고구려인 집단이었고, 이들을 조직하여 지휘한 것이 고구려 장수인 대조영이라고 하였다. 발해국은 고구려 왕실의 일족 또는 고구려 계통의 귀족 출신들이 거의 권력을 독점하였고, 문화 방면에서도 고구려의 문화가 주도적 역할을 하였 다고 보았다(박시형, 1979; 송기호, 1989). 한국의 李龍範도 발해의 주체가 고구려 유민이었음을 주장 하였다(李龍範, 1972·1973). 이후 한국 학계에서는 기본적으로 대조영을 고구려 계통으로 보았으나, 종족은 속말말갈로 고구려에 옮겨와 정착하여 동화된 인물, 즉 말갈계 고구려인으로 보기도 한다(송기 호, 1995). 말갈의 명칭 자체를 고구려 변방 주민이나 중국 동북 지역민에 대한 비칭·범칭으로 보고, 발해의 구성원이 된 말갈은 흑수말갈과 구분되는 예맥계인 고구려말갈이며, 대조영은 고구려인으로 속말강(송화강) 지역민이라고 보는 견해도 있다(한규철, 1988; 2007). 중국 학계에서는 근대 초기에 양면적 인식이 보였다. 대표적인 학자는 金毓黻이다(『渤海國志長編』, 1934). 그러나 중화인민공화국이 수립된 이후에는 발해사를 중국의 소수민족사로 보고 고구려계승성을 부정하며 말갈을 강조하는 입장 이다(권은주, 2022). 한편 19세기 중반 연해주 지역을 차지하였던 러시아에서는 자국의 極東 지역 소수 민족사의 일부로서 관심을 갖고 발해를 말갈족의 역사로 규정하며 대조영 역시 말갈인으로 보고 있다. 이 밖에 소수 설로 말갈 중 대조영을 백산말갈 출신으로 보는 경우도 있다(津田左右吉, 1915; 李健才, 2000).

2) 지금의 중국 遼寧省 朝陽市 일대이다. 영주의 지명은 『爾雅』「釋地」 등 고전에 9州나 2州의 하나로 일찍부터 나오지만, 영주가 요서 지역에 처음 설치된 것은 後趙 시기이다. 石虎가 지금의 中國 灤河·永 平 부근에 영주를 설치하였고, 遼西·北平의 2郡을 거느리게 했다. 北魏 시기에는 治所를 朝陽 지역의 和龍城에 두고, 昌黎·建德·遼東·樂良·冀湯·冀陽·營丘의 7郡을 거느렸다. 隋代와 唐代에도 營州라 고 불렸다. 당나라 초기부터 이 땅에는 거란족과 해족 등 다양한 민족이 거주하였고, 당이 고구려를 공격할 때 그 교두보 역할을 하였다. 고구려 멸망 이후에는 많은 고구려 유민과 고구려 예하에 있던 말갈인들이 당 內地로 끌려가면서 일부가 이곳에 남았다. 이들 중 상당수는 696년 거란 李盡忠의 반란 을 계기로 東走하여 발해 건국에 참여하였다. 이곳은 이후에도 당나라가 동북방 민족들을 공제하고 방어하는 중요한 거점이었다.

3) 거란의 추장으로 松漠都督이 되어 당 高宗 永徽 5년(654)에 고구려의 공격을 新城에서 막아 공을 세운 李窟哥의 손자이다. 측천무후 萬歲通天 원년(696) 5월에 기근이 들었음에도 營州都督 趙文翽가 진휼하 지 않고 거란 추장들을 奴僕처럼 천시하자 처남 손만영과 함께 반란을 일으켰다. 영주를 함락하여 조문홰를 살해하고 하북의 長城 이남까지 진격하였으나, 9월에 病死하였다.

4) 『舊唐書』 渤海靺鞨傳에서는 大祚榮이 唐에 반기를 들고 東走하여 건국한 것으로 나오지만, 『新唐書』 渤海傳에는 대조영의 아버지인 乞乞仲象이 말갈과 고구려 유민을 이끌고 동주하여 태백산 동북에 자리

天]武后)가 장군 이해고(李楷固)[5]를 시켜서 그 여당을 토벌하게 하였다. 해고는 걸사비우를 쳐서 참해 버렸고, 군사를 이끌고 천문령(天門嶺)[6]을 넘어서 조영을 바짝 뒤쫓았다. 조영이 응전하니, 해고는 대패하고 몸만 겨우 [죽기를] 면하였다. 조영이 마침내 무리를 거느리고 동쪽으로 가서 동모산(東牟山)[7]에 웅거하여 성을 쌓고 살았다. 조영이 용맹하고 싸움을 잘하여 고[구]려·말갈인이 점점 그에게 귀속하였다. 땅 넓이가 2천 리나 되고 호(戶)는 10여만이며 강한 군사[勝兵]는 수만 명이 되었다. 스스로 진국왕(振國王)[8]이라 칭하면서 돌궐[9]에 붙었

잡은 것으로 나온다. 이 밖에 최치원의 글에는 『구당서』와 같이 대조영과 걸사비우가 영주를 벗어난 것처럼 기술되어 있는 반면, 『五代會要』에는 『신당서』처럼 처음 걸걸중상과 걸사비우가 집단을 이끌다가 대조영이 계승한 것으로 나온다. 서로 다른 두 계통의 기록 차이로 인해 발해의 실제 건국자가 누구인지, 대조영과 걸걸중상의 관계는 어떤 것인지에 관해 논란이 있었다. 대조영과 걸걸중상을 동일인으로 주장하는 경우(池內宏, 1914; 津田左右吉, 1915)도 있었으나, 부자 관계로 보는 것이 정설이며, 일반적으로 대조영을 실제적인 건국자라고 본다.

[5] 李楷固(656~720)는 거란 출신 唐의 장수이다. 696년 李盡忠의 반란이 일어났을 때, 그의 수하로 반란에 가담하였다. 이진충이 죽고 697년 거란군을 이끌던 孫萬榮이 피살되자, 駱務整과 함께 당에 투항하였다. 재상인 狄仁傑의 추천으로 장수가 되어, 대조영이 이끌던 무리를 토벌하기 위해 뒤쫓았다. 먼저 말갈인 乞四比羽를 죽이고, 천문령전투에서 대조영에게 패배하여 겨우 목숨만 건져 돌아가게 되었다. 이후 측천무후에게 총애를 얻어 燕國公이 되었고, 700년에 武氏를 사성받았다. 中宗의 복위 뒤에 이씨 성을 회복하였다. 이해고의 사위는 같은 거란 장수인 李楷洛이며, 외손자는 名將으로 유명한 李光弼(708~764)이다.

[6] 渾河와 揮發河의 분수령인 지금의 吉林 哈達嶺으로 보는 것이 일반적이다. 『新唐書』 安祿山傳에 보이는 천문령과 같은 것으로 보기도 하나, 이 천문령은 土護眞河(지금의 老哈河로 추정)의 북쪽 300里에 있다고 하여, 요하 동쪽에 있던 천문령과는 위치 차이가 있어 별개의 지역으로 보는 것이 맞다(譚其讓 主編, 1988, 126~127쪽; 宋基豪, 1995, 67~68쪽; 유득공 지음, 김종복 옮김, 2018, 73쪽).

[7] 중국 吉林省 敦化市 賢儒鄕 城山子村의 城山子山城이 유력시되었으나, 최근 중국 학계에서는 圖們市의 城子山山城(磨盤村山城)설이 확산되고 있다(吉林省文物考古硏究所·延邊朝鮮族自治州文物保護中心, 2018).

[8] 『新唐書』 渤海傳에는 '震'. 振이 초기 국명이었다고 본 酒寄雅志는, 『신당서』의 경우 중화사상을 강하게 가지고 있어서 편찬시 『구당서』의 振과 뜻이 통하며 당을 중심으로 동방의 의미를 가진 震으로 고쳤을 가능성을 제기하였다(酒寄雅志, 1976). 송기호는 震國은 걸걸중상에게 봉한 震國公에서 연유되어 잘못 쓰인 것으로 초기 국명을 振國으로 보았다. 그리고 振과 震의 발음의 유사성에서 대조영이 국호를 정할 때 걸걸중상이 받은 震國公이라는 작호를 고려하였을 가능성이 있다고 보았다(송기호, 1995). 이 밖에도 振을 초기 국명으로 보는 학자로는 박시형, 한규철, 김종복, 정영진 등이 있다(박시형, 1962; 한규철, 2003; 김종복, 2005; 정영진, 2007). 한편 진국의 의미에 대해서는 박시형의 경우 振國이 '나라

다. 이때 해와 거란[10]이 모두 배반하여 길이 막히니, 무후는 [대조영을] 토벌할 수 없었다. 중종(中宗)이 즉위하여 시어사(侍御史) 장행급(張行岌)을 보내 초위(招慰)함으로써 조영이 아들을 보내 입시(入侍)하게 하였다. 이에 이르러 조영을 좌효위대장군(左驍衛大將軍) 발해군왕(勃海郡王)[11]으로 삼고, 그가 통치하는 곳을 홀한주(忽汗州)라 하였으며 조영에게 도독을 겸하게 하였다.

○ 권제212, 당기(唐紀) 28, 현종(玄宗) 개원(開元) 7년

[三月乙卯]勃海王大祚榮卒. 丙辰, 命其子武藝襲位.

의 위력을 사방에 떨치는 큰 나라'의 의미를 지녔다고 보았고(박시형, 『발해사』, 김일성종합대학출판사 1979: 이론과 실천, 1989, 50쪽), 酒寄雅志는 인민을 구제한다는 뜻의 '振民'과 결부시켜 대조영이 고구려 유민을 구제한 사실과 연결 짓기도 하였다(酒寄雅志, 1976). 한편 중국 학계에서는 靺鞨을 초기 국명으로 보아 진국 국명설을 부정하거나, 震國을 국명 또는 별칭으로 이해하고 있다.

9) 6세기부터 8세기 사이에 중앙아시아와 동북아시아 북부 스텝 지대에서 활동한 튀르크계의 민족명이자 국명이다. 광의로는 돌궐과 철륵 諸部가 포함되며 협의로는 突厥 可汗國을 가리킨다. 6세기경 알타이산 이남에서 유목하였는데, 이 산의 모습이 투구처럼 생겨서 돌궐이라는 이름이 붙었다고 한다. 阿史那土門이 552년 유연을 격파하고 伊利可汗이 되어 돌궐칸국(제1돌궐제국)을 세웠으나, 582년 西面可汗 達頭와 大可汗 沙鉢略의 불화로 동·서 돌궐로 나누어졌다. 동돌궐은 630년에 당에 멸망하였고, 서돌궐은 659년에 당에 복속되었다. 679년부터 681년까지 돌궐 민족이 당에 반기를 들고, 阿史那骨篤祿이 682년 제2돌궐제국(東突厥可汗國)을 세웠다. 이 제국은 745년까지 존속하였다.

10) 契丹은 고대 시라무렌강(Siramuren, 西剌木倫) 지역에서 일어난 부족이다. 거란의 열전은 『魏書』에 처음 입전되었다. 거란이라는 이름이 보이는 가장 오래된 자료는, 北魏의 使者 韓貞이 景明 3년(502)에 契丹으로 가면서 朝陽 동쪽 義縣 부근의 萬佛洞에 새긴 명문이다. 5세기 후반 동쪽에서 고구려가 遼西로 적극적으로 진출하고 서쪽에서 柔然의 압박이 가해지자, 거란은 北魏에 內附하여 白狼水(大凌河)의 동쪽으로 남하하였다. 거란의 別部인 出伏部 등 그 일부는 고구려에 臣屬하였다. 隋·唐代에는 고구려나 돌궐에 복속하거나 연대하여 수·당에 대항하기도 하고, 반대로 수·당에 복속하여 고구려나 돌궐에 저항하기도 하였다. 唐 太宗은 거란 서쪽에 인접해 있는 庫莫奚를 지배하기 위해서 시라무렌강 상류에 饒樂都督府를 설치하였고, 거란을 지배하기 위해서 營州 부근에 松漠都督府를 설치하였다. 당 초기에는 大賀氏가 지배 씨족인 8부 연맹을 형성하고 있었다. 당 태종은 그 수장인 窟哥를 都督으로 삼고, 李氏 성을 주어 부족민을 다스리게 하였다. 이들은 영주 부근에 살면서 평소에는 자치를 하며 유목 생활을 하다가 당의 고구려 공격과 같은 대외 전쟁 시기에는 藩兵으로 동원되었다. 10세기로 넘어가며 耶律阿保機가 거란 부족을 통일하고 遼나라를 세웠다.

11) 당의 봉작제도에서 국왕은 정1품, 군왕은 종1품에 해당된다.

[개원 7년(719) 3월 을묘일에] 발해왕 대조영이 죽었다. 병진일에 그 아들 [대]무예([大]武藝)가 왕위를 잇게끔 하였다.

○ 권제213, 당기(唐紀) 29, 현종(玄宗) 개원(開元) 14년

是歲, 黑水靺鞨遣使入見, 上以其國爲黑水州, 仍爲置長史以鎭之. 勃海靺鞨王武藝曰, 黑水入唐, 道由我境. 往者請吐屯於突厥, 先告我 與我偕行. 今不告我而請吏於唐, 是必與唐合謀, 欲腹背攻我也. 遣其母弟門藝與其舅任雅將兵擊黑水. 門藝嘗爲質子於唐, 諫曰, 黑水請吏於唐, 而我以其故擊之, 是叛唐也. 唐大國也. 昔高麗全盛之時, 强兵三十餘萬, 不遵唐命, 掃地無遺. 況我兵不及高麗什之一二, 一旦與唐爲怨, 此亡國之勢也. 武藝不從, 強遣之. 門藝至境上, 復以書力諫. 武藝怒, 遣其從兄大壹夏代之將兵, 召欲殺之. 門藝棄衆, 間道來奔, 制以爲左驍衛將軍. 武藝遣使上表罪狀門藝, 請殺之. 上密遣門藝詣安西, 留其使者, 別遣報云已流門藝于嶺南. 武藝知之, 上表稱大國當示人以信, 豈得爲此欺誕. 固請殺門藝. 上以鴻臚少卿李道邃·源復不能督察官屬, 致有漏泄, 皆坐左遷. 暫遣門藝詣嶺南以報之.

이해(개원 14년(726))에 흑수말갈이 사신을 보내 들어와 알현하였기에, 황상은 그 나라를 흑수주로 삼고 이에 장사(長史)[12]를 두어 진무케 하였다. 발해말갈왕 [대]무예가 말하였다. "흑수[말갈]이 당으로 들어가는 길은 우리의 경내를 통해서이다. 이전에 돌궐에게 토둔(吐屯)[13]을 청할 때에도 우리에게 먼저 알리고 우리와 함께 갔었다. 지금 [흑수말갈이] 우리에게 알리지 않고 당에 벼슬을 청하니, 이는 반드시 당과 공모하여 앞뒤로 우리를 공격하려는 것이다." 친아우인 [대]문예와 그의 외삼촌인 임아(任雅)를 보내 군사를 이끌고 흑수를 치게

---

12) 당나라 때 都督이나 刺史의 바로 아래에 두었는데, '別駕'라고도 하며 실질적인 권한이 없었다. 大都督府의 장사는 상대적으로 지위가 높아서 上州의 자사나 절도사로 임명되기도 하였다.

13) 吐屯은 突厥의 관명으로, 『新唐書』 突厥전에 "… 其部典兵者曰設 子弟曰特勒 大臣曰葉護 曰屈律啜·曰阿波·曰俟利發·曰吐屯 … 凡二十八等"이라고 하여 일곱 번째 관명으로 나온다. 복속 지역에 주둔하여 征賦를 감독하는 직이었다. 吐屯設(Tudun Šad)·吐屯啜(Tudun Čur)·吐屯發(Tudun bär)로 표시되기도 하는데, 設(Šad)·發(bär)·啜(Čur)의 官稱을 가진 자가 토둔의 직을 겸하는 경우에 부르던 칭호로 보인다(小野川秀美, 1943).

하였다. 문예는 일찍이 당에 볼모가 되었는데, [대무예에게] 간(諫)하였다. "흑수[말갈]이 당의 관리를 청한다고 해서 우리가 공격한다면 이것은 곧 당을 배반하는 것입니다. 당은 대국입니다. 옛날 고[구]려의 전성 시기에 강병 30여만으로 당명(唐命)을 따르지 않다가 땅을 쓴 듯이 모두 없어지고 말았습니다. 하물며 우리의 병사는 고[구]려의 10분의 1이나 2에도 못 미치니, 일단 당과 원한을 맺게 되면 이는 망국의 형세입니다." 무예는 [그 말을] 따르지 않고, 문예를 강제로 보냈다. 문예가 국경에 이르렀을 적에 다시 글을 올려 힘써 간하였다. 무예는 노하여 그 종형인 대일하(大壹夏)를 보내 대신해서 군사를 통솔하게 하고 [대문예를] 불러들여 그를 죽이려고 하였다. 문예는 무리를 버리고 샛길로 도망쳐 [당에] 왔는데, [현종이] 좌효위장군을 제수하였다. 무예는 [당에] 사신을 보내 문예의 죄상에 대한 표문을 올리고, 그를 죽여 달라고 청하였다. 주상(현종)은 몰래 문예를 안서(安西)[14]로 보내 놓고, 그(발해) 사신을 머물게 하고, 별도로 [사신을] 보내 알려 말하기를 "이미 문예는 영남(嶺南)[15]으로 유배를 보냈다."라고 하였다. 무예가 그 [사실을] 알고 표문을 올려 말하기를, "대국은 마땅히 신의로 사람들에게 보여야 하는데 어찌 거짓으로 속일 수 있습니까? 진실로 문예를 죽여 주기를 청합니다."라고 하였다. 주상은 홍려소경(鴻臚少卿) 이도수(李道邃)와 원복(源復)이 관속(官屬)을 감독하지 못하고 [비밀을] 누설시켰으므로, 모두 좌천(左遷)시켰다. [현종은] 잠시 문예를 영남으로 보내고 [대무예에게] 알렸다.

○ 권제, 당기(唐紀), 현종(玄宗) 개원(開元) 20년

[九月乙巳]渤海靺鞨王武藝遣其將張文休帥海賊寇登州, 殺刺史韋俊, 上命右領軍將軍葛福順發兵討之.

---

14) 安西都護府 지역을 말한다. 640년 당나라가 吐魯蕃 지방의 高昌國을 멸망시키고, 서역 경영을 위해 西州都護府를 설치하였다가 얼마 뒤 交河城으로 옮기며 안서도호부로 고쳤다. 648년에는 龜玆로 治所를 옮겼고, 그 뒤 서주와 구자로 치소를 여러 차례 옮겼다. 747년 고선지가 연운보에서 토번군을 격파하고 소발률을 점령함으로써 서역의 72개 소국이 당에 항복하였다. 전성기에 그 관할하에 安西 四鎭을 두고 90여 屬州를 거느렸고, 파미르 동서방의 여러 오아시스국과의 무역 및 상업로를 관장하였다. 790년 서역 전역을 토번에게 빼앗기고 치소가 함락되었다.

15) 中國의 五嶺 이남의 땅을 가리키는데, 대체로 남중국의 越城嶺・萠諸嶺 등 山嶺 이남을 가리킨다. 唐太宗 원년(627)에 嶺南道를 두어 福建, 廣東・廣西, 雲南 동남부, 越南 북부 지역을 관할하였다.

[개원 20년(732) 9월 을사일에] 발해말갈왕 [대]무예는 그의 장수 장문휴(張文休)를 보내 해적을 거느리고 등주를 노략질하였으며,[16] 자사(刺史) 위준(韋俊)[17]을 살해하였다. 황상이 우령군장군(右領軍將軍)[18] 갈복순(葛福順)[19]에게 명하여 군사를 일으켜 그를 치게 하였다.

○ 권제, 당기(唐紀), 현종(玄宗) 개원(開元) 21년

[春正月丁巳]上遣大門藝詣幽州發兵, 以討渤海王武藝. 庚申, 命太僕員外卿金思蘭使于新羅, 發兵擊其南鄙. 會大雪丈餘, 山路阻險, 士卒死者過半, 無功而還. 武藝怨門藝不已, 密遣客刺門藝於天津橋南, 不死, 上命河南搜捕賊黨, 盡殺之.

[개원 21년(733) 봄 정월 정사일에] 황상이 대문예를 보내 유주(幽州)에 나아가 병사를 일으켜 발해왕 [대]무예를 토벌하도록 하였다. 경신일에 태복원외경(太僕員外卿) 김사란(金思蘭)[20]에게 명하여 신라에 사신으로 가게 하였다. 군사를 일으켜 그 남쪽 변경을 쳤는데

---

16) 『구당서』 발해말갈전에는 개원 20년(732)에 무왕 대무예가 장군 張文休를 보내 해적을 거느리고 등주자사 위준을 공격하게 하였다고 전한다(『구당서』 199하, 열전 149하, 발해말갈). 발해의 등주 공격 원인은 726년 발해의 黑水 토벌과 대문예의 당 망명으로 빚어진 발해와 당의 갈등 및 730년대 초 당과 전쟁을 치르고 있는 契丹을 돕기 위한 목적이있다(김종복, 2009, 127쪽; 권은주, 2013).

17) 732년 발해 무왕이 장군 張文休를 보내 해적을 거느리고 당의 登州를 공격할 때 그곳의 刺史로 전사하였다. 韋俊의 묘지명에는 이때의 상황을 "蠢介島夷, 遠在荒裔, 潛度大海, 直指孤城, 變生倉卒, 薨于官舍, 春秋五十七."이라고 기록하고 있다(毛陽光·余扶危 主編, 2013, 251쪽).

18) 左·右領軍은 後漢 末 中領軍과 領軍이 설치된 것을 시원으로 하며, 이것이 후대에까지 이어져 隋代에도 左·右領軍府가 설치되어 각각 좌우12군의 籍帳과 의장대[羽衛]에 관한 사무를 관장하였다. 唐代에는 16衛의 하나로 左·右領軍衛를 두었으며, 종2품의 上將軍과 정3품의 大將軍 각 1인과 종3품의 장군 각 2인을 두었다. 左·右領軍大將軍·將軍의 직무는 左·右衛와 같이 궁정의 경비와 호위 및 의장대 관할이었다.

19) 『舊唐書』에는 蓋福順으로, 『新唐書』에는 蓋福愼으로 나온다(『舊唐書』 권8, 本紀 8, 玄宗 上 開元 20년 (732) "九月乙巳 渤海靺鞨寇登州, 殺刺史韋俊, 命左領軍將軍蓋福順發兵討之."; 『新唐書』 권5, 本紀 5, 玄宗 開元 20년(732) "九月乙巳, 渤海靺鞨寇登州, 刺史韋俊死之, 左領軍衛將軍蓋福愼伐之.").

20) 신라의 왕족으로 일찍이 당나라에 건너가 太僕員外卿을 받고, 宿衛로 있었다. 732년(성덕왕 31) 발해가 당나라의 登州를 공격하자, 당 현종이 이듬해 7월 김사란을 귀국시켜 신라에게 발해의 남쪽을 공격하게 하였다(『삼국사기』 권제8, 「신라본기」 제8, 성덕왕 32년). 『册府元龜』에는 개원 21년(733) 정월 신라에 사신으로 간 것으로 나온다(『册府元龜』 권975, 外臣部 20 褒異 2). 『삼국유사』에는 이해에 당이 北狄을

한 길 넘는 큰 눈을 만나서 산길이 좁고 험하여 사졸은 태반이 죽고 공은 이루지 못하고 돌아왔다. 무예는 문예가 그치지 않음을 원망하면서 비밀리에 자객을 보내 천진교(天津橋)[21] 남쪽에서 문예를 찔렀지만 [대문예가] 죽지 않았다. 황상이 하남(河南)[22]에 명하여 적의 무리를 붙잡아 모조리 죽였다.

○ 권제214, 당기(唐紀) 30, 현종(玄宗) 개원(開元) 26년

[八月]辛巳, 渤海王武藝卒, 子欽茂立.

[개원 26년(738) 8월] 신사일에 발해왕 [대]무예가 죽고, 아들 [대]흠무가 즉위하였다.

○ 권제214, 당기(唐紀) 30, 현종(玄宗) 개원(開元) 29년

[八月]乙未, 以祿山爲營州都督充平盧軍使兩蕃·渤海·黑水四府經略使.

[개원 29년(741) 8월] 을미일에 [안]녹산([安]祿山)을 영주도독(營州都督) 충평로군사(充平盧軍使) 양번(兩蕃)[23]·발해(渤海)·흑수(黑水) 4부(府) 경략사(經略使)로 삼았다.

○ 권제215, 당기(唐紀) 31, 현종(玄宗) 천보(天寶) 원년

[春正月]壬子, 分平盧別爲節度, 以安祿山爲節度使. … 平盧節度鎭撫室韋·靺鞨, 統平盧·盧龍二軍, 楡關守捉, 安東都護府, 屯營·平二州之境, 治營州, 兵三万七千五百人.

[천보 원년(742) 봄 정월] 임자일에 평로(平盧)를 나누어 따로 절도(節度)로 삼고,[24] 안녹

공격하기 위해 신라에 604명을 보냈다는 기록이 있다(『삼국유사』 권제2, 紀異 제2 孝成王조).
21) 天津橋는 隋代에 처음 낙양성 안에 건립한 다리로, 洛河를 건너는 중요한 교통로였다.
22) 河南府는 洛陽에 설치되었던 府의 이름이다. 唐代에 河南郡을 都畿道 河南府로 개칭하였다.
23) 唐은 해와 거란을 '兩蕃'이라고 했다.

산(安祿山)을 절도사(節度使)로 삼았다. … 평로절도(平盧節度)는 실위(室韋)·말갈(靺鞨)을 진무(鎭撫)하고, 평로(平盧)·노룡(盧龍) 2군(軍), 유관수착(楡關守捉), 안동도호부(安東都護府)를 통할하였다. 영(營)·평(平) 2주의 경계에 주둔하고, 영주를 다스리는데, 군사가 3만 7,500명이다.[25]

○ 권제223, 당기(唐紀) 39, 대종(代宗) 광덕(廣德) 원년

[秋七月]李懷光等屯晉州, … 懷光, 本勃海靺鞨也. 姓茹爲朔方將, 以功賜姓.

[광덕 원년(763) 가을 7월에] 이회광(李懷光)[26] 등이 진주(晉州)에 주둔하였다. …회광은 본래 발해말갈이다. 성은 여씨(茹氏)로 삭방(朔方)의 장군이었는데, 공으로 [이씨] 성을 하사받았다.

○ 권제235, 당기(唐紀) 51, 덕종(德宗) 정원(貞元) 10년

[十二月]初, 勃海文王欽茂卒, 子宏臨早死, 族弟元義立. 元義猜虐, 國人殺之, 立宏

---

24) 평로는 唐·五代 方鎭의 하나로, 唐 天寶(742~756) 초에 範陽節度使를 나누어 平盧節度使를 두어 營州(지금의 遼寧省 朝陽縣)에서 다스리게 했는데, 盧龍軍과 渝關 등 수착 11개를 관할하였다. 절도사는 당송시대에 道 또는 州의 군사·민정·인사·理財 등의 권한을 장악한 장관으로, 節帥 혹은 節制라고도 하였다. 평로 번진은 761년에 치소를 靑州로 옮겼으며, 765년부터 신라·발해를 관장하게 하였다(정재균, 2011, 124쪽).
25) 平盧軍은 唐代 平盧節度使 관할의 군대로 營州城 내에 주둔하였고, 군사는 1만 6,000이었다. 그 밖에 평로절도사가 관할하는 군대로 노룡군은 平州城 내에 주둔하고 군사가 1만이며, 유관수착은 영주성 서쪽 480리 되는 곳에 있는데 군사가 3,000명이었다. 안동도호부는 영주 동쪽 200리 되는 곳에 있는데, 군사가 8,500명이었다.
26) 李懷光(927~785)은 본래 성이 茹이며, 渤海靺鞨인이다. 출신에 대해서는 발해국에서 당으로 귀화한 말갈족으로 보기도 하나, 그 선조가 일찍이 幽州에 옮겨 살았던 것으로 기록되어 있어 고구려 출신일 가능성도 있다. 부친의 이름은 茹常으로 朔方將軍이었는데, 전공을 세워 賜姓을 받고 李嘉慶이라 하였다. 이회광은 어려서부터 종군하였고, 朔方節度使 郭子儀의 신뢰를 받았다. 이후 邠寧節度使, 삭방절도사 등을 역임하면서 朱泚 등 반란 세력을 진압하는 데 큰 공을 세워 784년 太尉직과 鐵券을 받았으나, 곧바로 반란을 일으켰다. 이듬해 가을 삭방군 장수 牛名俊에 의해 살해당했다.

> 臨之子華璵, 是爲成王, 改元中興. 華璵卒, 復立欽茂少子嵩鄰, 是爲康王, 改元正歷.

[정원 10년(794) 12월] 처음에 발해 문왕 [대]흠무([大]欽茂)가 죽고, 아들 [대]굉림([大]宏臨)이 일찍 죽었기에 족제인 [대]원의([大]元義)가 즉위하였다. 원의는 시기하고 포학하여 나라 사람들[國人]이 그를 죽여 버리고, 굉림의 아들 [대]화여([大]華璵)를 세웠는데 그가 성왕(成王)이다. 연호를 중흥(中興)이라 고쳤다. 화여가 죽은 다음, 다시 흠무의 작은 아들 [대]숭린([大]嵩鄰)27)을 세웠는데, 이가 강왕(康王)이다. 연호를 정력(正歷)이라고 고쳤다.

○ 권제235, 당기(唐紀) 51, 덕종(德宗) 정원(貞元) 11년

> [春二月]乙巳, 冊拜嵩鄰爲忽汗州都督勃海王.

[정원 11년(795) 봄 2월] 을사일에 [대]숭린을 홀한주도독 발해왕으로 책봉하였다.

○ 권제237, 당기(唐紀) 53, 헌종(憲宗) 원화(元和) 4년

> [春正月]勃海康王嵩璘卒. 子元瑜立, 改元永德.

[원화 4년(809) 봄 정월에] 발해의 강왕 [대]숭린이 죽었다. 아들 [대]원유([大]元瑜)28)가 즉위하였으며, 연호를 영덕(永德)으로 고쳤다.

---

27) 大嵩璘의 혈통과 관련해서 『全唐文』 권40, 元宗皇帝, 弔渤海郡王大欽茂書에 대숭린이 대흠무(문왕)의 長嫡이라고 하였고, 『日本後紀』 권4, 延曆 15년(796) 4월 戊子조에 일본에 파견된 呂定琳이 가지고 간 계서에는 문왕을 "祖 大行大王"이라고 하여 할아버지로 표현하며 대숭린 자신을 '孤孫'이라고 칭하고 있다.

28) 발해 제7대 왕인 定王(재위 809~812)으로, 연호는 永德이다. 제6대 강왕 대숭린의 아들이며, 제8대 희왕의 형이다.

○ 권제239, 당기(唐紀) 55, 헌종(憲宗) 원화(元和) 8년

[春正月]勃海定王元瑜卒, 弟言義權知國務. 庚午, 以言義爲勃海王.

[원화 8년(813) 봄 정월에] 발해 정왕(定王) [대]원유([大]元瑜)가 죽고, 동생 [대]언의([大]言義)29)가 권지국무(權知國務)30)가 되었다. 경오일(16일)에 언의를 발해왕으로 삼았다.

○ 권제240, 당기(唐紀) 56, 헌종(憲宗) 원화(元和) 13년

[二月]初, 勃海僖王言義卒, 弟簡王明忠立, 改元太始. 一歲卒, 從父仁秀立, 改元建興. 乙巳, 遣使來告喪. 五月 辛丑, 以知渤海國務大仁秀爲渤海王.

[원화 13년(818) 2월] 처음에 발해왕 [대]언의가 죽자, 동생인 간왕 [대]명충([大]明忠)이 즉위했다. 연호를 고쳐서 태시(太始)라고 하였다. [대명충이] 1년 만에 죽자, 종부인 [대]인수([大]仁秀)31)가 즉위하고, 연호를 고쳐서 건흥(建興)이라고 하였다. 을사일에 사신을 파견하여 와서 상사를 알렸다. 5월 신축일에 지발해국무(知渤海國務) 대인수를 발해왕으로 삼았다.

○ 권제244, 당기(唐紀) 60, 문종(文宗) 태화(太和) 4년

是歲, 勃海宣王仁秀卒, 子新德早死, 孫彝震立, 改元咸和.

---

29) 발해 제8대 왕인 僖王(재위 812~817)으로, 연호는 朱雀이다. 제7대 정왕의 동생이며, 제9대 간왕의 형이다.

30) 權知는 임시로 일을 맡아 처리하는 직책이며, 여기에서는 발해국의 업무를 임시로 맡아 처리하는 직위이다. 당시에 발해는 당과 책봉 체제하에 놓여 있었으므로, 당으로부터 정식으로 책봉을 받을 때까지는 권지국무라는 이름으로 대외 관계를 수행하고, 내부적으로는 발해 왕위를 계승한 것이다.

31) 발해 제10대 왕인 선왕으로, 연호는 建興이다. 『구당서』 발해전에는 제8대 희왕에 이어 818년에 대인수가 즉위한 것으로 되어 있으나, 『신당서』 발해전에는 817년 희왕의 사후 그의 동생인 簡王 大明忠이 즉위하여 1년 뒤인 818년에 죽자 대인수가 즉위한 것으로 나온다. 대인수는 대명충의 從夫로, 대조영의 아우인 大野勃의 4세손이다. 818년에 즉위하여 830년까지 13년간 재위하였다.

[태화 4년(830)] 이 해에 발해의 선왕 [대]인수가 죽었는데, 아들 [대]신덕([大]新德)이 일찍 죽어서, 손자 [대]이진([大]彝震)32)이 즉위하고, 연호를 고쳐 함화(咸和)라 하였다.

○ 권제249, 당기(唐紀) 65, 선종(宣宗) 대중(大中) 12년

[二月]勃海王彝震卒. 癸未, 立其弟虔晃爲勃海王.

[대중 12년(858) 2월에] 발해왕 [대]이진이 죽었다. 계미일에 그의 동생인 [대]건황([大]虔晃)을 세워서 발해왕으로 삼았다.

○ 권제273, 후당기(後唐紀) 2, 후당(後唐) 장종(莊宗) 동광(同光) 2년

[秋七月]契丹恃其强盛, 遣使就帝求幽州以處盧文進. 時東北諸夷皆役屬契丹, 惟渤海未服, 契丹主謀入寇, 恐渤海掎其後, 乃先擧兵擊渤海之遼東, 遣其將禿餒及盧文進據營·平等州以擾燕地.

[동광 2년(924) 가을 7월에] 거란이 그들의 강성함을 믿고 사신을 파견하여 황제에게 와서 유주(幽州)를 요구하고서 노문진(盧文進)33)을 두겠다고 하였다.34) 이때 동북의 여러 오랑캐들이 모두 거란에 복속되었으나 발해만이 아직 복속되지 않았다. 거란주가 남쪽으로 중원을 공격하고자 하였으나 발해가 뒤에서 기습할까 두려워하였다. 이에 먼저 군사를 일으켜 발해의

---

32) 발해 제11대 왕으로, 시호는 알 수 없으며 연호는 咸和이다. 선왕의 손자로, 선왕의 아들인 新德이 일찍 죽어 즉위하였다. 『구당서』 발해전에는 선왕의 사망 연도가 831년으로 적혀 있으나, 『신당서』 발해전에는 830년으로 되어 있고 이듬해인 831년 조서를 내려 대이진에게 작위를 세습하게 하였다. 이를 따른다면 대이진은 830년부터 857년까지 27년간 재위하였다.

33) 盧文進(?~944)은 范陽 출신으로, 자는 國用(또는 大用)이다. 후당, 후진, 남당 등에서 장수로 활약하였다. 天祐 14년(917, 후량 균왕 정명 3년) 主將 李存矩를 죽이고 契丹으로 도망갔다가 天成 원년(926)에 후당으로 되돌아왔다. 거란에 있을 때 漢軍을 이끌고 平州에 주둔하며 거란의 南侵을 이끌었고, 공성무기와 방직 등의 기술을 가르쳤다. 거란이 강성하게 된 것은 노문진에서 비롯된다는 말이 있다.

34) 노문진이 거란에 항복한 일은 후량 균왕 정명 3년(917년) 2월이었고, 이 내용은 『자치통감』 권270에 실려 있다.

요동을 공격하고, 장수 독뇌(禿餒) 및 노문진을 보내어 영주,[35] 평주[36] 등을 점거하여 연(燕)의 땅을 소란스럽게 하였다.

> [秋九月]癸卯 … 契丹攻渤海, 無功而還.

[가을 9월] 계묘일에 … 거란이 발해를 공격하였으나, 전과 없이 돌아왔다.

○ 권제274, 후당기(後唐紀) 3, 후당(後唐) 명종(明宗) 천성(天成) 원년

> [春正月]戊辰 … 契丹主擊女眞及勃海, 恐唐乘虛襲之. 戊寅, 遣梅老鞋里來修好.

[천성 원년(926) 봄 정월] 무진일에 … 거란주가 여진과 발해를 공격하면서 [후]당이 빈틈을 타고 그를 기습할까 두려워하였다. 무인일에 매로혜리(梅老鞋里)를 파견하여 와서 우호를 닦았다.

> [秋七月]壬申, … 契丹主攻勃海, 拔其夫餘城, 更命曰東丹國. 命其長子突欲鎭東丹, 號人皇王, 以次子德光守西樓, 號元帥太子. 帝遣供奉官姚坤告哀于契丹. 契丹主聞莊宗爲亂兵所害, 慟哭曰, 我朝定兒也. 吾方欲救之, 以勃海未下, 不果往, 致吾兒及此. 哭不已, 虜言朝定, 猶華言朋友也. … 辛巳 契丹主阿保機卒于夫餘城.

[가을 7월] 임신일에 … 거란주가 발해를 공격하여 부여성을 뽑아 버리고,[37] 이름을 고쳐서 동단국(東丹國)[38]이라 하였다. 그의 맏아들인 [야율]돌욕([耶律]突欲: 耶律倍)에게 명령하여

---

35) 영주는 지금의 요령성 조양시이다.
36) 평주는 하북성 노룡현이다.
37) 이때에 고려 왕인 왕건이 나라를 세워서 혼동강을 경계로 하여 이를 지켰으며, 혼동강의 서쪽은 가질 수가 없었으므로 부여성은 발해국에 속하였는데, 혼동강은 바로 압록강이다. 또 대조영이 당 현종 개원 원년(713) 2월에 발해를 건국한 지 214년 만인 이때(926)에 이르러 멸망한 것이다.

동단에서 진수하게 하고, 인황왕(人皇王)이라 불렀다. 둘째 아들인 [야율]덕광([耶律]德光)에게 서루(西樓)[39]에서 진수하게 하고, 원수태자(元帥太子)라 불렀다. 황제가 공봉관(供奉官)인 요곤(姚坤)을 파견하여 거란에 고애(告哀)[40]하게 하였다. 거란주는 장종(莊宗)[41]이 반란군에게 해를 당하였다는 소식을 듣고 통곡하며 말하기를 "내 조정(朝定)의 아이다. 내가 바야흐로 그를 구원하려고 하였으나, 발해를 아직 함락시키지 못하였으니 결과적으로 가지 못하였는데 우리 아이가 이 지경이 되었다."[42] 하고, 통곡하기를 그치지 않았다. 오랑캐가 조정(朝定)이라 말하는 것은 중국의 언어로 친구라고 말하는 것과 같다. … 신사일(27일)에 거란주인 [야율]아보기([耶律]阿保機)가 부여성에서 죽었다.[43]

> [八月]丁亥, 契丹述律后使少子安端少君守東丹, 與長子突欲奉契丹主之喪, 將其衆發夫餘城. … [九月]契丹述律后愛中子德光, 欲立之, 至西樓, 命與突欲俱乘馬立帳前, 謂諸酋長曰, 二子吾皆愛之, 莫知所立, 汝曹擇可立者執其轡. 酋長知其意, 爭

---

38) 東丹國은 거란 야율아보기가 926년 1월 발해를 멸망시키고 세웠다. 아울러 발해의 수도인 忽汗城을 天福城으로 고치고, 황태자 倍(일명 突欲)를 人皇王으로 책봉하여 동단국왕으로 삼았다. 아보기의 동생인 迭剌을 左大相, 渤海老相을 右大相, 渤海司徒 大素賢을 左次相, 耶律羽之를 右次相으로 삼았다(『遼史』 권2, 本紀 제2, 太祖下, 天顯元年 2월 丙午). 발해인과 거란인을 함께 상층 관리로 임명하였으나 실권은 후자에게 있었다.

39) 遼代 四樓의 하나로 요 태조 야율아보기가 수렵과 무예를 단련하기 위해 설치하였는데, 임시적인 정치 중심지의 기능도 가졌다. 西樓는 가을 수렵지로, 祖州에 위치하였다. 지금의 內蒙古自治區 赤峯市 북부에 있는 巴林左旗의 서남쪽 지역이다.

40) 哀事, 즉 喪事를 알리는 것이다. 여기에서는 後唐 李存勖의 죽음을 알린 것이다.

41) 李存勖(885~926)은 沙陀人으로, 後唐의 창건자이며 묘호는 莊宗이다. 908년 부친인 李克用의 뒤를 이어 晉王이 되었고, 923년 황제로 칭하며 魏州에서 후당을 건국하였다. 같은 해 後梁을 멸망시키고 洛陽으로 천도하였다. 군대에 환관을 감찰로 파견하는 제도에 불만을 품은 무장들의 반란으로 살해당했다.

42) 야율아보기가 진왕 이극용과 더불어 형제 관계를 맺은 일은 후량 태조 개평 원년(907) 5월에 있었고, 이 내용은 『자치통감』 권266에 실려 있다.

43) 이때 야율아보기는 55세였다. 부여성은 부여부의 치소성으로 여겨진다. 부여부의 위치에 대해서는 開原縣설, 農安설, 阿城설, 昌圖 북쪽 四面城설 등이 있는데, 현재 농안설이 유력하다. 속주로는 扶州·仙州의 2주를 거느렸다. 발해의 수도인 上京 龍泉府로부터 거란으로 통하는 거란도의 길목이어서, 발해가 부여부에 항상 날랜 병사를 거주시켜 契丹을 방비하게 하였다.

執德光轡謹躍曰, 願事元帥太子. 后曰, 衆之所欲, 吾安敢違. 遂立之爲天皇王, 突欲慍, 帥數百騎欲奔唐, 爲邏者所遏, 述律后不罪, 遣歸東丹. 天皇王尊述律后爲太后, 國事皆決焉.

[8월] 정해일(3일)에 거란의 술률후(述律后)는 작은아들인 안단소군(安端少君)으로 하여금 동단(東丹)을 지키게 하고, 맏아들인 [야율]돌욕과 더불어 거란 주군의 영구를 받들고, 그 무리를 거느리고 부여성을 출발하였다. … [9월] 거란의 술률후는 가운데 아들 [야율]덕광([耶律]德光)[44]을 아껴서 그를 세우려고 하였다. 서루에 도착하자 돌욕과 더불어 말을 타고 장막 앞에 서도록 명령하고, 여러 추장에게 말하였다. "두 아들은 내가 모두 아끼므로 세울 사람을 알지 못하겠으니, 너희들이 세울 만한 사람을 선택하여 그의 말고삐를 잡도록 하라." 추장들이 그 뜻을 알아차리고 덕광의 말고삐를 다투어 잡고서 함성을 지르며 펄쩍펄쩍 뛰면서 말하였다. "바라건대, 원수태자를 섬기겠습니다." [술률]후가 말하였다. "무리들이 바라는 바니 내 어찌 감히 어기겠소?" 드디어 그를 옹립하여 천황왕(天皇王)으로 삼았다. 돌욕은 화가 나서 수백의 기병을 인솔하여 [후]당으로 도망가려고 하다가, 순찰하는 사람에게 저지를 당하였다. 술률후가 죄를 주지 않고 동단으로 돌아가게 하였다. 천황왕이 술률후를 높여 태후(太后)로 삼고, 나라의 일을 모두 결정하게 하였다.

○ 권제277, 후당기(後唐紀) 6, 후당(後唐) 명종(明宗) 장흥(長興) 원년

[明宗長興元年十一月]丙戌, … 契丹東丹王突欲自以失職, 帥部曲四十人越海自登州來奔.

[명종 장흥 원년(930) 11월] 병술일에 … 거란의 동단왕인 [야율]돌욕이 스스로 직위를

---

44) 耶律德光(902~947)은 요나라 제2대 황제인 태종(재위 927~947)으로, 태조 야율아보기의 차남이다. 본명은 堯骨이며, 字는 德謹이다. 아보기의 발해 親征에 대원수가 되어 참여하여 공을 세웠다. 926년 아보기가 발해를 멸망시킨 뒤 회군할 때 사망하자, 황후인 述律氏가 섭정으로 정권을 장악하고 맏이인 東丹國王 突欲을 대신해 덕광이 즉위할 수 있도록 하였다. 즉위 후에 燕雲 十六州를 차지하고 後唐과 後晉을 멸망시켰다. 947년에는 국호를 거란에서 大遼로 고쳤다.

잃자,45) 부곡(部曲) 40명을 인솔하고 바다를 건너 등주(登州)에서부터 도망하여 왔다.

○ 권제277, 후당기(後唐紀) 6, 후당(後唐) 명종(明宗) 장흥(長興) 2년

[三月]辛酉, 賜契丹東丹王突欲姓東丹, 名慕華, 以爲懷化節度使, 瑞·愼等州觀察使, 其部曲及先所俘契丹將惕隱等, 皆賜姓名. 惕隱姓狄, 名懷惠.

[장흥 2년(931) 3월] 신유일에 [후당 명종은] 거란의 동단왕인 [야율]돌욕46)에게 성을 동단(東丹)이라 하고 이름을 모화(慕華)라고 내리고 회화절도사(懷化節度使)·서(瑞)·신(愼) 등(等) 주(州) 관찰사(觀察使)로 삼았으며, 그의 부곡과 먼저 포로로 잡힌 거란의 장수 그리고 척은(惕隱) 등에게 모두 성명(姓名)을 내렸다. 척은의 성은 적(狄)이고 이름은 회혜(懷惠)였다.47)

[秋九月]己亥, 更賜東丹慕華姓名曰李贊華.

[가을 9월] 기해일에 [후당 명종은] 동단모화(東丹慕華)에게 성명을 이찬화(李贊華)로 고쳐 하사하였다.

○ 권제277, 후당기(後唐紀) 6, 후당(後唐) 명종(明宗) 장흥(長興) 3년

[三月]甲辰, … 上欲授李贊華以河南藩鎭, 群臣皆以爲不可, 上曰, 吾與其父約爲昆弟, 故贊華歸我. 吾老矣, 後世繼體之君, 雖欲招之, 其可致乎.

---

45) 거란의 술률후가 후당 명종 천성 원년(926) 9월에 둘째 아들 야율덕광을 천황왕으로 세우자, 야율돌욕이 화가 나서 수백 명의 기병을 인솔하고 후당으로 도망하려고 하였으나, 여의치 않자 이때에 이르러 항복해 온 것이다. 이 일은 『자치통감』 권275에 실려 있다.
46) 야율돌욕이 후당에 귀부한 일은 후당 명종 장흥 원년(930) 11월에 있었다.
47) 거란의 관리와 군사들이 포로로 잡힌 일은 후당 명종 천성 3년(928) 7월에 있었고, 이 내용은 『자치통감』 권276에 실려 있다.

[장흥 3년(932) 3월] 갑진일에 … 황상이 이찬화(李贊華)를 하남번진으로 제수하려 하였으나, 군신들이 모두 불가하다고 하였다. 황상이 말하기를, "내가 그의 부친과 형제를 맺은 까닭에 찬화가 나에게 귀부한 것이다. 내가 늙었는데 후세에 뒤를 이을 군주가 비록 그를 부르고자 하여도 이루게 할 수 있겠는가."라고 하였다.

[夏四月]癸亥, 以贊華爲義成節度使, 爲選朝士爲僚屬輔之. 贊華但優遊自奉, 不豫政事. 上嘉之, 雖時有不法亦不問, 以莊宗後宮夏氏妻之. 贊華好飮人血, 姬妾多刺臂以吮之, 婢僕小過, 或抉目, 或刀割火灼, 夏氏不忍其殘, 奏離婚爲尼.

[여름 4월] 계해일에 [이]찬화를 의성절도사(義成節度使)로 삼고, 조사(朝士)를 골라서 요속(僚屬)으로 하고 그를 돕게 하였다. 찬화는 다만 우유자봉(優游自奉)하고[48] 정사에 참여하지 않았다. 황상은 그를 가상히 여기고 비록 법을 어기는 일이 있어도 오히려 묻지 않았고, 장종의 후궁인 하씨(夏氏)를 아내로 삼게 하였다. 찬화는 사람의 피를 마시기를 좋아했고, 희첩(姬妾)들의 팔을 찔러서 피를 빨아먹는 일이 많았다. 비복(婢僕)들이 조금만 잘못하면 혹 눈알을 빼거나 혹은 칼로 베거나 불로 지졌는데, 하씨는 그의 잔인함을 참지 못하여 이혼하여 비구니가 되기를 청하였다.

○ 권제280, 후진기(後晉紀) 1, 후진(後晉) 고조(高祖) 천복(天福) 원년

[閏十一月]符彥饒·張彥琪至河陽, 密言於唐主曰, 今胡兵大下, 河水復淺, 人心已離, 此不可守. 丁丑, 唐主命河陽節度使萇從簡與趙州刺史劉在明, 守河陽南城, 遂斷浮梁, 歸洛陽. 遣宦者秦繼旻·皇城使李彥紳殺昭信節度使李贊華於其第.

[천복 원년(936) 윤11월에] 부언요(符彥饒)·장언기(張彥琪)가 하양(河陽)에 이르자, 은밀히 당주(唐主: 후진 고조)에게 말하기를, "지금 호병(胡兵)이 크게 일어나니 하수(河水)가 다시 소란스럽고 인심이 이미 떠나서, 지금과 같이 지킬 수가 없습니다."라고 하였다. 정축일

---

48) 하는 일 없이 한가로이 지내며 자기 몸을 스스로 보양한다는 뜻이다.

에 당주가 하양절도사(河陽節度使) 장종간(萇從簡)과 조주자사(趙州刺史) 유재명(劉在明)에게 명하여 하양남성(河陽南城)을 지키게 하였는데, 마침내 교량이 끊어져 낙양(洛陽)으로 돌아갔습니다. 환관 진계민(秦繼旻)과 황성사(皇城使) 이언신(李彦紳)을 보내 소신절도사(昭信節度使) 이찬화를 그 집에서 죽이게 하였다.

○ 권제285, 후진기(後晉紀) 6, 후진(後晉) 출제(出帝) 개운(開運) 2년

> [冬十月]初, 高麗王建用兵呑滅鄰國, 頗强大. 因胡僧襪囉言於高祖曰, 勃海, 我婚姻也. 其王爲契丹所虜, 請與朝廷共擊取之. 高祖不報. 及帝與契丹爲仇, 襪囉復言之. 帝欲使高麗擾契丹東邊以分其兵勢. 會建卒, 子武自稱權知國事, 上表告喪.

[개운 2년(945) 겨울 10월] 처음에 고려의 왕건(王建)이 군사로써 이웃나라를 병탄하면서 자못 강대해졌다. 호승(胡僧)인 말라(襪囉)에게 부탁해 [후진] 고조(高祖)에게 일러 말하기를, "발해는 우리와 혼인하였습니다. 그 왕이 거란에게 붙잡혔으니, 조정과 더불어 같이 그를 쳐서 빼앗읍시다." 하였다. 고조는 답하지 않았다. 황제는 거란과 더불어 원수가 됨에 말라가 다시 이를 아뢰었다. 황제는 고려가 거란의 동쪽 변경을 교란하게 함으로써 그 군사력을 분산시키자고 하였다. 마침 건이 죽자, 아들 [왕]무([王]武)가 권지국사(權知國事)로 자칭하고 상을 고하는 표를 올렸다.

> [十一月]戊戌, 以武爲大義軍使高麗王, 遣通事舍人郭仁遇使其國, 諭指使擊契丹. 仁遇至其國, 見其兵極弱, 曩者襪囉之言, 特建爲誇誕耳, 實不敢與契丹爲敵. 仁遇還, 武更以它故爲解.

[11월] 무술일에 [왕]무([王]武)를 대의군사(大義軍使) 고려왕(高麗王)으로 하고, 통사사인(通事舍人) 곽인우(郭仁遇)를 그 나라에 사신으로 보내 그들로 하여금 거란을 치게 하였다. 인우가 그 나라에 가서, 그들의 군사가 극히 약하여 지난번에 말라가 한 말은 특히 [왕]건을 위한 과장된 거짓일 따름이고 실은 감히 거란과 맞서지 못하는 형편이라는 것을 알았다. 인우가 돌아가자 무는 다시 다른 연고로써 변명하였다.

○ 권제287, 후한기(後漢紀) 2, 후한(後漢) 고조(高祖) 천복(天福) 12년

[五月]初, 契丹主阿保機卒於渤海, 述律太后殺酋長及諸將凡數百人. 契丹主德光復卒於境外, 酋長諸將懼死, 乃謀奉契丹主兀欲勒兵北歸.

[천복 12년(947) 5월] 처음에 거란주 [야율]아보기가 발해에서 죽었다. 술률태후가 추장 및 제장(諸將) 무릇 수백 인을 죽였다. 거란주 [야율]덕광이 다시 국경 밖에서 죽자, 추장과 제장들이 죽음을 두려워하여, 이내 거란주 [야율]올욕([耶律]兀欲: 세종)를 받들어 늑병(勒兵)⁴⁹⁾이 북쪽으로 돌아가기를 꾀하였다.

---

49) 군대의 대오를 정돈하고 점검한다는 뜻으로, 대오가 잘 갖추어진 군대를 이르기도 한다.

발해사 자료총서 – 중국사료 편 권1

10. 『통전(通典)』

　당대(唐代) 두우(杜佑: 735~812)가 편찬하였다. 황제(黃帝)·당우(唐虞)에서 당 천보(天寶) 연간(742~756)까지의 중국 역대 전장제도서(典章制度書)로, 대종(代宗) 대력(大曆) 원년(766)에 편찬에 착수하여 36년 만인 덕종(德宗) 정원(貞元) 17년(801)에 완성하였다. 개원(開元, 713~741) 말에 유지기(劉知幾)의 아들 유질(劉秩)이 『주례(周禮)』 육관(六官)의 형식을 모방하여 『정전(政典)』 35권을 저술하였는데, 두우는 이 책을 기초로 하고 『개원례(開元禮)』와 『악지(樂志)』를 더하여 『통전』 200권을 만들었다. 체제는 사류(事類)에 따라 9문(門)으로 나누고 다시 자목(子目)으로 세분하여, 식화(食貨) 12권, 선거(選擧) 6권, 직관(職官) 22권, 예(禮) 100권, 역대연혁례(歷代沿革禮) 65권, 개원례(開元禮) 35권, 악(樂) 7권, 병(兵) 15권, 형(刑) 8권, 주군(州郡) 14권, 변방(邊防) 16권으로 구성하였다. 정사(正史) 기전체의 서지(書志) 부분을 확대하여 통사(通史)로 하면서 역사서의 새로운 체제를 만들었다.

　통사로서 각 시대의 제도 연혁을 총술(總述)했는데, 당대에 관한 기술이 가장 상세하여 동시대 사료로 당대 정치제도사와 사회경제사를 연구하는 데 기본 사료가 된다. 『통전』은 이후 사서 편찬에 영향을 크게 미쳤다. 북송(北宋) 진종(眞宗) 함평(咸平) 연간(998~1003)에는 송백(宋白) 등에 의해 『속통전(續通典)』이 편찬되고, 남송(南宋) 정초(鄭樵)의 『통지(通志)』와 원초(元初) 마단임(馬端臨)의 『문헌통고(文獻通考)』가 편찬되었다. 『통전』은 소위 삼통(三通)·구통(九通) 또는 십통(十通)의 중심이 되었으며, 『통전』의 체제를 답습하여 제도 연혁을 통람한 책이 후대에 계속 편찬되었다.

　발해와 관련해서는 『통전』 권172 주군(州郡) 2, 서목(序目) 하(下), 권185 백제와 권186 고구려 편에서 당 고종이 백제, 고구려를 평정한 이후 그 땅을 소유하였으나 얼마 지나지 않아 신라와 말갈(발해)로 귀속되었다고 언급하고 있다. 또한 670년 검모잠의 반란 등을 기록하면서 그 토지가 신라와 말갈로 들어갔고, 고씨의 군장이 마침내 끊어졌다고 하였다. 이것은 발해의 요동 지역에 존재하였다는 소고구려국의 존재를 부정하는 근거를 사용되기도 한다. 또한 발해의 국가적 성격을 이해하는 것과 동시에 고구려 계승성을 밝히는 데 있어서 중요한 사료로 여겨진다.

『통전』의 판본으로는 「북송본(北宋本)」이 남아 있고, 그 밖에 「송본(宋本)」·「원본(元本)」·「명가정방헌부간본(明嘉靖方獻夫刊本)」·「이원양각본(李元陽刻本)」 등도 있다. 일반적으로는 청(淸) 건륭(乾隆) 12년(1747) 「무영전판삼통본(武英殿版三通本)」에 기초한 만유문고(萬有文庫) 「십통본(十通本)」이 유포되었다. 대만 신흥서국(新興書局, 1966)과 중화서국(中華書局, 1984)의 축소판 영인본도 있고, 절강서국본(浙江書局本)·도서집성국(圖書集成局) 인쇄본 등이 있다. 아래의 원문은 1988년에 왕영흥(王永興) 등이 교점한 「중화서국교점본(中華書局校點本)」을 저본으로 하였다.

○ 권제172, 주군(州郡) 2, 서목(序目) 하(下)

高宗平高麗·百濟, 得海東數千餘里, 旋爲新羅·靺鞨所侵, 失之.

[당] 고종이 고[구]려, 백제를 평정하고 해동 수천 리를 얻었으나, 얼마 안 되어 신라·말갈의 침입을 받아 잃어버렸다.

○ 권제180, 주군(州郡) 10, 안동부(安東府)

安東府【東至越喜部落二千五百里. 南至柳城郡界九十里. 西至契丹界八十里. 北至渤海一千九百五十里.】

안동부【동으로 월희[1]부락까지 2,500리이다. 남으로 유성군 경계까지 90리이다. 서쪽으로

---

1) 越熹靺鞨의 위치에 대해 『新唐書』 黑水靺鞨傳에 "당초 黑水[靺鞨]의 서북쪽에는 思慕部가 있는데, 북으로 10일을 더 가면 郡利部가 있고, 동북으로 10일을 가면 窟設部가 있다. [窟設은] 屈設이라고도 부른다.

거란의 경계까지 80리이다. 북으로 발해까지 1,950리이다.】

○ 권제185, 변방(邊防) 1, 동이(東夷) 상(上) 백제(百濟)

> 顯慶五年, 遣蘇定方討平之. … 城傍餘衆後漸寡弱, 散投突厥及靺鞨 … 土地盡沒於新羅·靺鞨.

현경 5년(610)에 소정방(蘇定方)을 보내 [백제를] 토벌하여 평정하였다. … 성방(城傍)의 남은 무리들이 점점 약해져서 흩어져 돌궐 및 말갈에 투항하였고, … 토지는 모두 신라·말갈에 몰입되었다.

○ 권제186, 변방(邊防) 2, 동이(東夷) 하(下) 고구려(高句麗)

> 咸亨元年四月, 其餘類有酋長劍牟岑者率衆叛, 立高藏外孫安舜爲王. 令左衛大將軍高侃討平之. 其後餘衆不能自保, 散投新羅·靺鞨舊國, 土盡入於靺鞨, 高氏君長遂絶.

함형 원년(620) 4월에 남은 무리들 중에 추장 검모잠(劍牟岑)이 무리를 거느리고 반란을 일으켜, 고장(高藏)의 외손(外孫)인 안순(安舜)2)을 세워 왕으로 삼았다. 좌위대장군(左衛大

조금 동남으로 10일을 가면 莫曳皆部가 있고, 또 拂涅, 虞婁, 越喜, 鐵利 등의 部가 있다."라고 나온다. 『冊府元龜』 등을 보면, 흑수와 별도로 鐵利·拂涅과 唐에 자주 朝貢한 것으로 나온다. 그런데 발해의 조공 시기와 겹치는 경우도 많아 발해와 이들 말갈이 밀접한 관련을 가지고 있었던 것으로 보인다. 월희말갈은 고구려 시기 말갈 7부에는 속하지 않지만, 고구려 멸망 후 설치된 기미주 중 越喜州都督府가 확인되고 있어 그 연원이 오래된 것을 알 수 있다(『신당서』 권43하, 지 제33하, 지리하, 하북도 고려항호). 일반적으로 遼代에 兀惹와 그 서쪽에 있던 越里吉 등과 같은 부족으로 보며, 거주지는 오소리강과 松花江 두 강의 하류 부근으로 보는 견해(松井等, 1913), 중국 長春 西南의 懷德 방면으로 보는 견해(池內宏, 1916), 沿海州의 海邊 지역으로 보는 견해(金毓黻, 1933) 등이 있다. 『冊府元龜』 권959, 外臣部 土風條에는 '越喜靺鞨' 앞에 '西接' 2자가 추가되어 있는데, 和田淸은 三姓 부근으로 비정하고, 渤海國과 '西接'하는 것이 아니라 '北接'한다고 보았다.

2) 고구려의 마지막 왕인 보장왕의 외손이자 淵淨土의 아들로 알려져 있다. 安勝이라고도 한다. 670년

將軍) 고간(高侃)으로 하여금 평정토록 하였다. 이후에 남은 무리들이 능히 스스로 지키지 못하여 신라·말갈구국(靺鞨舊國)에 흩어져 투항하였고, 땅이 모두 말갈에 들어갔으며, 고씨 군장(君長)은 마침내 끊겼다.

○ 권제186, 변방(邊防) 2, 동이(東夷) 하(下) 물길 또는 말갈이라 함[勿吉又曰靺鞨]

勿吉, 後魏通焉. 在高句麗北, 亦古肅愼國地. 邑落各自有長, 不相總一. 凡有七種. 其一號粟末部, 與高麗相接. 二曰汨咄【都勿反】部, 在粟末之北. 三曰安車骨部, 在汨咄東北. 四曰拂涅部, 在汨咄東. 五曰號室部, 在拂涅東. 六曰黑水部, 在安車骨西北. 七曰白山部, 在粟末東南. 勝兵各數千, 而黑水部尤爲勁健. 自拂涅以東, 矢皆石鏃, 長二寸, 所居多依山水, 渠帥曰大莫拂瞞咄, 東夷中爲强國, 諸國皆患之.

　　물길(勿吉)은 후위(後魏) 시기에 통하였다. 고구려의 북쪽에 있는데, 또한 옛 숙신국(肅愼國)의 땅이다. 읍락마다 각각 우두머리가 있으며 하나로 통일되어 있지는 않다. 무릇 7종이 있는데, 첫째는 속말부(粟末部)로 고[구]려와 서로 접해 있고, 둘째로는 골돌[도물반]부(汨咄[都勿反]部)로서 속말의 북쪽에 있으며, 셋째로는 안거골부(安車骨部)로서 골돌(汨咄) 동북쪽에 있으며, 넷째로는 불열부(拂涅部)로서 백돌의 동쪽에 있으며, 다섯째는 호실부(號室部)로서 불열의 동쪽에 있다. 여섯째는 흑수부(黑水部)로 안거골(安車骨) 서북쪽에 있으며, 일곱째로는 백산부(白山部)로 속말의 동남쪽에 자리 잡고 있다. 승병(勝兵)은 각 수천이다. 흑수부가 제일 굳세고 건장하였다. 불열부에서부터 동쪽은 화살이 모두 돌촉인데, 길이가 2촌이다. 거주하는 곳은 산과 강가에 많이 의지하며, 우두머리[渠帥]를 대막불만돌(大莫拂瞞咄)이라고 한다. 동이(東夷) 중에서 강국이 되었고, 여러 나라가 모두 두려워한다.

其國有大水, 闊三里餘, 名速末水. 其地卑下濕. 築隄鑿穴以居, 室形似塚, 開口於上, 以梯出入. 無牛, 有車·馬, 佃則偶耕, 車則步推. 有粟及麥穄, 菜則有葵. 水氣

검모잠이 고구려부흥운동을 일으키며 그를 왕으로 세웠으나, 안순은 검모잠을 죽이고 신라로 달아났다. 문무왕은 안순을 金馬渚에 두고 報德國王으로 삼았다.

鹹凝. 鹽生樹上, 亦有鹽池. 多猪無羊, 嚼米醞酒, 飮能致醉. 婦人則布裙, 男子衣猪·犬皮之裘. 頭揷虎豹尾. 善射. 其父母春夏死, 立埋之, 冢上作屋, 不令雨濕, 若秋冬死, 以其屍捕貂. 貂食其肉, 則多得之. 俗以溺洗手面. 於諸夷最爲不潔. 孝文延興中, 其王遣乙力支朝獻. 乙力支稱, 初發其國乘船, 泝溯音素難河西上, 至太沴河, 沈船於水, 南出陸行, 渡洛孤水, 從契丹西界達和龍. 乙力支還, 從其來道, 取得本乘船, 達其國焉.

　　그 나라에는 큰 강이 있다. 너비가 3리 조금 더 되는데, 속말수(速末水)³⁾라고 한다. 그 땅은 낮고 습하다. 흙을 둑과 같이 쌓고 구덩이를 파서 거처하는데, 실(室)의 형태는 무덤과 유사하다. 출입구를 위로 향하여 내어 사다리를 놓고 드나든다. 소는 없고 수레와 말이 있으며, 밭은 두 사람이 짝을 이루어 갈며, 수레는 [사람이] 밀고 다닌다. 땅에는 조, 보리, 검은 기장이 있고, 채소로는 아욱이 있다. 물맛은 소금기가 배어 있으며, 나무 위에 소금이 난다. 또한 소금 연못이 있다. 돼지는 많은데, 양은 없으며, 쌀을 씹어 술을 빚고, 마시면 얼큰하게 취한다. 부인들은 베로 만든 치마를 입는다. 남자들은 돼지가죽이나 개가죽으로 옷을 입는다. 머리에 범이나 표범 꼬리를 꽂는다. 활을 잘 쏜다. 부모가 봄이나 여름에 죽으면 [주검을] 세워서 묻는다. 무덤 위에 집을 지어 [무덤 안으로] 비가 스며들지 않게 한다. 만일 가을이나 겨울에 죽으면 그 주검으로 담비⁴⁾를 잡는다. 담비가 시체를 먹을 때를 노려서 잡는데 꽤 많이 잡는다. 습속에 오줌으로 세수를 한다. 여러 오랑캐 중에서 가장 불결하다. 효문제 연흥(延興) 연간(471~476)에 왕이 을력지(乙力支)를 사신으로 보내 조공하였는데, 을력지는 처음 나라에서 출발하여 배를 타고 난하(難河)를 거슬러 서쪽으로 오르다가 태려하(太沴河)에 이르러 배를 물속에 감추어 두고, 남으로는 육로를 걸어서 낙고수(洛孤水)를 건너 거란의 서쪽 경계를 따라 화룡(和龍)에 이르렀다고 말하였다. 을력지가 돌아갈 때 그가 온 길을 쫓아 본래의 승선을 취하여 그 나라에 이르렀다고 한다.

---

3) 粟末水는 지금의 松花江을 가리킨다.
4) '貂鼠'와 '貂'는 같은 표현으로 담비를 가리킨다(金毓黻,『渤海國志長編』卷17, 渤海國志 15, 食貨考 4, 貂鼠皮). 상등은 검은 담비의 모피이고, 중등은 노랑가슴 담비의 모피인 貂鼠皮와 노랑 담비의 모피인 㹨皮이며, 하등은 흰 담비의 모피인 白貂皮라고 한다.

> 隋文帝初, 靺鞨國有使來獻. 謂卽勿吉也. 西北與契丹接. 每相劫掠, 與中華懸隔, 唯粟末白山爲近. 煬帝初, 其渠帥度地稽率其部來降, 居之柳城. 遼東之役, 度地稽率其徒以從, 每有戰功, 從帝幸江都, 尋放歸柳城.
> 大唐聖化遠被, 靺鞨國頻使貢獻. 詳考傳記, 挹婁·勿吉·靺鞨俱肅愼之後裔.

수(隋) 문제(文帝) 초에 말갈국(靺鞨國)에서 사신을 보내 조공하였다. 즉 물길(勿吉)을 일컫는다. 서북으로 거란과 접해 있다. 매번 서로 겁탈하였다. 중국[中華]과는 사이가 떨어져 있으나 오직 속말(粟末)·백산(白山)은 가깝다. 양제(煬帝)[5] 초에 거수(渠帥) 도지계(度地稽)가 그 부락을 이끌고 내항하였고, 유성(柳城)에 거하였다. 요동의 전쟁[遼東之役] 때 도지계는 그 무리를 이끌고 종군하였는데 매번 전공(戰功)이 있었다. 황제가 강도(江都)에 행차할 때 따라갔다가 이윽고 유성으로 돌아갔다.

대당(大唐)의 성화(聖化)를 멀리서 받고서, 말갈국은 자주 사신을 보내 조공하였다. 전기(傳記)를 자세히 살펴보면, 읍루·물길·말갈은 모두 숙신(肅愼)의 후예이다.

---

5) 수나라의 제2대 황제(재위 604~618)이며 본명은 楊廣이다. 文帝의 둘째 아들로, 형인 楊勇을 모함하여 폐위시키고 태자가 되어 즉위하였다. 大業律을 반포하고, 州를 郡으로 개편하였으며, 度量衡 등을 개혁하였다. 東都 洛陽 건설, 大運河 완성, 長城 수축 등 토목 공사를 벌였고, 재위 기간 동안 8차례에 걸쳐 대규모 순행을 하였다. 특히 고구려 원정의 실패는 수의 멸망을 가속화시켰고, 전국적인 반란과 자연재해 등이 발생하자 양제는 이를 피해 江都로 내려갔다가 宇文化及에게 살해되었다.

발해사 자료총서 – 중국사료 편 권1

11. 『당회요(唐會要)』

　북송(北宋) 때 왕부(王溥)가 편찬한 정서(政書)로 모두 100권이며, 당대(唐代)의 제도(制度)와 고사(故事)를 세목으로 분류하고 그 연혁을 상세히 기록하였다. 송나라 성립 직후에 소면(蘇冕)·최현(崔鉉) 등이 각각 40권의『회요(會要)』를 저술하였는데, 왕부는 이것을 인용하고 또 당말까지의 기사를 첨가하여 이 책을 편찬하였다. 건륭(建隆) 2년(961)에 책이 완성되자『신편당회요(新編唐會要)』라는 제목으로 진상하였다. 책의 특징은 항목이 세분되어 있는 점이다.『사고전서총목제요(四庫全書總目提要)』 권81에는 514목이라고 하였지만 잡록잡기류(雜錄雜記類)까지 합쳐 모두 571목에 이르며, 사료 검색과 여러 제도의 연혁을 이해하는 데 편리하다. 관제(官制) 32권 242목, 예제(禮制) 23권 78목, 식화(食貨) 11권 43목 등이 전체의 반 이상을 차지하고 있다. 그 밖에 제계(帝系)·궁전(宮殿)·여복(輿服)·악(樂)·학교(學校)·형(刑)·역상(曆象)·봉건(封建)·불도(佛道)·외국이민족(外國異民族) 관계 등 광범위한 기록을 담고 있다. 제도사에 있어서『구당서』,『신당서』보다 사료적 가치가 높고,『통전』,『책부원귀』 등과 함께 기본적인 사료라고 할 수 있다.
　발해와 관련해서는 권73 안동도호부 편에 발해가 건국하는 698년에 안동도호부를 도독부로 강등하고 고덕무를 도독으로 삼았으나, 이로부터 백성들이 흩어져 돌궐과 말갈로 투항하여 고씨 군장이 마침내 끊어졌다고 하였는데,『통전』의 기록과 크게 다르지 않다. 권95 백제 편에서는 강역이 신라와 말갈로 편입되고 백제의 종(種)이 결국 끊어졌다고 하였다. 권96 발해 편에서는 발해를 고구려 별종이라 하여『구당서』계통을 따르고 있다. 여기에서는 대무예, 대흠무, 대숭린, 대원유 등에 대한 책봉 기사와 함께 발해의 대당 조공 기사를 담고 있다.
　『당회요』는 원전이 아닌 초본(抄本)만 전해졌는데, 문자의 오탈과 누락이 심하고 내용이 상응하지 않는 부분도 많다. 『사고전서』를 편찬할 때에는 초본의 착루(錯漏)가 심한 권7~10의 4권은 『구당서』, 『신당서』, 『통전』, 『문헌통고』, 『책부원귀』, 『문원영화』, 『대당개원례』, 『대당신어(大唐新語)』 등에서 관련 사료를 채록하였고, 작자 불명의 보망(補亡) 4권을 활용하여 표목(標目) 아래에 '보(補)' 자를 주기하여 삽입하고 문자의 착간(錯簡)을 교정하였다. 그리고 「무영전취진판서(武英殿聚珍版書)」에 수록된 『당회요(唐會要)』는 다른 판본으로 교감·보수하였는데, 현행본의 조본(祖本)이 된다. 이를 활자화한 「국학기본총서본(國學基本叢書本)」, 「총서집성초편본(叢書集成初編本)」, 「중화서국본(中華書局本)」, 대만의 「세계서국본(世界書局本)」 등이 있다. 아래 원문은 「중화서국본」(1955)을 저본으로 하였다.

○ 권제36, 번이청경사(蕃夷請經史), 개원(開元) 26년

[六月二十七日]渤海遣使, 求寫唐禮及三國志·晉書·三十六國春秋. 許之.

[개원 26년(738) 6월 27일에] 발해가 사신을 보내 『당례(唐禮)』[1] 및 『삼국지(三國志)』[2]·『진서(晉書)』[3]·『삼십육국춘추(三十六國春秋)』[4]의 필사를 요청하였다. [현종이] 그것을 허락하였다.

○ 권제36, 부학독서(附學讀書), 개성(開成) 2년

[三月]渤海國隨賀正王子大俊明, 幷入朝學生, 共一十六人.
勅渤海所請生徒習學, 宜令青州觀察使放六人到上都, 餘十人勒回.

---

1) 『大唐開元禮』를 말한다. 현종 개원 연간에 蕭嵩 등이 황제의 명을 받아 태종 때의 『貞觀禮』와 고종 때의 『顯慶禮』를 절충하여 만들었다. 이 책이 만들어짐으로써 당대의 五禮 제도가 완비되었다. 이후의 여러 왕조가 모두 이것을 근거로 예제를 정하였다.
2) 晉나라 陳壽가 지은 위·촉·오 삼국의 역사를 기록한 책이다.
3) 중국 삼국시대 魏나라의 司馬懿 때부터 晉나라(265~420)까지의 역사를 기록한 사서이다. 당 태종의 명령에 따라 房玄齡 등이 646년에 편찬을 시작하여 648년에 완성하였다.
4) 『三十六國春秋』라는 책은 확인되지 않는다. 5호 16국 시대에 대해 南梁의 蕭方 등이 편찬한 『三十國春秋』(30권)와 北魏의 崔鴻이 편찬한 『十六國春秋』(120권)가 혼재되어 기록된 것 같다(유득공 지음, 김종복 옮김, 2018, 79쪽).

[개성 2년(837) 3월에] 발해국의 하정[사](賀正[使])인 왕자 대준명(大俊明)을 따라 [당에 들어온] 학생이 입조하였는데, 모두 16인이었다.

칙서를 내려, 발해에서 습학(習學)을 목적으로 온 생도(生徒)들을 청주관찰사(靑州觀察使)로 하여금 6인은 서울로 올려 보내고 나머지 10명은 강제로 돌려보내라고 하였다.

○ 권제57, 한림원(翰林院), 건녕(乾寧) 2년

[乾寧二年十月]賜渤海王大瑋瑎勅書, 翰林稱加官合是中書撰書意, 諮報中書.

[건녕 2년(895) 10월] 발해왕 대위해(大瑋瑎)에게 칙서를 내렸는데, 한림(翰林)에서 관직을 더해 줄 때에는 마땅히 중서[성]이 그 글의 뜻을 지어야 함이 합당하다고 하니, 중서[성]에 알려 자문하도록 하였다.

○ 권제73, 안동도호부(安東都護府), 성력(聖歷) 원년

至聖歷元年六月三十日, 改安東都護府爲安東都督府, 以右武衛大將軍高德武爲都督. 自是高麗舊戶分散, 多投突厥及靺鞨, 高氏君長遂絶, 其地並沒於諸蕃.

성력(聖歷) 원년(698) 6월 30일에 이르러 안동도호부[5]를 안동도독부(安東都督府)로 고치고, 우무위대장군(右武衛大將軍) 고덕무(高德武)를 도독(都督)으로 삼았다. 이로부터 고[구]려의 옛 호가 나누어 흩어져 돌궐[6] 및 말갈에 투항함이 많았고, 고씨의 군장(君長)은 마침내

---

5) 668년에 당나라가 고구려를 멸망시킨 뒤 평양에 안동도호부를 설치하고 薛仁貴를 도호부사로 삼아 고구려 땅을 통치하도록 하였다. 고구려부흥운동이 일어나고 신라가 고구려·백제 유민과 함께 당에 항쟁을 펼치자, 당은 한반도에서 물러나 676년에 도호부를 遼東의 遼陽 지역으로 옮겼고, 677년에 다시 新城으로 옮겼다. 696년에는 요서 지역인 營州에서 거란 李盡忠의 난이 일어나며, 요동 지역 역시 전란에 휩싸였다. 대조영이 이끄는 고구려 유민과 말갈인이 天門嶺전투에서 승리하며 발해 건국에 성공한 이후 요동에서 당의 세력이 크게 약화되었고, 당은 699년에 안동도호부를 안동도독부로 낮추었으며 幽州(지금의 北京)에 移屬시켰다. 이후 다시 도호부로 복귀되었으나 714년 平州로, 743년 遼西故郡城으로 府治를 옮겼다가, 安祿山의 난을 계기로 758년에 완전히 폐지되었다(日野開三郞, 1984, 26~36쪽; 권은주, 2010).

끊겨졌고, 그 땅은 모두 제번(諸蕃)에 몰입되었다.

○ 권제78, 절도사(節度使)

> 平盧軍節度使, 開元七年, 閏七月, 張敬忠除平盧軍節度使, 自此始有節度之號. 八年四月, 除許欽琰, 又帶管內諸軍諸蕃及支度營田等使. 二十八年二月, 除王斛斯, 又加押兩蕃及渤海·黑水等四府經略處置使, 遂爲定額.
> 天平軍節度使, 元和十四年三月, 平李師道, 以所管十二州, 分三節度, 馬總爲天平軍節度, 王遂爲兗海沂密節度, 薛戎爲平盧軍節度, 仍加押新羅渤海兩蕃使, 仍舊爲平盧軍, 賜兩蕃使印一面.

평로군절도사(平盧軍節度使),[7] 개원(開元) 7년(719) 윤7월에 장경충(張敬忠)을 평로군절도사로 제수하였는데, 이로부터 비로소 절도(節度)라는 호칭이 있게 되었다. 8년(720) 4월에 허흠염(許欽琰)에게 관내(管內)의 제군(諸軍), 제번(諸蕃) 및 지도(支度), 영전(營田) 등의 사(使)를 제수하여 두르게 하였다. 28년(740) 2월에 또 왕곡사(王斛斯)에게 압(押)양번(兩蕃) 및 발해, 흑수 등 4부(府) 경략처치사(經略處置使)를 더하였는데, 드디어 정액(定額)이 되었다.

천평군절도사(天平軍節度使). 원화(元和) 14년(819) 3월에 이사도(李師道)를 평정하고,

---

6) 6세기부터 8세기 사이에 중앙아시아와 동북아시아 북부 스텝 지대에서 활동한 튀르크계의 민족명이자 국명이다. 광의로는 돌궐과 철륵 諸部가 포함되며 협의로는 突厥 可汗國을 가리킨다. 6세기경 알타이산 이남에서 유목하였는데, 이 산의 모습이 투구처럼 생겨서 돌궐이라는 이름이 붙었다고 한다. 阿史那土門이 552년 유연을 격파하고 伊利可汗이 되어 돌궐칸국(제1돌궐제국)을 세웠으나, 582년 西面可汗 達頭와 大可汗 沙鉢略의 불화로 동·서 돌궐로 나누어졌다. 동돌궐은 630년에 당에 멸망하였고, 서돌궐은 659년에 당에 복속되었다. 679년부터 681년까지 돌궐 민족이 당에 반기를 들고, 阿史那骨篤祿이 682년 제2돌궐제국(東突厥可汗國)을 세웠다. 이 제국은 745년까지 존속하였다.

7) 평로는 唐·五代 方鎭의 하나로, 唐 天寶(742~756) 초에 範陽節度使를 나누어 平盧節度使를 두어 營州(지금의 遼寧省 朝陽縣)에서 다스리게 했는데, 盧龍軍과 渝關 등 수착 11개를 관할하였다. 절도사는 당송시대에 道 또는 州의 군사·민정·인사·이재 등의 권한을 장악한 장관으로, 節帥 혹은 節制라고도 하였다. 평로 번진은 761년에 치소를 青州로 옮겼으며, 765년부터 신라·발해를 관장하게 하였다(정재균, 2011, 124쪽).

[그가] 관할하던 12주를 3개 절도로 나누어, 마총(馬總)을 천평군절도사로, 왕수(王遂)를 연해기밀절도사(兗海沂密節度使)로, 설융(薛戎)을 평로군절도사로 하였다. 인하여 압신라발해양번사(押新羅渤海兩蕃使)를 더하고, 이전의 것을 평로군(平盧軍)으로 삼고, 양번사의 인감 일면(一面)을 하사하였다.

○ 권제78, 친왕요령절도사(親王遙領節度使)

元和二年八月, 以建王審爲鄆州大都督, 淄‧靑等州節度‧觀察‧處置‧陸運海運‧押新羅渤海兩蕃等使.

원화(元和) 2년(807) 8월에 건왕(建王) 심(審)을 운주대도독(鄆州大都督)으로 삼고, 치청등주절도(淄靑等州節度) 관찰처치(觀察處置) 육운해운(陸運海運) 압신라발해양번등사(押新羅渤海兩蕃等使)로 삼았다.

○ 권제79, 제사잡록(諸使雜錄) 하(下)

其年[會昌五年]九月, 中書門下奏. … 淄‧靑除向前職額外. 留押新羅渤海兩藩巡官.

그해(회창 5년, 845) 9월에 중서문하[성]에서 아뢰기를, "… 치(淄)‧청(靑)의 예전 직함 외의 것을 없앴다. 압신라‧발해 양번의 순관(巡官)은 유지토록 하였다."라고 하였다.

○ 권제96, 말갈(靺鞨)

靺鞨者, 蓋肅愼之地也. 後魏謂之勿吉, 凡有數十部落, 各有酋長. 而黑水靺鞨最處北方, 尤稱勁捷, 性兇悍, 無憂戚, 無文字. 其畜宜猪, 食其肉而衣其皮.

말갈은 대개 숙신의 땅이다. 후위(後魏) 때에는 물길이라 불렀고, 무릇 수십 부락이 있으며, 각각 추장이 있다. 흑수말갈이 가장 북쪽에 위치하는데, 가장 굳세고 강건하다고 칭해지고 성질이 흉악하고 사나우며, 근심과 슬픔이 없고, 문자도 없다. 가축은 돼지를 기르는데, 그

고기를 먹고서 그 가죽으로 옷을 입는다.

> 武德二年, 其部酋長突地稽遣使朝貢, 以其部置燕州. 初, 突地稽朝煬帝於江都, 屬化及之亂, 間行歸柳城, 至是通使, 拜突地稽爲總管. 貞觀初, 高開道引突厥來攻幽州, 突地稽力戰有功, 拜左衛將軍, 賜姓李氏, 封耆國公. 尋卒, 子謹行武力絶人, 麟德中, 累遷營州都督, 右領軍大將軍, 爲積石道經略大使. 上元三年, 大破吐蕃衆數萬於青海之上, 降璽書勞, 仍賜燕國公. 永淳元年卒, 贈幽州都督, 陪葬乾陵.

무덕(武德) 2년(619)에 그 부락의 추장 돌지계(突地稽)⁸⁾가 사신을 보내 조공하였는데, 그 부(部)에 연주(燕州)를 설치하였다. 처음에 돌지계는 강도(江都)에서 [수] 양제에게 입조하여, 귀속하였다. 무리들이 전란에 미치자 사잇길로 유성(柳城)으로 돌아갔는데 이때에 통사(通使)가 이르러 돌지계를 배수하여 총관(總管)으로 삼았다. 정관 연간(627~649) 초에 고개도(高開道)가 돌궐을 이끌고 와 유주(幽州)를 공격하므로, 돌지계가 힘을 다해 싸워 공을 세우니, 좌위장군(左衛將軍)을 배수하고, 이씨 성을 하사하였으며, 기국공(耆國公)으로 봉하였다. 얼마 안 있어 죽었다. 아들 [이]근행([李]謹行)⁹⁾은 무력이 남달라, 인덕(麟德) 연간(664~665)에 영주도독(營州都督) 우령군대장군(右領軍大將軍)이 되었고, 적석도경략대사(積石道經略大使)가 되었다. 상원(上元) 3년(676)에 토번¹⁰⁾의 무리 수만을 청해(青海)에서

---

8) 突地稽는 粟末靺鞨 厥稽部의 추장이었는데, 수나라 말기에 수에 內附하여 金紫光祿大夫 遼西太守를 제수받고, 營州에 머물게 되었다. 『太平寰宇記』에 인용된 『北蕃風俗記』에 따르면, 開皇 연간(581~600)에 고구려에 패해 속말말갈의 諸部를 이끌고 수에 귀부하였다고 한다. 612년에는 수 양제의 고구려 공격에도 참전하였고, 당나라가 건립된 이후에는 당에 귀순하였다. 당 武德 초에는 突地稽를 耆國公에 봉했으며, 그 部를 옮겨 昌平에 거주케 하였고, 다시 貞觀 초에 高開道의 突厥 군대를 물리친 공로로 右衛將軍에 봉하고 李氏 성을 하사받았다. 그 아들은 唐 초에 무장으로 활약한 李謹行이다.

9) 李謹行(619~682)은 唐 초기에 활약한 장수로서 粟末靺鞨 출신이며, 아버지는 突地稽이다. 이근행은 용모가 장대하고 용맹하여 軍衆을 장악하였고, 貞觀 初에는 營州都督이 되었다. 家僮이 수천 명에 이르고 재물이 많아 夷人이 그를 두려워하였다고 한다. 乾封 원년(666)에 左監門衛將軍이 되어 契苾何力·龐同善·高侃·薛仁貴 등과 함께 고구려 공격에 나섰고, 나당전쟁 말기까지 활약하였다. 675년 買肖城 전투에서 신라군에게 패한 뒤, 上元 3년(676)에 青海로 가서 吐蕃을 격파한 공로로 燕國公에 봉해졌다. 永淳 원년(682)에 사망하여, 幽州都督을 추증받고 乾陵에 배장되었다.

크게 깨뜨리자, 그 노고로서 새서(璽書)를 내리고, 인하여 연국공(燕國公)을 내렸다. 영순(永淳) 원년(682)에 죽었다. 유주도독(幽州都督)으로 추증하여 건릉(乾陵)에 배장하였다.

> 貞觀十四年, 黑水靺鞨遣使朝貢. 以其地爲黑水州. 自後或酋長自來, 或遣使朝貢, 每歲不絶. 其白山部素附於高麗, 因收平壤後, 部衆多入於中國, 泊[11]咄·安居骨·室等部, 亦因高麗破後, 奔散微弱, 今無聞焉. 縱有遺人, 並爲渤海編戶. 唯黑水部全盛, 分十六部落, 以南北爲稱.

정관 14년(640)에 흑수말갈이 사신을 보내 조공하였다. 그 땅을 흑수주(黑水州)로 삼았다. 이때부터 혹 추장이 스스로 오거나 혹 사신을 보내 조공하였는데, 매해 끊이지 않았다. 백산부(白山部)는 본래 고[구]려에 부속되었는데, 평양(平壤)이 함락된 이후에는 부(部)의 무리가 중국으로 많이 들어갔다. 백돌·안거골·[호]실 등의 부[12] 또한 고[구]려가 무너진 후에 힘이 약해 흩어져 버렸고, 지금은 들리는 바가 없다. 남은 사람들은 모두 발해의 편호(編戶)가 되었다. 오직 흑수부(黑水部)가 강성하여 16부락으로 나누어져 남북으로 펼쳐져 있었다.

> 開元十年, 安東都護薛泰請于黑水靺鞨內置黑水軍, 續更以最大部落爲黑水府, 仍以其首領爲都督, 諸部刺史隸屬焉, 中國置長史, 就其部落監領之.

---

10) 西羌 중 發羌의 전음이라는 설과 南涼의 禿發이 와전되었다는 설이 있다. 수나라 초기부터 세력이 커졌으며, 633년 松贊干布가 党項 諸部를 통일하여 토번제국을 세웠다. 토번이 급성장하며 당을 위협하자 당나라는 문성공주를 시집보내는 등 유화책을 썼다. 그러나 송찬간포의 사망 이후 관계가 악화되고 669년 토번이 안서 4진을 함락하면서 완전히 적대 관계로 돌아섰다. 9세기에 후계 다툼으로 내전이 일어나며 842년 멸망하였다.
11) '泊' → '伯'.
12) 『隋書』에는 말갈이 白山部·粟末部·伯咄部·安車骨部·拂涅部·號室部·黑水部라는 7부의 말갈이 있었다고 전한다. 따라서 『당회요』에 오기 및 누락이 있어 보인다.

개원(開元) 10년(722) 안동도호(安東都護) 설태(薛泰)가 흑수말갈 내에 흑수군(黑水軍)을 설치할 것을 청하였는데,[13] 이어서 다시 제일 큰 부락을 흑수부로 삼고, 인하여 그 수령(首領)을 도독(都督)으로 삼아, 제부(諸部)의 자사(刺史)를 예속시키도록 하였다. 중국이 장사(長史)를 설치하여 그 부락에 나아가 감령(監領)토록 하였다.

> 十六年, 其都督賜姓李氏, 賜名獻誠, 授獻誠雲麾將軍, 兼黑水經略使. 仍以幽州都督爲其押使, 自此朝貢不絶. 舊說黑水西北有思慕靺鞨. 正北微東十日程, 有郡利靺鞨. 東北十日程, 有窟說靺鞨, 亦謂之屈說. 東南十日程, 有莫曳皆靺鞨. 今黑水靺鞨界南, 與渤海國顯德府, 北至小海, 東至大海, 西至室韋. 南北約二千里, 東西約一千里, 其國少馬, 國人能步戰. 土多貂鼠皮·尾骨·呬角, 白兔, 白鷹等.

[개원] 16년(728)에 그 도독에게 이씨(李氏) 성과 헌성(獻誠)이라는 이름을 하사하고, 운휘장군(雲麾將軍)[14] 겸 흑수경략사(黑水經略使)를 제수하였다. 인하여 유주도독(幽州都督)을 그의 압사(押使)[15]로 삼았으며, 이로부터 조공이 끊이지 않았다. 구설(舊說)에 흑수 서북에 사모말갈(思慕靺鞨)이 있다고 한다. 정북에서 약간 동쪽으로 10일 정도의 거리에 군리말갈(郡利靺鞨)이 있다. 동북으로 10일 거리에 굴설말갈(窟說靺鞨)이 있는데, 또한 굴설(屈說)이라고도 칭한다. 동남으로 10일 거리에는 막예개말갈(莫曳皆靺鞨)이 있다. 지금의 흑수말갈의 지경은 남으로 발해국의 현덕부(顯德府)에 이르고, 북으로는 소해(小海)에 이르고, 동으로는 큰 바다에 이르며, 서로는 실위(室韋)에 이르는데, 남북은 약 2천 리, 동서는 1천 리쯤 된다. 그 나라에는 말이 적고, 나라 사람들은 보전(步戰)을 잘한다. 그 땅에는 초서피, 미골(尾骨),

---

13) 『舊唐書』 靺鞨傳에는 "開元十三年 安東都護薛泰請於黑水靺鞨內置黑水軍 續更以最大部落爲黑水府"라고 되어 있어 설태의 건의가 725년에 있었던 일임을 알 수 있다. 『舊唐書』 渤海靺鞨傳, 『新唐書』 渤海傳에는 726년 흑수말갈이 당에 내조하자 그 땅을 흑수주로 삼고 장사를 설치한 것으로 나오며, 이것이 계기가 되어 발해의 흑수 토벌이 일어난 것으로 나온다.

14) 雲麾將軍은 唐代 武散官의 이름으로 종3품이며, 태종 정관 연간에 설치한 29계 중 제4급에 해당한다. 이민족 수령이나 유력 자제에게 수여한 사례도 보인다.

15) 押使는 당나라에서 변경 지역의 소수민족을 안무하는 使職으로, 押蕃使라고도 한다. 당 중기 이후에는 변지의 節度使가 겸임하였다.

돌각(咄角), 백토(白兔), 흰매 등이 많다.

○ 권제96, 발해(渤海)

> 渤海靺鞨, 本高麗別種. 後徙居營州. 其王姓大氏, 名祚榮, 先天中, 封渤海郡王. 子武藝.

발해말갈은 본래 고[구]려의 별종16)이다. 후에 영주(營州)17)에 옮겨져 살았다. 그 왕의 성은

---

16) 발해의 계통에 대해 『舊唐書』 발해말갈전에서는 '본래 고려의 별종(本高麗別種)'이라고 하였고, 『新唐書』 渤海傳에서는 '본래 속말말갈로 고[구]려에 붙은 자(本粟末靺鞨附高麗者)'라고 기록하였다. 그런데 이 大祚榮의 출신이나 발해의 구성원에 대해서는 같은 사료를 놓고 다양한 해석이 있었다. 고려와 조선에서는 대조영의 출신을 고구려 계통으로 보는 경향이 있었는데, 李承休의 『帝王韻記』와 柳得恭의 『渤海考』가 대표적이다. 일본에서는 대체로 속말말갈이나 여진 계통으로 보았다. 발해국의 주체는 靺鞨族이지만, 大祚榮은 고구려 別部 출신으로 보는 경우(鳥山喜一, 1915), 새로운 종족으로 발해말갈을 이해하는 경우(池內宏, 1916), 지배층은 고구려인, 피지배층은 말갈인으로 보는 경우(白鳥庫吉, 1933)도 있다. 현대에 들어와서 발해사 연구를 주도한 대표적인 연구자는 북한의 박시형이다. 그는 발해국의 성립에 중심 역할을 한 세력은 고구려 멸망 후 요서 지방으로 이주된 고구려인 집단이었고, 이들을 조직하여 지휘한 것이 고구려 장수인 대조영이라고 하였다. 발해국은 고구려 왕실의 일족 또는 고구려 계통의 귀족 출신들이 거의 권력을 독점하였고, 문화 방면에서도 고구려의 문화가 주도적 역할을 하였다고 보았다(박시형, 1979: 송기호, 1989). 한국의 李龍範도 발해의 주체가 고구려 유민이었음을 주장하였다(李龍範, 1972·1973). 이후 한국 학계에서는 기본적으로 대조영을 고구려 계통으로 보았으나, 종족은 속말말갈로 고구려에 옮겨와 정착하여 동화된 인물, 즉 말갈계 고구려인으로 보기도 한다(송기호, 1995). 말갈의 명칭 자체를 고구려 변방 주민이나 중국 동북 지역민에 대한 비칭·범칭으로 보고, 발해의 구성원이 된 말갈은 흑수말갈과 구분되는 예맥계인 고구려말갈이며, 대조영은 고구려인으로 속말강(송화강) 지역민이라고 보는 견해도 있다(한규철, 1988; 2007). 중국 학계에서는 근대 초기에 양면적 인식이 보였다. 대표적인 학자는 金毓黻이다(『渤海國志長編』, 1934). 그러나 중화인민공화국이 수립된 이후에는 발해사를 중국의 소수민족사로 보고 고구려계승성을 부정하며 말갈을 강조하는 입장이다(권은주, 2022). 한편 19세기 중반 연해주 지역을 차지하였던 러시아에서는 자국의 極東 지역 소수민족사의 일부로서 관심을 갖고 발해를 말갈족의 역사로 규정하며 대조영 역시 말갈인으로 보고 있다. 이 밖에 소수 설로 말갈 중 대조영을 백산말갈 출신으로 보는 경우도 있다(津田左右吉, 1915; 李健才, 2000).

17) 지금의 중국 遼寧省 朝陽市 일대이다. 영주의 지명은 『爾雅』 「釋地」 등 고전에 9州나 2州의 하나로 일찍부터 나오지만, 영주가 요서 지역에 처음 설치된 것은 後趙 시기이다. 石虎가 지금의 中國 灤河·永

대씨(大氏)이고, 이름은 조영(祚榮)이다. 선천(先天) 연간(712~713)에 발해군왕(渤海郡王)[18]으로 봉해졌다. 아들은 [대]무예이다.

貞元八年閏十二月, 渤海押靺鞨使楊吉福等三十五人來朝貢. 十年二月, 以來朝渤海王子 大淸允爲右衛將軍同正, 其下拜官三十餘人. 十一年十二月, 以靺鞨都督密阿古等二十二人, 並拜中郎將, 放還蕃. 至十四年三月, 加渤海郡王兼驍衛大將軍. 忽汗州都督大嵩璘, 爲銀靑光祿大夫檢校司空, 冊爲渤海郡王, 依前忽汗州都督. 初, 嵩璘父欽茂, 以開元二十六年, 襲其父武藝忽汗州都督渤海郡王左金吾大將軍, 天寶中, 累加特進太子詹事. 寶應元年, 進封欽茂爲渤海郡王. 大曆中, 又累拜司空・太尉. 及嵩璘嗣位, 但受其郡王將軍. 嵩璘遣使叙理, 故加冊命焉. 至元和元年, 以渤海郡王大嵩璘男元瑜爲銀靑光祿大夫檢校秘書監忽汗州都督, 依前渤海國王. 七年十二月, 遣使朝貢. 八年, 又遣使朝貢. 十年二月, 黑水酋長十一人朝貢. 十一年三月, 渤海靺鞨遣使朝貢, 賜其使二十人官告.

정원(貞元) 8년(792) 윤12월에 발해의 압말갈사(押靺鞨使) 양길복(楊吉福) 등 35인이 와서 조공하였다. 10년(794) 2월 발해 왕자 대청윤(大淸允)이 내조하여 우위장군동정(右衛將軍同正)으로 삼았고, 그 아래 30여 인에게 관직을 배수하였다. 11년(795) 12월 말갈도독 밀아고(密阿古) 등 22인이 왔는데, 모두 중랑장(中郎將)으로 배수하고 번(蕃)으로 돌려보냈다. 14년(798) 3월에 이르러 발해군왕(渤海郡王) 겸 효위대장군(驍衛大將軍)으로 더하였다. 홀한주[19]

平 부근에 영주를 설치하였고, 遼西・北平의 2郡을 거느리게 했다. 北魏 시기에는 治所를 朝陽 지역의 和龍城에 두고, 昌黎・建德・遼東・樂良・冀湯・冀陽・營丘의 7郡을 거느렸다. 隋代와 唐代에도 營州라고 불렀다. 당나라 초기부터 이 땅에는 거란족과 해족 등 다양한 민족이 거주하였고, 당이 고구려를 공격할 때 그 교두보 역할을 하였다. 고구려 멸망 이후에는 많은 고구려 유민과 고구려 예하에 있던 말갈인들이 당 內地로 끌려가면서 일부가 이곳에 남았다. 이들 중 상당수는 696년 거란 李盡忠의 반란을 계기로 東走하여 발해 건국에 참여하였다. 이곳은 이후에도 당나라가 동북방 민족들을 공제하고 방어하는 중요한 거점이었다.

18) 당의 爵位는 9등급으로, 王・國王은 그중 첫 번째이다. 정1품이고, 식읍이 1만 호이다. 君王은 두 번째로 종1품이고, 식읍은 5,000호이다. 이어서 國公・郡公・縣公・縣侯・縣伯・縣子・縣男 순이다.

도독(忽汗州都督) 대숭린(大嵩璘)20)을 은청광록대부(銀青光祿大夫)21) 검교22)사공(檢校司空)으로 삼고 발해군왕으로 책봉하였다. 이전의 홀한주도독에 의거한 것이다. 처음에 숭린의 아버지 [대]흠무는 개원 26년(738)에 그 아버지 [대]무예의 홀한주도독 발해군왕 좌금오대장군(左金吾大將軍)23)을 이었다. 천보(天寶) 연간(742~755)에 특진(特進) 태자첨사(太子詹事)를 더하였다. 보응(寶應) 원년(762)에 흠무를 진봉(進封)하여 발해군왕으로 삼았다. 대력(大歷) 연간(766~779)에 또다시 사공(司空)·태위(太尉)로 배수하였다. 숭린이 왕위를 이어받게 되자 단지 그 군왕(郡王)·장군(將軍)만을 제수하였다. 숭린이 사신을 보내 이치를 설명하였기 때문에 책명을 더하였다. 원화(元和) 원년(806)에 이르러 발해군왕 대숭린의 아들 [대]원유([大]元瑜)24)를 은청광록대부 검교비서감(檢校秘書監) 홀한주도독(忽汗州都督)으로 삼고, 이전 발해국왕(渤海國王)에 의거하였다. 7년(812) 12월에 사신을 보내 조공하였다. 8년(813)에 또다시 사신을 보내 조공하였다. 10년(815) 2월에 흑수추장 11인이 조공하였다. 11년(816) 3월에 발해말갈이 사신을 보내 조공하였는데, 그 사신 20인에게 관고(官告)25)를 내렸다.

○ 권제100, 잡록(雜錄)

聖曆三年三月六日勅, 東至高麗國, 南至眞臘國, 西至波斯·吐蕃, 及堅昆都督府, 北至契丹·突厥·靺鞨, 並爲入番, 以外爲絶域, 其使應給料各依式.
開元四年正月九日勅, 靺鞨·新羅·吐蕃, 先無里數, 每遣使給賜, 宜準七千里以上

---

19) 忽汗州는 忽汗河에서 따온 이름이다. 발해의 3대 문왕 대에 천도한 상경 근처에 있는 鏡泊湖를 忽汗海라고 하며, 이 호수에서 북쪽으로 흘러 나가는 牧丹江은 忽汗河, 忽爾海河, 瑚爾哈河로 불리어 왔다. 홀한주라고 한 것은 당나라의 천하관에 따라 관념적인 羈縻州 행정구역을 설정한 것에 불과하다.
20) 발해 제6대 왕인 강왕(재위 794~809)이다. 제3대 문왕의 작은아들이며, 제5대 성왕의 숙부이다. 이름은 大嵩璘이다. 연호는 '正曆'이다.
21) 銀青光祿大夫는 당의 종3품 文散官職이다.
22) 檢校는 우대하여 원래 正職이나 品階보다 높여 승진시키는 의미로 사용되었으며, 임시 또는 대리의 기능을 표시하는 호칭이다.
23) 唐의 16衛 가운데 左金吾衛의 大將軍으로 정원은 1원이며, 정3품이다.
24) 발해 제7대 왕인 定王(재위 809~812)으로, 연호는 永德이다. 제6대 강왕 대숭린의 아들이며, 제8대 희왕의 형이다.
25) 官告는 告身이라고도 하며, 관리의 임명장을 말한다.

給付也.

　성력(聖歷) 3년(700) 3월 6일에 칙서를 내려, 동쪽으로 고[구]려국까지, 남쪽으로 진랍국(眞臘國)까지, 서쪽으로 파사(波斯)·토번(吐蕃) 및 견곤도독부(堅昆都督府)까지, 북쪽으로 거란·돌궐·말갈까지를 아울러 입번(入番)이라 하고, 이 외에는 절역(絶域)으로 하였다. 그 사신에 해당하는 급료(給料)를 각각 식(式)에 의거해 주도록 하였다.

　개원(開元) 4년(716) 정월 9일에 칙서를 내려, 말갈·신라·토번은 이전에 이수(里數)를 따지지 않고 사신을 보내올 때마다 하사품을 주었는데, 마땅히 7천 리 이상을 기준으로 하여 지급하도록 하라고 하였다.

발해사 자료총서 – 중국사료 편 권1

12. 『선화봉사고려도경 (宣和奉使高麗圖經)』

송(宋)나라 서긍(徐兢, 1091~1153)이 1123년 고려의 개경에 사신으로 다녀온 경과와 견문을 그림과 함께 기록한 견문 도록이다. 『선화봉사고려도경』은 고려의 건국(建國), 세차(世次), 성읍(城邑), 문궐(門闕), 궁전(宮殿), 관복(冠服), 인물(人物), 의물(儀物), 장위(仗衛), 병기(兵器), 기치(旗幟), 거마(車馬), 관부(官府), 사우(祠宇), 도교(道敎), 석씨(釋氏), 민서(民庶), 부인(婦人), 조예(皁隷), 잡속(雜俗), 절장(節仗), 수조(受詔), 연례(燕禮), 관사(館舍), 공장(供張), 기명(器皿), 주즙(舟楫), 해도(海道), 동문(同文) 등을 정리하였는데, 모두 40권 29편으로 이루어졌다. 편마다 세목을 나누고 고려의 지리와 역사를 고핵(考覈)하였다.

건국 편에 발해의 건국 기사가 함께 수록되어 있어 주목되는데, 이는 발해를 고구려를 계승한 고려와 연결해서 인식한 것을 보여 준다. 내용은 "무후(武后)가 장수를 보내어 그 왕 걸곤우(乞昆羽: 걸사비우)를 죽이고 걸중상(乞仲象: 걸걸중상)을 왕으로 세웠다. 또한 병으로 죽으니, 중상의 아들 [대]조영이 즉위하였다. 인하여 그 백성 40만을 이끌고 읍루(挹婁)에 터를 잡고 당의 신하가 되었다. 중종(中宗) 때에는 홀한주(忽汗州)를 설치하고 [대]조영을 도독발해군왕(都督渤海郡王)으로 삼으니, 그 뒤부터 마침내 발해라고 하였다."라고 기록하였다. 발해의 세계(世系)를 '걸사비우(乞四比羽)-걸걸중상(乞乞仲象)-대조영(大祚榮)'으로 이해하고 있으며, 발해의 인구가 40만이라 기록하였다.

『선화봉사고려도경』은 1126년(고려 인종 4) 금나라가 송나라의 수도 개봉(開封)을 함락시킬 때, 휘종에게 바친 정본이 없어졌다. 이후 1167년(고려 의종 21) 서긍의 조카 서천(徐藏)이 서긍의 집에 있던 부본으로 징강군(澂江郡)에서 간각(刊刻)하였다. 그러나 부본에는 그림이 없었기 때문에 그림이 없는 도경이 되고 말았다. 이것은 간행 연대와 장소에 따라 「건도각본

(乾道刻本)」 또는 「징강본(澄江本)」이라고도 한다. 『고려도경』은 청나라 포정박(鮑廷博)이 『지부족재총서(知不足齋叢書)』에 수록·간행하면서 존재가 널리 알려졌다. 포정박은 발문에서 '건도(乾道) 3년(1167) 간행된 송판본과 간행 연대 미상의 고려본이 있으나 볼 수가 없고, 세상에 전하는 것은 명나라 말기 정휴중(鄭休仲)의 중간본(重刊本)뿐이라고 하였다. 그리고 그는 자신이 소장한 사본과 정본을 참합(參合)하여 『고려도경』을 간행하였다. 이후 「지부족재본」을 대본으로 1910년대 초 일본인이 조선고서간행회에서 활인(活印)하였고, 1932년 이마니시 류(今西龍)가 『조선학총서(朝鮮學叢書)』의 하나로서 활인하였다. 또한 건도 3년에 간행된 송판본 한 질을 소장하고 있던 중국 북경(北京)의 고궁박물원(故宮博物院)에서 1931년 『천록임랑총서(天祿琳琅叢書)』 제1집의 하나로서 영인하였다. 이것은 현재 미국 하버드대학의 합불연경도서관(哈佛燕京圖書館)에 소장되어 있다. 1970년 이화여자대학교 이화사학연구소에서 그것을 다시 영인하였는데, 아래의 원문은 이를 저본으로 하였다.

○ 권제1, 건국(建國)

> 後武后遣將, 擊殺其王乞昆羽, 而立其王乞仲象. 亦病死, 仲象子祚榮立. 因有其衆四十萬, 據于挹婁, 臣于唐. 中宗時, 乃置忽汗州, 以祚榮爲都督渤海郡王, 其後, 遂號渤海.

뒤에 [측천]무후([則天]武后)[1]가 장수를 보내어, 그 왕 걸곤우(乞昆羽: 걸사비우)를 죽이고 걸중상(乞仲象: 걸걸중상)을 왕으로 세웠다. 또한 병으로 죽으니, 중상의 아들 [대]조영이 즉위하였다.[2] 인하여 그 백성 40만을 이끌고 읍루(挹婁)[3]에 터를 잡고 당의 신하가 되었다.

---

1) 唐 高宗의 皇后(624~705). 幷州 文水人 武士彠의 딸. 원래 太宗의 후궁이었다가 고종의 황후가 되었다. 고종의 사후에 친아들 中宗과 睿宗을 번갈아 폐위시킨 뒤 690년에 국호를 周로 바꾸고 황제가 되었다. 705년 병으로 인해 太上皇으로 물러나자 中宗이 복위하며 당 왕조가 부활하였고, 그해 12월에 사망하여 황후로서 장례를 치렀다.
2) 武后 萬歲通天 연간(696~697)에 무후가 乞四比羽를 許國公으로 책봉하여 회유하려 하였으나, 걸사비우가 책봉을 받지 않자 玉鈴衛大將軍 李楷固를 보내 공격해서 그를 죽였다. 이후 그 아들 大祚榮이 남은 무리를 이끌고 발해를 세웠다(『舊唐書』 卷199下 渤海靺鞨; 卷219 渤海).
3) 『舊唐書』 渤海靺鞨傳에는 '桂樓'의 옛 땅으로 되어 있고, 『新唐書』 渤海傳에는 '挹婁'로 되어 있다. 발해

중종(中宗)[4] 때에는 홀한주(忽汗州)[5]를 설치하고 조영을 도독발해군왕(都督渤海郡王)으로 삼으니, 그 뒤부터 마침내 발해라고 하였다.

에 사신으로 다녀갔던 당나라 사신 張建章의 묘지명에서도 忽汗州를 가리켜 읍루의 옛 땅이라고 한 점 등을 통해 '桂' 자가 '挹'과 유사하여 '桂'로 잘못 쓴 것으로 보기도 한다. 그러나 장건장이 다녀간 지역은 상경 지역이고, 발해 건국지인 동모산은 상경보다 남쪽에 위치한 敦化 지역이므로, 『구당서』와 『신당서』의 차이는 처음에 고구려의 영역 안에서 건국하였다가 영역이 확장됨에 따라 옛 읍루 지역인 상경으로 천도한 것에 따른 것일 가능성이 있다. 참고로 발해 건국지에 대해 한국 사료인 『삼국사기』 권46, 열전 6, 최치원전에는 의봉 3년(678) '태백산 아래'로, 『삼국유사』에서 인용한 『신라고기』에는 '태백산 남쪽'으로, 『제왕운기』에는 '태백산 南城'으로, 『삼국사절요』에는 '태백산 동쪽'으로 나온다.

4) 당나라 제4대 황제로 이름은 李顯이고, 다른 이름은 哲이다. 高宗의 일곱 번째 아들로, 則天武后의 소생이었다. 680년에 태자로 봉해져 683년에 고종이 병사하고 즉위했다. 그러나 이듬해 2월 측천무후에 의해 폐위되어 廢陵王이 된 뒤에 房州(지금 湖北省 房縣)에 옮겨가 있었다. 698년 다시 太子가 되어 705년에 정변을 통해 복위하였다. 재위 기간 동안 정사에 관심이 없었고, 710년에 韋后와 安樂公主에게 독살되었다. 定陵(지금 陝西省 富平 북쪽)에 묻혔다. 시호는 孝和皇帝이다.

5) 忽汗州는 忽汗河에서 따온 이름이다. 발해의 3대 문왕 대에 천도한 상경 근처에 있는 鏡泊湖를 忽汗海라고 하며, 이 호수에서 북쪽으로 흘러 나가는 牧丹江은 忽汗河, 忽爾海河, 瑚爾哈河로 불리어 왔다. 홀한주라고 한 것은 당나라의 천하관에 따라 관념적인 羈縻州 행정구역을 설정한 것에 불과하다.

발해사 자료총서 - 중국사료 편 권1

13. 『오대회요(五代會要)』

　북송(北宋)의 왕부(王溥, 922~982)가 편찬한 책으로, 송 태조 건륭(建隆) 2년(961)에 완성하였다. 일설에는 건덕(乾德) 원년(963)이라고도 한다. 후량(後梁, 907~923)·후당(後唐, 923~936)·후진(後晉, 936~946)·후한(後漢, 947~950)·후주(後周, 951~960)의 실록과 구사전문(舊事傳聞)에 의거하여 오대(五代)의 전장제도(典章制度)를 총 30권에 297개의 사목(事目)으로 기재하였다. 표목을 만들기 어려워서 잡록(雜錄)을 만들어 각 조(朝)의 뒤에 부기하였다. 『오대회요』의 권1~권6은 제호(帝號)와 궁중제도, 권7은 악(樂), 권8은 예(禮), 권9는 형(刑), 권10~권11은 천문(天文), 권13~권24는 관제(官制), 권25~권30은 민족과 주변 관계를 기록하였다. 『구오대사(舊五代史)』·『신오대사(新五代史)』보다 일찍 만들어져 사료적 가치가 중시되고 있다. 여러 왕조의 조령(詔令)·주의(奏議)가 많아 오대사(五代史)의 결락 부분을 보충할 만하다.

　발해와 관련해서는 권30 발해전에서 발해말갈이 고려종이라고 하였는데, 『구당서』의 계통의 인식과 동일하다. 또한 발해의 건국 과정과 대조영의 책봉 과정, 그리고 『구오대사』에 실린 것과 같은 풍속 관련 내용들이 기록되어 있다. 아울러 대인선 시기의 조공과 인삼·다시마·백부자 등과 같은 조공품을 언급하였고, 거란에 의해 발해가 멸망되는 과정과 동단국 설치 등에 대해서도 개략적으로 기록하고 있다. 이 기록에서 주목되는 것은 후당에 귀화한 발해인에 관한 기록인데, 이것은 발해 멸망 이후 발해 유민들의 동향을 엿볼 수 있는 자료가 된다.

　현재 통용되고 있는 『오대회요』는 「청무영전취진본(淸武英殿聚珍本)」이 여러 판본의 모본이 된다. 이 밖에 「강소서국본(江蘇書局本)」이 있고, 1978년에는 「중화서국표점본(中華書局

標點本)」이 나왔다. 아래의 원문은 「중화서국표점본」을 저본으로 하였다.

○ 권제29, 거란(契丹)

後唐同光二年三月, 阿保機率所部入寇新城. 其年七月, 又率兵東攻渤海國.

四年正月, 阿保機將復寇渤海國, 又遣梅老鞋里已下三十七人貢馬三十匹, 詐修和好.

天成元年七月, 攻渤海國夫餘城, 下之, 命其長子突欲爲國主, 號東丹王. 其月二十七日, 阿保機得疾而死. 第二子元帥太子德光嗣立. 德光本名曜屈之, 慕中國之名, 故改爲德光. 初, 阿保機有三子, 長號人皇王, 次號元帥太子, 次曰安端少君. 及阿保機死, 其妻述律氏令第二子元帥太子德光句當兵馬, 令小子安端少君往渤海國代突欲, 將立爲嗣. 而元帥太子素爲部族所敬, 又其母述律氏亦常鍾愛, 故因而立之, 僞稱天顯元年. 尋葬阿保機於西樓, 僞諡大聖皇帝.

長興元年十一月, 契丹渤海國東丹王突欲率番官四十餘人, 馬百匹, 自登州泛海內附. 明宗御文明殿召對, 及其部曲, 慰勞久之. 賜以衣冠·金玉帶·鞍馬·錦綵·器物等. 突欲進本國印三面, 命宣示宰臣. 其年十二月, 中書門下奏, 契丹國東丹王突欲, 遠泛滄溟, 來歸皇化, 請賜姓名, 仍准番官入朝例安排. 謹按四夷入朝番官, 有懷德·懷化·歸德·歸化等將軍·中郎將名號, 又本朝賜新羅·渤海兩番國王官, 初自檢校司空至太保, 今突欲是阿保機之子, 請比新羅·渤海王例施行. 勅, 渤海國王人皇王突欲, 契丹先收渤海國改爲東丹, 其突欲宜賜姓東丹, 名慕華, 授光祿大夫檢校太保安東都護兼御史大夫上柱國渤海郡開國公, 食邑一千五百戶, 充懷化軍節度瑞愼等州觀察處置押番落等使.

至二年, 其契丹王母述律氏, 以其子突欲歸國, 遣使朝貢, 明宗深慰納之.

후당(後唐) 동광(同光) 2년(924) 3월에 [야율]아보기가 부(部)를 거느리고, 신성(新城)을 노략하였다. 그해 7월에 다시 병사를 거느리고 동쪽으로 발해국을 공격하였다.

4년(926) 정월에 아보기가 다시 발해국을 공격하였다. 또 매로혜리(梅老鞋里) 이하 37인을 보내 말 30필을 바치며 우호를 맺고자 하였다.

천성(天成) 원년(926) 7월에 발해국 부여성(夫餘城)을 공격하여 함락시켰다. 그의 장자

[야율]돌욕([耶律]突欲)에 명하여 국주(國主)가 되게 하고, 동단왕(東丹王)[1]이라 불렀다. 그 달 27일에 아보기가 병이 들어 죽었다. 그의 차자인 원수태자(元帥太子) [야율]덕광([耶律]德光)이 이어서 등극하였다. 덕광의 본명은 요굴지(曜屈之)이며, 중국의 이름을 사모하여 [이름을] 다시 덕광으로 고친 것이다. 처음에 아보기에게 원래 아들이 셋이 있었다. 큰아들을 인황왕(人皇王)이라 불렀고, 둘째는 원수태자라 불렀고, 셋째는 안서소군(安瑞少君)이라 불렀다. 아보기가 죽게 되자 그의 아내 술률씨(述律氏)가 둘째 아들인 원수태자 덕광에게 병마를 들어쥐게 하고, 막내인 안서소군에게는 발해국에 가서 돌욕을 대신하게 하여, 장차 [원수태자를] 세워 뒤를 잇게 하려 하였다. 원수태자는 본래 부족들의 존경을 받아 왔으며, 또 그 모친 술률씨 역시 가장 사랑하여, 그를 등극시키고 사칭하여 천현(天顯) 원년(926)이라 하였다. 얼마 안 되어 아보기를 서루(西樓)에 장사 지냈다. 사사로이 시호를 대성황제(大聖皇帝)라 하였다.

　　장흥(長興) 원년(930) 11월에 거란 발해국 동단왕 돌욕이 번관(番官) 40여 명과 말 100필을 거느리고 등주(登州)로 해서 바다를 건너 조정에 귀부하였다. 명종(明宗)이 문명전(文明殿)에 불러 대면하고 그와 그의 부곡(部曲)들을 오랫동안 위로하였다. 의관(衣冠), 금옥대(金玉帶), 안마(鞍馬), 채색 비단[錦綵], 기물(器物) 등 물품을 하사하였다. 돌욕이 본국의 도장 3개를 진상하자, 재신(宰臣)에게 선시(宣示)하도록 하였다. 그해 12월 중서문하(中書門下)에서 아뢰기를, "거란국 동단왕 돌욕이 멀리 푸른 바다를 건너와 황화(皇化)에 귀속하려 하오니, 성명을 하사하고 번관입조(番官入朝)의 예에 준해서 안배하시기를 바랍니다. 삼가 살펴보건대(謹按), 사이(四夷)의 입조번관(入朝番官)으로는 회덕(懷德), 회화(懷化), 귀덕(歸德), 귀화(歸化) 등의 장군과 중랑장 등의 명호(名號)가 있고, 또 본조에서 신라, 발해, 두 번국의 왕에게 하사한 관호[官]가 있습니다. 검교사공(檢校司空)으로부터 시작해서 태보(太保)에까지 이르는데 지금 돌욕은 아보기의 아들이니 신라, 발해국왕의 예대로 실시하면 될 것이옵니다."라고 하였다. 발해국왕 인황왕(人皇王) 돌욕에게 칙서를 내려, 거란이 앞서 발해국을 거두고

---

1) 東丹國은 거란 야율아보기가 926년 1월 발해를 멸망시키고 세웠다. 아울러 발해의 수도인 忽汗城을 天福城으로 고치고, 황태자 倍(일명 突欲)를 人皇王으로 책봉하여 동단국왕으로 삼았다. 아보기의 동생인 迭剌을 左大相, 渤海老相을 右大相, 渤海司徒 大素賢을 左次相, 耶律羽之를 右次相으로 삼았다(『遼史』권2, 本紀 제2, 太祖下, 天顯元年 2월 丙午). 발해인과 거란인을 함께 상층 관리로 임명하였으나 실권은 후자에게 있었다.

동단(東丹)으로 고쳤으니, 돌욕에게 성은 동단으로 이름은 모화(慕華)로 하사함이 마땅하고, 광록대부(光祿大夫) 검교태보(檢校太保) 안동도호(安東都護) 겸 어사대부(御史大夫) 상주국(上柱國) 발해군개국공(渤海郡開國公)을 제수하며, 식읍(食邑) 1,500호를 내리고, 충회화군절도(充懷化軍節度) 서신등주관찰처치(瑞愼等州觀察處置) 압번락등사(押番落等使)를 제수하였다.

[장흥] 2년(931)에 이르러, 거란왕의 어머니인 술률씨가 그 아들 돌욕이 귀국하기를 바라며 사신을 보내 조공하였는데, 명종(明宗)이 깊이 위로하여 그것을 받아들였다.

○ 권제30, 발해(渤海)

渤海靺鞨, 本高麗種, 唐總章中, 高宗平高麗, 徙其人散居中國, 置州縣于遼外, 就平壤城置安東都護府以統之. 至萬歲通天中, 契丹李萬榮反, 攻陷營府, 有高麗別種大舍利乞乞仲象, 大姓, 舍利官, 乞乞仲象名也. 與靺鞨反人乞四比羽走保遼東, 分王高麗故地, 則天封乞四比羽許國公, 大舍利乞乞仲象震國公. 乞四比羽不受命, 則天命將軍李楷固臨陳斬之. 時乞乞仲象已死, 其子大祚榮繼立, 併有比羽之衆, 勝兵丁戶四十餘萬, 保據挹婁故地. 至聖曆中, 稱臣朝貢. 中宗命侍御史張行岌就往宣慰, 號其都爲忽汗州, 以祚榮爲忽汗州都督, 封渤海郡王. 國自是稱渤海. 其俗呼其王爲可毒夫, 對面呼聖王, 牋表呼基下, 父曰老王, 母曰太妃, 妻曰貴妃, 長子曰副王, 諸子曰王子. 代以大氏爲酋長, 終唐室朝貢不絶.
梁開平元年五月, 其王大諲譔遣王子大昭順來貢方物.
至二年正月, 又遣殿中少令崔禮光來朝.
三年三月, 遣其相大誠諤來朝, 兼貢女口.
乾化二年五月, 又遣王子大光贊來朝, 貢方物. 太祖厚有錫賜.
後唐同光二年正月, 遣王子大禹謨來朝.
五月, 又遣王子大元讓來朝, 莊宗賜金綵以遣之. 八月, 又遣姪學堂親衛大元謙試國子監丞.
三年二月, 又遣使裴璆貢方物, 進細女口.
五月, 以入朝使, 政堂省守和部少卿, 賜紫金魚袋裴璆爲右贊善大夫.

天成元年四月, 遣使大陳林等一百十六人來朝貢, 進男口·女口各三人, 幷人蔘·昆布·白附子等.

其年七月, 遣使大照佐等六人朝貢. 先是, 契丹大首領耶律阿保機兵力雄盛, 東北諸番多臣屬之, 以渤海國土地相接, 常有吞幷之志. 是歲率諸番部落攻渤海國扶餘城, 下之. 改扶餘城爲東丹府. 命其子突欲留兵鎭之. 未幾, 阿保機死, 渤海王命其弟率兵攻扶餘城, 不能克, 保衆而退.

四年五月, 又遣高正詞入朝, 貢方物. 七月, 以正詞爲太子洗馬.

長興二年十二月, 遣使成文角來朝.

三年正月, 又遣使來朝貢

四年七月, 以先入朝使成文角爲朝散大夫右神武軍長史奏事右錄事試大理評事, 高保乂爲朝散郎右驍衛長史, 幷賜金紫.

淸泰二年十二月, 遣使列周道等入朝, 貢方物.

三年二月, 以入朝使南海府都督列周道爲檢校工部尙書, 政堂省工部卿烏濟顯試光祿卿.

周顯德元年七月, 渤海國崔烏斯多等三十人歸化.

발해말갈은 본래 고[구]려의 종이다. 당 총장(總章) 연간(668~669)에 고종이 고[구]려를 평정하고 그 사람들을 옮겨 중국에 흩어져 머물게 하였다. 요외(遼外)에 주(州), 현(縣)을 두었으며 평양성(平壤城)에다 안동도호부(安東都護部)를 두어 통할하였다. 만세통천(萬歲通天) 연간(696~697)에 이르러 거란의 이진충(李盡忠)과 손만영(孫萬榮)이 반역하여 영부(營府)2)를 공격하여 함락시켰다. 고[구]려의 별종인 대사리(大舍利)3) 걸걸중상(乞乞仲象)이 있

---

2) 營州都督府의 줄임말이다. 지금의 遼寧省 朝陽市에 있었다.
3) 舍利는 俟利라고도 하는데, 원래 추장이나 수령을 의미하는 일반명사였는데 거란이 관직명으로 채택한 것으로 보는 견해가 있다(盧泰敦, 1981, 98~99쪽 주 74). 金毓黻은, 乞乞仲象이 거란에 붙어 大舍利라는 관명을 얻었고 그 아들 大祚榮은 대사리의 '大'를 氏로 삼았다고 보았다(金毓黻, 1934, 『渤海國志長編』 卷19, 叢考). 그러나 7세기 후반에 거란에서 사리를 관명이나 부족장의 칭호로 사용했는지는 알 수 없다. 『遼史』 「國語解」의 舍利條에는 "契丹豪民要裹頭巾者 納牛駝十頭 馬百疋 乃給官命曰舍利 後遂爲諸帳官 以郞君繫之"라고 하였다. 사리는 遼代에 豪民들이 官에 牛駝 및 말을 납부하고 얻는 관명이었다.

는데, 대는 성(姓)이고, 사리는 관(官)이며, 걸걸중상은 이름이다. 말갈 반인(反人) 걸사비우(乞四比羽)와 함께 도망하여 요동을 차지하고 고[구]려의 옛 땅을 나누어 왕이 되었다.[4] 측천[무후]가 걸사비우를 허국공(許國公)으로 봉하고, 대사리 걸걸중상을 진국공(震國公)으로 봉하였다. 걸사비우가 책명을 받지 않자 무후는 장군 이해고(李楷固)[5]에 명하여 그를 베어 죽였다. 이때 걸걸중상이 이미 죽고 그 아들 대조영이 뒤를 이어 즉위하여 비우의 무리를 병합하였다. 승병(勝兵)과 정호(丁戶)가 40여만 명이며, 읍루(挹婁)[6]의 옛 땅을 차지하고 거처하였다. 성력(聖曆) 연간(698~699)에 이르러 신하로 칭하면서 조공하였다. 중종(中宗)[7]

그런데 사리라는 명칭이 돌궐계와 관련하여 처음 보이며 고구려 멸망 후 설치된 주명에도 舍利州都督府가 보이고 있어 거란의 영향으로만 볼 수는 없다(권은주, 2011).

4) 『舊唐書』 渤海靺鞨傳에서는 大祚榮이 唐에 반기를 들고 東走하여 건국한 것으로 나오지만, 『新唐書』 渤海傳에는 대조영의 아버지인 乞乞仲象이 말갈과 고구려 유민을 이끌고 동주하여 태백산 동북에 자리 잡은 것으로 나온다. 이 밖에 최치원의 글에는 『구당서』와 같이 대조영과 걸사비우가 영주를 벗어난 것처럼 기술되어 있는 반면, 『五代會要』에는 『신당서』처럼 처음 걸걸중상과 걸사비우가 집단을 이끌다가 대조영이 계승한 것으로 나온다. 서로 다른 두 계통의 기록 차이로 인해 발해의 실제 건국자가 누구인지, 대조영과 걸걸중상의 관계는 어떤 것인지에 관해 논란이 있었다. 대조영과 걸걸중상을 동일인으로 주장하는 경우(池內宏, 1914; 津田左右吉, 1915)도 있었으나, 부자 관계로 보는 것이 정설이며, 일반적으로 대조영을 실제적인 건국자라고 본다.

5) 李楷固(656~720)는 거란 출신 唐의 장수이다. 696년 李盡忠의 반란이 일어났을 때, 그의 수하로 반란에 가담하였다. 이진충이 죽고 697년 거란군을 이끌던 孫萬榮이 피살되자, 駱務整과 함께 당에 투항하였다. 재상인 狄仁傑의 추천으로 장수가 되어, 대조영이 이끌던 무리를 토벌하기 위해 뒤쫓았다. 먼저 말갈인 乞四比羽를 죽이고, 천문령전투에서 대조영에게 패배하여 겨우 목숨만 건져 돌아가게 되었다. 이후 측천무후에게 총애를 얻어 燕國公이 되었고, 700년에 武氏를 사성받았다. 中宗의 복위 뒤에 이씨 성을 회복하였다. 이해고의 사위는 같은 거란 장수인 李楷洛이며, 외손자는 名將으로 유명한 李光弼(708~764)이다.

6) 『舊唐書』 渤海靺鞨傳에는 '桂樓'의 옛 땅으로 되어 있고, 『新唐書』 渤海傳에는 '挹婁'로 되어 있다. 발해에 사신으로 다녀갔던 당나라 사신 張建章의 묘지명에서도 忽汗州를 가리켜 읍루의 옛 땅이라고 한 점 등을 통해 '桂' 자가 '挹'과 유사하여 '桂'로 잘못 쓴 것으로 보기도 한다. 그러나 장건장이 다녀간 지역은 상경 지역이고, 발해 건국지인 동모산은 상경보다 남쪽에 위치한 敦化 지역이므로, 『구당서』와 『신당서』의 차이는 처음에 고구려의 영역 안에서 건국하였다가 영역이 확장됨에 따라 옛 읍루 지역인 상경으로 천도한 것에 따른 것일 가능성이 있다. 참고로 발해 건국지에 대해 한국 사료인 『삼국사기』 권46, 열전 6, 최치원전에는 의봉 3년(678) '태백산 아래'로, 『삼국유사』에서 인용한 『신라고기』에는 '태백산 남쪽'으로, 『제왕운기』에는 '태백산 南城'으로, 『삼국사절요』에는 '태백산 동쪽'으로 나온다.

7) 당나라 제4대 황제로 이름은 李顯이고, 다른 이름은 哲이다. 高宗의 일곱 번째 아들로, 則天武后의

이 시어사(侍御史) 장행급(張行岌)에게 명하여 가서 선위(宣慰)하게 하였으며, 그 도읍을 홀한주(忽汗州)라 불렀고, 조영을 홀한주도독(忽汗州都督)으로 삼고, 발해군왕(渤海郡王)[8]으로 봉하였다. 나라를 이때부터 발해(渤海)라고 불렀다. 그들의 습속에 그 왕을 가독부(可毒夫)라 불렀고, 대면해서는 성왕(聖王)이라 불렀다. 전표(牋表)에서는 기하(基下)라 칭하며, 아버지를 노왕(老王)이라 하고, 어머니를 태비(太妃)라 하며, 아내를 귀비(貴妃)라 하고, 장자를 부왕(副王)이라 하고, 아들들을 왕자(王子)라고 하였다. 대(代)를 이어 대씨(大氏)로 추장(酋長)으로 삼았으며, 당실(唐室)에 조공을 계속하였다.

양(梁) 개평(開平) 원년(907) 5월에 그 왕 대인선(大諲譔)[9]이 왕자 대소순(大昭順)을 보내와서 방물을 바쳤다.

2년(908) 정월에 이르러 또 전중소령(殿中少令) 최예광(崔禮光)을 보내 내조하였다.

3년(909) 3월에 그 재상인 대성악(大誠諤)을 보내 내조하였으며 겸하여 여자를 바쳤다.

건화(乾化) 2년(912) 5월에 또 왕자 대광찬(大光贊)을 보내와서 방물을 바쳤다. 태조가 상을 후하게 하사하였다.

후당(後唐) 동광(同光) 2년(924) 정월에 왕자 대우모(大禹謨)를 보내 내조하였다.

5월에 또 왕자 대원양(大元讓)을 보내 내조하였다. 장종(莊宗)이 금채(金綵)를 하사하여 그에게 보냈다. 8월에 또 조카인 학당친위(學堂親衛) 대원겸(大元謙)을 시국자감승(試國子監丞)으로 보냈다.

3년(925) 2월에 또 사자 배구(裴璆)를 보내 방물을 바치고, 세여구(細女口)를 진상하였다.

소생이었다. 680년에 태자로 봉해져 683년에 고종이 병사하고 즉위했다. 그러나 이듬해 2월 측천무후에 의해 폐위되어 廬陵王이 된 뒤에 房州(지금 湖北省 房縣)에 옮겨가 있었다. 698년 다시 太子가 되어 705년에 정변을 통해 복위하였다. 재위 기간 동안 정사에 관심이 없었고, 710년에 韋后와 安樂公主에게 독살되었다. 定陵(지금 陝西省 富平 북쪽)에 묻혔다. 시호는 孝和皇帝이다.

8) 당의 爵位는 9등급으로, 王·國王은 그중 첫 번째이다. 정1품이고, 식읍이 1만 호이다. 郡王은 두 번째로 종1품이고, 식읍은 5,000호이다. 이어서 國公·郡公·縣公·縣侯·縣伯·縣子·縣男 순이다.

9) 발해 제15대 왕으로 마지막 왕이다. 906년부터 926년까지 재위하면서 요동을 두고 거란과 치열한 싸움을 벌였다. 그러나 925년 12월에 거란이 대대적인 침공을 시작하여 곧바로 발해 서쪽 변경의 군사요충지인 부여부를 함락시키고 얼마 안 되어 수도 홀한성을 포위하자 항복하였고, 926년 1월 멸망하였다. 같은 해 7월에 야율아보기가 회군하면서 왕후와 함께 끌고 가 거란의 수도 상경 임황부의 서쪽에 성을 쌓고 살게 하였다.

5월에 입조사(入朝使) 정당성(政堂省) 수화부소경(守和部少卿) 사자금어대(賜紫金魚袋) 배구를 우찬선대부(右讚善大夫)로 삼았다.

천성(天成) 원년(926) 4월에 사신 대진림(大陳林) 등 116명을 보내와서 조공하였다. 남구(男口), 여구(女口) 각 3명과 인삼(人蔘), 다시마[昆布], 백부자(白附子) 등을 진상하였다.

그해 7월에 사자 대조좌(大照佐) 등 6명을 보내와서 조공하였다. 앞서 거란 대수령 야율아보기(耶律阿保機)의 병력이 웅성(雄盛)하여 동북(東北)의 제번(諸番)이 많이 신속(臣屬)하였다. 발해국 땅이 서로 접해 있으므로 늘 그를 삼켜 버릴 생각[呑倂之志]을 하고 있었다. 이해에 제번(諸番)의 부락(部落)을 통솔해서 발해국 부여성(扶餘城)을 공격하여 함락시켰다. 부여성을 동단부(東丹府)로 고쳐서 그 아들 [야율]돌욕([耶律]突欲)에 명하여 남아 진수(鎭守)하게 하였다. 얼마 안 되어 [야율]아보기가 죽자, 발해왕이 그 아우에게 군사를 거느리고 부여성을 공격하라고 했으나 이기지 못하고 무리를 보전하면서 퇴각하였다.

4년(929) 5월에 고정사(高正詞)를 보내어 입조하여 방물을 바쳤다. 7월에 고정사를 태자세마(太子洗馬)로 삼았다.

장흥(長興) 2년(931) 12월에 성문각(成文角)을 사신으로 보내 내조하였다.

3년(932) 정월에 또 사신을 보내 조공하였다.

4년(933) 7월에 앞서 입조한 사신 성문각을 조산대부(朝散大夫) 우신무군장사(右神武軍長史) 주사우녹사(奏事右錄事) 시대리평사(試大理評事)로 삼고, 고보의(高保義)를 조산랑(朝散郎) 우효위장사(右驍衛長史)로 삼고, 모두 금자(金紫)를 내렸다.

청태(淸泰) 2년(935) 12월에 열주도(列周道) 등을 사신으로 보내 입조하고 방물을 바쳤다.

3년(936) 2월에 입조사 남해부도독(南海府都督) 열주도를 검교공부상서(檢校工部尙書)로 삼고, 정당성(政堂省) 공부경(工部卿) 오제현(烏濟顯)을 시광록경(試光錄卿)으로 삼았다.

주(周)나라 현덕(顯德) 원년(954) 7월에 발해국 최오사다(崔烏斯多) 등 30명이 귀화하였다.

발해사 자료총서 – 중국사료 편 권1

14. 『문원영화(文苑英華)』

　북송(北宋) 태종 때에 편찬된 시문선집(詩文選集)으로 총 1,000권에 달한다. 태평흥국(太平興國) 7년(982)에 이방(李昉)·옹몽(邕蒙)·서현(徐鉉)·송백(宋白) 등이 칙명을 받아 편찬을 시작하여 옹희(雍熙) 3년(986)에 완성하였고, 이후 몇 차례 수정을 거쳐 출간되었다. 『문선(文選)』을 이어 남조(南朝) 양대(梁代)부터 당말(唐末)·오대(五代)에 이르기까지 2,200여 명의 작품 2만여 편을 수록하였는데, 당대의 작품이 대부분이다. 문체(文體)에 따라 38류(類)로 나누었다. 송 초에 편찬된 『태평어람(太平御覽)』, 『태평광기(太平廣記)』, 『책부원귀(冊府元龜)』와 합해 사대유서(四大類書) 또는 송사대서(宋四大書)라고 칭한다. 내용이 방대하고, 조고(詔誥)·서판(書判)·표소(表疏)·비지(碑志)를 비롯하여 당대의 시문(詩文)을 많이 수록하고 있어, 관련 시기의 역사와 문학을 연구하는 데 유용하다.

　발해와 관련해서는 본서 권471에 '칙발해왕대무예서(勅渤海王大武藝書)'와 '여발해왕대이진서(與渤海王大彛震書)' 등 당에서 발해에 보낸 칙서(勅書) 및 발해와 당·신라의 관계를 보여 주는 문서들이 수록되어 있다.

　『문원영화』는 착오된 부분과 분류가 부적절한 부분이 있어, 남송 가태(嘉泰) 연간(1201~1204)과 명(明) 만력(萬曆) 연간(1573~1619)에 수정하여 간행하였다. 이 판본은 상무인서관(商務印書館)에서 영인하였다. 1966년 중화서국(中華書局)에서 이 영인본을 증보하고, 송 팽숙하(彭叔夏)의 『문원영화변증(文苑英華辨證)』 10권과 노격(勞格)의 『문원영화변증습유(文苑英華辨證拾遺)』 그리고 작자의 성명 색인을 부록으로 수록하였다. 아래 원문은 「중화서국본」을 저본으로 하였다.

○ 권제471, 번서(蕃書) 4, 장구령(張九齡), 칙신라왕김흥광서삼수(勅新羅王金興光書三首) 1

勅, 新羅王開府儀同三司使持節大都督鷄林州諸軍事上柱國金興光. … 頃者渤海靺鞨, 不識恩信, 自恃荒遠, 且爾逋誅. 卿疾惡之情, 常以奮厲, 故去年遣中使何行成, 與金思蘭同往, 欲以叶謀, 比聞此賊困窮, 偸生海曲, 惟以抄竊, 作梗道路, 卿當隨近伺隙. 掩襲取之. 奇功若有所成, 重賞更何所愛. 適欲多有寄附, 實恐 此賊抄奪, 不可不防. 豈資窮寇. 待蕩滅之後, 終無所惜. …

신라왕(新羅王) 개부의동삼사(開府儀同三司)[1] 사지절대도독(使持節大都督) 계림주제군사(鷄林州諸軍事) 상주국(上柱國) 김흥광(金興光)에게 칙서를 보낸다. … 근래 발해말갈이 은혜와 신의를 잊고 멀리 떨어져 있음을 믿는 데다 또한 토벌에서도 벗어났다. 경이 미워하는 마음으로 항상 분려(奮厲)하기에 지난해 중사(中使) 하행성(何行成)과 김사란(金思蘭)[2]을 보내 함께 도모하려고 하였다. 들건대 이 도적이 곤궁하여 바닷가[海曲]에서 구차하게 살며 노략질하면서 길을 막고 있다. 경은 가까운 곳에서 틈을 노려 엄습하여 기특한 공을 세우라. 만약 성공한다면 후한 상을 어찌 아끼겠는가? 다만 [발해가] 의지하고 따를 자를 많이 두려고 하니, 실로 이 도적이 노략질할까 염려스러우니 막지 않을 수 없다. 어찌 곤궁한 도적을 돕겠는가? 완전히 쓸어버리고 나서야 아쉬움이 없을 것이다. …

○ 권제471, 번서(蕃書) 4, 장구령(張九齡), 칙신라왕김흥광서삼수(勅新羅王金興光書三首) 2

勅, 鷄林州大都督新羅王金興光. … 近又得思蘭表, 稱知卿欲於浿江置戍, 既當渤海衝要. 又與祿山相望, 仍有遠圖, 固是長策. 且曩爾渤海人, 已逋誅, 重勞師徒, 未

---

[1] 당나라 文散階 가운데 종1품. 중국 후한과 위진남북조 시기부터 사용되었으며, 문산관의 최고 품계로 대우를 받았다. 三司와 마찬가지로 스스로 관아를 설치하여 속관을 둘 수 있었다.

[2] 신라의 왕족으로 일찍이 당나라에 건너가 太僕員外卿을 받고, 宿衛로 있었다. 732년(성덕왕 31) 발해가 당나라의 登州를 공격하자, 당 현종이 이듬해 7월 김사란을 귀국시켜 신라에게 발해의 남쪽을 공격하게 하였다(『삼국사기』 권제8, 「신라본기」 제8, 성덕왕 32년). 『冊府元龜』에는 개원 21년(733) 정월 신라에 사신으로 간 것으로 나온다(『冊府元龜』 권975, 外臣部 20 褒異 2). 『삼국유사』에는 이해에 당이 北狄을 공격하기 위해 신라에 604명을 보냈다는 기록이 있다(『삼국유사』 권제2, 紀異 제2 孝成王조).

能撲滅. 卿每嫉惡, 深用嘉之. 警寇安邊, 有何不可? 處置訖, 因使以聞. …

계림주대도독(鷄林州大都督) 신라왕(新羅王) 김흥광(金興光)에게 칙서를 보낸다. … 근래 또 [김]사란([金]思蘭)의 표문을 보니, 경이 패강(浿江)에 군대를 두고자 함을 알겠다. 이미 발해의 요충지를 지키고 다시 [안]녹산([安]祿山)과 함께 서로 발해를 바라보며 견제하면서 이에 원대한 계획을 둔다면, 진실로 이것은 훌륭한 계책이다. 저 조그마한 발해는 이미 오래전에 토벌에서 벗어나 거듭 군대를 수고롭게 하였지만, 아직도 박멸하지 못하였다. 경이 매양 몹시 [발해를] 미워하니 심히 가상하다. 도둑 떼를 경계하며 변방을 안전하게 한다면 무슨 못할 일이 있겠는가? 다 처리하고 나면 사신을 보내 아뢰도록 하라. …

○ 권제471, 번서(蕃書) 4, 장구령(張九齡), 칙발해왕대무예서사수(勅渤海王大武藝書四首) 1[3)]

勅. 忽汗州刺史渤海郡王大武藝. 卿於昆弟之間, 自相忿鬩, 門藝窮而歸我, 安得不從.[4)] 然處之西垂.[5)] 爲卿之故. 亦云不失, 頗謂得所. 何則, 卿地雖海曲, 常習華風, 至如兄友弟悌, 豈待訓習. 骨肉情深, 自所不忍. 門藝縱有過惡, 亦合容其改脩. 卿遂請取東歸, 擬肆屠戮, 朕教天下以孝友, 豈復忍聞此事. 誠是惜卿名行, 豈是保護逃亡. 卿不知國恩, 遂爾背朕.[6)] 卿所恃者遠, 非能有他. 朕比年含容, 優恤中土, 所未命將事, 亦有時卿能悔過輸誠, 轉禍爲福. 言則已[7)]順, 意尚執迷, 請殺門藝, 然後歸國, 是何言也. 觀卿表狀, 亦有忠誠, 可熟思之, 不容易耳. 今使內使, 徃宣諭朕意, 一一並須口述. 使人李盡彥. 朕亦親有處分, 皆所知之. 秋冷, 卿及衙官首領百姓, 並平安好. 幷遣崔尋挹同徃, 遣書指不多及.

홀한주자사(忽汗州刺史)[8)] 발해군왕(渤海郡王) 대무예(大武藝)에게 칙서를 보낸다. 경이

---

3) 제1수의 작성 시점은 731년 8·9월로 추정된다(유득공 지음, 김종복 옮김, 2018, 241쪽).
4) 『曲江集』에는 '從' → '容'.
5) 『曲江集』에는 '垂' → '陲'.
6) 『曲江集』에는 '朕' → '德'.
7) 『曲江集』에는 '已' → '似'.

형제지간에 서로 다툰 탓에 [대]문예([大]門藝)가 곤궁하여 나에게 귀순하였으니, 어찌 따르지 않겠는가. 그러나 그를 서쪽 변경에 둔 것은 경을 위한 까닭이었으니, 또한 잘못은 아니라고 할 수 있으며, 자못 제자리를 얻은 것이 되었다. 왜냐하면 경은 바다 모퉁이에 있으면서 당의 문화[華風]를 항상 익혔으니, 형제간의 우애 같은 것을 어찌 익힐 필요가 있겠는가? 골육간의 정은 깊어 스스로 차마하지 못하는 바이다. 문예가 비록 과오가 있더라도 또한 그 뉘우침을 받아들여야 할 것이다. 경은 마침내 [대문예를] 데리고 동쪽으로 돌아가고자 요청하지만 (그 의도는 그를) 죽이려고 하는 것 같다. 짐은 효심과 우애로써 천하에 가르쳐 왔으니, 어찌 이런 일을 차마 들을 수 있겠는가? 참으로 경의 명성과 행실을 아까워하기 때문이지, 어찌 도망친 자를 보호하려는 것이겠는가? 경은 나라의 은혜를 모르고 마침내 짐을 배반하려고 한다. 경이 믿는 것은 멀리 있다는 것뿐이지, 다른 것은 있을 수 없다. 짐은 근래 관용을 품고 중원을 보살펴 왔다. (그러나 경이) 명령을 받들지 않으면 무슨 일이 언젠가 있게 될 것이지만, 경이 잘못을 뉘우치고 충성을 바친다면 전화위복이 될 것이다. (경은) 말은 공손하게 하면서도 뜻은 여전히 완미하여, 문예를 죽인 뒤에 귀국하겠다고 하니 이 무슨 말인가? 경의 표문을 보니 또한 충성스러움이 있지만, 자세히 생각해 보면 (그렇게 믿기에) 용이하지 않다. 지금 내사(內使)[9]를 보내어 짐의 생각을 알리되, 일일이 갖추어 말로 전할 것이다. 경의 사신 이진언(李盡彦)[10]도 짐이 친히 처분한 것은 모두 다 알 것이다. 가을이 차가워지는데 경과 아관(衙官), 수령(首領), 백성들은 모두 평안하라. 아울러 최심읍(崔尋挹)[11]도 함께 동행해 보낸다. 편지를 보내지만 그 뜻이 다 미치지는 못한 [점을 양해 바란]다.

○ 권제471, 번서(蕃書) 4, 장구령(張九齡), 칙발해왕대무예서사수(勅渤海王大武藝書四首) 4[12]

勅, 渤海郡王忽汗州都督大武藝. 不識逆順之端, 不知存亡之兆, 而能有國者, 未之

---

8) 무왕이 당에서 받은 직위는 홀한주도독인데, 이 글에 자사로 나와 있어 발해의 등주 공격 이후에 당 현종이 무왕을 자사로 강등시킨 것으로 보기도 한다.
9) 황제의 명령을 전달하기 위해 궁중에서 파견된 사신이다. 내시성 소속으로, 환관이 주로 임명되었다.
10) 대문예의 송환을 요청하기 위해 파견된 발해의 사신이다.
11) 당의 內使이다.
12) 제4수는 작성 시점이 735년 3월로 추정된다(유득공 지음, 김종복 옮김, 2018, 244쪽). 『문원영화』에서는 2번째 순서로 되어 있지만, 『발해고』에서는 4번째 순서로 되어 있다.

> 聞也. 卿往年背德, 已爲禍階, 近能悔過, 不失臣節, 迷非復善, 即又可嘉.[13] 朕記人之長, 忘人之短. 況又歸服, 載用嘉歎. 永祚東土, 不亦宜乎? 所令大茂慶等入朝, 並已處分, 各加官賞, 想具知之. 所請替人, 亦令還彼. 又近得卿表云: 突厥遣使求合, 擬打兩蕃. 奚及契丹, 今旣內屬, 而突厥私恨, 欲讎此蕃. 卿但不從, 何妨有使, 擬行執縛? 義所不然. 此是人情, 況爲君道? 然則, 知卿忠赤, 動必以聞, 永保此誠, 慶流未已. 春晚, 卿及衙官百姓, 並平安好, 遣書指不多及.

발해군왕(渤海郡王) 홀한주도독(忽汗州都督) 대무예(大武藝)에게 칙서를 보낸다. 역순의 단서도 기억하지 못하고 존망의 조짐도 알지 못하면서도 나라를 다스릴 줄 아는 자는 듣지 못했다. 경은 왕년에 덕을 배반하여 이미 재앙에 이르렀으나, 근래 잘못을 뉘우치고 신하의 절개를 잃지 않고, 잘못에 빠져 있다가 착한 상태를 회복하였으니, 어찌 기쁘지 않겠는가? 짐은 남의 장점은 기억하고 남의 단점은 잊어버리는데, 하물며 [경이] 이처럼 귀순하여 복속함에 있어서는 가상히 여기고 찬탄하니, 영구히 동쪽 땅에서 복을 누림이 또한 마땅하지 않겠는가? [경의] 명을 받은 대무경(大茂慶)[14] 등이 입조하여 요청한 것은 모두 이미 처분하였고, 각각 관직과 포상을 더해 주었으니, 다 알고 있을 것이라 생각한다. 또한 (앞서 숙위로 있던) 사람을 교체하려는 요청에 대해서도 (니희에게) 돌려보내라고 명령을 내렸다. 또 근래 경의 표문을 보니 돌궐(突厥)이 사신을 보내 양번(兩蕃, 해와 거란)을 공격하고자 하는 모양이다. 해(奚)와 거란(契丹)이 지금 이미 항복해 왔기 때문에 돌궐이 사사로이 원한을 품고 이들에게 복수하려는 것이다. 경이 따르지 않으면 그만이지, 어찌 사신을 방해하는가? 아마도 (사신을) 결박한 모양인데 의리상 그러는 것이 아니다. 이것이 인정이거늘, 하물며 임금의 도리에 있어서는 어떻겠는가? 그러한즉 경의 충성이 진심 어린 것임을 잘 아니, 행동할 때마다 반드시 아뢰도록 하라. 이러한 충성을 길이 보전하면 경사가 그치지 않을 것이다. 늦은 봄에 경 및 아관(衙官), 백성은 모두 평안하라. 글을 보내지만 그 뜻이 다 미치지는 못한 [점을 양해 바란]다.

---

13) 『曲江集』에는 '迷非復善, 即又可嘉' → '迷復非遠, 善又何加'.
14) 발해의 등주 공격 이후 당과의 화해를 위하여 파견된 사신이다.

○ 권제471, 번서(蕃書) 4, 장구령(張九齡), 칙발해왕대무예서사수(勅渤海王大武藝書四首) 2[15]

勅, 渤海郡王忽汗州都督大武藝. 多蒙國[16]所送水手, 及承前没落人等來 表卿輸誠, 無所不盡, 長能保此, 永作邊捍, 自求多福, 無以加也. 漸冷, 卿及衙官百姓已下, 並平安好, 遣書指不多及.

발해군왕(渤海郡王) 홀한주도독(忽汗州都督) 대무예(大武藝)에게 칙서를 보낸다. 다몽고(多蒙固)가 보낸 뱃사공 및 이전 [전쟁]에 포로가 되었던 사람들이 왔으니, 경의 충성을 드러냄에 다하지 않은 바가 없도다. 이를 길이 보전하고 영원히 변방의 경계가 된다면 저절로 더 많은 복을 구할 것이니 더할 것이 없다. 날씨가 점점 서늘해지는데 경과 아관, 백성 이하 모두 편안하기를. 편지를 보내지만 그 뜻이 다 미치지는 못한 [점을 양해 바란]다.

○ 권제471, 번서(蕃書) 4, 장구령(張九齡), 칙발해왕대무예서사수(勅渤海王大武藝書四首) 3[17]

勅, 忽汗州刺史渤海郡王大武藝. 卿往者誤計, 幾於禍成, 而失道未遥. 聞義能徙, 何其智也? 朕棄人之過, 收物之誠, 表卿洗心, 良以慰意. 卿旣盡誠節, 永固東藩, 子孫百代, 復何憂也? 所[18]使至, 具知欸曲, 兼請宿衛及替, 亦已依行. 大郎雅等, 先犯國章, 竄逐南鄙, 亦皆捨罪, 仍放歸藩, 卿可知之, 皆朕意也. 夏初漸熱, 卿及首領百姓等, 並平安好, 遣書指不多及.

홀한주자사(忽汗州刺史) 발해군왕(渤海郡王) 대무예(大武藝)에게 칙서를 보낸다. 경은 지난날 잘못 판단하여 재앙을 초래하였지만, 도리에서 멀리 떨어지지 않고 의로움을 듣자 바로 (잘못을) 고쳤으니, 어찌 지혜롭다 하지 않겠는가? 짐은 남의 허물은 버리고 정성만 받아들이

---

15) 제2수는 작성 시점이 735년 8·9월로 추정된다(유득공 지음, 김종복 옮김, 2018, 243쪽). 『문원영화』에서는 3번째 순서로 되어 있지만, 『발해고』에서는 2번째 순서로 되어 있다.

16) '國' → '固'.

17) 제3수의 작성 시점은 735년 4월로 추정된다(유득공 지음, 김종복 옮김, 2018, 243쪽). 『문원영화』에서는 4번째 순서로 되어 있지만, 『발해고』에서는 3번째 순서로 되어 있다.

18) 『曲江集』에는 '所' → '近'.

니, 경의 고친 마음이 드러나 진실로 그 뜻을 위로한다. 경은 이미 정성스러운 절개를 다하여 길이 동쪽 울타리를 굳건히 하였으니, 자손 백대에 걸쳐 다시 무슨 근심이 있겠는가? 근래 사신이 와서 자세한 사정을 다 알게 되었다. 아울러 숙위(宿衛) 교체 요청도 원하는 대로 처분해 주었다. 대낭아(大郎雅) 등은 앞서 국법을 어긴 탓에 남쪽 변방으로 유배를 보냈으나, 모두 죄를 용서하고 너희 나라로 돌려보냈다. 경이 잘 알 것이니, 모두 짐의 뜻이다. 초여름 점점 더워지는데 경과 수령(首領), 백성 등은 모두 평안하기를. 글을 보내지만 그 뜻이 다 미치지는 못한 [점을 양해 바란]다.

○ 권제471, 번서(蕃書) 4, 봉오(封敖), 여발해왕대이진서(與渤海王大彝震書)

勅, 渤海王大彝震, 王子大昌輝等. 自省表, 陳賀幷進奉事具悉. 卿代襲忠貞, 器資仁厚, 遵禮義而封部和樂, 持法度而渤海晏寧, 遠慕華風, 聿修誠節, 梯航萬里, 任土之貢獻俱來, 夙夜一心, 朝天之禮儀, 克備龍庭, 必會鯷域何遙? 言念嘉猷, 豈忘寤歎? 勉弘教義, 常奉恩榮. 今因王子大昌輝等廻國, 賜卿官告及信物, 至宜領之. 妃及副王長史平章事等, 各有賜物, 具如別錄.

발해왕(渤海王) 대이신(大彝震)[19]에게 칙서를 보낸다. 왕자 대창휘(大昌輝) 등이 표문(表文)을 올려 새해 인사와 함께 공물을 바친 일을 다 알고 있다. 경은 대대로 충성스럽고 곧은 마음을 이어받아 도량과 자질이 어질고 두텁다. [그대가] 예의를 따르니 봉토가 화락(和樂)하며, 법도를 지니니 발해(渤海)가 편안하다. 멀리서도 중화의 문화[華風]를 사모하고 정성과 절의를 닦고 있구나. 뱃길로 만 리나 떨어진 곳에서도 맡은 지역의 공물을 바치러 오고, 밤낮으로 한마음으로 천자에게 조회하는 예의를 갖추었구나. 천자의 조정에서 반드시 만나게 되니 동쪽 나라가 어찌 멀다 하겠소. 나라를 다스리는 훌륭한 계책을 생각하느라 아마도 잠 못 이루고 탄식하겠구나. [백성들을] 교화하는 의리를 넓히는 데 힘쓰며, 은혜와 영화를 항상

---

19) 발해 제11대 왕으로, 시호를 알 수 없으며 연호는 咸和이다. 선왕의 손자로, 선왕의 아들인 新德이 일찍 죽어 즉위하였다. 『구당서』 발해전에는 선왕의 사망 연도가 831년으로 적혀 있으나, 『신당서』 발해전에는 830년으로 되어 있고 이듬해인 831년 조서를 내려 대이진에게 작위를 세습하게 하였다. 이를 따른다면 대이진은 830년부터 857년까지 27년간 재위하였다.

받들도록 하라. 지금 왕자 대창휘(大昌輝) 등이 귀국함에 경에게 임명장과 선물을 하사하니, 도착하면 받도록 하라. [왕]비([王]妃)와 부왕(副王), 장사(長史), 평장사(平章事) 등에게도 각각 물품을 하사하였으니, 구체적인 것은 별도로 기록해 둔 바와 같다.

○ 권제647, 노포(露布) 번형(樊衡), 위유주장사설초옥파거란노포(爲幽州長史薛楚玉破契丹露布)

… 自開復營州, 二十年內, … 而野姓易動, 狼心不革, 中復背誕, 冦我柳城. 我是以有平盧之戰. … 陸梁窮荒, 迷肆不復. 我王師遠略, 是以有墨山之討. … 可突于挾馬浮河, 僅獲殘喘, 謂其困而知悟, 面縛請降. 而西連匈奴, 東構渤海, 收合餘燼, 窺我阿降奚, 我是以有盧龍之師. 當是時也, 四蕃雲屯, 十萬雨集. 動兵鼓噪, 聲聞百里. 山川晝昏, 土木皆震. 勢欲朝驅降戶, 夕通河朔. 我行軍七千, 乘天假威靈, 黜之硤口. 斬單于之愛子, 燔契丹之積卒. 衆虜奔逃, 扶傷不暇. 於是從散約解, 雲卷霧消. 投戈弃甲, 莫敢廻視. … 臣以爲突厥銳而逃, 渤海懾懼, 勢未敢出, 契丹大戰之後, 人馬俱羸, 其心不振. 又恃以荒遠, 必無我虞. …

… 영주(營州)를 회복한 지 20년 만에, … 거란의 거친 성질은 동요하기 쉽고 탐욕스런 마음은 바꾸지 않아 배반의 마음을 지니고 우리 유성(柳城)을 침략하니, 우리 당나라가 평로(平盧)에서 전투를 치르게 되었다. … 저 변방에서 멋대로 날뛰면서 미혹하여 본 상태로 돌아오지 않으니 우리 군대가 멀리 공략하기로 하여 이에 묵산(墨山)을 토벌하였다. … 가돌우(可突于)가 말 타고 강 건너 도망가 겨우 패잔병을 수습하고는, 곤궁한 지경이 되어서야 잘못을 깨달았다고 하면서 두 손을 묶고 항복을 청하였다. 그러고 나서 서쪽으로 흉노(匈奴, 돌궐)와 연결하고 동쪽으로 발해(渤海)와 합하면서 나머지 무리를 수습하여 우리에게 항복한 해(奚)를 엿보니 우리 당나라가 노룡(盧龍)에 군대를 두었다. 이때 사방 오랑캐가 구름같이 떼지어 모이고 10만 군사가 빗물처럼 많이 모여, 진군하면서 울리는 북소리 함성 소리가 백 리 밖까지 들렸다. 산천이 대낮인데도 어둡고 산천초목이 다 떠니, 그 형세가 우리에게 항복한 해의 무리를 아침에 몰아내어 저녁에 황하 이북으로 쫓아내려고 하였다. 우리 군대 7천 명이 행군하면서 천지신명의 도움을 받아 협구(硤口)로 나아가 선우(單于)의 사랑하는 아들을 목 베고 떼 지어 모인 거란의 졸개들을 격파하니, [오랑캐] 무리들이 달아나기 바빠 부상자를 도울

겨를도 없었다. 이에 합종의 약속이 무너지니 구름과 안개가 말끔히 사라지는 듯 창을 내던지고 갑옷을 버리며 감히 돌아보지 못하였다. … [생각건대] 돌궐은 재빨리 달아났고, 발해는 두려움에 떨며 세력이 감히 나오지 못하였다. 거란은 대패한 뒤 인마가 다 파리[羸]하여 그 세력을 떨치지 못하니, 또다시 변방에 있는 것을 믿고 발호하더라도 반드시 우리에게 근심이 없을 것이다. …

발해사 자료총서 – 중국사료 편 권1

15. 『거란국지(契丹國志)』

　　남송(南宋)의 섭융례(葉隆禮, ?~?)가 엮은 별사(別史)로, 거란의 역사를 중국 측 사료에 따라 기전체로 서술하였다. 간행 연대에 대해서는 불확실한데, 「진거란국지표(進契丹國志表)」에는 "순희(淳熙) 7년(1180) 3월에 비서승(秘書丞) 신(臣) 섭융례가 표를 올림"으로 되어 있다. 그런데 섭융례가 처음 관직에 나아간 것은 송 이종(理宗) 순우(淳祐) 7년(1247) 진사에 급제한 이후로, 시간이 맞지 않다. 또한 『천경당서목(千頃堂書目)』에는 "원나라 사람 섭융례 찬(元人葉隆禮撰)"이라 하고 있다. 따라서 남송대에 『거란국지』가 편찬되었지만, 원대(元代)에 초간(初刊)되었을 것으로 보기도 한다.

　　『거란국지』는 총 27권으로 간행되었고, 제기(帝紀) 12권, 열전(列傳) 7권, 후진(後晉)·송(宋)과의 외교 문서 1권, 외교 예물 목록 1권, 지리(地理) 1권, 족성(族姓)·풍속(風俗)·제도(制度) 1권, 행정록(行程錄)·잡기(雜記) 4권으로 구성되어 있다. 권수에 진서표(進書表)·초흥본말(初興本末)·세계도(世系圖)·구주연보(九主年譜)·지리도(地理圖)·진헌거란전연도(晉獻契丹全燕圖)를 덧붙였다. 『자치통감(資治通鑑)』, 『신오대사(新五代史)』, 『사이부록(四夷附錄)』, 『송막기문(松漠紀聞)』, 『삼조북맹회편(三朝北盟會編)』과 상호 대조하기 좋다. 요나라에 대한 송나라 사람의 저서로 오늘날 전해지지 않은 『연북잡기(燕北雜記)』, 『요정수지(遼庭須知)』, 『사요도초(使遼圖抄)』, 『요유사(遼遺事)』, 『거란강우도(契丹疆宇圖)』 등을 인용하고 있어 그 가치가 높다. 이 책은 『요사』 편찬에도 이용되었는데, 특히 천조제(天祚帝) 시기의 기사는 다른 책에 비해 상세하다.

　　『거란국지』 권26 발해전에서는 발해의 일반적인 지리를 설명하고, 발해가 대대로 대씨(大氏)가 왕이 되었으며 고(高), 장(張), 양(楊), 두(竇), 오(烏), 이(李) 등의 우성(右姓)이 있으며, 부곡(部曲)과 노비(奴婢)는 성이 없고 모두 그 주인을 따른다고 되어 있다. 이는 『송막기문』에 실린 정보와 같다. 또한 발해 부인들 사이에 있었던 십자매(十姊妹)에 대해 언급하고, 발해 남자 3명이면 호랑이 한 마리를 당해 낸다고 기록하여 발해인의 특성을 보여 준다. 그 밖에 발해의 생활 풍속이나 부곡의 존재 등 발해의 사회를 이해할 수 있는 정보를 제공하고 있다. 또한 『거란국지』는 발해의 멸망 과정을 비교적 소상하게 기록하고 있으며, 이때에 발해가 신라 등에 구원을 요청한 사실도 나와서 두 나라의 관계를 연구하는 데에도 중요한 사료로 이용되고 있다.

『거란국지』는 「원간본(元刊本)」이 존재하며 「소섭산방교간본(掃葉山房校刊本)」과 이를 근거한 「국학문고본(國學文庫本)」·「국학기본총서본(國學基本叢書本)」이 있고, 『사고전서진본팔집(四庫全書珍本八集)』에도 수록되어 있다. 근래 간행된 상해고적출판사의 「점교본(點校本)」(1985)은 「원간본」을 정본(定本)으로 하여 교정한 것이다. 색인으로는 거란국지통검(契丹國志通檢: 중법한학연구소통검총간, 1968)이 있다. 아래 원문은 「점교본」을 저본으로 하였다.

○ 권제1, 태조기(太祖紀)

> [天贊三年]時東北諸夷皆服屬, 惟渤海未服. 太祖謀南征, 恐渤海掎其後, 乃先擧兵擊渤海之遼東, 遣其將禿餒及盧文進據平·營等州, 以擾燕地. 師攻渤海, 無功而退.

[천찬(天贊) 3년(924)] 이때에 동북의 여러 오랑캐들이 모두 복속되었는데, 오직 발해만이 복속되지 않았다. 태조가 남쪽을 정벌하려고 모의할 때 발해가 그 후위에 있음을 두려워하여, 이내 먼저 병사를 일으켜 발해의 요동을 공격하였다. 장수 독뇌(禿餒) 및 노문진(盧文進)[1]을 보내 평주(平州)·영주(營州) 등에 근거하여 연(燕)의 땅을 소란스럽게 하고 군대로 발해를 공격하였으나, 전공이 없이 퇴각하였다.

---

1) 盧文進(?~944)은 范陽 출신으로, 자는 國用(또는 大用)이다. 후당, 후진, 남당 등에서 장수로 활약하였다. 天祐 14년(917, 후량 균왕 정명 3년) 主將 李存矩를 죽이고 契丹으로 도망갔다가 天成 원년(926)에 후당으로 되돌아왔다. 거란에 있을 때 漢軍을 이끌고 平州에 주둔하며 거란의 南侵을 이끌었고, 공성 무기와 방직 등의 기술을 가르쳤다. 거란이 강성하게 된 것은 노문진에서 비롯된다는 말이 있다.

○ 권제1, 태조대성황제(太祖大聖皇帝)

> … 太祖攻渤海, 拔其夫餘城, 更命曰東丹國, 命長子突欲鎭之, 號人皇王. 先是, 渤海國王大諲譔本與奚·契丹爲脣齒國. 太祖初興, 倂呑八部, 繼而用師, 倂呑奚國. 大諲譔深憚之, 陰與新羅諸國結援, 太祖知之, 集議未決. 後因遊獵, 彌旬不止, 有黃龍在其甋屋上, 連發二矢, 殪之, 龍墜其前. 後太子德光於其地建州, 黃龍府即其地也. 太祖曰, 吾欲伐渤海國, 衆計未定而龍見吾前, 吾能殺之, 是滅渤海之勝兆也. 遂平其國, 擄其主.

… 태조가 발해를 공격하여 부여성을 함락시키고, 동단국(東丹國)[2]으로 고쳐 불렸다. 장자인 [야율]돌욕에게 진수하게 하였으며, 호를 인황왕(人皇王)이라 하였다.

이에 앞서 발해국왕 대인선(大諲譔)[3]은 본래 해(奚)·거란(契丹)과 순치국(脣齒國)이었다. 태조가 처음에 흥기하여 초기에 8부(部)를 병탄하고, 이어서 군대를 동원하여 해국(奚國)을 병탄하였다. 대인선이 매우 두려워하여 암암리에 신라 등 여러 나라와 결원하였다. 태조가 그것을 알고 집중적으로 의논하였으나 결단을 내리지 못하였다. 후에 사냥에 나갔는데, 열흘 동안이나 그치지 않았다. 전옥(甋屋) 위에 황룡(黃龍)이 있었는데, 연속 두 발에 쏘아 죽이니 용이 그의 앞에 떨어졌다. 뒤에 태자 [야율]덕광[4]이 그 땅에 주를 세웠는데, 황룡부[5]가 바로

---

2) 東丹國은 거란 야율아보기가 926년 1월 발해를 멸망시키고 세웠다. 아울러 발해의 수도인 忽汗城을 天福城으로 고치고, 황태자 倍(일명 突欲)를 人皇王으로 책봉하여 동단국왕으로 삼았다. 아보기의 동생인 迭剌을 左大相, 渤海老相을 右大相, 渤海司徒 大素賢을 左次相, 耶律羽之를 右次相으로 삼았다(『遼史』 권2, 本紀 제2, 太祖下, 天顯元年 2月 丙午). 발해인과 거란인을 함께 상층 관리로 임명하였으나 실권은 후자에게 있었다.

3) 발해 제15대 왕으로 마지막 왕이다. 906년부터 926년까지 재위하면서 요동을 두고 거란과 치열한 싸움을 벌였다. 그러나 925년 12월에 거란이 대대적인 침공을 시작하여 곧바로 발해 서쪽 변경의 군사 요충지인 부여부를 함락시키고 얼마 안 되어 수도 홀한성을 포위하자 항복하였고, 926년 1월 멸망하였다. 같은 해 7월에 야율아보기가 회군하면서 왕후와 함께 끌고 가 거란의 수도 상경 임황부의 서쪽에 성을 쌓고 살게 하였다.

4) 耶律德光(902~947)은 요나라 제2대 황제인 태종(재위 927~947)으로, 태조 야율아보기의 차남이다. 본명은 堯骨이며, 字는 德謹이다. 아보기의 발해 親征에 대원수가 되어 참여하여 공을 세웠다. 926년 아보기가 발해를 멸망시킨 뒤 회군할 때 사망하자, 황후인 述律氏가 섭정으로 정권을 장악하고 맏이인

그 땅이다. 태조가 말하기를, "내가 발해국을 치려 했으나 여러 계책을 정하지 못하고 있었는데 용이 내 앞에 나타나서 내가 쏘아 죽일 수 있었으니, 이는 발해를 멸할 승리의 조짐이다."라고 하였다. 드디어 그 나라를 평정하고 그 임금을 사로잡았다.

○ 권제2, 태종기(太宗紀) 상(上)

[天顯三年]十一月契丹東丹王突欲失職怨望, 帥其部曲四十人越海奔唐. 唐賜姓東丹, 名慕華, 以爲懷化節度使.

[천현(天顯) 3년(928)] 11월에 거란의 동단왕(東丹王) [야율]돌욕이 실직(失職)했다고 원망하여, 그 부곡(部曲) 40인을 거느리고 바다를 건너 [후]당으로 달아났다. 당은 그에게 성을 동단(東丹), 이름을 모화(慕華)로 하사하고, 회화절도사(懷化節度使)로 삼았다.

[天顯十年十一月]唐主潞王命河陽節度使萇從簡與趙州刺史劉在明守河陽南城, 遂斷浮梁, 歸洛陽. 殺東丹王李贊華.

[천현(天顯) 10년(935) 11월에] [후]당주([後]唐主) 노왕(潞王)이 하양절도사(河陽節度使) 장종간(萇從簡)과 조주자사(趙州刺史) 유재명(劉在明)에게 명하여 하양남성(河陽南城)을 지키게 하였는데, 마침내 교량이 끊어져 낙양(洛陽)으로 돌아갔다. 동단왕 이찬화(李贊華)를 죽였다.

[會同元年秋七月]遼以幽州爲南京, 大都爲上京, 渤海夫餘城爲東京.

東丹國王 突欲을 대신해 덕광이 즉위할 수 있도록 하였다. 즉위 후에 燕雲 十六州를 차지하고 後唐과 後晉을 멸망시켰다. 947년에는 국호를 거란에서 大遼로 고쳤다.
5) 거란이 926년 扶餘府를 고쳐 설치하였으며, 그 치소는 지금의 길림 農安이다. 975년에 폐지하였다가 1020년에 다시 설치하였다.

[회동(會同) 원년(938) 가을 7월에] 요가 유주(幽州)를 남경(南京)으로 삼고, 대도(大都)를 상경(上京)으로 삼으며, 발해 부여성(夫餘城)을 동경(東京)[6]으로 삼았다.

○ 권제6, 경종기(景宗紀)

[乾亨六年秋七月]宋太宗欲北侵, 遣詔渤海王發兵相應, 然渤海畏遼, 竟無至者. 遣使如渤海責問.

[건형(乾亨) 6년 가을 7월에] 송(宋) 태종(太宗)이 북침(北侵)을 하고자 하여, 발해왕에게 조서를 보내 병사를 일으켜 상응토록 하였다. 그러나 발해는 요(遼)가 두려워 끝내 이르지 못하였다. 사신을 보내 발해를 책문(責問)하였다.

○ 권제10, 천조기(天祚紀) 상(上)

[天慶六年]春正月朔夜, 渤海人高永昌率党徒十數人, 乘酒恃勇, 持刃踰垣入府衙, 登廳, 問留守所在, 紿云, 外軍變, 請爲備. 保先繾出, 刺殺之. 是夜, 有戶部使大公鼎, 本渤海人, 登進士第, 頗剛明, 聞亂作, 權行留守事, 與副守高淸臣集諸營奚·漢兵千餘人, 次日搜索元作亂渤海人, 得數十人, 並斬首, 卽撫安民. 倉卒之際, 有濫被其害者. 小人喜亂, 得以藉口, 不可禁戢, 一夜燒寨起亂.
初三日, 軍馬抵首山門, 大公鼎等登門, 說諭使歸, 不從.
初五日夜, 城中擧火, 內應開門, 騎兵突入, 陣於通衢. 大公鼎·高淸臣督軍迎敵, 不勝, 領麾下殘兵百餘人, 奪西門, 出奔行闕. 高永昌自殺留守蕭保先後, 自據東京, 稱大渤海皇帝, 改元應順, 據遼東五十餘州, 分遣軍馬, 肆其殺掠, 所在州郡奚人戶, 往往挈家渡遼以避. 獨瀋州未下. 宰相張琳, 瀋州人也, 天祚命討之. 琳先常兩任戶部使, 有東京人望, 至是募遼東失業者, 幷驅轉戶强壯充軍. 蓋遼東夙與女眞·渤海

6) 잘못된 기록이다. 요의 동경은 현재의 遼陽 지역이다. 요나라 태조가 발해를 멸망시킨 뒤 이곳에 東平郡을 설치하였다. 천현 3년(928) 요 태종이 동평군을 올려 南京으로 삼고 府名을 요양이라 하였다. 회동 원년(938)에 東京으로 이름을 고쳤다.

有釁, 轉戶則使從良, 庶幾效命敢戰. 旬日之間, 得兵二萬餘, 隨行官屬·將領, 聽從辟差.

是春, 天祚慕渤海武勇馬軍高永昌等二千人, 屯白草谷, 備禦女眞. 會東京留守太師蕭保先 爲政酷虐, 渤海素悍, 有犯法者不恕. 東京乃渤海故地, 自阿保機力戰二十餘年始得之, 建爲東京.

夏五月初, 自顯州進兵, 渤海止備遼河三叉黎樹口. 張琳遣羸卒數千, 疑其守兵, 以精騎間道渡河趨瀋州, 渤海始覺, 遣兵迎敵. 旬日間三十餘戰, 渤海稍却, 退保東京. 張琳兵距城五里, 隔太子河箚寨. 先遣人移文招撫, 不從, 傳令留五日糧, 決策破城. 越二日, 發安德州義軍先渡河, 次引大軍齊渡, 忽上流有渤海鐵騎五百, 突出其傍, 諸軍少却, 退保舊寨, 河路復爲所斷, 三日不得渡, 衆以饑告, 謀歸瀋州, 徐圖後擧. 初七日夜移寨, 渤海騎兵尾襲, 强壯者僅得入城, 老幼悉被殺掠. 是時軍伍尚整, 方議再擧, 忽承女眞西南路都統闍母國王檄, 準渤海國王高永昌狀, 遼國張宰相統領大軍前來討伐, 伏乞救援. 當道於義, 卽合應援. 已約五月二十一日進兵. 檄到瀋州, 衆以渤海詐作此檄, 不爲備. 是日, 聞探東北有軍掩至, 將士呼曰, 女眞至矣. 張琳急整軍迎敵, 將士望見女眞兵, 氣已奪, 遂敗走入城. 女眞隨入, 先據城西南, 後縱兵殺戮幾盡, 孟初·劉思溫等死之. 張琳與諸子弟等幷官屬縋城苟免, 盡失軍資·器甲, 隨入遼州, 收集殘軍, 坐是謫授遼興軍節度使. …

女眞初援渤海, 已而復相攻, 渤海大敗. 高永昌遁入海, 女眞遣兀室·訥波勃董以騎三千追及於長松島, 斬之. 其潰散漢兒軍, 多相聚爲盜, 如侯槩·吳撞天等, 所在蟠結, 以千百計, 自稱雲隊·海隊之類, 紛然並起, 每一飯屠數千人, 數路之民殆盡, 遼不能制之.

… [天慶八年秋]是時有楊朴者, 遼東鐵州人也, 本渤海大族, 登進士第, 累官校書郎. 先是高永昌叛時, 降女眞, 頗用事, 勸阿骨打稱皇帝, 改元天輔, 以王爲姓, 以旻爲名, 以其國産金, 號大金. 又陳說阿骨打曰, 自古英雄開國受禪, 先求大國封冊.

八月, 阿骨打遣人詣天祚求封冊.

… 冬十二月 至金國楊朴以儀物不全用天子之制, 又東懷國乃小邦懷其德之義, 無冊爲兄之文, 如遙芬多䄎, 皆非美意, 彤弓象輅, 亦諸侯事, 渠材二字, 意似輕侮, 命習泥烈歸易其文, 隨答云, 兄友弟恭, 出自周書, 言友睦則兄之義見矣. 楊朴等面折以爲非是.

[천경(天慶) 6년(1116)] 봄 정월 초하루 밤에 발해인 고영창(高永昌)[7]이 흉도(兇徒) 십수 인을 거느리고, 술기운으로 용기를 내어 칼을 쥐고 담을 넘어 부아(府衙: 관청)로 들어갔다. 등청하여 유수(留守)의 소재를 물으며 속여 말하기를, "외부에서 군사의 움직임이 있으니, 청컨대 방비해야 합니다." 하였다. [이에] [소]보선([蕭]保先)이 겨우 나갔는데, [흉도 무리가] 찔러 죽였다. 이 밤에 호부사(戶部使) 대공정(大公鼎)이 [관청에] 있었는데, 본래 발해인으로 진사(進士)에 급제하였고 자못 강명(剛明)하였다. [그가] 난(亂)을 일으켰다는 이야기를 듣자, 유수사(留守事)를 임시로 대행하여 부수(副守) 고청신(高淸臣)과 함께 여러 영(營)의 해(奚)·한(漢)의 병사 천여 명을 모았다. [그리고] 다음날에 난을 일으킨 발해인을 발본색원하여 수십 인을 사로잡아 모두 참수하고, 곧 백성을 어루만져 안정시켰다. [그러나] 창졸지간에 그 해를 입은 자가 넘쳐났다. 소인(小人)은 난을 좋아하고 자구(藉口)를 두어 얻으니 단속이 불가하여, 하룻밤에 성채를 불사르고 난을 일으킨 것이다.

초사흗날에 군마(軍馬)가 수산문(首山門)을 막자, 대공정 등이 문에 올라 말로 타일러 돌려보내려 하였는데, 따르지 않았다.

초닷샛날 밤에 성중에 화재가 일어나자 [성중에서 난을 일으킨 무리와] 내응하여 문이 열렸고, [난을 일으킨 무리의] 기병(騎兵)이 돌입하여 통행하는 길에 진을 펼쳤다. 대공정과 고청신이 군대를 감독하여 적을 맞이하였는데, 이기지 못하고 휘하의 잔병 100여 인을 거느리고 서문의 좁은 길로 도망쳐 나와 궁궐을 빠져나갔다. 고영창이 유수 소보선을 죽인 후에 스스로 동경(東京)을 차지하고, 대발해(大渤海) 황제를 칭하며 연호를 고쳐 응순(應順)이라 하였다.[8] 요동(遼東) 50여 주를 차지하고 군마를 나누어 보내고 살인과 약탈을 제멋대로

---

7) 고영창은 요나라 供奉官으로, 1115년 阿骨打가 요동으로 남하하자 이를 저지하기 위해 渤海武勇馬軍 2,000명을 모집하여 요양부 인근의 白草谷을 지켰다. 그 이듬해 정월 東京留守 蕭保先의 혹독한 학정에 시달리던 발해 유민과 함께 요양부를 점령하고, 국호를 '大渤海國'이라 하였다. 金과 교섭하여 요에 대항하려 했으나 도리어 요와 금 양쪽으로부터 공격을 받았고, 고영창이 금에 붙잡혀 참살되며 대발해국은 5개월 만에 멸망하였다.

8) 고영창이 세운 나라가 大渤海인지 大元인지 정확하지 않다. 『高麗史』·『高麗史節要』에는 국명과 연호

하니, 주군(州郡)에 소재한 해(奚)의 인호(人戶)가 왕왕 피하고자 모든 가족을 데리고 요[하]를 넘어갔다. 홀로 심주(瀋州)⁹⁾만이 함락되지 않았다. 재상(宰相) 장림(張琳)은 심주 사람인데, 천조[제]가 명하여 그(고영창)를 토벌하게 하였다. 림은 예전에 일찍이 [동경의] 호부사(戶部使)를 두 차례 역임하였는데, 동경에서 인망(人望)이 있었다. 이에 이르러 요동의 일이 없어진 사람들[失業者]을 모집하고, 아울러 전호(轉戶)와 강한 장사로 충군(充軍)하여 내보냈다. 대개 요동은 예로부터 여진(女眞)과 발해가 함께 원수로 지냈는데, 전호를 곧 면천토록[從良] 하니, 간절한 바람으로 목숨을 다하여 결사적으로 싸웠다. 열흘 동안에 병사 2만여 명을 얻었는데, 관속(官屬)과 장령(將領)이 수행하고 차별을 피하여 따르기를 청하였다.

　이해 봄에 천조[제]가 발해의 무예가 뛰어나고 용감한 마군(馬軍) 고영창 등 2천 인을 모아서 백초곡(白草谷)에 주둔케 하여, 여진을 방어케 하였다. 이때 동경유수(東京留守) 태사(太師) 소보선이 행하는 포학한 정치를 [발해인이] 당하였는데, 발해는 본시 사나워 범법자가 있으면 [소보선이] 용서하지 않았다. 동경은 발해의 옛 땅으로 [야율]아보기가 20여 년을 힘껏 싸워 비로소 얻은 곳으로, 동경을 세운 것이다.

　여름 5월 초하루에 [장림이] 현주(顯州)로 부터 진군하자, 발해가 요하(遼河) 삼차(三叉)의 여수구(黎樹口)에 머무르며 방비하였다. 장림이 파리한 병졸 수천을 보냈는데, 그 지키는 병사를 의심하여 (장림이) 정예 기병으로서 사잇길로 강을 건너 심주로 재촉하여 가니, 발해가 비로소 깨달아 군사를 보내 적을 막게 하였다. 10일간 30여 차례 싸웠는데, 발해가 점점 물러나 동경으로 후퇴하여 지켰다. 장림의 병사가 [동경]성 5리의 거리에, 태자하(太子河)를 사이에 두고 목책을 설치하였다. 먼저 사람을 보내 이문(移文: 관청 사이의 공문서)으로 초무(招撫)하였는데 [고영창이] 따르지 않았다. 전령(傳令)하여 5일 치의 군량만큼 머무르며, 책략을 결정하여 성을 깨뜨리고자 하였다. 2일이 넘어가자 안덕주(安德州)의 의군(義軍)을 보내 먼저 강을 건너게 하고, 차례로 대군을 인솔하여 가지런히 건넜다. 홀연히 상류에 발해의 철기(鐵騎) 5백이 있어 그 곁에 갑자기 나타나자, 각 군이 조금씩 물러나 옛 목책으로 퇴보하였다. 물길이 다시 끊어져서 3일 동안 건너지 못하게 되자, 무리가 굶주림을 고하여 심주로

　　가 '大元'과 '隆基'로 나오지만, 『契丹國志』 卷10 天祚紀上에는 "高永昌自殺留守蕭保先後 自據東京 稱大渤海皇帝 開元應順 據遼東五十餘州"라 하여 '대발해'와 '應順'으로 나와 차이를 보인다(이효형, 2002, 22쪽; 이효형, 2006, 14쪽).
 9) 지금의 요령성 심양시 老城區 일대를 말한다(유득공 지음, 김종복 옮김, 2018, 194쪽).

돌아갈 것을 상의하였고, 모두 후일을 도모하고자 하였다.

초이렛날 밤에 목책을 옮겼는데 발해의 기병이 후미를 습격하니, 굳세고 강한 자는 겨우 성에 들어갈 수 있었으나 늙고 어린 자는 모두 살인과 약탈을 당하였다. 이때 군대의 대오가 아직 정연하여, 다시 (재정비하여) 일어남을 의논하였는데, 갑자가 여진(女眞)의 서남로도통(西南路都統)[10] 도모(闍母)가 국왕(아골타)의 격서를 받들었는데, "발해국왕(渤海國王) 고영창의 장문에 따르면, 요국(遼國) 장(張) 재상이 대군을 통령(統領)하여 이전에 토벌하러 왔는데 [고영창이] 구원(救援)을 복걸(伏乞)하였다. 당연히 의리의 도리로 즉시 합류하여 응원하였다. 이미 5월 21일에 진군하기로 약속하였다."라고 하였다. 격문이 심주에 이르자, 무리는 발해가 이 격문을 속여 만들었다고 여겨, 방비하지 않았다. 이날에 탐문하여 동북(東北)에 군이 있어 엄습을 가하자, 장사(將士)들이 외쳐 말하기를 "여진이 이르렀구나." 하였다. 장림이 급히 군사를 정비하고 적을 맞는데, 장사들이 여진 병사를 멀리서 바라보고는 기운을 이미 잃어버렸고 마침내 패하여 도주해 (심주성에) 입성하였다. 여진이 따라 들어왔는데 먼저 성 서남에 근거하고 후에 병사를 풀어 살육하니, (요군이) 거의 전멸하고 맹초(孟初)·유사온(劉思溫) 등이 죽었다. 장림이 각 자제 등과 함께 관속을 아울러 줄에 매달려 성을 빠져나와 간신히 [죽음을] 면하였으나, 군자와 병기들을 모두 잃어버렸다. 곧바로 요주로 들어가 패잔병을 거두었으나, 이로 인해 벌로 요흥군절도사(遼興軍節度使)를 제수하였다. …

여진이 처음에 발해를 구원하였다가, 얼마 되지 않아 다시 서로 공격하였는데, 발해가 대패하였다. 고영창이 바다에 들어가 숨었는데, 여진이 올실(兀室)·눌파(訥波)·발근(勃堇)을 보내 3천 기로 뒤쫓아 장송도(長松島)에서 참수하였다. 그 무너져 흩어진 한아군(漢兒軍)은 다수가 서로 모여서 도적이 되니, 후개(侯槩)·오당천(吳撞天) 등이 이와 같고, 있는 곳에서 서로 얽혀 수백수천을 헤아림에 따라 운대(雲隊)·해대(海隊)의 부류라고 자칭(自稱)하여, 분연하게 모두 일어났다. 매일 밥 먹듯이 수천 명을 도살하니 여러 지역의 백성들이 거의 전멸되어, 요에서 억제할 수 없었다.

… [천경(天慶) 8년(1118) 가을] 이때에 양박(楊朴)이라는 자가 있었는데, 요동 철주인(鐵州人)이다. 본래 발해의 대족(大族)으로, 진사에 등제하여 누차 벼슬이 올라 교서랑(校書郞)

---

10) 금나라의 최고 군사 지휘관이다. 그 아래 萬戶, 軍帥, 猛安이 있었다(유득공 지음, 김종복 옮김, 2018, 220쪽).

이 되었다. 앞서서 고영창이 반란을 일으켰을 때 (양박은) 여진에 항복하였다. 자못 일을 잘하여, 아골타(阿骨打)[11]에게 황제를 칭할 것을 권하였다. 천보(天輔)로 개원하고 왕(王)으로써 성을 삼고 민(旻)으로써 이름을 삼았으며, 그 나라에서 금(金)이 산출되니 [국]호를 대금(大金)이라 하였다. 또 아골타에게 진술하여 말하기를 "예부터 영웅이 개국하고 선위받게 되면, 먼저 대국에 책봉을 구하여야 합니다."라고 하였다.

8월에 아골타가 사람을 보내서 천조[제]에게 나아가 책봉을 구하였다.

… 겨울 12월에 금국(金國)에 이르러 양박은 [요에서 가져온] 의물(儀物)이 천자의 제도에 사용하기에 불완전하고, 또 동회국(東懷國)은 곧 작은 나라여서 그 [큰 나라의] 덕의 의로움을 생각한다는 뜻이며, [아골타를] 형으로 책(冊)한다는 글이 없고, 멀리서 향기롭고 복이 많은 것과 같은 것은 모두 아름다운 뜻이 아니며, 동궁(彤弓: 붉은 칠을 한 활)과 상아로 만든 수레[象輅]는 또한 제후의 일이고, 거재(渠材: 개천의 재목) 두 글자는 뜻이 가벼워 업신여김과 같다고 하였다. 습니렬(習泥烈)에게 명하여 그 문장을 바꾸게 하라 하여 돌려보냈는데, 곧바로 답하여 이르기를 "형제의 우애 깊음은 주서(周書)에서부터 나오니, 우애가 있고 화목하다는 말은 곧 형의 의견(義見)이다. 양박 등이 옳지 못하다."라고 하여 대면하여 꾸짖었다.

○ 권제13, 해빈왕 문비(海濱王文妃)

海濱王文妃, 本渤海大氏人. 幼選入宮, 聰慧閑雅, 詳重寡言. 天祚登位, 冊爲文妃, 生晉王. 文妃自少時工文墨, 善歌詩. 見女眞之禍日日侵迫, 而天祚醉心畋遊, 不以爲意, 一時忠臣多所疏斥, 時作歌詩以諷諫, 曾有歌云, 莫嗟塞上暗紅塵, 莫傷多難畏女眞, 不如塞却姦邪路, 選取好人. 直臥薪而嘗膽, 激壯士之捐身. 便可以朝淸漢北, 夕枕燕雲. 詞多不備載, 其諷切不避權貴如此. 又曾作詠史詩云, 丞相朝來劍佩鳴, 千官側目寂無聲. 養成外患嗟何及, 禍盡忠臣罰不明. 親戚並居藩翰位, 私門潛蓄爪牙兵. 可憐昔代秦天子, 猶向宮中望太平. 其詩之感烈有如此者, 天祚見而銜之.

---

11) 完顏劾里鉢의 둘째 아들로, 漢式 이름은 王旻(1068~1123)이다. 1114년 寧江州에서 요나라 군대를 격파하고, 이듬해인 1115년에 금나라를 세웠다. 시호는 武元皇帝이며, 묘호는 太祖이다. 연호는 收國이며, 會寧에 도읍하였다.

> 是時, 契丹緣金人之禍, 喪郡縣幾盡, 天祚遊畋不輟, 嘗有倦勤意. 諸子中惟晉王最賢, 蕭奉先乃元妃兄, 深忌之. 會文妃之姊適耶律撻曷里, 妹適耶律伊覩, 奉先誣告伊覩欲立晉王, 尊天祚爲太上皇. 帝於是戮撻曷里幷其妻, 文妃與晉王相繼受誅.

해빈왕(海濱王)의 문비(文妃)는 본래 발해 대씨(大氏) 사람이다. 어릴 때 선출되어 궁에 들어갔는데, 총명하고 지혜롭고 단아하며 생김새도 중후하고 말이 적었다. 천조[제]가 즉위하여 책봉되어 문비가 되었고, 진왕(晉王)을 낳았다. 문비는 어려서부터 문묵(文墨)[12]에 뛰어났고, 노래와 시[歌詩]를 잘하였다. 여진(女眞)의 화(禍)가 날로 다가오고 있는데, 천조[제]는 전렵에 도취되어 생각에 두지 않고 일시에 충신들을 많이 멀리하고 물리쳤다. 이때 [문비는] 노래와 시를 지어 넌지시 간(諫)하였는데, 일찍이 노래로 이르기를 "저 국경에서 이는 말발굽의 자욱한 먼지를 탄식하지 말고, 난리가 많고 여진(女眞)을 두려운 것도 슬퍼하지 말게. 간사한 자가 등용되는 길목을 막고, 어진 신하를 가려 쓰느니만 못하리. 당장 시급한 것은 와신상담(臥薪嘗膽)이니, 장부들이 한 몸 흔쾌히 던지도록 격려하여, 아침에 한북(漢北)을 깨끗이 청소하면 저녁에는 연주(燕州)와 운주(雲州)에서 베게를 베고 잠을 청할 수 있으리라."라고 하였다. 사(詞)[13]가 많이 전해져 오지는 않는데, 가사가 자못 완곡하고 절절하였으며 권귀(權貴)를 피하지 않음이 이와 같았다. 또한 영사시(詠史詩)를 지어 이르기를, "승상(丞相)이 조회에 나올 때 (허리춤에 찬) 칼이 요란스레 울건만, 뭇 관료들은 곁눈 흘기고 고요히 입을 닫는구나. 외환(外患)을 기르고 있으니 탄식한들 무엇 하리. 화를 입어 충신들 모두 쓰러지니 [상]벌이 명확하지 못하구나. 친척들은 변방의 장수 자리 모두 꿰차고, 개인 집들은 몰래 사병을 기른다네. 가련할손 지난날의 진(秦)나라 천자여. 그러고서도 궁중의 태평을 바라는구려."라고 하였다. 그 시의 감동이 이와 같으니, 천조[제]는 그것을 보고 음미하였다. 이때에 거란은 금인(金人)의 화로 인하여 군현은 날로 줄어들고, 천조[제]는 사냥놀이를 그치지 않고 일찍이 근정에 권태를 느끼는 듯하였다. 여러 아들 중에 진왕(晉王)만이 제일 현명했는데, 원비(元妃)의 오라버니인 소봉선(蕭奉先)이 매우 꺼리고 있었다. 문비의 언니가 야율달

---

12) 詩文을 짓거나 書畫를 그리는 일.
13) 詞는 넓은 의미에서 시라고 할 수 있다. 그러나 시가 음악과 완전히 분리된 뒤에 노래 가사로서 새로 생겨난 것이 詞이므로 '曲子'라고 불렀다.

갈리(耶律撻曷里)한테 시집가고 여동생은 야율이도(耶律伊覩)에게 시집감에 즈음하여 봉선은 이도가 진왕을 옹립하고 천조[제]를 태상황(太上皇)으로 모시려 한다고 모함하였다. 황제는 달갈리와 그의 아내를 찢어 죽이고, 문비와 진왕을 잇달아 주살하였다.

○ 권제14, 동단왕(東丹王)

東丹王名突欲, 太祖長子, 母曰述律氏. 太祖攻渤海, 拔其夫餘城, 更名曰東丹國, 命其長子突欲鎭東丹, 號人皇王, 時唐明宗初年也. 太祖崩於渤海, 述律后使少子安端少君守東丹, 與長子突欲奉太祖之喪, 發渤海. 先是, 突欲鎭東丹時, 乃渤海國亦有宮殿, 被十二旒冕, 服皆畫龍像, 稱制行令. 凡渤海左右平章事·大內相已下百官, 皆其國自除授, 歲貢契丹國細布五萬匹·麤布十萬匹·馬一千匹. 太祖崩, 述律后愛中子德光, 欲立之, 至西樓, 命與突欲俱乘馬立帳前, 謂諸將曰, 二子吾皆愛之, 莫知所立, 汝曹擇可立者執其轡. 諸將知其意, 爭歡躍曰, 願事元帥太子. 后曰, 衆之所欲, 吾安敢違. 遂立之, 爲天皇王, 稱皇帝. 突欲慍, 帥數百騎, 欲奔唐, 爲邏者所遏. 后不罪, 遣歸東丹. 唐明宗長興元年, 突欲自以失職, 帥部曲四十人, 越海自登州奔唐. 明宗賜姓東丹, 名慕華, 以爲懷化節度使·瑞愼等州觀察使, 其部曲及先所俘將惕隱等, 皆賜姓名. 惕隱姓狄, 名懷惠. 次年, 明宗更賜東丹慕華姓名曰李贊華. 明宗長興三年, 以贊華爲義成節度使, 選朝士爲僚屬輔之. 贊華但優游自奉.

동단왕(東丹王)의 이름은 [야율]돌욕이고, 태조의 장자(長子)이다. 어머니는 술률씨(述律氏)이다. 태조가 발해를 공격하여 부여성(夫餘城)을 함락하고, 이름을 동단국(東丹國)이라 고치고 그 장자 돌욕에게 동단을 진수토록 명하였으며, 호를 인황왕(人皇王)이라 하였다. 이때가 [후]당([後]唐) 명종(明宗) 초년(925)이다. 태조가 발해에서 붕어하자, 술률후(述律后)가 소자(少子)인 안단소군(安端少君)으로 하여금 동단을 지키게 하고 장자 돌욕과 더불어 태조의 장례를 치르고자 하여 발해를 출발하였다. 이에 앞서 돌욕이 동단을 진수할 적에, 발해국 또한 궁전이 있어서 12면류관을 쓰고 모두 용상이 그려진 복식을 입고 행령(行令)을 칭제(稱制)[14]하였다. 무릇 발해 좌평장사(左平章事)·우평장사(右平章事)·대내상(大內相) 이하 백관(百官) 모두 그 나라 스스로 제수(除授)케 하였고, 세공(歲貢)으로 거란국에 세포

(細布) 5만 필, 추포(麤布) 10만 필, 말 1천 필을 바쳤다. 태조가 붕어하자, 술률후는 둘째 아들 [야율]덕광([耶律]德光)을 사랑하였기에 그를 등극시키려고 하였다. 서루(西樓)15)에 이르러 돌욕과 함께 말을 타고 장막 앞에 서게 하고서, 제장(諸將)에게 말하였다. "두 아들을 내가 다 사랑하여, 누구를 세워야 할지 모르겠다. 너희들이 세울 만한 자를 가려서 그의 말고삐를 쥐도록 하라."라고 하였다. 제장이 그 뜻을 알고, 다투어 날뛰면서 "원수태자(元帥太子: 야율덕광)를 섬기겠습니다."라고 말하였다. [술률]후는 "중인[衆]이 하고자 하는 것을 내가 어찌 어길 수 있겠는가." 하고 말하였다. 드디어 그를 세워 천황왕(天皇王)으로 삼고 황제라 칭하였다. 돌욕은 분해하며 수백 기를 거느리고 당으로 도망치려다가 순라(巡邏)에게 막혔다. 후는 죄를 논하지 않고 동단으로 돌려보냈다. [후]당 명종 장흥(長興) 원년(930)에 돌욕은 스스로 실직(失職)하여 부곡(部曲) 40명을 거느리고 바다를 건너 등주(登州)로 해서 당으로 달아났다. 명종은 [그에게] 성을 동단(東丹), 이름을 모화(慕華)로 하사하고, 회화절도사(懷化節度使)와 서신등주관찰사(瑞愼等州觀察使)로 삼았다. 그의 부곡 및 앞서 포로가 된 장수 척은(惕隱) 등에게 모두 성명(姓名)을 하사하였다. 척은에게는 성을 적(狄), 이름은 회혜(懷惠)라고 하였다. 이듬해에 명종은 동단모화에게 성명을 고쳐 하사하여 이찬화(李贊華)라고 하였다. 명종 장흥 3년(932)에 찬화를 의성절도사(義成節度使)로 삼고 조사(朝士)를 골라서 요속(僚屬)으로 삼아 그를 돕게 하였다. 찬화는 다만 우유자봉(優游自奉)하였다.

○ 권제14, 연왕홍도(燕王洪道)

燕王洪道, 番名叱地好, 道宗同母弟也. 頗有武略. 庫莫奚侵擾, 詔洪道討之. 洪道伏兵林中, 佯敗而走, 奚掠輜重, 洪道與伏兵合擊之, 盡殪. 後渤海高頹樂反, 又命洪道討之. 終於燕京留守, 封燕王.

---

14) 制는 황제의 명령을 이른다. 정변으로 스스로 제위에 오르거나 황태후 등이 황제의 위상에 부응하는 권력을 장악한 후 명령을 내릴 때에도 '稱制'라고 한다.
15) 遼代 四樓의 하나로 요 태조 야율아보기가 수렵과 무예를 단련하기 위해 설치하였는데, 임시적인 정치 중심지의 기능도 가졌다. 西樓는 가을 수렵지로, 祖州에 위치하였다. 지금의 內蒙古自治區 赤峯市 북부에 있는 巴林左旗의 서남쪽 지역이다.

연왕(燕王) 홍도(洪道)는 번의 이름은 질지호(叱地好)이고, 도종(道宗)의 동모제(同母弟)이다. 자못 무략(武略)이 있다. 고막해(庫莫奚)가 침입하여 어지럽히자, 홍도에게 조서를 내려 토벌케 하였다. 홍도가 숲속에 병사를 매복하고서 거짓으로 패한 척하면서 달아나자 해가 양식과 군용 물자를 노략하였으나, 홍도와 복병이 합세하여 그들을 공격하여 모두 죽였다. 후발해 고퇴악(高頹樂)이 반란을 일으키자, 또한 홍도에게 명하여 토벌케 하였다. 연경유수(燕京留守)로 생을 마감하고 연왕(燕王)에 봉해졌다.

○ 권제19, 장림(張琳)

張琳, 瀋州人也. … 天祚立, 兩爲戶部使, 負東京人望. 女眞日熾, 高永昌繼叛於渤海, 時天慶六年也. 永昌叛, 遼東五十餘州盡沒, 獨瀋州未下, 琳痛念鄕焚, 欲自討之. 契丹屢敗, 精兵銳卒十無一存. 琳討永昌, 搏手無策, 始招所謂轉戶軍. 蓋遼東渤海, 乃夙所讎, 若其轉戶, 則使從良, 庶幾捐軀奮命. 命下, 得兵三萬餘. 琳自顯州進兵, 渤海止備遼河三叉口. 琳遣羸卒數千, 陽爲來攻, 間道以精騎渡河, 直趨瀋州, 渤海始覺. 經三十餘戰, 渤海乃走保東京. 其後女眞援至, 師自驚恐, 望風而潰, 失亡不可勝計. 琳遁入遼州, 謫授遼興軍節度使, 乃平州也.

장림(張琳)은 심주(瀋州) 사람이다. … 천조[제]가 등극하고서, 두 번 호부사(戶部使)가 되어, 동경에서 인망(人望)을 떠맡았다. 여진(女眞)이 날로 성장하자, 고영창(高永昌)이 발해에서 연이어 반란을 일으켰다. 이때가 천경(天慶) 6년(1116)이다. 영창이 반란을 일으켜 요동(遼東) 50여 주가 모두 함락되었으나, 심주만이 항복되지 않았는데, 장림은 고향이 위급함을 애통해하며 스스로 토벌코자 하였다. 거란이 누차 패배하자, 정예 병졸이 10인 중에 한 명도 남아 있지 않았다. 림이 영창을 토벌함에 속수무책하여, 비로소 소위 전호군(轉戶軍)을 모집하였다. 대개 요동의 발해는 오래전부터 원수지간이어서, 만약 그 전호(轉戶)를 곧 양인이 되게 하면 의를 위해 몸을 버리고 목숨을 다할 것이다. 명을 내리자 병사 3만여 명을 얻었다. 림이 현주(顯州)로부터 진공하자, 발해는 요하(遼河) 삼차구(三叉口)에서 멈추어 대비하였다. 림이 영졸(羸卒) 수천 명을 보내어 겉으로는 와서 공격하면서 정예 기병은 사잇길로 강을 건너 심주로 곧바로 나가게 하였다. 발해는 비로소 깨달아 30여 차례 싸우다가, 발해가 이내 동경(東京)으로 달아나 지켰다. 이후에 여진의 구원[군]이 이르자, [장림의] 병사들이 스스로 놀라고 두려워하여 멀리서 위세를 보고 무너지고 승리할 계책이 없음에 실망하였다. 림이 요주(遼州)로 도망하여 들어갔고, 마침내 요흥군절도사(遼興軍節度使)로 강등되었는데 이는 곧 평주(平州)이다.

○ 권제22, 주현재기(州縣載記)

次東南至五節度熟女眞部族. 共一萬餘戶, 皆雜處山林, 尤精弋獵. 有屋舍, 居舍門皆於山牆下闢之. 耕鑿與渤海人同, 無出租賦, 或遇北主征伐, 各量戶下差充兵馬, 兵回, 各逐便歸本處. 所產人參·白附子·天南星·茯苓·松子·猪苓·白布等物. 並係契丹樞密院所管, 差契丹或渤海人充節度管押. 其地南北七百餘里, 東西四百餘里, 西北至東京五百餘里.

… 又東北至屋惹國·阿里眉國·破骨魯國等國. 每國各一萬餘戶. … 契丹樞密院差契丹或渤海人充逐國節度使管押, 然不出征賦兵馬, 每年惟貢進大馬·蛤珠·青鼠皮·貂鼠皮·膠魚皮·蜜蠟之物, 及與北番人任便往來買賣. 西至上京四千餘里.

正東北至鐵離國. 南至阿里眉等國界. 居民言語·衣裝·屋宇·耕養稍通阿里眉等國, 無君長, 皆雜處山林. 不屬契丹統押, 亦不與契丹爭戰, 復不貢進, 惟以大馬·蛤珠·鷹鶻·青鼠·貂鼠等皮·膠魚皮等物與契丹交易. 西南至上京五千餘里.

次東北至靺鞨國. 東北與鐵離國爲界, 無君長統押, 微有耕種. 春夏居屋室中, 秋冬則穿地爲洞, 深可數丈而居之, 以避其寒. 不貢進契丹, 亦不爭戰, 惟以細鷹鶻·鹿·細白布·青鼠皮·銀鼠皮·大馬·膠魚皮等與契丹交易. 西南至上京五千里.

又次北至鐵離·喜失牽國. 言語·衣裝·屋舍與靺鞨稍同. 無君長管押, 不貢進契丹, 亦不爭戰, 惟以羊·馬·牛·駝·皮毛之衣與契丹交易. 西南至上京四千餘里.

… 東京, 本渤海王所都之地. 在唐時, 爲黑水·靺鞨二種依附高麗者. 黑水部與高麗接, 勝兵數千, 多驍武, 古肅慎地也, 與靺鞨相鄰, 東夷中爲強國. 所居多依山水, 地卑隰, 築土如堤, 鑿穴以居. 其國西北與契丹接. 太祖之興, 始擊之, 立其子東丹王鎮其地, 後曰東京.

다음으로 동남쪽으로는 5절도(節度)와 숙여진(熟女眞) 부족에 이른다. 합쳐서 1만여 호이며, 모두 산림에 잡거하며 특히 사냥을 잘한다. 집이 있고, 집의 문은 산장(山牆) 아래에서 열린다. 농사는 발해인과 같고, 조부(租賦)를 걷는 것이 없다. 혹 북주(北主)의 정벌을 만나게 되면 각각 호(戶)를 헤아려 병마(兵馬)를 뽑아 충원하였고, 병사가 되돌아오면 각각 본래 거처로 돌아간다. 인삼·백부자(白附子)·천남성(天南星)·복령(茯苓)·잣·저령(猪苓)·백포(白布) 등의 물산이 생산된다. 모두 거란 추밀원(樞密院)의 소관이며, 거란인 혹은 발해인을 뽑아 절도관압(節度管押)으로 충원한다. 그 땅은 남북이 700여 리이고, 동서 400여 리이며, 서북에서 동경(東京)[16]까지 500여 리이다.

… 또 동북쪽으로는 옥야국(屋惹國)·아리미국(阿里眉國)·파골로국(破骨魯國) 등의 나라에 이른다. 각 국마다 1만여 호가 있다. … 거란 추밀원이 거란인 혹은 발해인을 뽑아 축국절도사관압(逐國節度使管押)으로 충원한다. 그러나 정부(征賦)와 병마(兵馬)에 차출하지는 않는다. 매년 오직 대마(大馬)·합주(蛤珠: 진주)·청서피(靑鼠皮)·초서피(貂鼠皮)·교어피(膠魚皮)·밀랍(蜜蠟)의 물산을 공물로 올리며, 북번인(北番人)과 더불어 편리하게 왕래하여 매매를 행한다. 서쪽으로 상경(上京)까지 4천여 리에 이른다.

정동북쪽으로는 철리국(鐵離國)[17]에 이른다. 남쪽으로는 아리미 등 나라의 경계에 이른다. 거주하는 백성들의 언어·의장(衣裝)·옥우(屋宇)·경작·양목은 아리미 등의 나라와 자못 통한다. 군장(君長)이 없으며, 모두 산림에 잡거한다. 거란의 통압(統押)에 예속되지 않으며, 또한 거란과의 전투에 참여하지 않는다. 다시 공납을 바치지 않는데, 오직 대마·합주(蛤珠:

---

16) 발해 5경 가운데 하나이다. 동경은 제3대 文王 大欽茂가 785년 무렵 이곳으로 천도한 이후 제5대 成王 大華璵가 다시 상경으로 천도하는 794년까지 약 10년간 발해의 수도였다. 일명 '柵城府'라고도 하며, 屬州로는 慶州·鹽州·穆州·賀州의 4주가 있다. 위치에 대해서는 琿春설, 함경북도 穩城·鍾城설, 연해주 블라디보스토크설, 니콜리스크(Nikolisk)설 등이 있었다. 1942년에 이르러 琿春의 半拉城(현재 八連城) 발굴 이후 이곳이 동경성이며 혼춘이 동경 용원부 지역임에 이견이 없다(김은국, 2006).
17) 鐵驢, 鐵驪, 鐵離라고도 한다. 철리는 말갈 7부 중에는 그 명칭이 없으나, 발해 건국 초기부터 고구려와 관계가 깊던 불열말갈, 월희말갈과 함께 활동한 것으로 보아, 고구려 당시부터 있었고 고구려와 밀접한 관련이 있었던 것으로 보인다. 위치에 대해서는 圖們江北·興凱湖의 南說(丁若鏞, 『渤海考』), 黑龍·烏蘇里江下流地域說(松井等, 1913; 鳥山喜一, 1915), 牧丹江流域說(津田左右吉, 1916), 阿什河流域說(池內宏, 1916), 松花江下流域의 依蘭地域說(小川裕人, 1937) 등이 있다. 여진이 흥기했을 때에는 길림성 동경성(지금의 寧安) 부근에 있다가 完顏部에 편입되었다(外山軍治, 1975, 45쪽).

진주)·응골(鷹鶻)·청서·초서 등의 가죽·교어피 등의 물산으로서 거란과 교역한다. 서남쪽에서 상경까지 5천여 리에 이른다.

　다음으로 동북쪽으로 말갈국(靺鞨國)에 이른다. 동북은 철리국과 경계를 이룬다. 군장의 통치를 받지 않고, 작게나마 경작을 한다. 봄여름에는 가옥 안에서 거하며, 가을겨울에는 땅을 파서 동굴을 만드는데 깊이가 수 장(丈)이나 된다. 그곳에 머물며 추위를 피한다. 거란에 공물을 바치지 않으며, 또한 전쟁에 참여하지 않는다. 오직 세응골(細鷹鶻)·사슴·세백포(細白布)·청서피·은서피(銀鼠皮)·대마·교어피 등으로 거란과 교역한다. 서남쪽으로 상경까지 5천 리에 이른다.

　또 다음으로 북쪽으로는 철리·희실견국(喜失牽國)에 이른다. 언어·의장·옥사(屋舍)가 말갈과 자못 같다. 군장의 관압(管押)을 받지 않는다. 거란에 공물을 바치지 않고, 또한 전쟁에 참여하지 않는다. 오직 양·말·소·낙타의 가죽과 털로 만든 옷으로 거란과 교역한다. 서남으로 상경까지 4천여 리에 이른다.

　… 동경은 본래 발해왕의 도읍지이다. 당 시기에 흑수(黑水)·말갈의 두 종족이 고[구]려에 의탁하였다. 흑수부(黑水部)는 고[구]려와 접해 있으며, 승병(勝兵)이 수천이고 날쌘 병사가 많았다. 옛 숙신(肅愼)의 땅이다. 말갈과 서로 이웃해 있고, 동이(東夷) 중에서 가장 강한 나라이다. 산수에 많이 의지하여 거하는데 땅은 낮고 습하며, 흙을 쌓아 제방과 같았는데, 굴을 파고 거한다. 그 나라 서북으로는 거란과 접해 있다. 태조가 흥할 때 비로소 공격하였고, 그 아들 동단왕(東丹王)을 세워 그 땅을 진수하였다. 후에 동경(東京)[18]이라 하였다.

○ 권제24, 왕기공행정록(王沂公行程錄)

　… 柳河館, 河在館旁. 西北有鐵冶, 多渤海人所居, 就河瀘沙石, 鍊得成鐵. 渤海俗, 每歲時聚會作樂, 先命善歌舞者數輩前行, 士女相隨, 更相唱和, 回旋宛轉, 號曰踏鎚. 所居室, 皆就山牆開門. … 七十里至富谷館, 居民多造車者, 云渤海人.

　… 유하관(柳河館)은 물이 [유하]관 옆에 흐른다. 서북으로는 철 제련소가 있는데 발해

---

18) 이 동경은 지금의 遼陽 지역이다.

사람이 많이 산다. 물가의 모래와 돌을 취하여 제련하여 철을 얻는다. 발해의 습속으로, 세시(歲時)마다 모여서 즐기는데, 먼저 노래와 춤을 잘 추는 자에게 여러 차례 앞서게 하면 사녀(士女)들이 서로 뒤따랐으며 다시 서로 노래하고 빙빙 돌면서 춤을 추는데 이름하여 답추(踏鎚)라 하였다. 방에서 거하며 산장(山牆)에 나아가 문을 연다. … 70리에는 부곡관(富谷館)에 이른다. 거주하는 백성들로 수레를 만드는 사람이 많은데, 발해인(渤海人)이라 한다.

○ 권제26, 고숙신국(古肅愼國)

古肅愼城, 方五里, 在渤海國東三十里, 遺堞尚在.

고숙신성(古肅愼城)은 사방 5리이며, 발해국 동쪽 30리에 있다. 성채가 아직도 남아 있다.

○ 권제26, 제번기(諸蕃記), 발해국(渤海國)

渤海國, 去燕京東北千五百里, 以石累城脚, 東並海. 其王舊以大爲姓, 右姓曰高·張·楊·竇·烏·李, 不過數種, 部曲·奴婢無姓者, 皆從其主. 婦人皆悍妬, 大氏與他姓相結爲十姊妹, 迭幾察其夫, 不容側室及他游, 聞則必謀置毒, 死其所愛. 一夫有所犯而妻不之覺者, 衆人則群聚而詬之, 爭以忌嫉相誇. 男子多智謀, 驍勇出他國右, 至有三人渤海當一虎之語. 自天祚之亂, 金人陷城, 慮其難制, 轉徙他所, 其人大怨. 富室安居踰二百年, 往往爲園池, 植牡丹, 多至三二百本, 有數十榦叢生者, 皆燕地所無, 纔以十數千或五千賤貿而去. 其居故地者, 仍歸契丹, 舊爲東京, 置留守, 有蘇·扶復等州, 蘇與宋登州·青州相直, 每大風順, 隱隱聞鷄犬聲.

발해국은 연경(燕京)에서 동북쪽으로 1,500리쯤 떨어져 있고, 돌로써 성각(城脚)을 쌓고 동쪽은 바다와 잇대어 있다. 그 왕은 원래 성이 대씨(大氏)이며, 우성(右姓)으로는 고(高)·장(張)·양(楊)·두(竇)·오(烏)·이(李) 등 불과 몇 가지밖에 없었다. 부곡(部曲)과 노비(奴婢)는 성이 없고 모두 그 주인을 따랐다. 부인들은 다 질투하고 사나운데, 대씨와 타성(他姓)이 서로 십자매(十姊妹)를 맺어 몇몇이 대신해서 자기 남편을 살피게 하여 측실(側室)을 못 두게 하였다. 다른 사람과 논다는 말을 듣기만 하면 꼭 독약을 놓아 좋아하는 사람을 죽이고야

만다. 한 남자가 일을 저질렀는데도 아내가 알지 못한다면 중인들이 곧 무리 지어 모여서 핀잔을 주고, 다투어 질투하는 자는 서로 추슬러 올린다. 남자들은 지모가 많고 효용하여 타국 사람보다 윗자리에 선다. 심지어 발해 사람 셋이면 범 한 마리를 당한다는 말이 있다. 천조(天祚)의 난으로 금인(金人)이 성을 함락하여 그를 제압하기 어렵다고 생각해 그들을 다른 곳으로 옮겨 가면서부터 그 사람들은 크게 원한을 품었다. 부실(富室)은 200년 넘게 편안히 살았고, 흔히 원지(園池)에 모란을 심었는데 많기로는 2, 3백 포기나 되고 수십 그루가 무더기로 자라는 것도 있는데 모두 연(燕) 땅에 없는 것들이다. 십수천 혹은 5천의 염가로 바꾸어 간다. 그 옛 땅에 사는 자는 의연히 거란에 귀속돼 있으며, 옛날에는 동경에 유수(留守)를 두었었다. 소주(蘇州)·부주(扶州)·복주(復州) 등의 주가 있는데, 소주는 송주(宋州)·등주(登州)·청주(青州)와 서로 마주하고 있으며, 매번 큰 바람에 따라 개와 닭이 우는 소리가 은은히 들린다.

○ 권제27, 세시잡기(歲時雜記), 단오(端午)

五月五日午時, … 國主及臣僚飲宴, 渤海廚子進艾糕, 各點大黃湯下.

5월 5일 오시(午時)에 … 국주(國主) 및 신료(臣僚)들이 잔치를 열고, 발해인 주자(廚子)[19]가 쑥떡을 올리면 각자 대황탕(大黃湯)에 떨어뜨린다.

○ 권제27, 세시잡기(歲時雜記), 방해(螃蟹)

渤海螃蟹, 紅色, 大如椀, 螯巨而厚, 其脆如中國螃蟹.

발해 게[螃蟹]는 홍색이고, 크기가 접시와 같다. 크고 두꺼운 집게발이 있고, 중국의 게처럼 접을 수 있다.

---

19) 관아에서 음식을 만드는 사람.

발해사 자료총서 – 중국사료 편 권1

16. 『문헌통고(文獻通考)』

송말(宋末)·원초(元初)의 학자인 마단림(馬端臨, 1254~1323)이 저술한 역대의 제도와 문물에 관해 정리한 책으로, 총 348권에 달한다. 마단림은 경(經)과 사(史)를 '문(文)'이라고 보고 신하의 주소(奏疏)와 유자(儒者)의 의론(議論)을 '헌(獻)'이라고 보아, 책명을 『문헌통고』로 정하였다. 원(元) 성종(成宗) 대덕(大德) 11년(1307)에 편찬을 완성하였는데, 20여 년이 소요되었다. 『문헌통고』는 상고시대로부터 남송(南宋) 가정(嘉定) 연간에 이르기까지 전장제도(典章制度)의 연혁을 전부(田賦)·전폐(錢幣)·호구(戶口)·직역(職役)·정각(征榷)·시적(市糴)·토공(土貢)·국용(國用)·선거(選擧)·학교(學校)·직관(職官)·교사(郊社)·종묘(宗廟)·왕례(王禮)·병(兵)·형(刑)·경적(經籍)·제계(帝系)·봉건(封建)·상위(象緯)·물이(物異)·여지(輿地)·사예(四裔) 등 24개의 고(考)로 나누어 기록하였다.

대력(大曆) 연간(766~779) 이전의 기사는 두우(杜佑)의 『통전(通典)』에서 취한 것이 많으나, 경전(經典)에서 보충한 것도 있다. 태화(太和) 연간(827~835) 이후의 기사는 사전(史傳)·주서(奏書)·패관 기록(稗官紀錄)과 송나라의 국사(國史)에서 취하여 상세히 기록하였다. 기사는 시간의 순으로 배열되어 있다. 각 사안은 역사적 사실을 먼저 수록하고, 다음에 각 가(家)의 의론을 한 칸 밑에 인용하며, 마지막에 마단림 자신의 견해를 다시 한 칸 밑에 기록하였다. 그 분량은 『통전』과 『통지략(通志略)』의 수배에 달한다. 송나라와 관련한 것이 전체의 반을 차지하며, 그 내용은 『송사(宋史)』의 지(志)보다 상세하다. 태화 연간 이후의 기사는 『자치통감(資治通鑑)』과 서로 보완되는 부분이 많다.

『문헌통고』 권326 발해전에는 발해의 계통에 대해 속말말갈로서 고려에 부용하였다고 하여 『신당서』를 따르고 있다. 또한 대조영의 동주 과정, 건국 과정, 강역, 역대 왕들의 시호와 연호, 교류 관계, 행정구역, 관직, 풍속(언어 등), 멸망, 유민들에 대해서 기록하고 있으나, 대체로는 『신당서』의 기록과 크게 다르지 않다. 그 밖에 발해 멸망 이후 유민들의 동향을 알 수 있는 기록도 실려 있다.

『문헌통고』는 원 지치(至治) 2년(1322)에 초간되었는데, 현존 최고본은 태정(泰定) 연간에 서호서원(西湖書院)에서 판각한 것을 명대(明代)에 다시 판각한 것이다. 청대(清代)에 무영전(武英殿)에서 「삼통(三通)」을 합하고 고증(考證) 3권을 덧붙여 판각하였다. 그 뒤에 나온 각본은 대부분 이를 다시 판각한 것이다. 만유문고(萬有文庫)에서 「십통(十通)」과 「십통색인(十通索引)」을 합하여 출판한 책이 이용하기에 편리하다. 아래의 원문은 중화서국에서 2013년에 출판한 것을 저본으로 하였다.

○ 사예고(四裔考), 권제326, 사예(四裔) 3, 읍루(挹婁)

挹婁云卽古肅愼之國也. 周武王及成王時, 皆貢楛矢·石砮. 爾後千餘年, 雖秦漢之盛, 不能致也. 魏常道鄉公景元末, 來貢獻楛矢·石砮·弓甲·貂皮之屬. 其國在不咸山北, 在夫餘東北千餘里, 東濱大海, 南與北沃沮接, 不知其北所極. 廣袤數千里, 土地多山險, 車馬不通. 人形似夫餘, 而言語各異. 有五穀·牛·馬·麻布, 出赤玉好貂. 無君長, 其邑落各有大人. 處於山林之間, 土氣極寒, 常爲穴居, 以深爲貴, 大家接至九梯. 好養豕, 食其肉, 衣其皮. 冬以豕膏塗身, 厚數分, 以禦風寒. 夏則裸袒, 以尺布蔽其前後. 其人臭穢不潔, 作廁於中, 圜之而居. 無文墨, 以言語爲約. 坐則箕踞, 以足挾肉啖之, 得凍肉, 坐其上令溫暖. 土無鹽, 燒木作灰, 灌之取汁而食. 俗皆編髮, 將嫁娶, 男以毛羽插女頭, 女和則持歸, 然後致禮聘之. 婦貞而女淫, 貴壯而賤老. 死者, 其日卽葬之於野, 交木作小槨, 殺豬積其上, 以爲死者之糧. 性凶悍, 以無憂哀相尙. 父母死, 男女不哭泣, 有哭者, 謂之不壯. 相盜竊, 無多少皆殺之, 雖野處而不相犯. 有石砮, 皮骨之甲.

國東北有山出石, 其利入鐵, 將取之, 必先祈神. 其人衆雖少, 而多勇力, 處山險, 又善射. 弓長四尺, 力如弩. 矢用楛, 長尺八寸, 青石爲鏃, 鏃皆施毒, 中人卽死. 鄰國畏其弓矢, 卒不能服也. 便乘船好寇盜, 鄰國患之. 東夷飲食類皆用俎豆, 惟挹婁獨無, 法俗最無綱紀.

> 晉元帝初, 又詣江左貢其石砮. 至成帝時, 通貢於石虎, 四年方達. 虎問之, 答曰, 每候牛馬向西南臥者三年矣, 是知有大國所在, 故來焉.

읍루(挹婁)는 곧 옛 숙신의 나라라고 한다. 주(周) 무왕(武王)과 성왕(成王) 시기에 모두 호시(楛矢)·석노(石砮)를 조공하였다. 천여 년 이후에 비록 진한(秦漢)이 융성한 시기였지만, 능히 이르지 못하였다. 위(魏) 상도향공(常道鄕公)[1] 경원(景元, 260~263) 말기에 와서 호시·석노·궁갑(弓甲)·초피(貂皮) 같은 것을 바쳤다. 그 나라는 불함산(不咸山) 북쪽에 있으니, 부여(扶餘)의 동북쪽 1천여 리에 있다. 동쪽은 대해(大海)에 임하고, 남쪽은 북옥저(北沃沮)와 접하여, 그 북쪽의 한계는 알 수가 없다. [그 지역은] 넓이가 수천 리이고 산이 많고 험준하여, 거마(車馬)가 통하지 않는다. 사람들의 생김새는 부여와 흡사하지만 언어는 서로 다르다. 오곡(五穀)과 소, 말, 마포(麻布)가 있으며, 붉은 옥[赤玉]과 좋은 담비가 나온다. 군장(君長)은 없고, 그 읍락(邑落)마다 각각 대인(大人)이 있다. [그들은] 산림 사이에 거주하는데, 땅의 기후가 매우 추워서 항상 굴 속에서 산다. [굴이] 깊은 것을 귀하게 여겨서, 대가(大家)는 아홉 계단에 이를 정도이다. 돼지 기르기를 좋아하며 그 고기는 먹고 가죽은 옷을 만들어 입는다.

겨울에는 돼지기름을 몸에 바르는데, 두께를 몇 푼이나 되게 하여 바람과 추위를 막는다. 여름에는 알몸에다 한 자 정도의 베 조각으로 앞뒤만 가린다. 그 사람들은 더러운 냄새가 나고 불결한데, 집 한가운데에 변소를 만들어 놓고 둥그렇게 모여 산다. 문묵(文墨)이 없어서 말로써 약속한다. 앉을 때에는 다리를 펴고 있으며, 발에 고기를 끼워서 씹어 먹는다. 얼어붙은 고기를 얻으면 그 위에 깔고 앉아서 따뜻하게 만든다. 땅에는 소금이 없고 나무를 태워 재를 만들고, 물을 부어 얻은 즙을 먹는다. 습속에 모두 편발(編髮)을 한다. 장가를 갈 적에 남자는 짐승의 털과 깃털로 여자의 머리에 꽂아 주며, 여자가 화답하면 곧 [이를] 지니고 돌아가는데, 그 연후에 예를 다하여 장가들었다. 부인은 정숙하지만 [결혼하지 않은] 여자는 음란하다.

---

1) 삼국시대 曹魏의 제5대 황제이자 마지막 황제인 원제(元帝)이다. 무제 조조의 손자이자 燕王 曹宇의 아들로, 즉위 전 常道鄕公에 봉해졌다. 본명은 曹璜이라는 글자가 백성들이 널리 쓰는 글자였기 때문에 避諱의 번거로움을 줄이고자 이름을 曹奐이라고 개명하였다. 황제의 자리에 오른 조환은 사마소를 승상 겸 진공에 책봉하고, 돈 10만 냥과 비단 1만 필을 하사했다.

장사[壯]를 귀하게 여기며 노인은 천시하였다. 죽은 사람은 그날에 곧바로 들에서 장사 지내는데, 나무를 교차해 작은 곽(槨)을 지었다. 돼지를 잡아 그 위에 쌓아서 이로써 죽은 자의 양식으로 삼았다. 성품은 흉한(凶悍)하여, 근심하거나 슬퍼하지 않는 것을 서로 숭상하였다. 부모가 죽어도 남녀가 곡하거나 울지 않으며, 곡을 하는 자는 씩씩하지 않다고 하였다. 서로 도둑질을 하면 많고 적음에 상관없이 모두 죽이므로, 비록 들판에서라도 서로 [도둑질을] 범하지 않았다. 석노가 있고, 가죽과 뼈로 만든 갑옷이 있다.

나라의 동북에 있는 산에서 나는 돌은 날카롭기가 쇠를 자를 수 있을 정도여서, 그것을 캐려면 반드시 먼저 신(神)에게 제사를 지낸다. 사람들의 무리는 비록 적으나 용기 있고 힘 있는 자는 많다. 험한 산중에 살며, 활쏘기를 잘 쏜다. 활의 길이는 4자[尺]이며, 그 힘이 쇠뇌와 같다. 화살대는 싸리나무를 쓰는데 길이는 1자 8치이다. 푸른 돌로 [화살]촉을 만들고, 촉에는 모두 독을 바르므로 사람이 맞으면 즉사한다. 이웃 나라들이 그 활과 화살을 두려워하여 끝내 굴복시키지 못하였다. 배를 잘 타고 도적질을 좋아해서 이웃 나라들의 근심이 된다. 동이(東夷)는 음식을 먹을 때 모두 조두(俎豆)를 사용하지만, 오직 읍루만이 그렇지 않으며 법속이 가장 기강이 없다. 진(晉) 원제(元帝, 317~322) 초에 또 강좌(江左: 양자강 동쪽)에 와서 석노를 바쳤다. 성제(成帝, 325~342) 시기에 이르러 석호(石虎)에게 공물을 보냈는데, 4년 만에 이르렀다. 석호가 그것을 물었는데, 답하기를 "계절마다 소와 말이 서남쪽을 향해 누운 지 3년이나 되었습니다. 이로써 그곳에 큰 나라가 있는 것을 알았습니다. 그래서 왔습니다."라고 하였다.

○ 사예고(四裔考), 권제326, 사예(四裔) 3, 물길흑수말갈(勿吉黑水靺鞨)

勿吉國, 在高麗北, 一曰靺鞨. 邑落各有長, 不相總一. 其人勁悍, 於東夷最強, 言語獨異. 常輕豆莫婁等國, 諸國亦患之. 去洛陽五千里. 自和龍北二百餘里有善玉山, 北行三十日至祁黎山, 又北行七日至洛瓌水, 水廣里餘, 又北行十五日至太岳魯水, 又東北行十八日到其國. 國有大水, 闊三里餘, 名速末水.
其部類凡有七種. 其一號粟末部, 與高麗接, 勝兵數千, 多驍武, 每寇高麗. 其二伯咄部, 在粟末北, 勝兵七千. 其三安車骨部, 在伯咄東北. 其四拂湟[2])部, 在伯咄東.

---

2) '湟' → '涅'. 이하 동일하다.

其五號室部, 在拂湟東. 其六黑水部, 在安車西北. 其七白山部, 在粟末東南. 勝兵並不過三千, 而黑水部尤爲勁健. 自拂湟以東, 矢皆石鏃, 卽古肅愼氏也. 東夷中爲强國.

所居多依山水. 渠帥曰大莫弗瞞咄. 國南有從太山者, 華言太皇, 俗甚敬畏之, 人不得山上溲汙, 行經山者, 以物盛去. 上有熊羆豹狼, 皆不害人, 人亦不敢殺也. 地卑濕, 築土如隄, 鑿穴以居, 開口向上, 以梯出入.

其國無牛, 有馬, 車則步推, 相與耦耕. 土多粟麥穄, 菜則有葵. 水氣鹹, 生鹽於木皮之上, 亦有鹽池. 其畜多猪, 無羊. 嚼米爲酒, 飮之亦醉, 婚嫁, 婦人服布裙, 男子衣猪皮裘, 頭揷虎豹尾. 俗以溺洗手面, 於諸夷最爲不潔. 初婚之夕, 男就女家, 執女乳而罷. 其妻外淫, 人有告其夫, 夫輒殺妻而後悔, 必殺告者. 由是姦淫事終不發.

人皆善射, 以射獵爲業. 角弓長三尺, 箭長尺二寸, 常以七八月造毒藥, 傅矢以射禽獸, 中者立死. 煮毒藥氣亦能殺人. 其父母春夏死, 立埋之, 塚上作屋, 令不雨濕. 若秋冬死, 以其尸餌貂, 貂食其肉, 則多得之.

魏孝文延興中, 遣乙力支朝獻. 太和初, 又貢馬五百匹. 乙力支稱, 初發其國, 乘船溯難河西上, 至大瀰河,³⁾ 沈船於水, 南出陸行, 度洛孤水, 從契丹西界達和龍. 自云其國先破高句麗十落, 密共百濟謀, 從水道幷力取高麗, 遣乙力支奉使大國, 謀其可否. 詔勅, 三國同是藩附, 宜共和順, 勿相侵擾. 乙力支乃還. 從其來道, 取得本船, 泛達其國.

九年, 復遣使侯尼支朝. 明年, 復入貢. 其傍有大莫盧國·覆鐘國·莫多回國·庫婁國·素和國·具弗伏國·匹黎國⁴⁾·拔大何國·都羽陵國⁵⁾·庫伏眞國·魯婁國·羽眞侯國·前後各遣使朝獻. 太和十三年, 勿吉復遣使貢楛矢, 方物於京師.

十七年, 又遣使人婆非等五百餘人朝貢.

---

3) 『북사』 물길전에는 '太泳河'. 이하 동일하다.

4) 『魏書』와 『遼史』에 보이는 匹黎部로서, 『魏書』와 『通典』에 보이는 匹黎爾部, 匹絜部, 匹黎尒國과 동일한 세력이다.

5) 『위서』 물길국조에는 '郁羽陵國'으로 나오는데 契丹 8부 중의 '郁羽陵部'를 말한다. 『太平御覽』 卷784 四夷部5 所引 『後魏書』에도 '都羽陵國'으로 나온다.

景明四年, 復遣使侯力歸朝貢. 自此迄於正光貢使相尋. 爾後中國紛擾, 頗或不至.
延興二年, 六月, 遣使貢方物. 至齊朝貢不絶.
隋開皇初, 相率遣使貢獻. 文帝詔其使曰, 朕聞彼土人勇, 今來實副朕懷. 視爾等如子, 爾宜敬朕如父. 對曰, 臣等僻處一方, 聞內國有聖人, 故來朝拜. 旣親奉聖顏, 願長爲奴僕. 其國西北與契丹接, 每相劫掠. 後因其使來, 文帝誡之, 使勿相攻擊. 使者謝罪. 帝厚勞之, 令宴飲於前. 使者與其徒皆起舞,曲折多戰鬪容. 上顧謂侍臣曰, 天地閒乃有此物, 常作用兵意. 然其國與隋懸隔, 唯粟末·白山爲近. 煬帝初, 與高麗戰, 頻敗其衆, 渠帥突地稽率其部降, 拜右光祿大夫, 居之柳城, 與邊人來往. 悅中國風, 請被冠帶, 帝嘉之, 賜以錦綺而襃寵之. 及遼東之役, 突地稽率其徒以從, 每有戰功, 賞賜甚厚.
十三年, 從幸江都, 放還柳城. 李密遣兵邀之, 僅而得免. 至高陽, 沒於王須拔. 未幾, 遁歸羅藝.
唐武德五年, 渠長阿固郎始來.
太宗貞觀二年, 乃臣附, 所獻有常, 以其地爲燕州. 帝伐高麗, 其北部反, 與高麗合. 高惠貞等率衆援安市, 每戰, 靺鞨常居前. 帝破安市, 執惠眞, 奴靺鞨兵三千餘, 悉坑之.
開元十年, 其酋倪屬利稽來朝, 元宗[6]卽拜勃利州刺史. 於是安東都護薛泰, 請置黑水府, 以部長爲都督刺史, 朝廷爲置長史監之, 賜府都督姓李氏, 名曰獻誠, 以雲麾將軍領黑水經略使, 隸幽州都督. 訖帝世, 朝獻者十五. 大曆世凡七, 貞元一來, 元和中再.
初, 黑水西北又有思慕部, 益北行十日得郡利部, 東北行十日得窟說部, 亦號屈說, 稍東南行十日得莫曳皆部, 又有拂湼·虞婁·越喜·鐵利等部. 其地面距渤海, 北東際於海, 西抵室韋, 南北袤二千里, 東西千里. 拂湼·鐵利·虞婁·越喜時時通中國, 而郡利·窟說·莫曳皆不能自通.
今存其朝京師者附左方. 拂湼, 亦稱大拂湼. 開元天寶間八來, 獻鯨睛·貂鼠·白兔,

---

6) '元宗' → '玄宗'.

> 鐵利, 開元中六來, 越喜, 七來, 貞元中一來, 虞婁, 貞觀間再來, 貞元一來. 後渤海盛, 靺鞨皆役屬之, 不復與王會矣.
> 後唐同光二年, 黑水兀兒遣使來, 其後常來朝貢, 自登州泛海出青州. 明年, 黑水胡獨鹿亦遣使來. 兀兒・胡獨鹿若其兩部酋長, 各以使來. 而其部族・世次・立卒, 史皆失其紀. 至長興三年, 胡獨鹿死, 子桃李花立, 嘗請中國, 後不復見云.

물길국(勿吉國)은 고[구]려의 북쪽에 있으니, 한편으로는 말갈(靺鞨)이라 한다. 읍락(邑落)마다 각각 우두머리가 있으며 서로 통일되어 있지 않다. 그들은 굳세고 흉악하여 동이(東夷) 중에서 가장 강하며, 언어도 그들만이 다르다. 항상 두막루(豆莫婁) 등의 나라를 깔보니 여러 나라도 이들을 두렵게 여긴다. 낙양(洛陽)에서 5천 리 떨어져 있다. 화룡(和龍, 지금의 朝陽 일대)에서 북으로 2백여 리에 선옥산(善玉山)이 있고, 북으로 30일을 가면 기려산(祁黎山)에 이른다. 다시 북으로 7일을 가면 낙환수(洛瓌水)에 이르니, 강 폭이 1리 남짓이다. 다시 북으로 15일을 가면 태악로수(太岳魯水)에 이르고, 다시 동북으로 18일을 가면 그 나라에 도달한다. 나라에는 큰 강이 있는데, 폭은 3리 남짓이며 이름은 속말수(速末水, 지금의 송화강)이다. 그 부류는 모두 7종이 있다. 첫째, 속말부(粟末部)라 하고, 고[구]려와 인접하고 있으며, 정예 병사[승병]가 수천 명으로 용감무쌍한 병사가 많아 매번 고[구]려를 노략질하였다. 둘째, 백돌부(伯咄部)는 속말의 북쪽에 있으며, 정예 병사가 7천 명이다. 셋째, 안거골부(安車骨部)는 백돌의 동북쪽에 있다. 넷째, 불열부(拂涅部)는 백돌의 동쪽에 있다. 다섯째, 호실부(號室部)는 불열부의 동쪽에 있다. 여섯째, 흑수부(黑水部)는 안거의 서북쪽에 있다. 일곱째, 백산부(白山部)는 속말부의 동남쪽에 있다. [이들은] 정예 병사가 모두 3천 명에 불과하다. 그리고 흑수부가 가장 굳세고 건장하였다. 불열부의 동쪽은 화살이 모두 돌촉인데, 바로 옛날 숙신씨이다. 동이 중에서 강국이 되었다.

주거지는 대체로 산수(山水)에 의지하며, 우두머리[渠帥]를 대막불만돌(大莫弗瞞咄)이라 한다. 나라 남쪽에 종태산(從太山)[7]이라는 산이 있는데, 화언(華言)으로 태황(太皇)이라는

---

[7] 『北史』 물길전에도 從太山으로 나오는데, 오늘날 백두산을 말한다. 『魏書』와 『隋書』에 모두 徒太山이라고 기록된 것으로 보아, 『북사』 및 『문헌통고』의 종태산은 도태산의 誤字로 보는 견해가 있다. 당나라 때에는 태백산이라 불렸고, 金나라 때에 이르러 長白山 또는 白山이라 불렸다.

뜻이다. 풍속에 그 산을 매우 경외하였다. 사람들이 산 위에서 소변이나 대변을 보지 못하고, 그 산을 경유하는 사람은 (소변이나 대변을) 물건에다 담아 가지고 간다. 산 위에는 곰, 큰곰(羆), 표범(豹), 이리(狼) 등이 있으나 모두 사람을 해치지 않으며, 사람도 이들을 함부로 죽이지 않는다. 지대가 낮고 습하기 때문에 흙을 둑과 같이 쌓고 구덩이를 파서 거처하는데, 출입구를 위로 향하게 내어 사다리를 놓고 드나든다.

그 나라에는 소는 없고 말은 있다. 수레는 [사람이] 밀고 다니며, 두 사람이 짝지어 밭을 간다. 땅에서는 조[粟]·보리·검은 기장이 많고, 채소로는 곧 아욱이 있다. 물에는 소금기가 배어 있으며, 나무껍질 위에서 소금이 나오고, 또 염지(鹽池)가 있다. 가축으로는 돼지가 많고 양은 없다. 쌀을 씹어서 술은 만드는데, 마시기만 하면 취한다. 혼인할 적에는 부인은 베로 만든 치마를 입으며, 남자는 돼지가죽으로 만든 옷을 입고, 머리에는 호랑이와 표범의 꼬리를 꽂는다. 풍속에 소변으로 손과 얼굴을 씻는데, 모든 오랑캐 중에서도 제일 불결하다. 혼인 첫날밤에는 남자가 여자의 집으로 가서 여자의 유방을 쥐고서 끝낸다. 질투하여 그 아내가 외간 남자와 간통한 것을 어떤 사람이 그 남편에게 알려 주면, 남편은 즉시 아내를 죽이고는 후회하여 알려 준 사람을 반드시 죽인다. 이로 말미암아 간음한 사건은 끝내 발설되지 아니한다.

사람들이 모두 활을 잘 쏘아 사냥을 업으로 삼는다. 각궁의 길이는 3자이고 화살의 길이는 1자 2치로서, 항상 7~8월에 독약을 제조하여 화살촉에 발라 새나 짐승을 쏘는데 명중되면 즉사한다. 독약을 끓인 기운은 사람도 능히 죽일 수 있다. 그 부모가 봄이나 여름에 죽으면 세워서 매장하고, 무덤 위에 지붕을 만들어 비에 젖지 않도록 한다. 만약 가을이나 겨울에 죽으면 그 시체를 이용하여 담비를 잡는데, 담비가 그 살을 뜯어 먹다가 많이 잡힌다.

위(魏) 효문[제](孝文[帝]) 연흥(延興) 연간(471~476)에 [물길이] 을력지(乙力支)를 파견하여 조공[朝獻]하였다. 태화(太和, 477~499) 초에 또 말 5백 필을 바쳤다. 을력지는, "당초 그 나라에서 출발하여 배를 타고, 난하(難河)를 거슬러서 서쪽으로 오르다가, 태려하(太沴河)에 이르러서 배를 물속에 감추어 두고, 남쪽으로 육로로 걸어 낙고수(洛孤水)를 지나 거란의 서쪽 경계를 따라 화룡(和龍)에 도달하였다."라고 하였다. [또] 스스로 말하기를 "그 나라에서 먼저 고구려의 10부락을 쳐부수고, 비밀리에 백제와 함께 모의하여 물길을 따라서 힘을 합쳐 고[구]려를 취하기로 하고, 을력지를 대국(大國)에 사신으로 파견하여 그 가부(可否)를 도모한다."라고 하였다. 조칙을 내려, "3국은 똑같은 번부(藩附)이니, 마땅히 함께 화친하여 서로 침입하여 소란스럽게 하지 말라."라고 하였다. 을력지가 이에 돌아가는데, 그가 온 길을 따라 [전에 감추어 두었던] 본선을 찾아 타고서 그 나라에 도달하였다.

[태화] 9년(485)에 [물길에서] 또 사신 후니지(侯尼支)를 파견하여 조회하였다. 이듬해에 다시 입공하였다. 그 [나라] 곁에는 대막로국(大莫盧國)·복종국(覆鍾國)·막다회국(莫多回國)·고루국(庫婁國)·소화국(素和國)·구불복국(具弗伏國)·필려국(匹黎國)·발대하국(拔大何國)·욱우릉국(郁羽陵國)·고복진국(庫伏眞國)·노루국(魯婁國)·우진후국(羽眞侯國)이 있는데, 연이어 각각 사신을 보내어 조공[朝獻]하였다. 태화 13년(489)에 물길이 또 사신을 보내어 고시(楛矢)와 방물을 경사에 바쳤다.

[태화] 17년(493)에 또 사신 파비(婆非) 등 5백여 명을 보내어 조공하였다.

경명(景明) 4년(503)에 다시 사신 후력귀(侯力歸)를 보내어 조공하였다. 이로부터 정광(正光) 연간(520~524)까지 조공하는 사신이 계속 이어졌으나, 그 뒤 중국이 어지러워지자 한참 오지 아니하였다.

연흥(延興) 2년[8]) 6월에 사신을 보내 방물을 바쳤다. [북]제([北]齊)에 이르러서도 조공이 끊이지 아니하였다.

수(隋) 개황(開皇: 581~600) 초에 연이어서 사신을 보내어 조공하였다. 문제(文帝)가 사신에게 조서를 내려 이르기를, "짐은 그곳의 사람들이 용맹스럽다고 들었는데, 지금 보니 실로 짐의 마음에 부응된다. 너희들을 자식처럼 볼 터이니 너희들은 짐을 아버지처럼 공경할지어다." 하였다. [물길 사신이] 대답하기를 "신들은 궁벽한 지방에 있지만, 내국(內國: 중국)에 성인이 계시다는 것을 들었기 때문에 와서 조배(朝拜)한 것입니다. 이미 성안(聖顏)을 직접 뵈었으니, 원컨대 오래도록 노복(奴僕)이 되겠습니다."라고 하였다. 그들 나라가 서북쪽으로 거란과 접경하고 있어서 항상 서로를 약탈하곤 하였다. 뒤에 그 사신이 오자, 문제가 그들을 타일러 서로 공격하지 말도록 하니, 사신이 사죄하였다. 문제가 그들을 후하게 위로하고 어전에서 연회를 베풀어 술을 마시도록 하였다. 사신이 그의 무리와 함께 일어나서 춤을 추는데, [팔다리를] 구부리는 것이 전투하는 모습이 많았다. 황상이 시신(侍臣)들을 돌아보면서, "하늘과 땅 사이에 이런 물건들이 있어, 언제나 전쟁할 뜻을 가지고 있다."라고 말하였다. 그러나 그 나라는 수나라와 아주 멀리 떨어져 있고, 오직 속말과 백산만이 가깝게 있었다. 양제[9])

---

8) 延興 2년은 北魏 孝文帝 시기인 472년이므로 내용 서술상 오기인 듯하다.

초에 고[구]려와 싸우면서 그 무리가 자주 패하자, 거수(渠帥) 돌지계(突地稽)¹⁰⁾가 그 부(部)를 거느리고 항복해 왔으므로, 우광록대부(右光祿大夫)에 제수하여 유성(柳城)에 거주하도록 하였다. [그는] 변방 사람들과 왕래하면서도, 중국의 풍속을 좋아하여 관(冠)과 대(帶)를 착용하겠다고 청하였다. 황제가 그를 갸륵하게 여겨 금기(錦綺)¹¹⁾를 내리고 칭찬하여 총애하였다. 요동의 전쟁[遼東之役]에서는 돌지계가 그 무리를 거느리고 종군하였는데, 매번 전공을 세워 상을 매우 후하게 내렸다.

[대업(大業)] 13년(617)에 [돌지계는 양제의] 강도(江都) 행차를 호종하고는, 유성으로 돌아갔다. 이밀(李密)이 병사를 보내 그를 요격하니, 가까스로 죽음을 모면하였다. 고양(高陽)에 이르러서는 왕수발(王須拔)에게 함락당하였다. 얼마 후 나예(羅藝)로 도망하여 돌아갔다.

당(唐) 무덕(武德) 5년(622)에 거장(渠長) 아고랑(阿固郎)이 처음으로 [당에] 왔다.

태종(太宗)¹²⁾ 정관(貞觀) 2년(628)에는 마침내 신부(臣附)하여 항상 공물을 바쳐 오므로,

---

9) 수나라의 제2대 황제(재위 604~618)이며 본명은 楊廣이다. 文帝의 둘째 아들로, 형인 楊勇을 모함하여 폐위시키고 태자가 되어 즉위하였다. 大業律을 반포하고, 州를 郡으로 개편하였으며, 度量衡 등을 개혁하였다. 東都 洛陽 건설, 大運河 완성, 長城 수축 등 토목 공사를 벌였고, 재위 기간 동안 8차례에 걸쳐 대규모 순행을 하였다. 특히 고구려 원정의 실패는 수의 멸망을 가속화시켰고, 전국적인 반란과 자연재해 등이 발생하자 양제는 이를 피해 江都로 내려갔다가 宇文化及에게 살해되었다.

10) 突地稽는 粟末靺鞨 厥稽部의 추장이었는데, 수나라 말기에 수에 內附하여 金紫光祿大夫 遼西太守를 제수받고, 營州에 머물게 되었다. 『太平寰宇記』에 인용된 『北蕃風俗記』에 따르면, 開皇 연간(581~600)에 고구려에 패해 속말말갈의 諸部를 이끌고 수에 귀부하였다고 한다. 612년에는 수 양제의 고구려 공격에도 참전하였고, 당나라가 건립된 이후에는 당에 귀순하였다. 당 武德 초에는 突地稽를 耆國公에 봉했으며, 그 部를 옮겨 昌平에 거주케 하였고, 다시 貞觀 초에 高開道의 突厥 군대를 물리친 공로로 右衛將軍에 봉하고 李氏 성을 하사받았다. 그 아들은 唐 초에 무장으로 활약한 李謹行이다.

11) 緋緞과 綾織을 말한다.

12) 당나라 제2대 황제로, 이름은 李世民이다. 高祖 李淵의 둘째 아들로, 隋末 아버지를 따라 太原에서 기병해 長安을 점령하였다. 武德 원년(618) 尙書令에 임명되고 秦王에 봉해졌다. 각지에 할거하던 薛仁杲·劉武周·王世充·竇建德·劉黑闥 등을 격파하였다. 무덕 9년(626) 玄武門의 변을 일으켜 즉위하였다. 房玄齡·杜如晦·魏徵 등을 宰相으로 임명했고, 隋가 망한 것을 거울로 삼아 간언을 받아들여 인재를 등용했으며, 吏治에 힘썼다. 선정을 베풀어 사회가 안정되고 경제가 발전했는데, 이를 소위 '貞觀之治'라 한다. 貞觀 4년(630) 東突厥을 평정하자 서북 유목민들이 '天可汗'이라 칭하였다. 이후 吐谷渾과 高昌을 평정하고 吐蕃과 평화를 유지하였다. 중기 이후 전쟁이 많아 점차로 賦役이 늘어났으며 직언하는 신하를 멀리하였다. 645년에는 30만 군으로 요하를 건너, 요동성을 점령하여 전진 기지로 삼고 安市城을 공격하였으나 약 60일간의 싸움에도 함락시키지 못하고 돌아갔다. 그 뒤에도 647년과 648년

그 땅을 연주(燕州)로 삼았다. 태종이 고[구]려를 토벌할 적에 그 북부가 반란하여 고[구]려와 합세하였다. 고혜정(高惠貞) 등이 무리를 이끌고 안시[성]을 구원하여 싸움마다 말갈병을 늘 앞에 내세웠다. 황제가 안시를 격파하고 혜진을 사로잡고, 노비 말갈병 3천여 명을 모두 묻어 죽였다.

개원(開元) 10년(722)에 그 추장 예속리계(倪屬利稽)가 내조하니, 현종(玄宗)[13]이 곧 발리주자사(勃利州刺史)에 제수하였다.[14] 이에 안동도호(安東都護) 설태(薛泰)가 흑수부(黑水府)를 두자고 청하므로, 부장(部長)을 도독(都督)과 자사(刺史)를 삼고, 조정에서 장사(長史)[15]를 두어 감독하게 하였다. 부도독(府都督)에게 이씨(李氏)로 사성하고 이름은 헌성(獻誠)으로 하였다.[16] 운휘장군(雲麾將軍) 영흑수경략사(領黑水經略使)로 삼아 유주도독(幽州都督)에 예속시켰다. 제세(帝世, 현종) 말년까지 15번 조헌(朝獻)하였다. 대력(大曆) 연간(766~779)에는 모두 7번, 정원(貞元) 연간(785~804)에는 1번 왔으며, 원화(元和) 연간(806~

에 걸쳐 고구려를 침략했으나 실패하였다. 붕어한 이후에 昭陵(지금 陝西省 禮泉縣)에 매장되었으며, 시호는 文皇帝였다.

13) 당나라 제6대 황제로, 이름은 李隆基이다. 睿宗의 셋째 아들로 楚王에 봉해졌다가 臨淄王으로 改封되었다. 景雲 초에 太平公主와 함께 韋后와 그 일당을 소탕하고 睿宗을 복위시켰으며, 太子로서 朝政에 참여하였다. 712년 즉위했고 이듬해 태평공주와 그 일당을 숙청하였다. 開元 연간(713~741) 사회 안정과 경제 발전, 문화 번영, 國勢의 강성을 이루어 이 시기 통치를 '開元之治'라 한다. 그러나 天寶 연간(742~756) 이후 楊貴妃를 총애하고 李林甫와 楊國忠을 宰相으로 등용하게 되면서 정치가 부패하였다. 安史의 난이 일어나자 천보 15년(756) 6월 蜀으로 도망갔으며, 7월 太子 李亨이 靈武에서 즉위한 뒤에 太上皇을 칭하였다. 至德 2년(757) 말 촉에서 長安으로 돌아와 興慶宮에 유폐되었다가 죽었다. 泰陵에 장사 지냈으며 시호는 至道大聖大明孝皇帝이다.

14) 『책부원귀』에는 흑수 추장 親屬利稽가 내조했을 때 발주자사로 삼았다고 나온다(『冊府元龜』 褒異2 "[開元十年]閏五月癸巳 黑水酋長親屬利稽來朝 授勃州刺史 放還蕃 勃蕃中州也."). 당은 州를 戶數에 따라 대·중·소로 구분하였는데, 발리주는 中州에 해당한다. 그런데 邊州나 羈縻州의 경우 호수와 상관없이 세력 규모나 당의 정치적 의도가 더 크게 작용하였다. 따라서 예속리계를 도독 아래인 刺史와 그 지역을 中州로 삼은 것은 발해보다 한 등급 낮은 대우지만, 다른 말갈에 비해서는 파격적인 대우였다. 이후 대외 정세의 변동 속에서 흑수말갈과 당의 정치·군사적 유착은 더욱 진전되었고, 그 결과 黑水軍, 都督府, 都督을 설치하기에 이르렀다(권은주, 2012, 131쪽).

15) 당나라 때 都督이나 刺史의 바로 아래에 두었는데, '別駕'라고도 하며 실질적인 권한이 없었다. 大都督府의 장사는 상대적으로 지위가 높아서 上州의 자사나 절도사로 임명되기도 하였다.

16) 『舊唐書』 靺鞨傳에는 "[開元]十六年, 其都督賜姓李氏名獻誠."으로 728년의 일로 나온다.

820)에는 2번이었다.

처음에 흑수[말갈]의 서북쪽에 또 사모부(思慕部)가 있었고, 더 북으로 10일을 가면 군리부(郡利部)에 이른다. 동북으로 10일을 가면 굴설부(窟說部)가 있다. 굴설(屈說)이라고도 부른다. 조금 동남으로 10일을 가면 막예개부(莫曳皆部)에 이르고, 또 불열(拂涅)·우루(虞婁)·월희(越喜)·철리(鐵利) 등의 부가 있다.

그 땅은 남으로는 발해와 접하고 있고, 북동은 바다에 닿아 있으며, 서로는 실위(室韋)에 이른다. 남북은 길이가 2천 리이고, 동서는 1천 리이다. 불열·철리·우루·월희는 때때로 중국과 통하였으나, 군리·굴설·막예개는 스스로 통할 수가 없었다.

지금까지 남아 있어 경사에 조회한 것은 옆에 부기(附記)해 둔다. 불열은 대불열(大拂涅)로도 일컬으며, 개원(開元) 연간(713~741)·천보(天寶) 연간(742~755)에 8번 와서 고래 눈알[鯨睛]·초서피(貂鼠皮)·백토피(白兎皮)를 바쳤다.

철리는 개원 연간에 6번 왔다. 월희는 [개원 연간에] 7번 오고, 정원 연간에 1번 왔다. 우루는 정관 연간(627~649)에 두 번 오고, 정원 연간에 한번 왔다. 뒤에 발해가 강성해지자, 말갈은 모두 그에 역속(役屬)되어 다시는 왕(당 황제)과 만나지 못하였다.

후당(後唐) 동광(同光) 2년(924)에 흑수[말갈]의 올아(兀兒)가 사신을 보내왔다. 그 이후로 항상 와서 조공하였는데, 등주(登州)에서 바다를 건너 청주(靑州)로 왔다. 그 이듬해에는 흑수 호독록(胡獨鹿) 역시 또 사신을 보내왔다. 올아와 호독록 및 그 두 부(部)의 추장들이 각각 사신을 보내왔는데, 그 부족(部族)·세차(世次)·즉위년·졸년 등을 사관(史官)이 모두 기록에서 빠뜨려 버렸다. 장흥(長興) 3년(932)에 이르러 호독록이 죽자, 아들 도리화(桃李花)가 즉위하여 중국에 책봉하여 줄 것을 요청하였다. 뒤에는 다시 볼 수 없었다고 한다.

○ 사예고(四裔考), 권제326, 사예(四裔) 3, 발해(渤海)

渤海, 本粟末靺鞨附高麗者, 姓大氏. 高麗滅, 率衆保挹婁之東牟山, 地直營州東二千里, 南北新羅, 以泥河爲境, 東窮海, 西契丹. 築城郭以居, 高麗逋殘稍歸之.
唐萬歲通天中, 契丹盡忠殺營州都督趙翽反, 有舍利乞乞仲象者, 與靺鞨酋乞四比羽及高麗餘種東走, 度遼水, 保太白山之東北, 阻奧婁河, 樹壁自固. 武后封乞四比羽爲許國公, 乞乞仲象爲震國公, 赦其罪. 比羽不受命, 后詔將軍李楷固等擊斬之. 時仲象已死, 其子祚榮引殘痍遁去, 楷固窮蹙, 度天門嶺, 祚榮因高麗·靺鞨兵拒楷固, 楷固敗還. 於是 契丹附突厥, 王師道絶, 不克討. 祚榮卽幷比羽之衆, 恃荒遠, 乃建國, 自號震國王, 遣使交突厥, 地方五千里, 戶十餘萬, 勝兵數萬, 頗知書契, 盡得夫餘·沃沮·弁韓·朝鮮·海北諸國. 中宗時, 使侍御史張行岌招慰, 祚榮遣子入侍. 睿宗先天中, 遣使拜祚榮爲左驍衛大將軍渤海郡王, 以所統爲忽汗州都督, 自是始去靺鞨號, 專稱渤海.

元宗[17]開元七年, 祚榮死, 其國私諡爲高王. 子武藝立, 斥大土宇, 東北諸夷畏臣之, 私改年曰仁安. 帝賜典冊襲王幷所領. 未幾, 黑水靺鞨使者入朝, 帝以其地建黑水州, 置長史臨總. 武藝召其下謀曰, 黑水始假道於我與唐通, 異時請吐屯於突厥, 皆先告我, 今請唐官不吾告, 是必與唐腹背攻我也. 乃遣弟門藝及舅任雅相, 發兵擊黑水. 門藝嘗質京師, 知利害, 謂武藝曰 黑水, 請吏而我擊之, 是背唐也. 唐大國兵萬倍我, 與之産怨, 我且亡. 昔高麗盛時士三十萬, 抗唐爲敵, 可謂雄强, 唐兵一臨, 掃地盡矣. 今我衆比高麗三之一, 王將違之, 不可, 武藝不從, 兵至境, 又以書固諫. 武藝怒, 遣從兄壹夏代將, 召門藝將殺之. 門藝懼, 讒路自歸. 詔拜左騎衛將軍,[18] 武藝使使暴門藝罪惡, 請誅之. 有詔處之安西, 好報曰, 門藝窮來歸我, 誼不可殺, 已投之惡死地. 升留使者不遣, 別詔鴻臚少卿李道邃·源復諭旨. 武藝知之, 上書斥言, 陛下不當以妄示天下, 意必殺門藝. 帝怒道邃·復漏言國事, 皆在除, 而陽斥門藝以報. 後十年, 武藝遣大將張文休率海賊攻登州, 帝馳遣門藝發幽州兵擊之, 使太僕卿全[19] 思蘭使新羅, 督兵攻其南. 會大寒, 雪袤丈, 士凍死過半, 無功而還. 武藝望其弟不已, 募客入東都狙刺於道, 門藝格之, 得不死. 河南捕刺客, 悉殺之.

武藝死, 其國私諡武王. 子欽茂立, 改元大興, 有詔嗣王及所領, 欽茂因是赦境內. 天寶末, 欽茂徙上京, 直舊國三百里忽汗河之東. 訖帝世, 朝獻者二十九.

寶應元年, 詔以渤海爲國, 欽茂王之, 進檢校太尉. 大曆中, 二十五來, 以日本舞女十一獻諸朝. 貞元時, 東南徙東京. 欽茂死, 私諡文王. 子宏臨早死, 族弟元義立一

---

17) '元宗' → '玄宗'.

18) '左騎衛將軍' → '左驍衛將軍'.

19) '全' → '金'.

歲, 猜虐, 國人殺之, 推宏臨子華璵爲王, 復還上京, 改年中興. 死, 諡成王. 欽茂少子嵩鄰立, 改元正曆, 有詔授右驍衛大將軍, 嗣王. 建中·貞元閒凡四來. 死, 諡康王. 子元瑜立, 改元永德. 死, 諡定王. 弟言義立, 改年朱雀, 並襲王如故事. 死, 諡僖王. 弟明忠立, 改年太始, 立一歲死, 諡簡王. 從父仁秀立, 改年建興, 其四世祖野勃, 祚榮弟也. 仁秀頗能討伐海北諸部, 開大境宇有功, 詔檢校司空襲王.

元和中, 凡十六朝獻, 長慶四, 寶曆凡再. 大和[20]四年, 仁秀死, 諡宣王. 子新德蚤死, 孫彝震立, 改年咸和. 明年, 詔襲爵. 終文宗世來朝十二, 會昌凡四. 彝震死, 弟虔晃立. 死, 元錫立. 咸通時, 三朝獻.

初, 其王數遣諸生詣京師太學, 習識古今制度, 至是, 遂爲海東盛國, 地有五京, 十五府·六十二州. 以肅愼故地爲上京, 曰龍泉府, 領龍·湖·渤三州. 其南爲中京, 曰顯德府, 領盧·顯·鐵·湯·榮·興六州. 濊貊故地爲東京, 曰龍原府, 亦曰柵城府, 領慶·鹽·穆·賀四州. 沃沮故地爲南京, 曰南海府, 領沃·晴·椒三州. 高麗故地爲西京, 曰鴨淥府, 領神·柏·豐·正·四州, 曰長嶺府, 領瑕·河二州. 夫餘故地爲夫餘府, 常屯勁兵捍契丹, 領扶·仙二州, 鄚[21]詰府, 領鄚[22]·高二州. 挹婁故地爲定理府, 領定·潘二州. 安邊府, 領安·瓊二州. 率賓府, 領華·益·建三州. 拂湼[23]故地爲東平府, 領伊·蒙·沱·黑·比五州. 鐵利府, 領廣·汾·蒲·海·義·歸六州. 越喜故地爲懷遠府, 領達·越·懷·紀·富·美·福·邪·芝九州. 安遠府, 領寧·郿·慕·常四州. 又郢·銅·涑三州爲獨奏州. 涑州 以其近涑沫江, 蓋所謂粟末水也. 龍原東南瀕海, 日本道也. 南海, 新羅道也. 鴨淥, 朝貢道也. 長嶺, 營州道也. 夫餘, 契丹道也.

俗謂王曰可毒夫, 曰聖主, 曰基下. 其命爲敎. 王之父曰老王, 母太妃, 妻貴妃, 長子曰副王, 諸子曰王子. 官有宣詔省·中臺省·政堂省. 有左右相, 左右平章, 侍中, 常侍, 諫議. 又有左六司, 忠·仁·義部, 右六司, 智·禮·信部, 名有郎中, 員外. 又有武員左右衛大將軍之屬. 大抵憲象中國之度. 服章亦有紫·緋·淺緋·綠及牙笏·金

---

20) '大和' → '太和'.
21) '鄭' → '鄚'.
22) '鄭' → '鄚'.
23) '湟' → '涅'.

銀魚之制. 餘俗與高麗·契丹略等. 幽州節度府與相聘問, 自營·平距京師, 蓋八千里而遠.

梁開平元年, 王大諲譔遣王子來貢方物. 二年, 三年, 及乾化二年, 俱遣使來貢. 後唐同光二年, 遣王子來朝, 又遣姪學堂親衛大元謙試國子監丞. 三年, 及天成元年, 俱遣使入貢, 進兒口, 女口. 先是, 契丹大首領耶律阿保機兵力雄盛, 東北諸蕃多臣屬之, 以渤海土地相接, 常有吞併之志. 是歲, 率諸番部攻渤海國夫餘城, 下之, 改夫餘城爲東丹府, 命其子突欲留兵鎭之. 未幾, 阿保機死, 命其弟率兵攻夫餘城, 不克而還. 四年, 及長興二年·三年·四年, 淸泰二年·三年, 俱遣使貢方物.

周顯德元年, 渤海國烏思羅等三十人歸化, 其後隔絶不通.

宋太平興國四年, 太宗平晉陽, 移兵幽州, 其酋帥大鸞河率小校李勳等十六人, 部族三百騎來降, 以鸞河爲渤海都指揮使.

六年, 賜烏舍城浮渝府渤海琰府王詔略曰, 蠢玆北戎, 犯我封略. 今欲鼓行深入, 大殲醜類. 素聞爾國密邇寇讐, 勢迫倂呑, 力不能制, 因而服屬, 困於宰割. 當靈旗破虜之際, 是隣邦雪憤之日, 所宜盡出族帳, 佐予兵鋒, 俟其翦滅, 沛然封賞, 幽·薊土宇, 復歸中朝, 朔漠之外, 悉以相與. 勗乃協力, 朕不食言. 時將率兵大擧北伐, 故降是詔.

발해(渤海)는 본래 속말말갈(粟末靺鞨)인데 고[구]려에 붙은 자로 성은 대씨(大氏)이다. 고[구]려가 멸망하자 무리를 거느리고 읍루(挹婁)[24]의 동모산(東牟山)[25]을 지켰다. 땅은 영

---

[24] 『舊唐書』 渤海靺鞨傳에는 '桂樓'의 옛 땅으로 되어 있고, 『新唐書』 渤海傳에는 '挹婁'로 되어 있다. 발해에 사신으로 다녀갔던 당나라 사신 張建章의 묘지명에서도 忽汗州를 가리켜 읍루의 옛 땅이라고 한 점 등을 통해 '桂' 자가 '挹'과 유사하여 '桂'로 잘못 쓴 것으로 보기도 한다. 그러나 장건장이 다녀간 지역은 상경 지역이고, 발해 건국지인 동모산은 상경보다 남쪽에 위치한 敦化 지역이므로, 『구당서』와 『신당서』의 차이는 처음에 고구려의 영역 안에서 건국하였다가 영역이 확장됨에 따라 옛 읍루 지역인 상경으로 천도한 것에 따른 것일 가능성이 있다. 참고로 발해 건국지에 대해 한국 사료인 『삼국사기』 권46, 열전 6, 최치원전에는 의봉 3년(678) '태백산 아래'로, 『삼국유사』에서 인용한 『신라고기』에는 '태백산 남쪽'으로, 『제왕운기』에는 '태백산 南城'으로, 『삼국사절요』에는 '태백산 동쪽'으로 나온다.

[25] 중국 吉林省 敦化市 賢儒鄕 城山子村의 城山子山城이 유력시되었으나, 최근 중국 학계에서는 圖們市의

주(營州)[26]로부터 곧장 동으로 2천 리에 있다. 남북으로 신라와 니하(泥河)[27]를 경계로 삼고, 동으로는 바다에 닿으며 서쪽은 거란(契丹)이다. 성곽을 쌓고 살며, 고[구]려의 도망친 나머지가 점차 그(발해)에 돌아갔다.

당(唐) 만세통천(萬歲通天) 연간(696)에 거란 [이]진충([李]盡忠)[28]이 영주도독(營州都督) 조홰(趙翽)를 죽이고 배반하자, 사리(舍利)[29] 걸걸중상(乞乞仲象)이라는 자가 있어 말갈

城子山山城(磨盤村山城)설이 확산되고 있다(吉林省文物考古研究所·延邊朝鮮族自治州文物保護中心, 2018).

26) 지금의 중국 遼寧省 朝陽市 일대이다. 영주의 지명은 『爾雅』 「釋地」 등 고전에 9州나 2州의 하나로 일찍부터 나오지만, 영주가 요서 지역에 처음 설치된 것은 後趙 시기이다. 石虎가 지금의 中國 灤河·永平 부근에 영주를 설치하였고, 遼西·北平의 2郡을 거느리게 했다. 北魏 시기에는 治所를 朝陽 지역의 和龍城에 두고, 昌黎·建德·遼東·樂良·冀湯·冀陽·營丘의 7郡을 거느렸다. 隋代와 唐代에도 營州라고 불렀다. 당나라 초기부터 이 땅에는 거란족과 해족 등 다양한 민족이 거주하였고, 당이 고구려를 공격할 때 그 교두보 역할을 하였다. 고구려 멸망 이후에는 많은 고구려 유민과 고구려 예하에 있던 말갈인들이 당 內地로 끌려가면서 일부가 이곳에 남았다. 이들 중 상당수는 696년 거란 李盡忠의 반란을 계기로 東走하여 발해 건국에 참여하였다. 이곳은 이후에도 당나라가 동북방 민족들을 공제하고 방어하는 중요한 거점이었다.

27) 니하와 관련해서는 『三國史記』에 몇 차례 관련 기사가 보이는데, 이들 기록을 통해 동해에 인접한 悉直(三陟), 何瑟羅(江陵)와 비교적 가까이에 있는 강으로 추정된다. 丁若鏞은 『我邦疆域考』 「渤海考」에서 강릉 북쪽의 泥川水라고 하였고, 松井等은 泉井郡을 德源으로 단정하고 니하를 부근의 하천으로 보아 德源과 그 북쪽인 永興傍의 龍興江으로 추정한 바 있다(松井等, 1913). 津田左右吉은 聖德王 20년의 長城 축조 기사를 통해 동해안에서 安邊 부근의 南大川으로 보았다(津田左右吉, 1913). 그 밖에 連谷川설(徐炳國, 1981b, 237~257쪽; 張彰恩, 2004, 1~45쪽; 趙二玉, 1999, 715쪽), 강릉 城南川설(이병도 역주, 1983, 34쪽), 남한강 상류설(李康來, 1985, 48~53쪽; 鄭雲龍, 1989, 209쪽), 울진 일대설(리지린·강인숙, 1976, 68~69쪽), 낙동강 상류설(김진한, 2007, 127쪽; 홍영호, 2010, 73~75쪽) 등이 있다.

28) 거란의 추장으로 松漠都督이 되어 당 高宗 永徽 5년(654)에 고구려의 공격을 新城에서 막아 공을 세운 李窟哥의 손자이다. 측천무후 萬歲通天 원년(696) 5월에 기근이 들었음에도 營州都督 趙文翽가 진휼하지 않고 거란 추장들을 奴僕처럼 천시하자 처남 손만영과 함께 반란을 일으켰다. 영주를 함락하여 조문홰를 살해하고 하북의 長城 이남까지 진격하였으나, 9월에 病死하였다.

29) 舍利는 俟利라고도 하는데, 원래 추장이나 수령을 의미하는 일반명사였는데 거란이 관직명으로 채택한 것으로 보는 견해가 있다(盧泰敦, 1981, 98~99쪽 주 74). 金毓黻은, 乞乞仲象이 거란에 붙어 大舍利라는 관명을 얻었고 그 아들 大祚榮은 대사리의 '大'를 氏로 삼았다고 보았다(金毓黻, 1934, 『渤海國志長編』 卷19, 叢考). 그러나 7세기 후반에 거란에서 사리를 관명이나 부족장의 칭호로 사용했는지는 알 수 없다. 『遼史』 「國語解」의 舍利條에는 "契丹豪民要裏頭巾者 納牛駝十頭 馬百疋 乃給官命曰舍利 後遂爲諸帳官 以郞君繫之"라고 하였다. 사리는 遼代에 豪民들이 官에 牛駝 및 말을 납부하고 얻는 관명이었다.

추장 걸사비우(乞四比羽) 및 고[구]려의 남은 무리와 더불어 동으로 달아나 요수(遼水)를 건너 태백산(太白山)의 동북을 차지하고서, 오루하(奧婁河)를 사이에 두고 벽을 쌓고 스스로 고수하였다.30) [측천]무후([則天]武后)31)는 걸사비우를 봉해 허국공(許國公)으로, 걸걸중상을 진국공(震國公)으로 삼아 그 죄를 사면하여 주었다. 비우가 명을 받지 않았으므로, [측천무]후는 조서로 장군(將軍) 이해고(李楷固)32) 등에게 그를 공격하여 베었다. 이때 중상은 이미 죽고 그의 아들 [대]조영([大]祚榮)이 잔이(殘痍)를 이끌고 둔거(遁去)하였다. 해고는 바짝 뒤쫓아 천문령(天門嶺)33)을 넘어갔다. 조영은 고[구]려와 말갈의 군사로써 해고에 항거하였다. 해고는 패하여 돌아갔다. 그리하여 거란이 돌궐(突厥)34)에 귀부하자 왕사(王師: 당의

그런데 사리라는 명칭이 돌궐계와 관련하여 처음 보이며 고구려 멸망 후 설치된 주명에도 舍利州都督府가 보이고 있어, 거란의 영향으로만 볼 수는 없다(권은주, 2011).

30) 『舊唐書』 渤海靺鞨傳에서는 大祚榮이 唐에 반기를 들고 東走하여 건국한 것으로 나오지만, 『新唐書』 渤海傳에는 대조영의 아버지인 乞乞仲象이 말갈과 고구려 유민을 이끌고 동주하여 태백산 동북에 자리 잡은 것으로 나온다. 이 밖에 최치원의 글에는 『구당서』와 같이 대조영과 걸사비우가 영주를 벗어난 것처럼 기술되어 있는 반면, 『五代會要』에는 『신당서』처럼 처음 걸걸중상과 걸사비우가 집단을 이끌다가 대조영이 계승한 것으로 나온다. 서로 다른 두 계통의 기록 차이로 인해 발해의 실제 건국자가 누구인지, 대조영과 걸걸중상의 관계는 어떤 것인지에 관해 논란이 있었다. 대조영과 걸걸중상을 동일인으로 주장하는 경우(池內宏, 1914; 津田左右吉, 1915)도 있었으나, 부자 관계로 보는 것이 정설이며, 일반적으로 대조영을 실제적인 건국자라고 본다.

31) 唐 高宗의 皇后(624~705). 幷州 文水人 武士彠의 딸. 원래 太宗의 후궁이었다가 고종의 황후가 되었다. 고종의 사후에 친아들 中宗과 睿宗을 번갈아 폐위시킨 뒤 690년에 국호를 周로 바꾸고 황제가 되었다. 705년 병으로 인해 太上皇으로 물러나자 中宗이 복위하며 당 왕조가 부활하였고, 그해 12월에 사망하여 황후로서 장례를 치렀다.

32) 李楷固(656~720)는 거란 출신 唐의 장수이다. 696년 李盡忠의 반란이 일어났을 때, 그의 수하로 반란에 가담하였다. 이진충이 죽고 697년 거란군을 이끌던 孫萬榮이 피살되자, 駱務整과 함께 당에 투항하였다. 재상인 狄仁傑의 추천으로 장수가 되어, 대조영이 이끌던 무리를 토벌하기 위해 뒤쫓았다. 먼저 말갈인 乞四比羽를 죽이고, 천문령전투에서 대조영에게 패배하여 겨우 목숨만 건져 돌아가게 되었다. 이후 측천무후에게 총애를 얻어 燕國公이 되었고, 700년에 武氏를 사성받았다. 中宗의 복위 뒤에 이씨 성을 회복하였다. 이해고의 사위는 같은 거란 장수인 李楷洛이며, 외손자는 名將으로 유명한 李光弼(708~764)이다.

33) 渾河와 揮發河의 분수령인 지금의 吉林 哈達嶺으로 보는 것이 일반적이다. 『新唐書』 安祿山傳에 보이는 천문령과 같은 것으로 보기도 하나, 이 천문령은 土護眞河(지금의 老哈河로 추정)의 북쪽 300里에 있다고 하여, 요하 동쪽에 있던 천문령과는 위치 차이가 있어 별개의 지역으로 보는 것이 맞다(譚其驤 主編, 1988, 126~127쪽; 宋基豪, 1995, 67~68쪽; 유득공 지음, 김종복 옮김, 2018, 73쪽).

군대)는 길이 막혀 토벌할 수 없었다. 조영이 곧 비우의 무리를 병합하여 황원(荒遠)함을 믿고 나라를 세우고 스스로 진국왕(震國王)이라 하였다. 사신을 보내 돌궐과 사귀었다. 지역이 5천 리이며 호수(戶數)가 10여만이고 승병(勝兵)이 수만 명이다. 자못 서계(書契)를 알았고 부여(夫餘)·옥저(沃沮)·변한(弁韓)·조선(朝鮮)·해북(海北)의 제국(諸國)을 모두 얻었다. 중종(中宗) 시기에 시어사(侍御史) 장행급(張行岌)으로 초위(招慰)하게 하였고, 조영은 아들을 보내 입시(入侍)하였다. 예종(睿宗)[35] 선천(先天) 연간[36]에 사신을 보내 조영을 배수하여 좌효위대장군(左驍衛大將軍) 발해군왕(渤海郡王)으로 삼고 다스리는 곳을 홀한주[37]도독(忽汗州都督)으로 삼았다. 이로부터 비로소 말갈이라는 이름을 떼어 버리고 오로지 발해라고 하였다.

현종(玄宗) 개원 7년(719)에 조영이 죽자, 그 나라에서 사사로이 시호를 고왕(高王)이라 하였다. 아들 [대]무예([大]武藝)가 즉위하여 땅을 크게 넓히자, 동북의 제이(諸夷)가 두려워서 신복하였으며 사사로이 연호를 고쳐 인안(仁安)이라 하였다. 황제가 하사한 왕위 습작의

---

34) 6세기부터 8세기 사이에 중앙아시아와 동북아시아 북부 스텝 지대에서 활동한 튀르크계의 민족명이자 국명이다. 광의로는 돌궐과 철륵 諸部가 포함되며 협의로는 突厥 可汗國을 가리킨다. 6세기경 알타이산 이남에서 유목하였는데, 이 산의 모습이 투구처럼 생겨서 돌궐이라는 이름이 붙었다고 한다. 阿史那土門이 552년 유연을 격파하고 伊利可汗이 되어 돌궐칸국(제1돌궐제국)을 세웠으나, 582년 西面可汗 達頭와 大可汗 沙鉢略의 불화로 동·서 돌궐로 나누어졌다. 동돌궐은 630년에 당에 멸망하였고, 서돌궐은 659년에 당에 복속되었다. 679년부터 681년까지 돌궐 민족이 당에 반기를 들고, 阿史那骨篤祿이 682년 제2돌궐제국(東突厥可汗國)을 세웠다. 이 제국은 745년까지 존속하였다.

35) 당나라 제5대 황제이며, 이름은 李旦이다. 高宗의 여덟째 아들로, 則天武后의 소생이다. 684년 측천무후가 臨朝稱制하며 中宗을 폐위한 뒤 예종을 제위에 올렸지만, 政事에 간여하지 못하였다. 705년 중종이 다시 즉위하자 司徒 右羽林衛大將軍에 제수되었다. 측천무후가 집권하던 시기부터 중종 때까지 정변이 많이 일어났으나, 처신을 잘하여 화를 면하였다. 710년 韋后가 중종을 독살하자 臨淄王 李隆基가 위후 등을 죽이고 다시 옹립하지만, 정권은 太子 이융기와 太平公主가 장악하였다. 712년 玄宗(이융기)에게 讓位하여 太上皇이라 자칭하고 大政만 처결하였다. 이듬해 현종이 태평공주 일파를 주살하자 현종에게 정권을 돌려주었다. 붕어 이후에 橋陵에 묻혔으며, 시호는 玄眞皇帝이다.

36) 唐 玄宗 재위 2년(713)으로, 先天은 현종의 연호이다. 당시 예종이 太上皇으로 현종 초기의 통치에 관여했기 때문에, 예종의 연호로 誤記된 것으로 보인다.

37) 忽汗州는 忽汗河에서 따온 이름이다. 발해의 3대 문왕 대에 천도한 상경 근처에 있는 鏡泊湖를 忽汗海라고 하며, 이 호수에서 북쪽으로 흘러 나가는 牧丹江은 忽汗河, 忽爾海河, 瑚爾哈河로 불리어 왔다. 홀한주라고 한 것은 당나라의 천하관에 따라 관념적인 羈縻州 행정구역을 설정한 것에 불과하다.

전책(典冊)도 모두 다 가졌다. 얼마 되지 않아 흑수말갈(黑水靺鞨)의 사자가 입조하여 황제는 그 땅에 흑수주(黑水州)를 세우고 장사(長史)를 두어 총괄하게 하였다. 무예가 그 아래 사람들을 불러 놓고 모의하여 말하기를, "흑수가 처음에는 우리한테 길을 빌려 당(唐)과 통하였고, 다른 때 돌궐에 토둔38)을 청할 때도 모두 먼저 우리에게 알렸다. 지금 당의 관(官)을 청하면서 나에게 알리지 않는 것은 필시 당과 더불어 우리를 앞뒤로 공격하려는 것이다."라고 하였다. 이내 아우인 [대]문예([大]門藝)와 장인 임아상(任雅相)을 보내 군사를 징발해서 흑수를 치게 하였다.

문예는 일찍이 경사(京師)에 질자로 가 있었으므로, 이해(利害)를 알아서 무예에게 말하기를 "흑수가 관리를 청하는데 우리가 그들을 친다면 이는 당나라를 배반하는 것이 됩니다. 당은 대국(大國)으로서 군사가 우리의 만 배나 되는데 그들과 원수를 진다면 우리는 곧 망하고 말 것입니다. 옛날 고[구]려가 흥할 시기에는 군사 30만 명으로 당에 항거할 수 있는 적수가 되어 웅강(雄强)했다고 말할 수 있습니다. [그러나] 당의 군사가 한번 임하자 땅을 모두 쓸어버리듯이 되었습니다. 지금 우리의 무리는 고[구]려의 3분의 1밖에 안 되는데 왕께서 장차 그를 거스리는 것은 불가합니다."라고 하였다. 무예는 따르지 않았다. 군사가 경계에 이르게 되자 [대문예가] 다시 글로써 굳건히 간하였으나, 무예는 노하여 종형(從兄) [대]일하([大]壹夏)를 보내 대신 통솔하게 하고 문예를 불러들여 죽이려고 하였다. 문예는 두려워서 사잇길로 해서 스스로 [당에] 귀부하였다. 조서를 내려 좌효위장군을 제수하었다. 무예가 사신으로 하여금 문예의 죄악이 드러나게 하고 그를 주살할 것을 청하였다. 조서를 내려 [대문예를] 안서(安西)39)에 있게 하고서, [대무예에게] 좋은 말로 알리기를 "문예는 곤궁하여 나한테

---

38) 吐屯은 突厥의 관명으로, 『新唐書』 突厥전에 "… 其別部典兵者曰設 子弟曰特勒 大臣曰葉護 曰屈律啜·曰阿波·曰俟利發·曰吐屯 … 凡二十八等"이라고 하여 일곱 번째 관명으로 나온다. 복속 지역에 주둔하여 征賦를 감독하는 직이었다. 吐屯設(Tudun Šad)·吐屯啜(Tudun Čur)·吐屯發(Tudun bär)로 표시되기도 하는데, 設(Šad)·發(bär)·啜(Čur)의 官稱을 가진 자가 토둔의 직을 겸하는 경우에 부르던 칭호로 보인다(小野川秀美, 1943).

39) 安西都護府 지역을 말한다. 640년 당나라가 吐魯蕃 지방의 高昌國을 멸망시키고, 서역 경영을 위해 西州都護府를 설치하였다가 얼마 뒤 交河城으로 옮기며 안서도호부로 고쳤다. 648년에는 龜玆로 治所를 옮겼고, 그 뒤 서주와 구자로 치소를 여러 차례 옮겼다. 747년 고선지가 연운보에서 토번군을 격파하고 소발률을 점령함으로써 서역의 72개 소국이 당에 항복하였다. 전성기에 그 관할하에 安西 四鎭을 두고 90여 屬州를 거느렸고, 파미르 동서방의 여러 오아시스국과의 무역 및 상업로를 관장하였다. 790

와 귀부했으니 의당 죽일 수 없다. 이미 사지(死地)로 보냈다."라고 하였다. [발해의] 사신을 머물게 하고 보내지 않았다. 별도로 조서를 내려 홍려소경(鴻臚少卿)⁴⁰⁾ 이도수(李道邃)와 원복(源復)에게 아울러 유지를 알리게 하였다. 무예가 그 내막을 알고 상서(上書)하여 방자하게 말하기를, "폐하께서 마땅히 허망함을 천하에 보여서는 안 됩니다."라고 하였다. 뜻은 문예를 반드시 죽이라는 것이었다. 황제는 도수와 복이 국사를 누설한 것에 노하여 모두 좌천하고 겉으로만 문예를 배척하여 그것을 [무예에게] 알렸다.

그 후 10년이 되어 무예는 대장 장문휴(張文休)를 보내 해적을 거느리고 등주(登州)를 공격하게 하였다.⁴¹⁾ 황제는 빨리 문예를 파견하여 유주(幽州)의 군사를 일으켜 그를 공격하게 하였다. 태복경(太僕卿)⁴²⁾ 김사란(金思蘭)⁴³⁾을 신라에 사신으로 보내 군사를 감독하여 그 남쪽 변경을 치게 하였다. 마침 큰 추위와 한 길이 넘는 큰 눈을 만나 사졸의 태반이 얼어 죽고 공을 이루지 못하고 돌아왔다. 무예는 그 아우를 원망하기를 그만두지 않고 자객을 모아 동도(東都)에 들어가 길에서 찌르기를 노렸으나, 문예가 맞서 싸워 죽음을 면하였다. 하남(河南)⁴⁴⁾에서 자객들을 사로잡아 모조리 죽였다.

무예가 죽자 그 나라에서 사사로이 시호를 무왕(武王)이라 하였다. 아들 [대]흠무([大]欽茂)가 즉위하여 연호를 대흥(大興)이라 고쳤다. 왕위 계승 및 소령(所領)에 대한 조서가 내렸다. 흠무는 이로 인하여 경내에 사면령을 내렸다. 천보(天寶) 말에 흠무는 상경(上京)⁴⁵⁾으로 [수

년 서역 전역을 토번에게 빼앗기고 치소가 함락되었다.

40) 鴻臚少卿은 鴻臚寺의 차관으로, 北齊 때 처음 설치되었다. 唐 무덕 연간(617~626)에 1인을 두었으며, 정관 연간(627~649)에 2인을 두었다. 종4품상이다. 朝會와 外賓의 의례를 담당한다.

41) 『구당서』 발해말갈전에는 개원 20년(732)에 무왕 대무예가 장군 張文休를 보내 해적을 거느리고 등주자사 위준을 공격하게 하였다고 전한다(『구당서』 199하, 열전 149하, 발해말갈). 발해의 등주 공격 원인은 726년 발해의 黑水 토벌과 대문예의 당 망명으로 빚어진 발해와 당의 갈등 및 730년대 초 당과 전쟁을 치르고 있는 契丹을 돕기 위한 목적이었다(김종복, 2009, 127쪽; 권은주, 2013).

42) 太僕卿은 당의 9寺 가운데 태복시의 장관으로 종3품이며, 太僕員外卿은 태복경의 員外 직이다.

43) 신라의 왕족으로 일찍이 당나라에 건너가 太僕員外卿을 받고, 宿衛로 있었다. 732년(성덕왕 31) 발해가 당나라의 등주를 공격하자, 당 현종이 이듬해 7월 김사란을 귀국시켜 신라에게 발해의 남쪽을 공격하게 하였다(『삼국사기』 권제8, 「신라본기」 제8, 성덕왕 32년). 『冊府元龜』에는 개원 21년(733) 정월 신라에 사신으로 간 것으로 나온다(『冊府元龜』 권975, 外臣部 20 褒異 2). 『삼국유사』에는 이해에 당이 北狄을 공격하기 위해 신라에 604명을 보냈다는 기록이 있다(『삼국유사』 권제2, 紀異 제2 孝成王조).

44) 河南府는 洛陽에 설치되었던 府의 이름이다. 唐代에 河南郡을 都畿道 河南府로 개칭하였다.

도를] 옮겼는데, 구국(舊國)에서 바로 300리의 홀한하(忽汗河) 동쪽이었다. 황제의 세대가 마칠 때까지 조헌자(朝獻者)가 29차례였다.

보응(寶應) 원년(762)에 발해를 국(國)으로 삼고 흠무를 그 왕으로 하며 검교[46)]태위(檢校太尉)로 진봉하였다. 대력(大曆) 연간(766~779)에 25차례 왔으며 일본 무녀(舞女) 11명을 조정에 바쳤다. 정원(貞元, 785~804) 시기에 [도읍을] 동남쪽의 동경(東京)[47)]으로 옮겼다. 흠무가 죽자 사사로이 시호를 문왕(文王)이라 하였다. 아들 [대]굉림([大]宏臨)이 일찍 죽고 족제인 [대]원의([大]元義)가 즉위하였는데, 1년 만에 시기하고 포학하여 나라 사람들이 그를 죽이고 굉림의 아들 [대]화여([大]華璵)를 왕으로 삼았다. 다시 상경으로 돌아와서 연호를 중흥(中興)으로 고쳤다. [그가] 죽자 시호를 성왕(成王)이라 하였다. 흠무의 작은 아들 [대]숭린([大]嵩璘)[48)]이 즉위하여 연호를 정력(正曆)으로 고쳤다. 우효위대장군(右驍衛大將軍)[49)]을 제수하고 왕위를 이으라는 조서가 있었다. 건중(建中)·정원 사이에 모두 4차례 왔다. [그

---

45) 上京은 현재 中國 黑龍江省 寧安市 渤海鎭에 위치한다. 전체 둘레가 16,300m이며, 宮城·內城·外城으로 이루어져 있다. 上京城은 발해 당시에는 '王城', '上京' 龍泉府, '忽汗城' 등으로 불렸으며, 遼 東丹國 시기에는 '天福城'으로 불렸다. 이후 기록에서 사라졌다가, 淸代에 재발견되면서 '古大城', '火葺城', '賀龍城', '沙闌城', '訥訥赫城', '佛訥和城', '東京城' 등으로 기록되었고, 근대까지는 주로 '東京城'으로 불렸다. 1930년대에 일본이 주도한 발굴로 발해 상경성으로 확정되었다. 渤海 제3대 文王 大欽茂(737~793)가 唐 天寶(742~755) 말경에 顯州(길림성 和龍 西古城子 추정)에서 이곳으로 천도하였고, 785년에 東京으로 천도하였다. 그 후 794년 제5대 成王 大華璵 때에 上京으로 재천도하여 926년 발해가 멸망할 때까지 수도였다.
46) 檢校는 우대하여 원래 正職이나 品階보다 높여 승진시키는 의미로 사용되었으며, 임시 또는 대리의 기능을 표시하는 호칭이다.
47) 발해 5경 가운데 하나이다. 동경은 제3대 文王 大欽茂가 785년 무렵 이곳으로 천도한 이후 제5대 成王 大華璵가 다시 상경으로 천도하는 794년까지 약 10년간 발해의 수도였다. 일명 '柵城府'라고도 하며, 屬州로는 慶州·鹽州·穆州·賀州의 4주가 있다. 위치에 대해서는 琿春설, 함경북도 穩城·鍾城설, 연해주 블라디보스토크설, 니콜리스크(Nikolisk)설 등이 있었다. 1942년에 이르러 琿春의 半拉城(현재 八連城) 발굴 이후 이곳이 동경성이며 혼춘이 동경 용원부 지역임에 이견이 없다(김은국, 2006).
48) 大嵩璘의 혈통과 관련해서 『全唐文』 권40, 元宗皇帝, 弔渤海郡王大欽茂書에 대숭린이 대흠무(문왕)의 長嫡이라고 하였고, 『日本後紀』 권4, 延曆 15년(796) 4월 戊子조에 일본에 파견된 呂定琳이 가지고 간 계서에는 문왕을 "祖 大行大王"이라고 하여 할아버지로 표현하며 대숭린 자신을 '孤孫'이라고 칭하고 있다.
49) 唐의 16衛 가운데 右驍衛의 대장군으로, 정3품이다.

가] 죽자 시호를 강왕(康王)이라 하였다. 아들 [대]원유([大]元瑜)⁵⁰⁾가 즉위하여 연호를 영덕(永德)이라 고쳤다. 죽어서 시호를 정왕(定王)이라 하였다. 아우 [대]언의([大]言義)⁵¹⁾가 즉위하였다. 연호를 주작(朱雀)이라 고치고 아울러 예전처럼 왕위를 이었다. 죽어서 시호를 희왕(僖王)이라 하였다.

아우 [대]명충([大]明忠)이 즉위하여 연호를 태시(太始)로 고쳤다. 즉위한 지 1년 만에 죽어 시호를 간왕(簡王)이라 하였다. 종부(從父)인 [대]인수([大]仁秀)⁵²⁾가 즉위하여 연호를 건흥(建興)이라 고쳤다. 그의 4세조 [대]야발([大]野勃)은 조영의 아우이다. 인수는 자못 바다 북쪽의 여러 나라를 토벌하여 크게 영토를 넓혀 공이 있다. 검교사공(檢校司空)을 제수하고 왕위를 습작하라는 조서를 내렸다.

원화(元和) 연간(806~820)에 무릇 조헌(朝獻)한 것이 16차례, 장경(長慶) 연간(821~824)에 4차례이고, 보력(寶曆) 연간(825~826)에 무릇 2차례이다. 태화(太和) 4년(830)에 인수가 죽어 시호를 선왕(宣王)이라 하였다. 아들 [대]신덕([大]新德)이 일찍 죽었기에 손자 [대]이진([大]彛震)이 즉위하였고 연호를 함화(咸和)로 고쳤다. 이듬해에 조서를 내려 작위를 이었다. 문종(文宗, 826~835) 세대가 끝날 때까지 내조한 것이 12차례이다. 회창(會昌) 연간(841~846)에 무릇 4차례이다. 이진이 죽고 아우 [대]건황([大]虔晃)이 즉위하였다. [그가] 죽자 [대]현석([大]玄錫)이 즉위하였다. 함통(咸通, 860~873) 시기에 3차례 조헌하였다.

처음 그 왕이 여러 번 제생(諸生)을 경사(京師)의 태학(太學)⁵³⁾에 보내 고금의 제도를 배워 알게 하였다. 이때에 와서 마침내 해동성국(海東盛國)⁵⁴⁾이 되었다. 그 지역에 5경(京) 15부

---

50) 발해 제7대 왕인 定王(재위 809~812)으로, 연호는 永德이다. 제6대 강왕 대숭린의 아들이며, 제8대 희왕의 형이다.
51) 발해 제8대 왕인 僖王(재위 812~817)으로, 연호는 朱雀이다. 제7대 정왕의 동생이며, 제9대 간왕의 형이다.
52) 발해 제10대 왕인 선왕으로, 연호는 建興이다. 『구당서』 발해전에는 제8대 희왕에 이어 818년에 대인수가 즉위한 것으로 되어 있으나, 『신당서』 발해전에는 817년 희왕의 사후 그의 동생인 簡王 大明忠이 즉위하여 1년 뒤인 818년에 죽자 대인수가 즉위한 것으로 나온다. 대인수는 대명충의 從夫로, 대조영의 아우인 大野勃의 4세손이다. 818년에 즉위하여 830년까지 13년간 재위하였다.
53) 太學은 당의 최고 학부인 國子監을 이른다. 국자감 내에는 國子學, 太學, 四門學, 律學, 書學, 算學 6개의 학부가 나뉘어 있었다.
54) 海東盛國이라 불린 시기는 제2대 大武藝 때, 제10대 大仁秀 때, 제11대 大彛震 때, 제13대 大玄錫 때 등으로 의견이 분분하다. 이 가운데 영토 확장과 중앙집권화 등에 근거하여 대인수 시기에 '해동성국'으

(府) 62주(州)가 있다. 숙신(肅愼)의 옛 땅을 상경으로 삼고 용천부(龍泉府)라 하며, 용(龍),[55] 호(湖),[56] 발(渤)[57] 3주를 거느렸다. 그 남쪽을 중경(中京)으로 삼고 현덕부(顯德府)라 하며, 노(盧), 현(顯),[58] 철(鐵),[59] 탕(湯),[60] 영(榮),[61] 흥(興)[62] 6주를 거느렸다. 예맥(濊貊)[63]의

로 불렸을 것으로 보는 견해가 유력하다(朱國忱·魏國忠 共著, 濱田耕策 譯, 1996, 60~61쪽; 金恩國, 1999, 125쪽 주 28; 김진광, 2012, 117쪽).

55) 龍州는 上京의 首州로서, 상경성이 위치하는 곳으로 추정된다(金毓黻, 1934; 和田淸, 1955). 遼代에는 扶餘府故地에 黃龍府를 두어 龍州라고 칭하였다.

56) 湖州는 그 명칭으로 보아 지금의 鏡泊湖 방면에 있었던 것으로 보는 것이 일반적이다.

57) 지금의 寧安 부근으로 추정된다.

58) 현주는 중경 현덕부의 소재지로서 현재의 길림성 연변조선족자치주 화룡시 서고성으로 비정된다. 『新唐書』 卷219, 列傳 第144, 渤海전에 중경 현덕부 관할에 顯州보다 盧州가 먼저 기술되어 있는 점과 관련하여 중경 소재지에 대한 다양한 주장이 제기되었다. 일반적인 규칙에 의하면, 중경 현덕부는 盧州에 설치되어야 하는데 기록과 지리 비정에서 차이가 확인되기 때문이다. 그 주장을 보면, 현주와 중경 현덕부가 동일 지역이며 그 장소는 서고성이라는 주장(李健才·陳相偉, 「渤海的中京和朝貢道」, 『北方論叢』 1, 1982), 현주는 蘇蜜城 또는 大甸子古城이라는 주장(駒井和愛, 1977), 安圖縣 松江鎭이라는 주장(朴龍淵, 1983), 돈화 大蒲柴河 西才浪河古城라는 주장(孫進己, 1982) 및 상경 용천부 출토 와당에 근거하여 서고성과 현주가 관련성이 없으며 그곳은 화룡 하남둔고성이라는 주장(田村晃一, 2001; 田村晃一, 2002) 등이 그것이다(임상선, 2010, 173쪽). 이뿐만 아니라 顯州의 소재지였던 서고성이 발해의 첫 도읍지이며 현주를 포함한 지역은 振國의 영역이라고 인식한 견해도 있다(장창희, 1991, 226쪽).

59) 鐵州는 『遼史』 「地理志」에는 위치가 "在京西南六十里"로 되어 있고, 位城·河端·蒼山·龍珍 4현을 거느리며, 遼代에 屬縣을 廢한 것으로 되어 있다. 和田淸은 '鐵州'라는 이름이 '位城의 鐵'에서 비롯된 것으로 보고, 西古城子의 서남, 함경북도 茂山 서북에 철이 많이 생산되기 때문에 이곳을 鐵州로 비정하였다.

60) 湯州는 『遼史』 「地理志」에 위치가 "在京西北一百里"로 되어 있고, 屬縣은 靈峯·常豐·白石·均谷·嘉利 등 5현이 있다. 遼代에 속현을 廢하였고 湯州治는 北鎭縣과 黑山縣 2현의 부근인 乾州로 되어 있다.

61) 榮州는 『遼史』 「地理志」에 "在京東北一百五十里"로 나오며, 崇山·潙水·綠成의 3縣을 거느린다. 『遼史』에는 '崇州'로 되어 있어 '崇州'로 보는 견해가 있다. 延吉 부근으로 비정하기도 한다.

62) 興州는 『遼史』 「地理志」에 "在京西南三百里"이며, 盛吉·蒜山·鐵山의 3현을 거느린다. 西古城子에서 서남으로 分水嶺을 넘어 豆滿江 하류 일대일 것으로 추정하기도 한다.

63) 고대 만주와 한반도 북부 지역에 살았던 종족의 명칭이다. 예와 맥을 구분하거나 범칭으로 보는 등 계통에 대해서는 이견이 있다. 고구려, 부여, 동예 등이 예맥족에 속하는데, 이들의 종족을 예맥으로 통칭하는 경우도 있으나, 중국 사서에서는 고구려를 주로 貊族이라고 하고, 부여나 동예는 濊族으로 기록한 경우가 있다. 異種族說로 예족과 맥족이 계통과 경제생활 방식이 달랐다고 보는 견해(三上次男, 1966), 동일 계통이지만 일찍이 분화하여 거주 지역이 구별되었다는 견해(尹武炳, 1966; 金貞培, 1968; 李殿福, 1993; 王綿厚, 1994; 朴京哲, 1997)가 있다. 그리고 중국 북방에 거주하던 맥족이 동방으로

옛 땅은 동경(東京)으로 삼고 용원부(龍原府)라 하고 책성부(柵城府)[64]라고도 하였는데, 경(慶), 염(鹽),[65] 목(穆),[66] 하(賀)[67] 4주를 거느렸다. 옥저(沃沮)의 옛 땅은 남경(南京)으로 삼고 남해부(南海府)[68]라 하며, 옥(沃),[69] 청(晴),[70] 초(椒)[71] 3주를 거느렸다. 고[구]려의

    이주하였다고 보는 견해(和田淸, 1947; 呂思勉, 1996), 본래 중국 대륙 서북에서 동방에 걸쳐 널리 분포하였는데, 서북과 북방의 맥족은 일찍부터 漢族에 동화된 반면 동북과 동방의 맥족은 진한시대 이후에도 독자성을 유지했다고 보는 견해(傅斯年, 1932) 등이 있다. 대체로 한국 학계에서는 『삼국지』 동이전 등에 부여·고구려·옥저·동예 등은 서로 언어와 습속이 유사했다고 하며, 읍루와는 구별되었던 것이 확실하여, 예와 맥을 같은 종족으로 보고 있다.

64) 발해 5경 가운데 하나인 東京 龍原府의 異稱이다. 책성은 목책을 두른 성이라는 뜻으로, 이미 고구려 때부터 사용된 지명이다. 府治의 위치는 발해의 東京城인 八連城과 별도로 부근의 溫特赫部城이나 薩其城으로 보는 설과 延吉의 城子山山城, 興安古城 등으로 보는 설이 있다(구난희, 2017, 134~139쪽). 고구려의 책성에 대해 치소성을 중심으로 광역의 행정단위를 가리키는 '柵城圈'으로 이해하는 연구도 있다(김현숙, 2000, 140·156~157쪽; 김강훈, 2017, 244쪽).

65) 鹽州는 『遼史』「地理志」에 "一名 龍河郡"으로, 海陽·接海·格川·龍河의 4縣을 거느린다. 和田淸은 Possjet灣 北岸에 顏楚(Yen-Chu) 또는 眼春(Yen-Chun)이라는 지명이 있었던 것이 鹽州(Yen-Chou)의 轉訛일지도 모른다고 추측하였다(「渤海國地理考」, 76쪽). 현재는 연해주 크라스키노성으로 보는 것이 통설이다.

66) 穆州는 『遼史』「地理志」에 "一名 會農郡"으로, 會農·水岐·順化·美縣의 4縣을 거느렸다.

67) 賀州는 『遼史』「地理志」에 "一名 吉理郡"으로, 洪賀·送誠·吉理·石山의 4현을 거느렸다.

68) 남경 남해부의 위치에 대해서는 韓鎭書의 『續海東繹史』「渤海」에서 北靑설을, 丁若鏞의 『我邦疆域考』 「渤海考」에서 咸興설을 내세운 이래로, 鏡城설(內藤虎次郎, 1907; 松井等, 1913), 북청설(鳥山喜一, 1935; 채태형, 1998), 함흥설(池內宏, 1937; 白鳥庫吉, 1935; 和田淸, 1955), 鍾城설 등의 견해가 있다. 남경과 남해부의 치소는 동일 지역에 있었던 것으로 보이나, 관청이 하나였는지 분리되어 있었는지는 불분명하다. 남해부의 위치 비정에는, 776년 남해부 '吐號浦'에서 발해 사신단이 일본으로 출발했다는 기록(『續日本紀』)에 부합하는 항구와 남해부의 특산물인 곤포, 즉 다시마가 생산되는 지역이라는 조건이 붙는다. 정약용이 곤포의 주요 산지인 함흥을 남해부로 본 이후로 함흥설은 많은 지지를 받았고, '토호포'를 함흥 서남쪽으로 약 15km 떨어진 '連浦(고려·조선시대 都連浦)'로 추정하였다. 그러나 북한에서 발굴 성과를 토대로 북청군의 청해토성(북청토성)을 남해부로 비정한 이후 북청설이 유력시되고 있다.

69) 沃州는 『遼史』「地理志」에 沃沮·鷲巖·龍山·濱海·昇平·靈泉의 6縣을 거느렸다.

70) 『遼史』「地理志」에 天晴·神陽·蓮池·狼山·仙巖의 5縣을 거느렸다. 和田淸(1955)은 위치를 城津으로 추정하였다.

71) 椒州는 『遼史』「地理志」에 椒山·貂嶺·澌泉·尖山·巖淵의 5縣을 거느렸다. 和田淸(1955)은 鏡城으로 비정하였다.

옛 땅은 서경(西京)72)으로 삼고 압록부(鴨淥府)라 하며, 신(神),73) 백(柏), 풍(豊),74) 정(正)75) 4주를 거느렸다. [또] 장령부(長嶺府)76)라 하고, 하(瑕),77) 하(河)78) 2주를 거느렸다. 부여의 옛 땅은 부여부(夫餘府)로 삼고 항상 경병(勁兵)을 주둔시키고 거란을 막았으며, 부(扶),79) 선(仙)80) 2주를 거느렸다. 막힐부(鄚頡府)81)는 막(鄚),82) 고(高) 2주를 거느렸다. 읍루의 옛 땅은 정리부(定理府)83)로 삼고 정(定),84) 반(潘) 2주를 거느렸다. 안변부(安邊府)85)는 안(安),

---

72) 西京은 『遼史』 「地理志」 東京道條에 "淥州 鴨淥軍 節度 本高麗故國 渤海號西京鴨淥府 城高三丈 廣輪二十里 都督 神·桓·豊·正四州事"로 나온다. 丁若鏞은 평안북도 慈城 北에서 鴨綠江 대안으로(『我邦疆域考』 「渤海考」), 韓鎭書는 江界府의 滿浦鎭 대안으로(『續海東繹史』 「渤海」), 松井等(1913)은 奉天省 臨江縣 帽兒山으로, 鳥山喜一(1915)은 通溝로 비정하였고, 현재 臨江 지역으로 보는 것이 일반적이다.

73) 神州는 『遼史』 「地理志」에 神鹿·神化·劍門의 3縣을 거느렸다.

74) 豊州는 『遼史』 「地理志」 東京道에 "渤海置盤安郡 … 隸淥州 在東北二百一十里"로, 安豊·渤恪·隰壤·硤石의 4현을 거느렸다. 和田淸은 鴨綠江 上源의 厚昌古邑 방면 또는 長白·惠山鎭으로 비정하였다(1955, 「渤海國地理考」, 78쪽).

75) 正州는 『遼史』 「地理志」 東京道條에 "本沸流王故地 國爲公孫康所倂 渤海置沸流郡 有沸流水 … 隸淥州 在西北三百八十里"라고 되어 있다. 和田淸(1955)은 위치를 通化나 桓仁으로 비정하였다.

76) 長嶺府의 위치에 대하여 『滿洲源流考』에서는 "今吉林西南五百里 有長嶺子 滿洲語稱果勒敏珠敦(Golmin Judun, 長嶺의 뜻)"이라고 하고 지금의 英額門 부근으로 비정하였다. 韓鎭書는 永吉州 等地로 비정하였는데(『續海東繹史』 「渤海」), 지금의 吉林이다. 津田左右吉(1915)은 輝發河 상류에 있는 北山城子로 보았다.

77) 瑕州는 『滿洲源流考』 「疆域」 嶺府條에 "按瑕州無考 常爲附郭之州 遼廢"라고 되어 있다.

78) 河州는 『遼史』 「地理志」 東京道條에 "河州 德化軍 置軍器坊"이라고 되어 있다.

79) 扶州는 『遼史』 「地理志」 東京道 通州條에 속현 扶餘·布多·顯義·鵲川 중에 보인다. 『滿洲源流考』 「疆域」에는 開原 부근으로, 金毓黻은 昌圖 부근으로 비정하였다(『渤海國志長編』 「地理志」).

80) 仙州는 『遼史』 「地理志」 東京道 通州條에 渤海 시기에 强師·新安·漁谷의 3縣을 거느린 것으로 나온다. 和田淸은 北流 松花江 부근으로 비정하였다(1955, 82쪽).

81) 鄚頡府는 『遼史』 「地理志」 東京道 韓州條에 "… 本槀離國舊治柳河縣 高麗置鄚頡府 都督鄚·頡二州 渤海因之 …"라고 하여 고구려 때부터 있었던 것으로 나온다. 金毓黻은 農安 북쪽으로 비정하였고(『渤海國志長編』 「地理考」), 和田淸(1955)은 阿城 부근으로 비정하였다.

82) 鄚州는 屬縣에 奧喜·萬安의 2縣이 있었다.

83) 定理府의 위치에 대하여 『盛京通志』와 『大淸一統志』에서 熱河의 承德城으로 비정하였고, 韓鎭書는 寧古塔 부근으로(『續海東繹史』 「渤海」), 松井等(1913)과 金毓黻은 烏蘇里江 부근으로, 和田淸(1955)은 沿海州의 Olga 부근으로 비정하였다.

84) 定州는 一名 安定郡이라고 하며, 定理·平邱·巖城·慕美·安夷의 5현을 거느렸다. 和田淸(1955)은 沿海

경(瓊) 2주를 거느렸다. 솔빈부(率賓府)[86]는 화(華),[87] 익(益), 건(建)[88] 3주를 거느렸다. 불열(拂涅) 옛 땅은 동평부(東平府)[89]로 삼고 이(伊), 몽(蒙), 타(沱), 흑(黑), 비(比) 5주를 거느렸다. 철리부(鐵利府)[90]는 광(廣), 분(汾), 포(蒲), 해(海), 의(義), 귀(歸) 6주를 거느렸다. 월희(越喜)[91]의 옛터는 회원부(懷遠府)[92]로 삼고 달(達), 월(越), 회(懷), 기(紀), 부(富), 미

州 남부인 蘇城(Suchan) 부근으로 비정하였다.

85) 安邊府의 위치에 대해 金毓黻은 烏蘇里江 유역으로 비정하였다(『渤海國志長編』 卷14 「地理考」). 和田清(1955)은 定理·安邊 2府가 挹婁의 故地로 서로 근접한다고 보고 金代의 錫林路로서 Olga 지방인 것으로 비정하였다.

86) 그 이름이 綏芬河와 발음이 유사하여 현재 수분하 지역으로 보는 것이 통설이다. 率賓府의 이름은 遼代에도 그대로 쓰였으나, 金·元代에는 '恤品'·'速頻'·'蘇濱'의 이름으로 史書에 보이며, 淸代에는 綏芬路로 알려져 있었다. 金毓黻은 '쌍성자', 張太湘은 '동녕 대성자고성'으로 비정하였다(丹化沙, 1983, 15~21쪽).

87) 위치는 미상이다. 金毓黻은 華州를 率賓府의 首州로 보았고, 요나라가 폐지한 뒤에 발해민을 康州로 옮겼던 것으로 추정하였다(『渤海國志長編』 「地理考」). 『遼史』 「地理志」 康州조에 "발해 솔빈부의 인호를 옮겨 설치하였다."라는 기록에 근거한다.

88) 益州·建州는 和田清(1955)은 三岔口로 불리던 東寧의 서북에 大城子·小城子 등의 遺址가 있는데, 建州·益州 2주 중 하나는 이곳일 것으로 보았다.

89) 拂涅部의 위치에 대해 논란이 있는 것과 마찬가지로, 동평부의 위치에 대해서도 여러 설이 있다. 흑수말갈의 일부가 발해 후기에 복속된 것으로 보지만 행정구역 설치가 확인되지 않는데, '黑州'와 '黑水'의 흑이 같은 글자이기 때문이다.

90) 鐵驪, 鐵驪, 鐵離라고도 한다. 철리는 말갈 7부 중에는 그 명칭이 없으나, 발해 건국 초기부터 고구려와 관계가 깊던 불열말갈, 월희말갈과 함께 활동한 것으로 보아, 고구려 당시부터 있었고 고구려와 밀접한 관련이 있었던 것으로 보인다. 위치에 대해서는 圖們江北·與凱湖의 南說(丁若鏞, 『渤海考』), 黑龍·烏蘇里江下流地域說(松井等, 1913; 鳥山喜一, 1915), 牧丹江流域說(津田左右吉, 1916), 阿什河流域說(池內宏, 1916), 松花江下流域의 依蘭地域說(小川裕人, 1937) 등이 있다. 여진이 흥기했을 때에는 길림성 동경성(지금의 寧安) 부근에 있다가 完顔部에 편입되었다(外山軍治, 1975, 45쪽).

91) 越熹靺鞨의 위치에 대해 『新唐書』 黑水靺鞨傳에 "당초 黑水[靺鞨]의 서북쪽에는 思慕部가 있는데, 북으로 10일을 더 가면 郡利部가 있고, 동북으로 10일을 가면 窟設部가 있다. [窟設은] 屈設이라고도 부른다. 조금 동남으로 10일을 가면 莫曳皆部가 있고, 또 拂涅, 虞婁, 越喜, 鐵利 등의 부가 있다."라고 나온다. 『册府元龜』 등을 보면, 흑수와 별도로 鐵利·拂涅과 唐에 자주 朝貢한 것으로 나온다. 그런데 발해의 조공 시기와 겹치는 경우도 많아 발해와 이들 말갈이 밀접한 관련을 가지고 있었던 것으로 보인다. 월희말갈은 고구려 시기 말갈 7부에는 속하지 않지만, 고구려 멸망 후 설치된 기미주 중 越喜州都督府가 확인되고 있어 그 연원이 오래된 것을 알 수 있다(『신당서』 권43하, 지 제33하, 지리하, 하북도 고려항호주). 일반적으로 遼代에 兀惹와 그 서쪽에 있던 越里吉 등과 같은 부족으로 보며, 거주지는

(美), 복(福), 사(邪), 지(芝) 9주를 거느렸다. 안원부(安遠府)[93]는 영(寧), 미(郿), 모(慕), 상(常) 4주를 거느렸다. 또 영(郢),[94] 동(銅), 속(涑) 3주를 독주주(獨奏州)[95]라 하였다. 속주(涑州)는 그 부근의 속말강(涑沫江)에 의거한 것인데, 아마 이른바 속말수(粟末水)일 것이다. 용원(龍原) 동남쪽은 바다에 임하였는데 일본도(日本道)[96]이다. 남해는 신라도(新羅道)[97]이다. 압록(鴨綠)은 조공도(朝貢道)[98]이다. 장령(長嶺)은 영주도(營州道)[99]이다. 부여는 거란

오소리강과 松花江 두 강의 하류 부근으로 보는 견해(松井 等, 1913), 중국 長春 西南의 懷德 방면으로 보는 견해(池內宏, 1916), 沿海州의 海邊 지역으로 보는 견해(金毓黻, 1933) 등이 있다. 『冊府元龜』 권959, 外臣部 土風條에는 '越喜靺鞨' 앞에 '西接' 2자가 추가되어 있는데, 和田淸은 三姓 부근으로 비정하고, 渤海國과 '西接'하는 것이 아니라 '北接'한다고 보았다.

92) 위치에 대해서는 발해 중심부에서 매우 먼 지역일 것으로 추정되며, 중국 黑龍江省 依蘭縣의 烏蘇里江과 松花江이 만나는 지역설, 연해주 동해가설, 흑룡강성 同江縣설 등이 있다.

93) 安遠府는 『遼史』 「地理志」 東京道 慕州條에 "本渤海安遠府地 故縣二. 慕化·崇平 … 隸涑州 在西二百里"라고 하여 屬縣으로 慕化·崇平의 2縣을 거느렸다. 西京 鴨淥府의 府治인 淥州 서북으로 200리에 있다고 하여 鴨綠江과 輝發河의 중간인 柳河縣으로 비정되기도 하며, 韓鎭書는 黑龍江 유역으로 비정한 바 있다(『續海東繹史』 「渤海」). 松井 등과 和田淸은 松花江 하류로(「渤海國의 疆域」, 419쪽; 「渤海國地理考」, 106~107쪽), 金毓黻은 興凱湖 東岸인 것으로 비정하였다(『渤海國志長編』 「地理考」).

94) 和田淸(1955)은 鐵利·越喜와 上京 龍泉府를 연결하는 大道 上의 요충으로 寧古塔 북쪽 어딘가로 비정하였다.

95) 獨奏州는 『滿洲源流考』 「疆域」에 "獨奏之義 猶今直隸州 不轄於府 而事得專達也"라고 하여 중간 보고자(즉 府)를 거치지 않고 곧바로 중앙에 보고하는 직할주를 가리킨다고 보았다.

96) 동경 용원부의 염주에서 뱃길로 일본 本州의 서쪽 방면에 도착하는 해상 교통로이다. 그런데 발해 사신의 도착지는 8세기에는 北陸 지방, 9세기에는 山陰 지방으로 시기적으로 차이를 보인다(유득공 지음, 김종복 옮김, 2018, 183~184쪽).

97) 『三國史記』 「地理志」에 인용되어 있는 『古今郡國志』에 新羅의 泉井郡에서 柵城府(발해 동경 용원부)까지 39역이었다고 하는데, 당나라 시기 역참 사이는 일반적으로 30리이다. 역산해 보면 琿春에서 1,170리를 남하하면 대체로 德源 지역에 이른다. 따라서 덕원 부근이 신라의 천정군(또는 井泉郡)으로 비정되며, 신라도는 문왕 때 개통된 것으로 본다.

98) 서경 압록부에서 뱃길로 압록강을 남하한 후 요동반도 연안을 거쳐 묘도열도를 통해 산동반도의 등주에 도착한 다음, 당의 수도인 장안으로 가는 길이다(유득공 지음, 김종복 옮김, 184쪽). 『新唐書』 「地理志」에 인용되어 있는 賈耽의 『道里記』에는 "自鴨江口 舟行百餘里 及小舫泝流東北三十里 至泊汋口 得渤海之境 又泝流五百里 至丸都城·故高麗王都 又東北泝流二百里·至神州 又陸行四百里 至顯州 天寶中王所都 又正北如東六百里 至渤海王城"이라고 하여 그 노정을 알 수 있다.

99) 장령부에서 요하를 건너 당의 동북 방면 요충지인 영주로 가는 길이다(유득공 지음, 김종복 옮김, 2018,

도(契丹道)¹⁰⁰⁾이다. 풍속에 왕을 일컬어 가독부(可毒夫)라고 말하며 성주(聖主)라 말하며 기하(基下)라고 말하는데, 그 명령은 교(敎)라 하였다. 왕의 아버지를 노왕(老王)이라 하고, 어머니를 태비(太妃)라 하고, 아내를 귀비(貴妃)라 하고, 장자를 부왕(副王)이라 하고, 여러 아들은 왕자(王子)라 하였다. 관(官)으로는 선조성(宣詔省),¹⁰¹⁾ 중대성(中臺省),¹⁰²⁾ 정당성(政堂省)¹⁰³⁾이 있다. 좌상(左相)·우상(右相), 좌평장(左平章)·우평장(右平章), 시중(侍中), 상시(常侍), 간의(諫議)가 있다. 또 좌6사(司) 충(忠), 인(仁), 의(義)의 부(部)와 우6사(司) 지(智), 예(禮),¹⁰⁴⁾ 신(信)의 부가 있고, 각각 낭중(郎中)과 원외(員外)를 두었다. 또 무원(武員)으로는 좌우위대장군(左右衛大將軍) 등의 종류가 있다. 대체로 중국의 제도를 본받았다. 복장(服章)은 역시 자색·비색·엷은 비색·녹색 [옷] 및 아홀(牙笏), 금은어(金銀魚)의 제도가 있으며, 나머지 풍속은 고[구]려·거란과 대략 같다. 유주절도부(幽州節度府)와 서로 빙문(聘問)하였고, 영주, 평주(平州)로부터 경사에 이르기까지 약 8천 리로 멀리 있다.

양(梁) 개평(開平) 원년(907)에 [발해]왕 대인선(大諲譔)이 왕자를 보내 방물을 바쳤다. 2년(908), 3년(909) 그리고 건화(乾化) 2년(912)에도 모두 사신을 보내 공물을 바쳤다. 후당(後唐) 동광(同光) 2년(924)에 왕자를 보내 내조하였다. 또 조카인 학당친위(學堂親衛) 대원겸(大元謙)을 시국자감승(試國子監丞)으로 보내왔다. 3년(925) 및 천성(天成) 원년(926)에도 사신을 보내 공물을 바치고 사내종[兒口]과 계집종[女口]을 진상하였다.

이에 앞서 거란 대수령(大首領) 야율아보기(耶律阿保機)의 병력이 강성해져서 동북의 제번(諸蕃)이 그에게 많이 신속하였다. 발해와는 땅이 서로 붙어 있기에 늘 삼켜 버릴 의지가 있었다. 이해에 여러 번부(番部)를 거느리고 발해국의 부여성(夫餘城)을 공격하여 함락하였

200쪽).

100) 上京에서 張廣才嶺을 거쳐 扶餘府(위치에 대해서는 開原설, 農安설, 阿城설, 四面城설 등이 있음)를 거쳐, 다시 懷德·梨樹·遼源 등지를 지나 契丹의 중심지에 도달하는 길이다.

101) 왕의 명령을 선포하는 관청으로, 당나라의 門下省에 해당한다. 당의 문하성은 중서성에서 초안을 작성하여 올린 詔令을 심의하여 결정한다(유득공 지음, 김종복 옮김, 2018, 233쪽).

102) 발해 때의 3省 가운데 하나로, 唐의 中書省에 해당하는 官署이다. 나라의 정책 수립과 詔令을 맡아보았다. 장관은 右相이며, 그 아래에는 右平章事, 內史, 詔誥舍人이 있었다.

103) 政堂省은 발해 때의 3省 가운데 하나로, 唐의 尙書省에 해당하는 官署이다. 실무 기관인 6部를 거느리고 국가의 행정을 총괄하였다.

104) 禮部는 唐의 刑部에 해당한다.

다. 부여성을 고쳐 동단부(東丹府)[105]로 삼고, 그 아들 [야율]돌욕([耶律]突欲)에게 군사를 남겨 진수하도록 명령하였다. 오래지 않아 아보기가 죽자, [발해왕이] 그의 아우에게 군사를 거느리고 부여성을 치라고 명하였는데 이기지 못하고 돌아갔다. [천성] 4년(929), 그리고 장흥(長興) 2년(931), 3년(932), 4년(933), 청태(淸泰) 2년(935), 3년(936)에 모두 사신을 보내 방물을 바쳤다. 주(周)나라 현덕(顯德) 원년(954)에 발해국의 오사라(烏思羅) 등 30명이 귀화하였고 그 후에 길이 막혀 통하지 않았다.

송(宋) 태평흥국(太平興國) 4년(979)에 태종이 진양(晉陽)을 평정하고 군사를 유주로 옮겼다. 그 추수(酋帥) 대난하(大鸞河)가 소교(小校) 이훈(李勳) 등 16명과 부족(部族) 300기(騎)를 거느리고 와서 항복하였다. 대난하를 발해도지휘사(渤海都指揮使)로 삼았다.

[태평흥국] 6년(981)에 오사성(烏舍城) 부유부(浮渝府) 발해염부왕(渤海琰府王)[106]에게 조서를 내렸다. 요약하여 말하면, "준동하는 북쪽 오랑캐가 우리 영토를 침범하고 있다. 이제 고(鼓)를 울리며 깊이 들어가 추한 무리[醜類]를 대거 섬멸하고자 한다. 평소에 들건대 너희 나라는 원수들과 가까워서 병탄을 압박받는 형세를 힘으로 제압할 수 없어서 복속되어 지배에 곤욕을 받는다고 한다. 영기(靈旗)가 오랑캐를 격파할 무렵이 이웃 나라가 울분을 설욕하는 날이니, 마땅히 족장(族帳)이 모두 나와 군대의 예봉이 되어 도와라. 그들을 전멸시키기를

---

105) 잘못된 기록이나. 東丹國은 기란 야율아보기가 926년 1월 발해를 멸망시키고 세웠다. 아울러 발해의 수도인 忽汗城을 天福城으로 고치고, 황태자 倍(일명 突欲)를 人皇王으로 책봉하여 동단국왕으로 삼았다. 아보기의 동생인 迭剌을 左大相, 渤海老相을 右大相, 渤海司徒 大素賢을 左次相, 耶律羽之를 右次相으로 삼았다(『遼史』 권2, 本紀 제2, 太祖下, 天顯元年 2월 丙午). 발해인과 거란인을 함께 상층 관리로 임명하였으나 실권은 후자에게 있었다.

106) 본문에서 언급한 '烏舍城渤海'는 後渤海와 兀惹部를 지칭하는데, 박시형은 송 태종이 거란을 치려 하면서 '오사성부유부발해염부왕'의 협조를 구하는 글을 보냈다는 것에 근거하여, 국호를 '後渤海國'으로 삼지 않고 '烏舍城渤海國'이고 그 주체 세력은 정안국 왕실의 성과 같은 烏氏이며 그 멸망 시기는 『遼史』에 근거하여 兀惹가 여진에 귀속되는 1114년으로 추정하는 한편, 옛 발해국의 부여부에서 가까운 곳으로 근거지를 비정하였다. 이와 달리 후발해국의 주체 세력에 대해서 日野開三郎은 大氏가 건국하여 烏氏로 세력이 변화하였다가 멸망하였다고 인식하였고, 그 멸망 시기에 대해서도 1114년이 아닌 1007년경으로 인식하였다(박시형, 1979, 281・285~286쪽; 한규철, 1997, 12~13쪽). 또한 근거지에 대해서도 견해가 다른데, 日野開三郎은 그 중심지를 池內宏의 견해를 따라 上京 龍泉府로 비정한 것(日野開三郎, 1944, 45~46쪽)에 비해, 和田淸은 그 근거지에 대해서 浮渝府는 부여부, 琰府는 龍泉府를 꾸민 칭호이며, 烏舍城은 兀惹城으로서 길림의 中京 顯德府로 비정하였다(和田淸, 1916, 6, 184~185쪽).

기다려 넘치게 봉상(封賞)하되 유주, 계주(薊州) 땅은 다시금 중원 조정에 귀속시키고, [북쪽] 사막 밖은 모두 주겠다. 힘써 협력하라. 짐은 식언하지 않는다."라고 하였다. 이때 [송이] 곧 군사를 대거 거느리고 북벌하려 함에 이 조서를 내린 것이다.

○ 사예고(四裔考), 권제327, 사예(四裔) 4, 정안(定安)

定安國, 本馬韓之種, 爲契丹所攻破, 其酋帥糾合餘衆, 保於西鄙, 建國改元, 自稱定安國. 宋開寶三年, 其國王烈萬華因女眞遣使入朝, 乃附表貢獻方物. 太平興國中, 太宗方經營遠略, 討擊胡虜, 因降詔其國, 令張掎角之勢. 其國亦怨寇讎, 侵侮不已, 聞中國方用兵北討, 欲依王師以攄宿忿, 得詔大喜. 六年冬, 會女眞遣使朝貢, 路由本國, 乃託其使附表來上云, 定安國王臣烏元[107]明言, 臣本以高麗舊壤, 渤海遺黎, 保據方隅, 涉歷星紀, 仰覆霆鴻均之德, 被漸漬無外之澤, 各得其所, 以遂物性. 而頃歲契丹恃其强暴, 入寇境土, 攻破城寨, 俘掠人民, 臣祖考守節不降, 與衆避地, 僅存生聚, 以迄於今. 而又夫餘府昨背契丹, 並歸本國, 災禍將至, 無大於此. 所宜受天朝之密書, 率勝兵而助討, 必欲報敵, 不敢違命. 臣元[108]明誠懇誠願, 頓首頓首. 其末題云, 元興[109]六年十月日, 定安國王臣烏元[110]明表上聖皇帝殿前. 上答以詔書, 令其發兵協力同伐契丹. 以詔付女眞使, 令齎以賜之. 端拱二年, 其王子因女眞使附獻馬‧鵰羽鳴鏑. 淳化二年, 其王子大元因女眞使上表, 其後不復至.

정안국(定安國)[111]은 본래 마한(馬韓)의 종족으로 거란에게 격파되었다. 그 추수(酋帥)가

---

107) '元' → '玄'.
108) '元' → '玄'.
109) 中國 역사에 元興이라는 연호는 後漢의 和帝(105)‧三國時代의 吳 歸命侯皓(264~265)‧東晉의 安帝(402~404) 시기 등이 있었으나, 宋이나 遼에서는 사용된 일이 없었다. 따라서 여기에 보이는 元興의 연호는 定安國이 독자적으로 세워 사용한 연호로 보아야 한다.
110) '元' → '玄'.
111) 정안국은 발해 유민이 압록강 중류 지역에서 세운 나라로, 985년 거란 성종 때에 멸망당하였다. 정안국의 성립에 대해서, 10여 년간 유지되었던 大氏의 後渤海가 자체 내의 왕위 찬탈전 결과 後唐 淸泰 3년으로부터 宋 開寶 3년 사이에 烈氏 定安國으로 바뀌었다고 보는 견해가 있고(和田淸, 1916; 李龍範,

나머지 무리를 규합해서 서쪽 변경을 차지하고서 나라를 세워 연호를 고치고 자칭 정안국이라 하였다. 송(宋) 개보(開寶) 3년(970)에 그 국왕 열만화(烈萬華)는 여진이 사신을 보내 입조하는 편에 표(表)를 부쳐 방물을 바쳤다. 태평흥국 연간(976~984)에 태종은 먼 곳을 경영할 방략으로 호로(胡虜)를 치기 위해 그 나라에 조서를 내려 기각지세(掎角之勢)를 펼치라고 명하였다. 그 나라 역시 원수들의 침해와 업신여김을 원망하고 있는 터라, 중국이 바야흐로 군사로써 북벌하려는 것을 듣고서 왕사(王師)에 의지하여 오래 묵은 분원을 풀려고 하였는데 조서를 받고 크게 기뻐하였다. 6년 겨울에 여진에서 조공하려 보내는 사신이 본국을 지나가는 것을 만나 곧 그 사신에게 부탁하여 표(表)를 부쳐 올렸다.

[표에] 이르기를, "정안국왕(定安國王) 신(臣) 오현명(烏玄明)이 아룁니다. 신은 본래 고[구]려 옛 땅과 발해 유려(遺黎)로서 한구석에 웅거하여 세월을 지나 보내며 홍균지덕(鴻均之德)을 우러러 받자옵고 무외지택(無外之澤)을 입어 감화되어, 각각 그 처소를 얻고 사물의 제 본성을 쫓고 있습니다. 그런데 근년에 거란은 자신의 강포함을 믿고서 [우리] 경내에 들어와 노략질하는데, 성채를 공격하여 깨뜨리고 인민을 사로잡고 약탈하고 있습니다. 신의 조고(祖考)는 절의를 지켜 항복하지 않고 무리와 함께 피난하여 겨우 살아남은 사람들만 모여 지금에 이르렀습니다. 그리고 또 부여부(夫餘府)는 지난날 거란을 배반하고 본국에 귀부하였는데, 재화(災禍)가 장차 이를 것이니 이보다 큰 것이 없을 것입니다. 천조(天朝)의 비밀 계획을 받아 승병(勝兵)을 거느리고 토벌을 도움으로써 만드시 원수를 갚으려고 하는바 감히 명령을 어길 수 없습니다. 신 현명은 진실로 간곡하게 원하옵니다. 머리를 조아리고 또 머리를 조아립니다."라고 하였다. 그 끝에다 원흥(元興) 6년 10월 일 정안국왕 신 오현명이 성황제(聖皇帝)의 전전(殿前)에 올리는 표라고 하였다. 황상이 조서(詔書)로 답하여, 그 군사를 징발하여 힘을 합쳐 거란을 정벌하라고 하였다. 조서를 여진 사신에 맡기어 지니고 가서 내려 주도록 하였다. 단공(端拱) 2년(989)에 그의 왕자가 여진 사신에게 붙여 말, 조우(鵰羽), 명적(鳴鏑)을 바쳤다. 순화(淳化) 2년(991)에 그 왕자 대원(大元)이 여진 사신을 통해 표를 올렸는데, 그 이후로 다시는 이르지 않았다.

1974, 77~78쪽), 압록강 유역의 大光顯 정권과 忽汗城의 그 숙부 정권이 대립하다가 숙부 정권이 승리하였으나 938년경에 南海府를 거점으로 하고 있던 烈氏 정권이 압록부를 차지하면서 건국되었다고 보는 견해가 있다(日野開三郎, 1951, 46쪽 주 3; 한규철, 1997, 9~10쪽).

발해사 자료총서 - 중국사료 편 권1

17. 『옥해(玉海)』

　남송(南宋) 순희(淳熙) 7년(1271)에 남송 제일의 학자로 알려진 왕응린(王應麟, 1223~1296)이 개인적으로 편찬한 백과사전 형태의 유서(類書)이다. 『옥해』는 전체 204권이며, 천문・율력・지리・제계(帝系)・성문(聖文)・예문(藝文)・조령(詔令)・예의(禮儀)・차복(車服)・음악・학교・선거・관제・병제・조공・궁실・식화(食貨)・병첩(兵捷)・상서(祥瑞) 등 21문(門)로 나누어져 있다. 각 부문은 다시 몇 개로 세분하여 총 240여 개의 부문을 이룬다. 이 책은 경사자집(經史子集)의 주요 전적을 비롯해, 전기류(傳記類)・패관(稗官)의 설(說)・국사(國史)・실록(實錄)・일력(日曆)에 이르기까지 광범위하게 자료를 수집하여 항목별로 정연하게 배열하였다. 당송대의 다른 유서보다 훨씬 조리가 있고, 인용문에는 그 출처를 주기하여 참고하는 데 편리하도록 하였다. 특히 고금의 전장제도와 역사고사(歷史故事), 제자백가(諸子百家), 시사문취(詩詞文粹) 등을 모아 전고(典故)와 어휘(語彙) 등을 찾기 편하도록 만들었는데, 이것은 왕응린이 『옥해』를 저술한 배경이 과거 시험을 준비하는 수험생들을 위해서였기 때문이다.

　『사고전서총목(四庫全書總目)』에 의하면 『옥해』에는 경사자집・백가전기(百家傳記) 등 인용되지 않은 것이 없다고 하는데, 망실되어 볼 수 없는 송대의 『실록』, 『국사』, 『일력』 등의 기록을 엿볼 수 있다. 그리고 왕응린이 『옥해』의 각 항목을 서술하면서 여러 문헌을 상호 비교하여 고증하며 만들었기 때문에, 이후 전대흔(錢大昕)을 비롯한 청대 고증학자들에게 많은 영향을 미쳤다. 또한 『발해고』의 저자 유득공도 영향을 받았다고 한다.

　발해와 관련해서는 당나라의 장건장(張建章)이 지은 『발해국기(渤海國記)』 3권이 언급되어 있고, 권15 지리에서는 외국 이역(異域)을 설명하면서 발해를 언급하였다. 당대 외교를 담당한 홍려경(鴻臚卿) 왕충사(王忠嗣)가 당 현종에게 주변국의 거리에 대해 설명하면서 발해로 가는 길을 고려·발해도(高麗渤海道)라고 한 기록도 있다. 권153 조공 외이내조(外夷來朝)의 당발해견자입시(唐渤海遣子入侍) 조의 경우, 발해를 속말말갈이라고 하여 발해의 성격에 있어서 『신당서』의 인식을 보이며, 대조영의 건국과 책봉, 유학생의 파견, 당 조공 등에 대해서 매우 간략하게 기술하고 있다. 그 밖에 장경(長慶) 2년(822) 1월 임자일 기사와 개성(開成) 2년(837) 1월 계유일 기사를 통해 인덕전(麟德殿)에서 발해 사신에게 연회를 베푼 사건 등이 소개되어 있다. 송 희녕(熙寧) 연간(1068~1077)에는 도정(都亭)의 서역(西驛)에서 신라·발해 등의 사신을 접대한 기록이 있는데, 발해 멸망 이후의 상황을 보여 준다.

현재 『옥해』의 원본은 전해지지 않는다. 『옥해』는 탈고하기 전에 잃어버렸다가 뒤에 손자 왕원(王原)이 남은 원고를 수습하여 지원(至元) 6년(1269) 경원로(慶元路)의 「유학간본(儒學刊本)」으로 처음 간행되었다. 간행 당시 권말에는 『사학지남(辭學指南)』 외에 『시고(詩考)』·『시지리고(詩地理考)』·『한예문지고(漢藝文志考)』·『통감지리통석(通鑑地理通釋)』·『왕회편해(王會篇解)』·『한제고(漢制考)』·『천조편해(踐阼篇解)』·『급취편해(急就篇解)』·『소학감주(小學紺珠)』·『성씨급취편(姓氏急就篇)』·『주역정주(周易鄭注)』·『육경천문편(六經天文編)』·『통감답문(通鑑答問)』 등 13종의 책이 합간되었다. 그 뒤에도 『옥해』는 여러 차례 보수되어 간행되었다. 아래 원문은 강소고적출판사(江蘇古籍出版社)·상해서점(上海書店)에서 출판한 『옥해』(1990년판)를 저본으로 하였으며, 중국기본고적고에서 제공하는 「청건륭무영전각본(淸乾隆武英殿刻本)」과 「백납본경인원간본(百衲本景印元刊本)」을 비교본으로 하였다.

○ 권15, 지리(地理) 상, 당 황화사달기와 서역도【본 이후】[唐皇華四達記 西域圖【見後】]

地理志, 唐置羈縻諸州, 皆傍塞外, 或寓名於夷落. 而四夷之與中國通者甚衆, 若將臣所征討, 勅使所慰賜, 宜有以記其所從出. 天寶中, 玄宗問諸蕃國遠近, 鴻臚卿王忠嗣以西域圖對, 纔十數國. 見後. 其後貞元宰相賈耽考方域道里之數最詳, 從邊州入四夷, 通譯于鴻臚者莫不畢紀. 其入四夷之路, 與關戍走集, 最要者七: 一曰營州入安東道, 二曰登州海行入高麗·渤海道, 三曰夏州塞外通大同·雲中道, 四曰中受降城入回鶻道, 五曰安西入西域道, 六曰安南通天竺道, 七曰廣州通海夷道. 其山川聚落, 封略遠近, 皆槩擧其目. 州縣有名而前所不錄者, 或夷狄所自名.

「지리지」[를 보면], 당나라에서는 기미(羈縻)를 모든 주(州)에 설치했는데, 모두 변방 밖에 있거나 혹은 오랑캐 마을에 붙인 이름이었다. 그러나 사이(四夷)는 중국과 왕래하는 자가 매우 많아, 만약 장수가 정벌을 했다면 사신을 보내 위로하고 하사품을 내렸으며 반드시 그 물건이 나온 출처를 기록하였다. 천보(天寶) 연간(742~756)에 원종(元宗, 현종)이 여러 번국(蕃國)의 멀고 가까움을 물으니, 홍려경(鴻臚卿) 왕충사(王忠嗣)가 서역도(西域圖)를 가지고 대답하면서 불과 십수 개 나라를 [황제에게] 보였다. 그 후 정원(貞元) 연간(785~805)에 재상 가탐(賈耽)이 나라의 거리 수를 연구함에 가장 상세하였다. 변주(邊州: 변경 지역)에서 사이에 이르기까지 홍려시(鴻臚寺: 외교 사무를 보는 관청)에서 통역한 것은 기록하지 않은 것이 없었다. 사이로 들어가는 도로와 변경 지역의 관문 및 도회(都會) 중에 가장 중요한 곳은 일곱이다. 첫째는 영주(營州)[1]인데 안동도(安東道)로 들어가고, 둘째는 등주(登州)인데 바닷길로 가는 고[구]려·발해도(高[句]麗渤海道)이다. 셋째는 하주(夏州)인데 변방으로 대동(大同)·운중도(雲中道)로 통하고, 넷째는 중수항성(中受降城)인데 회홀도(回鶻道)로 들어간다. 다섯째는 안서(安西, 안서도호부)인데 서역도(西域道)로 들어가고, 여섯째는 안남(安南, 안남도호부)인데 천축도(天竺道)로 통한다. 일곱째는 광주(廣州)인데 바다를 통하는 이도(夷道)이다. 그 산천과 취락, 변경의 원근 거리는 모두 그 조목(條目)으로 대략 열거하였다. 주현(州縣)마다 이름이 있지만, 예전에 기록되지 못한 것은 어떤 경우에 오랑캐들이 스스로 붙인 이름으로 하기도 하였다.

---

1) 지금의 중국 遼寧省 朝陽市 일대이다. 영주의 지명은 『爾雅』「釋地」등 고전에 9州나 2州의 하나로 일찍부터 나오지만, 영주가 요서 지역에 처음 설치된 것은 後趙 시기이다. 石虎가 지금의 中國 灤河·永平 부근에 영주를 설치하였고, 遼西·北平의 2郡을 거느리게 했다. 北魏 시기에는 治所를 朝陽 지역의 和龍城에 두고, 昌黎·建德·遼東·樂良·冀湯·冀陽·營丘의 7郡을 거느렸다. 隋代와 唐代에도 營州라고 불렀다. 당나라 초기부터 이 땅에는 거란족과 해족 등 다양한 민족이 거주하였고, 당이 고구려를 공격할 때 그 교두보 역할을 하였다. 고구려 멸망 이후에는 많은 고구려 유민과 고구려 예하에 있던 말갈인들이 당 內地로 끌려가면서 일부가 이곳에 남았다. 이들 중 상당수는 696년 거란 李盡忠의 반란을 계기로 東走하여 발해 건국에 참여하였다. 이곳은 이후에도 당나라가 동북방 민족들을 공제하고 방어하는 중요한 거점이었다.

○ 권15, 지리(地理) 상, 당대 지리학의 63인의 전문가[唐地理六十三家]

志史錄十三曰地理類, 始於三輔黃圖, 終於劍南地圖. 六十三家, 一百六部, 一千二百九十二卷, 失姓名. … 舊志九十三部, 一千七百八十二卷. … 述異域則有魏國以西十一國, 南越·西域道里·赤土國·中天竺游行, 外國歷國日南·林邑·眞臘·交州以來, 外國高麗·西南蠻入朝, 首領記及高麗風俗之書, 不著錄者, 自李播方志圖, 至徐雲虔南詔錄, 五十二家, 九百八十九卷, 若方志.

元和郡縣, 諸道行程與賈耽地圖, 此以圖名者也, 若古今地名十道. 皇華四達·古今郡國縣道四夷述·九州別錄, 十道, 錄諸道山河要略·九州要略·郡國志. 東都, 兩京, 戎州, 鄴城記·鄴都故事, 成都, 益州記. 太原事迹·華陽風俗. 吳興, 零陵, 北戶雜錄. 九江·渚宮·閬中·桂林, 此以記志錄, 略名者也. 述山川則刪水經與黃河之錄. 九嶷·嵩·廬之記. 紀征行則燕吳行役之. 記異域則西域·新羅·渤海, 戴斗諸蕃, 雲南·海南諸蕃, 北荒君長, 四夷及點憂斯, 朝貢圖, 傳蠻書南詔錄.

『신당서』「예문지」사록(史錄) 13은 지리류(地理類)인데,『삼보황도(三輔黃圖)』부터 시작하여『검남지도(劍南地圖)』로 끝난다. 63명의 전문가가 [수록되어 있고], 106부, 1,292권으로 되어 있으며, 이름은 전하지 않는다. …『구당서』「지리지(地理志)」는 93부, 1,782권이다. … 이역(異域)을 서술함에 위(魏)나라 서쪽으로 11개 나라가 있다. 남월(南越), 서역(西域)의 도리(道里), 적토국(赤土國), 중천축(中天竺)2)을 돌아다니면서 외국으로 지나간 나라는 일남(日南)·임읍(林邑)·진랍(眞臘)·교주(交州)3)이다. 외국으로 고[구]려와 서남만(西南蠻: 동남아시아 오랑캐)의 입조는 수령기(首領記)와 고[구]려 풍속을 기록한 책에 있다. 기록되지 않은 것은 이파(李播)의『방지도(方志圖)』부터 서운건(徐雲虔)의『남조록(南詔錄)』으로 52명의 전문가가 [수록되어 있고], 989권이 있으며, 지방지(地方志)와 같다.

『원화군현(元和郡縣)』의 여러 도(道)의 노정과 가탐(賈耽)의 지도는 지금 지도의 이름인데, 십도(十道)의 고금 지명이 같다.

『황화사달(皇華四達)』·『고금군국현도사이술(古今郡國縣道四夷述)』·『구주별록(九州別

---

2) 中天竺은 고대 인도인 天竺을 다섯 지역으로 나눈 것 중에 중앙 부분을 가리킨다.
3) 交州는 베트남 하노이의 서북부에 해당한다. 唐나라 때에 安南都護府를 설치하였다.

錄)』의 십도(十道)는 『제도산하요략(諸道山河要略)』・『구주요략(九州要略)』・『군국지(郡國志)』에 기록되어 있다. 동도(東都)는 『양경(兩京)』에, 융주(戎州)는 『업성기(鄴城記)』・『업도고사(鄴都故事)』에, 성도(成都)는 『익주기(益州記)』・『태원사적(太原事迹)』・『화양풍속(華陽風俗)』에 [기록되어 있다]. 오흥(吳興), 영릉(零陵)은 『북호잡록(北戶雜錄)』에 있다. 구강(九江), 저궁(渚宮), 민중(閩中), 계림(桂林)은 『지록(志錄)』에 있으며, 이름은 생략되어 있다. 산천(山川)을 기술한 것으로는 곧 『산수경(刪水經)』・『황하지록(黃河之錄)』이 있고, 구종산(九嵕山)・숭산(嵩山)・여산(廬山)의 기록이 있다. 출정에 대한 기록으로는 『연오행역(燕吳行役)』이 있다. 이역을 기록한 것으로는 곧 『서역(西域)』・『신라(新羅)』・『발해(渤海)』・『대두제번(戴斗諸蕃: 북방의 여러 오랑캐)』이 있고, 운남(雲南)과 해남(海南)의 『제번(諸蕃: 여러 오랑캐)』・『북황군장(北荒君長)』・『사이(四夷)』와 『힐알사(詰戛斯: 키르기스)』가 있다. 『직공도(朝貢圖)』는 [당서(唐書)] [남]만전([南]蠻傳) 남조록에 전한다.

○ 권16, 지리(地理), 이역(異域) 도서 당대두제번기(唐戴斗諸蕃記)

書目, 唐幽州判官張建章撰, 一卷. 載朔漠·羣蕃·回鶻等族類本末, 及道里遠近. 唐志同.
唐志, 張建章渤海國記, 三卷. 大和中. 李繁北荒君長錄 三卷.
隋志, 北荒風俗記, 諸蕃風俗記, 各二卷. 失姓名. 王貽孫云: 武后時 婦人始拜而不跪. 張建章渤海記言之.

『서목(書目)』에 당나라 유주판관(幽州判官) 장건장(張建章) 편찬, 1권. 삭막(朔漠)・군번(羣蕃)・회흘(回鶻) 등 족속(族屬)의 본말 및 거리의 원근을 기록하였는데, [『당서(唐書)』] 「지리지」와 같다.

『당서』「지리지」에 장건장의 『발해국기(渤海國記)』 3권. 대화(大和) 연간(827~835) 이번(李繁)의 북황군장록(北荒君長錄) 3권.

『수서(隋書)』「지리지」에 북황풍속기(北荒風俗記), 제번풍속기(諸蕃風俗記) 각 2권. [저자의] 성명은 잃었다. 왕이손(王貽孫, 왕부의 손자)이 이르기를 "[측천]무후[4]) 때 부인들이 비로소 절을 할 때 무릎을 꿇지 않았다."라고 하였다. 장건장의 『발해국기』에 기록되어 있다.

○ 권56, 예문(藝文), 당(唐) 정회도(正會圖)·왕회도(王會圖)·조공도(朝貢圖)

黠戛斯傳, 阿熱破回鶻, 得太和公主, 遣使衛送還朝, 復遣注吾令素上書. 三歲, 會昌中. 至京師, 武宗大悅. 班渤海使者上, 以其處窮遠, 能脩貢, 命大僕卿趙蕃持節慰其國.

『힐알사전(黠戛斯傳)』에 아열(阿熱)이 회흘(回鶻)을 격파하고, 태화공주(太和公主)를 얻으니 사신을 파견하여 호송해서 돌려보냈다. 다시 주오령소(注吾令素)를 보내 상서(上書)하였다. 3년 후 회창(會昌) 연간(841~846)에 경사(京師)에 이르니, 무종(武宗)이 크게 기뻐하여 반열을 발해 사신 위에 두었고, 그곳이 매우 먼 곳에 있음에도 능히 조공을 하니 대복경(大僕卿) 조번(趙蕃)에게 지절(持節)을 갖고 그 나라를 위문하도록 하였다.

○ 권64, 조령(詔令), 당이 발해에 내린 조서[唐賜渤海詔]

張九齡傳, 始說知集賢院, 嘗薦九齡, 可備顧問. 說卒, 天子思其言, 召爲秘書少監, 集賢院學士知院事, 會賜渤海詔, 而書命無足爲者, 乃召九齡爲之, 被詔輒成.【九齡集二十卷.】

『장구령(張九齡)』에 비로소 장열(張說)이 집현원(集賢院)을 주관하면서 일찍이 장구령을 추천했는데, 가히 전문 지식을 구비한 자라고 하였다. 열의 사후에 천자(天子)께서 그 말이 생각나서 그를 불러 비서소감(秘書少監) 집현원학사(集賢院學士) 지원사(知院事)로 삼았다. 때마침 발해에 조서를 내려야 하는데 명령을 능히 작성할 사람이 없었기에 구령을 불러 작성토록 하니, 조서를 금방 완성하였다.【구령의 문집 20권.】

---

4) 唐 高宗의 皇后(624~705). 幷州 文水人 武士彠의 딸. 원래 太宗의 후궁이었다가 고종의 황후가 되었다. 고종의 사후에 친아들 中宗과 睿宗을 번갈아 폐위시킨 뒤 690년에 국호를 周로 바꾸고 황제가 되었다. 705년 병으로 인해 太上皇으로 물러나자 中宗이 복위하며 당 왕조가 부활하였고, 그해 12월에 사망하여 황후로서 장례를 치렀다.

○ 권153, 조공(朝貢), 외이내조(外夷來朝)【내부(內附)】, 당대 갈라록의 내속[唐葛邏祿內屬]

實錄, 開元二年九月壬子, 詣涼州內屬 … 拂涅, 開元·天寶間八來, 獻鯨睛·貂鼠·白兎皮. 鐵利, 開元中 六來, 越喜, 七來, 貞元中一來. 虞婁, 貞觀間再來, 貞元一來. 後渤海盛, 靺鞨皆役屬之, 不復與王會.

『실록(實錄)』에 개원(開元) 2년(714) 9월 임자일에, [갈라록이] 양주(涼州)를 예방하고 내속하였다. … 불열(拂涅)은 개원 연간(713~741)과 천보(天寶) 연간(742~755)에 8차례나 고래눈알[鯨睛], 담비(貂鼠)와 흰토끼[白兎] 가죽 등을 진상하였다. 철리(鐵利)5)는 개원 연간에 6차례 내조(來朝)하였고, 월희(越喜)는 7차례 내조하였으며, 정원(貞元) 연간(785~804)에는 1차례 내조하였다. 우루(虞婁)에서 정관(貞觀) 연간(627~649)에 2차례 내조하였고, 정원 연간에 1차례 내조하였다. 후에 발해(渤海)가 강성해지자 말갈(靺鞨)은 모두 그들에게 복속되어 다시는 왕회(王會)6)가 이루어지지 못했다.

○ 권153, 조공(朝貢), 외이내조(外夷來朝)【내부(內附)】, 당대 발해가 보낸 아들이 들어와 입시함[唐渤海遣子入侍]

傳, 渤海本粟末靺鞨, 及祚榮號震國王. 中宗遣侍御史張行岌招慰, 祚榮遣子入侍, 先天中, 遣使拜渤海郡王, 以所統爲忽汗州都督, 始去靺鞨號. 玄宗世, 朝獻者二十九.【開元二年三月, 令生徒六人入學, 新羅七人. 二十六年, 渤海遣使, 求寫唐書及三國志·晉國·三十六國春秋.】大曆二十五·貞元四·元和十六, 朝獻. 長慶四·寶曆再, 文宗世, 來朝十二. 會昌四·咸通三. 初其王, 數遣諸子, 詣京師大學習, 識古今

---

5) 鐵驪, 鐵驪, 鐵離라고도 한다. 철리는 말갈 7부 중에는 그 명칭이 없으나, 발해 건국 초기부터 고구려와 관계가 깊던 불열말갈, 월희말갈과 함께 활동한 것으로 보아, 고구려 당시부터 있었고 고구려와 밀접한 관련이 있었던 것으로 보인다. 위치에 대해서는 圖們江北·與凱湖의 南說(丁若鏞, 『渤海考』), 黑龍·烏蘇里江下流地域說(松井等, 1913; 鳥山喜一, 1915), 牧丹江流域說(津田左右吉, 1916), 阿什河流域說(池內宏, 1916), 松花江下流域의 依蘭地域說(小川裕人, 1937) 등이 있다. 여진이 흥기했을 때에는 길림성 동경성(지금의 寧安) 부근에 있다가 完顔部에 편입되었다(外山軍治, 1975, 45쪽).
6) 王會는 四夷 또는 제후가 天子에게 조공하러 모이는 모임을 말한다.

制度, 遂爲海東盛國.【實錄, 貞元十一年二月乙巳, 冊嵩鄰, 爲渤海王.】志, 張建章, 渤海國記 三卷.

[『구당서』 발해·말갈] 전에, 발해는 본래 속말말갈(粟末靺鞨)로 [대]조영([大]祚榮) 때 이르러 진국왕(震國王)이라 불렸다. 중종(中宗)[7] 때(684~710) 시어사(侍御史) 장행급(張行岌)을 보내 달래고 귀복(歸服)하게 하니, 조영이 아들을 보내 입시(入侍)하였다. 선천(先天) 연간(712~713)에 사신을 보내 발해군왕(渤海郡王)으로 삼고, 통솔 지역으로 홀한주도독(忽汗州都督)을 삼아 비로소 말갈이라는 호칭을 없앴다.

현종 때(712~756) 입조해 조공한 자는 29인이었다.【개원 2년(714) 3월에 생도(生徒) 6명의 입학을 명했는데, 신라(新羅)는 7명이었다. [개원] 26년(738)에 발해가 사신을 보내 『당서』·『삼국지』[8]·『진국(晉國)』[9]·『삽십육국춘추(三十六國春秋)』 등의 필사를 요청하였다.】 대력(大曆, 766~779)에 25번, 정원(貞元, 785~804)에 4번, 원화(元和, 806~820)에 16번 입조해 조공하였다. 장경(長慶, 821~824)에 4번, 보력(寶曆, 825~826)에 2번 내조하였다. 문종(文宗) 때(827~840) 12번에 걸쳐 내조하였다. 회창(會昌, 841~846)에 4번, 함통(咸通, 860~873)에 3번 그 왕이 수차례에 걸쳐 여러 아들을 보내 경사(京師)에 가서 널리 배우고 고금의 제도를 익히게 하여, 마침내 '해동성국(海東盛國)'[10]이 되었다.【『실록』에는 "정원 11년(795) 2월 을사일에 대숭린(大嵩鄰)[11]을 책봉해 발해왕(渤海王)으로 삼았다."라고 하였다.】 [『당서

---

7) 당나라 제4대 황제로 이름은 李顯이고, 다른 이름은 哲이다. 高宗의 일곱 번째 아들로, 則天武后의 소생이었다. 680년에 태자로 봉해져 683년에 고종이 병사하고 즉위했다. 그러나 이듬해 2월 측천무후에 의해 폐위되어 廬陵王이 된 뒤에 房州(지금 湖北省 房縣)에 옮겨가 있었다. 698년 다시 太子가 되어 705년에 정변을 통해 복위하였다. 재위 기간 동안 정사에 관심이 없었고, 710년에 韋后와 安樂公主에게 독살되었다. 定陵(지금 陝西省 富平 북쪽)에 묻혔다. 시호는 孝和皇帝이다.
8) 晉나라 陳壽가 지은, 위·촉·오 삼국의 역사를 기록한 책이다.
9) 『晉書』를 가리킨다. 중국 삼국시대 魏나라의 司馬懿 때부터 晉나라(265~420)까지의 역사를 기록한 사서이다. 당 태종의 명령에 따라 房玄齡 등이 646년에 편찬을 시작하여 648년에 완성하였다.
10) 海東盛國이라 불린 시기는 제2대 大武藝 때, 제10대 大仁秀 때, 제11대 大彝震 때, 제13대 大玄錫 때 등으로 의견이 분분하다. 이 가운데 영토 확장과 중앙집권화 등에 근거하여 대인수 시기에 '해동성국'으로 불렸을 것으로 보는 견해가 유력하다(朱國忱·魏國忠 共著, 濱田耕策 譯, 1996, 60~61쪽; 金恩國, 1999, 125쪽 주 28; 김진광, 2012, 117쪽).

(唐書)』 지리]지에 장건장(張建章)의 『발해국기(渤海國記)』 3권에 전한다.

○ 권153, 조공(朝貢), 외이내조(外夷來朝)【내부(內附)】, 원풍 때 불니의 내조[元豐佛泥來朝]

佛泥不與中國通者九百餘年, 元豐四年八月二十八日, 遣使來朝. … 蕃夷奉朝貢者四十三國.【高麗至唃廝囉, 當攷.】

불니(佛泥)가 중국과 내왕하지 않은 지 900여 년이 지났다가, 원풍(元豐) 4년(1081) 8월 28일에 사신을 보내 내조하였다. … 번이(蕃夷: 오랑캐)로서 조공한 나라가 43개국이다.【고려에서부터 곡시라(唃廝囉: 토번)까지, 마땅히 살펴본다.】

太祖朝, 高麗·定安·女眞·龜玆·于闐·高昌·天竺·占城·三佛齊·交趾·大食·邛部川蠻·黎州保塞蠻·靈武五蕃·瓜沙·甘豐·夏溪·珍獎·南州·南丹州·回鶻.

[송] 태조(太祖) 시기에는 고려(高麗)·정안(定安)·여진(女眞)·구자(龜玆: 신장성 쿠차)·우전(于闐: 타림 분지의 호탄 오아시스)·고창(高昌)·천축(天竺)·점성(占城: 베트남 중남부)·삼불제(三佛齊: 수마트라)·교지(交趾: 베트남 북부)·대식(大食: 아랍)·공부천만(邛部川蠻)·여주보새만(黎州保塞蠻)·영무오번(靈武五蕃)·과사(瓜沙)·감풍(甘豐)·하계(夏溪)·진장(珍獎)·남주(南州)·남단주(南丹州)·회흘(回鶻)이 있다.

太宗朝, 渤泥·波斯·日本·闍婆·吐蕃·牂柯·山後兩林蠻·雅州蠻·西山野州路蠻·南寧·西涼·銀州·渤海·高敵.

[송] 태종(太宗) 시기에 발니(渤泥: 브루나이)·파사(波斯: 페르시아)·일본(日本)·사파(闍婆: 자바)·토번(吐蕃)[12]·장가(牂柯)[13]·산후양림만(山後兩林蠻)·아주만(雅州蠻)·서산

---

11) 발해 제6대 왕인 강왕(재위 794~809)이다. 제3대 문왕의 작은아들이며, 제5대 성왕의 숙부이다. 이름은 大嵩璘이다. 연호는 '正曆'이다.

야주로만(西山野州路蠻)·남녕(南寧)·서량(西涼)·은주(銀州)·발해(渤海)·고창(高敞)이 있다.

○ 권160, 궁실(宮室) 전(殿) 하(下) 당(唐) 인덕전(麟德殿)

實錄, … [元和]七年正月癸酉, 御麟德殿, 宴南詔·渤海·牂柯等使. … [元和]九年二月己丑, 御麟德殿, 召見渤海使, 宴賜. … 穆宗元和十五年二月庚寅, 對新羅·渤海朝貢使于麟德殿, 宴賜. … [長慶]二年正月壬子, 宴渤海使. … 開成二年正月癸巳, 宴南詔·渤海使, 並於麟德殿.

『실록(實錄: 헌종실록)』 … [원화(元和)] 7년(812) 정월 계유일에 [황제가] 인덕전(麟德殿)14)에 납시어 남조(南詔)15)·발해(渤海)·장가(牂柯)16) 등 사신들에게 연회를 베풀었다. … [원화] 9년(814) 2월 을축일에 인덕전에 납시어 [황제가] 발해 사신을 불러 보고 연회를 베풀었다. … 목종(穆宗) 원화 15년(820) 2월 경인일에 신라·발해의 조공 사신을 인덕전에서 맞이하고 연회를 베풀었다. … [장경(長慶)] 2년(822) 정월 임자일에 발해 사신에게 연회를 베풀었다. 개성(開成) 2년(837) 정월 계유일에 남조·발해 사신에게 인덕전에서 함께 연회를

---

12) 西羌 중 發羌의 전음이라는 설과 南涼의 禿髮이 와전되었다는 설이 있다. 수나라 초기부터 세력이 커졌으며, 633년 松贊干布가 党項 諸部를 통일하여 토번제국을 세웠다. 토번이 급성장하며 당을 위협하자 당나라는 문성공주를 시집보내는 등 유화책을 썼다. 그러나 송찬간포의 사망 이후 관계가 악화되고 669년 토번이 안서 4진을 함락하면서 완전히 적대 관계로 돌아섰다. 9세기에 후계 다툼으로 내전이 일어나며 842년 멸망하였다.
13) 隋·唐·五代 時期 牂柯 지역(지금의 貴州省 대부분 및 廣西·雲南의 일부 지역)에 거주하여 붙은 이름이다. 족속은 대체로 漢代의 西南夷에서부터 이어진다. 首領 謝龍羽는 唐 高祖 武德 3년(620) 사신을 파견하여 조공하고 牂州刺史에 제수되었으며 夜郞郡公으로 책봉되었다. 농업을 생업으로 삼았으나 성곽과 읍락 및 문자가 없었고, 전시에는 부족민이 모두 함께 모여 막아냈다.
14) 당나라 수도 長安城 大明宮의 부속 건물로, 황제가 國宴을 베풀고 佛事나 外事를 보던 곳이다. 인덕전의 동쪽으로는 太液池가 있으며, 서쪽으로는 서궁 벽에 접하여 있다. 당 고종 麟德 연간(664~665)에 건립되었다. 대명궁에서 가장 큰 구역을 차지하는데, 면적이 1만m²가 넘는다(윤장섭, 1999).
15) 唐나라 때 雲南 지방에 있던, 蠻族으로 불린 티베트·미얀마족이 세운 왕국이다. 수도는 大里이다. 738년 6조를 통일하여 당을 위협할 정도로 성장했지만, 902년 鄭買嗣의 반란으로 멸망하였다.
16) 당(唐) 인덕전 기사 외에 모두 장가(牂柯)로 기록하고 있다.

베풀었다.

○ 권172, 궁실(宮室), 저역(邸驛), 희녕(熙寧) 연간의 동문관(同文館)

> 在延秋坊, 熙寧中置, 以待高麗使, 舍宇, 一百七十八間. 七年正月, 以內臣掌之. 紹興三年二月四日, 以高麗遣使入貢, 詔葺法慧寺爲之, 旣而不至.

연추방(延秋坊)에 위치해 있는데, [송] 희녕(熙寧) 연간(1068~1077)에 설치하였다. 고려 사신을 접대하던 사우(舍宇)로, 178칸이 있었다. [희녕] 7년(1074) 정월에 환관들이 이곳을 관리하였다. 소흥(紹興) 3년(1134) 2월 4일에 고려가 사신을 보내 조공을 바치려고 왔는데, 법혜사(法慧寺)를 수리하라는 조서로 인해 이곳에 이르지 못하였다.

> 都亭以待大遼, 都亭西驛, 以待西蕃·阿黎·于闐·新羅·渤海, 懷遠以待交趾, 同文以待靑唐·高麗.

도정(都亭: 京師에 있는 정자)에서 대요(大遼) [사신]을 접대하였고, 도정의 서역(西驛)에서는 서번(西蕃)·아려(阿黎)·우전(于闐)·신라(新羅)·발해(渤海) 등의 [사신]을 접대하였다. 회원(懷遠)에서는 교지(交趾: 베트남)를, 동문[관](同文[館])에서는 청당(靑唐: 티베트 지역 중 하나)과 고려(高麗)의 [사신]을 접대하였다.

○ 권179, 식화(食貨), 공부(貢賦), 당이 세공을 그만두게 하고 공물도 감하다[唐停歲貢省貢獻]

> 紀, … 大曆十四年閏五月丙子, 德宗罷諸州府及新羅·渤海貢鷹鷂.

『본기』 … 대력(大曆) 14년(779) 윤5월 병자일에 덕종이 여러 주부(州府)와 신라·발해에서 매와 꿩을 조공하는 것을 그만두게 하였다.

○ 권188, 병첩(兵捷), 격서(檄書) 하(下)

> 少保奉國軍節度使四川宣撫使檄告契丹·西夏·高麗·渤海·達靼·諸國及我河北·河東·陝西·京東·河南等路官吏軍民等. 紹興三十一年冬十月庚子朔, 吳璘檄, 樞密院所降本也.

소보봉국군절도사(少保奉國軍節度使) 사천선무사(四川宣撫使)가 거란(契丹)·서하(西夏)[17]·고려(高麗)·발해·달단(達靼) 등의 여러 나라와 하북(河北)·하동(河東)·섬서(陝西)·경동(京東)·하남(河南) 등 [제로([諸]路)의 관리와 군민(軍民) 등에게 격서(檄書)를 알렸다. 소흥(紹興) 31년(1161) 겨울 10월 경자(庚子) 초하루에 [사천선무사] 오린(吳璘)의 격문은 추밀원(樞密院)에서 내려온 본(本)이다.[18]

○ 권188, 병첩(兵捷), 격서(檄書) 하(下), 회남·절서·강동·강서 제치사가 거란 제국과 중원에 전한 격서[淮南·浙西·江東·江西制置使告契丹諸國及中原檄]

> 紹興三十一年十一月一日, 劉錡檄告契丹·西夏·高麗·渤海·達靼諸國, 及河北·河東·陝西·京東·河南等道.

소흥(紹興) 31년(1161) 11월 1일에 유기(劉錡)가 거란(契丹)·서하(西夏)·고려(高麗)·발해(渤海)·달단(達靼) 등 여러 나라와 하북(河北)·하동(河東)·섬서(陝西)·경동(京東)·하남(河南) 등의 도(道)에 격문(檄文)을 알렸다.

---

17) 현재의 寧夏, 甘肅 서북부와 내몽골 일대를 근거로 탕구트족[党項] 羌族이 세운 나라이다. 西平王 李元昊가 탕구트 부족을 통일하고 1036년 서하문자를 만들고 관제를 정비하여, 1038년 大夏의 황제를 선포하였고 독자적인 연호를 사용하였다. 宋에서는 서쪽에 있어서 서하로 불렀다. 그 뒤 서하는 비단길을 독점하며 크게 발전하였으나, 1227년 칭기즈칸의 몽골군에 의해 멸망했다.

18) 紹興(1131~1162)은 南宋 高宗의 연호로, "紹興三十一年冬十月庚子朔"은 고려 毅宗 15년(1161) 10월 1일에 해당한다. 참고로 『宋史全文』 23上, 高宗 紹興三十一年 冬十月 庚子朔에 四川宣撫使 吳璘의 檄文이 실려 있다.

○ 권193, 병첩(兵捷), 노포(露布) 5, 태평흥국 연간에 거란을 친히 정벌하고 발해를 훈유하며 거가가 개선하면서 또 어시류를 보이다[太平興國親征契丹, 諭渤海, 車駕凱旋, 又見御詩類]

五年十一月, 契丹萬騎, 寇雄州. 壬子, 上北征, 癸丑, 關南言, 破其萬餘衆. 戊午, 次大名府, 雄州言虜遁, 十二月, 上欲乘勝取幽·薊, 學士李昉扈蒙請旋旆. 上卽日, 庚辰, 下詔還京. 乙酉, 至京師, 六年正月辛亥, 易州言破虜兵數千. 七月丙午, 將大擧北伐, 遣使賜渤海王詔諭意曰: 今靈旗破虜, 宜率部族來應. 然竟無至者. 七年五月辛丑, 高陽關敗虜衆數萬於唐興口, 己未, 府州破萬餘衆於朔州界.

[태평흥국] 5년(980) 11월에 거란(契丹)의 기병(騎兵) 1만여 기(騎)가 웅주(雄州)를 침략하였다. 이에 임자일에 황제께서 북방을 정벌하였다. 계축일에 관남(關南)[19]에서 1만여 명을 격파했다는 소식이 들렸고, 무오일에는 대명부(大名府)에 도달하자 웅주에서 포로들이 달아났다는 말이 들렸다. 12월에 황제께서 승세(勝勢)를 타고 유주(幽州)와 계주(薊州)를 취하고자 했지만, 학사 이방(李昉)과 호몽(扈蒙)이 선패(旋旆: 軍士를 되돌리는 것)를 청하였다. 황제께서 그날 경진일에 조서를 내려 환경(還京: 수도로 돌아옴)하게 하였다. 을유일에 경사(京師)에 이르렀다. 6년(981) 정월 신해일에 역주(易州)에서 오랑캐 병사 수천을 깨뜨렸다는 소식이 들렸다. 7월 병오일에 장차 크게 거병하여 북벌코자, 사신을 파견해서 발해왕(渤海王)에게 조서를 내려 타이르는 뜻으로 이르기를 "오늘날 [짐의] 영기(靈旗: 신령을 받는 기)로 오랑캐를 격파함에 마땅히 부족들을 이끌고 와야 할 것이오."라고 하였다. 그러나 [발해는] 끝내 오지 않았다. 7년(982) 5월 신축일에 고양관(高陽關)이 당흥구(唐興口)에서 오랑캐 무리 수만을 패배시켰고, 기미일에 부주(府州)가 삭주(朔州)의 경계에서 무리 1만여 인을 깨뜨렸다.

---

[19] 오늘날 하북성 白洋澱 동쪽의 大淸河 유역 이남까지 河間縣에 이르는 일대를 가리킨다.

발해사 자료총서 – 중국사료 편 권1

18. 『송회요집고(宋會要輯稿)』

청대 서송(徐松, 1781~1848)이 『영락대전(永樂大典)』에 수록된 송대 『회요(會要)』의 내용을 집록한 책이다. 전체 366권으로 제계(帝系), 후비(后妃), 악(樂), 예(禮), 여복(輿服), 제(制), 서이(瑞異), 운력(運歷), 숭유(崇儒), 직관(職官), 선거(選舉), 식화(食貨), 형법(刑法), 병(兵), 방역(方域), 번이(蕃夷), 도석(道釋) 등 17개 문(門)으로 나누었다.

원래 송대 비서성(秘書省)에 회요소(會要所)를 두어 인종(仁宗) 이래 역대 황제의 일력(日曆)·실록(實錄)·당안(檔案)을 근거로 회요(會要) 편수를 진행하여, 10종으로 편찬하였다. 그러나 곧바로 간행되지 못했고, 송이 멸망하면서 원이 연경(燕京)으로 가져가 『송사(宋史)』의 여러 지(志)를 편찬하는 데 활용하였다. 그 뒤 명이 『영락대전』을 편찬하면서 7종을 수록하였다. 나머지 원고는 선덕(宣德) 연간(1426~1435)에 문연각(文淵閣)의 화재로 대부분 소실되었으며, 만력(萬曆) 연간(1573~1620)에 이르러는 완전히 사라졌다. 청대 가경(嘉慶) 연간에 서송이 당문관(唐文館) 제조(提調) 겸 총찬관(總纂官)으로서, 『영락대전』에 실린 송대 『회요』 가운데 필사한 내용을 『전당문』의 형식으로 기록하게 하여 5, 6백 권 정도로 정리하였으나, 완성되기 전에 그가 죽고 원본은 산실되었다. 그 뒤 유부증(劉富曾) 등에 의해 366권으로 정리되었다. 그러나 초(初)·속(續) 두 편으로 나누어지고 집문(輯文)이 깎이고 합해져 원래 면목은 다시 볼 수 없게 되었다.

『송회요집고』는 책 종류가 많고 내용이 풍부하여 송대 사료의 집대성이라고 할 수 있다. 발해와 관련해서는 『송사』의 외국전이 「번이(蕃夷)」 항목으로 설정되어 있는 것과 같이, 권197 「번이(蕃夷)」 4에 발해국 편을 편제하였다. 여기서 발해의 계통에 대한 인식은 『구당서』를 따라 고구려의 별종이라고 하고 있어 주목된다. 그 밖에 발해 시기의 복장이 고려나 거란과 비슷하다는 내용과 양(梁)·후당(後唐)에 조공한 기사, 거란의 야율아보기가 부여성을 공격한 시점으로부터 휘종 정화 8년(1118)까지의 발해국, 즉 발해 멸망 이후의 유민에 대한 대략을 기록하고 있다. 특히 발해 후예 국가에 대한 기술이 주목되는데, 예를 들면 발해 멸망 뒤 '발해왕' 또는 '발해염부왕'이라는 칭호가 사용되고 있는 점이나 고영창의 대발해국 관련 기사는 비교적 상세하여 발해 유민사 복원에 중요한 정보를 제공해 주고 있는 점이다.

현재 통용되는 『송회요집고』는 유부증이 정리한 원고가 저본이 된다. 북평도서관(北平圖書館)에서 이 원고를 구입하여 1936년에 영인하였고, 1957년 중화서국에서 축인본(縮印本)을 간행하였다. 1990년대 사천대학고적정리연구소와 미국 하버드대학, 타이완의 중앙연구원역사언어연구소에서 합작하여 전자판 『송회요집고』 점교본을 출판하였고, 2009년에 사천대학고적정리연구소와 상해고적출판사가 다시 정리하여 증보판을 출간하였다. 아래 원문은 중화서국(中華書局)에서 출판한 『송회요집고』(1957년판)를 저본으로 하였으며, 중국기본고적고에서 제공하는 「청건륭무영전각본(淸乾隆武英殿刻本)」과 「백납본경인원간본(百衲本景印元刊本)」을 비교본으로 하였다.

○ 제196책, 번이(蕃夷) 1, 거란(契丹)

其王自阿保機始强盛, 因攻渤海, 死于遼陽.

[거란은] 그 왕 [야율]아보기([耶律]阿保機)로부터 강성하기 시작하였으나, 발해를 공격한 것으로 인해 요양(遼陽)에서 죽었다.

○ 제196책, 번이(蕃夷) 2, 거란(契丹)

[宋徽宗政和]七年二月二十七日, 詔朝廷與北界和好, 今逾百年. 近者沿邊累奏北界討伐女眞·渤海, 久未帖定. 可依屢降處分, 約束沿邊, 不得妄動, 亦不得增添人馬, 別致驚疑. …
[遼天祚帝]天慶四年秋八月, 女眞遂叛, 集諸部甲馬二千, 犯混同江東之寧江州. 時天祚射鹿慶州秋山, 聞之, 不以介意, 遣海州刺史高山壽統渤海子弟軍千人討之. 九

> 月二十三日 渤海遇女眞軍大敗, 攻破寧江州. …
> 天慶六年春, 天祚募渤海武勇馬軍高永昌等二千人屯白草峪, 備女眞. 會東京留守蕭保先, 爲政嚴酷, 渤海素驕, 而犯者不恕. 東京者渤海故地. 自阿保機耶律德光力戰二十餘年, 始得之, 建爲東京. 正月朔夜, 渤海十數人逾垣入府, 問留守所在, 稱軍變, 請爲備. 保先出, 刺殺之.
> 是夜, 有戶部使大公鼎者, 本渤海人, 頗剛明, 聞亂, 權行留守事, 與副留守高清臣集諸營奚·漢兵, 捕渤海十數人斬之. 或告永昌等曰: 在城渤海誅矣. 于是渤海因之焚劫爲亂, 遂據東京, 推高永昌爲主, 號大渤海國皇帝, 改元爲應順, 分軍殺掠, 奚·漢人戶往往挈家渡遼水避之.

[송(宋) 휘종(徽宗) 정화(政和)] 7년(1117) 2월 27일에 조서(詔書)를 내려 "조정에서 북계(北界)와 좋은 관계를 유지한 지 이제 100년이 지났다. 요사이 변경 일대에서 여러 차례 상주가 올라오기를, 북계가 여진(女眞)·발해(渤海)를 정벌하고 오랫동안 복종하지 않는다고 한다. 가히 여러 차례 내린 처분에 따라 약속을 지켜 변경에서 망령되게 행동하지 못하게 하라. 또 사람과 말을 늘여 따로 놀라고 의심받을 일을 초래하지 않도록 하라."라고 하였다.

[요나라 천조세(天祚帝)] 친경(天慶) 4년(1114) 가을 8월에 여진이 마침내 반란을 일으켜 여러 부(部)의 갑마(甲馬) 2천을 모아 혼동강(混同江) 동쪽의 영강주(寧江州)[1]를 침범하였다. 이때 천조제는 경주(慶州)의 추산(秋山)에서 사슴을 사냥하고 있었는데, 이를 듣고 개의치 않고 해주자사(海州刺史) 고산수(高山壽)를 보내 발해자제군(渤海子弟軍) 1천 인을 통솔하여 이를 토벌하게 하였다. 9월 23일에 발해가 여진군이 크게 패한 틈을 타 영강주를 공격하여 깨뜨렸다.

천경 6년(1116) 봄에 천조제가 발해의 무용마군(武勇馬軍) 고영창(高永昌)[2] 등 2천 인을

---

1) 遼 淸寧 연간(1055~1064)에 설치되었고, 東京道 黃龍府에 속하였다. 여진 完顔部의 본거지인 阿城의 서남쪽, 오늘날 陶賴昭의 서쪽으로 북류 송화강 강기슭에 가까운 곳으로서(外山軍治, 1975, 37쪽), 지금의 길림성 松原市 扶餘縣 三岔河 石頭城子로 비정된다. 1114년 요군이 완안아골타에게 패한 곳으로 유명하다. 요나라가 영강주전투에서 패배한 이후 동경도 북부의 공제권을 상실하자, 이 지역의 주도권은 여진으로 넘어가게 되었다(임상선 편역, 2019, 198~199쪽).

2) 고영창은 요나라 供奉官으로, 1115년 阿骨打가 요동으로 남하하자 이를 저지하기 위해 渤海武勇馬軍

모집하여 백초곡(白草峪)에 주둔시켜 여진을 대비하게 하였다. 당시 동경유수(東京留守) 소보선(蕭保先)이 정치를 엄혹하게 하였는데, 발해도 본래 교만하여 침범하는 자는 용서하지 않았다. 동경(東京)은 발해의 옛 땅으로 [야율]아보기([耶律]阿保機)와 [야율]덕광([耶律]德光)[3] 때 20여 년간 힘을 다해 싸워 비로소 그곳을 얻어 동경[4]을 세운 것이다. 정월 초하루 밤에 발해인 십수 인이 담을 넘어 관아로 들어와서 유수의 소재지를 묻고, 군사 정변이니 대비하기를 청한다고 하면서 보선이 나오자 그를 찔러 죽였다.

이날 밤에 호부사(戶部使) 대공정(大公鼎)이라는 사람이 있었는데, 본래 발해인으로 자못 강직하고 명석하여 난이 일어난 것을 듣고 권행유수사(權行留守事)로 부유수(副留守)인 고청신(高淸臣)과 함께 모든 진영의 해(奚)와 한(漢)의 병사를 소집하여 발해인 십수 인을 붙잡아 참수하였다. 혹 영창 등에게 알리기를, "성안에 있는 발해인들을 죽이라."라고 하였다. 이에 발해인들이 이로 인해서 불태우고 약탈하여 난을 일으켜 마침내 동경을 차지하였으며, 고영창을 추대하여 왕으로 삼고 대발해국황제(大渤海國皇帝)라고 부르며 개원(改元)하여 응순(應順)이라고 하였다.[5] 군대를 나누어 보내 살인하고 약탈하니, 해와 한의 사람들이 이따금 가족을 이끌고 요수(遼水)를 건너 이를 피하였다.

2,000명을 모집하여 요양부 인근의 白草谷을 지켰다. 그 이듬해 정월 東京留守 蕭保先의 혹독한 학정에 시달리던 발해 유민과 함께 요양부를 점령하고, 국호를 '大渤海國'이라 하였다. 金과 교섭하여 요에 대항하려 했으나 도리어 요와 금 양쪽으로부터 공격을 받았고, 고영창이 금에 붙잡혀 참살되며 대발해국은 5개월 만에 멸망하였다.

3) 耶律德光(902~947)은 요나라 제2대 황제인 태종(재위 927~947)으로, 태조 야율아보기의 차남이다. 본명은 堯骨이며, 字는 德謹이다. 아보기의 발해 親征에 대원수가 되어 참여하여 공을 세웠다. 926년 아보기가 발해를 멸망시킨 뒤 회군할 때 사망하자, 황후인 述律氏가 섭정으로 정권을 장악하고 맏이인 東丹國王 突欲을 대신해 덕광이 즉위할 수 있도록 하였다. 즉위 후에 燕雲 十六州를 차지하고 後唐과 後晉을 멸망시켰다. 947년에는 국호를 거란에서 大遼로 고쳤다.

4) 현재의 遼陽 지역이다. 요나라 태조가 발해를 멸망시킨 뒤 이곳에 東平郡을 설치하였다. 천현 3년(928) 요 태종이 동평군을 올려 南京으로 삼고 府名을 요양이라 하였다. 회동 원년(938)에 東京으로 이름을 고쳤다.

5) 고영창이 세운 나라가 大渤海인지 大元인지 정확하지 않다. 『高麗史』・『高麗史節要』에는 국명과 연호가 '大元'과 '隆基'로 나오지만, 『契丹國志』卷10 天祚紀上에는 "高永昌自殺留守蕭保先後 自據東京 稱大渤海皇帝 開元應順 據遼東五十餘州"라고 하여 '대발해'와 '應順'으로 나와 차이를 보인다(이효형, 2002, 22쪽; 이효형, 2006, 14쪽).

○ 제196책 번이(蕃夷) 3, 여진(女眞)

[宋太祖乾德五年]是年, 女眞來寇白沙寨, 略官馬三四, 民百二十八口. 詔止其貢馬者, 不令還. 未幾, 首領渤海郍三人入貢. … [眞宗天禧元年] … 國人鶻者渾河盧先還本國, 逢渤海戰, 不得往, 至是遣歸蕃.

[송 태조 건덕(乾德) 5년(967)] 이해에 여진(女眞)이 와서 백사채(白沙寨)를 침구(侵寇)하여 관마(官馬) 3필과 백성 128명을 약탈하니, 조공으로 바친 말을 받지 말고 돌아가지 못하게 하라는 조서를 내렸다. 얼마 후에 그 수령이 발해나(渤海郍) 3인을 보내 조공을 바쳤다. [진종(眞宗) 천희(天禧) 원년(1017)에] [여진] 국인(國人) 골자(鶻者) 혼하로(渾河盧)[6]가 먼저 본국으로 돌아가다가 발해의 공격을 받아 돌아갈 수 없게 되자, 이에 다시 번(蕃)으로 보내졌다.

○ 제197책 번이(蕃夷) 4, 발해국(渤海國)

渤海, 高麗之別種. 後唐天成初, 爲契丹阿保機攻扶餘城下之. 改扶餘爲東丹府, 命其子突欲留兵鎭之. 保機死, 渤海王復攻扶餘, 不能克. 周顯德中, 其首崔烏斯等三十人歸化, 自後不通中國. 太宗太平興國四年, 太宗徵幽州, 渤海首帥大鸞河率小校李勳等十六人, 部族三百騎來降, 詔以鸞河爲渤海都指揮使. 六年七月, 賜烏舍城浮渝府渤海琰府王詔曰: 朕奄有萬邦, 光被四表, 無遠不屆, 無思不服. 惟契丹小丑, 介于北荒, 糾合奸凶, 侵撓邊鄙. … 聞爾渤海國, 爰從前代, 本是大蕃. 近年以來, 頗爲契丹所制侵漁爾封略, 塗炭爾人民, 無協比之恩, 有吞併之志. 朕問汝迫于凶丑, 屈膝事之, … 雖欲報怨, 力且不能. 今靈旗破虜之秋, 是汝國復讎之日, 所宜盡率部族來應王師, 俟逆黨翦平, 當大行封賞, 幽薊之地, 入于朝廷, 朔漠之外悉以相與, 汝能效順, 朕不食言. 今遣使諭意, 渤海大國, 近年役服于契丹, 至是帝將發師大擧, 故先令告諭, 俾之發兵爲應也.

---

6) 『속자치통감장편』 권90(천희 원년) 기사에 의하면 "回鶻子 渾河盧"라고 기록되어 있다.

발해(渤海)는 고[구]려(高[句]麗)의 별종(別種)[7]이다. 후당(後唐) 천성(天成, 926~930) 초에 거란의 아보기(阿保機)가 부여성(扶餘城)을 공격하여 함락시켜 부여를 동단부(東丹府)[8]로 고치고, 그 아들 돌욕(突欲)에게 병사를 두어 지키도록 명하였다. [아]보기가 죽자 발해왕이 다시 부여를 공격했지만 이기지 못하였다. [후]주([後]周) 현덕(顯德) 연간(954~959)에 그 수령 최오사(崔烏斯) 등 30여 명이 귀화하였고, 이후로 중국과 왕래가 없었다.

---

7) 발해의 계통에 대해 『舊唐書』 발해말갈전에서는 '본래 고려의 별종(本高麗別種)'이라고 하였고, 『新唐書』 渤海傳에서는 '본래 속말말갈로 고[구]려에 붙은 자(本粟末靺鞨附高麗者)'라고 기록하였다. 그런데 이 大祚榮의 출신이나 발해의 구성원에 대해서는 같은 사료를 놓고 다양한 해석이 있었다. 고려와 조선에서는 대조영의 출신을 고구려 계통으로 보는 경향이 있었는데, 李承休의 『帝王韻記』와 柳得恭의 『渤海考』가 대표적이다. 일본에서는 대체로 속말말갈이나 여진 계통으로 보았다. 발해국의 주체는 靺鞨族이지만, 大祚榮은 고구려 別部 출신으로 보는 경우(鳥山喜一, 1915), 새로운 종족으로 발해말갈을 이해하는 경우(池內宏, 1916), 지배층은 고구려인, 피지배층은 말갈인으로 보는 경우(白鳥庫吉, 1933)도 있다. 현대에 들어와서 발해사 연구를 주도한 대표적인 연구자는 북한의 박시형이다. 그는 발해국의 성립에 중심 역할을 한 세력은 고구려 멸망 후 요서 지방으로 이주된 고구려인 집단이었고, 이들을 조직하여 지휘한 것이 고구려 장수인 대조영이라고 하였다. 발해국은 고구려 왕실의 일족 또는 고구려 계통의 귀족 출신들이 거의 권력을 독점하였고, 문화 방면에서도 고구려의 문화가 주도적 역할을 하였다고 보았다(박시형, 1979: 송기호, 1989). 한국의 李龍範도 발해의 주체가 고구려 유민이었음을 주장하였다(李龍範, 1972·1973). 이후 한국 학계에서는 기본적으로 대조영을 고구려 계통으로 보았으나, 종족은 속말말갈로 고구려에 옮겨와 정착하여 동화된 인물, 즉 말갈계 고구려인으로 보기도 한다(송기호, 1995). 말갈의 명칭 자체를 고구려 변방 주민이나 중국 동북 지역민에 대한 비칭·범칭으로 보고, 발해의 구성원이 된 말갈은 흑수말갈과 구분되는 예맥계인 고구려말갈이며, 대조영은 고구려인으로 속말강(송화강) 지역민이라고 보는 견해도 있다(한규철, 1988; 2007). 중국 학계에서는 근대 초기에 양면적 인식이 보였다. 대표적인 학자는 金毓黻이다(『渤海國志長編』, 1934). 그러나 중화인민공화국이 수립된 이후에는 발해사를 중국의 소수민족사로 보고 고구려계승성을 부정하며 말갈을 강조하는 입장이다(권은주, 2022). 한편 19세기 중반 연해주 지역을 차지하였던 러시아에서는 자국의 極東 지역 소수민족사의 일부로서 관심을 갖고 발해를 말갈족의 역사로 규정하며 대조영 역시 말갈인으로 보고 있다. 이 밖에 소수 설로 말갈 중 대조영을 백산말갈 출신으로 보는 경우도 있다(津田左右吉, 1915; 李健才, 2000).

8) 잘못된 기록이다. 東丹國은 거란 야율아보기가 926년 1월 발해를 멸망시키고 세웠다. 아울러 발해의 수도인 忽汗城을 天福城으로 고치고, 황태자 倍(일명 突欲)를 人皇王으로 책봉하여 동단국왕으로 삼았다. 아보기의 동생인 迭剌을 左大相, 渤海老相을 右大相, 渤海司徒 大素賢을 左次相, 耶律羽之를 右次相으로 삼았다(『遼史』 권2, 本紀 제2, 太祖下, 天顯元年 2월 丙午). 발해인과 거란인을 함께 상층 관리로 임명하였으나 실권은 후자에게 있었다.

태종(太宗) 태평흥국(太平興國) 4년(980)에 태종이 유주(幽州)를 토벌하자, 발해수수(渤海首帥)인 대난하(大鸞河)가 소교(小校) 이훈(李勳) 등 16명과 부족 3백 기병(騎兵)을 이끌고 항복해 오니, 조서(詔書)로 난하를 발해도지휘사(渤海都指揮使)로 삼았다. 6년(982) 7월에 오사성(烏舍城) 부유부(浮渝府)의 발해염부왕(渤海琰府王)에게 조서를 내리기를, "짐이 만방(萬邦)을 소유하여 사해에 빛이 널리 비치니 멀리 다다르지 않는 곳이 없고 순복(順服)하지 않는 나라가 없다. 오직 거란 같은 망나니가 북쪽 변방에 끼어 있어 흉악한 자들을 규합하여 변경을 침입하여 소란을 피우고 있다. … 너희 발해국은 예로부터 본래 대번(大蕃)이다. 근년 이래로 거란에 꽤 너희 영토를 침탈당해 너희 백성이 토탄에 빠지게 되었으니, [그들은] 협력하려는 인정은 없고 병탄의 뜻만 있다. 짐은 그대가 흉측한 망나니를 억누르려다가 굴복하여 이를 섬기고 … 비록 원수를 갚고자 하나 힘 또한 부족하다고 들었다. 이제 [짐의] 영기(靈旗)가 적을 쳐부술 때가 되었으니, 이는 곧 너희 나라가 복수하는 날로 마땅히 모든 부족을 인솔하여 왕사(王師)에 내응(來應)해야 할 것이다. 역당(逆黨)들을 섬멸하기를 기다려 성대하게 봉상(封賞)할 것이고, 유주·계주(薊州)의 땅은 조정(朝廷: 중국)에 복귀시키고 삭막(朔漠: 북방의 사막)의 바깥은 전부 줄 것이니, 그대는 능히 효순(效順)할지어다. 짐은 거짓말을 하지 않는다."라고 하였다. 지금 사신에게 훈유(訓諭)의 뜻을 보냈는데, 발해대국(渤海大國)이 근년에 거란에게 복속되어 있어 황제가 장차 군대를 크게 일으키려고 했기 때문에 먼저 고유(告諭)의 명으로 병사를 일으키는 데 내응하게 하려는 것이었다.

발해사 자료총서 – 중국사료 편 권1

19. 『무경총요(武經總要)』

　북송(北宋)의 재상 증공량(曾公亮, 999~1078)과 단명전학사(端明殿學士) 정도(丁度, 990~1053) 등이 찬술하여 인종(仁宗) 경력(慶曆) 4년(1044)에 완성한 병서(兵書)이다. 강정(康定) 연간(1040~1041)에 인종은 변경을 방어하기 위해 신료들에게 역대 군정과 정벌을 연구하도록 장려하며, 고대의 병법·방략 등을 채집하고 진영법·기계 등을 그림으로 묘사케 하여 종합적인 군사 기술서를 편찬하게 하였다.『무경총요』는 전·후 2집 총 40권이며, 전집은 제도(制度) 15권과 변방(邊防) 5권, 후집은 고사(故事) 15권과 점후(占候) 5권으로 각 집 20권씩으로 이루어져 있다.

　전집은 고금의 전쟁 사례, 군사제도와 군사 조직, 선장(選將)과 용병(用兵), 진법(陣法), 산천·지리 등의 군사 이론과 규칙을 소개하였다. 특히 송대의 군사제도를 상세하게 반영하였는데, 선장과 용병을 포함하여 교육·훈련, 부대 편성, 행군 숙영, 고금 진법, 통신·정찰, 해자 공방, 화공(火攻)·수전(水戰), 무기·장비 등 특히 진영·병기·기계 부분에서 건마다 상세한 도판을 배치시켰다. 이러한 정교한 삽화 이미지는 당시 각종 병기와 장비의 구체적인 형태를 파악하게 해 주어 중국 고대 병기사(兵器史) 연구에 진귀한 자료가 되고 있다. 후집 20권에도 역대 용병 고사를 수집하여 기록하였는데, 적지 않은 고대 전쟁 사례 자료를 보존하고 역대 전쟁과 용병의 득실을 분석하여 평가하였다.『무경총요』는 군사 이론과 군사 기술을 모두 포함하여 비교적 높은 학술적 가치를 지니고 있어 뒤에『손자(孫子)』등 7부의 병서를 합쳐 집성한『무경칠서(武經七書)』가 되었고, 무학의 필수 과정이 되었다.

　발해와 관련해서는『무경총요』권16하 발해조(渤海條)에서, 발해가 "부여의 별종으로서 본래 예맥의 땅이었다."라고 하여, 발해가 고구려와 백제처럼 부여에서 갈라져 나온 것으로 이해하고 있는 것이 주목된다. 이는 발해가 부여·옥저·변한·조선의 땅과 바다 북쪽 여러 나라의 땅을 완전히 장악하였다고 기술한 『신당서』의 기록과 함께 출자나 지역 연고에서 모두 그 출발을 부여에서 찾고 있으므로, 발해가 부여·고구려를 계승한 국가임을 보여 주는 근거가 된다. 발해의 건국과 멸망 과정을 언급하면서, 서쪽의 경계를 거란이 아닌 선비로 기록하고 있는 점도 특이하다. 또한 발해 문왕 대 수차례 천도한 것과 천보(天寶, 742~756) 말에 상경으로 천도하기 이전에 현주가 발해의 수도였다는 정보도 담고 있다. 그 밖에 당에서 주변국으로 가는 교통로와 지리 정보를 기록한 가탐의 『황화사달기(皇華四達記)』를 언급하면서, 두 번째로 등주(登州)에서 해로를 통해 발해로 가는 길을 고려·발해로라고 하고 있어 주목된다.

『무경총요』는 남송 소정(紹定) 3년(1230)에 임경(林庚)·조체고(趙體固) 등이 교정하여 간행하였지만 현재 전하지 않으며, 명대의 정통(正統) 간본과 만력(萬曆) 간본이 전하고 있다. 현재 주로 활용되는 것은 『사고전서진본초집(四庫全書珍本初集)』·『중국고대과학도록총편(中國古代科學圖錄叢編)』(중화서국, 1959)에 수록된 것이다. 이 책은 조선에서도 중시되었는데, 1547년(명종 2) 4월 사신으로 명나라 북경에 간 정응두(鄭應斗)가 이 책을 구입하여 국왕에게 올려 국내에 최초로 알려졌다. 그리고 임진왜란 중에 그 중요성이 재인식되었고, 17세기 중엽에는 이 책을 요약한 『무경절요』가 간행되어 보급되었다. 아래 원문은 서안출판사(西安出版社)에서 출판한 『무경총요주(武經總要註)』(2017년판)를 저본으로 하고, 중국기본고적고에서 제공하는 「청문연각사고전서본(淸文淵閣四庫全書本)」을 비교본으로 하였다.

○ 전집(前集) 권22, 북쪽 번방의 지리[北番地里]

契丹, 其先與奚異種同類, 俱爲慕容氏所破, 竄于松漠之地, …
周世宗復收瀛·莫, 宋陷·易州, 后契丹盡有奚·達靼·室韋·渤海扶餘及中國十八州, 而據基地.

거란(契丹)은 그 조상이 해(奚)의 다른 종족이나 같은 무리이고, 모두 모용씨(慕容氏)에 의해 격파되었고, 송막(松漠) 지역으로 달아났다. …

[후]주([後]周) 세종(世宗)이 영주(瀛州), 막주(莫州), 함락당했던 송주(宋州)·역주(易州)를 수복하였다. 그러나 뒤에 거란이 해·달단(達靼)·실위(室韋)·발해(渤海)의 부여[성](扶餘[城]) 및 중국 18주(州)의 땅을 모두 차지하고는 근거지로 하였다.

○ 전집(前集) 권22, 유주 사면의 주군[幽州四面州軍]

> 遼州, 古遼西北之地. 臨楡關在州東北五里. 先是平渤海, 遷其民置州以居之. 仍名其邑曰遷民. 東至來州七十里, 西至潤州四十里, 南至海州三十里, 北至利州四百五十里.
> 潤州, 盧龍塞, 東北至遼東澤, 唐光啓中, 契丹有營平之地, 因渤海之叛, 旣討平, 遷其部落, 置州以居之, 取潤水爲名. 東至遼州四十里, 西至楡關四十里, 南至海二十里, 北至中京五百五十里. …
> 招賢州, 置州, 以渤海部落居之. 東小陵河, 西南至幽州四百五十里, 南至潤州界, 北至澤州.

요주(遼州)는 옛 요(遼)의 서북쪽 지역이다. 임유관(臨楡關)이 있는 주(州)에서 동북쪽으로 5리에 이른다. 이보다 먼저 발해를 평정하였고, 그 주민들을 옮겨 주(州)를 설치하고 그곳에 거주하게 하였다. 여전히 그 마을의 이름으로 불렸고, 이주한 백성[遷民]이라 불렸다. 동쪽으로 내주(來州)까지 70리에 이르며, 서쪽으로 윤주(潤州)까지 40리에 이르며, 북쪽으로 이주(利州)까지 450리에 이른다.

윤주는 노룡(盧龍)의 변방으로, 동북쪽으로 요동택(遼東澤)에 이르며, 당대 광계(光啓) 연간 중에 거란이 영평(營平)의 땅을 차지하였다. 발해의 반란으로 인해 공격하고 이미 평정하였음에도 그 부락을 옮겨, 주(州)를 설치하고 그곳에 거주하게 하였으며, 윤수(潤水)에서 이름을 취하였다. 동쪽으로는 요주까지 40리에 이르고, 서쪽으로 임유(臨楡)까지 40리에 이르며, 북쪽으로 중경(中京)까지 550리에 이른다. …

현주(賢州)를 묶어 주(州)를 설치하고 발해부락을 그곳에 거주하게 하였다. 동쪽은 소릉하(小陵河)이고, 서남쪽으로는 유주까지 450리에 이르며, 남쪽으로는 윤주의 경계까지 이르고, 북쪽으로 택주(澤州)까지 이른다.

○ 전집(前集) 권22, 중경 사면의 여러 주[中京四面諸州]

東京, 遼東安市城也. 城之東卽大遼河, 城之西卽小遼河. 秦屬遼東郡, 漢屬幽州, 唐太宗平高麗, 因名所幸山爲駐蹕山, 山在東北. 後爲渤海國, 契丹建爲遼州, 得其地爲東京. 巖州在其東, 卽李勣所平白巖州也.

동경(東京)은 요동의 안시성(安市城)이다. 성(城)의 동쪽은 곧 대요하(大遼河)이고, 성(城)의 서쪽은 곧 소요하(小遼河)이다. 진대(秦代)에는 요동군에 속하고 한대(漢代)에는 유주(幽州)에 속하였는데, 당 태종이 고[구]려를 평정하였을 때 황제가 다녀갔다고 하여 이름을 주필산(駐蹕山)이라 하였고, 산은 동북쪽에 있다. 후에 발해국에 [속하게] 되었고 거란이 요주(遼州)로 삼았는데, 그 땅을 얻어 동경(東京)이라 불렀다. 암주(巖州)[1]는 그 동쪽에 있었는데, 바로 이적(李勣)[2]이 평정한 백암주(白巖州)이다.

○ 전집(前集) 권22, 상경 사면의 여러 주[上京四面諸州]

信州, 唐天后時置州, 以處契丹失活部落, 隸營州都督, 明年遷于青山州安置, 今契丹建爲彰胜軍. 東南北三面至生女眞界各三十里, 西至逆流河七十里, 東南至長春州百二十里, 北至黑水河三十里, 地有黃龍縣.【古渤海國之地, 今虜中號黃龍府, 自云高祖射黃龍之所, 誇詞也.】
銀州, 阿保機所建, 女眞國舊地. 東至逆流河五里, 入生女眞界, 西至雙州七十里, 南至東京三百里, 北至渤海州六十里. …
顯州, 本渤海國, 按皇華四達記, 唐天寶以前, 渤海國所都. 顯州, 後爲契丹所倂. 又

---

1) 지금의 요령성 燈塔市 燕州城 일대를 말한다(유득공 지음, 김종복 옮김, 2018, 195쪽).
2) 중국 唐나라 때의 무장. 본래 성과 이름은 徐世勣(594~669)이다. 수나라 말년에 李密의 밑에 있었으나, 무덕 3년(620)에 당나라에 귀순하였다. 당 高祖가 李氏를 賜姓하였고, 太宗 李世民의 '世' 자를 피휘하여 '李勣'이라 하였다. 정관 3년(629)에 돌궐을 정복하고, 정관 19년(645)에는 태종과 함께 고구려를 침공하였으나 안시성전투에서 실패하고 회군하였다. 이후 총장 원년(668)에 신라군과 연합하여 평양성을 함락하고 고구려를 멸망시켰다. 이듬해 12월에 76세로 죽었다(『구당서』 권67, 이적열전; 『신당서』 권93, 이적열전).

> 有集唐二州, 竝撥屬本州. 東至遼州九十里, 又三百九十里至東京, 西至宜州百二十里, 南至乾州七里, 北至醫巫閭山. …
> 開州, 渤海古城也, 遼主東討新羅國都, 其城要害, 爲建州. 仍日開遠軍. 西至來遠城一百二十里, 西南至吉州七十里, 東南至石城六十里. …
> 保州, 渤海古城, 東控鴨綠江新羅國界, 仍置榷場, 通互市之利. 東南至宣化軍四十里, 南至海五十里, 北至大陵河二十里. …
> 通州, 夫餘國, 在高勾麗北, 本濊貊之地, 其國長城之北, 西與鮮卑接, 地方一千里, 後爲渤海國. 可保機平之, 爲東丹王國, 今改爲通州, 仍名曰夫餘府.

신주(信州)는 당대 [측]천[무]후[3] 시기에 설치한 주(州)이다. 거란 실활(失活) 부락이 거처하였는데, 영주도독에 종속되었고, 명년에 청산(靑山)으로 옮겨 산주(山州)에 안치하였다. 오늘날 거란의 장생군(彰胜軍)으로 삼았다. 동남북쪽의 삼면에서 생여진에 이르기까지 각 30리에 이르고, 서쪽으로 역류하(逆流河)까지 70리에 이르며, 동남쪽으로 장춘주(長春州)까지 120리에 이른다. 북쪽으로 흑수하(黑水河)까지 30리에 이르고, [그] 지역에 황룡현(黃龍縣)이 있다.【옛 발해국의 땅으로, 오늘날 포로들은 황룡부(黃龍府)[4]라 불렀고, 스스로 이르기를 고조가 황룡을 쏴서 잡은 곳이라 하였는데 과시하는 말이다.】

은주(銀州)는 [야율]아보기가 건립한 것으로 여진국(女眞國)의 옛 땅이다. 동쪽으로 역류하까지 5리에 이르며 생여진(生女眞) 경계로 들어가고, 서쪽으로 쌍주(雙州)[5]까지 70리에 이르며, 남쪽으로 동경(東京)까지 300리, 북쪽으로 발해주(渤海州)까지 60리에 이른다. …

현주(顯州)는 발해국(渤海國)이다. 『황화사달기(皇華四達記)』에 의하면, 당 천보(天寶) 연간(742~756) 이전에 발해국의 수도였다. 현주는 후에 거란에게 병합되었고, 또 당나라의 2개

---

3) 唐 高宗의 皇后(624~705). 幷州 文水人 武士彠의 딸. 원래 太宗의 후궁이었다가 고종의 황후가 되었다. 고종의 사후에 친아들 中宗과 睿宗을 번갈아 폐위시킨 뒤 690년에 국호를 周로 바꾸고 황제가 되었다. 705년 병으로 인해 太上皇으로 물러나자 中宗이 복위하며 당 왕조가 부활하였고, 그해 12월에 사망하여 황후로서 장례를 치렀다.
4) 거란이 926년 扶餘府를 고쳐 설치하였으며, 그 치소는 지금의 길림 農安이다. 975년 폐지하였다가 1020년 다시 설치하였다.
5) 지금의 요령성 심양시 북쪽 石佛寺 고성 일대로 추정된다(유득공 지음, 김종복 옮김, 2018, 197쪽).

의 주로 속했다가 합쳐져 본주(현주)에 속하게 되었다. 동쪽으로 요주(遼州)까지 90리에 이르고, 또 390리를 가면 동경에 이른다. 서쪽으로 의주(宜州)까지 120리에 이르고 남쪽으로 건주(乾州)까지 7리에 이르며, 북쪽으로는 의무려산(醫巫閭山)에 이른다.

개주(開州)[6]는 발해의 옛 성(城)이다. 요주(遼主: 요나라 황제)가 동쪽으로 신라의 수도를 정벌하고, 그 성의 요충지를 건주(建州)로 삼았는데, 여전히 개원군(開遠軍)이라 불렀다. 서쪽으로 내원성(來遠城)까지 120리에 달하고, 서남쪽으로 길주(吉州)까지 70리에 달하며, 동남쪽으로 석성(石城)까지 60리에 달한다. …

보주(保州)는 발해의 옛 성이다. 동쪽으로 압록강을 사이에 두고 신라국(新羅國)과 경계를 삼아 그로 인해 각장(榷場)을 설치하여 호시(互市)의 이익을 취하였다. 동남쪽으로는 선화군(宣化軍)까지 40리에 달하고, 남쪽으로는 바다까지 50리, 북쪽으로는 대릉하(大陵河)까지 20리에 달하였다. …

통주(通州)는 부여국으로, 고구려의 북쪽에 있고 본래 예맥(濊貊)[7]의 땅이다. 그 나라는 장성 북쪽에 있는데, 서쪽으로는 선비와 접하고 있고 땅이 1천 리로, 후에 발해국이 되었다. [야율]아보기가 그를 평정하고 동단왕국[8]이 되었으며, 오늘날 통주로 이름을 고치고 여전히

---

[6] 지금의 요령성 鳳城市이다(유득공 지음, 김종복 옮김, 2018, 189쪽).

[7] 고대 만주와 한반도 북부 지역에 살았던 종족의 명칭이다. 예와 맥을 구분하거나 범칭으로 보는 등 계통에 대해서는 이견이 있다. 고구려, 부여, 동예 등이 예맥족에 속하는데, 이들의 종족을 예맥으로 통칭하는 경우도 있으나, 중국 사서에서는 고구려를 주로 貊族이라고 하고 부여나 동예는 濊族으로 기록한 경우가 있다. 異種族說로 예족과 맥족이 계통과 경제생활 방식이 달랐다고 보는 견해(三上次男, 1966), 동일 계통이지만 일찍이 분화하여 거주 지역이 구별되었다는 견해(尹武炳, 1966; 金貞培, 1968; 李殿福, 1993; 王綿厚, 1994; 朴京哲, 1997)가 있다. 그리고 중국 북방에 거주하던 맥족이 동방으로 이주하였다고 보는 견해(和田淸, 1947; 呂思勉, 1996), 본래 중국 대륙 서북에서 동방에 걸쳐 널리 분포하였는데, 서북과 북방의 맥족은 일찍부터 漢族에 동화된 반면 동북과 동방의 맥족은 진한시대 이후에도 독자성을 유지했다고 보는 견해(傅斯年, 1932) 등이 있다. 대체로 한국 학계에서는 『삼국지』 동이전 등에 부여·고구려·옥저·동예 등은 서로 언어와 습속이 유사했다고 하며, 읍루와는 구별되었던 것이 확실하여, 예와 맥을 같은 종족으로 보고 있다.

[8] 東丹國은 거란 야율아보기가 926년 1월 발해를 멸망시키고 세웠다. 아울러 발해의 수도인 忽汗城을 天福城으로 고치고, 황태자 倍(일명 突欲)를 人皇王으로 책봉하여 동단국왕으로 삼았다. 아보기의 동생인 迭剌을 左大相, 渤海老相을 右大相, 渤海司徒 大素賢을 左次相, 耶律羽之를 右次相으로 삼았다(『遼史』 권2, 本紀 제2, 太祖下, 天顯元年 2月 丙午). 발해인과 거란인을 함께 상층 관리로 임명하였으나 실권은 후자에게 있었다.

부여부(夫餘府)라 불렀다.

○ 전집(前集) 권22, 해·발해·여진의 시말을 부견한다[奚渤海女眞 始末附見]

> 渤海, 夫餘之別種, 本濊貊之地, 其國西與鮮卑接, 地方三千里. 唐平高麗, 就平壤城置安東都護府統之. 萬歲通天中, 契丹攻陷營州, 靺鞨酋人反, 據遼東, 分王高麗之地, 渤海因保挹婁故地, 中宗封爲渤海郡王, 兼漢9)州都督. 天成初, 契丹阿保機兵力雄盛, 東北諸蕃多臣屬之, 以渤海土地相接, 有呑倂之志, 攻其國夫餘城下之, 立長子突欲爲東丹王, 領兵守之.

발해는 부여의 별종(別種)10)이다. 본래 예맥(濊貊)의 땅으로, 그 나라의 서쪽은 선비(鮮卑)

---

9) '漢' → '忽汗'.
10) 발해를 부여의 별종이라고 한 것은 부여가 고구려와 같은 예맥 계통이기 때문으로 보인다. 발해의 계통에 대해 『舊唐書』 발해말갈전에서는 '본래 고려의 별종(本高麗別種)'이라고 하였고, 『新唐書』 渤海傳에서는 '본래 속말말갈로 고[구]려에 붙은 자(本粟末靺鞨附高麗者)'라고 기록하였다. 그런데 이 大祚榮의 출신이나 발해의 구성원에 대해서는 같은 사료를 놓고 다양한 해석이 있었다. 고려와 조선에서는 대조영의 출신을 고구려 계통으로 보는 경향이 있었는데, 李承休의 『帝王韻記』와 柳得恭의 『渤海考』가 대표적이다. 일본에서는 대체로 속말말갈이나 여진 계통으로 보았다. 발해국의 주체는 靺鞨族이지만, 大祚榮은 고구려 別部 출신으로 보는 경우(鳥山喜一, 1915), 새로운 종족으로 발해말갈을 이해하는 경우(池內宏, 1916), 지배층은 고구려인, 피지배층은 말갈인으로 보는 경우(白鳥庫吉, 1933)도 있다. 현대에 들어와서 발해사 연구를 주도한 대표적인 연구자는 북한의 박시형이다. 그는 발해국의 성립에 중심 역할을 한 세력은 고구려 멸망 후 요서 지방으로 이주된 고구려인 집단이었고, 이들을 조직하여 지휘한 세력이 고구려 장수인 대조영이라고 하였다. 발해국은 고구려 왕실의 일족 또는 고구려 계통의 귀족 출신들이 거의 권력을 독점하였고, 문화 방면에서도 고구려의 문화가 주도적 역할을 하였다고 보았다(박시형, 1979; 송기호, 1989). 한국의 李龍範도 발해의 주체가 고구려 유민이었음을 주장하였다(李龍範, 1972·1973). 이후 한국 학계에서는 기본적으로 대조영을 고구려 계통으로 보았으나, 종족은 속말말갈로 고구려에 옮겨와 정착하여 동화된 인물, 즉 말갈계 고구려인으로 보기도 한다(송기호, 1995). 말갈의 명칭 자체를 고구려 변방 주민이나 중국 동북 지역민에 대한 비칭·범칭으로 보고, 발해의 구성원이 된 말갈은 흑수말갈과 구분되는 예맥계인 고구려말갈이며, 대조영은 고구려인으로 속말강(송화강) 지역민이라고 보는 견해도 있다(한규철, 1988; 2007). 중국 학계에서는 근대 초기에 양면적 인식이 보였다. 대표적인 학자는 金毓黻이다(『渤海國志長編』, 1934). 그러나 중화인민공화국이 수립된 이후에는 발해사를 중국의 소수민족사로 보고 고구려계승성을 부정하며 말갈을 강조하는 입장이다(권

와 인접해 있고 땅은 사방 3천 리11)이다. 당나라가 고[구]려를 평정하고 평양성(平壤城)에 안동도호부12)를 설치해 다스렸다. 만세통천(萬歲通天) 연간(696~697)에 거란이 영주(營州)13)를 공격해 함락시키자, 말갈의 추장들은 반란을 일으켜 요동(遼東)을 나누어 차지하고 고구려 땅에서 왕이 되었다. 발해는 읍루14)의 옛 땅을 차지했기 때문에 중종(中宗)이 [발해왕

은주, 2022). 한편 19세기 중반 연해주 지역을 차지하였던 러시아에서는 자국의 極東 지역 소수민족사의 일부로서 관심을 갖고 발해를 말갈족의 역사로 규정하며 대조영 역시 말갈인으로 보고 있다. 이 밖에 소수 설로 말갈 중 대조영을 백산말갈 출신으로 보는 경우도 있다(津田左右吉, 1915; 李健才, 2000).

11) 언제를 기준으로 하는지 불분명하다. 『구당서』 발해말갈전에는 초기 영역을 사방 2,000리라고 하였고, 『신당서』 발해전에는 전성기 때 영역을 사방 5,000리라고 하였다.

12) 668년에 당나라가 고구려를 멸망시킨 뒤 평양에 안동도호부를 설치하고 薛仁貴를 도호부사로 삼아 고구려 땅을 통치하도록 하였다. 고구려부흥운동이 일어나고 신라가 고구려·백제 유민과 함께 당에 항쟁을 펼치자, 당은 한반도에서 물러나 676년에 도호부를 遼東의 遼陽 지역으로 옮겼고, 677년에 다시 新城으로 옮겼다. 696년에는 요서 지역인 營州에서 거란 李盡忠의 난이 일어나며, 요동 지역 역시 전란에 휩싸였다. 대조영이 이끄는 고구려 유민과 말갈인이 天門嶺전투에서 승리하며 발해 건국에 성공한 이후 요동에서 당의 세력이 크게 약화되었고, 당은 699년에 안동도호부를 안동도독부로 낮추었으며 幽州(지금의 北京)에 移屬시켰다. 이후 다시 도호부로 복귀되었으나 714년 平州로, 743년 遼西故郡城으로 府治를 옮겼다가, 安祿山의 난을 계기로 758년에 완전히 폐지되었다(日野開三郎, 1984, 26~36쪽; 권은주, 2010).

13) 지금의 중국 遼寧省 朝陽市 일대이다. 영주의 지명은 『爾雅』 「釋地」 등 고전에 9州와 2州의 하나로 일찍부터 나오지만, 영주가 요서 지역에 처음 설치된 것은 後趙 시기이다. 石虎가 지금의 中國 灤河·永平 부근에 영주를 설치하였고, 遼西·北平의 2郡을 거느리게 했다. 北魏 시기에는 治所를 朝陽 지역의 和龍城에 두고, 昌黎·建德·遼東·樂良·冀陽·冀湯·營丘의 7郡을 거느렸다. 隋代와 唐代에도 營州라고 불렀다. 당나라 초기부터 이 땅에는 거란족과 해족 등 다양한 민족이 거주하였고, 당이 고구려를 공격할 때 그 교두보 역할을 하였다. 고구려 멸망 이후에는 많은 고구려 유민과 고구려 예하에 있던 말갈인들이 당 內地로 끌려가면서 일부가 이곳에 남았다. 이들 중 상당수는 696년 거란 李盡忠의 반란을 계기로 東走하여 발해 건국에 참여하였다. 이곳은 이후에도 당나라가 동북방 민족들을 공제하고 방어하는 중요한 거점이었다.

14) 『舊唐書』 渤海靺鞨傳에는 '桂樓'의 옛 땅으로 되어 있고, 『新唐書』 渤海傳에는 '挹婁'로 되어 있다. 발해에 사신으로 다녀갔던 당나라 사신 張建章의 묘지명에서도 忽汗州를 가리켜 읍루의 옛 땅이라고 한 점 등을 통해 '桂' 자가 '挹'과 유사하여 '桂'로 잘못 쓴 것으로 보기도 한다. 그러나 장건장이 다녀간 지역은 상경 지역이고, 발해 건국지인 동모산은 상경보다 남쪽에 위치한 敦化 지역이므로, 『구당서』와 『신당서』의 차이는 처음에 고구려의 영역 안에서 건국하였다가 영역이 확장됨에 따라 옛 읍루 지역인 상경으로 천도한 것에 따른 것일 가능성이 있다. 참고로 발해 건국지에 대해 한국 사료인 『삼국사기』 권46,

을] 발해군왕(渤海郡王)에 봉하고 한주도독(漢州都督)을 겸하게 하였다. 천성(天成, 926~930) 초에 거란의 [야율]아보기([耶律]阿保機)가 병력이 성대해지자, 동북의 여러 번국(蕃國) 대부분을 신속(臣屬)하였고, 발해와 영토가 인접해 있어 병탄(併呑)의 뜻이 있었다. [그래서] 그 나라의 부여성(夫餘城)을 공격해 함락시키고, 그의 장자를 세워 동단왕(東丹王)으로 삼아 군사를 통솔해 이곳을 지키게 하였다.

열전 6, 최치원전에는 의봉 3년(678) '태백산 아래'로, 『삼국유사』에서 인용한 『신라고기』에는 '태백산 남쪽'으로, 『제왕운기』에는 '태백산 南城'으로, 『삼국사절요』에는 '태백산 동쪽'으로 나온다.

발해사 자료총서 – 중국사료 편 권1

20. 『송막기문(松漠紀聞)』

  송 고종(高宗) 건염(建炎) 3년(1129) 휘유각대제(徽猷閣待制) 가예부상서(假禮部尙書) 홍호(洪皓, 1088~1155)가 대금통문사(大金通問使)가 되어 금나라에 사신으로 다녀오면서 저술한 견문록이다. 홍호는 금에 15년간 억류되었는데, 금에서 주는 관직을 여러 차례 거절하고 비밀리에 송으로 사람을 보내 금의 실상을 보고하며 수필 형식의 기록을 남겼다. 소흥(紹興) 12년(1142)에 석방되어 돌아오게 되었지만, 수색을 피하여 기록을 태웠는데, 송에 돌아와서 좌천된 후 다시 기록을 복구한 것이다. 당시 개인이 사서를 저술하는 것이 금지되었기 때문에 곧바로 출판되지 못하였고, 그가 죽은 뒤 장남이 교간(校刊)한 것을 차남이 보완하였다. 홍호가 서명을 '송막(松漠)'이라고 한 것은, 금이 통치한 광활한 영토가 송막 지역을 이루렀기 때문이다. 송(松)은 송산(松山)을 가리키고, 막(漠)은 송산 이서의 사막을 의미한다.

  『송막기문』은 정(正), 속(續), 보유(補遺)의 세 부분으로 나뉘어, 69조에 해당하는 사건을 약 1만 3,000자 정도로 기록하였다. 전문은 한 사건 당 하나의 기사를 운용하는 방식을 택하여, 금대의 예의·제도, 산천·지리, 경제·물산, 민족·문화, 사회·풍속을 포함하여 군사의 중요한 일을 기록하였다. 명대 오관(吳琯)이 집간한 『고금일사(古今逸史)』에 『송막기문』을 수록하였는데, 자구 사이의 차이가 있지만 대체로 일치하였다. 『송막기문』은 『사고전서(四庫全書)』의 『사부(史部)』 류에도 수록되었고, 『사고전서총목제요(四庫全書總目提要)』에서도 그 사료적 가치를 긍정적으로 평가하고 있다.

  『송막기문』은 발해사와 관련해서도 많은 정보를 담고 있어 의미가 있다. 발해의 건국부터 멸망, 체제 및 풍속 등 사회·문화적 특징을 개괄하고 있으며, 발해의 전성기에 대해서 비교적 상세하게 기술하고, 발해 멸망 후 거란의 야율아보기(耶律阿保機)가 세운 동단국(東丹國)에 대해서도 언급하고 있다. 발해의 위치에 대해서는 연경으로부터 1,500리 떨어져 있으며, 동으로는 바다에 접한다고 하였고, 발해의 사회상을 엿볼 수 있는 진귀한 내용도 담겨 있다. 성씨와 관련해서는 발해의 왕성은 대씨(大氏)이고, 유력 가문인 우성(右姓)은 고(高)·장(張)·양(楊)·두(竇)·오(烏)·이(李) 등이며, 부곡(部曲)과 노비 등 성이 없는 사람들은 모두 그 주인을 따랐다고 하였다. 그리고 발해 부인들이 십자매를 결성하여 남편을 서로 살피고 만약 측실을 들이거나 다른 곳으로 눈을 돌리면 독으로 죽인다는 내용은 발해 여성의 사회적 지위를 가늠케 한다. 그 밖에도 경박호에서 나는 붕어와 붉은색을 띤 방해(螃蟹) 등 발해 물산에 대한 기록도 있다.

아래 원문은 대상출판사(大象出版社, 2003) 『전송필기(全宋筆記)』 제3편, 7에 수록된 『송막기문』을 저본으로 하고, 중국기본고적고에서 제공하는 「명고씨문방소설본(明顧氏文房小說本)」을 비교본으로 하였다.

○ 『송막기문(松漠紀聞)』

渤海國去燕京女眞所都, 皆千五百里, 以石壘城足, 東並海. 其王舊以大爲姓, 右姓曰高·張·楊·竇·烏·李, 不過數種, 部曲奴婢無姓者, 皆從其主. 婦人皆悍妒, 大氏與他姓相結爲十姉妹, 迭幾察其夫, 不容側室及他游, 聞則必謀寘毒, 死其所愛. 一夫有所犯而妻不之覺者, 九人則群聚而詬之, 爭以忌嫉相誇. 故契丹·女眞諸國皆有女倡. 而其良人皆有小婦侍婢, 唯渤海無之. 男子多智謀驍勇, 出他國右, 至有三人渤海當一虎之語.

발해국(渤海國)은 연경(燕京: 지금의 북경)과 여진(女眞)의 도읍에서 1천5백 리 떨어져 있다. 돌을 쌓아 성을 삼았고, 동쪽으로는 바다까지 아우르고 있다. 그 임금은 옛날부터 대씨(大氏)를 성(姓)으로 삼았고, 유력한 성씨[右姓]로는 고(高)·장(張)·양(楊)·두(竇)·오(烏)·이(李) 등 몇 종류에 불과하다. 부곡(部曲)이나 노비 등 성씨가 없는 자들은 모두 그 주인[의 성]을 따른다. 부인들은 투기가 심하여, 대씨(大氏)와 다른 성씨들이 서로 십자매(十姉妹)를 결성하여 번갈아 남편들을 감시하며 측실을 두지 못하게 한다. [남편이] 밖에 나갔다는 이야기를 들으면 반드시 독으로 [남편이] 사랑하는 여자를 죽인다. 한 남편이 바람을 폈는데 아내가 깨닫지 못하면 아홉 자매가 떼 지어 가서 이를 욕보인다. 다투어 투기하는 것을 서로 자랑하였다. 그러므로 거란, 여진과 여러 나라에는 모두 창기(娼妓) 같은 것이 있고 양인 남자들은 모두 소부(小婦: 첩)와 시비(侍婢)를 두지만, 발해에만 없다. 남자들은 대부분 지혜가 많으며 날래고 용감한 것이 다른 나라보다 뛰어나서 심지어 "세 사람의 발해인이면 한 마리의 호랑이를 당해 낸다."라는 말이 있을 정도이다.

契丹阿保機滅其王大諲譔, 徙其名帳千餘戶於燕, 給以田疇, 捐其賦入, 往來貿易關市皆不征, 有戰則用爲前驅. 天祚之亂, 其聚族立姓大者於舊國爲王. 金人討之, 軍未至, 其貴族高氏棄家來降, 言其虛實. 城後陷, 契丹所遷民益蕃, 至五千餘戶, 勝兵可三萬. 金人慮其難制, 頻年轉戍山東, 每徙不過數百家. 至辛酉歲, 盡驅以行, 其人大怨. 富室安居踰二百年, 往往爲園池, 植牡丹多至三二百本, 有數十幹叢生者, 皆燕地所無, 繾以十數千或五千賤貿而去. 其居故地者, 今仍契丹, 舊爲東京, 置留守, 有蘇·扶等州. 蘇與中國登州·靑州相直, 每大風順, 穩隱聞雞犬聲.

거란(契丹)의 [야율]아보기([耶律]阿保機)가 그 왕인 대인선(大諲譔)[1]을 멸망시키고[2] 그

---

1) 발해 제15대 왕으로 마지막 왕이다. 906년부터 926년까지 재위하면서 요동을 두고 거란과 치열한 싸움을 벌였다. 그러나 925년 12월에 거란이 대대적인 침공을 시작하여 곧바로 발해 서쪽 변경의 군사 요충지인 부여부를 함락시키고 얼마 안 되어 수도 홀한성을 포위하자 항복하였고, 926년 1월 멸망하였다. 같은 해 7월에 야율아보기가 회군하면서 왕후와 함께 끌고 가 거란의 수도 상경 임황부의 서쪽에 성을 쌓고 살게 하였다.
2) 발해가 멸망한 까닭에 대해서는 발해 말기 고위직을 지낸 수많은 발해 유민이 고려로 내투한 현상에 주목하여 지도층 내부의 권력 다툼 또는 내분에 주목하는 견해가 일반적이다(박시형, 1979, 89쪽; 楊保隆, 1988, 13~14쪽; 王承禮, 1984, 167~171쪽; 방학봉, 1990, 202쪽; 宋基豪, 1996, 226~232쪽; 에.붸.샤브꾸노프 엮음, 송기호·정석배 옮김, 1996, 58쪽; 朴玉杰, 1996, 92~93쪽). 하지만 고려 때부터 지배권을 인정받아 유지해 온 토착 세력인 수령이 잔존한 것이 발해 정권의 기반을 약화시켰다고 인식하는 견해(河上洋, 1983, 218~219쪽), 재지 세력인 수령에 대한 발해의 통제력이 이완되어 초래된 결과라는 견해(金東宇, 1996, 342쪽)도 있고, 발해 멸망을 천도와 연결시키는 견해, 즉 상경 용천부에서 요하로 천도하지 않아 중원의 원조를 받지 못했기 때문이라는 견해(孫玉良, 1983, 112쪽)나 唐을 중심으로 하는 책봉 체제의 붕괴에서 원인을 찾는 견해(大隅晃弘, 1984, 123~124쪽)도 있으며, 발해의 방위 단위인 城 운용이 고구려의 총력적 방위 방식과 차이를 보인다는 견해(高橋學而, 1989, 166~167쪽)도 있다.

의 명장(名帳: 名簿)에 있는 1천여 호(戶)를 연(燕)으로 이주시켜 토지를 지급하면서도 부세(賦稅)를 면제하고, 왕래하며 무역하는 관시(關市)[3]에서 모두 세금을 징수하지 않았으며, 전투가 있을 때에는 선봉으로 이용하였다. 천조[제](天祚[帝])의 난에 그 종족(種族)이 구국(舊國)에서 대씨를 세워 왕으로 삼았다. 금나라 사람들이 이를 토벌하였는데, 군대가 도착하기 전에 그 귀족인 고씨(高氏)가 가족을 버리고 와서 항복하여 그 허실을 말해 주어 성이 나중에 함락되었다. 거란이 이주시킨 백성은 더욱 늘어나 5천여 호에 달하였고 승병(勝兵)도 3만이나 되었다.

금나라 사람들은 그 통제하기 어려움을 염려하면서 해마다 산동(山東)으로 전수(轉戍: 군량을 실어 나르고 변경을 지키는 일)시켰다. 매번 옮길 때 몇백 집에 불과했으나, 신유년에 이르러 모두 몰아 보내자 그 사람들이 크게 원망하였다. 부유한 집은 2백 년 넘게 편안히 살면서 왕왕 정원의 연못에 모란을 심었는데, 많을 경우에는 2, 3백 포기에 달하며 수십 줄기가 무더기로 자란 것들은 모두 연(燕) 지역에는 없는 것이어서 십수천 혹은 5천 전(錢)에 사 가지고 갔다. 그들이 살던 옛 땅은 지금 거란에게 귀속되었고, 옛날 동경(東京)에는 유수(留守)를 설치하였다. 소주(蘇州)와 부주(扶州) 등도 있었는데, 소주는 중국의 등주(登州)와 청주(靑州)를 서로 마주하고 있어서 매번 큰 바람에 따라 개와 닭 우는 소리가 은은히 들려오기도 하였다.

阿保機長子東丹王贊華封於此, 謂之人皇. 王不得立, 鞅鞅, 嘗賦詩曰: 小山壓大山, 大山全無力. 羞見當鄉人, 從此投外國. 遂自蘇乘筏浮海歸唐.

아보기의 큰아들인 동단[4]왕(東丹王) 찬화(贊華)가 이곳에 책봉을 받았는데 인황(人皇)이

이 밖에도 백두산의 화산 폭발로 멸망하였다는 견해도 있으나 인정되지 않는다. 최근에는 遼代 '陳滿의 묘지명'을 검토하여 거란 耶律阿保機의 親征이 이미 923년에 있었으며 925년 12월 이전 요동과 압록부에 대한 공격이 있었던 사실을 밝히고 발해 멸망 전쟁이 장기간에 걸쳐 이루어졌다는 주장이 제기되었다(권은주, 2016, 150~151쪽).

3) 關市는 변경의 교통 요지에 설치한 시장으로, 주로 관문 밖의 이민족과 교역하던 시장을 말한다.
4) 東丹國은 거란 야율아보기가 926년 1월 발해를 멸망시키고 세웠다. 아울러 발해의 수도인 忽汗城을 天福城으로 고치고, 황태자 倍(일명 突欲)를 人皇王으로 책봉하여 동단국왕으로 삼았다. 아보기의 동생

라고 불렀다. 황제에 오르지 못하여 불만을 품고 일찍이 시를 지었는데, 이르기를 "작은 산이 큰 산을 짓누르나 큰 산은 아무런 힘도 없어라. 고향 사람 보기 부끄러워 이로부터 외국에 투신하리라."라고 하였다. 마침내 소주(蘇州)에서 배를 타고 바다를 건너가 당나라에 귀부하였다.

> 古肅慎城四面約五里餘, 遺堞尚在, 在渤海國都外三十里, 亦以石累城脚. …

옛 숙신성(肅愼城)은 사방이 약 5리쯤 된다. 남겨진 성벽이 아직 있다. 발해국의 수도에서 30리 떨어져 있는데, 또한 돌로 성각(城脚)을 쌓았다. …

> 蒲路虎性愛民, 所居官必復租薄征, 得蕃漢閒心, 但時有酒過. 後除東京留守, 治渤海城. …

포로호(蒲路虎)는 타고난 성품이 백성을 사랑하였고, 관직에서는 조세를 옛것으로 회복시키고 많지 않게 부과하여 번족(蕃族)과 한족(漢族)에게 마음을 얻었다. 다만 때때로 술이 지나쳤다. 후에 동경유수(東京留守)로 제수되어 발해성(渤海城)을 다스렸다. …

○ 『송막기문속(松漠紀聞續)』

> 初, 漢兒至曲阜, 方發宣聖陵, 粘罕聞之, 問高慶緒渤海人, 曰: 孔子何人. 對曰: 古之大聖人. 曰: 大聖人墓豈可發. 皆殺之, 故闕里得全.

옛날에 한족(漢族) 아이가 곡부(曲阜)에 이르렀는데, 장차 선성릉(宣聖陵: 공자의 墓)을 개발하려고 하였다. 점한(粘罕)[5]이 이를 듣고, 고경서(高慶緒)라는 발해인(渤海人)에게 물어

인 迭剌을 左大相, 渤海老相을 右大相, 渤海司徒 大素賢을 左次相, 耶律羽之를 右次相으로 삼았다(『遼史』 권2, 本紀 제2, 太祖下, 天顯元年 2월 丙午). 발해인과 거란인을 함께 상층 관리로 임명하였으나 실권은 후자에게 있었다.

이르기를 "공자가 어떤 사람인가?"라고 하였다. 대답하기를 "옛날의 대성인(大聖人)이요."라고 하였다. 이르기를 "대성인의 묘(墓)를 어찌 개발할 수 있겠는가?"라고 하며, 모두 죽였다. 이에 궐리(闕里: 공자의 고향)가 보전되었다.

> 渤海螃蟹紅色, 大如椀, 螯巨而厚. 其跪如中國蟹螯, 石擧鮀魚之屬皆有之.

발해의 큰 바다 게(방해)는 붉은색인데, 크기가 마치 주발같았고, 집게발도 크고 두꺼웠다. 그 발은 중국의 큰 바다 게의 것과 같았고, 돌을 들춰 내면 타어(鮀魚: 잉어과 민물고기) 종류가 모두 있었다.

> 渤海 賀正表曰: 三陽應律, 戴肇於歲華 萬壽稱觴, 欣逢於元會. 恭惟受天之祜, 如日之升. 布治惟新, 順夏時而謹始; 卜年方永, 邁周曆以垂休. 臣幸際明昌, 良深抃頌. 遠馳信幣, 用申祝聖之誠; 仰冀淸躬, 茂集履端之慶.

발해의 하정표(賀正表: 정월 초하룻날 새해를 축하하는 표문)에 이르기를 "삼양(三陽: 內陽·中陽·外陽)이 순응하여 밝은 새해의 시작에 만수무강하시기를 헌수(獻壽) 드립니다. 원회(元會)[6]에서 기쁘게 뵙습니다. 삼가 오직 하늘에서 받은 복이 해와 같이 떠오르시고, 정령(政令)을 새롭게 하심을 하대(夏代)를 따라 삼가 시작하소서. 왕조의 운명이 두루 영원하시고, 주대(周代)의 역법(曆法)에 힘써 복이 내리기를 기원합니다. 신(臣)이 다행히 밝고 번성한 시기를 만났으니 마음속 깊이 칭송하고 멀리서 신폐(信幣)를 바쳐 축성(祝聖)의 정성을 드리나이다. 몸을 깨끗하게 하여 바라옵건대 시작[履端]을 맞이하는 경사(慶事)를 모으소서."라고 하였다.

---

5) 粘罕은 금나라 장수 完顔宗翰(1080~1137)의 본명인 粘沒喝을 漢字로 표기한 것이다. 國相 完顔撒改의 아들로, 개국공신이며 태조·태종·희종 3대를 섬겼다.
6) 元會는 새해 아침에 행하던 대궐 안의 朝會를 말한다.

21. 『요동행부지(遼東行部志)』

　금대(金代) 중도로전운사(中都路轉運使) 왕적(王寂, 1128~1194)이 요동을 순시하면서 남긴 일기체 작품이다. 시·문 위주로 되어 있지만 왕적이 다닌 곳의 지리 정보와 지방 특색, 풍습 등을 수록하고 있어, 금대 요동 지역의 역사지리뿐 아니라 민속, 여진어와 문자를 연구하는 데 많은 정보를 제공한다. 또한 지리와 관련한 정보는 『요사』와 『금사』의 지리지를 보충할 수 있어 주목된다.

　왕적은 금대에 관료이면서 손꼽히는 문학가로, 『졸헌집(拙軒集)』, 『북천록(北遷錄)』, 『압강행부지(鴨江行部志)』, 『요동행부지(遼東行部志)』 등을 저술하였다. 그러나 『북천록』은 유실되었고, 왕적이 요령성 해성(海城)으로부터 해빈(海濱)에 이르는 지역을 답사히면서 견문을 기록한 『압강행부지』도 원본이 유실되었다. 청대에 『영락대전』에서 잔권을 수집하여 후에 김육불의 『요해총서(遼海叢書)』에 수록되어 출간되었는데, 고려의 서북 경계를 연구하는 데 참조가 된다.

　발해와 관련해서는 발해 10대 왕 대인수(大仁秀) 시기의 강역 확장에 대한 기사가 수록되어 있다. "요동의 땅은 발해 대씨가 소유하여 10여 세 동안 이어졌다. 오대에 이르러서 거란과 발해가 수십 년 동안 혈전을 펼치다가 마침내 그 나라가 멸망하여 요동 지역이 모두 요나라로 들어갔다."라고 기록하였다. 이 기록에서는 구체적으로 발해의 요동을 소유한 시기가 언급되어 있지 않으나, 소유한 지 10여 세가 지났다고 한 것으로 보아 발해의 요동 진출을 건국 초기부터로 본 셈이다. 『거란국지(契丹國志)』 권10, 『요사(遼史)』 「천조기(天祚紀)」, 『자치통감』 권27, 『구오대사』 권137에서도 동일하게 발해가 요동 지구를 점령한 것으로 설명하고 있어, 이 사료와 함께 발해 요동 점유설의 근거가 된다.

아래 원문은 요령성 신화서점에서 출판한『요해총서』(1985)에 수록된『요동행부지』를 저본으로 하고, 중국기본고적고에서 제공하는「청광서정씨죽서당초본(淸光緖丁氏竹書堂鈔本)」을 비교본으로 하였다.

○『요동행부지(遼東行部志)』

> 明昌改元春二月十有二日丙申, 予以使事出按部封, 僚吏送別於遼陽瑞鵲門之短亭. 是日宿瀋州. 瀋州, 在有唐時, 嘗爲高麗侵據, 至高宗命李勣東征, 置安東都護府於平壤城, 以領遼東. 其後或治故城, 或治新城, 實今之瀋州也. 又韓穎瀋州記云: 新城卽瀋州是也. 至於唐季, 不能勤遠, 遼東之地爲渤海大氏所有, 傳國十餘世. 當五代時, 契丹與渤海血戰數十年, 竟滅其國. 於是遼東之地, 盡入於遼.

명창(明昌, 1190~1196)으로 연호를 고친 해(1190)의 봄 2월 12일 병신일에 나는 사신의 일을 부여받아 변경 지역을 안찰(按察)하러 나가니, 요리(僚吏: 동료 관리)가 요양(遼陽) 서작문(瑞鵲門)의 단정(短亭)[1]에서 배웅하였다. 이날 심주(瀋州: 瀋陽)에서 묵었다. 심주는 당나라 때 일찍이 고[구]려에 침략되어 점거당한 곳으로, 고종 때에 이르러 이적(李勣)[2]에게 동정(東征)을 명하여 평양성(平壤城)에 안동도호부(安東都護府)[3]를 두어 요동(遼東)을 다스리게

---

1) 短亭은 성 밖 5리마다 세운 정자이다.
2) 중국 唐나라 때의 무장. 본래 성과 이름은 徐世勣(594~669)이다. 수나라 말년에 李密의 밑에 있었으나, 무덕 3년(620)에 당나라에 귀순하였다. 당 高祖가 李氏를 賜姓하였고, 太宗 李世民의 '世' 자를 피휘하여 '李勣'이라 하였다. 정관 3년(629)에 돌궐을 정복하고, 정관 19년(645)에는 태종과 함께 고구려를 침공하였으나 안시성전투에서 실패하고 회군하였다. 이후 총장 원년(668)에 신라군과 연합하여 평양성을 함락하고 고구려를 멸망시켰다. 이듬해 12월에 76세로 죽었다(『구당서』권67, 이적열전;『신당서』권93, 이적열전).
3) 668년에 당나라가 고구려를 멸망시킨 뒤 평양에 안동도호부를 설치하고 薛仁貴를 도호부사로 삼아 고구려 땅을 통치하도록 하였다. 고구려부흥운동이 일어나고 신라가 고구려·백제 유민과 함께 당에 항쟁을 펼치자, 당은 한반도에서 물러나 676년에 도호부를 遼東의 遼陽 지역으로 옮겼고, 677년에 다시 新城으로 옮겼다. 696년에는 요서 지역인 營州에서 거란 李盡忠의 난이 일어나며, 요동 지역 역시 전란에 휩싸였다. 대조영이 이끄는 고구려 유민과 말갈인이 天門嶺전투에서 승리하며 발해 건국에 성공한 이후 요동에서 당의 세력이 크게 약화되었고, 당은 699년에 안동도호부를 안동도독부로 낮추었

하였다. 그 후 혹은 고성(故城)으로 혹은 신성(新城)으로 다스려졌으니, 실로 오늘날의 심주이다. 또한 한영(韓穎)의 『심주기(瀋州記)』에 이르기를 "신성은 곧 심주이다."라고 하였다. 당나라 말기에 이르기까지 멀어서 능히 다스리지 못하여 요동의 땅은 발해대씨(渤海大氏)의 소유가 되었다. 나라는 십여 세(世)까지 이어졌는데, 오대(五代) 때에 거란이 발해와 수십 년간 혈전(血戰)을 벌여 마침내 그 나라를 멸망시켰다.[4] 이에 요동의 땅이 모두 요나라로 들어왔다.

으며 幽州(지금의 北京)에 移屬시켰다. 이후 다시 도호부로 복귀되었으나 714년 平州로, 743년 遼西故郡城으로 府治를 옮겼다가, 安祿山의 난을 계기로 758년에 완전히 폐지되었다(日野開三郞, 1984, 26~36쪽; 권은주, 2010).

4) 발해가 멸망한 까닭에 대해서는 발해 말기 고위직을 지낸 수많은 발해 유민이 고려로 내투한 현상에 주목하여 지도층 내부의 권력 다툼 또는 내분에 주목하는 견해가 일반적이다(박시형, 1979, 89쪽; 楊保隆, 1988, 13~14쪽; 王承禮, 1984, 167~171쪽; 방학봉, 1990, 202쪽; 宋基豪, 1996, 226~232쪽; 에.붸.샤브꾸노프 엮음, 송기호·정석배 옮김, 1996, 58쪽; 朴玉杰, 1996, 92~93쪽). 하지만 고려 때부터 지배권을 인정받아 유지해 온 토착 세력인 수령이 잔존한 것이 발해 정권의 기반을 약화시켰다고 인식하는 견해(河上洋, 1983, 218~219쪽), 재지 세력인 수령에 대한 발해의 통제력이 이완되어 초래된 결과라는 견해(金東宇, 1996, 342쪽)도 있고, 발해 멸망을 천도와 연결시키는 견해, 즉 상경 용천부에서 요하로 천도하지 않아 중원의 원조를 받지 못했기 때문이라는 견해(孫玉良, 1983, 112쪽)나 唐을 중심으로 하는 책봉 체제의 붕괴에서 원인을 찾는 견해(大隅晃弘, 1984, 123~124쪽)도 있으며, 발해의 방위 단위인 城 운용이 고구려의 총력적 방위 방식과 차이를 보인다는 견해(高橋學而, 1989, 166~167쪽)도 있다. 이 밖에도 백두산의 화산 폭발로 멸망하였다는 견해도 있으나 인정되지 않는다. 최근에는 遼代 '陳滿의 묘지명'을 검토하여 거란 耶律阿保機의 親征이 이미 923년에 있었으며 925년 12월 이전 요동과 압록부에 대한 공격이 있었던 사실을 밝히고 발해 멸망 전쟁이 장기간에 걸쳐 이루어졌다는 주장이 제기되었다(권은주, 2016, 150~151쪽).

발해사 자료총서 – 중국사료 편 권1

22. 『중주집(中州集)』

　금대 원호문(元好問, 1190~1257)이 금대의 시를 작자별로 집대성한 총집(總集)이다. 시인 251명의 시 2,062수를 수록하고 작자별로 소전(小傳)을 붙이며 시평을 더하였다. 금나라에 포로가 되었던 송나라 관리 주변(朱弁), 등무실(滕茂實) 등 5인의 84수를 제외하고 모두 금나라 시인의 작품이다. 전체 10권으로 전후 7권과 3권으로 나뉜다. 금나라 시인 위도명(魏道明)이 편집하고 상형(商衡)이 필사한 『국조백가시략(國朝百家詩略)』과 원호문이 교유한 시인들의 시를 모은 두 부분으로 구성되었다. 따라서 전후 체제가 서로 다르며, 편년체적 성격이 강하여 금대 시가를 연구하는 데 문헌학적으로 중요한 의미를 갖는다.

　오늘날 하남성 일대는 중주(中州)로 불리며, 금의 정치, 경제, 문화의 중심지였다. 당시 사람들은 중주의 인물이라는 것에 대해 자긍심을 갖고 있어, 여기서 이름을 취하여 이 책을 『한원영화중주집(翰苑英華中州集)』 또는 『중주고취한원영화집(中州鼓吹翰苑英華集)』이라 불렀다. 일반적으로는 『중주집』이라고 부른다. 원호문이 『중주집』을 편집하기 시작한 것은 금 말기인 천흥(天興) 2년(1233)으로, 몽골군이 변경(汴京)을 공격하여 금 애종(哀宗)이 남쪽으로 도망간 이듬해이다. 금나라가 멸망하자 원호문은 산동 요성(聊城)에 구금당하였고, 여기에서 『중주집』을 편찬하기 시작한 것이다. 전란과 경비 문제 등으로 1250년에 처음으로 조판되었다.

　원호문은 시를 빌려 사(史)를 남기고자 의도하였기 때문에, 『중주집』은 시집이라기보다 전기(傳記)의 성격이 강하다. 앞부분에는 성제(聖製)로서 현종(顯宗)과 장종(章宗)의 시를 싣고, 권1에서 권7까지 국초(國初)에서 말기까지의 시를 배열하였다. 권8은 「별기(別記)」로 필요한 것을 뽑아 쓴 보유(補遺)이다. 권9 이하에서는 제상(諸相)·장원(狀元)·이인(異人)·

음덕(陰德)·삼지기(三知己)·남관(南冠)의 표제 밑에 정사의 합전과 같이 배열하였다. 일부 작품은 금대 사회의 어두운 면을 폭로하고 있다. 역사적인 사건을 기록하고 있어 『금사』 편찬에 활용된다.

발해 관련 기사로는 권2 승지(承旨) 이안(李晏)의 소전(小傳)에 나오는 기사가 먼저 눈에 띈다. "요나라 사람들이 중원 사람들과 해(奚), 발해(渤海), 여러 나라의 백성들을 노략질하여 귀족과 공이 있는 사람들에게 많게는 한두 주(州), 적게는 수백 명을 나누어 주어 노비로 삼게 하였다."라는 것인데, 발해 유민들의 불우한 처지를 보여 준다. 현달한 발해 유민과 관련한 글도 있다. 발해 유민인 왕준고(王遵古)와 고헌(高憲) 등이 남긴 문학 작품이 그것이다. 왕준고의 경우 「요동지(遼東志)」에 개주(蓋州) 웅악인(熊岳人)이라고 소개하고 있는데, 실제 발해 유민이다.

『중주집』의 현존하는 가장 오래된 판본은 몽골 헌종(憲宗) 5년(1255)에 나온 「을묘신간본」이다. 그 밖에 원대 지대(至大) 3년(1310) 「평수진덕제간본(平水進德齋刊本)」과 명대 홍치(弘治) 9년(1496) 「이한간본(李澣刊本)」과 명말 「모진간본(毛晉刊本)」이 있다. 「모진간본」은 『초판중주집』이라고도 부른다. 현재 통행되는 것은 『사부총간(四部叢刊)』에서 축소 인쇄한 「동씨영원본(董氏影元本)」과 중화서국의 「표점본」(1959)이다. 아래 원문은 중화서국에서 출판한 『중주교주집(中州校註集)』(2018년판)을 저본으로 하고, 중국기본고적고에서 제공하는 「사부총간경원간본(四部叢刊景元刊本)」을 비교본으로 하였다.

○ 을집(乙集) 권2, 승지 이안[李承旨晏]

> 晏, 字致美, 高平人, 唐順宗第十六子福王綰之苗裔, 父森, 字彦實, 工於詩, … 致美皇統二年, 經義進士, 釋褐臨汾丞時, 張太師浩, 判平陽, 一見愛其才, 爲之延譽, 稍遷遼陽幕官與興陵, 有藩邸之舊, 入翰林爲學士, 高文大冊號稱獨步, 拜御史中丞, 初遼入掠, 中原人及得奚·渤海諸國生口, 分賜貴近, 或有功者, 大至一二州, 少亦數百, 皆爲奴婢, 輸租爲官, 且納課給其主, 謂之二稅戶, 大定初, 一切免爲民閭.

[이]안([李]晏)은 자(字)가 치미(致美)이며 고평인(高平人)이다. 당 순종(順宗)의 열여섯째 아들인 복왕(福王) 관(綰)의 후손으로, 아버지는 [이]삼([李]森)으로 자는 언실(彦實)이며,

시에 뛰어났다. … 치미는 [금] 황통(皇統) 2년(1142)에 경의(經義)로 진사(進士)가 되었고, 첫 관직으로 임분승(臨汾丞)에 있을 때 태사(太師) 장호(張浩)[1]가 평양(平陽)의 [일을] 판결하고 있었는데, 그를 한번 보고 그 재능을 중시하여 명성을 알리게 되었다. 얼마 후 요양막관(遼陽幕官)과 흥릉(興陵)으로 옮겨 번저(藩邸)에서 오랫동안 있었다. 한림(翰林)으로 들어와 학사(學士)가 되었는데, 고문대책(高文大冊: 왕명으로 찬술하는 귀한 문서)이 독보적이라고 칭송되었다. 어사중승(御史中丞)을 제수받은 초기에 요(遼)가 들어와 약탈했던 중원 사람들과 해(奚), 발해(渤海) 등 여러 나라의 포로들을 얻었다. 지위가 높은 신하들의 [등급을] 나누어 하사했는데, 공이 있는 경우에는 크게는 한두 개의 주(州)에서 적어도 수백 명을 주었고 모두 노비로 삼았다. 조세를 거두어 관(官)에서 사용하고, 또 거두어 그 주인에게 주니 이를 이세호(二稅戶)라고 불렀다. [금 세조] 대정(大定, 1161~1189) 초에 모두 면책하여 백성[民間]이 되게 하였다.

○ 무집(戊集) 권5, 단주[2] 고헌[高憲博州]

憲, 字仲常, 遼東人. 祖衎, 字穆仲. 國初進仕, 仕至吏部尙書, 伯父守義. 大定十六年進士, 父守信, 以蔭補官, 叔守禮, 宣徽使. 仲常, 黃華之甥, 幼學於外家, 故詩筆字畫, 俱有舅氏之風, 天資穎悟, 博學強記. 在太學中, 諸人莫敢與抗. 泰和三年, 乙科登第. 自言於世味澹, 無所好, 唯生死文字間而已. 使世有東坡, 雖相去萬里, 亦當往拜之. 屛山故人外, 傳說仲常年未三十, 作詩已數千首矣. 釋褐博州防禦判官, 遼陽破沒於兵間.

[고]헌([高]憲)의 자(字)는 중상(仲常)으로 요동인(遼東人)이다. 할아버지는 [고]간([高]衎)으로 자(字)는 목중(穆仲)이다. 건국 초기에 진사가 되었고 벼슬이 이부상서(吏部尙書)에

---

1) 장호는 요양 발해 사람으로, 자는 浩然이다. 본성은 고씨이다. 증조인 高霸가 요나라에서 벼슬할 때 장씨로 성을 바꾸었다. 태조가 요동을 점령할 때 투항한 뒤에 책략을 올려 御前文字가 되었다. 태종 천회 8년(1130)에 진사가 되어, 비서랑에 올랐다. 해릉왕 때 호부상서와 참지정사, 상서우승을 역임했다. 해릉왕이 변경으로 천도한 후에는 태부와 상서령으로 임명되었으며, 세종 때 태사와 상서령을 지냈다(『金史』 권83, 列傳 제21, 張浩).
2) 『全金詩』 권29에는 박주(博州)로 나온다.

이르렀다. 백부(伯父) [고]수의([高]守義)는 대정(大定) 16년(1176)에 진사가 되었고, 아버지 [고]수신([高]守信)은 음서(蔭敍)로 관직에 임명되었으며, 숙부 [고]수례([高]守禮)는 선휘사(宣徽使)가 되었다. 중상은 황화(黃華)[3]의 조카로 어려서부터 외가에서 공부한 까닭에 시필(詩筆)의 자획(字畫)까지 모두 외삼촌의 풍격을 닮았다. 타고난 자질은 총명함을 지녔고, 박학(博學)하면서도 기억력이 뛰어나 태학(太學)에 있을 때에도 사람들이 감히 맞설 수 없었다. 태화(泰和) 3년(1203) 을과(乙科)에 급제했는데, 스스로 세상사는 맛이 없고 좋아하는 것도 없으며 오직 생사를 글과 함께할 뿐이고, "세상에 동파(東坡: 蘇軾)가 있었으면 비록 만 리에 떨어져 있어도 또한 마땅히 뵈러 갈 것인데 병산(屏山)은 고인(故人) 밖에 있다네."라고 하였다. 전하는 설(說)에 따르면, 중상은 나이가 서른이 되지 않았는데도 지은 시가 이미 수천 수(首)에 이르렀다고 한다. 첫 관직으로 박주방어판관(博州防禦判官)이 되었다가 전쟁 통에 요양(遼陽)에서 패전하여 죽었다.

元夕無燈

九陌無燈夜悄然, 小紅時見點春煙.

多情唯有梅梢月, 拍酒樓頭照管絃.

정월 대보름에 등불 밝히지 않고

구맥(九陌: 도성의 큰 길)의 등(燈) 없는 밤 고요한데
아주 어릴 적 봄날의 아지랑이를 보았네.
오직 매화 가지 끝에 걸린 달만을 다정히 여기다가
주루(酒樓) 난간에서 비추는 관현(管絃) 소리를 들었네.

---

3) 금나라 蓋州 熊岳 출신 발해인으로, 자는 子端(1151~1202)이다. 부친은 王遵古이며, 모친은 발해인 張浩의 딸이다. 世宗 大定 16년(1176) 進士에 합격하고, 恩州軍事判官으로 재직하며 억울하게 연루된 백성들을 구제하기 위해 노력했다. 이후 彰德에 은거하고 黃華山의 사찰에서 독서하며 스스로를 黃華山主라 불렀다. 章宗 때 부름을 받아 應奉翰林文字가 되었고, 이후 관직이 翰林直學士에 이르렀다. 詩文과 書畫가 뛰어났는데, 작품으로는 『雲溪堂帖』과 『黃華集』 등이 있다.

寄李天英

稻秸蒼蒼陂已枯, 西風翦翦弄楸梧.
蒹葭水落魚梁廻, 蟋蟀聲高山驛孤.
社甕新成元亮酒, 並刀細落季鷹鱸.
作詩遠寄霜前雁, 人在海東天一隅.

이천영(李天英)에게 보내며

무성하던 볏짚이 이미 마르고
서풍은 쌀쌀하여 가래와 오동을 놀리네.
갈대 물 위로 떨어지니 물고기는 다리 밑을 배회하고,
귀뚜라미 크게 우니 산역(山驛)만 외롭다네.

사옹(社甕)[4]에는 새로 원량주(元亮酒)[5]를 담고
병주(並州)의 칼로 농어[6]를 가늘게 회 치네.
시 지어 멀리 보내려니 서리 내리기 전에 기러기는 날아가고
그대는 해동(海東) 하늘 아래 한 켠에 있겠네.

---

4) 社甕은 제사 용기로, 일반적으로 제사 때 사용하는 술 항아리를 말한다.
5) 元亮酒는 원량의 술이라는 뜻이며, 원량은 晉나라 陶潛의 字이다. 陶淵明이라고도 하며, 호는 五柳先生이다. 그는 전원 생활을 즐기며 술을 매우 좋아했다. 일찍이 9월 9일 중양절에 술이 떨어져 집 동쪽의 울타리로 가서 국화꽃을 한 움큼 따서 먼 곳을 바라보니 흰옷을 입은 사람이 오고 있었는데, 刺史 王弘이 보낸 술을 가지고 오는 사람이었다. 이에 그 술을 다 마시고 취한 다음에야 돌아갔다. 도잠이 지은 飮酒하는 시에서는 "동쪽 울타리에서 국화꽃을 따노라니 아득히 남산이 보이네(採菊東籬下 悠然見南山)"라고 하였다(『南史』 권75, 「陶潛列傳」).
6) 季鷹은 晉나라 사람 張翰(?~359?)의 자이다. 그는 洛陽에서 벼슬하다가 정국이 불안한 것을 보고 가을바람에 빗대어 "내 고향 宋江의 鱸魚膾가 생각난다."라고 하며 벼슬을 버리고 江東으로 돌아갔다.

題新山寺壁

列壑攢峯發興新, 落花飛絮舞餘春.
虛堂坐視三千界, 冠者相從五六人,
澗草軟宜承屐齒, 溪泉淸可濯纓塵.
靜聽山鳥松風裏, 始悟人間樂未眞.

신산사(新山寺) 벽에

늘어선 골짜기와 빽빽한 봉우리에 새로운 것 피어나니
떨어진 꽃 버들개지는 남은 봄을 춤추네.
빈집에 앉아 삼천계(三千界)[7]를 보니
벼슬하면 상종(相從)하는 자 대여섯 사람은 될 것이네.

시냇가 풀은 연하여 나막신 굽 잇는데 마땅하고
맑은 시냇물 갓끈의 먼지를 씻을 수 있네.
솔바람 속에 산새 소리 조용히 듣노라면
인간 세상 즐거움이 거짓인 것을 비로소 깨닫네.

焚香【六言四首】

抹利花心曉露, 薔薇萼底溫風,
洗念六根塵外, 忘情一炷煙中.

---

7) 불교의 용어인 '三千大千世界'의 준말로, 광활한 우주를 표현하는 말이다. 이 세계는 부처의 교화 영역을 이루며 佛國土 또는 佛刹을 형성한다. 수미산을 중심으로 7山 8海가 에워싸고 다시 大鐵圍山이 둘러쳐 있는 그 위에 6개의 欲界天과 18개의 色界天과 4개의 無色界天이 있어 한 세계를 구성한다. 이를 小世界라고 하고, 소세계가 천 개 모인 것을 小千世界, 소천세계가 천 개 모인 것을 中千世界, 중천세계가 천 개 모인 것을 大千世界라고 하며, 이것을 총칭하여 '삼천대천세계'라고 한다.

滿地落花春曉, 一簾微雨輕陰,
正要金蕉引睡, 不妨玉嚨知音.

紙帳收煙密下, 松灰卷火常虛,
午寂春閒小睡, 人間自有華胥.

沈水濃薰甲煎, 宮梅細點波津,
奕奕非煙非霧, 依依如幻如眞.

분향【6언4수】

말리화(抹利花)[8]의 꽃술은 새벽이슬 같고
장미 꽃받침 아래엔 부드러운 바람이 부네.
잠깐이나마 육근(六根)과 육진(六塵)[9]의 번뇌를 씻고
한 심지 향 연기로 정(情)을 잊었네.

온 천지에 떨어진 꽃잎 봄날의 새벽을 알리고
주렴 밖의 가랑비 옅은 구름을 만드네.
지금 막 금초(金蕉)를 빌려 낮잠을 청하니
코골이[10]도 관계없다네.

모기장[11]에 빽빽한 연기 거두고

---

8) 茉莉花라고도 하며, 재스민꽃을 뜻한다.
9) 불교 용어로 六根은 眼·耳·鼻·舌·身·意를 가리키며, 六塵은 六根의 대상인 色·聲·香·味·觸·法을 가리키는데 六境이라고도 한다.
10) 玉嚨은 도교에서 '코'를 지칭하는 용어로, '玉嚨知音'은 코골이를 뜻한다.
11) 紙帳은 종이로 만든 모기장이다.

소나무 재의 잔불은 항상 비워 둔다네.
한가한 봄날 적적한 한낮 낮잠을 청하여
인간 세상에 화서(華胥)12)를 보았네.

깊은 물에 갑전향(甲煎香)13)이 짙으니
궁중의 매화에 물결 일어 작은 물방울 맺혔네.
성하게 이는 것은 연기도, 물안개도 아니니
아련한 것이 꿈인지 생시인지 모르겠네.

長城

秦人一鍛連鷄翼, 六國蕭條九州一.
祖龍跋扈侈心開, 牛豕生民付碪碣.

詩書簡冊一炬空, 欲與三五爭相雄.
阿房未了蜀山上, 石梁擬駕滄溟東.

生人膏血俱枯竭, 更築長城限裘褐.
臥龍隱隱半天下, 首出天山尾遼碣.

豈知亡秦非外兵, 宮中指鹿皆庸奴.
驪原宿草猶未變, 咸陽三月爲丘墟.

---

12) 華胥는 黃帝가 낮잠을 자다가 꿈속에서 보았다는 이상국가의 이름이다. 황제가 이 나라를 여행하면서 無爲自然의 정치가 실현되는 꿈을 꾸고, 여기에서 계발되어 천하에 크게 德化를 펼쳤다고 한다(『列子』, 黃帝).

13) 甲煎은 감향과 사향을 섞어 만든 액향의 일종이다. 隋 煬帝가 그믐밤이 되면 火山에 침향을 사르면서 甲煎香 몇 수레를 들이붓곤 했다고 한다(『玉芝堂談薈』).

黃沙白草彌秋塞, 惟有坡陀故基在.
短衣匹馬獨歸時, 千古興亡成一慨.

장성

진(秦)나라 사람 창[鍛] 하나에 닭 날개를 엮듯이
적막하던 6국(六國)[14]을 9주(九州)로 통일했네.
조룡(祖龍: 진시황)[15]은 제멋대로 날뛰고 사치하는 마음으로
소와 돼지는 물론 백성들에게 침질(碪礩)[16]을 내주었네.

시서(詩書)의 간책(簡冊)은 일거에 불태우고
삼황(三皇) 오제(五帝)와 웅장함을 경쟁했네.
아방궁(阿房宮)을 지을 때 촉산(蜀山)의 나무로 끝내지 못했고
석량(石梁)의 수레 타고 큰 바다 동쪽을 건넜네.

백성들의 고혈(膏血)은 모두 고갈되어
다시 장성(長城)을 축조하는데 구갈(裘褐)만 입었네.
와룡(臥龍: 때를 기다리는 호걸)이 은근히 천하를 나누고자
천산(天山) 끝 쪽 요갈(遼碣)[17]에서 먼저 나왔다네.

어찌 알겠는가? 진(秦)을 망하게 한 것이 외적이 아님을
궁중의 지록(指鹿)[18]은 모두 노예[庸奴]가 되었네.

---

14) 六國은 燕·齊·楚·趙·魏·韓을 가리킨다.
15) 조룡은 진시황을 뜻한다. 祖는 처음[始]의 뜻이고, 龍은 임금을 상징한다. 『사기』「秦始皇本紀」에 "금년에 조룡이 죽을 것이다.[今年祖龍死]"라고 한 예언에서 유래한 말이다.
16) 철침과 주춧돌.
17) 遼東과 渤海 인근에 있는 碣石의 병칭이다.

여원(驪原)의 묵은 풀은 오히려 변함이 없는데
함양(咸陽)의 3월은 폐허가 되었다네.

황사(黃沙)가 백초(白草)를 변방에 가득하게 하여
오직 비스듬한 평지에만 옛 자취 남아 있네.
단의필마(短衣匹馬)[19]로 홀로 돌아올 때
천고(千古)의 흥망을 하나같이 개탄하였네.

○ 신집(辛集) 권8, 내한 왕준고[王內翰遵古]

> 遵古, 字元仲, 父政, 金吾衛上將軍, 三子遵仁·遵義, 元仲其季也. 元仲四子, 庭玉字子溫, 內鄉令, 終于同知遼州軍州事. 庭堅字子貞, 有時名. 庭筠字子端, 庭撚字子文.

[왕]준고([王]遵古)[20]의 자(字)는 원중(元仲)이다. 아버지 [왕]정([王]政)은 금오위상장군(金吾衛上將軍)을 지냈다. 아들이 셋이 있었는데, [왕]준인(遵仁), [왕]준의(遵義)였고, 원중은 막내였다. 원중은 아들 넷이 있었는데, [왕]정옥([王]庭玉)은 자가 자온(子溫)으로 내향령(內鄉令)을 역임했고, 동지요주군주사(同知遼州軍州事)로 죽었다. [왕]정견([王]庭堅)은 자가 자정(子貞)으로 이때에 이름이 나 있었다. [왕]정균([王]庭筠)은 자가 자단(子端)이고, [왕]정염([王]庭撚)은 자가 자문(子文)이었다.

---

18) 秦나라의 환관 출신 丞相인 趙高가 2세 황제인 胡亥에게 사슴을 바치며 말이라고 한 '指鹿爲馬'의 고사를 가리킨다(『史記』「秦始皇本紀」).
19) 短衣匹馬는 용맹하고 호협한 인물과 함께 사냥을 하면서 기상을 길러 보고 싶다는 뜻이다. 漢 武帝 때 李廣이 右北平太守로 있으면서 사냥을 나가 풀숲의 바위를 호랑이로 여겨 활을 쏘았는데 화살이 바위를 뚫고 깊이 박혔다는 고사에서 유래했다(『史記』). 杜甫의 시에 "短衣匹馬隨李廣 看射猛虎終殘年"이라는 구절이 있다(『杜少陵詩集』 권2, 曲江 3).
20) 금나라 蓋州 熊嶽 출신 발해인으로, 자는 元仲(?~1197)이다. 금나라 정융 5년(1160) 진사에 급제하였으며, 벼슬은 翰林直學士까지 이르렀다. 청렴하고 학식이 깊어 '遼東의 夫子'라고 불렸다. 발해인 張浩의 딸에게 장가들어 네 아들을 낳았는데 王庭玉, 王庭堅, 王庭筠, 王庭撚이다(金毓黻, 『渤海國志長編』 卷13, 遺裔列傳 5).

過太原贈高天益【天益能作大字.】

遼海渺千里, 風塵今二毛.
心雖如筆正, 官不稱才高.

筦庫非君事, 山林必我曹.
相期老鄉國, 拂石弄雲璈.

태원(太原)을 지나면서 고천익(高天益)에게 바치다【[고]천익은 대자(大字)에 능했다.】

요해(遼海)가 아득한 천 리인데
풍진(風塵)으로 이제 반백이 되었네.
마음은 비록 직필(直筆)에 있지만
벼슬은 재능에 비해 높지 않다네.

창고지기는 그대의 일이 아닐진대
산림(山林)에서는 우리만 고집하네.
늙어서 고국에서 만날 것을 기약하고
바위에 앉아 운오(雲璈)[21]를 연주하네.

野菊【子貞】
鬪鷄台下秋風裏, 白白黃黃無數花.
日暮城南城北道, 半隨榛棘上樵車.

---

21) 쇠로 만든 樂器 이름이다.

들국화 【자정(王庭堅)】

가을바람에 투계대(鬪鷄台)²²⁾ 아래 핀 들국화
새하얗고 노란 꽃 무수히 피었네.
날이 저물어 성(城) 남쪽과 북쪽 길에
반쯤은 가시덤불 실은 나무꾼의 수레라네.

○ 임집(壬集) 권9, 좌상 장여림[張左相汝霖]

> 汝霖, 字仲澤, 遼陽人. 家世貴顯, 父浩, 字浩然, 以門資仕, 揚歷中外, 遂升端揆, 進拜太師, 封南陽郡王, 五子. 仲澤, 平章政事莘國公. 汝爲, 字仲宣, 河北東路轉運使. 汝翼仕不達, 皆進士也. 汝方, 字仲賢, 自號丹華老人. 汝猷, 字仲謀, 俱至宣徽使. 父子兄弟, 各有詩傳于世, 王子端內翰, 太師之外孫, 其淵源有自云.

[장]여림([張]汝霖)의 자(字)는 중택(仲澤)으로, 요양인(遼陽人)이다. 가문은 신분이 높고 명망이 있었다. 부친은 [장]호([張]浩)로 자가 호연(浩然)인데, 가문의 문자(門資: 家品, 陰職)로 벼슬을 하여 안팎으로 [그 이름을] 드날렸다. [벼슬은] 마침내 단규(端揆: 재상)에 올랐고, 태사(太師)를 세수받았으며, 남양군왕(南陽郡王)에 봉해졌다. 아들이 다섯인데, [장]중택([張]仲澤)은 평장정사(平章政事) 신국공(莘國公)이었고, [장]여위([張]汝爲)는 자가 중선(仲宣)으로 하북동로전운사(河北東路轉運使)를 지냈다. [장]여익([張]汝翼)은 벼슬이 높지 못했다. [삼형제는] 모두 진사(進士)가 되었다. [장]여방([張]汝方)은 자가 중현(仲賢)으로 스스로 단화노인(丹華老人)이라 불렀고, [장]여유([張]汝猷)는 자가 중모(仲謀)였다. 모두 선휘사(宣徽使)를 지냈다. 아버지와 아들, 형제가 지은 시가 각각 세상에 전해져 오고 있다. 내한(內翰: 翰林) 왕자단(王子端: 王庭筠)은 스스로 이르기를 태사(장호)의 외손이라는 뿌리를 두고 있다고 하였다.

---

22) 鬪鷄台는 鬪鷄를 위해 만든 무대를 가리키는 것으로 보인다.

春溪 一首
黯黯春愁底處消, 小桃無語半含嬌.
東風不管前溪水, 暖綠溶溶拍畫橋.

봄날의 시내 1수
울적한 봄 시름은 어찌 사라지지 않을까.
아무 말 없는 작은 복숭아도 곱지 못하니.
동풍은 앞 시냇물 상관치 않고,
넘실대는 녹음(綠陰)은 화교(畫橋: 아름다운 다리)까지 다다랐다네.

23. 『전당시(全唐詩)』

　　청 강희(康熙) 44년(1705)에 조인(曹寅, 1658~1712)이 칙명을 받아 당·오대의 시를 모아 편찬한 시전집이다. 당시 황실 창고인 내부소(內府所)에는 청초 계진의(季振宜)(1630~1674년)가 당대(唐代) 시인 1,895명의 시 42,931수(首)를 정리하여 엮은 『당시(唐詩)』가 소장되어 있었는데, 이를 저본으로 하여 편수를 시작하였다. 팽정구(彭定求) 등 10명이 함께 편찬에 착수하여 강희 45년(1706) 10월에 완성하였다. 이듬해 4월 강희제가 직접 서문과 편액에 글을 쓰면서 『어정전당시(御定全唐詩)』라고 이름하였다. 그러나 일반적으로 『전당시』로 약칭하였다. 전체 900권으로, 수록된 작가 수는 2,873여 명, 작품수는 49,403여 점에 달한다.

　　『전당시』의 체제는 시대순에 따라 배열하면서, 먼저 제왕(帝王)·후비(后妃)의 작품을 배열하고, 그 다음 종실제왕(宗室諸王)·오대제군(五代諸君)·주비(主妃)·교묘(郊廟)·악장(樂章)·악부(樂府)·제신(諸臣)의 순서로 배치하였다. 말미에 참어(讖語)·기(記)·언미(諺迷)·요(謠) 등을 수록하였으며, 작자마다 소전(小傳)을 부가하였다. 『전당시』는 매우 방대한 저작으로 이백(李白), 두보(杜甫), 백거이(白居易), 맹호연(孟浩然), 왕유(王維), 고적(高適), 한유(韓愈), 맹교(孟郊), 유종원(柳宗元), 유우석(柳禹錫) 등 당대뿐 아니라 중국 문학사를 대표하는 시인들의 작품이 포함되어 문학적 가치가 높다.

　　특히 당인(唐人)들이 발해인과 직접 교류하며 남긴 작품들도 있어 주목된다. 발해인으로 빈공(賓貢)에 급제한 고원고(高元固)에게 준 서인(徐寅)의 시, 한굉(韓翃)이 발해 사신 왕탄(王誕)에게 보낸 시, 온정균(溫庭筠)이 당에 머물다가 귀국하는 발해 왕자에게 준 시 등이 대표적이다. 특히 온정균의 시 「본국으로 돌아가는 발해 왕자를 송별하며[送渤海王子歸本國]」는 중국 교과서에도 수록되어 있을 정도이다.

『전당시』의 판본은 1707년 초간한 내부소(內府所) 간행본과 「양주시국본(揚州詩局本)」이 있는데 모두 120책이다. 광서(光緒) 13년(1887)에 상해 동문서국(同文書局)에서 석인본(石印本)을 간행하면서 32권으로 합쳤다. 1960년 중화서국(中華書局)에서는 「양주시국본」의 오류를 수정하고 표점을 찍어 인쇄하였다. 아래 원문은 중화서국에서 출판한 『전당시』(1960)를 저본으로 하고, 중국기본고적고에서 제공하는 「청문연각사고전서본(淸文淵閣四庫全書本)」을 비교본으로 하였다.

○ 권49, 제1함(函) 제9책(冊), 장구령(張九齡)

送趙都護赴安西
將相有更踐. 簡心良獨難.
遠圖嘗畫地. 超拜乃登壇.
戎卽崑山序. 車同渤海單.
義無中國費. 情必遠人安.
他日文兼武. 而今律且寬.
自然來月窟. 何用刺樓蘭.
南至三冬晚. 西馳萬里寒.
封侯自有處. 征馬去嘽嘽.

안서(安西)[1]로 부임하는 조도호(趙都護)를 보내며
다시 장상(將相)의 직무를 맡으니, 정말 어려운 것은 마음을 잡는 일이지.
장구한 계책 일찍이 포기했는데,[2] 등급을 뛰어넘어 높은 벼슬에 올랐네.

---

1) 安西都護府 지역을 말한다. 640년 당나라가 吐魯蕃 지방의 高昌國을 멸망시키고, 서역 경영을 위해 西州都護府를 설치하였다가 얼마 뒤 交河城으로 옮기며 안서도호부로 고쳤다. 648년에는 龜玆로 治所를 옮겼고, 그 뒤 서주와 구자로 치소를 여러 차례 옮겼다. 747년 고선지가 연운보에서 토번군을 격파하고 소발률을 점령함으로써 서역의 72개 소국이 당에 항복하였다. 전성기에 그 관할하에 安西 四鎭을 두고 90여 屬州를 거느렸고, 파미르 동서방의 여러 오아시스국과의 무역 및 상업로를 관장하였다. 790년 서역 전역을 토번에게 빼앗기고 치소가 함락되었다.

오랑캐는 곤륜산으로 가고, 같은 수레3)는 오직 발해뿐이라네.

의리는 중국과 같지 않지만, 본성은 반드시 먼 곳 사람들을 편안케 하리.

훗날 문(文)과 무(武)를 겸비하고 법률 또한 너그러워져

자연스레 월굴(月窟: 월지국)에서 올 것인데 어찌 누란(樓蘭)4)을 찌르려는가.

남쪽으로는 삼동(三冬)의 끝에 이르고, 서쪽으로는 만리의 한파(寒波)로 다다를 것이니

봉후(封侯)는 본래 자리가 있나니, 길 떠나는 말들은 헐떡거리네.

○ 권245, 제4함(函) 제5책(冊), 한굉(韓翃)

送王誕渤海使【赴李太守行營.】
少年結客散黃金. 中歲連兵掃綠林.
渤海名王曾折首. 漢家諸將盡傾心.
行人去指徐州近. 飲馬回看泗水深.
喜見明時鍾太尉. 功名一似舊淮陰.

발해 사신 왕탄(王誕)을 송별하며【이 태수(李太守)의 행영(行營)으로 떠나다.】

소년 시절엔 나그네로 황금을 뿌리듯 했고

중년엔 연병(連兵: 연합군)으로 녹림(綠林)5)을 소탕했다네.

---

2) 畫地는 자기 자신을 한정시켜서 자포자기하는 것을 말한다. 『논어』 「雍也」에 "冉求가 말하기를 '저는 夫子의 道를 좋아하지 않는 것은 아니나, 힘이 부족합니다.' 하니, 공자가 말하기를 '힘이 부족한 자는 中道에 그만두는 것이니, 지금 너는 스스로 한계를 긋는 것이다.' 하였다.(冉求曰 非不說子之道 力不足也 子曰 力不足者 中道而廢 今女畫)"라고 하였다.

3) 車同는 '車同軌'라는 말로, 발해가 중국의 문화권에 속하게 되어 똑같은 교화와 혜택을 받게 되었다는 말이다. 『中庸章句』에 "지금 천하가 통일되어 수레는 바퀴의 치수를 똑같이 하고 글은 문자를 똑같이 하고 있다.(今天下 車同軌 書同文)"라는 말이 있다.

4) 樓蘭은 서역에 있는 나라 이름이다. 한나라 昭帝 때 樓蘭王이 한나라에 복종하지 않고 大宛國으로 가는 한나라의 사신을 자주 죽였는데, 傅介子가 사신으로 가서 누란왕을 죽여 奇功을 세웠다(『한서』 권70, 「傅介子傳」).

5) 綠林은 중국 荊州 當陽縣에 있는 산이다. 前漢 말 新莽 때 王匡과 王鳳 등이 형주의 飢民을 모아 이 산에서 반란을 일으켜 관군에 대항한 것에서 유래하여, 산속에 숨어서 정부에 반항하거나 재물을 탈취

발해의 뛰어난 왕도 일찍이 머리 숙였고,
한나라의 장수들은 마음을 기울였네.
행인들 가는 길 서주(徐州)에 가까워
말에 물 먹이며 돌아보니 사수(泗水)[6]가 깊다네.
새벽을 알리는 종(鍾) 칠 때 태위(太尉) 만날 기쁨은
옛날 회음후(淮陰侯: 韓信)가 이룬 공명(功名)과 같겠네.

○ 권583, 제9함(函) 제5책(冊), 온정균(溫庭筠)

送渤海王子歸本國
疆理雖重海, 車書本一家.
盛勳歸舊國, 佳句在中華.
定界分秋漲, 開帆到曙霞.
九門風月好, 回首是天涯.

본국(本國)으로 돌아가는 발해 왕자를 송별하며
그대 나라 비록 바다 건너 있지만
수레와 글 같아 본디 한집안을 이루었네.
큰 공훈 세운 뒤에 귀국하면서
중화(中華)에 아름다운 시구 남겼네.
경계는 가을 바다 위에서 나뉘고
돛 올리고 새벽노을 속으로 가네.
궁중의 풍월이 아름답지만
머리 돌리면 아득한 타향이라네.

하는 산적 등의 무장 집단을 가리키는 말로 사용되었다.
6) 산동성 濟寧市 泗水縣에 있다.

○ 권709, 제11함(函) 제1책(冊), 서인(徐夤)

渤海賓貢高元固先輩閩中相訪云, 本國人寫得夤斬蛇劍御溝水人生幾何賦, 家【一本無家字.】皆以金書列爲屏障. 因而有贈.

발해(渤海)의 빈공(賓貢) 고원고(高元固)가 선배인 민중(閩中)을 방문하여 이르기를 "우리나라 사람들이 [서인([徐]夤)의 '참사검부(斬蛇劍賦)」, 「어구수부(御溝水賦)」, 「인생기하부(人生幾何賦)」를 베껴 써서 집마다【어떤 본(本)에는 가(家) 자가 없다.】 모두 금서(金書)로 써서 병풍을 만들었습니다."라고 하였다. 이 때문에 [서인이 시를 지어 고원고에게] 주었다.

折桂何年下月中. 閩山來問我雕蟲.
肯銷金翠書屛上. 誰把蒭蕘過日東.
郯子昔時遭孔聖. 繇余往代諷秦宮.
嗟嗟大國金門士. 幾個人能振素風.

어느 해에 계수나무 꺾고 달 속에서 내려와
민산(閩山)까지 찾아와 나의 못난 시구 묻네.
금을 녹인 물로 병풍 위에 쓰려고
누가 못난 시구 들고 동쪽으로 가는가.
그 옛날 담자(郯子)는 공자(孔子)를 만났고
지난날에 요여(繇余)는 진(秦)나라 궁궐을 풍자했네.
슬프구나! 대국(大國: 중국)의 금문(金門) 선비 가운데
몇이나 능히 맑은 풍격(風格)을 떨치었나.

○ 권833, 제12함(函) 제3책(冊), 관휴(貫休)[7]

送人之渤海
國之東北角, 有國每朝天.
海力浸不盡, 夷風常宛然.
山藏羅刹宅, 水雜巨鼇涎.
好去吳鄕子, 歸來莫隔年.

그대를 발해로 보내며
나라의 동북쪽에 위치하여
매번 조천(朝天)하는 나라가 있다네.
해풍(海風)으로 가라앉아 모두 다하진 못하지만
이풍(夷風)이 늘 완연하다네.
산속엔 나찰(羅刹: 惡鬼)의 소굴이 숨겨 있기도 하고
물속엔 거오(巨鼇: 큰 자라)[8]의 침이 섞여 있기도 하니
잘 가시게! 오향자(吳鄕子)여.
돌아올 날이 격년(隔年)이 아니길 바라네.

---

7) 貫休(832~912)는 당나라 말 3대 詩僧으로 꼽힌다. 절강성 婺州 蘭溪人이다. 『唐才子傳』에서 그의 시의 기개가 유일무이하다고 칭찬하고 있다. 평생 500여 편의 작품을 남겼는데, 『禪月集』이 현존한다. 그중 일부가 『全唐詩』에 수록되어 있는데, 신라·일본·발해 문인들을 송별하며 보낸 시가 포함되어 있어 주목된다. 「送人歸新羅」, 「送僧歸日本」, 「送新羅僧歸本國」, 「送人之渤海」, 「送新羅人及第歸」, 「送新羅衲僧」 등이다.

8) 巨鼇는 거대한 자라로, 머리로 三神山을 떠받치는 신선이라고 한다. 동해에 있는 삼신산은 뿌리가 없어 어디로 흘러갈지 알 수 없었는데, 天帝가 거대한 황금자라 6마리에게 그 산을 머리로 떠받치게 했다는 신화가 『列子』 「湯問」에 전한다.

발해사 자료총서 – 중국사료 편 권1

24. 『전당문(全唐文)』

　청대 가경제(嘉慶帝) 때 내각대학사(內閣大學士) 동고(董誥, 1740~1818) 등이 칙명을 받아 편찬한 당(唐)·오대(五代) 문헌의 총집(總集)이다. 가경(嘉慶) 13년(1808)부터 완원(阮元)·서송(徐松) 등 100여 명의 한림학사(翰林學士)들이 전당문관(全唐文館)에서 7년간 심혈을 기울여 편찬하여 가경 19년(1814)에 완성하였다. 정식 명칭은 『흠정전당문(欽定全唐文)』이고, 총 10권이다. 저자별로 문장을 수록하였는데, 작자 미상을 제외하고 당대와 5대 10국의 작가 3,035명의 2만 25편에 달하는 산문을 수록하고 있어 사료적, 학문적 가치가 높다. 황제(皇帝)·후비(后妃)·종실(宗室)·군신백관(群臣百官)·석도(釋道)·여류(女流)·이력 미상자(履歷未詳者)·결명(欠名)·환관(宦官)·외국인(外國人)의 순으로 분류하여 각 항목마다 연대순으로 작자를 배열하고 소전(小傳)을 덧붙였다.

　『전당문』의 저본이 된 것은 청 황궁에 소장하고 있는 『당문(唐文)』 원고 160책이다. 청 인종(仁宗)이 『당문』의 체제와 선택이 맞지 않아 재편집하도록 한 것이다. 여기에 더해 『문원영화(文苑英華)』, 『당문수(唐文粹)』 등의 총집으로 결점을 보완하였고, 『영락대전(永樂大典)』에 수록된 당문(唐文)의 단편과 남은 단락 및 금석 자료들을 채용하였다. 그러나 출전을 표시하지 않고, 조칙(詔勅)·주상(奏狀) 등의 연차가 불분명하거나 작품의 중복·오류나 작자명·소전(小傳)의 착오 등이 적지 않았다. 그 뒤 편찬된 『당문습유(唐文拾遺)』 72권과 『당문속습(唐文續拾)』 16권은 누락된 자료를 더하여 이를 보완하였다.

　발해와 관련해서는 698년 건국 이래 당이 멸망하는 경종(景宗) 천우(天佑) 3년(907)까지 병존함에 따라, 두 나라 문인 사이에 교류가 빈번하였을 가능성이 높다. 실제 당대 문인들이 남긴 글에는 발해인과의 교류 사실과 발해관을 살필 수 있는 작품도 있어 의미가 있다. 그

예로 9세기 초 한림학사를 역임한 백거이는 「발해 왕자에게 관직을 더하는 제서[渤海王子加官制]」와 같은 황제의 조서를 썼다. 이 조서는 당 헌종(憲宗) 시기에 작성된 것으로 발해 선왕(宣王) 821년에 발해에서 대공칙(大公則)·신능지(愼能至)를, 823년에 대다영(大多英)·대정순(大定順)을, 824년에 대총예(大聰叡) 등 50인을 당에 보내어 입조한 내용을 다룬 것이다.

현재 통용되는 『전당문』 판본으로는 「내부간본(內府刊本)」이 있다. 아래 원문은 중화서국(中華書局)에서 출판한 『전당문』(1996)을 저본으로 하고, 길림문사출판사(吉林文史出版社)에서 출판한 『전당문신편(全唐文新編)』(2000)을 비교본으로 하였다. 『당문습유』와 『당문속습』을 함께 부기하였다.

○ 권25, 현종(玄宗), 안녹산을 동평군왕으로 봉하는 제서[封安祿山東平郡王制]

> 寄重者位崇, 勳高者禮厚. 欽若古訓, 抑惟舊章. 開府儀同三司兼右羽林軍大將軍員外置同正員御史大夫范陽大都督府長史柳城郡太守持節充范陽節度經略支度營田陸運押兩蕃渤海·黑水等四府節度處置及平盧軍河北海運幷管內採訪等事上柱國柳城郡開國公安祿山, 性合韜鈐, 氣禀雄武. 聲威振於絶漠, 捍禦比於長城. 戰必尅平, 智能料敵. 所以擢升臺憲, 仍仗旌麾. 旣表勤王之誠, 屢申殄寇之略. 頃者契丹負德, 潛有禍心. 乃能運彼深謀, 累梟渠帥. 風塵肅靜, 斥候無虞. 不有殊恩, 孰彰茂績. 疆場式遏, 且薄衛·霍之功. 土宇斯開, 宜踐韓·彭之秩. 可封東平郡王, 仍更賜實封二百戶, 通前五百戶, 餘如故.

중대한 일을 맡은 자의 지위는 존귀하며, 공훈이 높은 자에 대한 예는 후하다. 고대로부터 따른 교훈을 존중하고, 옛 법령과 규칙을 삼가 생각한다. 개부이동삼사(開府儀同三司) 겸 우우림군대장군(右羽林軍大將軍) 원외치동정원(員外置同正員) 어사대부(御史大夫) 범양대도독부장사(范陽大都督府長史) 유성군태수(柳城郡太守) 지절충범양절도(持節充范陽節度) 경략지도영전(經略支度營田) 육운(陸運) 압양번발해흑수등사부절도처치(押兩蕃渤海黑水等四府節度處置) 평로군하북해운병관내채방(平盧軍河北海運幷管內採訪) 등 관직을 역임한 상주국(上柱國) 유성군(柳城郡) 개국공(開國公) 안녹산(安祿山)은 성격이 용병 모략에 적합하고 천성이 용맹하니, 그 명성과 위세가 사막 끝까지 떨치고, 상대편의 공격을 막음이 장성에 비할 만하다. 전쟁을 하면 반드시 이겨 평정하고, 지혜와 모략, 군사 정보에 대한 판단력도 뛰어나다. 그래서 대헌(臺憲: 어사대 관원)까지 승진하였고, 군대를 지휘하게 되었다. 이미 왕에게 성실하게 충성할 것을 표하였고, 여러 차례 도적 떼를 멸하는 전략을 아뢰었다. 요사이 거란이 은덕을 저버리고 남을 해하려는 마음을 숨기고 있어, 이에 상대방의 깊은 계략을 능히 어지럽혀 연루된 장수를 효수하였으니, 혼란한 사회가 엄숙해지고 적을 살피는 척후(斥候)의 일이 근심이 없다. 특별한 은혜를 입지 않으면, 누가 그 무수한 공적을 드러내겠는가. 나라의 경계의 법으로 은폐한 일을 드러내니, 또한 위기는 적어지고 공격은 빨라진다. 천하가 여기서 열려 마땅히 [옛 전국 시기] 한(韓)의 땅을 밟고, 팽씨(彭氏)의 관직에 도달할 것이니, 동평군왕(東平郡王)으로 봉하는 것을 허락하고 이에 실봉(實封) 200호를 더하는데, 이전에 500호였으며 나머지는 이전과 같음을 알려라.

○ 권39, 현종(玄宗), 대흠무를 발해군왕으로 책봉하는 책문[冊渤海郡王大欽茂文]

> 於戱, 王者宅中, 守在海外, 必立藩長, 以寧遐荒. 咨爾故渤海郡王嫡子大欽茂, 代承緖業, 早聞才幹. 昔在爾考, 忠於國家. 爰逮爾躬, 當玆負荷. 豈惟立嫡, 亦乃擇賢, 休問可嘉, 寵章宜及. 是用命爾爲渤海郡王. 爾往欽哉. 永爲藩屛, 長保忠信. 效節本朝, 作範殊俗. 可不美歟.

아! 왕이 중앙에 자리를 잡으니, 외국에 주둔하여 지킴에 반드시 번장(藩長)을 세워 먼 땅을 평안하게 해야 한다. 그대, 돌아가신 발해군왕의 적자 대흠무(大欽茂)에게 묻는다. 시작한 일(왕업)의 대를 이을 만큼 재간이 있다고 일찍이 들었다. 옛날부터 그대를 살펴보건대 국가에 충성하였다. 이에 그대 몸을 붙잡아 마땅히 이곳(나라)을 책임지게 하였다. 어찌 오직 적자만 세우고 현인을 고르지 않을 수 있겠는가. 좋은 소식은 가히 칭찬할 만하니, 고관대작의 예복이 적합하다. 이에 명령을 받들어 그대를 발해군왕으로 삼는다. 그대는 가서 은혜에 감사하여 영원히 나라를 지키는 번병(藩屛)이 되고 항상 충신을 보증하도록 하라. 우리 왕조에 충성을 다하여 풍속 등이 다른 나라에 모범이 되니, 어찌 아름답지 아니한가!

○ 권40, 현종(玄宗), 발해군왕 대흠무를 조문하는 글[弔渤海郡王大欽茂書]

念卿亡父, 素勵誠節, 與善無徵, 奄至殂謝. 興言求往, 軫念良深. 卿是長嫡, 當襲父位. 宜全忠孝, 以繼前蹤. 今故遣使持節冊命, 兼申弔祭.

경의 돌아가신 아버지는 본디 충성심이 변하지 않는 절조에 힘썼으며, 남에게는 좋게 해주고 남한테 구하지는 않았다. 문득 죽음에 이르러 지난 일을 찾아 이야기하게 되노니 실로 비통한 마음이 깊도다. 경은 적장자이니 아버지의 자리를 물려받아 마땅히 충효를 온전히 함으로써 선인의 발자취를 이어가게 해야 한다. 그러므로 이제 지절사(持節使)를 보내 책명(冊名)하고 겸하여 조제(弔祭)하노라.

○ 권48, 대종(代宗), 이필을 예낭협단련사로 제수하는 조서[使授李泌澧朗硤團練使詔]

今荊南都會, 粵在澧陽, 俾人歸厚, 惟賢是牧. 以泌文可以化成風俗, 政可以全活惸嫠. 爰命頒條, 期乎共理, 無薄淮陽之守, 勉思渤海之功. 可檢校御史中丞, 充澧朗硤團練使.

오늘날 형남(荊南)의 도회는 월나라 땅 예양(澧陽)에 있어 사람들이 충직하고 순후하며, 오직 현명한 자가 관리로 다스린다. [이필([李]泌)의 문장으로 풍속을 교화하고, 조세로서 의지할 곳 없는 백성들을 모두 살게 하였다. 이에 율령 반포를 명하노니, 같이 다스리도록 정하여, 회양(淮陽)의 임무를 박대하지 않고 발해의 공로를 권면하게 한다. 검교[1]어사중승(檢校御史中丞)를 허락하고, 예낭협단련사(澧朗硤團練使)를 담당하도록 하라.

○ 권58, 헌종(憲宗), 이이간을 회남절도사로 제수하는 제서[授李夷簡淮南節度使制]

柱石之臣, 台庭之老, 積其具瞻之德, 載有弼諧之功. 授以土田, 流邦家之愷悌. 增其冕服, 表國器之形容. 此朕與將佐大寮, 示中外之一體也. 況兵戎重事, 東南實繁,

---

1) 檢校는 우대하여 원래 正職이나 品階보다 높여 승진시키는 의미로 사용되었으며, 임시 또는 대리의 기능을 표시하는 호칭이다.

輟於廟堂, 以示其大. 正議大夫守門下侍郎同中書門下平章事上柱國成紀縣開國侯
食邑一千户賜紫金魚袋李夷簡, 監以蒞政, 事而守道, 素風彰於操履, 浩氣峻於風雷.
自朕續承丕圖, 搜拔下位, 得文華於宗室, 升器幹於朝廷. 而所重者準繩, 所憂者財
賦. 資倜儻以振起, 委疆通而演成. 江漢之仁風載揚, 岷峨之美化斯盛. 旣執大憲,
俄登公台. 輔予一人, 凝是庶績. 忠謇有遭逢之勇, 奸邪無侵敗之機, 謂之股肱, 實
爲無愧. 言念淮海, 斯爲奧壤. 走商賈之化財, 引舟車之遭輓. 凡所經理, 事非一隅.
控制之難, 於今尤切. 是用錫命, 俾爲藩宣. 式加師長之名, 不改平章之務. 萬邦表
率, 丞相【闕】之. 可銀青光祿大夫檢校尙書右僕射同中書門下平章事兼揚州大都督
府長史充淮南節度副大使知節度使事管內營田觀察處置押新羅渤海兩蕃等使.

[나라의] 기둥과 주춧돌과 같은 신하이자 천자를 보좌하는 원로로, 모든 사람이 우러러보는 덕을 쌓았고 화합하고 조정을 돕는 공이 가득하다. 수여한 토지를 사회로 흘려보내 온화하게 하였다. 이에 면류관과 곤룡포를 더하여 나라를 다스리는 인재의 모범으로 삼고자 한다. 이는 짐과 고급 장교 및 보좌하는 관리, 고관대작, 이 나라와 외국 모두에 보이고자 함이다. 때마침 전쟁의 중대사로 인해 동남이 실로 번거롭고 조정을 버리니, 이에 중히 여기는 것을 보여 주려 한다. 성의대부(正議大夫) 수문하시랑(守門下侍郎) 동중서문하평장사(同中書門下平章事) 상주국(上柱國) 성기현(成紀縣) 개국후(開國侯) 식읍일천호 사자금어대(賜紫金魚袋) 이이간(李夷簡)은 조정에서 국정을 돌보는 정사를 감찰하니, 일을 하면서 도를 지키고 고상한 품격은 품행에서 두드러져 호연한 기개가 폭풍우 같은 대단한 힘보다 크다. 짐이 몸소 웅대한 계획을 이어받아 낮은 지위까지 선발하니, 문장의 아름답고 화려함을 종실에서 얻기 위함이며, 조정에 우수한 인재의 벼슬을 올리기 위함이다. 중시하는 것은 언행의 기준이고, 근심하는 것은 온갖 세금이다. 기개를 의지하여 떨쳐 일어나고 강함에 맡겨 이루어 내듯이, 장강과 한수에 [군주의] 은덕이 바람처럼 널리 퍼지고, 민산(岷山)과 아미산(蛾眉山)을 아름답게 하여 성대하게 나누고자 한다. 이전에 대사헌을 담당하였지만 갑자기 고관에 오르게 되었으니, 나 한 사람을 돕게 하여 여러 공적을 이루고자 한다. 충성되고 정직함은 조우하는 용기가 있고, 침범하지 않고 패배하지 않았다고 하는 거짓된 간사함이 없으니, 이를 임금이 가장 신임하는 중신이라 일컫기에 참으로 부끄러움이 없다고 할 수 있다. 회해(淮海)를 그리

위하니 이곳은 비옥한 땅이다. 상인들이 나아가니 재화가 되고, 이끄는 배와 수레는 가득하다. 경영하고 처리하는 일이 한쪽으로 치우치는 법이 없다. 병란을 규제하는 일은 지금에 와서 더욱 중요하다. 이에 천자께서 부여한 소명을 받아 번국(藩國)으로 삼고자 한다. 규정에 따라 사단장의 명의를 더하고, 평장사의 직무는 바꾸지 않는다. 만방의 모범이 되어 승상이 일을 [대신]한다. 은청광록대부(銀靑光祿大夫) 검교상서(檢校尙書) 우복야(右僕射) 동중서문하평장사 겸양주대도독부장사(兼揚州大都督府長史)로서 회남절도부대사지절도사사(淮南節度副大使知節度使事), 관내영전관찰처치(管內營田觀察處置) 압신라발해양번등사(押新羅渤海兩蕃等使)를 삼았다.

○ 권71, 문종(文宗), 왕지흥 등을 봉하는 조서[封王智興等詔]

王者誅暴亂, 賞勳勞. 旣正紀綱, 式頒爵位. 朕以菲德, 理乖勝殘. 使豐生海盜, 刑用戎鉞. 屬者庭湊用滄州爲輔車, 以謀專土. 同捷恃棣州爲屛捍, 遂成阻命. 實賴英帥, 共恢壯圖. 爰議酬庸, 式獎宣力. 武寧軍節度使徐泗濠等州觀察處置等使充滄德行營招撫使光祿大夫守司徒中書門下平章事上柱國太原郡開國公食邑二百戶王智興, 可特進, 封代國公, 食邑三千戶. 餘如故. 平盧軍節度使淄靑登萊棣等州觀察處置等使兼押新羅渤海兩蕃等使銀靑光祿大夫檢校尙書僕射御史大夫上柱國會稽縣開國公食邑一千戶康志睦, 可檢校尙書左僕射. 餘如故.

왕이 폭란(暴亂)을 주동한 자를 주살한 이들의 공훈에 대해 상을 내렸다. 이미 기강을 바로 잡았으니, 규정대로 작위를 반포한다. 짐의 박덕으로 거스르는 자들을 다스리고 흉악한 자들을 멸하였으니, 사람을 꾀어 절도하는 자들로 하여금 틈이 생기게 하였고 형벌에 병기를 사용하였다. 따르는 자들이 조정에 모여 창주(滄州)로 하여금 서로 도와 의지하는 계책으로 땅을 독점하였고, 체주(棣州)를 방어자로 삼아 동시에 승리함으로써 반역에 성공하였다. 실로 뛰어난 장수를 의지하여 크게 도모한 계획을 함께 원래대로 하였다. 공로가 있는 자에게 주는 보수에 대해 함께 논의하니 규정대로 남을 위해 열심히 한 노력을 표창하도록 하여라. 무녕군절도사(武寧軍節度使) 서사호등주관찰처치등사(徐泗濠等州觀察處置等使)로서 창덕행영초무사(滄德行營招撫使) 광록대부(光祿大夫) 수사도(守司徒) 중서문하평장사(中書門下

平章事) 상주국(上柱國) 태원군(太原郡) 개국공(開國公) 식읍이백호를 담당한 왕지흥(王智興)에게 특진을 허락하여 대국공(代國公)에 봉하고, 식읍(食邑)을 3천 호로 올리도록 하며 나머지는 이전과 같게 하라. 평로군절도사[2] 치청등내체등주관찰처치등사(淄青登萊棣等州觀察處置等使) 압신라발해양번등사(押新羅渤海兩蕃等使)를 겸한 은청광록대부(銀青光祿大夫) 검교상서복야(檢校尚書僕射) 어사대부(御史大夫) 상주국(上柱國) 회계현(會稽縣) 개국공(開國公) 식읍일천호 강지목(康志睦)에게 검교상서좌복야(檢校尚書左僕射)를 허락하며 나머지는 이전과 같게 하라.

○ 권93, 애제(哀帝), 새로 임관된 관리는 정주하지 못하게 하라는 조서[新除官不得停住詔]

朝廷命官, 量能授職, 中書奏擬, 旋已施行, 掄才既備於班員, 立政兼伸於沈滯. 況遷都之後, 制度聿典, 新授官者, 翔於外藩, 不議赴闕, 前資任者, 蟄於列屛, 自謂安時. 矧爾代受國恩, 身榮朝請. 養高保性, 既不能解印挂冠, 論級嗜名, 又不能擘肌分理. 況新羅·渤海, 外國遠戎, 奔程已至於新都, 入貢不虧於舊典. 復於朝士, 有愧夷人. 既除官者, 尚不歸班, 則前任者, 良難戀主. 宜令諸道節度觀察防禦刺史等, 如部內有新除朝官前資朝官, 勅到後三日內發遣赴闕, 仍差人監送. 所在州縣, 不得停住, 苟或稽違. 必議貶黜. 付所司.

조정(朝廷)에서 관리를 임명하면서 능력을 헤아려 직분(職分)을 주니, 중서성(中書省)에서 주의(奏擬)하여 점차 시행하였는데, 인재를 뽑아 이미 반원(班員)에 충원하고 있지만, 입정(立政: 賢才를 임용하는 방법)이 한편으로는 침체되기에 이르렀다. 하물며 천도(遷都)한 이후에는 제도가 새로 시작되어 새롭게 임명된 관리들이 외번(外藩)에 나가는 것을 조정에 의논하지 않는 경우도 있고, 이미 관직에 있던 사람들은 병풍 뒤에 숨어 스스로 편안한 때라고

---

2) 평로는 唐·五代 方鎭의 하나로, 唐 天寶(742~756) 초에 範陽節度使를 나누어 平盧節度使를 두어 營州(지금의 遼寧省 朝陽縣)에서 다스리게 했는데, 盧龍軍과 渝關 등 수착 11개를 관할하였다. 절도사는 당송시대에 道 또는 州의 군사·민정·인사·이재 등의 권한을 장악한 장관으로, 節帥 혹은 節制라고도 하였다. 평로 번진은 761년에 치소를 靑州로 옮겼으며, 765년부터 신라·발해를 관장하게 하였다(정재균, 2011, 124쪽).

이른다. 하물며 그대들은 국은(國恩)을 받아 조청(朝請: 조정에 참여하는 것)을 영화롭게 여기고 성품을 보존하는 데 힘써야 하며 원래 관직을 사임할 수 없거늘,[3] 계급을 따지고 명예를 탐하여 또한 사리를 철저하게 분별할 수 없게 되었다. 게다가 신라와 발해 같은 외국의 먼 오랑캐들이 서둘러 신도(新都)에 도착하여 입공(入貢)할 때에도 옛 의식에 부족함이 없으니, 조사(朝士: 朝臣)에게 [옛 의식을] 회복시키려 하는 것이 오랑캐 보기에 부끄럽다. 앞서 관직에 임명된 자 가운데 아직도 자리로 복귀하지 않는 자, 자리에서 물러난 자 등은 연주(戀主)하기 어려울 것이다. 모든 도(道)의 절도(節度)·관찰(觀察)·방어(防禦)·자사(刺史) 등 관리에게 명하여 만약 지역 내에 새롭게 임명된 조관(朝官)과 전에 관직에 있던 고관이 있거든 칙서(勅書)가 도착한 지 3일 안에 부임하게 하고, 사람을 보내 감독하도록 하라. 해당 주현(州縣)에는 정주(停住)하지 못하게 하고, 만약 명령을 어기면 반드시 파면할 것을 논의하여 해당 관아에 회부(會付)하라.

○ 권284, 장구령(張九齡), 신라왕 김흥광에게 내리는 칙서[勅新羅王金興光書]

勅新羅王開府儀同三司使持節大都督鷄林州諸軍事上柱國金興光.
賀正使金磑丹等至, 兼得所進物, 省表具之. 海路艱阻, 朝賀不闕, 歲亦忠謹, 日以嗟稱. 所謂君子爲邦, 動必由禮. 頃者渤海靺鞨, 不識恩信, 負恃荒遠, 且爾逋誅. 卿嫉惡之情, 常以奮厲. 故去年遣中使伺行成與金思蘭同往, 欲以叶謀. 比聞此賊困窮, 儵生海曲, 唯以抄竊, 作梗道路. 卿當隨近伺隙, 掩襲取之. 奇功若有所成, 重賞更何所愛. 適欲多有寄附, 實慮此賊抄奪. 不可不防. 豈資窮寇. 待蕩滅之後, 終無所惜. 一昨金志廉等到, 緣事緒未及還期, 忽嬰瘵疾, 遽令救療, 而不幸殂逝, 相次數人. 言念殊鄕, 載深軫悼. 想卿聞此, 良以增懷. 然死者生之常, 固其命也. 固當理遣, 無以累情. 初秋尚熱, 卿及首領百姓已下竝平安好. 今有答信物及別寄少信物, 竝付金信忠往, 至宜領取. 遣書指不多及.

신라왕(新羅王) 개부의동삼사(開府儀同三司)[4] 사지절대도독(使持節大都督) 계림주제군

---

3) 解印掛冠은 인끈을 풀고 관을 벗어서 걸어 놓는다는 말로, 벼슬을 그만두는 것을 뜻한다.
4) 당나라 文散階 가운데 종1품. 중국 후한과 위진남북조 시기부터 사용되었으며, 문산관의 최고 품계로

사(鷄林州諸軍事) 상주국(上柱國) 김흥광(金興光)에게 칙서(勅書)하다.

하정사(賀正使)5) 김갈단(金碣丹) 등이 이르렀는데, 진상한 [공]물도 겸하여 받았고, 표문(表文)을 보고 모든 내용을 알았다. 해로(海路)가 험악하여 막혔는데, 조하(朝賀)가 끊이지 않고 해마다 성실하고 삼가니, 날마다 감탄하여 칭찬하노라. 이른바 군자는 나라를 다스리는 데 반드시 예(禮)로써 행동한다. 근래에 발해말갈(渤海靺鞨)이 은혜와 신의를 모르고 멀리 떨어져 있는 것을 믿으며, 또 잡히지 않고 있다. 경(卿)이 악을 미워하는 마음으로 항상 분발하여 힘썼으므로, 지난해 중사(中使) 사행성(伺行成)을 보내 김사란(金思蘭)6)과 함께 가서 힘을 합쳐 도모하려고 하였다. [그런데] 들건대 이 도적이 곤궁하여 바다 모퉁이에서 구차하게 살며 오로지 노략질하면서 길을 막고 있다고 한다. 경은 마땅히 가까운 곳에서 틈을 노려 엄습하여 그곳을 차지하라. 뜻밖의 공을 이룬다면 후한 상을 어찌 아끼겠는가. 마침 기부(寄附)를 많이 하려고 하는데, 실로 이 도적이 노략질할까 염려스러우니 막지 않을 수 없다. 어찌 곤궁한 도적을 돕겠는가! 남김없이 멸한 후를 기약해야 마침내 아쉬운 바가 없을 것이다. 지난날 김지렴(金志廉) 등이 도착하였는데, 갑작스러운 일 때문에 돌아갈 때가 되지 않았는데, 홀연히 병에 걸렸다. 서둘러 치료하여 구하게 하였으나 불행히도 세상을 떠났고, 몇 사람이 잇따랐다. 다른 고장(나라)에서 [죽은 것을] 생각하니 애도하는 마음이 실로 깊다. 생각건대, 경은 이 소식을 듣고 참으로 슬픔이 클 것이다. 그러나 죽는 것은 삶의 예사이고, 진실로 운명이다. 그러니 마땅한 이치로 떨쳐 버리고 너무 마음에 쌓아 두지는 말라. 초가을이라 아직도 무더운데, 경과 수령, 백성들 모두 평안하라. 지금 답례의 신물(信物)과 별도의 작은 신물이 있어 아울러 김신충(金信忠)이 가는 편에 부치니, 도착하면 의당 잘 받으라. 편지로 보내는 것이라 뜻이 미치지 못하는 바가 많다.

      대우를 받았다. 三司와 마찬가지로 스스로 관아를 설치하여 속관을 둘 수 있었다.
5) 새해를 축하하기 위해 보내는 사신. 정월 초하루에 임금이 백관의 하례를 받는 의례를 賀正禮라고 한다.
6) 신라의 왕족으로 일찍이 당나라에 건너가 太僕員外卿을 받고, 宿衛로 있었다. 732년(성덕왕 31) 발해가 당나라의 登州를 공격하자, 당 현종이 이듬해 7월 김사란을 귀국시켜 신라에게 발해의 남쪽을 공격하게 하였다(『삼국사기』 권제8, 「신라본기」 제8, 성덕왕 32년). 『冊府元龜』에는 개원 21년(733) 정월 신라에 사신으로 간 것으로 나온다(『冊府元龜』 권975, 外臣部 20 褒異 2). 『삼국유사』에는 이해에 당이 北狄을 공격하기 위해 신라에 604명을 보냈다는 기록이 있다(『삼국유사』 권제2, 紀異 제2 孝成王條).

○ 권285, 장구령(張九齡), 발해왕 대무예에게 내리는 칙서[勅渤海王大武藝書]

勅忽汗州刺史渤海郡王大武藝.
卿於昆弟之. 自相忿鬩, 門藝窮而歸我, 安得不容. 然處之西陲, 爲卿之故, 亦云不失, 頗謂得所, 何則. 卿地雖海曲, 常習華風. 至如兄友弟悌, 豈待訓習. 骨肉情深, 自所不忍, 門藝縱有過惡, 亦合容其改修. 卿遂請取東歸, 擬肆屠戮. 朕教天下以孝友, 豈復忍聞此事. 誠惜卿名行, 豈是保護逃亡. 卿不知國恩, 遂爾背德. 卿所恃者遠, 非能有他. 朕比年含容, 優恤中土. 所未命將, 事亦有時. 卿能悔過輸誠, 轉禍爲福. 言則似順, 意尚執迷. 請殺門藝, 然後歸國, 是何言也. 觀卿表狀, 亦有忠誠, 可熟思之, 不容易爾. 今使內使往, 宣諭朕意, 一一竝口具述. 使人李盡彦, 朕亦親有處分, 皆所知之. 秋冷, 卿及衙官首領百姓平安好. 竝遣崔尋挹同往. 書指不多及.

홀한주자사(忽汗州刺史) 발해군왕(渤海郡王) 대무예(大武藝)에게 칙서(勅書)하다.

경(卿)이 형제지간에 서로 성내어 다툰 탓에 [대]문예([大]門藝)가 곤궁하여 나에게 귀순하였으니, 어찌 받아들이지 않겠는가. 그러나 그를 서쪽 변경에 두었던 것은 경을 위한 까닭이니, 또한 잘못은 아니라고 할 수 있고, 자못 제자리를 얻었다고 할 수 있다. 그 이유인 즉, 경의 땅은 비록 바다 모퉁이이지만, 화풍(華風)을 항상 익혔다. [그러나] 형제간의 우애에 이르러서는 어찌 [그것을] 익힐 것을 기대하겠는가? 골육의 정은 깊어 스스로 참지 못하는 바이니, 문예가 비록 과오가 있더라도 또한 그 잘못을 고치는 것을 받아들여야 할 것이다. 경은 [대문예를] 잡아서 동쪽으로 돌려보낼 것을 요청하지만, [그를] 죽이려고 하는 것 같다. 짐은 효도와 우애로써 천하를 가르쳐 왔으니 어찌 돌려보내어 이런 일을 차마 들을 수 있겠는가. 참으로 경의 명성과 행실을 아까워하는 것이지, 어찌 도망자를 보호하려는 것이겠는가. 경은 나라의 은혜를 모르고 마침내 [짐의] 덕을 배반하려고 한다. 경이 믿는 것은 멀리 있다는 것일 뿐, 다른 것은 있을 수 없다. 짐은 근래에 관용을 품고 중토(中土)를 넉넉히 보살펴 왔다. [그러나 경이] 명령을 받들지 않으면 일이 언젠가 벌어지게 되겠지만, 경이 과오를 뉘우치고 충성을 바친다면 전화위복이 될 것이다. [경의] 말은 공손하지만, 뜻은 여전히 혼미하다. 문예를 죽인 연후에 귀국하겠다고 청하니, 이 무슨 말인가. 경의 표문(表文)을 보니 또한 충성스러움이 있지만, 자세히 생각해 보면 무난하지 않다. 지금 내사(內使)로 하여금 [경에게] 가서 짐의 뜻을 펼쳐 알리도록 하니, 일일이 갖추어 말로 전할 것이다. 사인(使人) 이진언(李盡彦)은 짐이 직접 처분한 것을 모두 알려 줄 것이다. 가을 날씨가 찬데, 경과 아관(衙官), 수령(首領), 백성들 [모두] 평안하라. 아울러 최심읍(崔尋挹)을 함께 보낸다. 편지라서 뜻이 미치지 못하는 것이 많다.

○ 권285, 장구령(張九齡), 평로군절도사 오지의에게 내리는 칙서[勅平盧使烏知義書]

勅平盧節度營州都督烏知義. 突厥去歲東侵, 已大不利, 志在報復, 行必再來. 契丹及奚, 一心歸我, 不有將護, 豈云王略. 頃有沒蕃人出, 云其見擬東行. 蕃·漢諸軍, 須有嚴備, 遠加斥堠, 動靜須知, 縱有凶徒, 亦卽無慮. 委卿在遠, 實謂得人, 朕固無憂, 一任量事. 渤海·黑水, 近復歸國, 亦委卿節度, 想所知之. 春初尙寒, 卿將士已下竝平安好, 今令白眞陀羅往, 亦賜卿衣一副, 至宜領取. 遣書指不多及.

평로[군]절도[사](平盧[軍]節度[使]), 영주도독(營州都督) 오지의(烏知義)에게 칙서를 내린다. 거란(契丹)과 해(奚)가 한마음이 되어 우리나라에 돌아왔으나 보호와 호위를 받지 못하였으니, 어찌 왕의 영토라고 할 수 있겠는가. 근래에 번인(蕃人) 중에 나가는 자가 없어, 장차 동쪽으로 행진할 계획이라고 한다. 번족(蕃族)과 한족(漢族)의 여러 군대가 모름지기 엄밀하게 경계해야 하고, 먼 곳에서 더욱 적의 동정을 살펴 마땅히 알아야 한다. 비록 흉악한 무리이지만 또한 이제 아무 염려할 것이 없다. 경에게 먼 곳을 맡기니 실로 적합한 사람을 쓴다고 할 수 있고, 짐은 참으로 아무 근심이 없이 일을 전적으로 맡긴다. 발해(渤海)·흑수(黑水)가 근래 다시 우리나라에 귀부하여, 이 또한 경에게 관리를 맡기노니 생각하는 바대로 주관하라. 이른 봄이라 아직 날이 차니 경과 장수와 병사 모두 평안하기를 바란다.

이에 백진타라(白眞陀羅)에게 명하여 돌아오게 하고, 경에게 옷 한 벌을 하사하니 [물건이] 이르거든 잘 받기를 바란다. 편지를 보내지만 뜻이 미치지 못한 것이 많다

○ 권352, 번형(樊衡), 유주장사 설초옥이 거란을 격파한 노포[爲幽州長史薛楚玉破契丹露布]

我王師遠略, 是以有黑山之討. 其突厥分兵, 助爲聲援. 官軍旣會, 萬弩齊發, 逆順不敵, 賢王失陣. 契丹東龍鍾走林奔穴, 甌脫不守, 髡頭匿光, 可突干挾馬浮河, 僅獲殘喘, 謂其困而知悟, 面縛請降. 而西連匈奴, 東構渤海, 收合餘燼, 窺我阿隆奚, 我是以有盧龍之師. … 斬單于之愛子, 燔契丹之積卒, 衆虜奔逃, 扶傷不暇.

우리 군대가 멀리 공략하기로 하여 이에 흑산(黑山)을 토벌하였다. 이에 돌궐[7]이 병력을 나누어 멀리서 [거란을] 지원하기로 하였다. 관군이 이미 회합하여 수많은 쇠뇌를 동시에 발사하니, 순리를 거스려 대적할 수 없게 되어 현명한 왕도 실패하였다. 거란은 힘이 없어 싸움터에 이르러 도망하고 군영을 지키는 자도 버티지 못하여 머리카락조차 보이지 않으니, 가돌우(可突于)가 말 타고 강 건너 도망가 겨우 패잔병을 수습하고는, 곤궁한 지경이 되어서야 잘못을 깨달았다고 하면서 두 손을 묶고 항복을 청하였다. 그러고 나서 [거란은] 서쪽으로 흉노(匈奴: 돌궐)와 연합하고 동쪽으로 발해를 끌어들였으며, 남은 무리를 수합하여 우리를 엿보다가 해(奚)를 항복시켰고, 우리 당나라가 노룡(盧龍)에 군대를 두었다. … 선우(單于)의 사랑하는 아들을 목 베고 떼 지어 모인 거란의 졸개들을 격파하니, 오랑캐 무리들이 달아나기 바빴고, 부상자를 도울 틈도 없었다. …

○ 권438, 마수(馬燧), 진주·습주·자주에 알리는 격문[論晉隰慈州檄]

興元元年八月某日, 河東·保寧·奉誠軍行營副元帥北平郡王燧, 檄告晉州要君廷珍·隰州毛君朝敬·慈州鄭君杭及將士吏等. 蓋聞率土莫非臣, 盍念在三之訓. 明王伐不敬, 有嚴討貳之刑. 義士不求生以害仁, 智者能轉禍而爲福. … 李懷光奮渤海之俘, 授蒲津之節. … 張萌芽於霜雹, 悖木水之本原. 升鷺之謀肆行, 巢父之使弗返. 奮二

---

7) 6세기부터 8세기 사이에 중앙아시아와 동북아시아 북부 스텝 지대에서 활동한 튀르크계의 민족명이자 국명이다. 광의로는 돌궐과 철륵 諸部가 포함되며 협의로는 突厥 可汗國을 가리킨다. 6세기경 알타이산 이남에서 유목하였는데, 이 산의 모습이 투구처럼 생겨서 돌궐이라는 이름이 붙었다고 한다. 阿史那土門이 552년 유연을 격파하고 伊利可汗이 되어 돌궐칸국(제1돌궐제국)을 세웠으나, 582년 西面可汗 達頭와 大可汗 沙鉢略의 불화로 동·서 돌궐로 나누어졌다. 동돌궐은 630년에 당에 멸망하였고, 서돌궐은 659년에 당에 복속되었다. 679년부터 681년까지 돌궐 민족이 당에 반기를 들고, 阿史那骨篤祿이 682년 제2돌궐제국(東突厥可汗國)을 세웠다. 이 제국은 745년까지 존속하였다.

軍而殲良將, 剽三老而翦近畿. 豕心莫悛, 鴞音不革. 巳復漢京之日月, 載揚周旅之雷霆. 幕府承命齊壇, 建牙列鎭.

　　홍원(興元) 원년(784) 8월 모일에 하동(河東)·보령(保寧)·봉성군(奉誠軍) 행영부원수(行營副元帥) 북평군왕(北平郡王) [마]수([馬]燧)가 진주(晉州)의 요군 정진(要君廷珍, 要廷珍), 습주(隰州)의 모군 조양(毛君朝敭, 毛朝敭), 자주(慈州)의 정군항(鄭君杭, 鄭杭)과 장수, 선비, 관리 등에게 격문(檄文)으로 고한다.
　　대개 듣건대, 온 나라에 신하가 아닌 자가 없으니, 어찌 세 가지 가르침에서 유념하지 않겠는가. 명왕(明王)은 불경함을 벌하니, 두 가지 형벌로 엄히 다스린다. 의로운 선비는 인(仁)을 해쳐 삶을 구하지 않고, 지혜로운 자는 능히 화(禍)를 바꾸어 복(福)으로 삼는다. … 이회광(李懷光)8)은 옛 발해의 포로로, 포진(蒲津)의 절도(節度)를 받았다. … 서리와 우박에서 맹아를 길러 목수(木水)의 본원(本原)을 어지럽혔다. 난새의 꾀를 타고 방자하게 행하니, 소보(巢父)9)로 하여금 돌이킬 수 없게 하였다. 2군(軍)을 빼앗아 훌륭한 장수를 없애고, 3로(老)를 겁박하여 근기(近畿)를 끊었다. 돼지의 마음은 고칠 수 없고, 부엉이의 소리는 고쳐지지 않는다. 이미 한경(漢京)의 해와 달을 회복했으니, 진실로 주려(周旅: 주나라 군대)처럼 천둥과 벼락 [같은 용맹]을 떨치자. 막부(幕府)는 명을 받들어 단(壇)을 가지런히 하고, 열진(列鎭)에 대장 깃발을 세우라.

---

8) 李懷光(727~785)은 본래 성이 茹이며, 渤海靺鞨인이다. 출신에 대해서는 발해국에서 당으로 귀화한 말갈족으로 보기도 하나, 그 선조가 일찍이 幽州에 옮겨가 살았던 것으로 기록되어 있어 고구려 출신일 가능성도 있다. 부친의 이름은 茹常으로 朔方將軍이었는데, 전공을 세워 賜姓을 받고 李嘉慶이라 하였다. 이회광은 어려서부터 종군하였고, 朔方節度使 郭子儀의 신뢰를 받았다. 이후 邠寧節度使, 삭방절도사 등을 역임하면서 朱泚 등 반란 세력을 진압하는 데 큰 공을 세워 784년 太尉직과 鐵券을 받았으나, 곧바로 반란을 일으켰다. 이듬해 가을 삭방군 장수 牛名俊에 의해 살해당했다.
9) 巢父는 요 임금 때 현인으로, 許由와 기산 潁水에서 숨어 살았는데, 요 임금이 帝位를 許由에게 맡기려 하자 그가 이를 거절하고서 더러운 말을 들었다면서 귀를 씻었다. 이 말을 들은 巢父가 "그대가 만약 높은 산 깊은 골에 살면서 세상과 통하지 않았다면 누가 그대를 알아볼 수 있었겠는가.(子若處高岸深谷 人道不通 誰能見子)"라고 꾸짖고, 귀를 씻은 더러운 물을 마시게 할 수 없다고 하며 자기 소를 끌고 상류로 올라가서 물을 먹였다는 전설이 전한다.

○ 권440 서호(徐浩), 당 상서우승상 중서령 장공의 신도비[唐尙書右丞相中書令張公神道碑]

> 公諱九齡, 字子壽, 一名博物, 其先范陽方城人. … 渤海國王武藝違我王命, 思絶其詞, 中書奉章, 不愜上意. 命公改作, 援筆立成. 上甚嘉焉, 卽拜尙書工部侍郎兼知制誥, … 公直氣鯁詞, 有死無貳, 彰善癉惡, 見義不回.

공(公)의 휘(諱)는 구령(九齡)이고, 자(字)는 자수(子壽)이며, 다른 이름은 박물(博物)로, 그 선조는 범양(范陽) 방성(方城) 사람이다. … 발해국왕 [대]문예가 우리 왕명을 거스려 그 말을 끊으려 하여, 중서(中書)에서 글을 올렸으나 황상의 뜻에 부합하지 않았다. 공에게 다시 고쳐 지을 것을 명하였는데, 붓을 잡자마자 바로 완성하여 황상이 심히 기뻐하였다. 이에 곧 상서공부시랑(尙書工部侍郎) 겸지제고(兼知制誥)를 제수하였다. … 공은 강직한 기개로 정직하게 말함이 죽어도 변하지 않고, 착한 것을 표창하고 악한 것을 미워하며, 의를 보면 뒤를 돌아보지 않는다.

○ 권447, 두천(竇泉), 술서부(述書賦) 하(下)

> 釋肶超彼岸.【東京福先寺僧良肶, 新羅人, 俗姓林氏, 遇捐衣鉢逸冠儕流.】梅仙行無轍.【高志宜, 渤海人, 同官尉氣合古風, 利加能事.】

승려 비(肶)는 열반의 세계를 초월하였다.【동경(東京) 복선사(福先寺)의 승려 양비(良肶)는 신라인으로, 승려가 되기 전의 본성은 임씨(林氏)이며, [스승에게] 사상과 학술을 전수한 무리들을 만났다.】매복(梅福)[10]은 행동에 흔적이 없었다.【고지의(高志宜)는 발해인이다. [부대의] 위관(尉官)과 같으며, 싸우는 기세가 옛 풍속에 맞아 성공에 유리하였다.】

---

10) 중국 前漢의 학자로 『尙書』, 『春秋』에 통하였다. 南昌尉가 되어 成帝와 哀帝 때 자주 상서하여 時事를 말하였다. 후에는 관직을 버리고 독서를 즐겼다. 王莽이 專政하자 처자를 버리고 九江으로 가서 신선이 되었다고 한다(한국정신문화연구원, 2003, 299쪽).

○ 권462, 육지(陸贄), 이납에게 검교사공을 내리는 제서[李納檢校司空制]

鄭武公父子繼爲周司徒, 內居股肱, 外作藩翰, … 我懷斯人, 今得良弼. 開府儀同三司檢校尙書右僕射同中書門下平章事充平盧淄靑節度 管內度支營田觀察處置, 陸運海運押新羅渤海兩蕃等使隴西郡王李納, 宇量宏博, 質性沈毅, 體仁能斷, 見善必遷. 蘊非常之才, 守以純一, 秉難奪之節, 著于艱危.

정무공(鄭武公) 부자는 계속하여 주나라 사도(司徒)가 되어, 안으로는 팔다리가 되고 밖으로는 울타리와 기둥이 되었다. … 내가 이 사람을 품으며, 지금 능력 있는 보필을 얻었다. 개부의동삼사(開府儀同三司)[11] 검교상서우복야(檢校尙書右僕射) 동중서문하평장사(同中書門下平章事)이며 평로치청절도(平盧淄靑節度)를 담당하고, 관내도지영전관찰처치(管內度支營田觀察處置), 육운해운(陸運海運), 압신라발해양번등사(押新羅渤海兩蕃等使)인 농서군왕(隴西郡王) 이납(李納)은 도량이 크고 성품이 침착하고 굳세며, 몸소 인애와 능단(能斷)의 도를 행하고 좋은 일은 반드시 행한다. 비상한 재능을 간직하면서도 순박함을 지키고, 고상한 절조로서 국가적 위기를 처리하였다.

○ 권647 원진(元稹), 청수노 발해 신능지와 왕의 조카 대공칙 등에게 금오장군을 제수하고 번으로 돌려보내는 제서[靑州道渤海愼能至王姪大公則等授金吾將軍放還蕃制]

勅愼能至王姪大公則等, 洲東之國, 知義之道, 與華夏同風者, 爾輩是也. 冒越深阻, 和會於庭, 予嘉乃誠, 命以崇秩. 用奮威衛, 保爾恩榮. 無息無違, 永作藩服.

신능지(愼能至)와 [발해]왕의 조카 대공칙(大公則) 등에게 칙서를 내리기를, "대륙의 동쪽에 있는 나라로서 의로움을 아는 것이 화하(華夏)의 동일한 것이 당신들이다. 외지고 험준한 길을 위험을 무릅쓰고 통과하여 조정에 와서 평화 회의를 하였는데, 나는 이 정성을 가상히 여기어 관직을 높이라고 명하였다. 위세를 떨치는 호위로서 네가 왕의 은혜를 입는 영광을

---

11) 당나라 文散階 가운데 종1품. 중국 후한과 위진남북조 시기부터 사용되었으며, 문산관의 최고 품계로 대우를 받았다. 三司와 마찬가지로 스스로 관아를 설치하여 속관을 둘 수 있었다.

차지하였다. 거만하지 않고 거스르지 않으니, 영원토록 번복(藩服)이 되어라."라고 하였다.

○ 권658 백거이(白居易), 발해 왕자에게 관을 더하는 제서[渤海王子加官制]

> 勅渤海王子, 擧國內屬, 遣子來朝, 祗命奉章, 禮無違者. 夫入修職貢, 出錫爵秩, 玆惟舊典, 擧而行之.

발해 왕자에게 칙서를 내리기를, "[그대가] 거국적으로 내속하고 아들을 조정에 파견하여 천명과 인장을 받드니, 예의에 어긋남이 없도다. 무릇 공물을 바치니, 작위와 벼슬을 내렸다. 이는 옛 제도에 부합하니 거행하도록 하라."라고 하였다.

○ 권728, 봉오(封敖), 발해왕 대이진에게 내리는 칙서[與渤海王大彝震書]

> 勅渤海王大彝震, 王子大昌輝等自省表陳賀, 幷進奉事, 具悉. 卿代襲忠貞, 器資仁厚. 遵禮義而封部和樂, 持法度而渤海晏寧. 遠慕華風, 聿修誠節. 梯航萬里, 任土之貢獻俱來, 夙夜一心, 朝天之禮儀克備. 龍庭必會, 鯷域是何遙. 言念嘉猷, 豈忘寤歎. 勉宏敎義, 常奉恩榮. 今因王子大昌輝等回國, 賜卿官告及信物, 至宜領之. 妃及副王長史平章事等各有賜物, 具如別錄.

발해왕(渤海王) 대이진(大彝震)[12]에게 칙서를 보낸다. 왕자 대창휘(大昌輝) 등이 표문(表文)을 올려 새해 인사와 함께 공물을 바친 일을 다 알고 있다. 경은 대대로 충성스럽고 곧은 마음을 이어받아 도량과 자질이 어질고 두텁다. [그대가] 예의를 따르니 봉토가 화락하며, 법도를 지니니 발해(渤海)가 편안하다. 멀리서도 중화의 문화를 사모하고 정성과 절의를 닦고 있구나. 뱃길로 만 리나 떨어진 곳에서 맡은 지역의 공물을 바치러 오고, 밤낮으로 한마음으로 천자에게 조회하는 예의를 갖추었구나. 천자의 조정에서 반드시 만나게 되니 동쪽 나라가

---

12) 발해 제11대 왕으로, 시호는 알 수 없으며 연호는 咸和이다. 선왕의 손자로, 선왕의 아들인 新德이 일찍 죽어 즉위하였다. 『구당서』 발해전에는 선왕의 사망 연도가 831년으로 적혀 있으나, 『신당서』 발해전에는 830년으로 되어 있고 이듬해인 831년 조서를 내려 대이진에게 작위를 세습하게 하였다. 이를 따른다면 대이진은 830년부터 857년까지 27년간 재위하였다.

어찌 멀다 하겠는가. 나라를 다스리는 훌륭한 계책을 생각하느라 아마도 잠 못 이루고 탄식하겠구나. [백성들을] 교화하는 의리를 넓히는 데 힘쓰며, 은혜와 영화를 항상 받들도록 하라. 이제 왕자 대창휘 등이 귀국함에 경에게 임명장과 선물을 하사하니, 도착하면 수령하도록 하라. 왕비와 부왕(副王), 장사(長史), 평장사(平章事) 등에게도 각각 물품을 하사하였으니, 구체적인 것은 별도로 기록해 둔 바와 같다.

○ 권849, 조덕균(趙德鈞), 거란 아보기의 훙서를 아뢰는 장문[奏契丹阿保機薨逝狀]

先羌將軍陳繼威使契丹部內, 今使還得狀稱: 今年七月二十日, 至渤海界扶餘府, 契丹族帳在府城東南隅. 繼威旣至, 求見不通. 竊問漢兒言, 契丹主阿保機已得疾. 其月二十七日, 阿保機身死. 八月三日, 隨阿保機靈柩發離扶餘城. 十三日至烏州, 契丹主妻始受卻當府所持書信. 二十七日至龍州, 契丹主妻令繼威歸本道. 仍遣撩括梅老押馬三匹充答信同來. 繼威見契丹部族商量, 來年正月葬阿保機於木葉山下, 兼差近位阿思沒姑餒持信, 與先入番天使供奉官姚坤同來, 赴闕告哀. 兼聞契丹部內取此月十九日, 一齊擧哀. 朝廷及當府前後所差人使, 繼威來時見處分, 候到西樓日, 卽竝放歸.

이전에 오랑캐 장군 강장군(羌將軍) 진계위(陳繼威)를 거란 부내에 사신으로 파견하였는데, 이제 돌아와서 장문(狀文)을 올렸다. 올해 7월 20일에 발해에 경계 부여부(扶餘府)에 이르렀는데, 거란 족장(族帳)은 [부여]부의 성의 동남쪽 모퉁이에 있었다. 계위가 이르러 만나고 싶어했으나, 통하지 않았다. 한족 아이에게 몰래 물으니 대답하기를, 거란 주인 [야율]아보기([耶律]阿保機)가 이미 질병을 얻었는데 그달 27일에 아보기 본인이 죽었다고 하였다. 8월 3일에 곧바로 아보기의 영구(靈柩)가 부여성을 떠나, 13일에 오주(烏州)에 이르렀고, 거란 주인의 아내가 부(府)에서 주관하는 서신을 받기 시작하였다. 27일에 용주(龍州)에 이르렀을 때 거란 주인의 아내가 지금 계위를 본도로 돌려보냈고, 이에 요괄(撩括)과 매로(梅老)를 파견하여 세 필의 말을 호송하고 답신[사]를 충당하게 하였다. 계위가 거란 부족들이 의논하는 것을 보았는데, 내년 정월에 목엽산(木葉山)[13] 아래에 아보기를 장사한다고 하였다. 근위(近位)를 겸직하고 있는 아사몰고뇌(阿思沒姑餒)가 서신을 갖고 먼저 입번(入番)한 천자의 사신 공봉관(供奉官) 요곤(姚坤)이 같이 와서 입조하여 상사(喪事)를 알렸다. 또한 거란 부내에서 듣자 하니 이달 19일을 택하여 일제히 영전 앞에서 곡한다고 하였다. 계위가 돌아왔을 때 처분을 받았고, 서루(西樓)¹⁴⁾를 살펴보고 와서 곧 나란히 돌아가게 하였다.

○ 권859, 호교(胡嶠), 함북기(陷北記)

自幽州西北入居庸關, 明日又西北入石門關, 關路崖狹, 一夫可以當百, 此中國控扼契丹之險也. 又三日至可汗州, 南望五臺山, 其一峯最高者東臺也. 又三日至新武州, 西北行五十里, 有鷄鳴山, 云唐太宗北伐, 聞鷄鳴於此, 因以名山. 明日入永定關北, 此唐故關也. …
又東南渤海, 又東遼國, 皆與契丹曷同. 其南海曲有魚鹽之利. 又南奚與契丹曷同, 而人好殺戮. 又南至於楡關矣, 西南至儒州, 皆故漢地. 西則突厥·回紇, 西北至嫗厥律, 其人長大髡頭, 酋長全其髮, 盛以紫囊. 地苦寒, 水出大魚, 契丹仰食. 又多黑白黃貂鼠皮, 北方諸國皆仰足. 其人最勇, 鄰國不敢侵. 又其西轄夏, 又其北單于突厥, 皆與嫗厥律曷同.
又北黑車子, 善作車帳, 其人知孝義, 地貧無所産. 云契丹之先, 常役回紇, 後背之走黑車子, 始學作車帳. 又北牛蹄突厥, 人身牛足. 其地尤寒. 水曰瓠䪥河, 夏秋冰厚二尺, 春冬冰徹底, 常燒器消冰乃得飮. 東北至轄戛子, 其人髡首拔布爲衣, 不鞍而騎, 大弓長箭, 尤善射, 遇人輒殺, 而生食其肉, 契丹等國皆畏之. 契丹五騎, 遇一轄戛子, 皆散走. 其國三面皆室韋, 一曰室韋, 二曰黃頭室韋, 三曰獸室韋. 其地多銅鐵金銀, 其人工巧, 銅鐵諸器皆精好. 善織毛錦. 地尤寒, 馬溺至地成冰堆.

---

13) 지금의 내몽고자치구 林東縣(巴林左旗) 동남쪽 西拉木倫과 土河가 합류하는 곳에 위치한 거란족의 聖山이다. 이 산에는 거란 시조의 사당이 있어 遼代에 중요한 전쟁이 있을 때와 매해 봄·가을에 백마와 청우로 제사를 지냈다. 국가 최고 의례지로서 함부로 입산하면 사형에 처했다.
14) 遼代 四樓의 하나로 요 태조 야율아보기가 수렵과 무예를 단련하기 위해 설치하였는데, 임시적인 정치 중심지의 기능도 가졌다. 西樓는 가을 수렵지로, 祖州에 위치하였다. 지금의 內蒙古自治區 赤峯市 북부에 있는 巴林左旗의 서남쪽 지역이다.

유주(幽州) 서북에서 거용관(居庸關)15)으로 들어갔고, 다음날 다시 서북으로 석문관(石門關)16)에 들어갔는데, 관(關)의 길이 좁고 가팔라 사내 하나가 백 명을 당할 수 있었으니, 이곳은 중국이 거란의 험절(險絶)을 통제하던 요해였다. 또 3일 [가서] 가한주(可汗州)17)에 이르렀는데, 남쪽으로 오대산(五臺山)이 바라보였고, 그중에 가장 높은 봉우리는 동대(東臺)였다. 또 3일 [가서] 신무주(新武州)에 이르렀고, 서북으로 50리 가면 계명산(鷄鳴山)이 있었는데, 당 태종18)이 북벌했을 때, 이곳에서 닭의 울음소리를 들었기 때문에 산 이름으로 삼았다고 한다. 다음날 영정관(永定關)19)의 북쪽으로 들어갔는데, 이곳은 당의 옛 관이다. …

또 동남으로 발해(渤海), 또 동으로 요국(遼國)이 있는데 [풍속은] 모두 거란과 거의 같다. 그 남쪽 바다 모퉁이에 어염(魚鹽)의 이익이 있었고, 또 남으로 해(奚)가 [있는데] [풍속은] 거란과 거의 같았으며, 사람들이 살육하기를 좋아하였다. 또 남으로 가면 유관(楡關: 山海關)에 이르렀다. 서남으로는 유주(儒州)에 이르렀는데, 모두 옛 한(漢)의 땅이었다. 서쪽으로는 돌궐, 회흘(回紇)과 접하고, 서북으로는 구궐률(嫗厥律)에 이르렀는데, 그 사람들은 키가 크고 모두(髦頭)20)를 하였으며, 추장은 머리카락을 모두 자주색 주머니에 담아 두었다. 땅이 매우

---

15) 關隘의 이름으로, 지금 北京 昌平區 서북에 위치한 만리장성에 설치된 관문이다. 軍都關 또는 薊門關이라고도 불렀으며, 험준하기로 유명하다.
16) 河北省 延慶縣 동남쪽 八達岭 일대를 가리킨다.
17) 요나라 會同 원년(938)에 嬀州를 고쳐 설치한 州로, 치소는 懷來縣(지금의 河北省 懷來縣)이다.
18) 당나라 제2대 황제로 이름은 李世民이다. 高祖 李淵의 둘째 아들로, 隋末 아버지를 따라 太原에서 기병해 長安을 점령하였다. 武德 원년(618) 尙書令에 임명되고 秦王에 봉해졌다. 각지에 할거하던 薛仁杲·劉武周·王世充·竇建德·劉黑闥 등을 격파하였다. 무덕 9년(626) 玄武門의 변을 일으켜 즉위하였다. 房玄齡·杜如晦·魏徵 등을 재상으로 임명했고, 隋가 망한 것을 거울로 삼아 간언을 받아들여 인재를 등용했으며, 吏治에 힘썼다. 선정을 베풀어 사회가 안정되고 경제가 발전했는데, 이를 소위 '貞觀之治'라 한다. 貞觀 4년(630) 東突厥을 평정하자 서북 유목민들이 '天可汗'이라 칭하였다. 이후 吐谷渾과 高昌을 평정하고 吐蕃과 평화를 유지하였다. 645년에는 30만 군으로 요하를 건너, 요동성을 점령하여 전진 기지로 삼고 安市城을 공격하였으나 약 60일간의 싸움에도 함락시키지 못하고 돌아갔다. 그 뒤에도 647년과 648년에 걸쳐 고구려를 침략했으나 실패하였다. 붕어한 이후에 昭陵(지금 陝西省 禮泉縣)에 매장되었으며, 시호는 文皇帝였다.
19) 河北省 宣化縣 북쪽에 있는 關隘의 이름이다.
20) 고대 제왕이 출궁할 때의 儀仗으로, 武士가 머리를 풀어헤치고 앞에서 달리는 것[前驅]이다. 秦에서 처음 두고, 漢, 魏, 晉나라에서 시행하였다. 또는 前驅者의 관복을 이르기도 하며, 이마에 드리운 짧은 머리, 辮髮을 가리키기도 한다. 별자리인 昴星의 다른 이름이기도 하다.

춥고, 강에서는 큰 물고기가 나와 거란 사람들은 이에 의지해서 먹었고, 또 검은색, 흰색, 황색의 초서피(貂鼠皮)[21]를 많이 생산하여 북방의 여러 나라는 모두 이에 의지하여 입고 신었다. 그 사람들이 매우 용맹하여 이웃 나라가 감히 침범하지 못했고, 또 그 서쪽에는 할알(轄戛: 신장 위구르의 키르기스족)이, 또 그 북쪽에는 선우돌궐(單于突厥)이 [있는데] [그 풍습은] 모두 구궐률과 거의 같다.

또 북으로 흑거자(黑車子: 室韋의 일종)가 [있는데], 수레와 장막(帳幕)을 잘 만들었고 그 사람들은 효의(孝義)를 알았으며, 땅이 척박해 생산되는 것이 없었다. 전해져 오기를, 거란의 선조들은 항상 회흘을 부렸는데, 후에 그들을 배반하고 흑거자(黑車子)로 달아나 비로소 수레와 장막 만드는 것을 배웠다고 한다. 또 북쪽에는 우체돌궐(牛蹄突厥)이 [있는데], 사람의 몸에 소의 발굽을 하고 있고, 그 땅은 더욱 춥다. 강을 호로하(瓠䍃河)라고 불렀는데, 여름과 가을에도 얼음 두께가 2척이었고, 봄과 겨울에는 얼음이 밑바닥까지 얼어서 항상 그릇을 불에 데워 얼음을 녹여야 마실 수 있었다. 동북으로 [가면] 말겁자(韈刼子)에 도달하는데, 그 사람들은 모수(髦首: 辮髮)를 하고 베를 다듬어 옷을 만들어 입고 안장(鞍裝)을 하지 않은 채 말을 탔다. 대궁(大弓)과 장전(長箭: 긴 화살)이 있었고 활을 잘 쏘았다. 우연히 만난 사람도 번번이 죽여 그 고기를 날로 먹어서, 거란 등의 나라들이 모두 그들을 두려워하였다. 거란의 5인 기병(騎兵)이 우연히 말겁자 1명을 만나도 모두 흩어져 도망쳤다. 그 나라의 3면은 모두 실위(室韋)와 접해 있는데, 첫 번째를 실위라 하고, 두 번째를 황두실위(黃頭室韋), 세 번째를 수실위(獸室韋)라고 하였다. 그 땅에서는 동, 철, 금, 은이 많이 나며, 사람들은 기술이 정교하여 동과 철로 여러 도구를 만드는데 모두 정교하고 좋다. 모백(毛錦: 털과 비단)을 잘 짰다. 땅은 매우 차가워서 말이 오줌을 누면 땅에 닿을 때 얼음이 되어 쌓이곤 하였다.

○ 권897, 나은(羅隱), 광릉요란지(廣陵妖亂志)

高駢末年, 惑於神仙之說, 呂用之·張守一·諸葛殷等, 皆言能役使鬼神, 變化黃白.

---

[21] '貂鼠'와 '貂'는 같은 표현으로 담비를 가리킨다(金毓黻, 『渤海國志長編』 卷17, 渤海國志 15, 食貨考 4, 貂鼠皮). 상등은 검은 담비의 모피이고, 중등은 노랑가슴 담비의 모피인 貂鼠皮와 노랑 담비의 모피인 㹨皮이며, 하등은 흰 담비의 모피인 白貂皮라고 한다.

> 駢酷信之, 遂委以政事. 用之等援引朋黨, 恣爲不法.

고병(高駢)은 말년에 신선의 말에 미혹되어 여용지(呂用之), 장수일(張守一), 제갈은(諸葛殷) 등이 모두 이르기를, 귀신을 부려서 황백을 바꿀 수 있다고 하였다. 이에 고병은 깊이 이들을 믿고서 정사를 위임하였다. 여용지 등은 붕당을 일으키면서 제멋대로 불법을 자행하였다.

> … 呂用之, 鄱陽安仁里細民也. 性桀黠, 署知文字. 父璜, 以貨茗爲業, 來往於淮浙間. 時四方無事, 廣陵爲歌鐘之地, 富商大賈, 通逾百數. 璜明敏善酒律, 多與群商遊, 用之年十二三, 其父挈行, 旣惠悟, 事諸賈皆得歡心.

… 여용지는 파양(鄱陽)의 안인리(安仁里) 보통 평민 출신으로, 성격이 교활하고 글도 대략 알았다. 부친인 [여]황([呂]璜)은 차(茶) 판매를 업으로 삼아서 회수(淮水)와 절강(浙江) 사이를 왕래하였다. 이때 전국이 평온해서, 광릉(廣陵)은 풍악이 끊이지 않는 곳으로 부자와 장사꾼이 수백을 넘었다. 황은 총명하고 술버릇이 좋아서 많은 사람들과 교류하였다. 여용지가 12, 3세 되었을 때 부친이 그를 데리고 다녔고, 이에 부친을 모시면서 은혜를 깨달으며 여러 상인을 섬기면서 환심을 얻었다.

> 時或整履搖箑, 匿家與奴婢等. 居數歲, 璜卒於家. 乾符初, 群盜攻鄱州里, 遂他適. 用之旣孤且貧, 其舅徐魯仁賙急之. 歲餘, 通於魯仁室, 爲魯仁所逐. 因事九華山道士牛宏徽, 宏徽自謂得道者也, 用之降志師之, 傳其驅役考召之術. 宏徽旣死, 用之復客於廣陵, 遂穀巾布褐, 用符藥以易衣食. 歲餘, 丞相劉公節制淮左, 有蠱道置法者, 逮捕甚急. 用之懼, 遂南渡.

그는 종종 사람들의 신발이나 부채를 정리하거나 가족이나 노비를 은닉해 주기도 하였다. 몇 년 동안 거주한 후에 [여]황이 집에서 사망하였다. 건부(乾符) 초기에 군도들이 표주(鄱州)

를 공격하면서 그의 집에 도착하였다. [이때] [여]용지는 고아가 되어 가난하여 외삼촌인 서노인(徐魯仁)이 급히 그를 구제하였다. 몇 년이 지나서 노인의 아내와 사통(私通)하자, 결국 노인의 집에서 쫓겨나게 되었다. 이 일이 있은 후에 구화산(九華山)의 도사인 우굉휘(牛宏徽)가 스스로 도를 얻은 자라 자칭하자, 용지는 뜻을 굽히며 그를 스승으로 삼았고, 그에게 귀신을 불러내는 고소(考召)의 비술을 전수받았다. 굉휘가 죽자 용지는 다시 광릉으로 돌아가 떠돌이가 되었고, 마침내 갈색의 수건을 머리에 두르고 부약(符藥)으로 옷과 먹을 것을 바꾸며 살았다. 1년 정도 지난 후에 승상(丞相) 유공(劉公)이 회좌(淮左) 지역을 다스리며 주술로 상대를 저주하는 고도(蠱道)를 법으로 처벌하고 긴급히 체포하였다. 이에 용지는 두려워하며 남쪽으로 도주하였다.

> 時高駢鎭京口, 召致方伎之士, 求輕擧不死之道, 用之以其術通於客次, 逾月不召. 詣渤海親人兪公楚, 公楚奇之, 過爲儒服, 目之曰: 江西呂巡官. 因間薦於渤海. 及召試, 公楚與左右附會其術得驗, 尋署觀察推官, 仍爲制其名, 因字之曰無可, 言無可無不可也. 自是出入無禁, 初專方藥香火之事.

이때 고병은 경구(京口)에 주둔하면서 방기(方伎)의 능력을 구비한 인물을 모집했고, 은둔해서 불사(不死)하는 이치를 구하였다. [여]용지는 그의 방술을 객(客)에게 수차례 보였지만 한 달이 지나도록 부름이 없자, 이에 발해(渤海)의 친속인 유공초(兪公楚)에게 갔다. 공초는 그를 기이하다 여기며 유생을 넘어선다고 보고 이르기를 '강서(江西)의 여순관(呂巡官)'이라고 하면서, 얼마 후에 발해로 추천해 시험을 보도록 하였다. 공초와 그의 좌우 사람들은 그의 방술을 검증하고서 부서를 물색해 관찰하고 관직을 추대하였다. 이내 이름을 지음에 글자를 근거해 '무가(無可)'라고 하였다. '무가'란 불가함이 없다는 뜻이다. 이로부터 출입에 있어 불가한 곳이 없었고, 처음에는 약재를 만들거나 제사를 지내는 일에 전념하였다.

> 明年, 渤海移鎭, 用之固請戎服, 遂署右職. 用之素負販, 久客廣陵, 公私利病, 無不詳熟. 鼎竈之暇, 妄陳時政得失. 渤海益奇之, 漸加委仗. 先是渤海舊將有梁纘·陳

拱·馮綏·董僅, 公楚歸禮日以疎退, 渤海至是孤立矣.

이듬해에 발해가 주둔지를 옮기자 [여]용지는 갑옷 입기를 간절히 청했고, 이에 우직(右職)에 배치하였다. 용지는 평소에 장사를 하면서 오랫동안 광릉에 드나들었기 때문에 공사와 이익과 폐단에 관해서 알지 못하는 바가 없었다. 정조지가(鼎竈之暇)에 정치의 득실을 함부로 진술하니, 발해는 더욱 이를 기이하게 여기면서 점차 그를 의지하게 되었다. 이전에 발해의 옛 장수인 양찬(梁纘), 진공(陳拱), 풍수(馮綏), 동근(董僅) 등이 그러했고, [유]공초 역시 제사를 지내기 위해 돌아가야 한다며 도주하자, 발해는 고립되는 처지가 되었다.

用之乃樹置私黨, 窺伺動息, 有不可去者, 則厚以金寶悅之. 左右群小, 皆市井人, 見利忘義, 上下相蒙, 大逞妖妄. 仙書神符, 無日無之, 更迭唱和, 罔知愧恥. 自是賄賂公行, 條章日紊, 煩刑重賦, 率意而爲. 道路嗟怨, 各懷亂計.

[여]용지는 이내 나무로 사당(私黨: 祠堂)을 설치하고, 가만히 엿보다가 갈 수 없는 사람이 있으면 금은보화로 후사해서 그를 기쁘게 만들었다. 좌우의 작은 무리들은 모두 시장의 사람들이라서 이익을 보면 의(義)를 망각하고 상하로 속이며 요망한 짓을 하였다. 그리고 신선(神仙)의 책과 신부(神符)로 매일 창화(唱和)를 반복해서 부르며 부끄러움을 알지 못하였다. 스스로는 공공연히 뇌물을 수수하고 규정을 문란케 했으며, 형벌을 번잡하게 만들고 부세를 무겁게 하기를 마음대로 했으니, 길가에는 원망으로 가득하고 각자의 생각만 하고 있었다.

用之懼有竊發之變, 因請置巡察使, 採聽府城密事. 渤海遂承制授御史大夫, 充諸軍都巡察使. 於是召募府縣先負罪停廢胥吏陰狡兇狠者, 得百許人, 厚其官傭, 以備指使. 各有十餘丁, 縱橫閭巷間, 謂之察子. 至於士庶之家, 呵妻怒子, 密言隱語, 莫不知之. 自是道路以目, 有異己者, 縱謹靜端默, 亦不免其禍, 破滅者數百家. 將校之中, 累足屛氣焉.

[여]용지는 돌발의 사태를 두려워하면서 순찰사를 설치할 것과 부성(府城)이 이를 은밀히 채납해 주길 요청했다. 발해(渤海)는 마침내 어사대부가 이 임무를 담당해 군대를 보충하고 도찰사가 되었다. 그리하여 부현(府縣)은 죄를 지어 직위에서 해제된 서리(胥吏)와 교활하고 흉악한자 100여명을 포획하고, 관부에 고용된 자를 우대하며 명령에 수행하도록 하도록 했다. 그리고 각기 10여명의 정(丁)이 두었고, 골목을 종횡으로 누볐는데 이들을 찰자(察子)라고 했다. 사서(士庶) 집안의 경우 처를 꾸짖거나, 자식에게 화내는 경우 아무리 은밀히 하려해도 모르는 자가 없었다. 이때부터 길에 이상한자가 있어도 말과 행동을 각별히 조심했고, 아무리 침묵을 해도 화를 면하지 못하고 파멸하는 자가 수백 가(家)에 달했고, 장교 중에도 신중히 경계하며 숨을 죽였다.

○『당문습유(唐文拾遺)』[22] 권2, 현종(元宗), 택주자사 이필에게 내리는 조서[賜澤州刺史李泌詔]

今荊南都會, 粵在灃陽, 俾人歸原, 惟賢是牧. 以爾文可以化成風俗, 政可以全活惸嫠. 爰命頒條, 期乎共理, 無薄淮陽之守, 勉思渤海之功.【冊府六百七十一】

오늘날 형남(荊南)의 도회지는 풍양(灃陽)으로 사람들로 하여금 되돌아가게 하니, 오직 이 어진 목자 [덕]이다. 그대는 법도로써 풍속을 변화시키고, 온갖 조세로써 강서성 일대의 어려운 자들을 모두 살게 하였다. 이에 율령 반포를 명령하니, 어찌 그 이치를 바라지 않겠는가? 회양(淮陽)을 지키는 것을 경시하지 않았으니, 발해의 공로를 깊이 생각하노라.【『책부원귀』권671】

○『당문습유(唐文拾遺)』권7, 문종(文宗), 발해 생도 6인을 머물게 하는 칙서[渤海生徒留六人勅]

渤海所請生徒習學, 宜令靑州觀察使放六人到上都, 餘十人勒迴. 同上.

발해가 요청한 생도를 학문을 익히게 하고, 청주관찰사(靑州觀察使)에게 명령하여 6인을

---

22) 淸 同治 연간(1861~1875)에 고문헌학자인 陸心源이 『全唐文』에서 누락된 내용을 정리하여 72권으로 완성한 책이다. 수록된 글은 2,500여 편이며 작가는 약 310명에 달한다.

풀어 주어 상도(上都)에 이르고 나머지 10인은 돌려보내게 하는 것이 마땅하다고 하였다. [그 나머지는] 위와 같다.

○ 『당문습유(唐文拾遺)』 권43, 최치원(崔致遠) 10, 태사시중에게 올리는 장문[上太師侍中狀]

伏聞東海之外有三國, 其名馬韓·卞韓·辰韓. 馬韓則高勾麗, 卞韓則百濟, 辰韓則新羅也. 高勾麗·百濟全盛之時, 强兵百萬, 南侵吳·越, 北撓幽·燕·齊·魯, 爲中國巨蠹. 隋皇失馭, 由於征遼. 貞觀中, 我太宗皇帝親統六師渡海, 恭行天罰, 高勾麗畏威請和, 文皇受降回蹕. 我武烈大王請以犬馬之誠, 助定一方之難, 入唐朝謁, 自此而始. 後以高勾麗·百濟踵前造惡, 武烈入朝, 請爲鄕道. 至高宗皇帝顯慶五年, 勅蘇定方統十道强兵, 樓船萬隻, 大破百濟, 乃于其地, 置扶餘都督府, 招輯遺氓, 涖以漢官, 以臭味不同, 屢聞離叛, 遂徙其人於河南. 總章元年, 命英公李勣破高勾麗, 置安東都督府. 至儀鳳三年, 徙其人於河南·隴右, 高勾麗殘孽類聚, 北依太白山下, 國號爲渤海. 開元二十年, 怨恨天朝, 將兵掩襲登州, 殺刺史韋俊. 于是明皇帝大怒, 命內使高品何行成, 太僕卿金思蘭, 發兵過海攻討, 仍就加我王金某爲正太尉持節充甯[23]海軍事鷄林州大都督. 以冬深雪厚, 蕃·漢苦寒, 勅命回軍. 至今三百餘年, 一方無事, 滄海晏然, 此乃我武烈大王之功也. 今某儒門末學, 海外凡材, 謬奉表章, 來朝樂士, 凡有誠懇, 禮合披陳. 伏見元和十二年, 本國王子金張廉風飄至明州下岸, 浙東某官發送入京. 中和二年, 入朝使金直諒爲叛臣作亂, 道路不通, 遂于楚州下岸, 邐迤至揚州, 得知聖駕幸蜀. 高太尉差都頭張儉監押送至西川. 已前事例分明. 伏乞太師侍中, 俯降台恩, 特賜水陸券牒, 令所在供給舟船, 熟食及長行驢馬草料, 幷差軍將監送至駕前, 幸甚.【東國通鑑】

삼가 아뢰건대, 동해의 바깥에 삼국(三國)이 있는데, 그 이름은 마한, 변한, 진한입니다. 마한은 곧 고구려, 변한은 곧 백제, 진한은 곧 신라입니다. 고구려와 백제의 전성기에는 강병(强兵)이 백만이었고, 남쪽으로 오(吳)와 월(越)을 침범하고 북쪽으로 유(幽), 연(燕), 제(齊), 노(魯)를 동요시켜 중국의 큰 좀이 되었습니다. 수나라 황제가 통제력을 잃은 것도 요동(遼東)

---

23) '甯' → '寧'.

정벌에서 비롯되었습니다. 정관(貞觀) 연간(627~649)에 우리(당) 태종 황제께서 친히 6군(軍)을 이끌고 바다를 건너 삼가 천벌(天罰)을 행하셨는데, 고구려가 그 위세를 두려워하여 화친을 청하였고, 문황(文皇: 태종)께서는 항복을 받고 거둥을 돌리셨습니다. 우리(신라) 무열대왕(武烈大王)께서 견마(犬馬)의 정성[24]으로 한 지방의 어지러움을 평정하는 일을 돕겠다고 청하면서 입당(入唐)하여 조알(朝謁)한 것이 이로부터 시작되었습니다. 후에 고구려, 백제가 앞서 지은 악행을 계속하자 무열[왕]이 입조(入朝)하여 향도(鄕道, 즉 嚮導)가 될 것을 청했습니다. 고종 황제 현경(顯慶) 5년(660)에 이르러 소정방(蘇定方)에게 칙서(勅書)를 내려 10도(道)의 강병(强兵)과 누선(樓船) 1만여 척을 이끌고 백제를 대파하였고, 이에 그 땅에 부여도독부(扶餘都督府)를 두어 유민(遺民)을 불러 모아서 한관(漢官)으로 다스리게 했는데, 취미(臭味)가 같지 않아 누차 이반(離叛)이 보고되어 결국에는 그 사람들을 하남(河南)으로 옮기게 되었습니다. 총장(總章) 원년(668)에 영공(英公) 이적(李勣)[25]에게 명하여 고구려를 깨뜨리고 안동도독부(安東都督府)[26]를 두었는데, 의봉(儀鳳) 3년(678)에 이르러 그 사람들도 하남과 농우(隴右)로 옮기게 하였습니다. 고구려 잔당이 무리를 모아 북쪽으로 태백산(太白山) 아래 의지하면서 국호를 발해(渤海)라고 하면서, 개원(開元) 20년(732)에 천조(天朝)에 원한을 품고서 군대를 이끌고 등주(登州)를 엄습하여 자사(刺史) 위준(韋俊)[27]을 죽였습니

---

24) 犬馬之誠은 신하가 임금에게 충성을 다하는 정성을 말한다.

25) 중국 唐나라 때의 무장. 본래 성과 이름은 徐世勣(594~669)이다. 수나라 말년에 李密의 밑에 있었으나, 무덕 3년(620)에 당나라에 귀순하였다. 당 高祖가 李氏를 賜姓하였고, 太宗 李世民의 '世' 자를 피휘하여 '李勣'이라 하였다. 정관 3년(629)에 돌궐을 정복하고, 정관 19년(645)에는 태종과 함께 고구려를 침공하였으나 안시성전투에서 실패하고 회군하였다. 이후 총장 원년(668)에 신라군과 연합하여 평양성을 함락하고 고구려를 멸망시켰다. 이듬해 12월에 76세로 죽었다(『구당서』 권67, 이적열전; 『신당서』 권93, 이적열전).

26) 668년에 당나라가 고구려를 멸망시킨 뒤 평양에 안동도호부를 설치하고 薛仁貴를 도호부사로 삼아 고구려 땅을 통치하도록 하였다. 고구려부흥운동이 일어나고 신라가 고구려·백제 유민과 함께 당에 항쟁을 펼치자, 당은 한반도에서 물러나 676년에 도호부를 遼東의 遼陽 지역으로 옮겼고, 677년에 다시 新城으로 옮겼다. 696년에는 요서 지역인 營州에서 거란 李盡忠의 난이 일어나며, 요동 지역 역시 전란에 휩싸였다. 대조영이 이끄는 고구려 유민과 말갈인이 天門嶺전투에서 승리하며 발해 건국에 성공한 이후 요동에서 당의 세력이 크게 약화되었고, 당은 699년에 안동도호부를 안동도독부로 낮추었으며 幽州(지금의 北京)에 移屬시켰다. 이후 다시 도호부로 복귀되었으나 714년 平州로, 743년 遼西故郡城으로 府治를 옮겼다가, 安祿山의 난을 계기로 758년에 완전히 폐지되었다(日野開三郎, 1984, 26~36쪽; 권은주, 2010).

다.28) 이에 명황제(明皇帝: 현종)29)께서 대노하시어 내사, 고품 하행성과 태복경(太僕卿)30) 김사란(金思蘭)31)에게 명해 군대를 징발해 바다를 건너 공격하여 토벌하게 하고, 우리(신라) 왕 김 아무개[金某]를 정태위(正太尉) 지절(持節)로 삼고 영해군사(寧海軍事)32) 계림주대도독(鷄林州大都督)으로 충원하였습니다. 겨울에 눈이 많이 내리고 쌓여 번군(蕃軍)과 한군(漢軍)이 추위에 고생하자 칙명(勅命)으로 회군하게 했습니다. 오늘에 이르기까지 3백여 년 동안 한 지방이 무사하고 창해(滄海)가 편안하니, 이것은 우리(신라) 무열대왕의 공(功)입니다.

　이제 아무개(최치원)가 유문(儒門)의 말학(末學)이자 해외의 범재(凡材: 평범한 인재)로서 외람되이 표장(表章)을 받들고 낙토(樂土)에 조회하러 왔으니, 무릇 정성스럽고 간절함이

---

27) 732년 발해 무왕이 장군 張文休를 보내 해적을 거느리고 당의 登州를 공격할 때 그곳의 刺史로 전사하였다. 韋俊의 묘지명에는 이때의 상황을 "蠢尒島夷, 遠在荒裔, 潜度大海, 直指孤城, 變生倉卒, 薨于官舍, 春秋五十七."이라고 기록하고 있다(毛陽光·余扶危 主編, 2013, 251쪽).

28) 『구당서』 발해말갈전에는 개원 20년(732)에 무왕 대무예가 장군 張文休를 보내 해적을 거느리고 등주자사 위준을 공격하게 하였다고 전한다(『구당서』 199하, 열전 149하, 발해말갈). 발해의 등주 공격 원인은 726년 발해의 黑水 토벌과 대문예의 당 망명으로 빚어진 발해와 당의 갈등 및 730년대 초 당과 전쟁을 치르고 있는 契丹을 돕기 위한 목적이었다(김종복, 2009, 127쪽; 권은주, 2013).

29) 당나라 제6대 황제로, 이름은 李隆基이다. 睿宗의 셋째 아들로 楚王에 봉해졌다가 臨淄王으로 改封되었다. 景雲 초에 太平公主와 함께 韋后와 그 일당을 소탕하고 睿宗을 복위시켰으며, 太子로서 朝政에 참여하였다. 712년 즉위했고 이듬해 태평공주와 그 일당을 숙청하였다. 開元 연간(713~741) 사회 안정과 경제 발전, 문화 번영, 國勢의 강성을 이루어 이 시기 통치를 '開元之治'라 한다. 그러나 天寶 연간(742~756) 이후 楊貴妃를 총애하고 李林甫와 楊國忠을 宰相으로 등용하게 되면서 정치가 부패하였다. 安史의 난이 일어나자 천보 15년(756) 6월 蜀으로 도망갔으며, 7월 太子 李亨이 靈武에서 즉위한 뒤에 太上皇을 칭하였다. 至德 2년(757) 말 촉에서 長安으로 돌아와 興慶宮에 유폐되었다가 죽었다. 泰陵에 장사 지냈으며 시호는 至道大聖大明孝皇帝이다.

30) 太僕卿은 당의 9寺 가운데 태복시의 장관으로 종3품이며, 太僕員外卿은 태복경의 員外 직이다.

31) 신라의 왕족으로 일찍이 당나라에 건너가 太僕員外卿을 받고, 宿衛로 있었다. 732년(성덕왕 31) 발해가 당나라의 登州를 공격하자, 당 현종이 이듬해 7월 김사란을 귀국시켜 신라에게 발해의 남쪽을 공격하게 하였다(『삼국사기』 권제8, 「신라본기」 제8, 성덕왕 32년). 『冊府元龜』에는 개원 21년(733) 정월 신라에 사신으로 간 것으로 나온다(『冊府元龜』 권975, 外臣部 20 褒異 2). 『삼국유사』에는 이해에 당이 北狄을 공격하기 위해 신라에 604명을 보냈다는 기록이 있다(『삼국유사』 권제2, 紀異 제2 孝成王조).

32) 영해군사는 발해가 바닷길을 통해 당의 登州를 공격하자, 바닷길을 안정시킬 목적으로 신라 성덕왕에게 임시로 준 使職이었다. 이후 신라왕의 책봉호의 하나로 계속 사용되었다.

있으면 품은 생각을 표명하는 것이 예의에 합당할 것입니다. 삼가 살펴보건대, 원화(元和) 12년(817)에 본국(신라) 왕자 김장렴(金張廉)이 풍랑으로 명주(明州)에 도달하여 상륙하였는데, 절동(浙東)의 한 관원이 보내 주어 경사(京師)에 들어온 일이 있었습니다. 중화(中和) 2년(882)에는 입조한 사신 김직량(金直諒)이 반신(叛臣)이 일으킨 난리 때문에 도로가 통하지 않게 되자 마침내 초주(楚州)로 상륙하여 잇따라 나아가 양주(揚州)에 이르렀는데, 성가(聖駕)가 촉(蜀)에 행차하신 것을 알게 되었습니다. 이에 고 태위(高太尉)가 도두(都頭) 장검(張儉)을 차출하여 [김직량을] 감독하며 호송하여 서천(西川)에 이르게 한 일이 있습니다.

이미 앞선 사례가 분명하니, 태사시중(太師侍中)께 삼가 바라건대, 굽어살펴 큰 은혜를 내려 주고 특별히 수륙(水陸)의 권첩(券牒: 통행허가증)을 내려서 가는 곳에서의 주선(舟船)과 숙식(熟食: 불에 익힌 음식) 및 장거리 여행용 당나귀와 말, 초료(草料)를 공급하게 해 주시고, 아울러 군대 장교를 차출하여 성가 앞까지 호송하게 해 주시면, 매우 다행일 것입니다. 【『동국통감(東國通鑑)』】

○ 『당문습유(唐文拾遺)』 권56, 궐명(闕名) 4, 여러 도의 판관 정원을 아뢰는 글[條流諸道判官員額奏] 회창 5년 9월 중서문하(會昌五年九月中書門下)

… 幽州·淄·青舊各有九員: 望各留七員. 幽州除向前職額外, 留盧龍軍節度推官, 淄·青除向前職額外, 留押新羅渤海兩蕃巡官.

… 유주(幽州)·치주(淄州)·청주(青州)는 예전에 각각 9명의 관원이 있었다. 각각 7명의 관원을 남기기를 바란다. 유주는 얼마 전 직액(職額) 이외의 것을 없애고 노룡군절도추관(盧龍軍節度推官)은 남겼고, 치주와 청주는 얼마 전 직액 이외의 것을 없애고 압신라발해양번순관(押新羅渤海兩蕃巡官)은 남겼다.

○ 『당문속습(唐文續拾)』 권16 관원도진(管原道眞), 신천원의 흰 사슴에 대해 감정을 이입하여 아뢰는 장문[勘奏神泉宛白麂狀]

右, 謹案史記平準書, 漢武帝時, 上林苑有白鹿, 以發瑞應. 又孝經援神契曰: 德至

> 鳥獸, 則白鹿見. 宋均注曰: 應宴嘉賓. 然神泉者, 古之上林苑, 嘉賓者 則今之渤海客. 以今稽古, 應在明時, 圖譜所存, 宜爲上瑞. 臣伏奉勅, 勘申如右. 謹奏.

    삼가 『사기』의 「평준서」를 상고하건대, 한무제 때 상림원(上林苑)에 흰 사슴이 있었는데 상서로운 징조로 여겼습니다. 또한 『효경』의 「원신계」에서 이르기를 "[군주의] 은덕이 새와 짐승에게까지 두루 편만하게 미칠 때 곧 흰 사슴이 나타난다."라고 하였습니다. 송균(宋均)의 주(注)에서 이르기를 "마땅히 잔치를 베풀어야 할 귀한 손님이다."라고 하였습니다. 그러나 신천이라는 곳에서는 옛날 상림원에서 귀한 손님은 곧 오늘날의 발해객이라 하였습니다. 지금의 일과 옛것을 고찰하여 응당 정치가 청명한 시기에 나타나는 징조라 할 수 있는데, 남아 있는 도감이 있으니 마땅히 최대의 길조로 삼을 것입니다. 신이 엎드려 칙서를 받들고, 위와 같이 삼가 아룁니다.

참고문헌

사료

『契丹國志』　『高麗史節要』　『高麗史』　『孤雲集』　『舊唐書』
『舊五代史』　『金史』　『紀年兒覽』　『唐大詔令集』　『東京雜記』
『東國史略』　『東國地理志』　『東國通鑑』　『東文選』　『遼東行部志』
『遼史』　『武經總要』　『渤海考』　『三國史記』　『三國史節要』
『星湖僿說類選』　『謏聞瑣錄』　『松漢紀聞』　『宋史』　『宋會要輯稿』
『新唐書』　『新五代史』　『新增東國輿地勝覽』　『與猶堂全書』　『五代會要』
『玉海』　『資治通鑑』　『全唐文』　『全唐詩』　『帝王韻紀』
『中州集』　『增補文獻備考』　『冊府元龜』　『太平寰宇記』　『楓巖輯話』
『南史』

단행본

高國抗 지음, 오상훈·이개석·조병한 옮김, 1998, 『중국사학사』, 풀빛
권덕영, 1997, 『고대한중외교사』, 일조각
金渭顯, 1985, 『遼金史硏究』, 裕豊出版社
김종복, 2009, 『발해정치외교사』, 일지사
김진광, 2012, 『발해 문왕대의 지배체제 연구』, 박문사
나영남, 2017, 『요·금시대 이민족 지배와 발해인』, 신서원
동북아역사재단 편, 2011, 『譯註 中國正史 外國傳 12: 舊五代史·新五代史』, 동북아역사재단
동북아역사재단 한국고중세사연구소 편, 2020, 『譯註 中國正史 東夷傳 2: 晉書~新五代史 高句麗·渤海』, 동북아역사재단
리지린·강인숙, 1976, 『고구려사연구』, 사회과학출판사
박시형, 1979, 『발해사』, 김일성종합대학출판사: 1989, 이론과실천
朴玉杰, 1996, 『高麗時代의 歸化人 硏究』, 국학자료원
宋基豪, 1995, 『渤海政治史硏究』, 一潮閣
송기호, 2020, 『발해 사학사 연구』, 서울대학교출판문화원
신승하, 2000, 『중국사학사』, 고려대학교출판부

에.뻬.샤브꾸노프 엮음, 송기호·정석배 옮김, 1996, 『러시아 연해주와 발해역사』, 민음사

윤장섭, 1999, 『중국의 건축』, 서울대학교출판부

이계명, 2003, 『中國史學史綱要』, 전남대학교출판부

이성규·박원길·윤승준·류병재, 2016, 『國譯 金史』 1~4, 단국대학교출판부

임상선 편, 2019, 『한국고대사 계승 인식-전근대 편』, 동북아역사재단

임상선, 1999, 『발해의 지배세력연구』, 신서원

임종욱, 2010, 『중국역대인명사전』, 이회문화사

정구복 외, 2012, 『개정증보 역주 삼국사기』, 한국학중앙연구원출판부

趙二玉, 2001, 『統一新羅의 北方進出 硏究』, 서경문화사

채태형, 1998, 『발해사 7 - 역사지리 3』, 사회과학출판사

한국정신문화연구원, 2003, 『역주 삼국유사』, 이회문화사

한규철, 1994, 『발해의 대외관계사』, 신서원

한규철·김종복·박진숙·이병건·양정석, 2007, 『발해 5경과 영역 변천』, 동북아역사재단

賈敬顏, 2004, 『五代宋金元人邊疆行記十三種疏證稿』, 中華書局

駒井和愛, 1977, 『中國都城·渤海研究』, 雄山閣

金毓黻, 1934, 『渤海國志長編』, 千華山館

金毓黻, 1985, 『遼海叢書』, 遼瀋書社

金靜庵, 1979, 『中國史學史』, 鼎文書局

呂思勉, 1996, 『中國民族史』, 東方出版中心

劉節 著, 莊昭 編, 1982, 『中國史學史稿』, 中州書畫社

明文書局 編著, 1986, 『中國史學史辭典』, 明文書局

毛陽光·余扶危 主編, 2013, 『洛陽流散唐代墓誌彙編』, 國家圖書館出版社

苗書梅 等 點校, 王雲海 審訂, 2001, 『宋會要輯稿·崇儒』, 河南大學出版社

白壽彝, 2004, 『中國史學史』, 北京師範大學出版社

保井克己, 1982, 『滿洲の民族と言語』, 第一書房

傅斯年, 1932, 『東北史綱 1』, 商務印刷館

蓑島榮紀, 2015, 『'もの'と交易の古代北方史-奈良·平安日本と北海道·アイヌ』, 勉誠出版

司義祖 整理, 1962, 『宋大詔令集』, 中華書局

三上次男, 1966, 『古代東北アジア史研究』, 吉川弘文館

薛瑞兆, 2005, 『中州集 小傳校劄』, 學習與探索

孫雅芬·于孟晨·賀菊玲·弋丹陽 注, 2017, 『武經總要註』 上·下卷, 西安出版社
孫進己, 1987, 『東北民族源流』, 黑龍江人民出版社
孫進己·孫海 主編, 1997, 『高句麗渤海研究集成』 4
宋敏求編, 2008, 『唐大詔令集』, 中華書局
新妻利久, 1969, 『渤海國史及び日本との國交史の研究』, 學術出版會
楊保隆, 1988, 『渤海史入門』, 中國社會科學院 民族研究所
王綿厚·李健才, 1990, 『東北古代交通』, 瀋陽出版社
王承禮, 1984, 『渤海簡史』, 黑龍江人民出版社
王承禮, 2000, 『中國東北的渤海國與東北亞』, 吉林文史出版社
王承禮·劉振華 主編, 1991, 『渤海的歷史與文化』, 延邊人民出版社
外山軍治, 1975, 『金史』, 明德出版社
姚奠中 主編, 李正民 增訂, 2004, 『元好問全集』, 山西古籍出版社
饒宗頤, 2015, 『中國史學上之正統論』, 中華書局
魏國忠·楊雨舒, 2019, 『渤海史』, 中國社會科學出版社
魏存成, 2008, 『渤海考古』, 文物出版社
日野開三郞, 1984. 『東洋史學論集』 第8卷, 三一書房
張萬起 編, 1980, 『新舊五代史索引』, 上海古籍出版社
鳥山喜一, 1915, 『渤海史考』, 奉公會
朱國忱·魏國忠 共著, 濱田耕策 譯, 1996, 『渤海史』, 東方書店
朱易安·傅璇琮·周常林·戴建國 主編, 2008, 『全宋筆記(第三編)』, 大象出版社
曾棗莊·劉琳, 2006, 『全宋文』, 上海辭書出版社
池內宏, 1933, 『滿鮮史研究』 中世 1, 吉川弘文館
池內宏, 1951, 『滿鮮史研究』 上世篇
陳尙君, 2005, 『新舊五代史新輯會證(全十二冊)』, 復旦大學出版社

논문

강성봉, 2009, 「1930~40년대 중국 지식인의 '동북지역사' 인식」, 『일제시기 만주사·조선사 인식』, 동북아
　　역사재단
강성봉, 2011, 「발해의 8위제에 관한 검토」, 『군사』 79, 국방부 군사편찬연구소
강성봉, 2012, 「발해 수령과 고려 도령의 상관성 검토」, 『고구려발해연구』 42, 고구려발해학회
강성봉, 2015, 「발해 금군과 도성방어체계」, 『역사와현실』 97, 한국역사연구회

강성봉, 2021, 「발해-거란 전쟁의 발생배경과 전개과정」, 『한국사연구』 193, 한국사연구회
강성산, 2018, 「8세기 60년대 초반 당·발해·신라를 잇는 교통로에 대한 고찰」, 『高句麗渤海研究』 60, 고구려발해학회
高橋學而, 1989, 「渤海山城理解のために-その基礎的檢討」, 『百濟研究』 20, 충남대백제연구소
구난희, 2017, 「渤海 東京 地域의 歷史的 淵源과 地域性」, 『高句麗渤海研究』 58, 고구려발해학회
權五重, 1980, 「靺鞨의 種族系統에 관한 試論」, 『震檀學報』 49, 진단학회
권은주, 2007, 「鴻臚井石刻에 보이는 崔忻의 職名 재검토-'宣勞靺羯使'를 중심으로」, 『한국고대사연구』 46
권은주, 2008, 「말갈 연구와 유적 현황」, 『중국학계의 북방민족·국가연구』, 동북아역사재단
권은주, 2010, 「7세기 후반 북방민족의 反唐활동과 발해 건국」, 『백산학보』 86, 백산학회
권은주, 2011, 「발해와 유목민족 관계」, 『중국의 발해대외관계사 연구』, 동북아역사재단
권은주, 2012, 「渤海 武王代 영역확장과 북방정세 변동」, 『고구려발해연구』 43
권은주, 2013, 「발해의 등주공격을 통해 본 국제동맹과 외교」, 『역사와 세계』 44
권은주, 2020, 「금대 발해유민 張汝猷 묘지명 검토-가계, 통혼망, 문격을 중심으로」, 『韓國古代史探究』 34
권은주, 2022, 「중국 학계의 발해사 연구 동인과 최근 연구 경향-웨이궈중의 『발해사』를 중심으로-」, 『선사와 고대』 70
김강훈, 2017, 「책성 권역의 고구려부흥운동과 高定問」, 『歷史敎育論集』 65, 역사교육학회
金光錫, 1983, 「高麗太祖의 歷史認識-그의 渤海觀을 中心으로」, 『白山學報』 27, 백산학회
金東宇, 1996, 「발해의 지방통치체제와 首領」, 『韓國史學報』 창간호, 고려사학회
金炳坤, 2005, 「崔致遠의 三韓觀에 대한 認識과 評價」, 『韓國古代史研究』 40, 한국고대사학회
金渭顯, 1979, 「完顏部의 女眞 統合策」, 『盧道陽博士古稀紀念論文集』
金恩國, 1999, 「渤海滅亡의 原因」, 『高句麗渤海研究』 6, 고구려발해연구
김은국, 2006, 「8~10세기 동아시아 속의 발해 교통로」, 『韓國史學報』 24, 高麗史學會
김장겸, 1986, 「고려의 고구려옛땅 남부지역 통합」, 『역사과학』 1986-1
金貞培, 1968, 「濊貊族에 關한 研究」, 『白山學報』 5, 백산학회
김종복, 1997, 「新羅 聖德王代의 浿江지역 진출 배경」, 『成大史林』 12·13, 수선사학회
김종복, 2005, 「渤海 國號의 성립 배경과 의미」, 『韓國史研究』 128, 한국사연구회
김종복, 2006, 「남북국(南北國)의 책봉호(冊封號)에 대한 기초적 검토」, 『역사와 현실』 61, 한국역사연구회
김종복, 2011, 「발해 견당사에 대한 기초적 검토」, 『발해 대외관계사 자료연구』, 동북아역사재단
김종복, 2014, 「당 장안성에서의 외국 의례와 외국 사신 간의 외교적 갈등-신라·일본, 신라·발해 사신 간의 쟁장(爭長) 사건에 대한 재검토」, 『역사와 현실』 94, 한국역사연구회

김진광, 2016, 「이승휴 『제왕운기』의 고구려·발해 인식」, 『民族文化論叢』 64, 영남대학교 민족문화연구소
김진광, 2022, 「조선시대 사서에 담긴 발해 지리 인식의 추이 검토」, 『백산학보』 124
김진한, 2007, 「6세기 전반 고구려의 정국동향과 대외관계」, 『軍史』 64, 국방부 군사편찬연구소
김창현, 1999, 「고려 開京의 궁궐」, 『사학연구』 57, 한국사학회
김현숙, 2000, 「延邊地域의 長城을 통해 본 高句麗의 東扶餘支配」, 『국사관논총』 88, 국사편찬위원회
노태돈, 1989, 「고대사산책: 대조영, 고구려인인가 말갈인인가」, 『역사비평』, 역사비평사
노태돈, 2003, 「삼국사기에 등장하는 말갈의 실체」, 『한반도와 만주의 역사와 문화』, 서울대학교출판부
노태돈, 2003, 「발해국의 주민구성에 대한 연구 현황과 과제 – '高麗別種'과 '渤海族'을 둘러싼 논의를 중심으로 –」, 『韓國史研究』 122, 한국사연구회
노태돈, 2008, 「고려로 넘어온 발해 박씨에 대하여 – 신라와 발해 간의 교섭의 한 사례 연구 –」, 『韓國史研究』 141, 한국사연구회
朴京哲, 1997, 「高句麗와 濊貊 – 高句麗의 住民과 그 文化系統」, 『白山學報』 48
박성진, 2016, 「개성 고려궁성 남북공동발굴조사의 최신 조사 성과」, 『서울학연구』 63, 서울학연구소
박시형, 1962, 「발해사연구를 위하여」, 『역사과학』 1
방학봉, 1990, 「발해멸망의 원인에 대하여」, 『발해사연구』 1, 연변대학출판사
배종도, 1989, 「신라 하대의 지방 제도 개편에 대한 연구」, 『學林』 11, 연세사학연구회
徐炳國, 1981, 「渤海와 新羅의 國境線 問題研究」, 『關東大論文集』 9
徐炳國, 1981, 「新唐書渤海傳所載 泥河의 再檢討」, 『東國史學』 15·16, 동국사학회
송기호, 1987, 「발해 멸망기의 대외관계」, 『한국사론』 17, 서울대학교 국사학과
宋基豪, 1989, 「동아시아 국제관계 속의 발해와 신라」, 『韓國史市民講座』 5, 일조각
宋基豪, 1991, 「渤海의 歷史와 思想」, 『韓國思想史大系』 2, 한국정신문화연구원
宋基豪, 1992, 「渤海佛敎의 展開過程과 몇 가지 特徵」, 『伽山 李智冠스님 華甲紀念論叢 – 韓國佛敎文化思想史』(卷上), 伽山 李智冠스님華甲紀念論叢刊行委員會
宋基豪, 1992, 「張建章墓誌」, 『譯註韓國古代金石文Ⅲ – 신라2·발해편』, 韓國古代社會研究所編
송기호, 1996, 「渤海의 盛衰와 疆域」, 『白山學報』 47, 백산학회
송방송, 2007, 「발해의 음악과 무용」, 『발해의 역사와 문화』, 동북아역사재단
안예선, 2016, 「歐陽脩 『新五代史』의 서사 기획 – 『舊五代史』와의 비교」, 『중국어문연구』, 74
우성민, 2019, 「唐詩를 중심으로 본 唐代 文人들의 高句麗, 渤海에 대한 認識」, 『중국사연구』 120, 중국사학회
尹武炳, 1966, 「濊貊考」, 『白山學報』 1, 백산학회
윤재운, 2019, 「발해의 동부유라시아정책과 국가전략」, 『신라사학보』 45

윤재운, 2022, 「8~10세기 동유라시아 모피 무역의 실상」, 『동방학』 46
李康來, 1985, 「『三國史記』에 보이는 靺鞨의 軍事活動」, 『領土問題硏究』 2, 高麗大 民族文化硏究所
李基東, 1984, 「新羅 下代의 浿江鎭」, 『新羅骨品制社會와 花郎徒』, 一潮閣
이동휘, 2000, 「북한 경내의 발해유적 발굴조사성과와 그 의의 - 부거리와 북청 일대」, 『역사와 세계』 57
이영호, 2010, 「역사 인물: 김사란(金思蘭), 당(唐)을 선택한 망명자」, 『복현사림』 28, 경북사학회
李龍範, 1972·1973, 「渤海王國의 形成과 高句麗遺族」(上·下), 『東國大學校論文集』 10·11
李龍範, 1974, 「高麗와 渤海」, 『韓國史』 4, 국사편찬위원회
이효형, 2002, 「『高麗史』 소재 渤海關係 기사의 검토」, 『지역과 역사』 11, 부경역사연구소.
이효형, 2006, 「발해 부흥국가와 고려의 발해 계승의식」, 『역사와 경계』 60, 부산경남사학회
이효형, 2007, 「고영창의 대발해」, 『발해의 역사와 문화』, 동북아역사재단
이효형, 2013, 「渤海遺裔 大集成의 出自와 정치·군사적 활동」, 『高句麗渤海硏究』 45, 고구려발해학회
임기환, 2006, 「5~6세기 고구려 정복지의 범위와 성격」, 『경기도의 고구려 문화유산』, 경기도박물관
임상선, 2007, 「발해 관련 중국 자료」, 『발해의 역사와 문화』, 동북아역사재단
임상선, 2010, 「발해의 왕도 顯州와 中京 치소 西古城의 관계」, 『고구려발해연구』 37, 고구려발해학회
임상선, 2011, 「『帝王韻紀』에 보이는 北方王朝 인식」, 『사학연구』 103, 한국사학회
임상선, 2019, 「8세기 신라의 渤海·唐 전쟁 참전과 浿江 보루 설치」, 『신라사학보』 45
장국종, 1991, 「발해본토안 말갈인의 분포상태」, 『역사과학』 4
장국종, 1991, 「발해본토의 주민구성」, 『역사과학』 2
장국종, 1997, 「발해의 정치제도」, 『발해사연구론문집』 2, 과학백과사전종합출판사
장지연, 2006, 「고려 후기 개경 궁궐 건설 및 운용방식」, 『역사와 현실』 60, 한국역사연구회
張彰恩, 2004, 「新羅 慈悲~炤知王代 築城·交戰地域의 검토와 의미」, 『新羅史學報』 2, 신라사학회
장창희, 1991, 「발해국 최초의 지역에 대한 문헌적 고찰」, 『발해사연구』 2, 연변대학출판사
전덕재, 2013, 「新羅 下代 浿江鎭의 設置와 그 性格」, 『大丘史學』 113
鄭雲龍, 1989, 「5世紀 高句麗勢力圈의 南限」, 『史叢』 35, 고대사학회
정재균, 2011, 「발해사신의 입당 절차와 이동경로에 관한 기초적 검토 - 등주와 장안 간의 노선을 중심으로 - 」, 『발해 대외관계사 자료연구』, 동북아역사재단
趙二玉, 1999, 「新羅와 渤海의 國境問題」, 『白山學報』 52, 백산학회
조이옥, 2000, 「8世紀 前半 新羅의 對渤海攻擊과 浿江」, 『東洋古典硏究』 14
조이옥, 2009, 「8~9世紀 新羅의 北方經營과 築城事業」, 『신라문화』 34
채태형, 1991, 「발해 남경남해부의 위치에 대하여」, 『역사과학』 1991-3
최규성, 1995, 「10~12세기 동아시아 정세와 고려의 북진정책」, 『한국사』 15, 국사편찬위원회

韓圭哲, 1984, 「高麗來投·來往契丹人 – 渤海遺民과 관련하여」, 『韓國史研究』 47, 한국사연구회
한규철, 1985, 「後三國時代 高麗와 契丹關係」, 『富山史叢』 1, 부산산업대학교사학회
한규철, 1988, 「高句麗時代의 靺鞨 硏究」, 『釜山史學』 14·15, 부산사학회
한규철, 1996, 「渤海國의 住民構成」, 『韓國史學報』 1, 고려사학회
한규철, 1997, 「渤海遺民의 高麗投化 – 後渤海史를 중심으로」, 『역사와 경계』 33, 부산경남사학회
한규철, 2007, 「발해인이 된 고구려 말갈」, 『高句麗渤海研究』 26, 고구려발해학회
한규철, 2008, 「고구려 발해의 상관성 연구와 과제」, 『고구려발해연구』 31, 고구려발해학회
현명호, 1991, 「발해의 '계루군왕' 칭호에 대하여」, 『역사과학』 1
홍영호, 2010, 「『三國史記』 所載 泥河의 위치비정」, 『韓國史研究』 150, 한국사연구회

吉林省文物考古研究所·延邊朝鮮族自治州文物保護中心, 2018, 「吉林省圖們市磨盤村山城2013~2015年發掘簡報」, 『邊疆考古研究』 24
金香, 1990, 「渤海國曾經稱過'震國'嗎」, 『渤海史學術討論會論文集』, 黑龍江省渤海上京遺址博物館
內藤虎次郎, 1907, 「日本滿洲交通略說」, 『叡山講演集』
丹化沙, 1983, 「渤海歷史地理研究情況述略」, 『黑龍江文物叢刊』 1
大隅晃弘, 1984, 「渤海の首領制 – 渤海國家と東アジア世界」, 『新潟史學』 17
藤田亮策, 1963, 「新羅九州五京攷」, 『朝鮮學論考』 11
劉振華, 1981, 「渤海大氏王室族屬新證」, 『社會科學戰線』 3
劉曉東, 1987, 「"海東盛國"始稱年代考辨」, 『北方文物』 3
末松保和, 1975, 「新羅の郡縣制特にその完成期の二三の問題」, 『學習院大學文學部研究年報』 21
朴龍淵, 1983, 「關于渤海中京問題的商確」, 『延邊文物資料匯編』
白鳥庫吉, 1933, 「渤海國に就いて」, 『史學雜誌』 44-12
白鳥庫吉, 1935, 「滿洲の地理を論じて渤海の五京に及ぶ」, 『史學雜誌』 46-12
北村秀人, 1985, 「高麗時代の渤海系民大氏について」, 『三上次男博士喜壽紀念論文集』, 平凡社
三上次男, 1939, 「新羅東北境外に於ける黑水鐵勒·達姑等の諸族に就いて」, 『史學雜誌』 50-7
三上次南, 1940, 「高麗と定安國」, 『東方學報』 11-1
小川裕人, 1937, 「靺鞨史研究に關する諸問題」, 『東洋史研究』 2-5
孫秀仁·干志耿, 1982, 「論渤海族的形成與歸向」, 『學習與探索』 4, 黑龍江省
孫玉良, 1983, 「渤海遷都淺議」, 『北方論叢』 3, 黑龍江省
孫進己, 1982, 「渤海疆域考」, 『北方論叢』 4, 黑龍江省
孫進己·艾生武·莊嚴, 1982, 「渤海的族源」, 『學習與探索』 5, 黑龍江省

松本保宣, 1990, 「唐代後半期における延英殿の機能について」, 『立命館文學』 516

松井等, 1913, 「渤海國の疆域」, 『滿洲歷史地理』 1卷

沈一民, 2009, 「再論肅慎·挹婁的關系」, 『民族研究』 2009-4

王綿厚, 1994, 「關于漢以前東北貊族考古學文化的考察」, 『文物春秋』 1994-1

王綿厚·李建才, 1990, 「唐代渤海的水陸交通」, 『東北古代交通』, 瀋陽出版社

王禹浪, 1997, 「靺鞨黑水部地理分布初探」, 『北方文物』 1997-1

姚玉成, 「渤海俗所貴者"太白山之菟"考辨」, 『史學集刊』 2008-2

袁輝, 1993, 「泊汋口位置考」, 『北方文物』 2

魏國忠·郝慶雲·楊雨舒, 2014, 「渤海"靺鞨說"又添新證」, 『社會科學戰線』 2014-3

李健才, 2000, 「唐代渤海王國的創建者大祚榮是白山靺鞨人」, 『民族研究』 2000-6

李健才·陳相偉, 1982, 「渤海的中京和朝貢道」, 『北方論叢』 1

李殿福, 1993, 「高句麗民族的形成發展與解体」, 『中國古代北方民民族史』, 黑龍江人民出版社

日野開三郎, 1948, 「靺鞨七部の前身とその屬種」, 『史淵』 38·39合

日野開三郎, 1951, 「定安國考(2)」, 『東洋史學』 2

田村晃一, 2001, 「渤海の瓦當文樣に關する若干の考察」, 『靑山史學』 19, 靑山學院大學史學硏究室

田村晃一, 2002, 「渤海瓦當論再考」, 『早稻田大學大學院文學硏究科紀要』 47-4

鳥山喜一, 1915, 『渤海史考』: 1935, 『北滿の二大古都址－東京城と白城』, 京城帝國大學 滿蒙文化硏究會報告 2

曹汛, 1980, 「靉河尖古城和漢安平瓦當」, 『考古』 6

酒寄雅志, 1976, 「渤海の國號に關する一考察」, 『朝鮮史研究會會報』 44

酒井改藏, 1970, 「三國史記の地名考」, 『朝鮮學報』 54, 朝鮮學會

池內宏, 1916, 「鐵利考」, 『滿鮮地理歷史硏究報告』 3(1933, 『滿鮮史硏究』 中世篇 第1冊, 吉川弘文館)

池內宏, 1929, 「眞興王の戊子巡境碑と新羅の東北境」, 『朝鮮古蹟調査特別報告』 第6冊

池內宏, 1937, 「蒲盧毛朶部について」, 『滿鮮史研究』(中世篇) 第2冊

津田左右吉, 1915, 「渤海考」, 『滿鮮地理歷史硏究報告』 1

津田左右吉, 1964, 「新羅北境考」, 『朝鮮歷史地理』 卷1

崔紹熹, 1979, 「渤海族的興起與消亡」, 『遼寧師院學報』 4, 遼寧師範學院哲社

河上洋, 1983, 「渤海の地方統治體制－一つの試論として」, 『東洋史硏究』 42-1

和田淸, 1916, 「定安國に就いて」, 『東洋學報』 6

和田淸, 1947, 「周代の蠻貊について」, 『東洋學報』 28-2

和田淸, 1955, 「渤海國地理考」, 『東亞史研究』(滿洲篇)

기타

국사편찬위원회, 한국사데이터베이스
이종묵, 「규장각 소장 귀중본 유서 및 총서 해제 연구」: 규장각 원문검색서비스 해설 및 해제
중국 바이두백과, 위키피디아백과(중국어판)
한국사사전편찬회, 2007, 『한국고중세사사전』
한국학중앙연구원, 『한국민족문화대백과사전』

北京愛如生數字化技術研究中心, 中國基本古籍庫

❖ 찾아보기 ❖

【ㄱ】

가독부(可毒夫)　94, 98, 111, 381, 488, 545
가돌우(可突于)　67, 497, 617
가릉국(訶陵國)　24
가탐(賈耽)　61, 551, 552
각궁(角弓)　110
간왕(簡王)　86, 452, 539
간의(諫議)　94, 545
갈실흘(竭失訖)　105
감(監)　95
감장(監長)　95
감찰어사(監察御史)　140, 353
강국(康國)　19
강수현(強帥縣)　211
강왕(康王)　86, 314, 451, 539
강주(康州)　206
개모성(蓋牟城)　60, 199
개복순(蓋福順)　17, 434
개복신(蓋福愼)　56
개원현(開遠縣)　198
개주(開州)　197, 574
개주(蓋州)　60, 200, 588
거란(契丹)　19, 21, 22, 23, 24, 25, 27, 29, 45, 55, 57, 62, 67, 76, 77, 90, 101, 102, 103, 104, 107, 108, 113, 116, 118, 119, 120, 121, 125, 126, 127, 128, 130, 132, 134, 136, 142, 143, 144, 146, 147, 149, 151, 187, 192, 266, 270, 274, 302, 380, 399, 431, 433, 434, 445, 453, 455, 456, 457, 465, 478, 483, 486, 497, 499, 501, 502, 509, 512, 514, 517, 525, 526, 533, 542, 545, 547, 560, 561, 563, 567, 568, 570, 571, 572, 573, 576, 578, 580, 584, 586, 608, 616, 622, 624, 625
『거란국지(契丹國志)』　150, 499, 500, 584
거란도(契丹道)　93, 545
거란의 옛 땅　185
거란주(契丹主)　106, 107
거란차(契丹次)　103
거란한아발해내시도지(契丹漢兒渤海內侍都知)　224
거란한인발해내시도지(契丹漢人渤海內侍都知)　260
거란해한발해사군도지휘사사(契丹奚漢渤海四軍都指揮使司)　223
건릉(乾陵)　66, 473
건안성(建安城)　63
건왕(建王)　34, 471
건주(建州)　543
건흥(建興)　86, 452, 539
걸걸중상(乞乞仲象)　77, 78, 113, 122, 192, 479, 480, 486, 487, 533, 534
걸곤우(乞昆羽)　479, 480
걸사비우(乞四比羽)　42, 77, 78, 113, 122, 443, 444, 479, 480, 487, 534
검교비서감(檢校秘書監)　24, 26, 52, 53, 477
검교사공(檢校司空)　22, 34, 51, 52, 53, 86, 484, 539, 620

검교사도(檢校司徒)　22
검교우산기상시(檢校右散騎常侍)　105
검교태보(檢校太保)　104, 485
검교태위(檢校太尉)　22, 52, 84, 107
검교태자빈객(檢校太子賓客)　105
검주(黔州)　220
격문(檄文)　126, 560, 618
겸행영제군마보군부도지휘사(兼行營諸軍馬步軍副都指揮使)　100
경(卿)　94
경사(京師)　74, 87, 129, 143, 233, 353, 536, 539, 554, 556, 561, 633
경종(敬宗)　24
경주(慶州)　136, 178, 189, 190, 197, 541, 564
경주(瓊州)　543
경해(鯨海)　145
계루(桂婁)의 옛 땅　43, 371, 379, 438
계루군왕(桂婁郡王)　382, 438
계림주제군사(鷄林州諸軍事)　491, 614
계산현(雞山縣)　195
계주(薊州)　108, 135, 141, 149, 152, 186, 547, 561, 568
고간(高衎)　281, 327, 337, 347, 348, 349, 589
고개도(高開道)　38, 472
고경서(高慶緒)　582
고계훈(高繼勳)　135
고구려(高句麗)　16, 32, 36, 40, 43, 44, 47, 58, 60, 69, 70, 72, 75, 76, 82, 97, 113, 122, 123, 125, 146, 192, 194, 197, 198, 199, 200, 202, 203, 204, 209, 212, 214, 224, 263, 264, 265, 266, 369, 371, 379, 380, 388, 439, 442, 442, 444, 447, 461, 462, 462, 463, 464, 464, 467, 469, 473, 475, 478, 479, 486, 515, 524, 525, 525, 527, 528, 532, 533, 534, 536, 545, 548, 551, 552, 570, 574, 576, 576, 585, 630, 631
고구려의 별종　41, 113, 121, 122, 125, 146, 147, 379, 438, 475, 486, 562, 567
고구려의 옛 땅　90, 122, 542
고구려 항호주(降戶州)　60
고노(楛笴)　71
고덕기(高德基)　282, 344, 345, 346, 358
고래 눈알(鯨睛)　74, 529, 555
고려(高麗)　24, 29, 34, 55, 79, 126, 135, 136, 140, 156, 176, 226, 251, 257, 262, 263, 339, 365, 369, 459, 479, 518, 550, 557, 560, 570, 584
고려의 옛 땅　144
고려조선왕(高麗朝鮮王)　27
고리국(槀離國)　190, 212
고모한(高模翰)　134, 167, 244, 245, 246, 247, 433
고모한(高车翰)　342
고문부(高文富)　137
고병(高騈)　626
고보영(高寶英)　53
고산수(高山壽)　564
고상영(高賞英)　407, 437
고석(高錫)　358
고선수(高仙壽)　178
고송(高松)　320, 321
고수례(高守禮)　590
고수성(高壽星)　274, 366
고수신(高守信)　590
고수의(高守義)　590
고수해(高壽海)　437
고숙만(高宿滿)　426
고앙(高昂)　315
고영창(高永昌)　151, 180, 181, 271, 272, 291,

299, 300, 302, 306, 335, 342, 357, 362, 363, 505, 512, 564, 565
고예진(高禮進)　374, 404, 425
고왕(高王)　81, 535
고원고(高元固)　600, 604
고육가(高六哥)　312
고장(高藏)　34, 463
고재남(高才男)　403
고정(高楨)　301, 341, 343, 346, 357
고정사(高正詞)　410, 430, 489
고종(高宗)　34, 60, 121, 126, 146, 578
고주(高州)　542
고지의(高志宜)　619
고천익(高天益)　597
고청명(高淸明)　173, 180, 262
고표(高彪)　312, 313, 314, 315, 316
고헌(高憲)　589
고혜진(高惠眞)　72
고횡(高竑)　351, 352
곤명(昆明)　25
골돌(汨咄)　40, 70, 464
골돌부(汨咄部)　70
골지(骨至)　410, 430
공백계(公伯計)　395, 422
공봉관(供奉官)　109, 119, 455, 623
공진현(貢珍縣)　217
공학관(控鶴官)　117
곽안국(郭安國)　319
곽약사(郭藥師)　138, 317, 318, 319
관고(官告)　425, 477
관해(貫海)　169
관휴(貫休)　605
광건(廣健)　127
광국군절도관찰유후(匡國軍節度觀察留後)　99

광록대부(光祿大夫)　107, 117, 378, 485, 611
광주(廣州)　62, 181, 209, 226, 255, 256, 543, 551
교(敎)　94
구국(舊國)　84, 538, 581
『구당서(舊唐書)』　15, 16, 55, 113, 125, 371, 467, 468, 482, 556, 562
구려현(勾麗縣)　194
구여(仇悆)　137
구이(九異)　422
구흠도(龜歆島)　63
군리부(郡利部)　74, 529
굴설(屈說)　74, 474, 529
굴설부(窟說部)　74, 529
궁려(穹廬)　109
권지국무(權知國務)　26, 452
권지발해국무(權知渤海國務)　24, 387
귀덕장군(歸德將軍)　105
귀덕현(貴德縣)　208
귀명발해(歸明渤海)　127, 128, 129
귀명신무(歸明神武)　127
귀부(歸附)　149
귀비(貴妃)　94, 98, 111, 295, 488, 545
귀의현(歸義縣)　206
귀인현(歸仁縣)　211
귀주(歸州)　219, 220, 543
금덕현(金德縣)　194
금자광록대부(金紫光祿大夫)　38, 52, 53, 66, 316, 329, 369, 385, 387
금주(錦州)　118, 182, 351
기미(羈縻)　61
기병(騎兵)　107, 117, 139, 143, 148, 505, 561, 568, 625
기주(紀州)　543

기주(祺州)　210
기하(基下)　94, 98, 111, 381, 488, 545
길리군(吉理郡)　199
김갈단(金碣丹)　614
김사란(金思蘭)　36, 68, 83, 448, 491, 537, 614
김신충(金信忠)　614
김장렴(金張廉)　633
김지렴(金至廉)　412
김지렴(金志廉)　614
김직량(金直諒)　633
김충신(金忠信)　412
김효방(金孝方)　412
김흥광(金興光)　383, 412, 422, 492, 614
꿩　71, 247, 559

【ㄴ】

나기발(那棄勃)　397
나사(那沙)　173
나한(羅漢)　174
낙고몽(諾箇蒙)　416
낙양(洛陽)　109, 459, 502
날록산(捺祿山)　67
남경(南京)　89, 160, 161, 162, 163, 172, 185, 194, 202, 225, 228, 231, 234, 295, 319, 325, 326, 345, 503, 541
남우위(南右衛)　95
남조(南詔)　22, 373, 558
남조만(南詔蠻)　24
남좌위(南左衛)　95
남해(南海)　154
남해부(南海府)　89, 118, 202, 541
남흑수말갈(南黑水靺鞨)　63
낭중(郎中)　94, 329, 545

내사(內使)　493, 615
내상시(內常侍)　51, 384, 388
노극충(盧克忠)　362
노룡군(盧龍軍)　29
노문진(盧文進)　108, 453, 500
노상(老相)　156
노상군(老相軍)　237
노상병(老相兵)　153, 227
노왕(老王)　94, 98, 111, 488, 545
노주(盧州)　200
노포리(奴布利)　415
노현(潞縣)　186
녹군현(麓郡縣)　208
녹주(淥州)　203
녹주(麓州)　219
논흠릉(論欽陵)　39
농우(隴右)　35, 631
니하(泥河)　76, 533

【ㄷ】

다몽고(多蒙固)　422, 495
다시마(昆布)　96, 396, 409, 410, 482, 489
단주자사(單州刺史)　106
달단(達靼)　120, 560, 571
달랄(撻辣)　139
달로고(達魯古)　270
달불야(撻不也)　181, 362
달불야(撻不野)　271, 300, 302, 303, 306
달허리(闥許離)　389
담비　71, 74, 465, 520, 525, 555
답추(踏鎚)　516
당례(唐禮)　436, 468
당은포구(唐恩浦口)　63

『당회요(唐會要)』 467, 468
대가노(大家奴) 268, 272
대각(大嚳) 288
대강예(大康乂) 253
대건황(大虔晃) 26, 87, 453, 539
대걸걸중상(大乞乞仲象) 122
대고(大吳) 273, 274, 277, 278, 279, 304, 306, 308, 309, 313, 310, 312, 321
대공정(大公鼎) 180, 257, 258, 259, 260, 505, 565
대공칙(大公則) 607, 620
대광성(大光晟) 428
대광찬(大光贊) 408, 488
대굉림(大宏臨) 85, 451, 538
대난하(大鷲河) 148, 149, 546, 568
대낭아(大郎雅) 393, 420, 496
대내상(大內相) 94, 510
대농시(大農寺) 95
대능신(大能信) 51, 424
내달불아(人撻不也) 139
대도리행(大都利行) 382
대도리행(大道利行) 417, 418
대두제번(戴斗諸蕃) 552
대령(大令) 95
대림(大琳) 419
대막불만돌(大莫拂瞞咄) 71, 464, 524
대매하(大梅河) 143
대명준(大明俊) 53, 375, 407, 427, 428
대명충(大明忠) 86, 452, 539
대무예(大武藝) 16, 18, 46, 47, 48, 49, 68, 81, 82, 83, 84, 382, 382, 385, 388, 417, 418, 419, 438, 442, 446, 448, 449, 467, 476, 477, 492, 494, 495, 535, 615
대문예(大門藝) 47, 48, 49, 68, 81, 82, 83, 358, 359, 439, 440, 446, 447, 449, 493, 536, 615, 619
대반(大磐) 281, 282, 310, 311, 312
대방걸(大邦傑) 369
대방기(大邦基) 283, 369
대번(大蕃) 394, 423, 568
대보방(大寶方) 392
대불열(大拂涅) 74, 529
대불열말갈(大拂涅靺鞨) 390, 420, 422
대사(大赦) 115, 116, 154, 275
대사도(大謝島) 63
대사리(大舍利) 134
대상정(大嘗靖) 423
대상정(大常靖) 50
대성신(大誠慎) 426
대성악(大誠諤) 408, 488
대성취진(大姓取珍) 421
대소순(大昭順) 408, 488
대소좌(大昭佐) 116, 410
대소현(大素賢) 156, 165
대숭린(大嵩璘) 21, 22, 51, 85, 384, 385, 386, 388, 424, 451, 467, 477, 538, 556
대식(大食) 19
대신덕(大新德) 86, 453, 539
대씨(大氏) 111, 123, 192, 265, 275, 276, 293, 303, 321, 341, 370, 476, 488, 499, 509, 516, 532, 579
대야발(大野勃) 86, 539
대약사노(大藥師奴) 269, 300
대언의(大言義) 23, 52, 86, 386, 388, 452, 539
대연광(大延廣) 407
대연림(大延琳) 151, 175, 186, 187, 202, 203, 220, 229, 240, 250, 251, 252, 253
대연진(大延眞) 403

대영(大穎) 281, 366
대영준(大英俊) 435
대우모(大禹謨) 115, 409, 488
대욱진(大勗進) 423
대원겸(大元謙) 429
대원양(大元讓) 409, 429, 488
대원유(大元瑜) 52, 86, 386, 388, 451, 452, 477, 539
대원의(大元義) 85, 451, 538
대의신(大義信) 17, 392
대이진(大彝震) 24, 53, 86193, 387, 388, 437, 453, 496, 539, 621
대인선(大諲譔) 100, 102, 114, 115, 116, 123, 152, 158, 159, 185, 188, 194, 227, 233, 238, 239, 243, 388, 408, 409, 410, 482, 488, 501, 545, 580
대인수(大仁秀) 23, 53, 86, 151, 196, 386, 388, 452, 453, 539, 584
대인정(大仁靖) 169
대일하(大壹夏) 47, 82, 439, 447, 536
대정간(大貞幹) 436
대정준(大廷俊) 404
대정한(大貞翰) 50
대조영(大祚榮) 16, 41, 45, 55, 113, 122, 147, 192, 375, 379, 381, 382, 388, 413, 438, 442, 446, 479, 482, 487, 518, 534, 550, 556
대종(代宗) 18, 450, 461, 609
대중정(大中正) 94
대지악(大之萼) 26
대진림(大陳林) 116, 410, 489
대창경(大昌慶) 426
대창발가(大昌勃價) 417, 418
대창휘(大昌輝) 496, 621
대청윤(大淸允) 50, 424, 476

대총예(大聰叡) 24, 374, 607
대현석(大玄錫) 87, 539
대호아(大胡雅) 419
대화여(大華璵) 85, 451, 538
대회정(大懷貞) 350
대회충(大懷忠) 295
대효진(大孝眞) 404
대흠무(大欽茂) 18, 21, 84, 85, 383, 384, 385, 388, 449, 451, 467, 477, 537, 608, 609
대흥(大興) 84, 537
대흥국(大興國) 275, 276, 293, 367, 368, 369
덕광(德光) 110, 117, 233
덕리진(德理鎭) 63
덕종(德宗) 21, 450, 451, 461
도단(徒單) 293, 294, 295, 296, 297
도단극녕(徒單克寧) 298, 332, 339
도단씨(徒單氏) 276, 293, 321
도단아리출호(徒單阿里出虎) 276, 305
도독(都督) 123, 266, 469, 474, 528
도두(都頭) 127, 633
도리진(都里鎭) 63
도리해구(都里海口) 62
도모(闍母) 178, 299, 302, 307, 308, 363, 507
도우후(都虞候) 127
도정(都亭) 550, 559
도지압반(都知押班) 173, 249
도태산(徒太山) 69
도화포(桃花浦) 63
도후(悼后) 276, 366
독뇌(禿餒) 108, 378, 454, 500
독원노(獨轅弩) 136
독주주(獨奏州) 92, 544
돌궐(突厥) 36, 38, 43, 44, 45, 46, 57, 67, 69, 79, 81, 102, 115, 242, 444, 446, 463, 467,

469, 472, 478, 494, 497, 498, 534, 535, 536, 617, 624
돌욕(突欲)　103, 104, 110, 119, 147, 377, 378, 411, 433, 567
돌지계(突地稽)　37, 66, 472, 527
동경(東京)　85, 88, 165, 167, 169, 173, 175, 177, 180, 181, 183, 184, 185, 187, 191, 197, 217, 248, 249, 250, 255, 271, 272, 299, 300, 301, 302, 306, 322, 336, 503, 505, 506, 513, 514, 515, 538, 541, 565, 573, 581, 619
동경로발해만호(東京路渤海萬戶)　320
동경발해승봉관(東京渤海承奉官)　224
동경유수(東京留守)　242, 249, 262, 310, 506, 565, 582
동경해민모극(東京奚民謀克)　306
동근(董僅)　628
동나현(東那縣)　205
동단(東丹)　104, 156, 228, 233, 235, 378, 456, 457, 485, 502, 511
동단국(東丹國)　113, 119, 151, 158, 159, 160, 166, 194, 227, 228, 230, 237, 242, 432, 442, 454, 482, 501, 510, 578
동단국왕(東丹國王)　372
동단모화(東丹慕華)　457
동단왕(東丹王)　103, 104, 110, 118, 227, 232, 241, 249, 377, 411, 432, 433, 456, 457, 484, 484, 502, 502, 510, 515, 577
동단왕국(東丹王國)　194, 574
동모산(東牟山)　43, 76, 192, 263, 265, 369, 379, 444, 532
동문관(同文館)　559
동산군(銅山郡)　214
동산현(銅山縣)　214
동서반(東西班)　117

동주(同州)　214
동주(銅州)　217, 544
동주(東州)　218
동평군(東平郡)　151, 160, 194, 226
동평부(東平府)　91, 195, 210, 543
동평채(東平寨)　214
등주(登州)　17, 35, 56, 62, 63, 83, 97, 103, 372, 383, 422, 434, 435, 438, 439, 442, 448, 457, 484, 511, 517, 529, 537, 551, 570, 581, 631

【ㄹ】

로(路)　126, 136, 365

【ㅁ】

마도산(馬都山)　68
마문궤(馬文軌)　48, 439
마석산(馬石山)　63
마한(馬韓)　60, 145, 547, 630
마흠(馬欽)　366
막예개부(莫曳皆部)　74, 529
막주(鄚州)　542
막힐(鄚頡)　154, 230
막힐부(鄚頡府)　91, 212, 542
만맥(蠻貊)　140
말갈(靺鞨)　19, 21, 27, 28, 30, 35, 36, 43, 57, 72, 75, 77, 79, 80, 97, 113, 120, 121, 122, 156, 226, 265, 372, 379, 382, 389, 390, 391, 393, 394, 401, 402, 412, 413, 414, 420, 421, 434, 443, 450, 462, 463, 466, 467, 469, 471, 478, 487, 515, 524, 529, 534, 535, 555, 556, 576

말갈국(靺鞨國) 466, 515
말갈발해군왕(靺鞨渤海郡王) 375
말갈사(靺鞨使) 18
말갈씨(靺鞨氏) 265
말갈주(靺鞨州) 58
말도(末島) 63
매로술골(梅老述骨) 116
매로혜리(梅老鞋里) 436, 454, 483
매취리(買取利) 414
매하(梅河) 142
맹심징(孟審澄) 99
맹안(猛安) 273, 290, 291, 292, 306, 311, 312, 313, 342
맹안모극(猛安謀克) 338
면도호(綿度戶) 396
면채(綿綵) 374
명종(明宗) 119, 454, 456, 457, 484, 485, 510
모극(謀克) 269, 272, 290, 292, 304, 312, 313, 314, 343
모주(慕州) 205, 544
모화(慕化) 205
모화(慕華) 104, 228, 235, 378, 457, 485, 502, 511
목종(穆宗) 24, 167, 558
목주(穆州) 198, 541
목지몽(木智蒙) 395
몽주(蒙州) 196, 210, 543
묘정수(卯貞壽) 425
무리몽(茂利蒙) 391
무열대왕(武烈大王) 631
무왕(茂立) 84, 191, 442, 520, 537
무용마군(武勇馬軍) 564
무원(武員) 545
무종(武宗) 25, 554

무창현(武昌縣) 214
문비(文妃) 297, 509
문성각(文成角) 116, 411
문양(汶陽) 107
문왕(文王) 85, 451, 538
『문원영화(文苑英華)』 490, 606
문적원(文籍院) 95
문종(文宗) 15, 24, 87, 375, 387, 406, 427, 437, 452, 539, 556, 611, 629
『문헌통고(文獻通考)』 518, 519
물길(勿吉) 36, 69, 175, 265, 267, 315, 345, 464, 466, 471, 506, 525, 526
미발계(味勃計) 391, 415
미주(美州) 210, 544
미주(郿州) 544
미타호(湄沱湖) 96

【ㅂ】

박작성(泊汋城) 63
반로정(郍老正) 143
반안군(盤安郡) 204
반원(郍元) 143
반주(潘州) 542
발리주자사(勃利州刺史) 73, 528
발시계(勃施計) 415
발주(渤州) 216, 540
발해(渤海) 18, 19, 21, 22, 23, 24, 25, 29, 33, 40, 47, 49, 55, 56, 63, 67, 68, 69, 70, 74, 75, 80, 84, 98, 99, 101, 102, 105, 107, 108, 113, 114, 115, 116, 119, 120, 121, 125, 126, 130, 136, 137, 138, 139, 144, 146, 149, 265, 299, 370, 449, 475, 485, 488, 496, 497, 529, 532, 553, 555, 558, 559, 560, 564, 567, 588, 589,

604, 616, 621, 624, 627, 629, 631
발해고욕(渤海古欲)　178, 179, 230
발해교방(渤海敎坊)　289, 290
발해국(渤海國)　100, 101, 104, 106, 107, 125, 146, 516, 566, 573, 579
『발해국기(渤海國記)』　64, 130, 131, 549, 553, 557
발해국왕(渤海國王)　22, 23, 25, 26, 52, 53, 102, 114, 115, 116, 385, 386, 387, 409, 410, 424, 438, 477, 484, 501, 507, 619
발해군(渤海軍)　132, 273, 290, 291, 303, 357
발해군도지휘사(渤海都指揮使)　148
발해군도지휘사사(渤海軍都指揮使司)　223
발해군왕(渤海郡王)　80, 123, 125, 147, 193, 375, 381, 382, 383, 385, 388, 445, 476, 477, 488, 492, 494, 495, 535, 556, 577, 608, 615
발해군왕 홀한주도독　22, 46, 382
발해근시상온(渤海近侍詳穩)　255
발해근시상온사(渤海近侍詳穩司)　223
발해나(渤海挐)　566
발해달마(渤海撻馬)　169, 223
발해대씨(渤海大氏)　586
발해도독부(渤海都督府)　59
발해만호(渤海萬戶)　139
발해말갈(渤海靺鞨)　16, 17, 31, 35, 41, 55, 56, 97, 111, 113, 379, 383, 392, 393, 394, 395, 396, 397, 400, 401, 402, 415, 417, 419, 420, 421, 422, 434, 450, 475, 477, 482, 486, 491, 614
발해말갈왕(渤海靺鞨王)　18, 392, 394, 419, 421, 446, 448
발해방해(渤海螃蠏)　583
발해부(渤海部)　177, 223
발해상(渤海相)　165

발해상온(渤海詳穩)　173, 262
발해성(渤海城)　215, 582
발해소(渤海蘇)　242
발해소교(渤海小校)　169
발해 수령(渤海首領)　137, 416
발해승봉관(渤海承奉官)　173, 249
발해승봉도지압반(渤海承奉都知押班)　224
발해아시(渤海阿廝)　261
발해악(渤海樂)　126, 289
발해염부왕(渤海琰府王)　148, 546, 568
발해왕(渤海王)　103, 118, 496, 556, 561, 621
발해유수(勃海留守)　268
발해 유여(渤海遺黎)　144
발해의 옛 땅　506, 565
발해의위(渤海儀衛)　225
발해인(渤海人)　135, 182, 186, 187, 209, 226, 231, 244, 249, 252, 253, 257, 264, 274, 282, 290, 292, 304, 309, 362, 365, 482, 500, 505, 514, 516, 517, 582
발해자제군(渤海子弟軍)　564
발해장사(渤海帳司)　222
발해재상(渤海宰相)　222
발해조(渤海詔)　554
발해주(渤海州)　219, 573
발해 질자(渤海質子)　372, 435
발해 철주(渤海鐵州)　317
발해타실(渤海陀失)　172
발해태보(渤海太保)　176, 222
발해현(渤海縣)　187, 207, 210
발해호(渤海戶)　151, 161, 174
방역도리(方域道里)　61
배구(裴璆)　409, 430, 488
백돌부(伯咄部)　265, 524
백산부(白山部)　40, 70, 265, 464, 473, 524

백암성(白巖城) 208
백암현(白巖縣) 209
백애성(白崖城) 60
120사(司) 25
백제(百濟) 630
백제대방왕(百濟帶方王) 27
백주(柏州) 542
번국(蕃國) 61, 551, 577
번병(藩屏) 608
번복(藩服) 621
번장(藩長) 608
변방성(邊防城) 191
변한(弁韓) 79, 535, 570, 630
병덕(秉德) 276, 366, 368
보주(保州) 176, 251, 252, 271, 574
보해(步奚) 107
보화현(保和縣) 186
복괄랄(僕聒剌) 268, 356
복산홀토(僕散忽土) 276, 280
복야(僕射) 94
복주(福州) 544
복홀득(僕忽得) 357
본동일가(本同一家) 264
봉덕현(奉德縣) 208
봉아리(封阿利) 416
봉작(封爵) 108
봉주(鳳州) 190
봉집현(奉集縣) 209
봉책(封册) 108, 381, 384
부곡(部曲) 377, 457, 484, 500, 502, 511, 516, 579
부교(部校) 104
부도두(副都頭) 127
부리(富利) 215

부리현(富利縣) 186
부수현(富壽縣) 213
부여(扶餘) 79, 93, 96, 146, 147, 149, 520, 535
부여경(扶餘敬) 35
부여국(扶餘國) 211, 574
부여도독부(扶餘都督府) 631
부여부(扶餘府) 90, 144, 152, 159, 215, 432, 542, 548, 575, 622
부여부 강사현(强師縣) 185
부여성(扶餘城) 103, 119, 147, 188, 211, 229, 489, 567
부여융(扶餘隆) 35, 97
부여의 옛 땅 90, 542
부여현(扶餘縣) 188
부왕(副王) 94, 98, 111, 488, 497, 545, 622
부유말갈(浮渝靺鞨) 30
부유부(浮渝府) 148, 546, 568
부의현(富義縣) 189
부의후(負義侯) 107, 117
부주(扶州) 542
부주(富州) 213, 543
북예(北裔) 140
북우위(北右衛) 95
북융(北戎) 148
북좌위(北左衛) 95
분도(奔睹) 341
분주(汾州) 543
불열(拂涅) 74, 372, 390, 391, 395, 413, 414, 529, 543, 555
불열국성(拂涅國城) 210
불열말갈(拂涅靺鞨) 389, 390, 396, 397, 413
불열부(拂涅部) 70, 265, 464, 524
불열의 옛 땅 91
불열주(拂涅州) 60

찾아보기 | 653

비류군(沸流郡)　204
비류왕(沸流王)의 옛 땅　204
비리군(陴離郡)　209
비서감(秘書監)　23, 294
비위(羆衛)　95
비주(比州)　543
비호성(飛狐城)　132
빈객(賓客)　51, 385
빈주(濱州)　138
빈주(賓州)　173, 215
빈주(嬪州)　203
빙례(聘禮)　119

【ㅅ】

사농현(司農縣)　208
사리(舍利)　77, 162, 487, 533, 613
사리주도독부(舍利州都督府)　60
사리즉랄(舍利則剌)　105
사모부(思慕部)　74, 529
사비성(沙卑城)　202
사빈시(司賓侍)　95
사선시(司膳寺)　95
사언장(謝彦章)　99
사이(四夷)　9, 61, 113, 134, 378, 484, 551, 553
사장시(司藏寺)　95
사주(邪州)　544
사타(沙陀)　133
사행성(伺行成)　614
산동현(山東縣)　206
산산(蒜山)　201
산양(山陽)　200
산자산(傘子山)　158
산하현(山河縣)　210

살갈산(撒葛山)　152
삼국(三國)　441, 630
『삼국지(三國志)』　436, 468
삼로(杉盧)　200
삼로군(杉盧郡)　200
『삼십육국춘추(三十六國春秋)』　436, 468
삼한(三韓)의 귀종(貴種)　31
상경(上京)　84, 85, 88, 191, 202, 203, 241, 250, 294, 296, 503, 514, 537, 538, 540, 570, 572
상락현(常樂縣)　194
상령(商嶺)　152
상보(尙父)　108
상시(常侍)　95, 545
상암현(霜巖縣)　209
상주(常州)　544
상주(尙州)　219
새매(鷹鶘)　21
색구(索仇)　78
생여진(生女眞)　267, 573
서경(西京)　90, 203, 307, 542
서신등주관찰등사(瑞愼等州觀察等使)　104
서신등주관찰사(瑞愼等州觀察使)　511
서주(瑞州)　228, 235
서하(西夏)　126, 138, 243, 560
석경당(石敬瑭)　236, 245
석국(石國)　19
석목현(析木縣)　195, 217
석인왕(石人汪)　63
선무제치사(宣撫制置司)　126
선부(膳部)　225
선비(鮮卑)　575
선왕(宣王)　86, 453, 539, 607
선인관(仙人關)　138, 315

선조성(宣詔省)　94, 545
선종(宣宗)　26, 355, 453
선주(仙州)　542
선향현(仙鄕縣)　195
『선화봉사고려도경(宣和奉使高麗圖經)』　479
선화현(宣化縣)　187
설리몽(薛利蒙)　416
설숭(薛嵩)　32
설초(薛超)　118
설태(薛泰)　40, 73, 376, 474, 528
설평(薛平)　32, 374
섬서(陝西)　126, 315, 560
성각(城脚)　516, 582
성길(盛吉)　201
성길현(盛吉縣)　220
성왕(成王)　85, 94, 381, 451, 520, 538
소달불야(蕭撻不野)　268
소매하(小梅河)　143
소보선(蕭保先)　180, 259, 565
소정(少正)　95
소종(昭宗)　26, 108
소해리(蕭海里)　267
소효선(蕭孝先)　175, 250
속말(粟末)　369, 466
속말(涑沫)　58
속말강(涑沫江)　93, 544
속말말갈(涑沫靺鞨)　30
속말말갈(粟末靺鞨)　7, 8, 55, 75, 113, 263, 265, 518, 532, 550, 556
속말부(粟末部)　69, 265, 464, 524
속말수(速末水)　69, 93, 465, 524, 544
속주(涑州)　217, 544
손만영(孫萬榮)　29, 486
솔빈부(率賓府)　91, 206, 207, 218, 543

솔빈의 옛 땅　91
솔빈현(率賓縣)　207, 257
송기(宋琪)　133
수령(首領)　40, 57, 391, 403, 418, 421, 429, 432, 474, 493, 496, 566, 567, 614, 616
수복자(受福子)　396
수상서령(守尙書令)　108
수 양제(隋煬帝)　38, 472
수주(遂州)　210
숙신(肅愼)　36, 69, 147, 215, 265, 266, 466, 471, 515
숙신의 옛 땅　88, 540
숙신성(肅愼城)　63, 582
숙신현(肅愼縣)　196
숙여진(熟女眞)　266, 514
순종(順宗)　22, 588
숭비(崇妃)　293
숭산현(崇山縣)　208
숭주(崇州)　201
숭평(崇平)　205
습(霫)　133, 134
승병(勝兵)　44, 79, 464, 487, 515, 535, 548, 581
시국자감승(試國子監丞)　429
시어사(侍御史)　80, 375, 445, 488, 535, 556
시중(侍中)　94, 246, 279, 324, 545
신능지(愼能至)　607, 620
『신당서(新唐書)』　15, 16, 55, 56, 113, 151, 264, 467, 468, 518, 519, 550, 552, 570
신라(新羅)　21, 22, 23, 27, 35, 44, 49, 55, 76, 83, 97, 97, 108, 135, 151, 155, 373, 378, 380, 397, 403, 426, 427, 437, 462, 463, 464, 478, 484, 490, 501, 533, 550, 553, 556, 558, 559, 574, 630, 632
신라국(新羅國)　574

신라도(新羅道) 93, 439, 544
신라왕(新羅王) 118, 491, 492, 613
신라왕성(新羅王城) 63
신문덕(辛文德) 404
신부(信部) 94, 545
신성(新城) 483, 586
신주(信州) 214, 573
신주(愼州) 29, 58, 109, 119, 158
신주(神州) 64, 542
신흥현(新興縣) 213
실아리(失阿利) 396, 423
실위(室韋) 19, 69, 74, 136, 155, 242, 270, 394, 401, 450, 474, 529, 571, 625
실이몽(失異蒙) 389
실이몽(失伊蒙) 418
심주(瀋州) 176, 181, 208, 300, 302, 342, 506, 512, 585
『심주기(瀋州記)』 586
십자매(十姊妹) 579
쌍성현(雙城縣) 213
쌍주(雙州) 212, 573

【ㅇ】

아고랑(阿固郎) 72, 527
아리지(阿里只) 159
아보기(阿保機) 101, 103, 108, 118, 119, 134, 147, 435, 484, 567, 581, 622
아장(牙帳) 110
아포과사(阿布科思) 394
아포리계(阿布利稽) 396, 423
아포사리(阿布思利) 420
안거골(安車骨) 40, 70, 464, 473
안거골부(安車骨部) 70, 265, 464, 524

안녹산(安祿山) 18, 450, 607
안단소군(安端少君) 456, 510
안동(安東) 34, 61
안동도독부(安東都督府) 469, 631
안동도호(安東都護) 40, 65, 104, 376, 378, 474, 485, 528
안동도호부(安東都護府) 9, 28, 29, 60, 62, 121, 192, 450, 467, 469, 486, 576, 585
안동성(安東城) 35
안민현(安民縣) 190
안변(安邊) 154, 230
안변부(安邊府) 91, 158, 542
안서소군(安端少君) 110
안시성(安市城) 200, 264, 266, 572
안원부(安遠府) 92, 205, 544
안원현(安遠縣) 211
안이현(安夷縣) 213
안정군(安定郡) 212
안정도독부(安靜都督府) 59
안정부(安定府) 218
안주(安州) 542
알로고(斡魯古) 272, 299, 317
암주(巖州) 60, 208, 572
압록부(鴨淥府) 90, 187, 203, 237, 542
압말갈사(押靺鞨使) 476
압신라발해양번등사(押新羅渤海兩蕃等使) 20, 21, 26, 33, 34, 100, 471, 611, 612, 620
압신라발해양번사(押新羅渤海兩蕃使) 64, 471
압양번발해흑수등사부절도처치(押兩蕃渤海黑水等四府節度處置) 607
압양번발해흑수사부경략(押兩蕃渤海黑水四府經略) 33
압양번발해흑수사부경략사(押兩番渤海黑水四府經略使) 18

압양번발해흑수사부경략처치사(押兩蕃渤海黑水四府經略處置使) 65
야고리(野古利) 396
야율덕광(耶律德光) 433, 456, 484, 511, 565
야율아보기(耶律阿保機) 378, 431, 432, 434, 436, 455, 460, 483, 489, 506, 563, 565, 573, 574, 577, 580, 622
야율오(耶律汚) 432
야율우지(耶律羽之) 156, 160, 165, 240, 432
양국황제(讓國皇帝) 166, 167, 228, 236
양박(楊朴) 507
양찬(梁纘) 628
양평성(襄平城) 62
어곡현(漁谷縣) 211
어부수계(菸夫須計) 419
어사대부(御史大夫) 94, 283, 284, 330, 333, 378, 485, 607, 612, 629
어주(御廚) 117
여가(如價) 414
여라수착(汝羅守捉) 62
여부구(茹富仇) 51, 424
여사리(與舍利) 396
여순관(呂巡官) 627
여용지(呂用之) 626
여직(女直) 160, 170, 172, 178, 181, 182, 191, 226, 251, 272, 274, 300, 302, 338, 357
여진(女眞) 102, 119, 120, 136, 137, 138, 144, 145, 264, 270, 303, 409, 454, 506, 507, 508, 509, 512, 557, 564, 566, 575, 579
여진국(女眞國) 142, 573
여진국의 옛 땅 573
여진만호(女眞萬戶) 139
여현(盧縣) 107
역골(械骨) 105

역속현(易俗縣) 186, 203
역인(役人) 127
연보(延寶) 117
연성현(緣城縣) 208
연영전(延英殿) 400, 435
연주(燕州) 66, 108, 135, 136, 472, 509, 528
연진현(延津縣) 213
연후(延煦) 117, 118
열주의(列周義) 411
염부왕(琰府王) 125
염주(鹽州) 198, 541
영강주(寧江州) 178, 268, 269, 301, 302, 303, 357, 564
영구성(靈丘城) 132
영녕현(永寧縣) 216
영덕(永德) 86, 451, 539
『영락대전(永樂大全)』 108
영봉현(靈峯縣) 207
영산현(靈山縣) 207
영주(寧州) 174, 219, 221, 315, 544
영주(郢州) 65, 217, 544
영주(營州) 61, 66, 108, 475, 497, 500, 533, 551, 576
영주(榮州) 540
영주도(營州道) 93, 544
영주도독(營州都督) 59, 77, 449, 472, 533, 616
영주자사(營州刺史) 18
영평채(永平寨) 213
영평현(永平縣) 213, 216
영풍현(永豐縣) 195, 206
영해군대사(寧海軍大使) 97
영해군사(寧海軍使) 36, 384, 412, 422, 632
예맥의 옛 땅 88, 197, 541
예부(禮部) 94, 545

예부낭중(禮部郞中)　172, 329
예속리계(倪屬利稽)　73, 414, 415, 420, 528
예종　30, 45, 80, 147, 535
5경 15부 62주　87, 151, 183, 194, 264, 266, 540
오골강(烏骨江)　63
오나달(烏那達)　394
오나달리(烏那達利)　420
『오대회요(五代會要)』　482
오랑자(五郞子)　392, 416
오로고(烏魯古)　159
오리미(奧里米)　172, 231
오만(吳巒)　107
오사리(烏舍利)　423
오사성(烏舍城)　148, 546, 568
오산(烏山)　152
오소가몽(烏素可蒙)　416
오소경(烏昭慶)　171, 231
오소고부락(烏素固部落)　30, 58
오소도(烏昭度)　170, 171, 254
오승자(烏承玼)　67
오시가몽(烏施可蒙)　389
오월국왕(吳越國王)　108
오지몽(渓池蒙)　415
오지의(烏知義)　616
오현명(烏玄明)　144
오호도(烏湖島)　63
오호해(烏湖海)　63
오희현(粤喜縣)　212
옥작개(屋作箇)　416
옥저(沃沮)　79, 202, 535, 570
옥저의 옛 땅　89, 541
옥주(沃州)　541
온정균(溫庭筠)　603
올아(兀兒)　410, 429, 435, 529

올야(兀惹)　169, 231, 254, 270
올야성(兀惹城)　168
올욕(兀欲)　120, 166
올이(兀異)　420
올출(兀朮)　139
완안량(完顔亮)　274, 275, 276, 293
완안술리고(完顔術里古)　272
완안알로(完顔斡魯)　272, 299, 300, 302, 313, 335, 342, 357, 362
완안앙(完顔昂)　341
완안양(完顔襄)　332, 339
완안종간(完顔宗幹)　269, 275, 276, 297
완안형(完顔亨)　304, 305
왕건(王建)　459
왕경무(王敬武)　26
왕덕(王德)　137
왕만경(王曼慶)　362
왕사범(王師範)　26
왕정(王政)　363, 364, 365, 596
왕정견(王庭堅)　596
왕정균(王庭筠)　358, 359, 360, 361, 362, 596
왕정염(王庭捻)　596
왕정옥(王庭玉)　596
왕종우(王宗禹)　25
왕준고(王遵古)　365, 596
왕준의(遵義)　596
왕준인(遵仁)　596
왕치(王治)　142
왕탄(王誕)　600, 602
왕태손(王貽孫)　131
왕헌(王憲)　435
왕현지(王玄志)　32
외신(外臣)　134
요곤(姚坤)　109, 119, 431, 455, 623

요굴지(耀屈之) 110
요동(遼東) 108, 113, 122, 125, 147, 290, 505, 512, 576, 585, 630
요동성(遼東城) 60
요동성국(遼東盛國) 194
요동인(遼東人) 589
요락주(饒樂州) 187
요서군(遼西郡) 30
요서태수(遼西太守) 66
요성현(遼城縣) 190
요수(遼水) 118, 565
요양(遼陽) 134, 185, 188, 257, 306, 322, 342, 563, 585, 590
요양고성(遼陽故城) 151, 194
요양부(遼陽府) 185, 191, 225
요양현(遼陽縣) 194
요주(遼州) 60, 152, 210, 513, 572
요주(耀州) 203
요해(遼海) 143, 597
용민(龍敏) 106
용원부(龍原府) 88, 190, 197, 541
용원현(龍原縣) 198
용주(龍州) 186, 188, 215, 540, 622
용천부(龍泉府) 88, 188, 214, 540
용하군(龍河郡) 198
우6사(司) 94, 545
우대상(右大相) 221
우도감(右都監) 139
우루(虞婁) 74, 403, 529, 555
우맹분 95
우무위장군(右武衛將軍) 51, 424
우복자(優福子) 423
우부현(優富縣) 213
우상(右相) 167, 248, 261, 545

우위장군(右衛將軍) 66, 424
우위장군동정우위장군동정(右衛將軍同正) 50, 476
우직(右職) 628
우차상(右次相) 156, 222
우평장(右平章) 545
우평장사(右平章事) 169, 510
우효위대장군(右驍衛大將軍) 85, 538
우후(虞候) 127
우후루번장(虞候婁蕃長) 51, 424
웅산현(熊山縣) 207
원관(元瓘) 108
원문정(元文政) 430
원복(源復) 48, 83, 439, 447
원수태자(元帥太子) 110, 455, 484
원외(員外) 94, 545
『원화군현(元和郡縣)』 552
월리길(越里吉) 172, 231
월리독(越里篤) 172, 231
월주(越州) 543
월희(越喜) 74, 372, 389, 391, 395, 403, 462, 529, 543, 555
월희고성(越喜故城) 214
월희국(越喜國) 213
월희말갈 44, 380, 390, 392, 395, 396, 413, 415, 423
월희의 옛 땅 92
월희주도독부(越喜州都督府) 60
위가야부(衛迦耶夫) 143
위균(衛鈞) 158
위승(魏勝) 136
위위경동정(衛尉卿同正) 50, 423
위준(韋俊) 17, 49, 56, 434, 439, 448, 631
유견(油絹) 127

유공초(俞公楚)　627
유관(楡關)　118
유관수착(楡關守捉)　28, 450
유구(劉昫)　15
유보준(劉寶俊)　437
유예(劉豫)　139
유전량(劉全諒)　33
유정한(劉廷翰)　149
유주(幽州)　83, 97, 101, 118, 129, 133, 134, 136, 141, 148, 149, 186, 239, 432, 434, 439, 448, 453, 472, 503, 537, 546, 547, 561, 568, 572, 624, 633
유주도독(幽州都督)　30, 40, 41, 66, 73, 473, 474, 528
유주도독부(幽州都督府)　59
유주절도(幽州節度)　18, 96, 545
유주종사(幽州從事)　131
유하현(柳河縣)　212
육가(六哥)　313
6관(六官)　94
육군(六軍)　117
육근(六斤)　280, 305
윤능달(尹能達)　143
윤주(潤州)　221, 571
율기계(聿棄計)　421
융기(隆基)　180, 300
은주(銀州)　213, 558, 573
은주(恩州)　220
은지섬(殷志瞻)　51, 384
은청광록대부(銀靑光祿大夫)　26, 385, 386, 437, 477, 611, 612
은화현(恩化縣)　220
을새보(乙塞補)　357
음산(陰山)　120

읍루(挹婁)　69, 76, 113, 122, 192, 466, 479, 480, 519, 520, 532
읍루의 옛 땅　91, 212, 487, 542, 576
읍루국(挹婁國)　208, 218
의란사(儀鸞司)　117
의무려산(醫巫閭山)　206, 236, 574
의부(義部)　94
의풍현(義豐縣)　189
이거정(李居正)　437
이계상(李繼常)　431
이근행(李謹行)　39, 65, 66
이납(李納)　33, 620
이노승(李老僧)　276, 304, 321, 367
이다조(李多祚)　30
이도수(李道邃)　48, 83, 439, 447
이락(夷落)　61, 108, 149, 550
이부시랑(吏部侍郞)　106, 348
이빈주(夷賓州)　30, 58
이사고(李師古)　21, 33
이사도(李師道)　32, 33, 470
이숙(李肅)　106
2승(丞)　94
이영(李英)　352, 354
이영요(李靈曜)의 난　33
이이간(李夷簡)　610
이적(李勣)　265, 572, 585, 631
이적(夷狄)　71
이정기(李正己)　20, 32, 68
이족(夷族)　107
이종가(李從珂)　164, 229
이중민(李重旻)　386, 431
이진언(李盡彦)　493, 616
이진충(李盡忠)　29, 42, 77, 192, 443, 486, 533
이찬화(李贊華)　106, 458, 502

이통(李通) 320, 365
이필(李泌) 609, 629
이해고(李楷固) 42, 78, 444, 487, 534
이헌성(李獻誠) 41, 73, 266, 474, 528
이호(李胡) 161
이회광(李懷光) 31, 97, 450, 618
이훈(李勛) 148
이훈(李勳) 546, 568
이희열(李希烈) 34
익주(益州) 543
인덕전(麟德殿) 25, 26, 373, 374, 375, 424, 426, 427, 428, 550, 558
인부(仁部) 94, 545
인안(仁安) 81, 535
인황왕(人皇王) 104, 110, 119, 156, 160, 161, 162, 163, 164, 165, 166, 194, 205, 225, 228, 233, 242, 455, 484, 501, 510
일본(日本) 130, 557
일본도(日本道) 93, 544
임아(任雅) 47, 446
임아상(任雅相) 81, 536
임해군주(臨海郡主) 229
임황부(臨潢府) 183
입시(入侍) 445, 535, 556

【ㅈ】

자몽현(紫蒙縣) 195
『자치통감(資治通鑑)』 15, 55, 112, 150, 441, 442, 499, 518, 584
장가(牂柯) 19, 25, 557
장건장(張建章) 64, 130, 131, 549, 553, 557
『장구령(張九齡)』 67, 491, 492, 493, 495, 554, 601, 613, 615, 616

장궤(長跪) 131
장행급(張行岌) 45
장녕현(長寧縣) 188, 189, 196
장락현(長樂縣) 190
장령부(長嶺府) 63, 90, 157, 159, 218, 239, 542
장림(張琳) 181, 506, 512
장문휴(張文休) 49, 83, 448, 537
장백산(長白山) 267
장사(長史) 81, 266
장수실(張秀實) 152
장여능(張汝能) 328
장여림(張汝霖) 283, 284, 285, 286, 287, 287, 288, 291, 292, 324, 328, 328, 330, 330, 331, 331, 332, 332, 333, 334, 335,339, 340, 359, 598
장여방(張汝方) 328, 598
장여위(張汝爲) 328, 598
장여유(張汝猷) 288, 298, 328, 598
장여익(張汝翼) 598
장여필(張汝弼) 283, 284, 285, 289, 298, 327, 336, 337, 339, 340
장월(張越) 434
장중택(張仲澤) 598
장태현(長泰縣) 185
장패현(長霸縣) 188
장평현(長平縣) 185, 188, 215
장행급(張行岌) 80, 375, 445, 488, 535, 556
장현소(張玄素) 280, 335, 336, 337
장현징(張玄徵) 298, 337
장호(張浩) 277, 278, 279, 280, 281, 295, 322, 322, 323, 324, 325, 325, 326, 327, 328, 335, 345, 589, 598
저포(樗浦) 295

적고내(迪古乃)　272, 275, 299
전류(錢鏐)　108, 118
전전도교(殿前都校)　149
전전반(殿前班)　127
전전지휘사(殿前指揮使)　127
전주(賤奏)　111
전중시(殿中寺)　95
점한(粘罕)　139, 178, 582
정당성(政堂省)　94, 489
정력(正歷)　85, 451, 538
정리(定理)　154, 230
정리부(定理府)　91, 218, 542
정무현(定武縣)　215
정안(定安)　547, 557
정안국(定安國)　144, 547
정왕(定王)　86, 452, 539
정주(定州)　105, 228, 542
정주(正州)　204, 542
정패현(定霸縣)　185
조공도(朝貢道)　93, 266, 544, 554
조릉(祖陵)　162
조만(曹萬)　138
조보(趙普)　131
조빙(貢聘)　140
조선(朝鮮)　79, 191, 535, 570
조우문(曹友聞)　138
조주(祖州)　181, 183, 188, 200
조집사(朝集使)　27
조차지몽(鳥借芝蒙)　392
조함장(趙含章)　68
조효명(趙孝明)　437
조홰(趙翽)　77
종간(宗幹)　303, 304
종망(宗望)　304, 307, 313, 318, 363

종보(宗輔)　139
종속시(宗屬寺)　95
종필(宗弼)　304, 308, 309, 314, 320
좌·우사정(左·右司政)　94
좌·우상(左·右相)　94
좌·우윤(左·右允)　94
좌·우평장사(左·右平章事)　94
좌6사(司)　94, 545
좌대상(左大相)　221, 241
좌모(佐慕)　215
좌맹분(左猛賁)　95
좌상(左相)　168, 248, 545
좌상시(左常侍)　94
좌상좌평장사(左相·左平章事)　94
좌우 삼군(左右三軍)　25
좌우 신책군(左右神策軍)　25
좌차상(左次相)　156, 222, 242
좌평장(左平章)　545
좌평장사(左平章事)　510
좌효위대장군(左驍衛大將軍)　46, 49, 80, 382,
　　385, 388, 445, 535
좌효위원외대장군(左驍衛員外大將軍)　45, 375,
　　382
좌효위장군(左驍衛將軍)　48, 82, 439, 447, 536
좌효위중랑장(左驍衛中郎將)　51
주규(朱珪)　99
주승조(朱承朝)　437
주시몽(朱施蒙)　415
주자감(冑子監)　95
주작(朱雀)　86, 539
중경(中京)　88, 181, 194, 247, 307, 313, 335,
　　342, 540, 571
중국(中國)　119
중대성(中臺省)　94, 163, 167, 168, 169, 221,

248, 261, 545
중대성 우상(右相)   165, 167
중대성 우차상(右次相)   241
중대성 좌상(左相)   171, 242
중도성(中都城)   204
중랑장(中郞將)   105, 413, 476
중서문하성   377, 378
중예(重睿)   117
중정대(中正臺)   94
중종(中宗)   45, 80, 122, 193, 375, 381, 445, 479, 481, 487, 535, 556, 576
중흥(中興)   85, 451, 538
즉골(則骨)   105
『지록(志錄)』   553
지몽(知蒙)   393
지몽(智蒙)   420
지발해국무(知渤海國務)   23, 386, 452
지부(智部)   94, 545
지사(支司)   94
지주(芝州)   544
직흘몽(職紇蒙)   417
진공(陳拱)   628
진국(振國)   8, 372, 380
진국공(震國公)   78, 192, 325, 487, 534
진국왕(振國王)   43, 79, 388, 438, 444, 535, 556
『진서(晉書)』   106, 107, 436, 468
진주(辰州)   199, 312, 363
진한(辰韓)   630
진해진동군절도사(鎭海鎭東軍節度使)   108
질자(質子)   82, 437, 439, 536
집주(集州)   209

【ㅊ】

창의현(昌義縣)   209
책성(柵城)   198
책성부(柵城府)   89, 541
척은(惕隱)   105, 153, 165, 377, 457, 511
천경(天慶)   175, 505, 507, 512, 564
천문령(天門嶺)   43, 78, 444, 534
천민현(遷民縣)   216
천복성(天福城)   156, 158, 230
천요현(遷遼縣)   187, 202
천주(遷州)   220
천진교(天津橋)   49, 440, 449
천하병마도원수(天下兵馬都元帥)   108
천현(天顯)   155, 484, 502
천호모극(千戶謀克)   306, 309, 326
철려(鐵驪)   170, 173, 270
철려부(鐵驪部)   269
철리(鐵利)   74, 91, 226, 372, 390, 391, 395, 413, 414, 416, 515, 529, 555
철리군(鐵利郡)   209
철리대불열(鐵利大拂涅)   414
철리말갈(鐵利靺鞨)   390, 396, 415, 416, 418
철리부(鐵利府)   189, 218, 226, 543
철리의 옛 땅   91
철리주(鐵利州)   209, 226
철산(鐵山)   201
철주(鐵州)   118, 138, 200, 540
철주자사(鐵州刺史)   158
청니포(靑泥浦)   63
청삭(淸朔)   127
청주(靑州)   103, 517, 529, 581, 633
청주(晴州)   203, 541
청주 종사(靑州從事)   135

초산(椒山) 203
초위(招慰) 375, 445, 535
초주(椒州) 203, 541
총물아(悤勿雅) 48
최심읍(崔尋挹) 493, 616
최안잠(崔安潛) 26
최예광(崔禮光) 428, 488
최오사(崔烏斯) 148, 567
최오사다(崔烏斯多) 489
최치원(崔致遠) 630
최흔(崔訢) 45, 375, 382
추사령부락(愁思嶺部落) 30, 58
추장(酋長) 69, 71, 73, 77, 111, 122, 148, 202, 252, 381, 414, 456, 460, 463, 471, 473, 488, 528, 576, 624
충부(忠部) 94, 545
충차(衝車) 107
취진(取珍) 394
측천무후(則天武后) 35, 42, 43, 78, 121, 147, 444, 480, 487, 534
치청등래등주관찰처치(淄靑登萊等州觀察處置) 99
치청평로절도(淄靑平盧節度) 64

【ㅌ】

타루하(它漏河) 69
타주(沱州) 543
탁타만(橐駝灣) 63
탈탈(脫脫) 124, 150, 263
탕주(湯州) 201, 540
태백산(太白山) 69, 78, 96, 534, 631
태복경(太僕卿) 68, 537, 632
태비(太妃) 94, 98, 111, 293, 381, 488

태사(太師) 108, 247, 327, 342, 506, 589, 598
태산(泰山) 27
태상시(太常寺) 95
태시(太始) 86, 452, 539
태위(太尉) 95, 284, 294, 332, 477, 603
태자첨사(太子詹事) 51, 329, 385, 477
태종(太宗) 57, 60, 72, 125, 140, 142, 160, 165, 183, 185, 189, 190, 199, 200, 225, 226, 228, 229, 231, 234, 235, 236, 241, 245, 263, 266, 273, 297, 309, 318, 322, 331, 527
태학(太學) 87, 539, 590
토둔(吐屯) 46, 81, 446, 536
토번(吐蕃) 19, 25, 105, 138, 478, 557
토욕혼(吐谷渾) 133
토혼(吐渾) 127, 128
통원현(通遠縣) 211
『통전(通典)』 461, 462, 467, 468, 518
통주(通州) 168, 211, 574

【ㅍ】

파지몽(破支蒙) 392
패강구(貝江口) 63
패국군(沛國郡) 100
패질(孛迭) 304
편발(編髮) 37, 520
편전(鞭箭) 127
편호(編戶) 40, 44, 380, 473
평로군(平盧軍) 18, 24, 28, 29, 32, 33, 34, 65, 374, 449, 470, 471, 607, 612, 616
평로군사(平盧軍使) 65
평로군절도(平盧軍節度) 99
평로군절도사(平盧軍節度使) 28, 65, 470
평로절도사(平盧節度使) 9, 32, 373

평로치청절도(平盧淄靑節度)　20, 32, 620
평양(平壤)　121, 473
평양성(平壤城)　62, 192, 194, 486, 576, 585
평주(平州)　29, 108, 118, 500, 513, 545
포로호(蒲路虎)　582
포주(蒲州)　543
표산현(豹山縣)　215
표합(杓合)　300
풍수(馮綏)　628
풍주(豊州)　204, 226, 542
풍황후(馮皇后)　117
필리시(芯利施)　416

【ㅎ】

하간(河間)　139, 308, 314
하간로도통(河間路都統)　308
하국(夏國)　140
하남(河南)　35, 126, 449, 537, 560, 631
하남부(河南府)　49, 83, 352, 440
하남천자(河南天子)　109
하동(河東)　109, 126, 560, 618
하북(河北)　58, 126, 560
하정사(賀正使)　423, 614
하정표(賀正表)　583
하조경(賀祚慶)　392, 415
하주(賀州)　199, 541
하주(瑕州)　90, 542
하주(河州)　90, 542
하행미(夏行美)　176, 251, 252
학야현(鶴野縣)　195
한굉(韓翃)　600, 602
한국화(韓國華)　140
한수령(韓遂齡)　142

한영(韓穎)　586
한주(韓州)　212
한주도독(漢州都督)　577
함녕현(咸寧縣)　188
함주(咸州)　214
항백국(巷伯局)　95
항성주(降聖州)　190
해(奚)　19, 21, 22, 23, 24, 62, 120, 133, 134, 136, 254, 270, 434, 494, 497, 501, 505, 506, 565, 570, 588, 589, 616, 617, 624
해동(海東)　591
해동성국(海東盛國)　87, 539, 556
해릉(海陵)　274, 276, 280, 281, 293, 293, 294, 294, 295, 295, 296, 297, 303, 304, 305, 310, 310, 316, 318, 319, 320, 321, 323, 325, 326, 327, 336, 341, 341, 343, 343, 344, 345, 348, 349, 365, 366, 367, 367, 368
해리(解里)　169
해리(海里)　173
해부(奚部)　306
해북주(海北州)　118
해빈왕(海濱王)　509
해양현(海陽縣)　221
해왕부사(奚王副使)　105
해장(奚帳)　133
해적(海賊)　83, 439, 448, 537
해주(海州)　136, 202, 543
해주자사(海州刺史)　178, 564
해초경(解楚卿)　437
행영제군마보도우후(行營諸軍馬步都虞候)　99
행화포(杏花浦)　63
허국공(許國公)　78, 487, 534
현덕부(顯德府)　88, 189, 194, 205, 474, 540
현리부(顯理府)　188

현리현(顯理縣)　188
현의현(顯義縣)　211
현종(玄宗)　16, 17, 56, 442, 445, 446, 447, 448, 449, 528, 535, 607, 608, 609
현주(顯州)　64, 205, 206, 207, 317, 506, 512, 540, 573
호단(胡旦)　138
호독록(胡獨鹿)　409, 529
호부사(戶部使)　175, 180, 505, 506, 512, 565
호사보(胡沙保)　268
호사보(胡沙補)　272, 300, 301, 356, 357
호수(豪帥)　145, 149
호순지(胡順之)　135
호시(楛矢)　110, 520
호실(號室)　40
호실부(號室部)　265, 464, 524
호주(湖州)　216, 540
혼동강(混同江)　267, 564
혼해루(渾解樓)　115
홀굴니우(勿屈尼于)　143
홀한도독국왕(忽汗都督國王)　437
홀한성(忽汗城)　150, 154, 154, 155, 156, 194, 227, 229, 230, 233, 233, 238, 241, 248
홀한주(忽汗州)　45, 52, 53, 80, 123, 193, 194, 375, 388, 445, 479, 481, 488
홀한주도독(忽汗州都督)　22, 23, 24, 25, 26, 45, 49, 52, 80, 147, 382, 384, 385, 386, 387, 388, 451, 476, 477, 477, 488, 494, 495, 535, 556
홀한주자사(忽汗州刺史)　492, 495, 615
홀한하(忽汗河)　84, 538
홀한해(忽汗海)　63
홍려소경　48, 83, 439, 447, 537
홍려시(鴻臚寺)　551

화산현(花山縣)　195, 217
화주(華州)　543
화하(華夏)　140, 620
환도현성　63
환주(桓州)　204
황룡부(黃龍府)　107, 117, 118, 159, 215, 573
황룡현(黃龍縣)　215
황수(湟水)　62
『황화사달기(皇華四達記)』　9, 550, 570, 573
회골(廻鶻)　23
회농군(會農郡)　198
회발성(回跋城)　237, 239
회복현(懷福縣)　214
회원부(懷遠府)　92, 214, 543
회주(懷州)　106, 183, 188, 190, 543
회혜(懷惠)　105, 457, 511
회화군절도(懷化軍節度)　104, 378
회화장군(懷化將軍)　104
회회(回回)　138
회흘(迴鶻)　105
회흘(回鶻)　116, 553, 554, 557
회흘(廻紇)　19, 24
후당(後唐)　98, 110, 119, 125, 147, 149, 453, 454, 456, 457, 483, 488, 529, 545, 563, 567
후온유(侯溫裕)　99
후진(後晉)　15, 98, 118, 141, 371, 499
후희일(侯希逸)　32
흑수(黑水)　136, 372, 398, 404, 409, 410, 414, 429, 430, 435, 439, 446, 449, 470, 474, 515, 529, 536, 616
흑수경략사　41, 73, 266, 474, 528
흑수군(黑水軍)　40, 376, 474
흑수말갈(黑水靺鞨)　36, 40, 44, 46, 55, 69, 81, 110, 264, 265, 266, 376, 380, 392, 394, 396,

397, 398, 415, 416, 420, 423, 438, 441, 446, 471, 473, 474, 536
흑수부(黑水部)　265
흑수부(黑水府)　40, 70, 73, 264, 266, 376, 417, 474, 524, 528
흑수 와아부(瓦兒部)　438
흑수주(黑水州)　81, 372, 446, 473, 536
흑수주도독부(黑水州都督府)　59
흑수하(黑水河)　573
흑주(黑州)　543

흥광(興光)　97, 383, 412, 422
흥료(興遼)　175
흥료현(興遼縣)　196
흥주(興州)　201, 220, 540
희왕(僖王)　86, 539
희종(熙宗)　263, 274, 275, 276, 290, 293, 309, 333, 342, 367
흰매(白鷹)　71, 475
흰토끼(白兔)　71, 390, 555

찾아보기 | 667

동북아역사재단 자료총서 62

발해사 자료총서
— 중국사료 편 권1

초판 1쇄 발행 2023년 3월 31일

엮은이	동북아역사재단 한국고중세사연구소
지은이	권은주, 강성봉, 김진광, 우성민, 윤재운
펴낸이	이영호
펴낸곳	동북아역사재단
등 록	제312-2004-050호(2004년 10월 18일)
주 소	서울시 서대문구 통일로 81 NH농협생명빌딩
전 화	02-2012-6065
홈페이지	www.nahf.or.kr
제작·인쇄	역사공간
ISBN	978-89-6187-796-1 94910
	978-89-6187-639-1 (세트)

* 이 책은 저작권법으로 보호를 받는 저작물이므로 어떤 형태나 어떤 방법으로도 무단전재와 무단복제를 금합니다.
* 책값은 뒤표지에 있습니다. 잘못된 책은 바꾸어 드립니다.